Das 20. Jahrhundert in Südtirol

Gottfried Solderer (Hrsg.)

Helmut Alexander

Siglinde Clementi

Michael Gehler

Leo Hillebrand

Stefan Lechner

Günther Pallaver

Eva Pfanzelter

Josef Rohrer

Nina Schröder

Gerd Staffler

Martha Verdorfer

Das 20. Jahrhundert in Südtirol

Totaler Krieg und schwerer Neubeginn

1900 – 1919

1920 – 1939

Band III 1940 – 1959

1960 – 1979

1980 – 2000

Edition Raetia

Impressum

© Edition Raetia, Bozen 2001

Alle Rechte vorbehalten, insbesondere das Recht der mechanischen, elektronischen oder fotografischen Vervielfältigung, der Einspeicherung und Verarbeitung in elektronischen Systemen, des Nachdrucks in Zeitschriften oder Zeitungen, des öffentlichen Vortrags, der Verfilmung, der Übertragung durch Rundfunk, Fernsehen oder Video, auch einzelner Text- und Bildteile.

Gesamtredaktion
Siglinde Clementi

Grundkonzept und Beratung
Hans Heiss

Autoren
Kapitel 1, 5 Stefan Lechner
Kapitel 2, 3 Martha Verdorfer
Kapitel 4 Eva Pfanzelter
Kapitel 6 Günther Pallaver
Kapitel 7 Michael Gehler
Kapitel 8 Siglinde Clementi
Kapitel 9 Helmut Alexander
Kapitel 10 Josef Rohrer
Kapitel 11 Gerd Staffler
Kapitel 12, 13, 15 Leo Hillebrand
Kapitel 14 Nina Schröder

Bildrecherche
Christian Pernter
Eva Sotriffer, Rüdiger Walder

Fotos
Othmar Seehauser

Graphisches Konzept der Buchreihe, Layout, Umschlag
Dall'O & Freunde

Lithos
Typestudio, Bozen

Druck
Athesiadruck, Bozen

ISBN
88-7283-152-0

Inhalt Band 3

Einleitung 7

Kapitel 1
Über den Brenner 12
Die Umsiedlung ins Deutsche Reich

Kapitel 2
„Für Führer, Volk und Vaterland" 28
Südtirol im Zweiten Weltkrieg

Kapitel 3
Vertrauter Faschismus 48
In der Operationszone Alpenvorland

Kapitel 4
Zwischen Niederlage und Befreiung 60
Kriegsende in Südtirol

Kapitel 5
Alles retour 76
Rückoption und Rücksiedlung nach 1945

Kapitel 6
Demokratischer Auftakt 88
Reaktivierung des politischen Lebens

Kapitel 7
Schwierige Ausgangsposition 102
Die Südtirolfrage von 1945–1959

Kapitel 8
Konservative Erneuerung 130
Von den Hilfspaketen zur Stillen Hilfe

Kapitel 9
Startbahn Wirtschaft 156
Südtirol auf dem Weg zu Wachstum und Wohlstand

Kapitel 10
Großer Zug gen Süden 184
Die Motorisierung verleiht dem Tourismus Flügel

Kapitel 11
Sportautonomie als Fernziel 200
Das Selbstbewußtsein wächst

Kapitel 12
Mühsamer Neubeginn 218
Von den Deutschen Sprachkursen zur Nachkriegsschule

Kapitel 13
Neue Freiheit – alte Fronten 236
Medien im Zeichen des Volkstumskampfes

Kapitel 14
Alle Kultur dem „Volk" 252
Die Heimat-in-Not-Haltung prägt die Kultur

Kapitel 15
Auferstehung nach der Katastrophe 286
Die Kirche in der Nachkriegszeit

Anhang 305

Südtirols Achsenzeit

Hans Heiss

Wer im Frühsommer 1940 durch Südtirol fuhr, entlang der Hauptverkehrsadern, hinein in die Hochtäler und über die Pässe, durch die Gebirgsmassive der Dolomiten, wer durch seine Städte spazierte, fand ein traumhaft schönes Land vor. Wohl zu keinem anderen Zeitpunkt war Südtirols Landschaft unter ästhetischen Gesichtspunkten vollkommener, in gelungener Schwebe zwischen intakter Natur, gepflegter Kulturlandschaft und sparsamen Signets der Moderne, noch frei von Eingriffen durch Straßenbauten, Verkehr und Grundstücksspekulation. In den Städten, denen wenig später erste Bombenangriffe drohten, mischte sich der Baubestand von Mittelalter und Früher Neuzeit mit dem Historismus der Jahrhundertwende. In Bozen traf die historische Bausubstanz auf die rationalistische Architektur der dreißiger Jahre, der Südtirols Bevölkerung als „faschistischem Import" freilich wenig Begeisterung entgegenbrachte.

Die Fotografien von Hugo Atzwanger oder Luis Oberrauch-Gries haben dieses Südtirol nochmals im Bild konserviert, als Image-Träger, von denen das Land noch lange zehrte. Niemand ahnte um 1940, daß sich 20 Jahre später die Zersiedlung in die Landschaft fressen würde, als unvermeidliche Begleiterin eines zaghaft aufkeimenden Wohlstands.

Wer mit einem Mindestmaß geschichtlichen Wissens an das Südtirol von 1940 zurückblickt, denkt freilich ganz zuletzt an die landschaftlichen Qualitäten des von Option, Krieg, Verfolgung, Flucht und gesellschaftlicher Zerrissenheit gebeutelten Landes. Und doch wurden gerade in dieser Zeit Südtirols Landschaftselemente nochmals in Hunderten von Fotoalben festgehalten, als ausdrucksstarke Erinnerung an die von Verlust bedrohte Heimat. In den anrührend schönen Bildern äußerte sich nochmals der Wunsch nach einer Harmonie, die nicht mehr zu retten war. Nachdem der gesellschaftliche Zusammenhalt in Südtirol durch Option und Krieg bedroht war, dienten der heimatliche Raum und seine emotionale Ausstrahlung als eine der letzten Stützen brüchiger Identität.

I.

Die Jahrzehnte 1940 bis 1960 sind in doppelter Hinsicht die Zentralachse Südtirols im 20. Jahrhundert. In seiner Mitte entschied sich die künftige Entwicklung des Landes und seiner Bevölkerungsgruppen. Im Umbruch der Kriegsjahre, unter dem Druck innerer Spaltung und zweiter Landesteilung, drohte dem Land eine tiefe, beinahe auswegslose Dauerkrise. Dennoch zeichnete sich bereits am Ende der Periode ein Ausweg ab: In politischer Hinsicht durch die schmale Chance, den Konfliktfall Südtirol nachhaltig zu lösen und auf einen zukunftsfähigen Weg zu führen, gesellschaftlich durch die Aussicht auf Wohlstand und ein besseres Leben.

Zu Jahresbeginn 1940 rollten die Auswandererzüge über den Brenner. Ihr dichter Rhythmus verhieß nichts Gutes: Wenn die Umsiedlung weiterhin planmäßig verlief, würde Südtirol bald schon von seiner seit langem beheimateten Bevölkerung entleert sein, weit offen für eine Zuwanderung, die seine Verhältnisse grundlegend verändern mußte.

Obwohl der Strom der Deutschlandoptanten bald zu einem kleinen Rinnsal versiegte, blieben Mobilität und Migration weiterhin die bestimmenden Merkmale der Kriegs- und Nachkriegsepoche. Als die Umsiedlung 1942 stockte, begann für Tausende junger Männer erst die intensive Mobilisierung für den totalen Krieg, meist im Dienst der Wehrmacht, aber auch in anderen Einheiten oder der SS. Nach Einberufung und Ausbildung wurden die Rekruten an die Front geworfen, nach Afrika und auf die skandinavische Halbinsel, auf den Balkan und vor allem nach Rußland. Die Bilder des Krieges, die Erinnerung an Kameradschaft und Überleben, an eigenes Leid, mitunter auch an eigene Untaten sind bis heute dem Gedächtnis vieler alter Männer scharfkantig eingeschrieben.

Der Krieg mobilisierte auch die Verfolgten dieser Zeit: Wer sich dem Wehrdienst entzog, entkam ihm nur durch Flucht an entlegene Orte, weit entfernt von Elternhaus, Familie und Heimatort. Verstecke auf Hochalmen, mitunter eine Partisanenexistenz, bildeten einen mit Risiken verminten Fluchtweg. Aber auch all jene, denen die Flucht nicht gelang, die Verhaftung, Deportierung und letztlich oft genug Ermordung erlitten, wurden durch die Mühlen barbarischer Mobilität gedreht.

Nach 1945 blieb Südtirol weiterhin Passage und Ziel von Wanderungsströmen, die sich aus Flüchtlingen, *displaced persons*, und zurückkehrenden Optanten zusammensetzten. Diesen Ausläufern des Krieges folgten dann bald die neuen Arbeitsmigranten, die, von Süden kommend, in der Provincia di Bolzano neue Existenzgrundlagen suchten. In den Fünfzigern setzte dann die Auswanderung aus den Gebirgstälern Südtirols in jene Regionen ein, wo bessere Lebenschancen winkten als im wirtschaftlich und sozial rückständigen Land.

Die unter vielfältigen Bedingungen forcierte Mobilität war längst nicht die einzige Gefährdung des inneren Zusammenhalts der Südtiroler Gesellschaft seit 1940. Bald äußerten sich neue Scheidelinien: Die Spaltung in Optanten und Bleiber wurde notdürftig gekittet, bis sie in der Zeit der deutschen Besetzung wiederum aufbrach. Nach dem 8. September 1943 wurde auch die kleine Minderheit der Italienoptanten mit Gewalt und Schikanen in den Pferch der „Volksgemeinschaft" getrieben, während Gegner des Nationalsozialismus mit Verfolgung zu rechnen hatten. Trotzdem blieb die „deutsche Zeit" Südtirols nach dem Krieg allzu lange in guter Erinnerung, während der Einfluß und die beträchtliche Akzeptanz des braunen Regimes unter dem Obersten Kommissar der Operationszone Alpenvorland, Franz Hofer, unterschätzt wurden.

Der Zwangsgemeinschaft der Südtiroler bis zum Mai 1945 stand die von neuer Solidarität bestimmte Notgemeinschaft der Italiener gegenüber. Die in Bozen, Meran und kleineren Orten erst seit kurzem ansässigen Zuwanderer, die in der Provincia di Bolzano ein besseres Auskommen gesucht hatten, hatten bis dahin vor allem ihre Nachbarschaft, ihren Stadtteil, oft auch noch ihre frühere Heimat als Bezugspunkte wahrgenommen. Von 1943 bis 1945 lernten sie die bittere Lektion, daß sie in den Augen der deutschen Besatzer und vieler Deutschsprachiger nur Geduldete waren. Diesen galten sie als Bevölkerungsgruppe zweiter Ordnung, die mit Disziplin und Repression unterdrückt werden sollte. Zudem wurden sie für die Schikanen und das Versagen des Faschismus haftbar gemacht. Unter dem äußeren

Der Zwangsgemeinschaft der Südtiroler bis zum Mai 1945 stand die von neuer Solidarität bestimmte Notgemeinschaft der Italiener gegenüber.

Druck wuchs jedoch das Gefühl der Zusammengehörigkeit der italienischen Volksgruppe. In der „deutschen Zeit" bauten sich aber auch jene Feindbilder zwischen den Sprachgruppen auf, die anschließend nur mühsam überwunden werden konnten.

II.

Nach 1945 trennten sich die Wege von Gesellschaft und Politik in Südtirol für ein gutes Jahrzehnt. Die gesellschaftlichen Gruppen des Landes, die Deutschen, Italiener und Ladiner Südtirols, hatten nach dem Kriege von der Politik genug. Sie bewegte vor allem ein Wunsch: friedliche Verhältnisse, ein Ende von Luftalarm und Überwachung, genügend zu essen und etwas Glück im Kreis von Familie und Freunden. Im Mittelpunkt stand die Suche nach innerer Stabilität und die Bemühung, eine materiell auskömmliche Existenz zu finden, die Gräben innerhalb der Volksgruppen zu überwinden und darüber hinaus auch zu kooperieren. Die einzelnen, Familien und kleine Gemeinschaften strebten – ähnlich wie nach dem Ersten Weltkrieg – nach ganz konkreter Alltagsbewältigung, während die „große Politik" nur fallweise in ihr Gesichtsfeld trat. In dieser Phase der Existenzsicherung schlug neuerdings die Stunde der Diözesankirche. Sie bewältigte ein ungeheures Pensum pastoraler und karitativer Betreuung der Gläubigen und stiftete Gemeinschaft in einem konkret-anschaulichen Sinn. Die Versuchung, sich wieder in die Politik einzumengen, war groß; erst der neue Bischof Gargitter zog ab 1952 klare Grenzen zwischen Kirche und politischem Tagesgeschäft.

Auch die politischen Parteien überzeugten vor allem durch handfeste Hilfestellung diesseits aller politischen Programmatik. Dies war einer der großen Vorzüge der im Mai 1945 gegründeten Volkspartei. Natürlich gewann sie durch ihren Einsatz für eine Rückkehr Südtirols zu Österreich, später nach einer gerechten Autonomie an Einfluß. Kaum minder bedeutend war sie aber auch als Anlaufstation für die vielen praktischen Nöte der Südtiroler, als Auskunftsstelle in Staatsbürgerschaftsfragen, als Arbeitsbörse und Suchzentrale für Kriegsgefangene.

Trotzdem mobilisierte die „große Politik" 1946 nochmals erstaunlich viele Südtiroler. Jenseits aller Alltagssorgen war der Wunsch nach einer Rückkehr zu Österreich in allen Bevölkerungsschichten übermächtig. Ein Jahr lang, vom Kriegsende 1945 bis zur endgültigen Entscheidung der alliierten Außenminister Ende Juni 1946, die Provinz Bozen bei Italien zu belassen, bestanden noch minimal von Österreichs Außenminister Gruber schlecht verwertete Chancen auf Rückkehr. Das Pariser Abkommen zwischen den Außenministern Alcide De Gasperi und Karl Gruber legte dann die brüchigen, bestenfalls bilateral gültigen Grundlagen einer künftigen Autonomie, die 1948 verabschiedet wurde. Von womöglich noch größerer Bedeutung war das beinahe zeitgleich erlassene Optantendekret, das den meisten Deutschlandoptanten die Rückgewinnung der italienischen Staatsbürgerschaft ermöglichte. Die italienische Regierung begriff die Rückoption aber auch als Loyalitätserklärung an die junge Republik, als Element der Bindung an die Staatsnation. Ganz nebenbei ließ sich durch die Ausschließung von der italienischen Staatsbürgerschaft auch politische Säuberung betreiben und mit ehemaligen Nazis auch politisch mißliebige Personen unter Druck setzen.

> Die einzelnen, Familien und kleine Gemeinschaften strebten – ähnlich wie nach dem Ersten Weltkrieg – nach ganz konkreter Alltagsbewältigung, während die „große Politik" nur fallweise in ihr Gesichtsfeld trat.

> Trotzdem mobilisierte die „große Politik" 1946 nochmals erstaunlich viele Südtiroler. Jenseits aller Alltagssorgen war der Wunsch nach einer Rückkehr zu Österreich in allen Bevölkerungsschichten übermächtig.

Mit Autonomie und Rückoption wurde die Südtirolfrage ab 1948 für mindestens fünf Jahre auf Eis gelegt. Österreich und Tirol wandten sich verstärkt der eigenen bis zum Staatsvertrag 1955 prekären Lage zu, in Südtirol hoffte man auf Ausgestaltung der jungen Autonomie. Die von Ministerpräsident De Gasperi 1946 erwirkte Einbindung der Provinzen Bozen und Trient in eine gemeinsame Region schlug jedoch zunehmend negativ auf die Lage Südtirols zurück, dessen Politiker sich dem Kampf gegen die Majorisierungspolitik von Trient und Rom zu stellen hatten.

Ab 1955 rückten Politik und Gesellschaft wieder verstärkt aufeinander zu. Die Südtiroler Volkspartei rüstete sich mit Unterstützung Österreichs zum offenen Schlagabtausch mit Rom und Trient und vermochte die Bevölkerung für dieses Ziel zu begeistern. Die Basis zog zunehmend mit, getrieben vom Rückenwind der Politisierung großer Bevölkerungsgruppen.

Seit 1948 beteiligten Parlaments- und Regionalratswahlen die Bürgerinnen und Bürger nach 25 Jahren Abstinenz wieder an der politischen Willensbildung und leiteten einen nachhaltigen Prozeß politischer Partizipation ein, zumal seit 1952 (in Bozen bereits seit 1948) auch die Gemeinderäte wiederum demokratisch gewählt wurden. Zehntausende von Männern und Frauen entdeckten von neuem, daß Politik ein Anliegen aller war und daß sich öffentliches Engagement lohnte. Eine junge Politikerschicht übernahm das Ruder, überzeugt vom Recht auf Selbstbehauptung, aber auch verantwortungsbewußt genug, um sich nicht in politischen Extremismus zu verrennen.

Die wachsende Verantwortung der Südtiroler für die öffentlichen Angelegenheiten fachte die politischen Leidenschaften an, die sich in einer mächtigen Basisbewegung bündelten: Die Devise „Los von Trient", die der neue SVP-Obmann Magnago auf dem Burgberg von Sigmundskron im November 1957 proklamierte, zündete unter allen Bevölkerungsgruppen, zumal unter einer Jugend, die um ihre berufliche und politische Zukunft in Südtirol kämpfte.

Dieser Kampf führte eine kleine, aber einflußmächtige Gruppe über den von der SVP eingeschlagenen Weg politischer Lösung der Südtirolfrage hinaus. Die ersten Attentate der „Stieler-Gruppe" und des „Befreiungsausschusses für Südtirol" waren ein weiterer Ausdruck der Grundpolitisierung der Südtiroler Gesellschaft und weckten auf einen Schlag das Interesse einer großen nationalen und internationalen Öffentlichkeit. Ablehnung der Anschläge, Anteilnahme am Kampf der Bevölkerung fanden in großen Titelgeschichten der Presse Italiens, Österreichs und Deutschlands publikumswirksame Resonanz. Die Attentate polarisierten, sie weckten unter kleinen Gruppierungen aber auch eine Gewaltbereitschaft, die ab 1961 in die schwarze Zone des Rechtsextremismus und des politischen Mordes abdriftete.

Neben der verweigerten Autonomie für die Provinz Bozen war die italienische Zuwanderung ein Auslöser des politischen Kampfes in all seinen Facetten. Sie war in ihrem Kern jedoch keine Veranstaltung zur Majorisierung des Landes, sondern Teil eines gigantischen Stromes von Süden nach Norden, der dem zweiten *miracolo economico* voranging. Er mündete aus dem Süden Italiens in die Metropolen des Mailänder und Genueser Industriereviers, trieb die ländliche Bevölkerung aus dem verarmten Veneto weiter nach Norden, oft weit über den Brenner nach Deutschland. Der römischen Regierung kam die Bewegung gerade recht, um den Alto Adige auf elegante Weise ethnisch neu zu definieren und die magische Quote von 51 Prozent Italienern anzupeilen. Dieses Ziel wurde jedoch verfehlt, einmal wegen der ab 1960 stark nachlassenden Zuwanderung, die andere Zielregionen anpeilte, aber auch wegen der stark wachsenden Bevölkerungsziffern von Deutschen und Ladinern. Obwohl die Zuwanderung um 1960 stockte, begann nunmehr für viele italienische Zuwanderer, die in der Provinz Bozen blieben oder bereits hier lebten, ein langer Prozeß der Beheimatung, der sie selbst zu Südtirolern machte und das Land dauerhaft bereicherte.

III.

Während die Südtirolfrage 1959/60 eskalierte und die Andreas-Hofer-Feiern 1959 den Selbstbehauptungswillen Südtirols unterstrichen, gewannen unterhalb der Politik neue gesellschaftliche Leitbilder an Zugkraft.

Der Glanz des deutschen und italienischen Wirtschaftswunders strahlte nach Südtirol herein und lockte die junge Bevölkerung mit ihren Leistungsanreizen und Lebensstilen: Ein sicheres Einkommen, besserer Wohnkomfort für die jungen Familien, Urlaub und Automobil blieben in der rückständigen Wirtschaftsstruktur Südtirols vorerst ein Privileg weniger, um 1960 öffneten sich jedoch erste Schleusen in die aufsteigende Konsumgesellschaft. Immer mehr Südtirolerinnen und Südtiroler begriffen Volkstumskampf und Selbstbehauptung zwar als wesentlichen Bestandteil ihrer Identität, nicht minder wichtig wurde jedoch die Aussicht auf ein Leben in besseren Verhältnissen, das sie selbst, ohne den prägenden Einfluß von Tradition, Politik und Kirche gestalten wollten, in persönlicher Autonomie und Selbstbestimmung. Der Wunsch nach einer besseren Zukunft, im Zeichen neuen Konsums und Lebensverhältnisse in einer zunehmend freieren Gesellschaft, impfte den Südtirolern aller Sprachgruppen eine solide Dosis Pragmatismus ein und schützte die meisten vor extremistischen Versuchungen.

Die Verhandlung der Südtirolfrage vor der UNO 1960 war daher nicht nur der entscheidende Schritt in die Internationalisierung und Lösung des Streits, sondern auch der Vorbote einer „Ankunft im Westen", in der sich Autonomie, Demokratie und Modernität in Südtirol zu einer stabilen Einheit verbanden.

> **Der Wunsch nach einer besseren Zukunft, im Zeichen neuen Konsums und Lebensverhältnisse in einer zunehmend freieren Gesellschaft, impfte den Südtirolern aller Sprachgruppen eine solide Dosis Pragmatismus ein und schützte die meisten vor extremistischen Versuchungen.**

1. Über den Brenner

Die Umsiedlung ins Deutsche Reich

"Wenn alle gehen, geht keiner!", hatten die Geher des Völkischen Kampfring Südtirols in der Optionspropaganda noch geschrien. Bei einer geschlossenen Option für Deutschland – so glaubten sie – würde sich der "Führer" die Umsiedlung noch einmal überlegen. Dem war aber keineswegs so, und die Umsiedlerzüge fuhren **vollbesetzt über den Brenner**. Viele fühlten sich getäuscht und änderten ihre Optionsentscheidung, auch infolge der negativen Berichte von Umsiedlern über ihre ersten Erfahrungen im Reich.

Noch in den letzten Monaten des Jahres 1939 verließen Tausende Südtirol. In der ersten Jahreshälfte 1940 schwoll der Umsiedlerstrom noch an, doch bereits im Sommer hatte die Amtliche deutsche Ein- und Rückwandererstelle Mühe, die täglichen **Abwanderungsquoten** zu erfüllen. Da die Umsiedlungsbereitschaft rasch absank, griffen die Behörden in den folgenden beiden Jahren immer wieder auf Alte und Kranke zurück, die sich dem Zugriff nicht entziehen konnten.

Den besitzenden Südtirolern bot das Verfahren der **Wertfestsetzung** zur Vermögensablöse die Möglichkeit, ihre Abwanderung beinahe unbegrenzt hinauszuschieben. Dabei unterstützt wurden sie vielfach von der **Arbeitsgemeinschaft der Optanten** für Deutschland, der Nachfolgeorganisation des Kampfrings, die vor allem einen intakten Bauernstand in das versprochene, aber letztendlich niemals festgelegte geschlossene Siedlungsgebiet führen wollte. So fuhren vor allem die Angehörigen der sozialen **Unterschichten** "heim ins Reich". Insgesamt verließen im Rahmen der Umsiedlung an die 75.000 Menschen Südtirol, die meisten ließen sich im heutigen Österreich und in Süddeutschland nieder.

Die Aufnahme im Deutschen Reich war für viele Umsiedler enttäuschend. Oft schlug ihnen **Mißtrauen und Ablehnung** entgegen, eine neue Heimat fanden viele nur schwer. Die Auswanderung verbesserte die Lebensbedingungen nur weniger, für so manchen trat das Gegenteil ein.

Umsiedler am Brixner Bahnhof, 1940

Der Tag danach
Sieger und Verlierer

1. Jänner 1940: Die Optionsschlacht war geschlagen. 85 bis 90 Prozent der Südtiroler hatten sich dafür ausgesprochen, „die deutsche Reichsangehörigkeit annehmen und in das Deutsche Reich abwandern zu wollen". Die Propagandisten rund um den nationalsozialistischen Völkischen Kampfring Südtirols (VKS) erreichten zwar das erhoffte plebiszitartige Ergebnis, der „Anschluß" Südtirols blieb aber – da von Hitler niemals vorgesehen – aus. Das Grüppchen der Dableiber um Kanonikus Michael Gamper und einiger Exponenten des städtischen Bürgertums hatte eindeutig das Nachsehen. Die meisten Südtiroler zogen eine Zukunft im Deutschland Adolf Hitlers dem Verbleib im faschistischen Italien vor.

Die Entsolidarisierung, die bitterste Folge der Optionspropaganda, hielt auch in den folgenden Wochen, Monaten und Jahren an. Die Gegensätze verschärften sich gar noch, und viele „Sieger" fühlten sich durch ihre vermeintlich richtige Entscheidung dazu berechtigt, die Dableiber zu demütigen und als „Volksverräter" zu diffamieren.

In Deutschland nahm man das Optionsergebnis mit Genugtuung zur Kenntnis. Neben dem propagandistischen Wert erschloß es dem Reich neue wirtschaftliche und militärische Ressourcen. Für die italienische Politik war das Ergebnis ein Fiasko. Angesichts der Blamage vor dem Achsenpartner wirkten die Versuche geradezu lächerlich, die Zahlen nach unten zu manipulieren. Die italienische Souveränität über Südtirol war schon zu diesem Zeitpunkt stark angeschlagen. In verwaltungsrechtlicher Hinsicht hatte sich mit dem 1. Jänner 1940 zwar nichts geändert, faktisch erkannte die große Mehrheit der Bevölkerung freilich nur mehr die reichsdeutschen Behörden bzw. Optantenorganisationen als maßgebliche Autoritäten an.

"Einen Bock geschossen!"

Für die meisten Südtiroler war die Option für Deutschland ein rein demonstrativer Akt, der letztlich ohne persönliche Konsequenzen bleiben sollte. Dem war aber nicht so, und als immer mehr Abwandererzüge über den Brenner fuhren, wuchsen die Zweifel über die Richtigkeit der getroffenen Entscheidung. „Ich hab einen Bock geschossen!", schrie der Vater des Schriftstellers Joseph Zoderer, als es mit der Umsiedlung ernst wurde. Die Begeisterung für NS-Deutschland erreichte nach dem triumphalen Sieg über Frankreich im Juni 1940 zwar einen erneuten Höhepunkt, zugleich bescherte auch die Option des Brixner Bischofs Johannes Geisler den Gehern erneut Aufwind. Trotzdem optierten noch im selben Jahr immer mehr Südtiroler um. Dazu trug auch die „weichere" italienische Haltung mit der teilweisen Einsetzung von Dableibern als Amtsbürgermeister und weiteren Konzessionen bei, vor allem aber die Erklärung Mussolinis vom 21. März 1940 über den garantierten Verbleib der Dableiber in Südtirol. Außerdem: Wo blieb das versprochene geschlossene Siedlungsgebiet für die Abwanderer? Die Beskiden im fernen Polen hatten die Südtiroler noch 1939 einhellig abgelehnt, aus dem attraktiven Burgund-Vorschlag (im Juli 1940) wurde nichts, sodaß es in der Folge bei rein hypothetischen Überlegungen blieb. Der Halbinsel Krim, 1942 ins Spiel gebracht, hätten die Südtiroler wohl kaum zugestimmt. Schließlich häuften sich auch die Gefallenenmeldungen von Südtirolern, die in der deutschen Wehrmacht dienten, bedenklich stimmten auch negative Berichte von Umsiedlern über ihre Aufnahme im Deutschen Reich. Tausende widerriefen ihre Option für Deutschland.

Der Umsiedlungsapparat
Die ADERST

Wichtigste Organisatorin der Umsiedlung war die Amtliche deutsche Ein- und Rückwandererstelle, die dem Reichsführer-SS Heinrich Himmler unterstand. Ihre Hauptstelle lag in Bozen, Nebenstellen wurden in Bruneck, Sterzing, Brixen, St. Ulrich und Meran eingerichtet. Die leitenden Beamten kamen vorwiegend aus dem Deutschen Reich.
Der umsiedlungswillige Südtiroler mußte bei dieser Behörde seinen Abwanderungs- und Einbürgerungsantrag einreichen, dem der Ariernachweis beizulegen war. Die ADERST händigte schließlich die von der Einbürgerungsstelle des

Titelseite der „Dolomiten" vom 21. März 1940

Delegation der Südtiroler Dableiber zur Vorsprache bei Mussolini in Rom, 21. März 1940. In der Mitte Walter von Walther und Erich Amonn

Besichtigungsreise ins geplante Siedlungsgebiet Burgund, Juli 1940. Karl Tinzl und Peter Hofer als Vertreter der AdO, SS-Standartenführer Creutz, SS-Sturmbannführer Kulemann und SS-Sturmbannführer Mayer als Vertreter des SS-Stabshauptamtes

Mitarbeiter der AdO im Überetsch

AdO-Frauenschaft in Schluderns

Appell der AdO-Jugend auf der Seiser Alm

Gauleiters und Reichsstatthalters in Tirol und Vorarlberg in Innsbruck ausgestellte Einbürgerungsurkunde aus, von ihr erhielten Umsiedler eine Fahrkarte bis Innsbruck, für deren Kosten bis zum Brenner der italienische Staat aufkam. Der Abwanderer konnte auf dem Stammbogen der ADERST zwar seine Wünsche hinsichtlich Ansiedlungsort und Berufsausübung eintragen, diese seien jedoch „möglichst mit den arbeitseinsatzmäßigen Erfordernissen des Dritten Reiches in Übereinstimmung zu bringen", lautete die Weisung an die ADERST-Mitarbeiter. Bis Oktober 1940 wurden für 217.917 Südtiroler Abwanderungsanträge gestellt.

Die AdO

Die Arbeitsgemeinschaft der Optanten für Deutschland wurde Ende Jänner 1940 auf Anordnung des ADERST-Chefs Wilhelm Luig gegründet und seiner Behörde unterstellt. Sie war die legale Nachfolgeorganisation des VKS und sollte die Optanten bis zu ihrer Abwanderung betreuen. Mit 500 hauptamtlichen und rund 1.000 ehrenamtlichen Mitarbeitern war ihr Apparat wesentlich größer als jener der ADERST, sodaß die AdO im Laufe der Zeit immer stärkeren Einfluß auf den Ablauf der Umsiedlungen gewann.

AdO-Struktur

Die von der Arbeitsgemeinschaft der Optanten für Deutschland eingerichteten Ämter stellten Parallelstrukturen zu jenen der ADERST dar. Der Aufbau der Organisation, die Gliederungen und die Terminologie waren der NSDAP nachempfunden.

AdO-Hauptamt
Der Volksgruppenführer Peter Hofer

Ämter
- Wirtschaft (Willy Tapfer)
- Kultur (Norbert Mumelter)
- Soziales (Paul Fulterer)
- Transport und Verkehr (Robert Kukla)
- Persönlicher Stab (Kurt Heinricher, Fred Neumann, F. Seybold, Michael Tutzer, Johann Poley, J. Riz)

Gliederungen
- BMK – Beratungsstelle für ehemalige Militärpersonen und Frontkämpfer
- FKK – Frontkämpferkorps
- Frauenschaft
- Jugend
- Arbeitsring
- Opferring

Organisation
- Kreisleiter: Bozen, Brixen, Bruneck, Meran, Sterzing, Schlanders, Neumarkt, Gröden
- Gebietsleiter
- Ortsgruppenleiter
- Zellenleiter
- Blockleiter
- Mitglieder

(Alexander u.a., Heimatlos, S. 305)

Die DUS

Unter den weiteren reichsdeutschen Behörden, die sich mit der Umsiedlung befaßten, stand die Dienststelle Umsiedlung Südtirol in Innsbruck an der Spitze. Ihr oblag die Aufnahme, die Unterbringung und die Ansiedlung der Umsiedler im Deutschen Reich. Der bürokratische Apparat nahm mit zehn Abteilungen gewaltige Ausmaße an und beschäftigte auch zahlreiche Umsiedler. Leiter der DUS war SS-Standartenführer Georg Bilgeri.

Die italienischen Stellen

Auf italienischer Seite war der Präfekt von Bozen mit der Durchführung der Umsiedlung betraut. Er bescheinigte den Umsiedlern die Entlassung aus dem italienischen Staatsverband, verfügte aber sonst über keine direkten Eingriffsmöglichkeiten zur Lenkung der Umsiedlung. Noch im Jänner 1940 war Präfekt Giuseppe Mastromattei aufgrund des katastrophalen Optionsergebnisses durch Agostino Podestà ersetzt worden.

Das Ente Nazionale per le Tre Venezie übernahm die abgelösten Vermögenswerte der Umsiedler.

Sitz der Dienststelle Umsiedlung Südtirol im aufgehobenen Servitenkloster in der Maria-Theresien-Straße in Innsbruck

Schlüsselübergabe am Platzkaunerhof in St. Konstantin bei Völs am Schlern an einen Beamten des Ente Nazionale per le Tre Venezie, Propagandafoto der ADERST, Herbst 1941

Abfahrt
Die ersten sind schon weg

Bereits lange vor Ablauf der Optionsfrist, in den letzten Monaten des Jahres 1939, verließen zahlreiche Südtiroler ihre Heimat. Den italienischen Militärdienst ableistende junge Männer, die optierten, wurden entlassen und daraufhin von der deutschen Wehrmacht eingezogen. Hunderte meldeten sich aber auch als Freiwillige, um am „Siegeszug" des kriegführenden Deutschland teilzunehmen. Vielen öffentlich Bediensteten bei der Post, der Eisenbahn oder anderen staatlichen Betrieben wurde gekündigt, und so mancher mußte sich in Deutschland nach einer neuen Existenz umsehen. Dasselbe Schicksal ereilte Rechtsanwälte, Ärzte und andere Freiberufler, denen nach der Option die Zulassung entzogen wurde. Noch 1939 machten sich aber auch jene auf den Weg über den Brenner, die in Südtirol keine Zukunftschancen mehr erwarteten und andererseits fürchteten, zur Verteilung von Arbeitsplätzen und Wohnungen im Deutschen Reich zu spät zu kommen.

Als sich auf dem Höhepunkt der Propagandaschlacht die Zwischenfälle mit den italienischen Sicherheitsbehörden häuften, forderten die Italiener zur Entspannung der Lage eine Beschleunigung der Umsiedlung. Mitte November sagten die deutschen Stellen eine tägliche Abwanderungszahl von 100 Personen zu. Tatsächlich wurde diese Quote aber weit übertroffen, sodaß bis Ende des Jahres über 11.500 Südtiroler das Land verließen.

Auch Rudi Christoforetti (geb. 1929) wanderte mit seiner Familie noch vor Ablauf der Optionsfrist aus. In seinen Jugenderinnerungen „Rieche, es ist die deutsche Faust" schildert er die Fahrt über den Brenner:

„Am 25. Dezember 1939 war es dann soweit. Die erste Familie aus Branzoll, die auswanderte, stand abends am Bahnhof. Es war dunkel, und alle waren sie da: Großvater, Großmutter, Onkel Heinrich, Tante Kathi, Tante Sylvia,

Folgende Seiten: Optanten am Bahnhof Latsch, 1940

Rudi Christoforetti

Abfahrt von Umsiedlern am Bahnhof Brixen, 1940

Tante Maria, Onkel Rudi und verwandte Familien. Dann kam der Zug. Die Großmutter küßte uns ab, es gab Tränen und intensives Händedrücken. ‚Die armen Kinder.' Es war furchtbar und für mich fast unfaßbar. Wo fahren wir denn hin, daß alle so bewegt sind? Wir fahren nach Innsbruck, und Innsbruck ist doch in Ordnung. Hat uns Vater nicht immer davon erzählt? Na also! In Bozen gab es eine unübersehbare Menge. So viele Leute hatte ich noch nie gesehen. (…)
Dann kamen wir in Innsbruck an. Es war bereits dunkel und bitterkalt, für einen ‚Unterlandler' eine unerträgliche Kälte. Wir mußten in einem großen Raum warten, in dem sich furchtbar viele Menschen befanden und zahlreiche ‚Schwestern' herumliefen. Sie sahen anders aus als jene, die wir bis dahin aus Branzoll gewohnt waren. Statt schwarzer Kleidung trugen sie ein gestreiftes weißblaues Hemd und kleine weiße Häubchen auf dem Kopf. Freundlich, nett und ‚gschaftig' kamen sie mit großen Kannen, um an die Frierenden heißen Tee zu verteilen. Wir waren übernächtig, erfroren und nicht gerade bester Laune. ‚Unsere Hauptstadt' – daß sie das war, hatten wir ja von unserem Vater gelernt – empfing uns nicht gerade freundlich."

Sand im Getriebe

Nach dem Kriegseintritt Italiens im Juni 1940 ging im Land das Gerücht um, Hitler und Mussolini würden sich darauf einigen, daß die Südtiroler doch in ihrer Heimat bleiben könnten, was die Umsiedlungsbereitschaft natürlich stark herunterdrückte. Durch Nachrichten über die zum Teil schlechte Aufnahme im Reich fiel die Umsiedlungsquote weiter ab.
Mitte 1940 war das Reservoir an leicht umzusiedelnden, zumeist weitgehend besitzlosen Südtirolern mehr oder weniger erschöpft. Damit war eine wesentliche Phase der gesamten Aktion abgeschlossen, nämlich der Transfer der „nichtbodengebundenen" Personen. Als nächste sollten die „Bodengebundenen" folgen, für die allerdings ein geschlossenes Siedlungsgebiet vorgesehen war. Da dieses nie festgelegt wurde, hatte die ADERST große Schwierigkeiten, die zugesagte tägliche Abwanderungsquote von 250 bis 300 Personen einzuhalten, auf der Italien offiziell bestand. Die meisten Besitzenden hatten aber keinerlei Interesse daran, sich irgendwo nur vorläufig niederzulassen, um später erneut die Koffer zu packen und in das „neue Südtirol" zu übersiedeln. Außerdem vertrat die AdO den Standpunkt, daß bis zur Bekanntgabe des geschlossenen Siedlungsgebietes nur jene abwandern sollten, die für das Funktionieren der Südtiroler Wirtschaft entbehrlich waren. So gab es in ihren Reihen nicht wenige, die das Umsiedlungsgetriebe ab nun mehr oder weniger offen behinderten.
57.000 von insgesamt 75.000 Umsiedlern verließen bereits bis Ende 1940 das Vertragsgebiet. 1941 dachte eigentlich kaum mehr jemand an eine freiwillige Abwanderung. Im Herbst versuchte man in einem Kraftakt die Umsiedlung von 16.000 Personen, ein Ziel, das aber bei weitem nicht erreicht werden konnte, auch wenn man unter anderen auf Alte und Kranke zurückgriff, die sich nicht wehren konnten. Sehr wohl aber konnten die Besitzenden die Umsiedlung verzögern, da die Ablösung der Vermögenswerte viel Zeit in Anspruch nahm. Die Schätzverfahren der deutsch-italienischen Wertfestsetzungskommissionen ließen sich, da auch eine Eigeneinschätzung vorgesehen war und mit Robert Helm ein AdO-Mann die deutsche Seite vertrat, beinahe beliebig in die Länge ziehen. Wären aber auch genügend Freiwillige vorhanden gewesen, hätten die Umsiedlungszahlen trotzdem kaum gesteigert werden können, da bereits im Sommer

Ankunft der ersten Wehrpflichtigen in der Innsbrucker Bahnhofshalle, 1940

Utopie

Wie wirklichkeitsfremd eine vollständige Umsiedlung der Südtiroler mitten im Krieg war, wies der Beauftragte des AdO-Transportamtes, Robert Kukla, am Fallbeispiel Naturns Ende 1940 exakt nach. Von den 2.527 Deutschlandoptanten waren bis zu diesem Zeitpunkt 485 Personen, zumeist Besitzlose, abgewandert. Für den Rest erhob Kukla einen Transportbedarf von 1.100 bis 1.600 Eisenbahnwaggons und veranschlagte für die Abwicklung des Transports 70 Tage, die Arbeit der Wertfestsetzungskommission gar nicht mitgerechnet. Eine Hochrechnung auf die Gesamtzahl der Deutschlandoptanten ergab ein voraussichtliches Transportvolumen von 210.000 Eisenbahnwaggons, wobei die Brennerstrecke bereits zu diesem Zeitpunkt völlig ausgelastet war.

1940 die Aufnahmekapazitäten im südlichen Reichsgebiet erschöpft waren. Die Unterbringung wurde immer schwieriger, was auch mit der schlechten Koordinierung zwischen den verschiedenen Umsiedlungsdienststellen zusammenhing. Im Oktober 1941 wurde zudem auf deutscher Seite der Gesandte Ludwig Mayr-Falkenberg zum Hohen Kommissar für die Umsiedlung ernannt, der ebenso wie sein italienischer Gegenpart Agostino Podestà einen Massenexodus verhindern wollte.

Im Juli 1942 wurde der Abschluß der Umsiedlungsaktion um ein Jahr auf Ende 1943 verschoben. Inzwischen glaubte aber niemand mehr, daß dieses Ziel noch vor der Beendigung des Krieges erreicht werden könnte. Schon Anfang 1942 wurde der Umsiedlungsapparat in Südtirol stark reduziert; hauptsächlich fanden nur mehr Einzelumsiedlungen im Rahmen der Familienzusammenführung statt. Das verbrecherische Projekt zweier faschistischer Regime war auf halbem Weg gescheitert.

Ludwig Mayr-Falkenberg und Agostino Podestà, die beiden Hohen Kommissare für die Umsiedlung

Wer geht?

Zwei Drittel der Umsiedler kamen aus den ADERST-Zweigstellenbereichen Meran und Bozen. Generell gilt, daß aus größeren Gemeinden, vor allem den Städten, mehr Menschen abwanderten als aus den kleinen und mittleren Dörfern. An der Umsiedlung beteiligten sich hauptsächlich Angehörige der sozialen Unterschichten, die sich im Deutschen Reich bessere Lebenschancen erhofften, vor allem Angestellte im Handel, im Gastgewerbe, im Verkehrswesen sowie Arbeiter aus der Landwirtschaft und der Kleinindustrie. Diese Gruppe machte etwa zwei Drittel der berufstätigen Abwanderer aus. Stärker vertreten waren auch Hausangestellte, Studenten und Pensionisten, während der Anteil der Handwerker (3 Prozent), Kaufleute (1,5 Prozent) und vor allem Bauern (1,4 Prozent) sehr niedrig lag.

Die Luserner und die Fersentaler sollten bereits 1941 – als Paradebeispiel einer geschlossenen Umsiedlung – gemeinsam abwandern. Die tatsächliche Abwanderung der meisten Optanten der „deutschen Sprachinseln" im Trentino erfolgte im April 1942, wobei ihre geschlossene Ansiedlung im Budweiser Becken lange auf sich warten ließ. Zu Kriegsende kehrten alle in ihre Heimatdörfer zurück. Im Bild ein Beamter der Deutschen Abwanderungs-Treuhand-Gesellschaft im Gespräch mit einer Luserner Optantin, 1942

Umsiedlung in den Tod

Am 26. Mai 1940, an einem Sonntag, verließ um 5 Uhr morgens ein Sonderzug den Bahnhof Pergine. Darin befanden sich 299 Geisteskranke – 291 Südtiroler und acht Kanaltaler –, deren Angehörige an ihrer Stelle für die deutsche Staatsbürgerschaft optiert hatten. 238 der Patienten kamen aus dem Psychiatrischen Krankenhaus von Pergine, 30 aus der „Kolonie für ruhige Geisteskranke" Stadelhof in Pfatten, die restlichen aus anderen Anstalten. Wie kam es zu diesem Transport? Die italienischen Krankenanstalten kamen seit 1. Jänner 1940 nicht mehr für die Kosten der Unterbringung und Behandlung der Südtiroler Optanten auf. So erwähnte der Bozner Präfekt Agostino Podestà

Euthanasie in Sexten

Claus Gatterer beschreibt in seinen Jugenderinnerungen „Schöne Welt, böse Leut" zwei Fälle von Kindereuthanasie, wie sie in jenen Jahren öfter in Südtirol vorkamen:

„In den Sommertagen trat ein Ereignis ein, das allgemeines Entsetzen auslöste. Die zwei ältesten Buben des Rauter Lois, eines kleinen Bauern oben am Berg, der sich mit Schmuggeln und Taglöhnerei über Wasser hielt, waren physisch mißraten: sie waren lahm und beutelten unentwegt den Kopf, der eine war obendrein stumm, doch waren sie nicht eigentlich schwachsinnig. ‚Rauschkinder', sagten die Leute. Der Stumme spielte die Ziehharmonika, daß es eine Freude war, ihm zuzuhören.

Der Lois hatte für Deutschland optiert. Im Sommer 1942, vor einem Jahr also, war der Paller (AdO-Ortsgruppenleiter) zu ihm gekommen und eine von der Frauenschaft sowie zwei Herren von auswärts, und diese, die Auswärtigen, hatten zu ihm gesagt, die Buben, die zwei kranken, die gesunden Kinder nicht, die Buben also müßten auswandern, sie würden in ein erstklassiges Spital gebracht und dort geheilt werden, sofern Heilung überhaupt möglich sei. Sei dies unmöglich, werde man sie wieder herbringen, nach Hause. Die Rauterische hatte sich dagegen gewehrt wie eine Gluckhenne:

‚Entweder gehen wir alle, wie man 's uns versprochen hat, und wir bleiben alle beisammen, oder es geht keins', hatte sie gesagt. Der Lois aber hatte nach langem Zögern zugestimmt, offenbar, weil er befürchtete, man werde ihn zum Militär einberufen. Zumindest nahmen die Leute das an.

Und nun trafen nach einem Jahr, innerhalb von nicht einmal zehn Tagen, zwei Zettel für den Lois ein, wahrhaftig nicht mehr als gedruckte Zettel mit den in Maschinenschrift geschriebenen Namen und anderen Angaben: Der Soundso, soundso viele Jahre alt, sei am Soundsovielten gestorben."

Gegenüberliegende Seite: Umsiedler in Innsbruck bei der Aufnahme zur medizinischen Untersuchung (oben) und beim Röntgen (unten), Anfang der 40er Jahre

schon am 16. April gegenüber SS-Obergruppenführer Ulrich Greifelt vom Reichskommissariat für die Festigung Deutschen Volkstums, er würde gerne rund 500 Altersheiminsassen und 600 Geisteskranke nach Deutschland überstellen. Der deutschen Seite kam der Vorschlag nicht ungelegen, handelte es sich doch um eine leicht manövrierbare Menschenmasse, die zur Auffüllung der Abwanderungsquoten beitrug.

Um 6.45 Uhr erreichte der Zug Bozen, wo ihn der Präfekt kurz inspizierte, um 9.30 überquerte er den Brenner. Die Fahrt verlief anfangs ruhig, nur einmal unternahm ein Patient bei langsamer Fahrt einen Ausreißversuch. Mit zunehmender Dauer wurden die Fahrgäste aber immer nervöser, da sie nun merkten, daß sie doch nicht – wie angenommen – nach Hause gebracht wurden. Um 22 Uhr erreichte der Zug Zwiefalten in Baden-Württemberg, wo ihn nur etwa zehn Angehörige erwarteten. Einige Patienten weigerten sich, den Zug zu verlassen, sodaß die Wärter Gewalt anwenden mußten. Für Dutzende war die Heil- und Pflegeanstalt Zwiefalten aber nur eine Zwischenstation, sie wurden in andere Anstalten verlegt.

Obwohl Südtiroler Patienten vom nationalsozialistischen Vernichtungsprogramm „lebensunwerten Lebens" verschont blieben, starben sehr viele im Rahmen der „wilden Euthanasie" durch bewußte Vernachlässigung und Verknappung von Lebensmitteln. So starben von den 75 in das Psychiatrische Krankenhaus Weißenau verlegten Patienten 37 noch vor Kriegsende. Die Überlebenden blieben in Deutschland nach dem Krieg staatenlos, da sie wegen fehlender „Erbgesundheit" nicht die deutsche Staatsbürgerschaft erhalten hatten. Jahrzehntelang kümmerte sich in Südtirol niemand um sie.

Daß auch viele Südtiroler Umsiedler der Unmenschlichkeit nationalsozialistischer Ärzte zum Opfer fielen, belegt folgender Fall. Das Psychiatrische Krankenhaus Kaufbeuren meldete im August 1942 der Dienststelle Umsiedlung Südtirol die Überstellung von zehn Kranken aus dem St.-Josefs-Institut in Mils in Tirol. Dabei handelte es sich um: Konrad G., 18 Jahre, aus Latzfons – Agnes G., 5 Jahre, aus Girlan – Fidelius H., 10 Jahre, aus Stuls – Walter P., 11 Jahre, aus Klausen – Max P., 12 Jahre, aus Meran – Ida S., 7 Jahre, aus Sarnthein – Elisabeth S., 8 Jahre, aus Unser Frau in Schnals – Josef S., 8 Jahre, aus Unser Frau in Schnals – Rosa U., 11 Jahre, aus Schlanders – Konrad V., 10 Jahre, aus Pichl/Gsies.

Fünf Kinder wurden in Kaufbeuren Medikamentenversuchen unterzogen, und alle starben, weitere fünf wurden im Laufe des Jahres 1943 ermordet.

Im Deutschen Reich
Ankunft und erste Schritte auf reichsdeutschem Boden

Die ersten Umsiedlerzüge wurden am Innsbrucker Hauptbahnhof noch von Musikkapellen und Gauleiter Franz Hofer begrüßt. Schon bald aber schwand das Interesse an der Ankunft der Züge, und die Presse berichtete nur noch selten. Zur Begrüßung erschien lediglich ein Beamter der Dienststelle Umsiedlung Südtirol.

Für die Erstbetreuung am Bahnhof sorgten Schwestern der Nationalsozialistischen Volkswohlfahrt (NSV). Dann ging es zur Empfangsstelle der DUS ins Hotel Viktoria, wo sich die Umsiedler einer Röntgenuntersuchung unterziehen mußten, zu essen bekamen und in ein Gasthaus oder ein Hotel eingewiesen wurden. Joseph Zoderer wurde mit seiner Familie im Weißen Kreuz unterge-

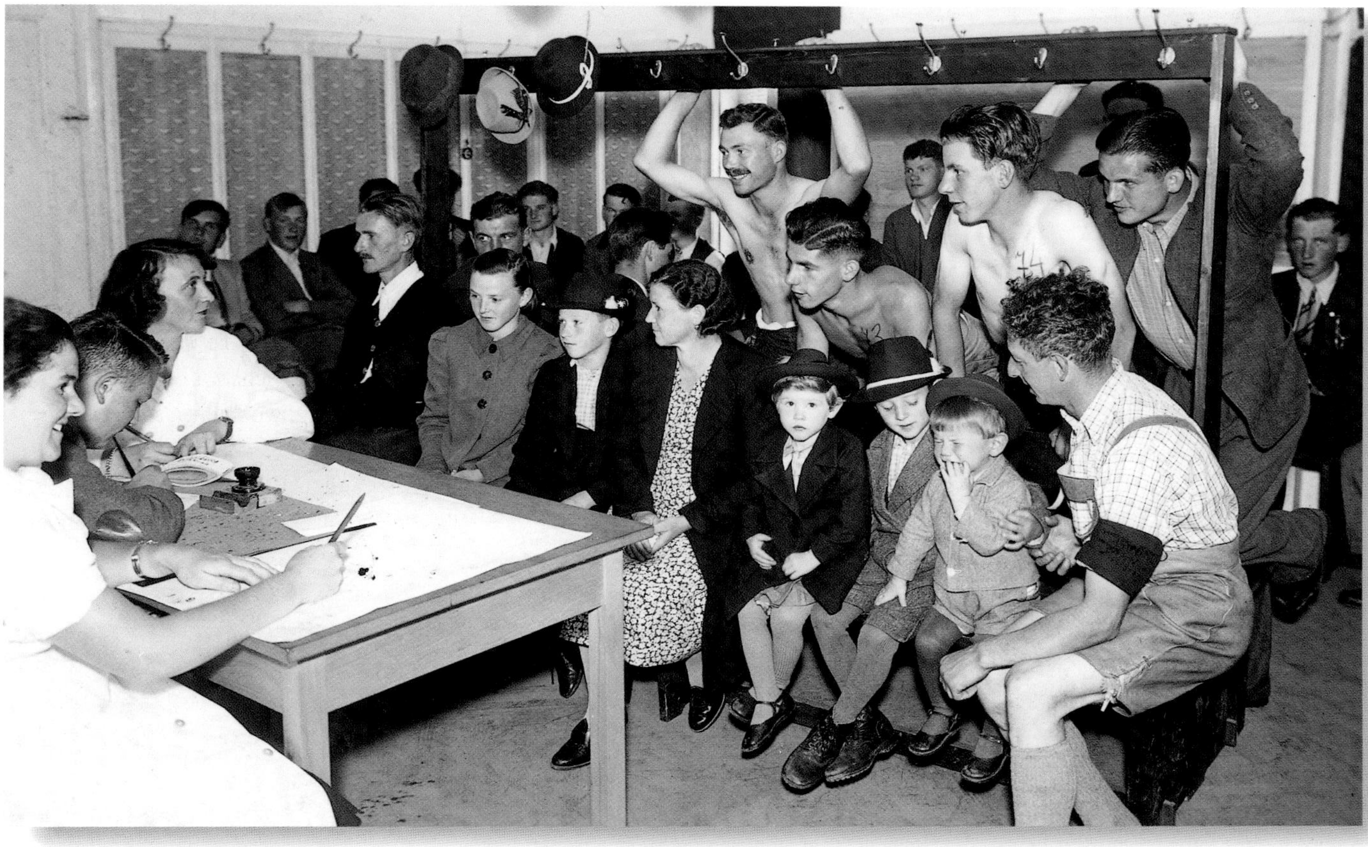

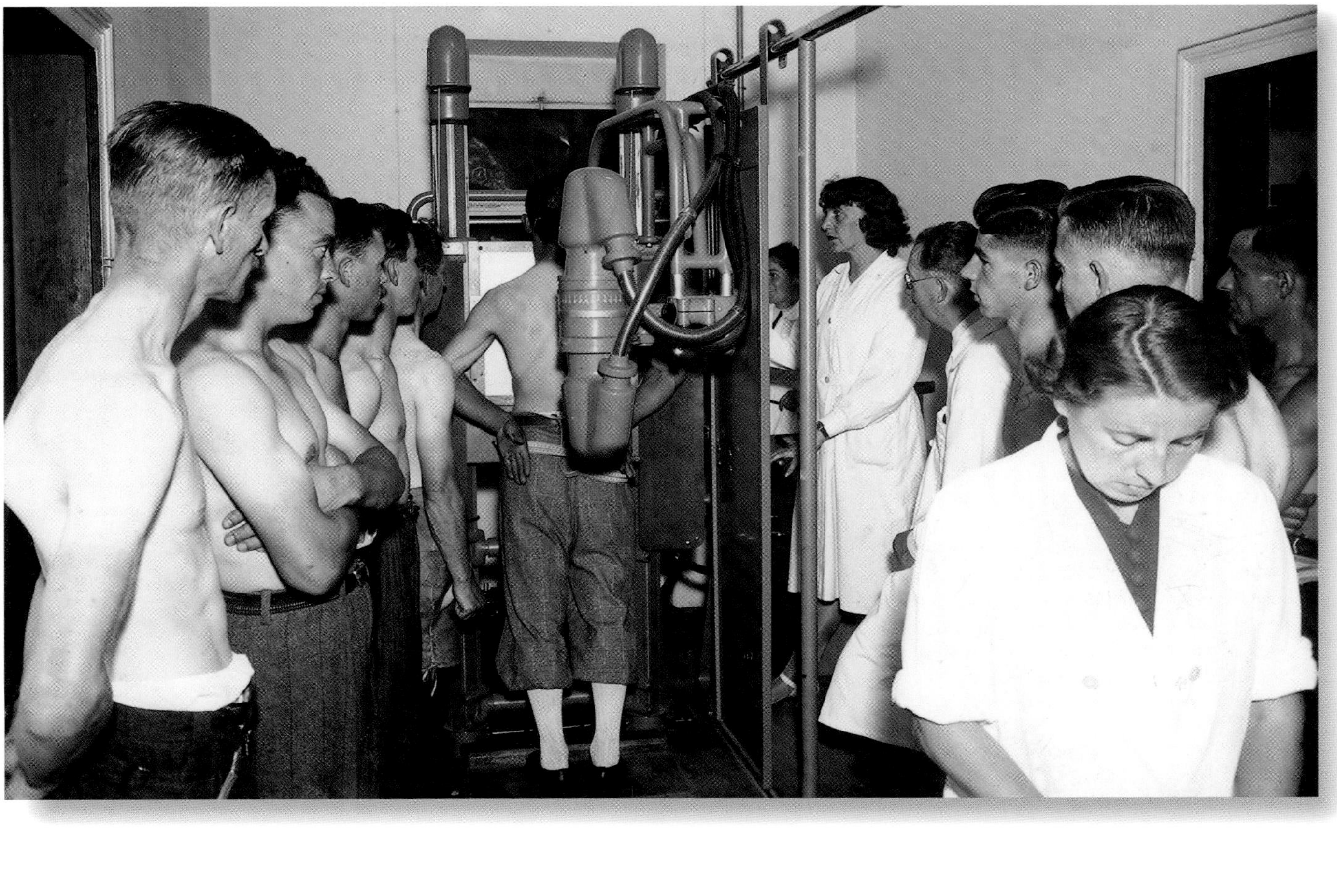

Das Hotel Viktoria in Innsbruck, die Aufnahmestelle der DUS für Auswanderer

Die neue Heimat
Die Umsiedler ließen sich in folgenden Gebieten nieder:

	Absolut	Prozent
• Nordtirol	38.500	51,5
• Vorarlberg	5.700	7,6
• Salzburg	3.900	5,2
• Oberösterreich	4.500	6,3
• Steiermark, Kärnten (mit Osttirol)	5.500	7,5
• Wien, Niederösterreich, Burgenland	1.800	2,4
• Deutschland in den Grenzen von 1937	10.800	14,5
• Andere Gebiete	3.700	5,0

(Leidlmair, Bevölkerung, S. 78)

Vinschger Aussiedler in Deutschland

Gegenüberliegende Seite: Neumarkter Auswanderer in Innsbruck, 1943

bracht. In seinen Optionserinnerungen „Wir gingen" schrieb er dazu: „In Innsbruck wurden wir nahe der Servitenkirche in einem Gasthaus auf der Theresienstraße einquartiert, und da hockten wir herum auf Pritschen, und niemand wußte, was mit uns anfangen." Die Umsiedler mußten jedoch während dieser ersten Tage im Reich eine Reihe von Behörden aufsuchen, wie die Erfassungs-, die Einbürgerungs-, die Arbeits- und Berufsvermittlungs-, die Unterbringungs- und die Zahlstelle. Wehrfähige Männer mußten sich außerdem bei der Wehrerfassungsstelle melden und wurden vielfach zum Kriegsdienst eingezogen.

In Innsbruck erlebten die Umsiedler auch eine erste ideologische Schulung. In Vorträgen, Spiel- und Propagandafilmen sowie Wochenschauen vermittelte die Gaupropagandaleitung die „deutsche Kunst und nationalsozialistische Geisteshaltung".

Nach Erledigung der Formalitäten in der Gauhauptstadt ging die Reise weiter zum definitiven Ansiedlungsort.

Zwischenstation

Hatten sich manche Umsiedler schon in Südtirol um einen Arbeitsplatz und eine Wohnung im Reich gekümmert, nahmen andere die Arbeits- und Berufsvermittlungsstelle der DUS in Innsbruck in Anspruch. So wurden die Leute vorübergehend in Gasthäusern in Tirol und Vorarlberg untergebracht, aber auch in Heimen, aufgelassenen Klöstern und Barackenlagern, wie z. B. jenem in Mühlau in Innsbruck, bis eine Vermittlung erfolgreich war. Die organisatorischen Schwierigkeiten waren jedoch beträchtlich – Deutschland stand mitten im Krieg –, und oft wurden aus einem vorübergehenden Aufenthalt Jahre. Manche Umsiedlerfamilien lebten bis in die Nachkriegszeit aus dem Koffer.

„Südtiroler, Großdeutschland heißt Euch willkommen!"

Mit diesen Worten wurden die Umsiedler auf einem Schild am Innsbrucker Hauptbahnhof begrüßt. Tatsächlich aber war die Aufnahme durch die einheimische Bevölkerung weit weniger freundlich, sie war kühl, distanziert und ablehnend. Die Auswirkungen des Krieges waren schon 1940 spürbar, Lebensmittel und Heizmaterial wurden langsam knapp, weshalb Tausende von Zuwanderern als Belastung empfunden wurden. Oft beneidete man sie auch um die neuen Wohnungen in den Südtiroler Siedlungen, die in Tirol und Vorarlberg in kürzester Zeit aus dem Boden gestampft wurden. Daß die Häuser durch die kriegsbedingte Bauweise schlecht gebaut und zumeist feucht waren, wurde vielfach übersehen. In den Augen der Einheimischen waren die Südtiroler eine gehätschelte Bevölkerungsgruppe.

Freilich hatte auch die Optionspropaganda unter vielen Umsiedlern überzogene Erwartungen und Hoffnungen geweckt. Daß sie „wie Tschuschen behandelt"

„Auswanderertafel" zum Andenken an die Heimat

würden, hätten sich aber wohl die größten Skeptiker nicht erwartet. Die große Mehrheit der Umsiedler entstammte der sozialen Unterschicht und war schon in der Heimat vielfach Vorurteilen ausgesetzt gewesen. Nördlich des Brenners begegnete man dieser Gruppe, die zudem fremd war, mit Mißtrauen. Viele sahen in den Südtirolern Schmarotzer und Halbkriminelle.

Wehrbauern

Bis 1942 wurden die für die Umsiedler vorgesehenen Bauernhöfe hauptsächlich in Tirol besetzt. Nun begannen die deutschen Behörden, Südtiroler in den von der deutschen Wehrmacht eroberten Gebieten an den Grenzen des deutschen Sprachraumes anzusiedeln, so vor allem in Luxemburg, dem Elsaß und der Untersteiermark (Slowenien).

Die Südtiroler galten als „rassisch hochwertiges Menschenmaterial", die als „germanische Wehrbauern" zum Schutz und zur Ausbreitung der „deutschen Rasse" zum Einsatz kommen sollten. Woher die freien Bauernhöfe in den besetzten Gebieten kamen, belegt ein Augenzeugenbericht einer Bäuerin aus Vahrn, die sich damals in Luxemburg aufhielt: „Da hörten wir einmal schreien um drei Uhr in der Früh! ‚Na', haben wir gesagt, ‚was ist denn da los?' Aber da hörten wir schon, aus welcher Richtung das kam. Da sind wir aufgestanden – wir haben einen großen Garten gehabt – und sind durch den Garten gegangen, haben uns aber nicht sehen lassen! Die sind da, das war furchtbar! Ein Lastwagen mit SS-Männern, Kind und Kegel ist auf den Lastwagen geschmissen worden, nicht eingeladen! ‚Hierher!' – Wumms und hinauf! – Das haben wir selber gesehen! Und geschrien! Die Kinder haben geschrien, die Frauen haben geschrien, die Männer haben gemault, und die SSler haben draufgeschlagen. Und sie kamen weg, und der Hof war leer! Und so ist es auch bei den anderen leeren Höfen gewesen, und wir haben nun genau gewußt, warum die Höfe alle leer waren!" (Option-Heimat-Opzioni, S. 225)

In diesen Gebieten erlebten Umsiedler immer wieder Partisanenüberfälle und Viehdiebstähle, vor allem in der Untersteiermark. Mit dem Näherrücken der Front mußten die Südtiroler 1944–45 „ihre" Höfe fluchtartig verlassen, und sie konnten froh sein, wenn sie mit wenigen Habseligkeiten, aber heiler Haut davonkamen.

> **Aufbruch**
>
> Nun lasset das müde Trauern,
> der Himmel steht heiß im Brand,
> ein Heer von gläubigen Bauern
> erobert ein neues Land.
>
> Im Herzen traget das Erbe
> der stolzen Vergangenheit,
> daß nie das Geschlecht verderbe
> in kleiner Tage Streit.
>
> In heldischer Größe bewähre
> das Herz sich, den Ahnen gleich,
> im Kampf um die deutsche Ehre,
> im Glauben an Führer und Reich!
>
> Dieses Propagandagedicht zur Umsiedlung der Bauern wurde vom Südtiroler Dichter und glühenden Anhänger des Nationalsozialismus Erich Kofler verfaßt.

Bilanz
Enttäuschte Erwartungen

Die Südtiroler erlebten die Umsiedlung keineswegs als „Auszug ins gelobte Land", wie die Optionspropaganda großtönend angekündigt hatte. Viele stellten noch 1940 Rückoptions- und Rücksiedlungsanträge. Nach der Besetzung Italiens durch die deutsche Wehrmacht am 8. September 1943 und dem Beginn der „deutschen Zeit" in Südtirol nahm die Zahl der Anträge sogar noch zu. Für ihre Bearbeitung war wiederum die ADERST zuständig, die sie nur in seltenen Fällen positiv erledigte, so z. B. dann, wenn eine bestimmte Fachkraft in der Verwaltung gebraucht wurde. Grundsätzlich war die Rücksiedlung nicht gestattet.

Eine Verbesserung der Lebensverhältnisse erlebten die wenigsten. Tausende Männer waren im Krieg, während die Frauen an der „Heimatfront" einen tägli-

Der nach Salzburg abgewanderte Ahrntaler Alois Oberkofler (ganz rechts) mit Teilnehmerinnen eines an der landwirtschaftlichen Fachlehrschule abgehaltenen „Melkkurses", Salzburg 1949

chen Überlebenskampf führten. An das Leben in den Südtiroler Siedlungen, die sich zumeist am Stadtrand befanden, gewöhnten sich viele nur sehr langsam, fremde Mentalitäten waren ebenso ein Problem wie die ablehnende Haltung der Einheimischen.

So mancher Südtiroler verlor durch die Umsiedlung sogar seine Existenzgrundlage. Das transferierte Vermögen wurde ihnen vielfach nicht ausgezahlt, sondern auf Sperrkonten hinterlegt, wo es nach 1945 durch die Währungsreform praktisch vernichtet wurde. Oft ging Transportgut im allgemeinen Chaos verloren bzw. wurde arg beschädigt, und nicht selten lebten Umsiedler in einer provisorischen Bleibe, während ihre Möbel in einem feuchten Kellerdepot verrotteten.

Adalbert und Anna Rinner aus Latsch zogen mit ihren elf Kindern Anfang 1942 nach Holm bei Stein in Jugoslawien. Nach dem Krieg kamen sie als Flüchtlinge nach Osttirol, wo sie sich definitiv niederließen

Umsiedlungen im Vergleich

Die Umsiedlung Südtirol war nur ein Aspekt des umfangreichen NS-Programmes zur „ethnischen Flurbereinigung" Europas. In zwischenstaatlichen Vereinbarungen mit der Sowjetunion, Rumänien, Italien und Kroatien wurde die „Rückwanderung" der Angehörigen der deutschen Sprachminderheiten in Estland, Lettland, Litauen, Ostpolen, Bessarabien, der Nord- und Südbukowina, der Dobrudscha, der Gottschee und Bosnien beschlossen. Mehr als 500.000 Menschen mußten ihre Heimat verlassen, rund zwei Drittel davon wurden in annektierten polnischen Gebieten angesiedelt.

Was unterschied diese Umsiedlungen vom Fall Südtirol? In mehreren Fällen wurde der Bevölkerung kein Optionsrecht eingeräumt, sondern eine Zwangsaussiedlung durchgeführt. Wurde eine Option gewährt, so war diese so stark eingeschränkt bzw. dermaßen manipuliert, daß ein Vergleich mit Südtirol absolut unzulässig ist. Zusätzlich erhielten die Südtiroler ein viel größeres Mitspracherecht bei der Schätzung des Vermögens und der Wahl des geschlossenen Siedlungsgebietes.

Karte des Volksbundes für das Deutschtum im Ausland, Februar 1943

2. „Für Führer, Volk und Vaterland"

Südtirol im Zweiten Weltkrieg

Als das nationalsozialistische Deutschland am Morgen des 1. September 1939 mit seinem **Überfall auf Polen** den Zweiten Weltkrieg auslöste, befand sich Südtirol noch in relativ sicherem Abstand. Allerdings gab es hier Männer im wehrfähigen Alter, die im Zusammenhang mit der Option gerade die deutsche Staatsbürgerschaft beantragt hatten und schon bald in den Uniformen des Dritten Reiches am Krieg teilnahmen.

Die militärischen Anfangserfolge der Deutschen Wehrmacht veranlaßten im Juni 1940 auch den **Bündnispartner Italien** zum Kriegseintritt.

Ab der Jahreswende 1942/43 war die Lage der Deutschen aussichtslos. Trotz fortgesetzter Propagierung von Siegeszuversicht sank die Stimmung in der Bevölkerung rapide. Auch in Südtirol suchte man immer häufiger Wege, um einer Einberufung zu entgehen. Verstärkt wurde diese Tendenz durch die Möglichkeit für Dableiber, sich relativ unkompliziert vom Kriegsdienst im italienischen Heer freistellen zu lassen.

Nach dem 8. September 1943 geriet auch Südtirol in den Sog des totalen Krieges. Mit der Bildung der Operationszone Alpenvorland sicherte sich das Dritte Reich Zugriff auf alle menschlichen und materiellen Ressourcen des Landes. Unnachsichtige **Einberufung aller Südtiroler**, die Verpflichtung zum Arbeits- und Lazarettdienst, zur Ablieferung von Vieh und Lebensmitteln, die Rationierung der Konsumgüter und das Einsetzen der Bombardierungen weckten auch in Südtirol Unmut und Protest. Einige Südtiroler widersetzten sich der Einberufung oder desertierten und versteckten sich in den Bergen. Sie wurden unerbittlich verfolgt und hingerichtet, ihre Angehörigen kamen ins Gefängnis oder ins **Polizeiliche Durchgangslager** in Bozen.

Am 2. Mai 1945, einige Tage früher als im übrigen Europa, war in Südtirol der Krieg zu Ende. In den letzten Kriegstagen kam es in einigen Orten Südtirols noch zu blutigen Zusammenstößen zwischen deutschen Wehrmachtssoldaten, italienischen Partisanen und deutsch- und italienischsprachiger Zivilbevölkerung – erste Anzeichen für die Schwierigkeiten eines friedlichen und demokratischen Neubeginnes.

Abfahrt von Wehrpflichtigen am Brixner Bahnhof, 1940/41

Fulminanter Auftakt – baldige Ernüchterung
Der Ausbruch des Krieges

Am 1. September 1939 um 4. 45 Uhr griff das nationalsozialistische Deutschland mit seiner Luftwaffe und seinen Panzereinheiten Polen an und löste damit den Zweiten Weltkrieg aus. Aus seinen Kriegsplänen hatte Hitler nie ein Geheimnis gemacht, sie standen in „Mein Kampf" bereits schwarz auf weiß. Mit der nationalsozialistischen Machtergreifung im Jänner 1933 begann die systematische Aufrüstung, 1935 wurde sie zum offiziellen Programm erhoben. Die expansionistischen und rassenideologischen Ziele stellten seit 1937/38 das bestimmende „Bewegungsgesetz" des nationalsozialistischen Reiches dar. Um die Gefahr eines Zweifrontenkrieges zu vermeiden, hatten Hitler und Stalin – zur Überraschung der internationalen Öffentlichkeit – am 23. August 1939 einen Nichtangriffsvertrag abgeschlossen, der sie zu gegenseitiger Neutralität im Kriegsfall verpflichtete. In einem geheimen Zusatzprotokoll wurden darüberhinaus deutsche und sowjetische „Interessensphären" in Osteuropa festgelegt.
Entgegen Hitlers Erwartungen ließ sich Großbritannien durch den deutsch-sowjetischen Vertrag aber nicht davon abhalten, seine Garantieerklärung für Polen einzulösen, und erklärte, gemeinsam mit Frankreich, Deutschland am 3. September den Krieg. Trotz der Kriegserklärung kam es jedoch zu keiner unmittelbaren militärischen Unterstützung Polens – eine Offensive an der Westfront blieb aus.
Der schnelle Sieg in Polen – am 28. September kapitulierte die Hauptstadt Warschau – schien das deutsche „Blitzkriegskonzept" zu bestätigen.

Einrücken zur Deutschen Wehrmacht am Brixner Bahnhof, 1940/41

Euphorie der schnellen Siege

Der Ausbruch des Krieges sorgte auch in Südtirol für Aufregung. Mit dem allgemeinen Begeisterungstaumel im Deutschen Reich zwar nicht vergleichbar, war doch eine breite Bewunderung für die Schlagkraft der Deutschen Wehrmacht offenkundig. Zahlreiche Südtiroler meldeten sich in den ersten Kriegsmonaten freiwillig zum Kriegsdienst in der Deutschen Wehrmacht. Willy Acherer beschreibt die Stimmung zu Kriegsbeginn in seinen Erinnerungen: „Wo ein deutsches Herz schlug, jubelte alles voller Begeisterung, und dazu gehörten auch wir Jungen, die mit Sehnsucht darauf warteten, auch in dieser siegreichen deutschen Wehrmacht eingereiht zu werden. (…) Freiwillig war die Zugehörigkeit zu meiner späteren Einheit und freiwillig jeder Spezialeinsatz." Sepp de Giampietro erinnert sich auf ähnliche Weise: „Damals zählte nur die Uniform. Wer eine trug, war ein rechter Mann, der in Zivil herumlief, ein mieser Tropf." In einem Brief, den er Anfang 1940 aus dem Reich an seine Eltern schrieb, heißt es: „Ich schäme mich, als Zivilist herumzulaufen."
Die sofortige Entlassung aus dem italienischen Militär und die Überstellung zur Deutschen Wehrmacht für jene jungen Südtiroler, die ihre Optionsentscheidung als Soldaten trafen und in der Mehrheit die italienische Uniform durch die deutsche ersetzen wollten, brachte dem Dritten Reich Soldaten und den jungen Südtirolern das Gefühl, endlich aktiv an der großen Geschichte teilhaben können. Bis Ende Juli hatten sich bereits über 4.000 Südtiroler freiwillig zur Wehrmacht und über 1.000 zur SS und zur Polizei gemeldet. Die meisten Freiwilligenmeldungen gab es in den Jahren 1940/41, als noch niemand an einem nahen Endsieg zu zweifeln wagte.

Frühe Weitsicht

Es gab aber auch unter den Südtirolern einige, die sich nicht von der Kriegseuphorie mitreißen ließen, sondern der Zukunft mit Sorge entgegensahen. Herr Gostner aus Latzfons, damals 17 Jahre alt, erinnert sich an den Besuch eines Bekannten am 3. September 1939. Auf die Frage der Mutter: „Was gibt es Neues?" antwortete er: „Nichts Gutes, überall ist Krieg." Bei den älteren Jahrgängen dürfte auch die noch nicht verblaßte Erinnerung an den Ersten Weltkrieg dazu beigetragen haben, daß Ängste und Unsicherheiten stärker waren als Jubel und Begeisterung.
Spätestens seit dem Jahr 1942 ließ die allgemeine Begeisterung merklich nach, und viele versuchten durch Beziehungen und Bestechungen einen Aufschub oder gar eine Freistellung vom Kriegsdienst zu erreichen. Der Unmut vieler Optanten wurde zudem dadurch geschürt, daß die Dableiber – trotz der italie-

Betti Kerer mit Sohn Rudi, der später im Krieg fallen sollte

Folgende Seiten: Einsatz gegen Partisanen am Monte Maggiore im Fleimstal, April 1944

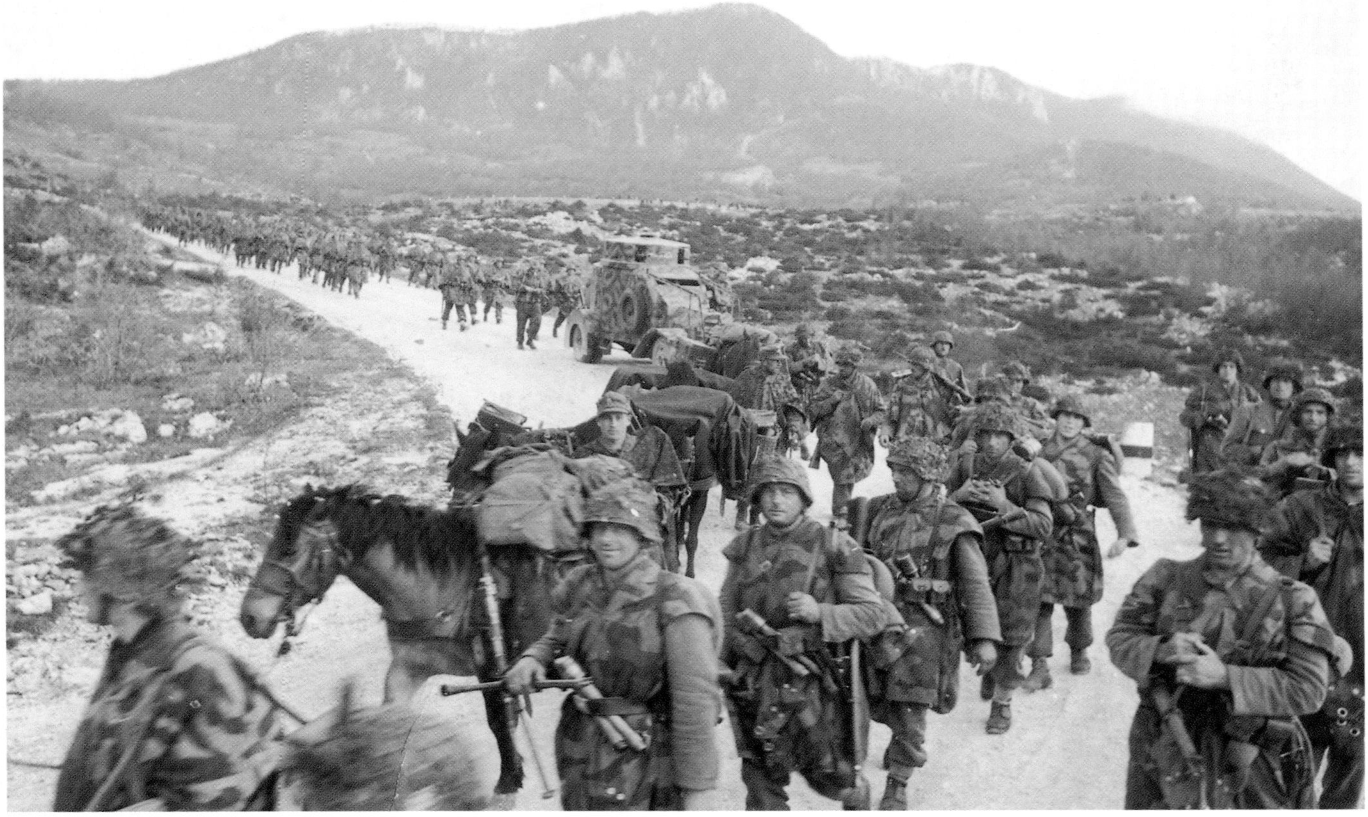

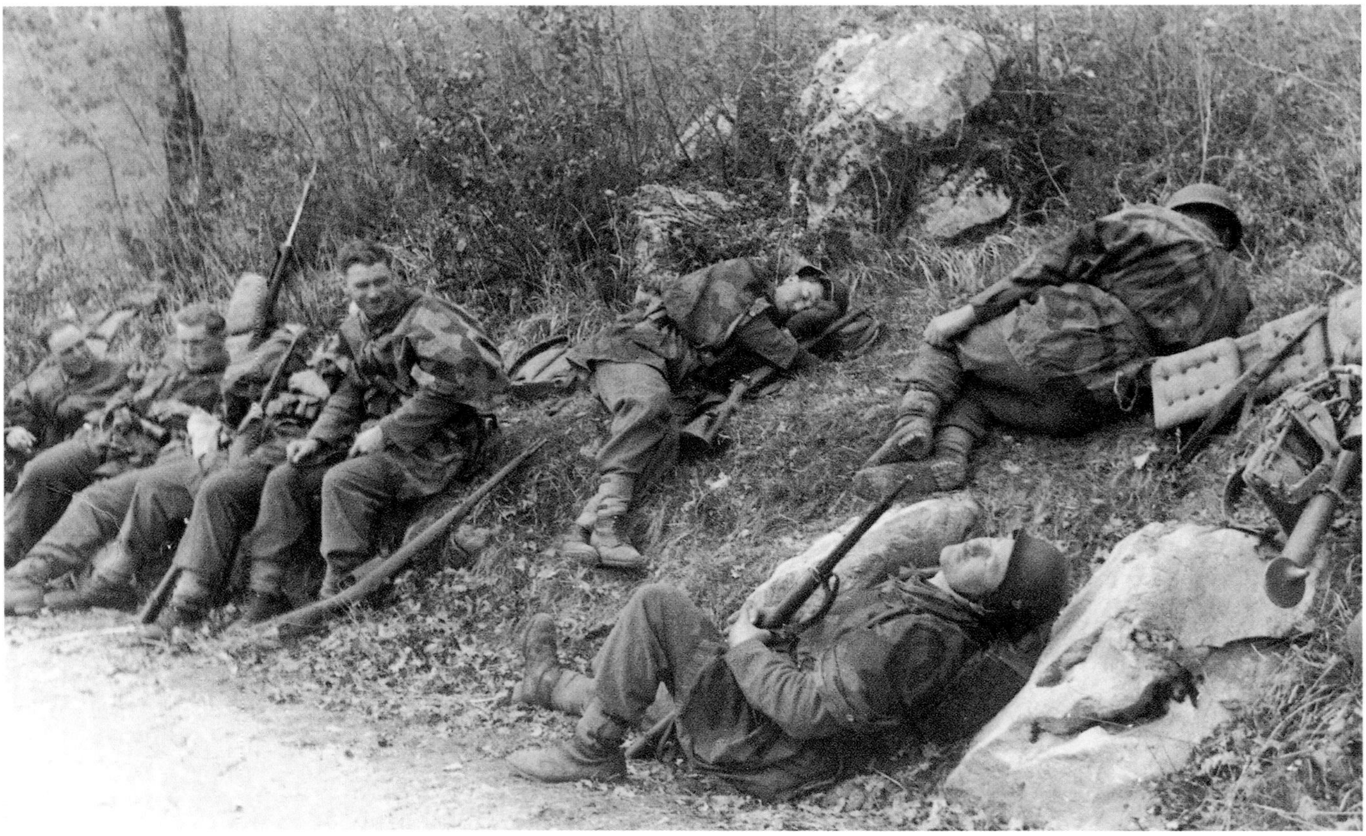

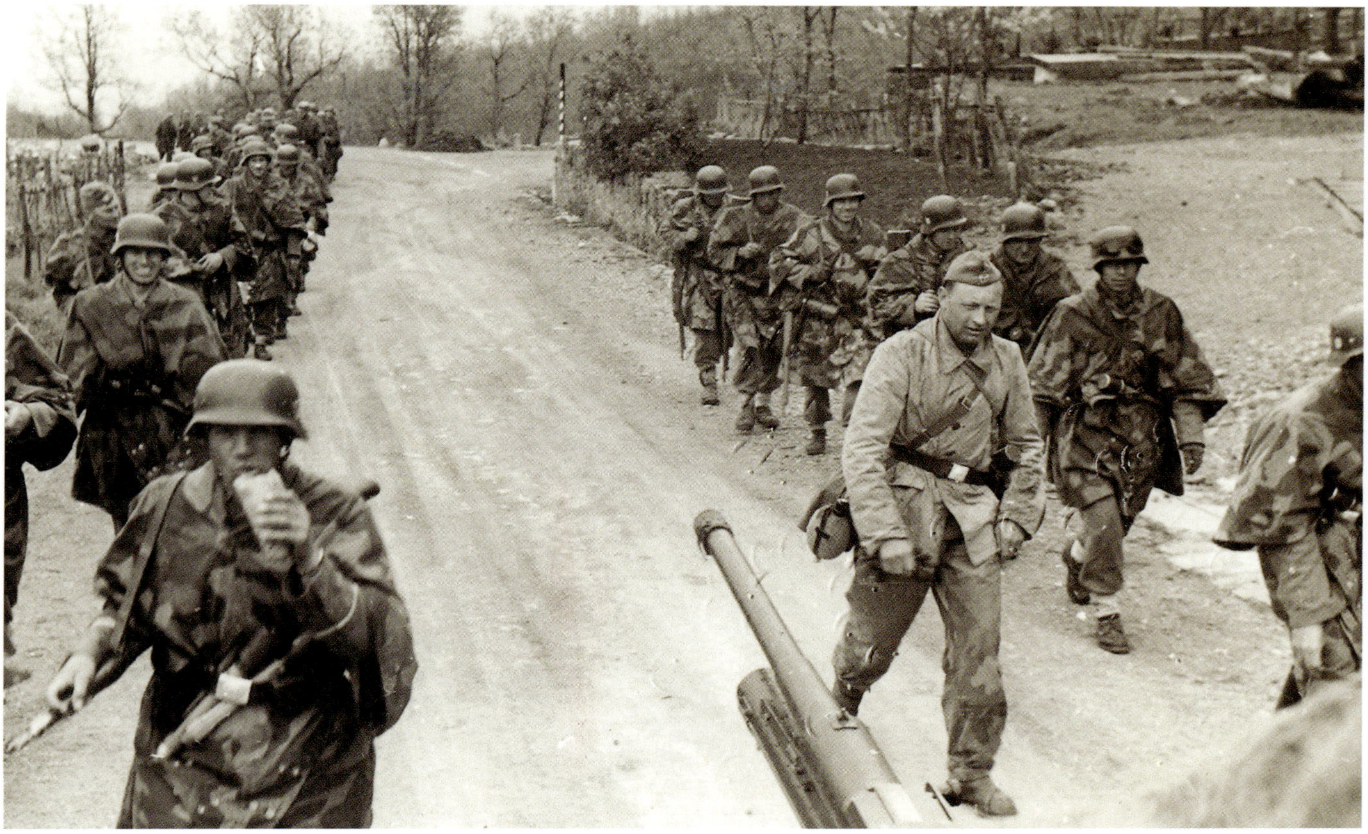

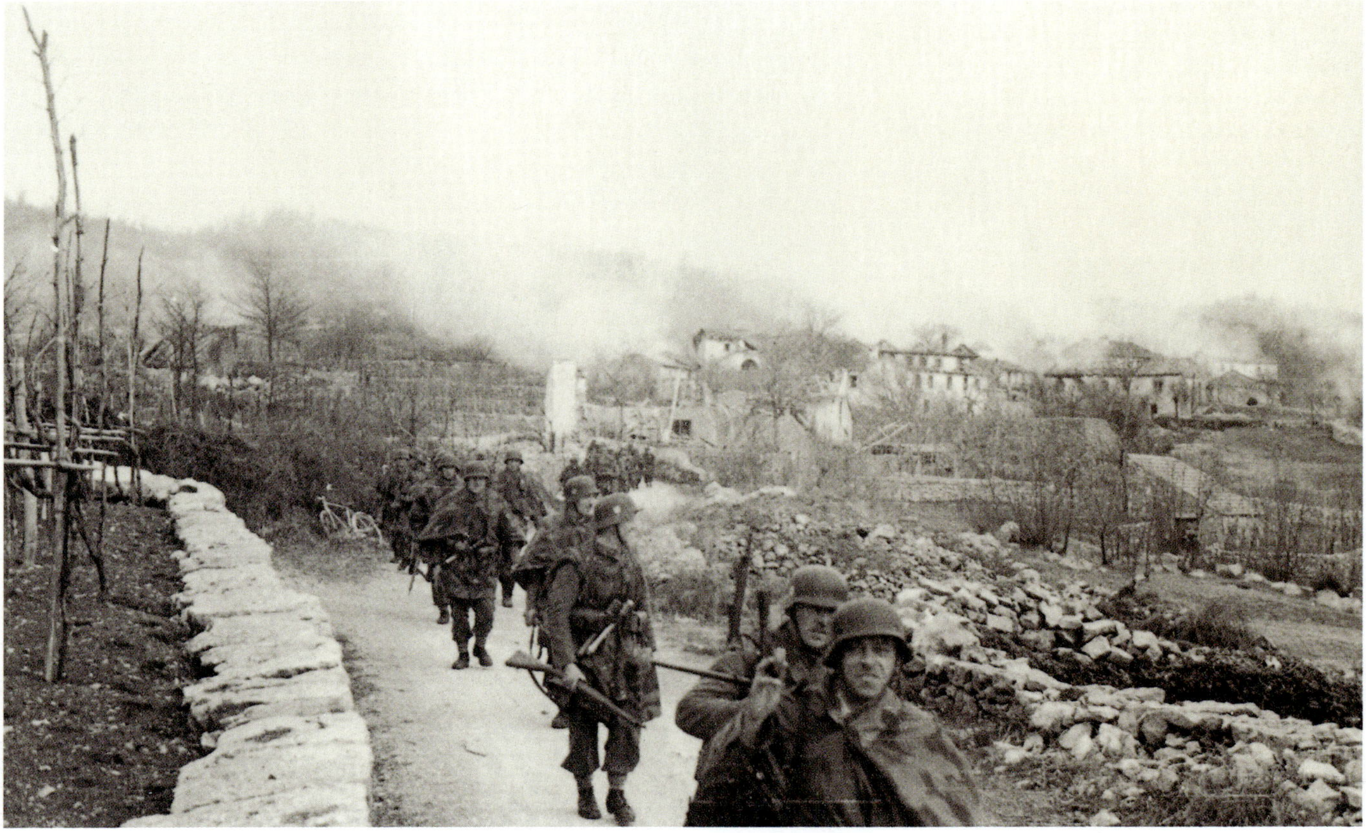

Auf geht's Alpenjager

Hoch über die spanischen Grenzen
mit den Mulisgeschwadern vereint.
Die Füße voll Blasen gelaufen
marschieren wir gegen den Feind.
Auf geht's deutsche Alpenjager,
ihr Rucksackträger der Nation.
Für Dörrgemüse und für Käse
marschieren wir seit Jahren schon.
Auf geht's Alpenjager!
Vorwärts, im Kampfe
sind wir stets allein.
Und die Bonzen,
die fahren mit den Autos hintendrein
und rufen, auf geht's Alpenjager.

Häufig wurden bekannte Lieder, hier das Soldatenlied „Vorwärts Legionäre", mit einem neuen Text versehen und zirkulierten unter Soldaten, die sich mit diesem bissig-ironischen Ton ein Ventil für ihren Unmut schafften.

Proleten und Schleifer

Josef Mall beschreibt den Drill während der Ausbildungszeit als Soldat:
„Ach Gott! Es waren grausige Wochen. Was man da an unflätigsten Ausdrücken seitens der Ausbildner hörte, die Feder sträubt sich das niederzuschreiben. Die Persönlichkeit, das Selbstbewußtsein, selbständiges Denken sollten ausgerottet werden. Proleten, Schleifer waren sie. Der übelste Feldwebeljargon in österreichischem Mund für Südtiroler, die wir nur in Liebe und Verehrung an Österreich gedacht hatten, es war niederschmetternd."

Ausbildung von Soldaten in Jenesien

Verwundete berichten Südtiroler „Jungmannen", Schülern in Rufach, von ihren Erlebnissen an der Ostfront. Reservelazarett Marbach, September 1941

---

nischen Kriegsbeteiligung – kaum oder nur für kurze Zeit zum Kriegsdienst herangezogen wurden. In vielen Fällen wurde etwa durch den Abschluß eines Scheinvertrages der betreffende junge Mann zum Inhaber oder Pächter eines landwirtschaftlichen Betriebes erklärt, was die Freistellung vom Kriegsdienst im italienischen Heer bedeutete. In einem AdO-Bericht aus dem Jahr 1940 wird zur abnehmenden Kriegsbegeisterung und zunehmenden „Drückebergerei" festgestellt: „Der Großteil der Zurückgebliebenen wird bestimmt einen stichhaltigen Grund aufweisen können, eine beträchtliche Anzahl aber wird aus Angst vor dem Militärleben, aus Angst vor dem Krieg oder gar, was das Schlimmste ist, aus versuchter oder gewohnter Drückebergerei nicht gefahren sein."

Extremerfahrung Krieg
Zwischen Abenteuer und Leid

Die Einberufung zum Krieg bedeutete für die jungen Männer einen nachhaltigen Bruch in ihrer Biographie, wodurch das Bedürfnis nach Dokumentation und persönlicher Verarbeitung der Kriegserfahrung aufkam: Mehrere Tagebücher von Südtiroler Soldaten beginnen mit dem Datum der Einberufung. Die Erfahrungen und Erlebnisse, die meist täglich festgehalten wurden, waren höchst unterschiedlich: Sie reichen von den spannenden Abenteuern, der Faszination der Motor- und Waffentechnik bis zu grausamer Gewalt und enormem Leid. Auch die „Ruhepausen" des Krieges, während der Ausbildung oder bei Bewachungsaufgaben im Hinterland, werden von vielen als vergnügliches Leben im kameradschaftlichen Männerbund, in dem zudem eine bis dahin kaum gekannte sexuelle Freizügigkeit herrschte, beschrieben, während andere die Eintönigkeit des mehr oder weniger mechanischen und stumpfen Tagesablaufes zwischen Schießübungen und Wachestehen betonen. Je nachdem, wann und wo die Soldaten eingesetzt waren, zeigte der Krieg sehr verschiedene Gesichter und wurde entsprechend unterschiedlich erlebt.

Auf jeden Fall begann für die jungen Männer mit dem Eintritt in den Kriegsdienst ein neuer Lebensabschnitt, der sich von den bisherigen Erfahrungen deutlich abgrenzte. Die Geschichten vom Überleben an der Front, die Reise in ferne, unbekannte Gebiete, die Erfahrung von völliger Einsamkeit und zwanghafter Gemeinschaftlichkeit sind Facetten einer Erfahrungsdimension, die eine ganze Generation geprägt hat und doch sehr individuelle Züge trägt. Insgesamt bewegen sich die Erfahrungen im Krieg in einem Spannungsverhältnis von Aktivismus und Ohnmacht: Ob es die eigene Geschicklichkeit und Schläue, die Unterstützung der Kameraden oder einfach unerklärliches schicksalhaftes Glück oder Pech war – die Jahre im Krieg waren von dauernder Anspannung, Aufmerksamkeit und Aktivität geprägt und doch immer mit dem Bewußtsein verknüpft, daß die Fäden „von irgendwo ganz oben" gezogen werden.

Heimat und Front

Die Soldatenzeitung „Brief aus der Heimat", die von der Südtiroler Volksgruppenführung herausgegeben wurde, berichtete in ihren Artikeln den Soldaten über Festveranstaltungen und den Kriegseinsatz der „inneren Front", vor allem aber brachte sie ideologische Appelle, in denen unermüdlich betont wurde, daß der Kampf der Südtiroler Soldaten an allen Fronten als heldenhafter Einsatz für die eigene Heimat und größte Verpflichtung und Ehre zu verstehen sei. Die Soldaten seien Helden und Vorbilder, denen die Heimat zu ewigem Dank verpflichtet sei.

Die andere Seite der Medaille war die permanente und fast lückenlose Kontrolle der Bevölkerung, um Kriegsmüdigkeit und Defaitismus bereits im Keim zu ersticken. Die AdO hatte seit Ende 1941 den „Eil-Nachrichtendienst" auf- und ausgebaut. Es handelte sich dabei um ein engmaschiges Überwachungsnetz, da die AdO in jedem Dorf ihre Vertrauensleute hatte, die regelmäßig über die Stimmung der Bevölkerung allgemein und über die Haltung einzelner Personen berichteten. Tatsächlich hatte die AdO-Führung gerade wegen ihrer Einberufungspraxis auch in den Augen vieler Optanten sehr an Glaubwürdigkeit verloren. Über die Einberufung der Südtiroler entschieden zwar in letzter Instanz reichsdeutsche Stellen, die politische Beurteilung durch den Ortsvertrauensmann bzw. den Kreisleiter hatte aber für die sofortige Einberufung oder eine zeitweilige oder völlige Zurückstellung eines Burschen großes Gewicht. Die Klagen über Ungerechtigkeiten und Undurchsichtigkeit der Einberufungen häuften sich.

Kriegshochzeit im Vinschgau

Geburtstagsfeier für den Führer in Brixen, 1940

Kriegsschiff „Atenia" und englischer Panzer beim Egetmann-Faschingsumzug in Tramin, 1943/44

Alltag im Krieg

Der Krieg war nicht nur Sache der politischen Führung und der Soldaten, sondern betraf das gesamte zivile Leben. Auch wenn es in Südtirol zwischen 1939 und 1945 nie zu einer solchen Lebensmittelknappheit wie während des Ersten Weltkrieges kam, so stand der Alltag doch ganz im Zeichen des Krieges. Zur Rationierung zahlreicher Konsumgüter kam die Ablieferungs- und Stellungspflicht von Vieh und Lebensmitteln. Nahezu alle Lebens- und Arbeitsbereiche wurden in den Dienst des Krieges gestellt. In den Sprachkursen für Optanten markierten die Kinder den Frontverlauf mit bunten Fähnchen. Frauen und Mädchen wurden zur Betreuung der Soldaten herangezogen: Sie leisteten Dienst in Lazaretten, betreuten durchfahrende Soldaten direkt am Bahnhof, organisierten kulturelle Veranstaltungen zur Unterstützung der Soldaten, strickten und nähten „Liebesgaben" für die Soldaten an der Front und schrieben ihnen regelmäßig aufmunternde Briefe.

Ritterkreuzträger Valtiner auf Besuch in Südtirol wird von Südtiroler „Mädelführerinnen" umringt

Kriegsweihnachten in Schluderns

Geschenke für arme Familien von Soldaten

„Zigarettenstecken" für die Soldaten

Briefe von der Front

„Rußland, den 23. 12. 1941

Als Kompaniechef Ihres Sohnes habe ich die traurige Pflicht, Ihnen mitteilen zu müssen, daß dieser brave und tapfere Junge in der Ausübung seiner Pflicht als Soldat im Kampf für Führer und Vaterland den Heldentod gefunden hat. Die Kompanie verlor an ihm einen ihrer tüchtigsten und zuverlässigsten Soldaten, sein Andenken wird deshalb in seiner Kompanie weiterleben und beispielgebend bleiben. Ich bitte Sie, mein und der ganzen Kompanie tiefgefühltestes Beileid zu diesem für Sie so schweren Verlust entgegennehmen zu wollen; gleichzeitig versichere ich Ihnen, daß wir Ihrem Sohn eine seinem Heldenmut würdige Grabstätte bereitet haben. Heil Hitler!
Zimmermann, Hauptmann und Chef der Stabs.Kp."

„Einheit Feldpost Nr.03272 B – O.U., den 9. 6. 1944

Als Führer der Kompanie muß ich Ihnen die traurige Mitteilung machen, daß Ihr Mann Rudolf G. am 2. 6. bei einem Feuergefecht mit bolschewistischen Banden verwundet und am 3. 6. 1944 um 20. 20 Uhr im Lazarett seinen Verletzungen erlegen ist. Ihr Mann wurde am 4. 6. 1944 mit allen militärischen Ehren beigesetzt. Wir alle nehmen an Ihrem Schmerz besonders teil, weil er einer von den Besten war. Einer, der in jeder Stunde pflichtbewußt und mutig, getreu seinem Fahneneide seine Pflicht erfüllte, als einer von Deutschlands Söhnen für unseren Führer und Großdeutschland. Sein Heldentod ist uns allen Verpflichtung und hat unseren Willen nur noch bestärkt, unseren Kampf mit unerbittlicher Härte bis zum siegreichen Ende weiterzuführen. Die Nachlaßsachen Ihres Mannes werden Ihnen umgehend zugestellt werden. Heil Hitler! Ihr Knauß, Obltn. u. Kp.Fhr."

Totaler Krieg
Stalingrad und die Folgen

Im November 1942 wurde eine deutsche Armee mit über 250.000 Soldaten bei Stalingrad von sowjetischen Truppen eingeschlossen. Trotz der auswegloser Lage hielt sich die deutsche Armeeführung unter Generalfeldmarschall Paulus an Hitlers Verbot zur Kapitulation. Um jeden Preis durchhalten, lautete die ausgegebene Devise, die rund 90.000 Soldaten auf deutscher Seite das Leben kostete. Etwa ebenso viele gerieten bei der Kapitulation, die Ende Jänner 1943 schließlich unausweichlich wurde, in Gefangenschaft. Die Niederlage von Stalingrad wurde in der Folge zum Synonym für die militärische Wende. Die Meldungen über deutsche Kriegserfolge gehörten zwar weiterhin zum fixen Bestandteil der nationalsozialistischen Wochenschauen, in Wirklichkeit befanden sich die deutschen Truppen aber überall im Rückzug.
Nach der Landung der alliierten Truppen in Nordafrika trafen sich im Jänner 1943 die USA und Großbritannien auf der Konferenz von Casablanca, um das

Begeisterung mit Schattenseiten

„Am 25. 7. hieß es, dass Mussolini gestürzt worden sei. (…) Das Kartenhaus ist zusammengebrochen. Einige Tage erleben wir den Einmarsch der deutschen Truppen und die planmäßige Besetzung. Das hätten wir uns anders gedacht. Natürlich ist die Begeisterung riesengroß, aber alles hat auch eine Schattenseite. Den ganzen Tag stehen sie an der Straße, die durchziehenden Truppen mit Unmassen von Obst, Wein und Zigaretten zu empfangen. Wenn es dann abends Einquartierung gibt, dann sieht man wohl keinen deutschen Soldaten, der noch nüchtern wäre. Die Italiener haben eine Stinkwut und ziehen nun auch Militär hierher. Es gibt manchmal Reibereien und kleine Schießereien, aber die Macht ist vollkommen auf deutscher Seite. Der deutsche Soldat wird aus Südtirol nicht wieder hinausgehen. Wir werden ja sehen. Das Schicksal hat seinen Lauf. Auch hier wird bald Kriegsgebiet, und dann kommen die Leiden." Aus den Erinnerungen von Robert von Fioreschy, im Zweiten Weltkrieg Soldat bei der Deutschen Wehrmacht, später Landesrat für Industrie, Handwerk und Fremdenverkehr und in den 70er Jahren Präsident der Handelskammer.

weitere Vorgehen im Mittelmeerraum zu planen. Bei dieser Zusammenkunft wurde erstmals die Forderung nach der „bedingungslosen Kapitulation Deutschlands" formuliert.

Angesichts dieser militärischen Niederlagen verkündete Propagandaminister Joseph Goebbels am 18. Februar 1943 in seiner berühmt gewordenen Rede im Berliner Sportpalast die Parole vom totalen Krieg und schrie in die Zuhörermenge: „Ich frage euch: Wollt ihr den totalen Krieg? Wollt ihr ihn, wenn nötig, totaler und radikaler, als wir ihn uns heute überhaupt noch vorstellen können?" Die jubelnde Zustimmung, die uns als Antwort überliefert ist, konnte allerdings an der weiteren Entwicklung des Krieges nichts ändern.

Die in Nordafrika kämpfenden deutschen und italienischen Truppen wurden bei El Alamein in Ägypten geschlagen und kapitulierten im Mai 1943.

Dies war die Voraussetzung für die Landung der angloamerikanischen Truppen auf Sizilien, die damit eine italienische Front eröffneten und in Italien entscheidende innenpolitische Veränderungen in Gang setzten. Mussolini wurde im Juli 1943 vom König verhaftet, die Regierungsgeschäfte an Marschall Badoglio übertragen. Die Regierung Badoglio nahm unverzüglich Waffenstillstandsverhandlungen mit den Alliierten auf, und am 8. September wurden der Waffenstillstand und der Kriegseintritt Italiens auf der Seite der Alliierten offiziell verlautbart.

Für die „Volksgruppenführung" der AdO war der Einmarsch der deutschen Truppen in Südtirol noch in der Nacht auf den 9. September 1943 das Ereignis, das man seit 1939 herbeigesehnt hatte: der erhoffte Anschluß an das Großdeutsche Reich. Darüber hinaus lenkte die erste Welle der Euphorie, die sich unter der Bevölkerung breitmachte, von der zunehmenden Kriegsmüdigkeit und wachsender Kritik an der AdO-Führung ab.

Deutscher Einmarsch

Als die deutschen Truppen in der Nacht auf den 9. September 1943 das Land besetzten, kam es in einzelnen Ortschaften Südtirols zwar zu kurzen Feuergefechten zwischen italienischem Militär und Wehrmacht, aber nirgendwo gab es breiten Widerstand.

Mit der Bildung der Operationszone Alpenvorland am 10. September wurden die politischen Voraussetzungen geschaffen, um auch in Südtirol alle zur Verfügung stehenden Kräfte für den totalen Krieg zu mobilisieren. Entsprechende Verordnungen des Obersten Kommissars Franz Hofer verpflichteten Bewohner und Bewohnerinnen der Operationszone zur Stellung von Unterkünften, Verpflegung und Überlassung verschiedener Gebrauchsgegenstände für die militärischen Truppen.

Ideologische Kriegsführung

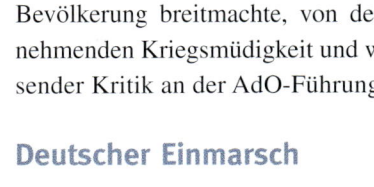

In einer Konferenz am 4. Jänner 1943 legte der Reichspropagandaminister Joseph Goebbels ein Konzept der ideologischen Kriegsführung vor. Auf dieser Konferenz setzte Goebbels die Kernsätze fest, die dem Volk einzuhämmern waren: 1.) Der Krieg ist dem deutschen Volk aufgezwungen worden. 2.) Es gehe in diesem Krieg um Leben oder Sterben. 3.) Es gehe um die totale Kriegsführung.

Die Rede vom 18. Februar im Berliner Sportpalast wurde von allen deutschen Rundfunksendern ausgestrahlt. Goebbels u.a.: „Es geht nicht mehr an, das Kriegspotential nicht nur unseres eigenen Landes, sondern der uns zur Verfügung stehenden Teile Europas nur flüchtig und an der Oberfläche auszuschöpfen. Es muß ganz zur Ausschöpfung gelangen, und zwar so schnell und gründlich, als das organisatorisch und sachlich überhaupt denkbar ist. Hier wäre eine falsche Rücksichtnahme ganz fehl am Platz. (...) Das Problem heißt: Freimachung von Soldaten für die Front, Freimachen von Arbeitern und Arbeiterinnen für die Rüstungswirtschaft. Diesen beiden Zielen müssen alle anderen Zielen untergeordnet werden. (...) Es müssen im Rahmen dieser Aktion Hunderttausende von Uk.-Stellungen in der Heimat aufgehoben werden (...)"

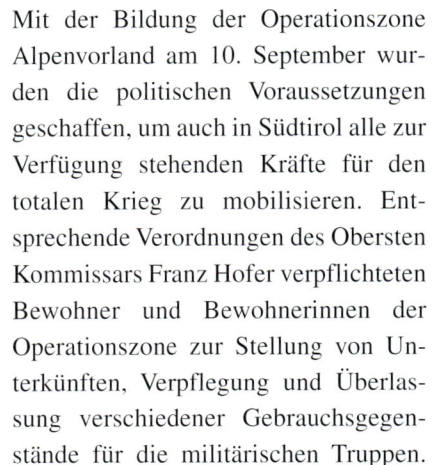

Abmarsch von Bozen zum Kriegseinsatz 1944

Die ersten deutschen Sodaten in Brixen, September 1943

Einzug der Deutschen Wehrmacht bei Puntnofen/Kardaun

Das Polizeiregiment Brixen im Schulhof der heutigen Mittelschule „Oswald von Wolkenstein"

Trentiner Partisanen auf dem Monte Consiglio, Hochebene von Asiago

Außerdem kam es zur „Erfassung der nicht in Arbeit stehenden Arbeitskräfte": Frauen zwischen 18 und 45 sowie Männer zwischen 16 und 60 Jahren konnten zum Arbeitsdienst eingezogen werden.

Die einschneidendste Verordnung sah die Ausweitung der Wehrpflicht auf die Jahrgänge 1894 bis 1926 bzw. 1927 vor, und zwar unabhängig von ihrer Staatsbürgerschaft. Damit wurden auch die Dableiber – völkerrechtswidrig – in die Reihen der nationalsozialistischen Truppen gezwungen. Viele Optanten interpretierten die Einberufung der Dableiber als endlich hergestellte Gerechtigkeit und Gleichbehandlung, von den Dableibern hingegen wurde sie als großes Unrecht empfunden.

Partisanenbekämpfung

Südtiroler Polizeiregimenter

Ab November 1943 wurde mit der Aufstellung der Polizeiregimenter begonnen, die vorwiegend zu Überwachungsaufgaben, aber auch zur Partisanenbekämpfung innerhalb der Operationszonen eingesetzt wurden. Insgesamt wurden im Zeitraum vom November 1943 bis Oktober 1944 vier Polizeiregimenter gebildet: die Polizeiregimenter Bozen, Alpenvorland, Schlanders und Brixen. Vor allem in den zuletzt gebildeten Einheiten Schlanders und Alpenvorland war der Anteil der widerrechtlich eingezogenen Dableiber relativ hoch.

Razzien in Belluno

In der Provinz Belluno hatte sich gegen die nationalsozialistische Besatzung eine recht aktive Partisanenbewegung gebildet. Das 2. Bataillon des Polizeiregimentes Bozen wurde zur Partisanenbekämpfung dorthin geschickt und führte allein zwischen März und Dezember 1944 85 Einsätze durch. Eine großangelegte Razzia fand am 20. und 21. August in der Valle del Biois statt. Deren Bilanz: niedergebrannte Dörfer und 46 Tote unter Partisanen und Zivilbevölkerung. Auch Südtiroler Soldaten waren an diesem Massaker beteiligt.

Andererseits gab es in den Polizeiregimentern – vor allem im später gebildeten Pol.-Rgt. Alpenvorland mit einem hohen Dableiberanteil – auch Menschen, die versuchten, Kontakte mit der einheimischen Zivilbevölkerung und Partisanen aufzunehmen, um sie gegebenenfalls rechtzeitig vor geplanten Razzien zu warnen.

Via Rasella

Im Februar 1944 wurde das 3. Bataillon des Polizeiregimentes Bozen nach Rom verlegt. Es sollte dort Überwachungs- und Ordnungsfunktionen übernehmen und dabei behilflich sein, die Fiktion einer „freien Stadt" aufrechtzuerhalten. Am 23. März fiel ein Teil der Einheit (die 11. Kompanie) beim Marsch durch die Via Rasella einem Partisanenanschlag zum Opfer; 33 Soldaten starben. Schon am nächsten Tag wurde eine brutale „Vergeltungsaktion" durchgeführt: Unter dem Kommando des SS-Obersturmbannführers Herbert Kappler wurden in den Fosse Ardeatine etwas außerhalb Roms 335 Geiseln erschossen. Die Opfer waren Menschen, die man in den Gefängnissen der Stadt zusammengesammelt hatte; durchgeführt wurde die Massenerschießung von Kräften des Sicherheitsdienstes. Die Männer des Polizeiregimentes, die man zunächst mit dieser Aktion betrauen wollte, waren schließlich aufgrund ihres tiefen katholischen Glaubens für ungeeignet befunden worden.

Die Begräbnisfeierlichkeiten für die 33 toten Südtiroler fanden am 25. März im Beisein höchster faschistischer und nationalsozialistischer Würdenträger auf dem deutschen Heldenfriedhof in Rom statt.

Sterbebild eines beim Partisanenanschlag auf das Bozner Polizeiregiment in der Via Rasella in Rom gefallenen Sarners

Eidesverweigerung in Brixen

Das Pol.-Rgt. Brixen wurde als letztes Anfang 1945 aufgestellt. Es bestand zu einem guten Teil aus älteren Jahrgängen, darunter auch Kriegsversehrte, die für den unmittelbaren Fronteinsatz nicht mehr in Frage kamen. Am Tag, an dem die Vereidigung stattfinden sollte, war es kalt, es gab Bombenalarm, und die Soldaten mußten lange Zeit auf dem Appellplatz stehen. Als sie dann endlich die Eidesformel nachsprechen sollten, blieb es still. Die Folge: Das Regiment wurde nach Schlesien strafversetzt; wenige kehrten von diesem Einsatz zurück.

„Erlebnis" Bombenkrieg

Der Luftkrieg hat die kollektive Erinnerung der Nachkriegszeit nachhaltig geprägt, da er jener Aspekt des Krieges war, der die Zivilbevölkerung unmittelbar betraf. In Südtirol begannen die Bombardierungen im Herbst 1943. Die Alliierten hatten die Landoffensive in Norditalien auf das Frühjahr 1945 verschoben und begannen statt dessen mit der Bombardierung der Brennerbahnlinie, der als Nachschublinie große strategische Bedeutung zukam. Südtirol war somit nur punktuell vom Bombenkrieg betroffen. An den neuralgischen Punkten der Bahnstrecke kam es jedoch zu zahlreichen Angriffen mit beträchtlichen Zerstörungen.

In Südtirol war man auf den Luftkrieg kaum vorbereitet. Erst seit Ende 1942 waren einige, technisch veraltete, Stellungen der DICAT auf dem Virgl, auf Kohlern, dem Salten und dem Penegal aufgestellt worden, die dann nach dem 8. September durch effizientere FLAK-Stationen ersetzt wurden.

Die ersten Bomben fielen am 2. September 1943 auf die Bahnanlagen in Bozen und zerstörten die Eisenbahnbrücke. Bis zum Jahresende wurden noch sieben weitere Angriffe auf die Bozner Bahnhofsgegend und zwei in Auer gestartet. Der schwerste Angriff fand am 2. Dezember statt, bei dem es laut offiziellem Bericht

Folgende Seiten: Bombenschäden in Bozen, 1943

Bergung eines abgestürzten amerikanischen Bombers in Göflan, Mai 1943

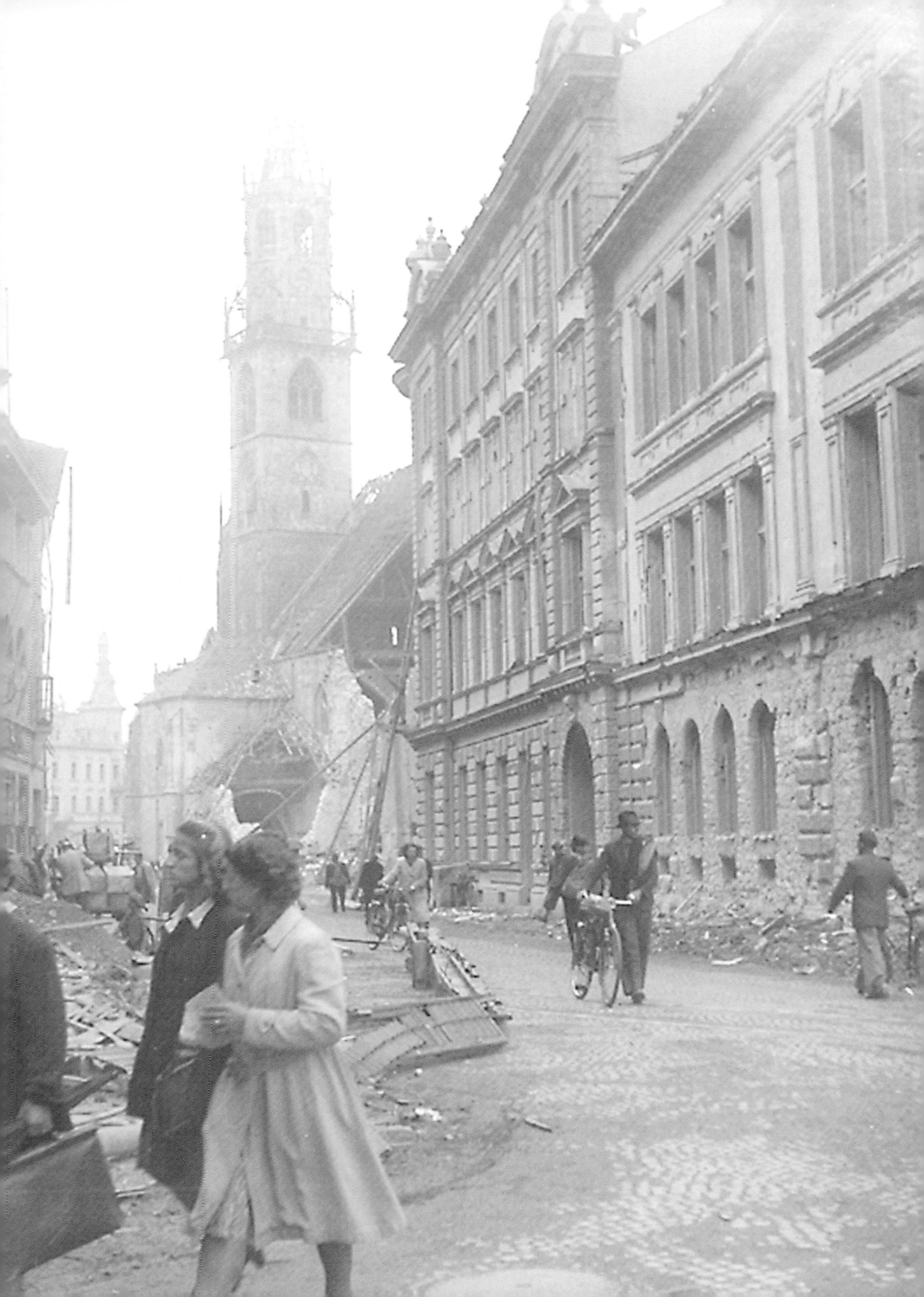

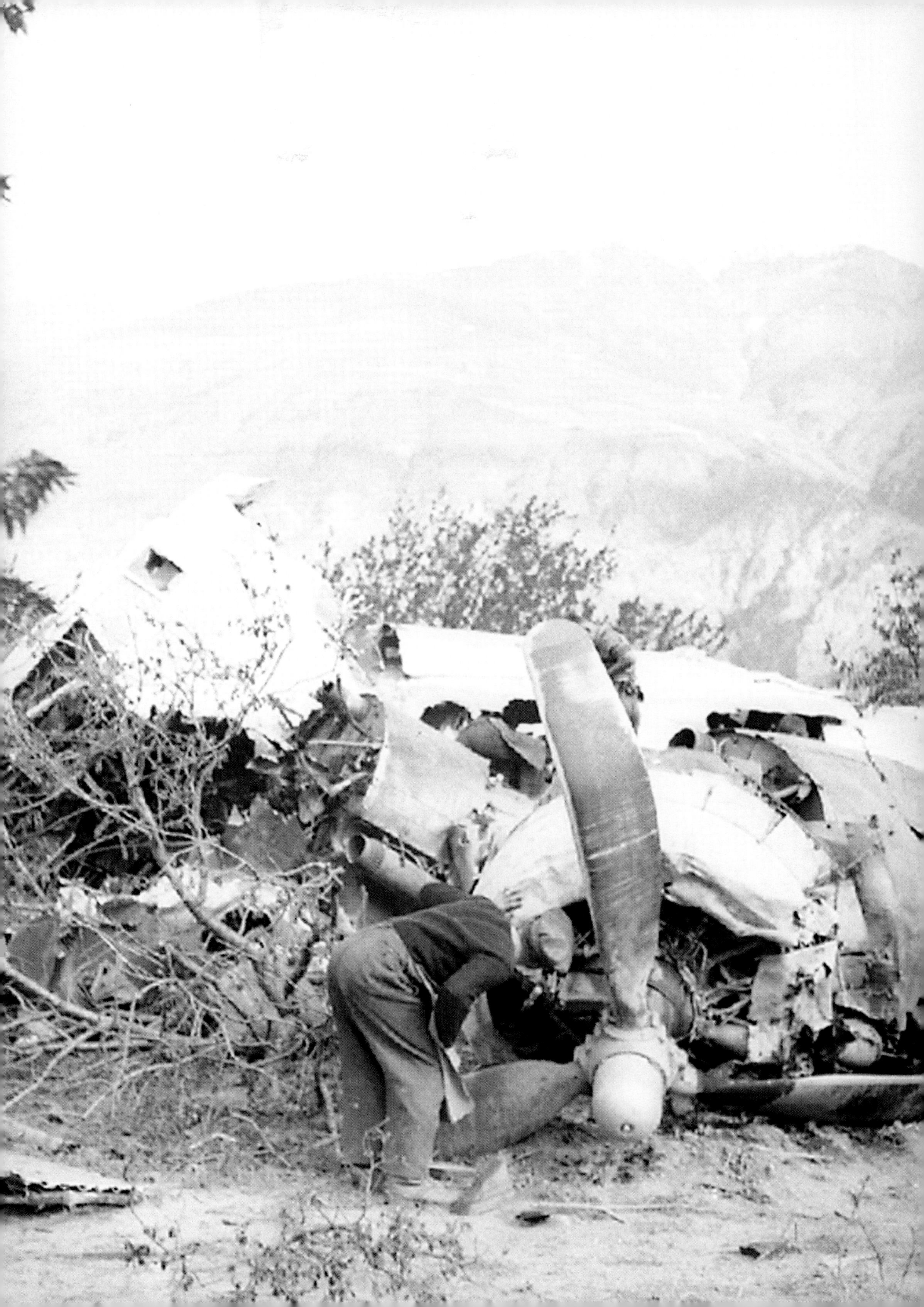

Ave Maria semirurale

Ave Maria, grazia plena
fa che non suoni la sirena
fa che non vengano gli aeroplani
facci dormire fino a domani
se una bomba cade giù
aiutaci tu.

Gebet während der Kriegsjahre aus dem Bozner Semiruraliviertel, das in der Nähe der Eisenbahnlinie lag und deshalb wiederholt von Bombenabwürfen betroffen war.

Flak in Moritzing/Bozen

Eine Fähre ersetzte von 1944–1947 die zerbombte Etschbrücke bei Neumarkt

Nicht explodierte Bombe in Bozen

45 Tote, davon 24 Soldaten, und 177 Verwundete gab. Auch Volksgruppenführer Peter Hofer wurde tödlich getroffen.

Danach herrschte bis zum Sommer 1944 wieder Stille. Ende Juli setzten die Bombardierungen erneut ein und wurden ab Oktober 1944 verstärkt. Die alliierte Luftoffensive gegen das Verkehrs- und Nachschubsystem zwischen Verona und Kufstein dauerte dann mit unterschiedlicher Intensität bis Kriegsende an.

Außer Bozen waren in Südtirol vor allem Auer und Albeins bei Brixen betroffen. Vereinzelt fielen Bomben auch auf Branzoll, Brixen, Franzensfeste, Sterzing, Bruneck, Kastelruth, Percha und Innichen.

In den letzten Kriegsmonaten – ab Jänner 1945 – kamen auch Tiefflieger, die sogenannten Pippos, zum Einsatz, die fast täglich Angriffe auf die Eisenbahnbrücken bei Auer und Brixen flogen.

Einbruch in den Alltag

Bombenangriffe und das Sirengeheul des Luftschutzes brachen ohne Umschweife in den Alltag der Menschen ein. Wer konnte, verließ die gefährdeten Gebiete und zog sich an einen sicheren Ort zurück, für die Bewohner Bozens waren dies die traditionellen Sommerfrischorte auf dem Ritten und in Kohlern. In den Ortschaften entlang der Bahnlinie stand der Koffer mit dem Allernötigsten immer griffbereit für den Fall eines Alarms und der Flucht in den Luftschutzbunker, häufig nur behelfsmäßig adaptierte Tunnels und Keller. Viele Familie wurden durch die völlige oder teilweise Zerstörung ihrer Häuser obdachlos.

Im Bozner Tagblatt erschienen regelmäßig Aufrufe zur nächtlichen Verdunkelungspflicht, wobei gegen jede Nachlässigkeit und Unachtsamkeit strenge Strafen angedroht wurden.

Die Bombenabwürfe wurden aber auch propagandistisch instrumentalisiert, um bei der schon etwas kriegsmüden Bevölkerung den Haß auf die Feinde zu schüren und die Loyalität zum Regime zu festigen.

Das bekannteste und zugleich äußerst makabre Beispiel bildete der am 27. Dezember 1943 veröffentlichte Artikel über den „Rosenkranzbomber". Am ersten Weihnachtstag 1943 war ein amerikanischer Bomber über Bozen abgeschossen worden. Autor Gunter Langes kommentierte dabei die Tatsache, daß in der Tasche eines Piloten ein Rosenkranz gefunden wurde, mit den Worten: „Da trug nun dieses Mordgesindel also Rosenkränze bei sich und wünschte wohl, daß aus jeder einzelnen Koralle noch eine 1.000-kg-Bombe werde, auf daß deutsches Land und deutsche Städte, deutsche Menschen, Frauen und Kinder am ersten Weihnachtsfeiertag zerfetzt wurden." Dieser rachsüchtige Ton stieß bei der traditions- und religionsgebundenen Südtiroler Bevölkerung aber auf große Ablehnung.

Auch wenn die Intensität des Bombenkrieges in Südtirol bei weitem nicht vergleichbar war mit jener in den großen deutschen Städten und selbst Nordtirol ungleich stärker betroffen war, so trug die Angst vor Bombenangriffen auch in Südtirol dazu bei, daß die Menschen das Kriegsende immer mehr herbeisehnten.

Nein zum Krieg
Desertion und Fahnenflucht

Zweifel am „Endsieg" und das Durchbrechen des nationalsozialistischen Informationsmonopols durch das Abhören von „Feindsendern" nahmen in den letzten Kriegsmonaten zu. Das Bozner Tagblatt hielt es für notwendig, in großen Anzeigen vor dem Abhören von „Feindsendern" zu warnen und Listen mit den erlaubten Sendern zu veröffentlichen. Zuwiderhandelnden drohte die Todesstrafe. Die ständige Überwachung und Kontrolle der Zivilbevölkerung war wohl ein entscheidender Grund dafür, daß ein aktives Aufbegehren gegen den nationalsozialistischen Vernichtungskrieg Sache einer kleinen Minderheit blieb.

In Südtirol weigerten sich an die 400 junge Männer, dem Einberufungsbefehl Folge zu leisten, oder entfernten sich unerlaubterweise von ihren Einheiten bzw. kehrten nicht mehr in den Kriegsdienst zurück. Die Gründe dafür waren vielfältig. Viele waren Dableiber, die als italienische Staatsbürger ihre Einberufung zur deutschen Wehrmacht als unrechtmäßig ablehnten. Außerdem war gerade bei dieser Gruppe schon seit Kriegsbeginn die Ansicht verbreitet, daß dieser Krieg entgegen aller Propaganda nicht zu gewinnen sei. Für andere war es der unmittelbare Kontakt mit der Schinderei und dem menschenverachtenden Ton in den militärischen Ausbildungslagern, die sie – oft noch vor der Vereidigung – zur Flucht bewogen. Der Entschluß zur Desertion entstand bei manchen auch erst an der Front, vor allem in Rußland und in Jugoslawien, wo sie den Krieg von seiner grausamsten Seite kennenlernten. Angesichts der Massaker, die die Nationalsozialisten auch an der Zivilbevölkerung ausübten, meldete sich bei einigen Soldaten das Gewissen zu Wort und war stärker als der Aufruf zur soldatischen Gehorsamspflicht.

Die häufig nicht gründlich überlegte und geplante Desertion bedeutete für die Männer eine lebensgefährliche Existenz von unbekannter Dauer. Im Verordnungsblatt vom 6. Jänner 1944 verfügte der Oberste Kommissar Franz Hofer die Todesstrafe für Deserteure und Wehrdienstverweigerer. Ihre Familienangehörigen, „und zwar die Ehefrau, die Eltern, die Kinder über 18 Jahre und im gemeinsamen Haushalt mit dem Täter oder Mittäter lebenden Geschwister" wurden in Sippenhaft genommen. Das Bozner Tagblatt schrieb am 22. August 1944: „Wenn in einer Zeit, in der unsere Feinde versuchen, in einem Generalansturm unsere Fronten zu zerschlagen, und an diesen Fronten unsere Soldaten täglich im letzten Einsatz für Führer und Volk Wunder der Tapferkeit verrichten, einzelne Feiglinge und Drückeberger sich ihren Verpflichtungen der Volksgemeinschaft gegenüber entziehen, so müssen solche Verbrecher wissen, daß sie sich selbst aus der Gemeinschaft der Nation ausschließen und daß sie als Lumpen und Volksschädlinge, die keine Gnade verdienen, nur ihre Vernichtung zu erwarten haben, so wie es der Führer schon zu Beginn dieses Krieges ankündigte."

Die meisten Desertionen fanden im Frühjahr und Sommer 1944 statt und waren an die Hoffnung gekoppelt, daß der Krieg spätestens bis zum Herbst aus sein würde. Diese Hoffnung erfüllte sich nicht, und die Deserteure waren gezwungen, sich irgendwie über den Winter zu bringen. Ob sie sich in Höhlen im Wald,

Brief von Franz Thaler an seine Eltern aus dem Gefängnis in Hall

Widerstandskämpfer

Der Sarner Dableiber Franz Thaler (geb. 1925) versteckte sich nach Erhalt der Einberufung im Mai 1944 in den Bergen. Sein Vater bat ihn, sich zu stellen, um die Sippenhaft der Familie zu verhindern. Franz Thaler wurde daraufhin ins Konzentrationslager Dachau interniert. Aus seinen Erinnerungen:

„Mit neunzehn Jahren stand ich vor dem Kriegsgericht, nur weil ich mich als italienischer Staatsbürger nicht zum deutschen Kriegsdienst zwingen lassen wollte. Einer der Herren begann zu fragen. Ich antwortete. Er las mir ein Protokoll vor. Nachdem ich die Richtigkeit der Aussage bestätigt hatte, befahl er einem anderen, den Artikel des Militärstrafgesetzes vorzulesen, der mich betraf. Ich bete im Stillen, war aber auf alles gefaßt. Der Artikel für mich lautete: ‚Jeder, der den Kriegsdienst verweigert, wird mit dem Tode bestraft.' Es folgte ein kurzes Schweigen. Die Männer grinsten mich höhnisch an. Mir kam vor, sie erwarteten, ich würde in Ohnmacht fallen. Ich lächelte sie aber nur an. Wie ich da noch die Kraft zum Lächeln aufbrachte, wundert mich heute noch. Wahrscheinlich stand die ganze Engelschar neben mir, die ich vorhin angefleht hatte.

Einer der SS-Männer nahm einen Zettel vom Tisch und las vor: ‚Da der Angeklagte noch minderjährig ist und sich freiwillig gestellt hat, wird er nicht zum Tode verurteilt, sondern zu zehn Jahren Dachau mit Frontbewährung.' Er schaute mich noch an und fragte, ob ich noch etwas zu sagen hätte. Ich verneinte. Ich war wegen des plötzlich geänderten Urteils sehr überrascht. Mit zehn Jahren Konzentrationslager Dachau wußte ich nichts anzufangen. Zum Glück hatte ich keine Ahnung, was Dachau bedeutete."

Josef Mayr-Nusser (1910–1945) ist einer der bekanntesten Südtiroler Widerstandskämpfer gegen den Nationalsozialismus. Er gehörte schon 1939 zum Führungskreis der Dableiber. Der Andreas-Hofer-Bund hielt seine Versammlungen öfter in der Stube des Mayr-Nusser-Hofes am Bozner Boden ab. Im Sommer 1944 wurde Josef Mayr-Nusser zur Waffen-SS einberufen. Nach Ableistung der Ausbildung in Danzig weigerte er sich aus religiösen Gründen, einen Eid auf Adolf Hitler zu leisten. Mayr-Nusser wurde daraufhin verhaftet. Er starb im Februar 1945 auf dem Transport nach Dachau in Erlangen. Auf dem dortigen Soldatenfriedhof wurde er zunächst begraben. 1958 wurden seine sterblichen Überreste nach Südtirol überführt.

Richard Reitsamer (1901–1944) ist zwar weniger bekannt, sein Schicksal aber nicht weniger aussagekräftig. Geboren in Freiburg im Breisgau als Sohn eines Setzers, kam er schon als Kind

Franz Thaler   *Josef Mayr-Nusser*

Aushang des Sondergerichts Bozen

BEKANNTMACHUNG

Das Sondergericht
für die Operationszone Alpenvorland
hat mit seinem Urteil vom
4. Juli 1944
den Angeklagten
Richard Reitsamer
aus Meran
wegen Nichtbefolgung des
Einberufungsbefehles zum
Tode verurteilt.
Das Urteil wurde heute
durch Erschießen vollstreckt.

Bozen, am 11. Juli 1944.

DER STAATSANWALT BEIM SONDERGERICHT
FÜR DIE OPERATIONSZONE ALPENVORLAND

AVVISO

Il Tribunale Speciale
per la Zona d'Operazioni nelle Prealpi
Colla sua sentenza del
4 luglio 1944
ha condannato a morte
l'imputato
Riccardo Reitsamer
di Merano
per non aver ottemperato
all'ordine di precettazione.
La sentenza è stata oggi
eseguita mediante fucilazione.

Bolzano, 11 luglio 1944

IL PROCURATORE DI STATO PRESSO IL TRIBUNALE SPECIALE
PER LA ZONA D'OPERAZIONI NELLE PREALPI

nach Meran. Während des Ersten Weltkrieges kam er zu einem Bauern nach Mölten und arbeitete seitdem als Knecht.

Auch er erhielt – obwohl Dableiber – die Einberufung zur Deutschen Wehrmacht, der er nicht Folge leistete. Er wurde verhaftet und vom Sondergericht Bozen zum Tode verurteilt. Gemeinsam mit Richard Reitsamer wurden Siegfried Dapunt und Paolo Mischi aus Abtei, auch sie Kriegsdienstverweigerer, zum Tode verurteilt. Die beiden letzteren wurden im letzten Moment begnadigt. Richard Reitsamer hingegen wurde am 11. Juli 1944 in Bozen erschossen.

„Achtung Partisanengebiet"

Das Zentrum des Widerstandes gegen den Krieg war das Passeiertal. Dort gab es nicht nur die meisten Deserteure, sondern hier schlossen sie sich auch zu lockeren Gruppen zusammen, die untereinander Kontakt hielten und bewaffnet waren. Zwar waren auch im Passeiertal, wie im übrigen Land, die Deserteure zunächst auf ihre Verteidigung und den Überlebenskampf konzentriert, trotzdem wurden einige Vergeltungsaktionen gegen berüchtigte Nazis des Tales durchgeführt, denen man mit Schüssen auf das Haus Angst einjagte oder sich an deren Eigentum (Vieh und Lebensmittel) bediente. Am 21. September 1944 kam es in St. Leonhard zu einem Feuergefecht zwischen Männern vom SOD und einigen Deserteuren, bei dem zwei SOD-Männer getötet wurden. Daraufhin wurde am Eingang des Passeiertales ein Schild mit der Aufschrift „Achtung Partisanengebiet" aufgestellt.

Die Deserteure im Passeiertal waren die einzigen Südtiroler Widerstandskämpfer, die über Kontakte zu den alliierten Stellen in der Schweiz verfügten.

Hans Egarter, der Anführer des Andreas-Hofer-Bundes, schrieb im Dezember 1945 im Volksboten unter dem Titel „Aus der Heimat Andrä Hofers": „Kein Tal in Südtirol hat so offenkundig seinen Widerstandswillen gegen die Nazis zum Ausdruck gebracht, hat unter dem Naziregime so viel gelitten und damit den Beweis erbracht, daß die Passeirer noch die alten sind! An Raffl-Naturen hat es freilich auch nicht gefehlt. Was haben die Männer in den Bergen durchgemacht, wie schwer war ihr Lebenskampf, wie bitter die Not und die Kälte des Winters! Gehetzt wie ein Wild von der SS, verbrachten sie ein Dasein, das man kaum mehr als menschlich bezeichnen kann. Wie furchtbar war der sogenannte ‚schwarze Tag' im September 1944, an welchem man die Familien von Haus und Hof vertrieb und in die Konzentrationslager steckte. (…) Das Aushalten der Kämpfer war nur möglich durch bereitwillige und aufopferungsvolle Mithilfe der gutgesinnten Bevölkerung. Und diesbezüglich verdienen ein ganz besonderes Lob die Bäuerinnen, die auf die ‚Buben' schauten, wo sie nur konnten. Von dem Wenigen, was in ihren Speisekammern sich vorfand, teilten sie ihnen immer gerne aus, wenn sie des Nachts an die Fenster klopften und ihre Signale gaben. (…) Eines darf man aber nicht übersehen, und man darf Menschen, die soviel mitgemacht haben und ertragen haben, nicht verargen, nämlich daß sie verlangen, daß die Schuldigen der gerechten Strafe zugeführt werden. (…) Haß und Feindschaft muß verschwinden, aber für eines muß gesorgt werden, daß der Gerechtigkeit, dem Fundament des Friedens, Genüge geleistet wird." Auf diese von Hans Egarter geforderte Gerechtigkeit warteten die Südtiroler Deserteure und Kriegsdienstverweigerer nach Kriegsende vergeblich: Es wurde ihnen weder eine materielle Entschädigung noch eine ideelle Anerkennung für ihre mutige Haltung zuteil.

Gehängte Partisanen in Bassano del Grappa

Toni Welsch am Grab seines gefallenen Kameraden Karl Buratti, kurz vor seinem eigenen „Heldentod"

Ende mit Schrecken
Phantom Alpenfestung

Im Zuge der Rückzugsgefechte an allen Fronten tauchte wiederholt die Idee einer „Alpenfestung" als letztes „Bollwerk" der Verteidigung auf, eine Idee, die vor allem von Gauleiter Franz Hofer propagiert wurde. Dieser übergab Anfang November 1944 Martin Bormann, dem Sekretär Hitlers, ein umfangreiches Memorandum, in dem er seine Vorstellungen darlegte: Er wollte z.B. eine große Zahl englischer und amerikanischer Kriegsgefangener im Gebiet zusammenziehen, wohl um sie bei Bombardierungen als Zielscheiben einzusetzen. Außerdem regte er zur Verlegung der Rüstungsbetriebe in das Gebiet und zur Errichtung großer Vorratslager an. Auf diese Weise sollte seiner Einschätzung nach die „Alpenfestung" bis zu zwei Jahren den alliierten Angriffen standhalten können. Die Alpenfestung blieb aufgrund der sich überschlagenden Kriegsereignisse ein Phantom.

Kapitulation – Befreiung

Am 2. Mai, einige Tage früher als in Deutschland, kapitulierte die Deutsche Wehrmacht in Italien. Damit war der Krieg für Südtirol offiziell zu Ende. In den letzten Kriegstagen und darüber hinaus kam es aber noch zu mehreren bewaffneten Zusammenstößen, die auch Todesopfer forderten.
In Meran fand am 30. April eine Schießerei mit neun Toten und mehreren Verletzten statt. Nationalsozialisten beschossen die Kundgebung einer Gruppe von

Italienern, die die Aufstände in den oberitalienischen Städten und das nahende Kriegsende feiern wollte. Bei einer Schießerei in Laas wurden am 2. Mai neun italienische Arbeiter getötet. Einen Tag später nahmen Arbeiter des Lancia-Werkes zurückströmende deutsche Wehrmachtssoldaten in der Industriezone Bozen unter Beschuß. 45 Menschen starben dabei. In Brixen wurden in den letzten Kriegstagen die Lebensmittellager am Bahnhof von deutschen Soldaten und der Stadtbevölkerung geplündert. Am 4. Mai 1945 traf ein Zug von Norden her mit italienischen Soldaten ein, die aus der Internierung freigekommen und dementsprechend ausgehungert waren. Auch sie stürmten die Lebensmittellager, woraufhin deutsche Soldaten auf sie schossen. Die Opferbilanz: sieben Tote und zahlreiche Verletzte.

Insgesamt war die Bilanz des Zweiten Weltkrieges auch für Südtirol erschütternd: Von den rund 25.000 Südtirolern in den verschiedenen militärischen Formationen war etwa ein Drittel (8.000) gefallen.

Schuld oder Pflichterfüllung?

Im Erleben der Menschen bedeutete das offizielle Kriegsende noch nicht das Ende des Kriegs. Für Soldaten, die in Gefangenschaft gerieten, blieben es unter Umständen noch einige Jahre. Aber auch jene, die körperlich relativ unbeschadet heimkehrten, und sogar die Menschen, die als Zivilisten in der Heimat geblieben waren, taten sich zu Kriegsende schwer. Allzu einschneidend war das Erleben des totalen Krieges in die Empfindungswelt der Menschen gewesen. Die Durchhalteparolen bis zur letzten Stunde, die hochgezüchteten Feindbilder der Propaganda und der Heldenmythos des deutschen Soldaten ließen sich nicht so einfach aus den Köpfen und Herzen vertreiben. Sogar jene, die die Kriegsjahre ohne große Begeisterung durchlebt hatten, hatten bei Kriegsende das Bedürfnis, dieser tiefen Lebensbedrohung und Verunsicherung einen Sinn zu verleihen. Diese nachträgliche Sinnzuschreibung fand sowohl auf einer individuellen als auch auf einer kollektiven Ebene statt. Kriegsteilnehmer fanden ihre individuelle Entlastung in der Entkoppelung von Krieg und Nationalsozialismus. In der Wehrmacht hätten eigene Regeln gegolten, nämlich die von Kameradschaft, Treue und Pflichterfüllung. Von den Massakern an der Zivilbevölkerung, die allein auf das Konto der SS zu schreiben seien, hätte man nichts gewußt. Öffentlich wurde diese Interpretation durch die Tradition der Kriegsdenkmäler und Heldengedenkfeiern gestützt, die nach dem Krieg fortgesetzt wurde. Mag diese Haltung auch im Einzelfall verständlich sein, so war sie doch einer Auseinandersetzung mit der eigenen Verantwortung am Kriegsgeschehen nicht förderlich.

Soldat bis zum letzten

„Der Krieg ist nun aus. Alles war umsonst. Ich bin zutiefst erschüttert. Bin am Ende meiner Lebensphilosophie. Es wird lange dauern, bis ich mich abgefunden haben werde und mir wieder ein neues Lebensideal aufgebaut haben werde. So oft in letzter Zeit, bedingt durch die unendlichen Strapazen, (ist) der Versucher an mich herangetreten, mich zu ergeben. Aber ich habe mir immer gesagt: ‚Bleib aufrecht bis zur letzten Minute und bleibe deinem Fahneneide treu und tue deine Pflicht als Soldat bis zum letzten.' Nun ist dieser Moment gekommen. Der Feind triumphiert. Was wird uns die Zukunft bringen?" Aus den Erinnerungen des Neumarkters Robert von Fioreschy

Aufbahrung gefallener Südtiroler Soldaten in der Militär-Leichenkapelle in Fiume, Juli 1944

Soldatenfriedhof in Fiume, November 1944

3. Vertrauter Faschismus

In der Operationszone Alpenvorland

Mit dem Austritt Italiens aus dem Kriegsbündnis mit Hitler änderte sich die Situation in Südtirol grundlegend. Italien wurde **von den deutschen Truppen besetzt** und Südtirol Teil der Operationszone Alpenvorland. Viele Südtiroler und Südtirolerinnen sahen in diesem Ereignis die endgültige Befreiung vom italienischen Faschismus und hofften, daß Südtirol nun endlich ins Dritte Reich „**heimgeholt**" würde. Für viele hingegen begann im September 1943 eine Zeit der **Angst und Verfolgung**. Die Dableiber waren nun schutzlos der politischen Abrechnung durch einheimische und reichsdeutsche Nazis ausgesetzt.

Unmittelbar nach dem Einmarsch wurden die wenigen nicht emigrierten, hauptsächlich in Meran lebenden Angehörigen der jüdischen Kultusgemeinde deportiert. Für die in Südtirol lebenden Italiener und Italienerinnen war der Einmarsch der deutschen Truppen ein Schock; sie verloren mit einem Schlag alle bisherigen politischen Bezugspunkte und fühlten sich schutzlos in einem feindlichen Umfeld. Südtirol wurde mit den Provinzen Trient und Belluno zur Operationszone Alpenvorland zusammengeschlossen. Als solche wurde sie zwar militärisch und politisch **durch das NS-Regime verwaltet**, blieb aber territorial Teil des italienischen Staatsverbandes. In der Folgezeit entwickelte das nationalsozialistische Regime in Südtirol das bekannte Doppelgesicht von gelungener Konsensstiftung und Terror. Der gesamte Bereich der Volkskultur wurde erfolgreich für die nationalsozialistische Propaganda umgedeutet und instrumentalisiert.

Gleichzeitig wurde ein umfassender **Terrorapparat** eingerichtet: das Lager in der Bozner Reschenstraße, das Sondergericht Bozen, der Ausbau des bereits funktionierenden Spitzel- und Denunziantensystems. Die Verbreitung von Angst und Schrecken zeitigte die erwünschten Folgen: Es gab nur wenige Menschen, die sich gegen das Regime aufzulehnen wagten. Ohne den Mut und die Haltung dieser Frauen und Männer wäre in Südtirol ein demokratischer Neubeginn nach 1945 nicht möglich gewesen.

Einmarsch deutscher Truppen in Rentsch am 8. September 1943

Gegenüberliegende Seite: Truppen der Deutschen Wehrmacht marschieren durch die Bozner Lauben, 9. September 1943

Brixner Altstadt am 13. Mai 1944

Die Illusion der Befreiung
Jubelnder Empfang und tätige Mithilfe

Die Bilder sind bekannt: Als am 8. September 1943 deutsche Truppen in Südtirol einmarschierten, standen jubelnde Menschenmassen am Straßenrand, winkten den Soldaten zu und beschenkten sie mit Blumen und Obst. Diese Soldaten, die sich anschickten das Land zu besetzen, erschienen vielen Südtirolerinnen und Südtirolern als Befreier vom italienischen Faschismus. Mit dem Einmarsch verband sich die Hoffnung, daß nun die Umsiedlung endgültig gestoppt und das Land an das Großdeutsche Reich angegliedert werden würde.

Der „Südtiroler Ordnungsdienst" (auch „Sicherungs- und Ordnungsdienst") (SOD) war als militärischer Verband innerhalb der Arbeitsgemeinschaft der Optanten bereits im August 1943 gebildet worden mit dem Ziel, die deutschen Stellen im Falle eines schon vorhergesehenen italienischen Bündnisbruches zu unterstützen. Dies taten sie auch: Viele der in Südtirol stationierten italienischen Soldaten, die nicht sofort gefangengenommen wurden, sondern denen die Flucht aus den Kasernen glückte und die sich über versteckte Bergwege Richtung Heimat aufmachten, wurden von SOD-Einheiten aufgespürt und gefangengenommen und später in Kriegsgefangenenlager deportiert. Auf vielen Südtiroler Berghöfen wurden die flüchtenden italienischen Soldaten mit Zivilkleidung und Proviant versorgt und häufig auch auf relativ sicheren Wegen bis zu den Provinzgrenzen begleitet. So zum Beispiel im Ultental, durch das sehr viele italienische Soldaten von Meran flüchteten, um über das Rabbijoch ins zur Provinz Trient gehörende Nonstal zu gelangen.

SOD-Einheiten waren auch an der Verhaftung der Juden in Meran und in anderen Südtiroler Ortschaften beteiligt. Im Oktober 1943 wurde der SOD durch Verordnung des Obersten Kommissars offiziell Träger von Polizeigewalt. Als

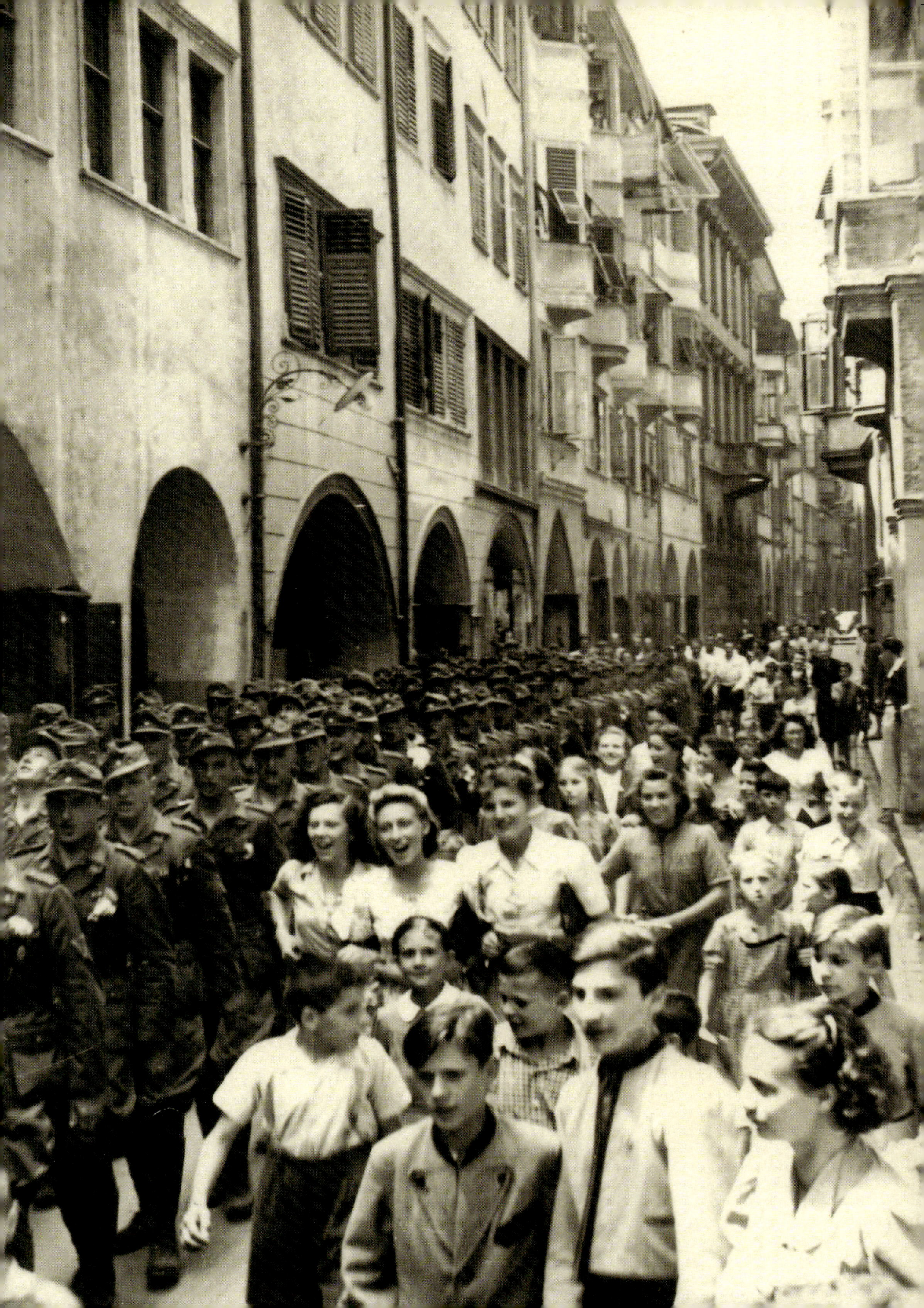

Die Verhaftung Tolomeis

Der „Totengräber Südtirols", wie der faschistische Senator Ettore Tolomei häufig bezeichnet wird, wurde am 10. September 1943 in seinem Wohnort Glen bei Montan von der Wehrmacht verhaftet und der Gestapo in Bozen übergeben. Nach einem Zwischenaufenthalt im Lager Reichenau in Innsbruck wurde er ins KZ Dachau gebracht. Trotz der verordneten Rücksicht auf den Duce und seine Regierung in der Repubblica di Salò blieb Tolomei bis Kriegsende in Haft. Allerdings wurde er – nach einer Intervention des RSI-Außenministeriums – bereits im Frühjahr 1944 aus gesundheitlichen Gründen im Nobelsanatorium Tannenhof in Thüringen untergebracht, wo er die Monate bis zum Kriegsende recht angenehm verbringen konnte.

Deutsches Militär am Grieser Platz in Bozen, 1945

SOD-Mitglieder vor den Aluminiumwerken in Bozen

Internierung von italienischen Soldaten im Bozner Sportstadion vor ihrer Deportation ins Deutsche Reich, 9. September 1943

Operationszone Alpenvorland

- *Provinz Bozen*
- *Provinz Trient*
- *Provinz Belluno*

solcher wurden seine ortskundigen Mitglieder vor allem bei der Suche nach Deserteuren und Kriegsdienstverweigerern eingesetzt, bei der sie nachweislich auch einigen Eifer an den Tag legten. In der Provinz Bozen waren – im Unterschied zu Trient und Belluno – die Carabinieri abgeschafft und dem SOD ein Teil ihrer Aufgaben übertragen worden. Die eigentliche Polizeigewalt in der Provinz Bozen lag jedoch bei der deutschen Gendarmerie.

Politische Organisation der Operationszone Alpenvorland

Am 10. September, zwei Tage nach dem Einmarsch, wurden die Provinzen Bozen, Trient und Belluno zur Operationszone Alpenvorland zusammengeschlossen. Ebenso wurde mit den Provinzen Udine, Görz, Triest, Pola, Fiume, Quarnaro und Laibach verfahren: Sie bildeten unter dem Kärntner Gauleiter Friedrich Rainer die Operationszone Adriatisches Küstenland. Die sogenannten Operationszonen galten als strategisch sensible Gebiete, die möglichst rasch befriedet werden sollten. So wurde im Zuge eines allgemeinen Parteienverbots auch der faschistischen Partei und ihren Organisationen jede Tätigkeit verboten. Der Gauleiter von Tirol und Vorarlberg, Franz Hofer, wurde zum Obersten Kommissar der Operationszone ernannt. Als Präfekt der Provinz Bozen wurde Peter Hofer eingesetzt, der trotz Namensgleichheit nicht mit dem Gauleiter verwandt war. „Volksgruppenführer" Peter Hofer war in den vergangenen Jahren Leiter der AdO gewesen, die im Oktober 1943 in „Deutsche Volksgruppe" umbenannt worden und nun für alle Südtiroler „Volksdeutschen" zuständig war. Nachdem Peter Hofer bei einem Bombenangriff in Bozen am 2. Dezember 1943 ums Leben gekommen war, wurde Karl Tinzl als dessen Nachfolger eingesetzt.

Obwohl die Provinz Bozen wie die gesamte Operationszone Teil des italienischen Staatsgebietes blieb, wurde offiziell die Zweisprachigkeit eingeführt. Diese galt nicht nur für alle Ämter (Einsetzung deutscher Beamter, die italienischen wurden entlassen oder führten ein Schattendasein), sondern bezog sich auch auf Straßen und Plätze, die nun neben der italienischen auch eine deutsche Bezeichnung trugen. Mit einer Verordnung des Obersten Kommissars vom 20. September 1943 wurde außerdem das Unterland an die Provinz Bozen angegliedert.

Obwohl ein offener Bruch mit der politischen Präsenz des italienischen Faschismus aus Rücksicht auf die Mussolini-Regierung in Salò vermieden wurde, kam es doch zu einigen entscheidenden Veränderungen. An erster Stelle ist die Absetzung der Podestà zu nennen, an deren Stelle sogenannte kommissarische Bürgermeister traten. Insgesamt wurde das ganze Land bzw. die „Deutsche Volksgruppe" nach dem hierarchischen Führerprinzip gegliedert: An oberster Stelle stand der Oberste Kommissar, dem der Präfekt der Provinz unterstand. Das Land war in sieben Kreise gegliedert, denen jeweils ein Kreisleiter vorstand. Darunter standen die kommissarischen Bürgermeister, die Ortsgruppenführer und die Ortsbauernführer, um nur die drei wichtigsten Funktionäre auf dörflicher Ebene zu nennen. Der Aufbau eines nationalsozialistischen Verwaltungsapparates verlief recht schnell und reibungslos, da entsprechende Strukturen ja schon seit 1940 im Zuge der Abwicklung von Option und Umsiedlung entstanden waren. In diesen Jahren waren überdies rund 2.000 Funktionäre der AdO an den verschiedenen NS-Ordensburgen „umgeschult" worden, sodaß nun genügend Verwaltungspersonal zur Verfügung stand. Die Besetzung dieser politischen Funktionen mit Südtirolern, die mit den lokalen Gegebenheiten vertraut waren und die Menschen im Dorf bzw. im Kreis kannten, bewirkte eine zunehmende Kapillarität und Effizienz der Kontrolle, wie sie zu Zeiten des italienischen Faschismus kaum hatte durchgesetzt werden können. Daneben gab es noch die verschiedenen parteiähnlichen Organisationen, die Deutsche Jungen- bzw. Mädelschaft, die Frauenschaft, die Deutsche Wohlfahrt usw., die insgesamt zur politischen Durchdringung und Indienstnahme der zivilen Gesellschaft für das NS-Regime beitrugen.

Ausgegrenzt und verfolgt – die Dableiber

Die neuen Machthaber zögerten nicht, ihren Herrschaftsanspruch durchzusetzen und jene zur Rechenschaft zu ziehen, die sich in der Vergangenheit in irgendeiner Weise gegen das NS-Regime betätigt oder geäußert hatten.
Das waren in erster Linie die Dableiber. Kanonikus Michael Gamper – der unbestrittene Wortführer der Dableiber – stand auf der Verhaftungsliste ganz oben. Er wurde aber rechtzeitig gewarnt und konnte sich zunächst für zwei Monate in einem Pfarrhaus auf dem Ritten verstecken. Anschließend setzte er sich nach Florenz ab, wo er im Kloster der Neustifter-Augustiner-Chorherren das Kriegsende abwartete. In den Monaten seines Exils in Florenz verfaßte er die berühmte Denkschrift, die im Frühjahr 1945 den Alliierten übergeben wurde und in der grundlegende Forderungen der Südtiroler, die „dem Naziterror standgehalten haben", bezüglich der Zukunft ihres Landes aufgelistet waren. Friedl Volgger und der Leiter der katholischen Presse, Rudolf Posch, wurden ins Konzentrationslager Dachau deportiert. Auch der Jugendseelsorger Josef Ferrari wurde vorübergehend in „Schutzhaft" genommen.
Selbst die weniger prominenten Dableiber wurden politisch isoliert, ihre Radioapparate wurden beschlagnahmt, einige Betriebe und Geschäfte von Dableibern wurden geschlossen; sie waren ständiger Kontrolle und Schikanen ausgesetzt.

Der Südtiroler Führer

Peter Hofer wurde 1905 in Kastelruth geboren und lernte das Schneiderhandwerk. Ende der zwanziger Jahre war er sowohl Mitglied katholischer Jugendgruppen als auch der deutschnationalen Jugendgruppe Nibelung. Er gehörte zu den Gründungsmitgliedern des VKS und machte, aufgrund seiner organisatorischen und propagandistischen Fähigkeiten, innerhalb dieser Organisation Karriere: Von 1933 bis 1935 war er Kreisleiter in Bozen, später Landesführer, d. h. Führer der „Deutschen Volksgruppe". 1940, als der VKS in die AdO als die legale Vertretung der Südtiroler Optanten überführt wurde, wurde Peter Hofer deren geschäftsführender Leiter. Mit der Errichtung der Operationszone übernahm Peter Hofer das Amt des Präfekten der Provinz Bozen, das er jedoch nur kurze Zeit ausübte. Er kam am 2. Dezember 1943 bei einem Bombenangriff in der Bozner Weggensteinstraße ums Leben. Als Präfekt folgte ihm Karl Tinzl nach, das Amt des Volksgruppenführers wurde nicht mehr nachbesetzt.

Volksgruppenführer Peter Hofer vor dem Palais Campofranco in Bozen, 1943

Feldmarschall Erwin Rommel in Neumarkt, 1944

Südtirolerinnen von der „Deutschen Mädelschaft" begleiten deutsche NS-Funktionäre von der Seiser Alm nach Gröden. Ganz vorne Reichsjugendführer Axmann, dahinter Josef Dietrich, Hitlers „Auskundschafter" in Südtirol

Kanonikus Michael Gamper im Exil in Florenz, Mai 1945

Fronleichnamsprozession mit deutschen Soldaten in St. Ulrich in Gröden, 1945

Eingeschränkt und kontrolliert – die Kirche

Die Kirche bzw. der niedere Klerus befand sich seit der Option auf Distanz zum Nationalsozialismus und stellte den großen Rückhalt für die Dableiber dar. Es ist insofern nicht verwunderlich, daß der regimekritische Teil des Klerus besonders argwöhnisch kontrolliert und möglichst ins Abseits gedrängt wurde. Alle kirchlichen Presseorgane wurden verboten, die Verlagsanstalt Athesia beschlagnahmt. Die neuen Regimemedien waren das „Bozner Tagblatt" als Tageszeitung, die Jugendzeitschrift „Edelweiss" und der Kalender „Alpenheimat".
Der September 1943 bedeutete auch das Aus für die kirchlichen Schulen: Das Vinzentinum in Brixen, das Johanneum in Dorf Tirol, das Franziskanergymnasium und das Institut der Marcelline in Bozen, das Kapuzinergymnasium in Salern sowie die Schülerheime der Englischen Fräulein und der Benediktiner in Meran wurden geschlossen, die Gebäude beschlagnahmt. Insgesamt wurde der Einflußbereich der Kirche drastisch beschnitten.
Kruzifixe wurden aus öffentlichen Räumen, wie Schulen und Rathäusern, entfernt, der Religionsunterricht in den Schulen verboten und die Prozessionen eingeschränkt. Geistliche wurden während der Meßfeiern bespitzelt und im Falle regimekritischer Äußerungen sofort verhaftet.

Verhaftet und deportiert – die Juden

Für die jüdische Bevölkerung Südtirols waren schon die Jahre von 1938 bis 1943 eine Zeit der Verunsicherung und Angst gewesen. Im November 1938 hatte das faschistische Italien in treuer Gefolgschaft zum Nationalsozialismus seine Rassengesetze erlassen, die den politischen und persönlichen Handlungsspielraum jüdischer Bürger drastisch beschnitten. In Meran waren laut Akten des Gemeindearchivs im Jahr 1938 155 jüdische Familien registriert, woraus sich schließen läßt, daß in etwa 500 Juden in Meran ansässig waren. Dazu kommt noch eine nicht feststellbare Zahl von Menschen, die in diesen Jahren aus dem Dritten Reich zu ihren Glaubensgenossen nach Meran geflüchtet sind und sich dort eine Zeitlang aufgehalten haben. Die jüdische Bevölkerung Merans und einzelne jüdische Familien in anderen Gemeinden Südtirols waren seit der Veröffentlichung der Rassengesetze ständigen Schikanen ausgesetzt. So wurde all jenen, die erst nach dem 1. Jänner die italienische Staatsbürgerschaft erhalten hatten, diese entzogen; sie waren genötigt, das „Territorium des Königreiches Italien, Libyens und der Besitzungen in der Ägäis" innerhalb 23. März 1939 zu verlassen. Jüdischen Kindern wurde der Besuch öffentlicher Schulen untersagt, und Juden wurden von der Ausübung bestimmter Berufe ausgeschlossen. Dieser politische Druck und die soziale Ausgrenzung veranlaßten den Großteil der Meraner Juden in den Jahren 1939 bis 1943 zur Emigration.

Am 8. September 1943 befanden sich nur noch etwa 50 Juden in Meran. Die Meraner Juden waren italienweit die ersten Opfer der deutschen Besetzung, im übrigen Staatsgebiet setzten Verhaftung und Deportation im Oktober 1943 ein. In Südtirol gab der SS-Brigadeführer Karl Brunner bereits am 12. September an alle Kreisleiter der AdO den Befehl aus, die in ihrem Kreis ansässigen Juden zu verhaften. Dieser Befehl wurde in Meran am 16. September ausgeführt: 25 der noch in Meran verbliebenen Juden wurden von Südtiroler SOD-Männern und dem SS-Sicherheitsdienst verhaftet und in den Kellerräumen des GIL-Gebäudes eingesperrt. Unter den Verhafteten befanden sich ein sechsjähriges Kind und ein 83jähriger Greis.

Im Rahmen der sogenannten Arisierung wurden die Immobilien der jüdischen Bürger enteignet und über das „Amt für das gegnerische und jüdische Vermögen" unter der Leitung des Nordtiroler Ingenieurs Duxneuner an verdiente Volksgenossen übergeben. Jene Juden, denen noch in letzter Minute die Flucht gelungen war, wurden in den folgenden Wochen und Monaten in den verschiedenen Orten Italiens aufgegriffen, verhaftet und deportiert.

Wenige Tage später wurden die in den Kellerräumen eingesperrten Meraner Juden auf einem Lastwagen in das Konzentrationslager Reichenau bei Innsbruck gebracht. Einige von ihnen starben dort und wurden dort begraben, die übrigen wurden nach einigen Monaten in die Vernichtungslager des Reiches überführt und dort ermordet.

Aus einem Bericht zur Verhaftung der Meraner Juden, der nach dem Krieg verfaßt wurde: „Zwei (…) Personen, nämlich die Frauen Caterina Zadra und Teresa Bermann, wurden nicht zusammen mit den anderen verhaftet. Sie waren ins Nonstal geflüchtet, wurden aber dort von jemandem verraten und dann von dort abgeholt und nach Meran gebracht (verschiedene Meraner Bürger erinnern sich noch daran, wie die beiden Frauen mit zerzausten Haaren und schreiend durch die Straßen geschleift wurden) und von dort zusammen mit den anderen deportiert. (…) Zwei ältere Frauen, die Schwestern Gertrude Benjamin und Meta Sarason, Benjamin, versuchten sich im Augenblick, als die nazistischen Häscher in ihr Haus kamen, zu vergiften, um nicht lebend in die Hände der Gestapo zu fallen. In besorgniserregendem Zustand wurden dann beide ins Balilla-Haus gebracht, wo die eine, die zu sterben schien, wie Schlachtvieh auf einen Billardtisch geworfen wurde. Auf die Aufforderung eines der Anwesenden, man sollte doch einen Arzt rufen, antwortete einer der SOD-Männer ‚Die soll ruhig verrecken!', wie von Zeugen glaubhaft ausgesagt wurde. Die Frau Francesca De Salvo, Gattin eines italienischen Sicherheitsbeamten, wurde in ihrer Wohnung zusammen mit ihrem 6jährigen tuberkulosekranken Kind, das nur mehr einen Lungenflügel besaß, verhaftet. Die Frau bat weinend um Gnade. Aber die beiden Häscher des SOD (Raimund Götsch und Josef Hoffmann) schlugen auf sie ein und verschlossen die Fenster, damit das Weinen der Frau und des Kindes nicht nach außen dringe. Nachdem sie in der

Wohnung verschiedene Gegenstände gestohlen hatten, brachten sie die beiden Opfer ins Balilla-Haus." (Auszug aus K. H. Burmeister, F. Steinhaus, Beiträge zu einer Geschichte der jüdischen Kultusgemeinde von Meran, Seite 88)

Entmachtet und verunsichert – die Italiener

Für die italienischsprachigen Bewohnerinnen und Bewohner der Operationszone Alpenvorland war der Einmarsch der deutschen Truppen ein Schock. Die Abneigung gegen den nationalsozialistischen Bündnispartner war bei den in Südtirol lebenden Italienern durch die ethnischen Konfliktlinien im Lande stärker als im übrigen Italien. Als sich in den Monaten Februar und März 1943 einige tausend Veteranen des italienischen Rußlandheeres ARMIR auf Erholungsurlaub in Südtiroler Lazaretten aufhielten, war dies für die italienische Bevölkerung eine direkte Konfrontation mit der grausamen Kriegsrealität, für die in erster Linie das nationalsozialistische Deutschland verantwortlich gemacht wurde.

Trotzdem kam es im September 1943 aufgrund der Verwirrung innerhalb des italienischen Heeres in Südtirol zu keinem nennenswerten Widerstand, während in Trient 48 Soldaten bei der Verteidigung der Kasernen das Leben verloren.

Trotz der formellen Rücksicht auf den – zwar nur mehr in symbolischer Bedeutung – Bündnispartner Mussolini, kam es in den Tagen nach dem Einmarsch der deutschen Truppen zu dezidiert nationalistischen Aktionen von seiten einheimischer Nationalsozialisten. Einige faschistische Denkmäler wurden teilweise zerstört, so das Bozner Siegesdenkmal und das Alpinidenkmal in Bruneck.

Im Zuge des Aufbaus der Operationszone wurden sämtliche politischen Bezugspunkte für die italienischsprachige Bevölkerung eliminiert. Die Machtbefugnis der „Repubblica Sociale Italiana" (RSI) wurde aufgehoben und deren Streitkräfte außer Landes gebracht, die Wiederentstehung der Faschistischen Partei (PNF) verboten, die Podestà abgesetzt, die italienische Presse eingeschränkt. Diese Maßnahmen betrafen eine Bevölkerungsgruppe, die sowohl nach ihrer Herkunft als auch nach ihrer sozialen Zusammensetzung sehr heterogen war und seit dem Aufbau einer deutschen Parallelverwaltung im Lande auch politisch immer wieder verunsichert oder zumindest weitgehend isoliert und gettoisiert worden war.

Die Institutionalisierung des Terrors
Sondergericht Bozen

Seit November 1943 war in der Bozner Dantestraße das Sondergericht in Funktion, das „für strafbare Handlungen, bei denen ein deutscher Staatsbürger als Täter, Mitschuldiger oder Verletzter beteiligt ist oder deutsche Interessen berührt werden", zuständig war. Vor dieses Sondergericht kamen italienische Partisanen, Südtiroler Deserteure und sogenannte „Volksschädlinge", die wegen „Wehrmittelbeschädigung, Abhörens feindlicher Sender, Unterstützung Fahnenflüchtiger, verbrecherischen Umgangs mit Kriegsgefangenen, Schwarzhandels, Heimtücke und Wehrkraftzersetzung sowie Plünderungen aus bombengeschädigten Objekten" angeklagt waren. Am 11. Februar 1944 trat das Sondergericht „erstmalig zur Aburteilung von Volksschädlingen zusammen". So wurde am 16. März 1944 der Tagelöhner Ettore Stenico aus San Michele (Trient) zum Tode verurteilt, weil er eine Fernsprechleitung der

Angehörige des italienischen Rußlandheeres ARMIR zur Erholung in Südtirol, März 1943

Zellen des Polizeilichen Durchgangslagers in der Reschenstraße in Bozen

Ankunft im Lager

Emilio Sorteni war vom 27. Oktober 1944 bis zum 30. April Häftling im Bozner Lager. In seinem Tagebuch beschreibt er die Ankunft im Lager: „Im Matrikelamt gaben wir unsere Daten an, und sie gaben uns die persönliche Nummer und ein Dreieck aus rotem Stoff, das Abzeichen der politischen Häftlinge. An den blauen Overalls hätte es angebracht werden sollen nach deren Verteilung am nächsten Tag. Dann wurden die Barbiere verständigt, kahl scherten sie uns (…) Für jeden Grund der Verhaftung und Internierung gibt es ein farblich verschiedenes Stoffdreieck: rot, die Politischen; rosa, eingefangene Zivilisten; blau, ausländische, feindliche Zivilisten; grün, deutsche Untertanen und Südtiroler als Geiseln in Sippenhaft; gelb (ohne Matrikel), Juden."

Wehrmacht durchschnitten hatte. Am selben Tag wurde das Ehepaar Emma und Johann Steinkasserer aus Antholz „wegen heimtückischer, hetzerischer und zersetzender Äußerungen" gegen den Führer und die Deutsche Reichsregierung verurteilt: Johann zu drei Jahren Zuchthaus, Emma zu zwei Jahren Gefängnis. Die Landarbeiterin Maria Brock gewährte im Herbst 1943 zwei englischen Kriegsgefangenen in ihrer Wohnung mehrere Wochen Unterschlupf. Dieser „verbrecherische Umgang mit Kriegsgefangenen" wurde mit zwei Jahren Zuchthaus bestraft. Am 11. Mai wurde die 60jährige Ida Cainelli wegen Abhörens feindlicher Sender zu einem Jahr Zuchthaus verurteilt. Der 31jährige Bauer Isidor Meßner aus Mühlbach half einem Deserteur mit Lebensmitteln und Zivilkleidern aus. Im Bozner Tagblatt wurde die einjährige Zuchthausstrafe kommentiert: „Für sein lumpiges Verhalten trifft ihn dazu noch die verdiente Verachtung aller anständigen Volksgenossen."

Diese Aufzählung ließe sich noch lange fortführen. Bis Kriegsende wurden insgesamt über 30 Todesurteile gesprochen und viele schwere Zuchthausstrafen verhängt.

Polizeiliches Durchgangslager Bozen

Das Bozner Lager wurde im Juli 1944 errichtet. Im Februar 1944 hatten die Nationalsozialisten das faschistische Kriegsgefangenenlager in Fossoli bei Modena übernommen und verlegten dieses im Zuge des deutschen Rückzuges nach Bozen. In der heutigen Reschenstraße, mitten in den Obstwiesen, waren 1941 militärische Lagerhallen gebaut worden, die dann in ein Lager umfunktioniert wurden. Mindestens 11.000 Männer, Frauen und Kinder waren in diesem Lager eingesperrt, für viele war es die Vorstation zu einem Vernichtungslager. Zum etwa 17.500 m² großen Hauptlager in der Reschenstraße gehörten noch verschiedene Außenlager, über die es allerdings nur wenige und lückenhafte Informationen gibt. Es gab sie in Gossensaß, Sterzing, Toblach, Sarntal, Moos in Passeier, Karthaus im Schnalstal und in Untermais bei Meran. Bei diesen Außenlagern handelte es sich um beschlagnahmte Kasernen oder Hotels, von denen aus die Häftlinge zu den Arbeitseinsätzen herangezogen wurden.

Teile der Wachmannschaft waren aus Fossoli mitgekommen, so Karl Titho als Lagerkommandant und Hans Haage als dessen Stellvertreter. Namentlich be-

Das Polizeiliche Durchgangslager in der Reschenstraße in Bozen, 1945/46

Versammlung des „Comitato Liberazione Nazionale" in Trient

kannt sind auch die beiden Aufseher Micha Seifert und Otto Sain sowie Hildegard Lächert, die bis zu ihrer Ankunft in Bozen im Jänner 1945 Aufseherin im Vernichtungslager Majdanek gewesen war. Zum Wachpersonal des Lagers gehörten auch Südtiroler: Karl Gutweniger, Philipp Lanz, Josef Mittermaier, Peter Mitterstieler und Paula Plattner.

Vom Lager in Bozen gingen Häftlingstransporte nach Auschwitz, Mauthausen, Flössenburg, Dachau und Ravensbrück – für sehr viele eine Reise in den Tod. Die genaue Anzahl der Transporte läßt sich nicht mehr feststellen, da die Listen bei Kriegsende verbrannt wurden, es sind aber mindestens sieben belegt.

Die Widerstandsbewegung(en)
Das Comitato di Liberazione Nazionale: von Longon zu De Angelis

Im Winter 1943 wurde das Comitato di Liberazione Nazionale di Bolzano (CLN, Nationales Befreiungskomitee von Bozen) gegründet, dessen Stützpunkt die Bozner Industriezone war. Über die großen Fabriken war es nämlich möglich, Verbindungen mit Gruppen aus anderen oberitalienischen Städten, vor allem Mailand, zu knüpfen. Die Tätigkeit der kleinen, städtisch geprägten Gruppe des Bozner CLN konzentrierte sich auf Sabotageaktionen, Agitation unter den Arbeitern der Industriezone und nicht zuletzt auf die Unterstützung der Häftlinge des Polizeilichen Durchgangslagers in der Reschenstraße. Leiter der Bozner Gruppe war der aus Padua stammende Manlio Longon, leitender Angestellter der Magnesiumwerke in der Industriezone. Gemeinsam mit dem Priester Don Daniele Longhi und den Kommunisten Enrico Pedrotti und Rinaldo Dal Fabbro koordinierte er die Aktivitäten gegen die nationalsozialistische Besatzungsmacht.

Longon suchte im Herbst 1944 auch den Kontakt zum deutschsprachigen Widerstand in Südtirol, konkret zu Erich Amonn. Es kam jedoch zu keiner Zusammenarbeit: Im Dezember 1944 wurde die gesamte Führungsspitze des lokalen CLN verhaftet und Longon während eines Verhörs im Gebäude des Armeekommandos am 4.-November-Platz, das von der Gestapo beschlagnahmt worden war, ermordet. Mit Ausnahme der Betreuung der Lagerhäftlinge war deshalb die Arbeit des Bozner CLN bis zum März 1945 unterbrochen. Zu diesem Zeitpunkt kam Bruno De Angelis nach Bozen, der im Auftrag des CLN in Mailand und mit Unterstützung des amerikanischen Geheimdienstes nach der bald erwarteten Kapitulation der Deutschen Wehrmacht die Verwaltung der Provinz übernehmen sollte, was er dann auch tat.

Die Egartergruppe

Der Andreas-Hofer-Bund war in Opposition zur Umsiedlung von 1939 entstanden und war nach dem September 1943 die einzige Widerstandsbewegung auf deutschsprachiger Seite. Sowohl von der sozialen Herkunft der Mitglieder als auch von ihrer politisch-kulturellen Orientierung her läßt sich die Egartergruppe als bäuerlich-konservativ, Tirol-patriotisch und religiös beschreiben. Männer wie Erich Amonn und Josef Raffeiner waren die bürgerlich-liberalen Einsprengsel dieser Gruppe. Die Tätigkeit der Egartergruppe bestand vor allem in der Herstellung und Pflege von Kontakten zu den alliierten Stellen andererseits, insbesondere zum britischen und französischen Geheimdienst, und zu einzelnen Personen innerhalb der NS-Verwaltung, deren Loyalität zum Regime nicht ganz ungebrochen war. Die politische Perspektive des deutschsprachigen Widerstandes für die Nachkriegszeit war die Eingliederung Südtirols in eine demokratische Republik Österreich.

Foltermethoden der Gestapo

Johann Wanek, ehemaliger Beamter der Kriminalpolizei in Bozen, beschrieb bei einem Verhör anläßlich der Untersuchung zum Fall Longon, die der amerikanische Geheimdienst sofort nach Kriegsende durchführte, die Foltermethoden der Gestapo: „Soweit mir bekannt wurde, erfolgten Prügeleien einfacherer Art meist in den Vernehmungszimmern der Beamten, die Unterwerfung unter eine Tortur spielte sich hingegen im Keller des Dienstgebäudes ab. Dort wurden die Inquisiten in einen Raum neben der Heizkesselanlage geführt und folgenden Mißhandlungen unterworfen. In dem Raum befindet sich eine Stehleiter, wie sie beim Malen Verwendung findet. Dem Inquisiten wurden die Hände mit Stricken gebunden, diese zwischen die Oberschenkel gedrückt und sodann zwischen die Ellbogen und Kniegelenke eine Eisenstange durchgezogen, so daß sich der Körper zu einer Kugel rundete. Dieser Körper wurde dann mit der Eisenstange auf die Sprossen der Stehleiter gehängt und der Inquisit mit dem Kopf gegen den Boden gedrückt, so daß das Gesäß prall nach oben lag. Vielfach wurde den Misshandelten das Gesäß bloßgelegt. In diesem Zustand wurde dann das Opfer mit Peitschen, spanischen Rohren, Kabeln oder sonstigen Schlagwerkzeugen geprügelt. Diese Prügeleien nahmen oft eine derartige Brutalität an, dass den Opfern die Haut platzte und sie blutüberströmt zusammensanken. Um das Schreien zu verhindern, wurde den Opfern ein Sack über den Kopf gestülpt oder ihnen sonst der Mund verschlossen." (zitiert nach Gerald Steinacher, Südtirol und die Geheimdienste)

Der Antinazi

Hans Egarter wurde am 20. April 1909 als einziger Sohn von Anna Prantauer und Hans Egarter in Olang geboren. Er wollte zunächst Theologie studieren und Pfarrer werden, gab aber das Studium wegen einer Krankheit auf. Seinen Lebensunterhalt scheint er sich in der Folgezeit hauptsächlich als Mesner verdient zu haben. So hielt er sich in den dreißiger Jahren eine Zeitlang im Kapuzinerkloster in Schlanders auf. Die Option von 1939 wurde zum einschneidenden Ereignis in seinem Leben. Gemeinsam mit Friedl Volgger, Josef Ferrari, Josef Nock, Josef Mayr-Nusser, Hans Gamper, Vinzenz Oberhollenzer und anderen gründete er im November 1939 den Andreas-Hofer-Bund. Während des Krieges arbeitete Egarter als Journalist in der von Kanonikus Michael Gamper geleiteten Athesia-Presse. Als Friedl Volgger im September 1943 von der Gestapo verhaftet wurde, übernahm Egarter dessen Vorsitz im Andreas-Hofer-Bund und verlegte seine Tätigkeit ins Philipinum nach Meran. Von dort aus pflegte er die Kontakte zu Gegnern und Verfolgten des NS-Regimes in Südtirol: den Dableibern, Umoptanten, den Familien der Deserteure und Wehrdienstverweigerer und den Deserteuren selbst, vor allem jenen des Passeiertales. Nach dem Krieg gehörte Egarter zu den Gründungsmitgliedern der Südtiroler Volkspartei. Er repräsentierte mit seinen Freunden aus dem Andreas-Hofer-Bund gegenüber den Alliierten das antinazistische Südtirol. Hans Egarter wollte aber nicht das Feigenblatt der Südtiroler sein; in zahlreichen Artikeln im „Volksbote" forderte er eine Entnazifizierung der Südtiroler Gesellschaft, eine ehrliche Auseinandersetzung mit der Vergangenheit und die Anerkennung der gemachten Fehler. Dadurch machte er sich unbeliebt – die Ideale des Antifaschismus wurden in Südtirol sowohl auf deutsch- wie auf italienischsprachiger Seite der ethnischen Frontstellung geopfert. Von 1949 bis 1951 fanden Prozesse gegen neunzehn ehemalige Passeirer Partisanen statt, die wegen „Banditentums" und „Verbrechen" in den Kriegsjahren angeklagt wurden. Das Urteil von 1952 rehabilitierte zwar die Angeklagten und erkannte ihre politischen Motive und Ziele an, Egarter hatte aber während des Prozesses auch seine Isolation nachhaltig gespürt. Die letzten Jahre seines Lebens verbrachte er in Brixen, wo er im Juni 1966 starb.

4. Zwischen Niederlage und Befreiung

Kriegsende in Südtirol

Am 2. Mai 1945 um 14.00 Uhr trat die bedingungslose Kapitulation der Deutschen Wehrmacht in Italien in Kraft, alle Kampfhandlungen wurden eingestellt, auch für die Südtiroler war endlich der Krieg zu Ende. Anders als im restlichen Italien, wo das Kriegsende teils mit wilden Freudenfesten gefeiert wurde, herrschte in Südtirol **Ratlosigkeit**. Nach zwanzig Jahren verhaßtem italienischem Faschismus hatte die deutschsprachige Bevölkerung im September 1943 die Integration Südtirols in die unter deutschen Einfluß fallende Operationszone Alpenvorland freudig begrüßt. Jetzt, am Ende des Krieges, befand sie sich somit auf der **Verliererseite**, und keiner wußte, welche Position die erwarteten **alliierten Besatzer** einnehmen würden.

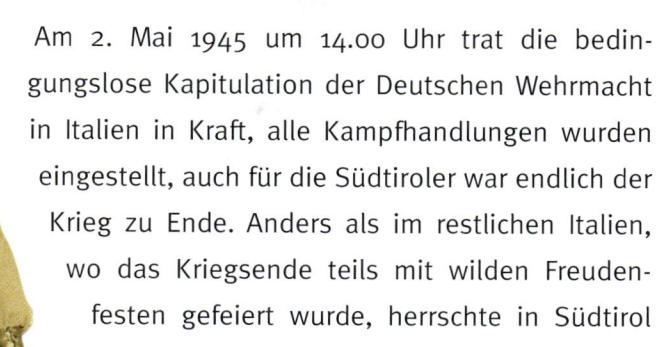

Doch stellte wohl gerade Südtirol für die Alliierten eine besondere Herausforderung dar. Anfang Mai erlaubten sie die **Gründung der SVP** als politisches Sprachrohr der deutschsprachigen Minderheit, in der zweiten Maihälfte genehmigten sie den Druck der deutschsprachigen Tageszeitung „Dolomiten", und schließlich diktierten sie eine Art **„Friedensabkommen"** zwischen deutschen und italienischen Parteivertretern. Trotz dieser Versuche, zur „Normalität" zurückzukehren, wurde den Alliierten klar, daß sie nicht wie geplant das **Allied Military Government** (AMG) mit Anfang Juni an die italienische Verwaltung übergeben konnten – dafür herrschten zu große Spannungen zwischen den verschiedenen Sprachgruppen. Aus diesem Grund wurde das AMG bis Ende 1945 aufrechterhalten. In den folgenden Monaten waren so Amerikaner und Briten bei wichtigen und zukunftsweisenden Entscheidungen in Südtirol selbst anwesend.

Blühende Bäume

Erinnerungen eines amerikanischen Soldaten zum Kriegsende in Südtirol: „Es war ein wunderbares Gefühl – beinahe unmöglich zu beschreiben. Frieden. Nach zwei Jahren Hölle, beschossen werden, zurückschießen, Freunde sterben sehen, in einem Loch im Boden leben, kalte Rationen essen usw., konnte ich nun ohne Angst frei herumlaufen. Meine Kameraden und ich mußten uns immer wieder gegenseitig versichern, daß es wirklich wahr war und daß wir nicht halluzinierten. (…) Was aus meinen Erinnerungen besonders hervorsticht, waren die Bäume in der Gegend. Den ganzen Weg entlang des Stiefels von Italien hatten wir nur schäbige Skelette von Bäumen gesehen – zerschossen von Artilleriefeuer, ohne Belaubung und den Knochen einer Leiche gleichend. Hier, im Frühling, waren sie blühend, beblättert und schön."

Unter alliierter Besatzung
Amerikanischer Einmarsch und Aufbau des AMG

Am Tag der bedingungslosen Kapitulation der Deutschen Wehrmacht in Italien, dem 2. Mai 1945 um 14.00 Uhr, hatte noch kein alliierter oder italienischer Soldat Südtiroler Boden betreten. Alliierte Truppenverbände, die 10. Mountain Division, die 85. und 88. Infantry Division der 5. US-Armee waren jedoch bereits bis nach Trient vorgedrungen. Sie erhielten noch am Tage der Kapitulation den Befehl, zum Brenner vorzustoßen und die Grenze abzuriegeln. In den frühen Morgenstunden des 4. Mai fuhr eine Einheit der 88. Infantry Division über den Passo di Rolle nach Predazzo, über den Karerpaß ins Eisacktal und schließlich über die Landstraße Richtung Brenner. Um 10.51 Uhr des 4. Mai trafen die Amerikaner in der Nähe von Gossensaß auf eine Einheit der aus dem Norden vorrückenden 7. US-Armee. Dieses Treffen zweier alliierter Armeen von verschiedenen Fronten hatte historische Dimensionen, was zumindest in den US-Medien gebührend gefeiert wurde. Noch am Abend desselben Tages stellten die Amerikaner Grenzwachen am Brenner auf und riegelten den einzigen noch verbliebenen Fluchtweg für die heimkehrenden deutschen Soldaten ab.

Amerikanische Soldaten in Niederdorf, Mai 1945

Soldat Edwin M. Wallin aus Benfield, New York, im Jeep mit Kindern aus Vintl

Einmarsch amerikanischer Truppen in Latsch

In den nächsten Tagen sah man in fast allen Dörfern und Städten des Landes Amerikaner in Jeeps, die Verwaltungseinrichtungen besetzten und übernahmen und für die Aufrechterhaltung von Sicherheit und Ordnung sorgten. Ab Mitte Mai wurden dann die im Land verstreuten deutschen Truppenverbände gesammelt und in die Kriegsgefangenenlager in den Süden abtransportiert, Ausgangssperren ausgerufen, Lebensmittelmarken ausgegeben und Verwaltungseinrichtungen nach alliierten Richtlinien ausgestattet. Nach diesen „Normalisierungsaufgaben" konnte Ende Mai ein Großteil der amerikanischen Truppenverbände aus Südtirol verlegt werden. Am Morgen des 5. Juni übergab Divisionskommandant Major General Paul W. Kendall in einer feierlichen Zeremonie auf dem Platz vor dem Siegesdenkmal in Bozen der Truppe Folgore des italienischen Militärs das Kommando über die Stadt und die Provinz. Doch das AMG wurde damit für Südtirol nicht aufgehoben.

Ursprünglich hätten alle Alliierten Südtirol verlassen sollen, doch da man Unruhen befürchtete, beließen die Amerikaner ein Regiment der 88. Division in Südtirol. Das 349. Infantry Regiment sollte mit Unterstützung der italienischen Truppen Folgore und Friuli in den Städten Südtirols stationiert bleiben und als Puffer zwischen den Südtirolern und Italienern dienen. Außerdem sollte dieses Arrangement die Tatsache unterstreichen, daß die Übergabe der Verwaltung an italienische Behörden keineswegs einen endgültigen Zustand darstellte oder gar als Vorwegnahme eventueller Entscheidungen bei den Friedensverhandlungen zu gelten hatte. Die Übernahme der AMG-Aufgaben durch italienische Soldaten entsprach keineswegs dem Wunsch der deutschsprachigen Bevölkerung, zumal sich viele an die immer freundlichen GIs und deren großzügige Überwachungsfunktion schnell gewöhnt hatten. Von den italienischen Soldaten befürchtete man vermehrte Racheakte.

Versorgungs- und Transportprobleme

Die wirtschaftliche Situation in der Provinz Bozen in den ersten Nachkriegsmonaten war anders als in vielen Teilen Europas nicht besorgniserregend. Südtirol war, wie viele andere norditalienische Provinzen, von schweren Kriegshandlungen und damit einhergehenden Zerstörungen verschont geblieben. Was zunehmend zu Problemen führte, waren die zerbombten Transportwege entlang der Brennerstrecke zwischen Verona und der Grenze. Deshalb galt es im Mai 1945 vor allem, alle in der Provinz auffindbaren Arbeitskräfte zum Wiederaufbau der Straßen und Zugverbindungen heranzuziehen, wodurch ein erster Schub an Arbeitslosigkeit aufgefangen wurde.

Die Region Venetien, zu der Südtirol verwaltungstechnisch im AMG gehörte, hatte darüber hinaus 1944 die reichste Getreideernte seit langem zu verzeichnen gehabt, weshalb die nördlichen Provinzen nach Lösung des Transportproblems auch wenig unter Lebensmittelmangel zu leiden hatten. Zu den fehlenden Gütern gehörten jedoch für lange Zeit Fette, Salz und Zucker, doch waren selbst diese auf dem blühenden Schwarzmarkt erhältlich.

Gold in Franzensfeste

Am 4. Mai 1945 machte eine amerikanische Division einen spektakulären Fund: Sie stieß beim Vormarsch Richtung Brenner auf einige tausend Goldbarren in der Festung in Franzensfeste. Neben zahlreichen deutschen Waffen, Ausrüstungsgegenständen, Ersatzteilen und großen Mengen an Munition fanden die Amerikaner in den Kavernen der Festung Gold im Wert von etwa 250 Millionen Dollar. Wie sich herausstellte, handelte es sich um die Goldreserven der Banca d'Italia in Rom, die die Deutschen bei ihrem Rückzug aus Rom in „Sicherheit" gebracht hatten. Noch am 17. Mai wurden die Goldbarren unter strenger Bewachung vom 349. Regiment nach Rom zurückgebracht. Nichtsdestotrotz graben noch heute Schatzsucher aufgrund nicht verstummen wollender Gerüchte in der Festung Franzensfeste nach dem angeblich verscharrten Gold.

Arbeiter und Passanten, einige davon Mitglieder des CLN, feiern die Befreiung in Bozen, Mai 1945

Wem gehört Südtirol
Interregnum 2. Mai bis 13. Mai 1945

In den ersten Nachkriegstagen gab es in Südtirol ein verwirrendes Neben- und Durcheinander von Zuständigkeiten und Militärs, klare Machtverhältnisse gab es nicht. Die Wehrmacht hatte in der Nacht vom 22. auf den 23. April das Hauptquartier der Heeresgruppe C von Recoaro nach Bozen verlegt, ein Ausweichquartier war in der Herbstenburg in Toblach eingerichtet worden. General Karl Wolffs Dienststelle befand sich seitdem im „Herzogspalast" in Bozen, und das Hauptquartier der Wehrmacht residierte im Amtssitz des Obersten Kommissars in der Villa Berheim mit „Gauleiterbunker" in der Fagenstraße. Das Hauptquartier der SS in Fasano del Garda kam nach Meran. Damit befanden sich Ende April alle wichtigen militärischen Zentralen der deutschen Streitkräfte in Italien in Südtirol. Zudem strömten Tausende deutsche Soldaten unkontrolliert über Südtirol zurück in die Heimat, das Land war von deutschen Soldaten geradezu überströmt. Schließlich fanden sich nach Einmarsch der alliierten Truppen auch amerikanische – und diese unterstützende italienische – Soldaten auf Südtiroler Boden. Daneben war es dem Comitato di Liberazione Nazionale (CLN) unter dem Mailänder Bruno De Angelis am 2. Mai gelungen, bei „Verhandlungen" mit Vertretern des Südtiroler Andreas-Hofer-Bundes (AHB), bei denen er mit dem Einmarsch von 50.000 Partisanen drohte, eine „Auslieferung Südtirols an das Comitato" zu erreichen und am 3. Mai die Verwaltung der Provinz zu übernehmen. Erich Amonn schrieb an diesem denkwürdigen 2. Mai in sein Tagebuch: „Schwerster Tag meines Lebens aber notwendig um wenigstens ein Stück Tiroler Boden vor völliger Verwüstung zu retten."

So präsentierte sich Südtirol in den ersten Nachkriegstagen in einem Licht bunter Uniformen. Auf den Straßen waren neben verkehrsregelnden deutschen Wehrmachtsoldaten italienische Partisanen in Polizeifunktion und amerikanische GIs beim Abtransport von SS-Einheiten zu beobachten. Die deutschen Soldaten genossen das Ende des Krieges und die noch andauernde Freiheit. Die italienischen Partisanen versuchten hektisch ein Bild „italienischer Normalität" auf den Straßen entstehen zu lassen, und die Amerikaner waren erstaunt über dieses Durcheinander, in dem jeder sich als Sieger brüstete und niemand auch nur andeutungsweise Niedergeschlagenheit zeigte.

Bruno De Angelis

Der aus Mailänder Industriekreisen stammende Bruno De Angelis wurde Ende April als Bevollmächtigter des Comitato di Liberazione Nazionale Alta Italia (CLNAI) nach Südtirol geschickt, um die Partisanentätigkeit in der Provinz zu koordinieren. Kurz nach seinem Eintreffen sprach er bei den deutschen Wehrmachtstellen und den Vertretern des AHB vor und verlangte von ihnen die Übergabe der Provinz an das CLN. Um seinen Worten Nachdruck zu verleihen, drohte er mit dem Einmarsch von 50.000 italienischen Partisanen. Unterstützt wurden seine Absichten durch sinnlose Gewalt: So kam es in Meran und in der Bozner Industriezone noch in den letzten Kriegstagen zu Auseinandersetzungen zwischen Deutschen und Italienern mit mehreren Toten. Nach hartem politischem Taktieren übergab ihm Karl Wolff in Anwesenheit von Vertretern des AHB schließlich am 2. Mai die einstweilige Verwaltung des Landes.

Das 20. Jahrhundert in Südtirol: Zwischen Niederlage und Befreiung

So gelang es De Angelis, den Amerikanern eine „italienische Provinz" vorzuführen. Am 12. Mai 1945 wurde er von den Alliierten als Präfekt bestätigt. Seine Entscheidungsbefugnisse waren zwar durch die Bindung an die alliierten Verwaltungsbehörden eingeschränkt, doch hatte er vor allem zum Provincial Commissioner des AMG, William McBratney, ein gutes Verhältnis, wodurch es ihm gelang, viele seiner Ideen umzusetzen.

De Angelis vordergründigstes Ziel war die Sicherung der Provinz für Italien. Zu diesem Zweck stellte er sich zunächst gegen jede Art von Revision des Optionsabkommens. In Anlehnung an die Informationen, die er von McBratney erhielt, wählte er im Laufe des Sommers eine Linie, die auf eine Autonomie für Südtirol hinauslief und als relativ liberal bezeichnet werden kann. Seine Ansichten waren in den Augen Roms viel zu freizügig, weshalb der Präfekt immer öfter zurechtgewiesen wurde. Die Ergebnislosigkeit seiner Bemühungen ließ De Angelis verzweifeln, so daß er im Herbst 1945 mehrmals seinen Rücktritt anbot und um Versetzung ansuchte. 1946 wurde er von Silvio Innocenti abgelöst.

Präfekt Bruno De Angelis im Gespräch mit dem amerikanischen Militärgouverneur in Südtirol, William McBratney

Amerikanische Soldaten sperren den Grieser Platz in Bozen und nehmen deutsche Soldaten gefangen, 13. Mai 1945

Abrechnung
Die letzten Tage der Deutschen Wehrmacht in Südtirol

Am Sonntag, den 13. Mai 1945, feierte Karl Wolff, der Bevollmächtigte General der Deutschen Wehrmacht in Italien, im Garten des „Herzogspalastes", des heutigen Regierungskommissariats, in Bozen seinen fünfundvierzigsten Geburtstag. Während er an diesem ungewöhnlich lauen Frühlingsnachmittag mit seinem Stab und seinen Angehörigen die letzten Champagnerflaschen leerte, kam ein Konvoi der 88. Infantry Division der 5. US-Armee. Der kommandierende General der alliierten Einheiten, der Amerikaner Brig. Gen. James C. Fry, befahl seinen Soldaten, Wolff und seine Gäste – viele der ehemaligen höheren Offiziere der Heeresgruppe C, so auch General Heinrich von Vietinghoff-Scheel, waren anwesend – unverzüglich zu

Karl Wolff, General der Deutschen Wehrmacht in Italien

Ende der Flitterwochen

Die Divisionszeitschrift feiert die Verhaftung Karl Wolffs vom 13. Mai 1945 in Bozen: „Die Nazis in diesem Kriegsnest der SS haben endlich begriffen, daß der Krieg vorbei ist und daß Deutschland geschlagen worden ist. Während der vergangenen zehn Tage sind sie herumstolziert und taten, was sie wollten, gaben der 88. US-Division ‚die Erlaubnis' einen Befehlsposten einzurichten, fuhren mit starken Autos durch die Straßen, verbrüderten sich mit den Zivilisten oder aßen in Restaurants, welche fast ausschließlich deutsche Soldaten bedienten. Aber nun sind die Flitterwochen vorbei."

Ein amerikanischer und ein deutscher Militärpolizist regeln gemeinsam den Verkehr in Brixen, 1945

verhaften. Frau Wolff, die sehr ungehalten über die unfreundliche Unterbrechung der Feier war, berief sich auf die Kapitulationsbedingungen und drohte Fry mit einer Beschwerde bei seinen Vorgesetzten, was auch ihr eine Verhaftung einbrachte. Bei der Durchsuchung der Villa kamen ungeheure Schätze zum Vorschein, so unter anderem Gegenstände im Wert von vier Millionen Pfund und eine Sammlung kostbarer Münzen, ehemaliges Eigentum des Königs Viktor Emanuel. Im Laufe der folgenden Tage wurden in Bozen und Umgebung rund 2.000 Wehrmachts- und SS-Männer verhaftet und ins Kriegsgefangenenlager nach Modena transportiert. Die überraschend angesetzte Großaktion sollte verhindern, daß in ganz Europa zusammengetragene und in Südtirol versteckte Beutegegenstände verschwanden oder von den SS-Leuten mitgenommen wurden. Ab dem Moment der Verhaftung der SS-Einheiten kontrollierte die 88. Infantry Division die Gegend, im gesamten Besatzungsgebiet kamen strengere Richtlinien zur Anwendung. So etwa konnten sich deutsche Soldaten nun nicht mehr frei bewegen, sondern mußten sich in den Kasernen zur Verfügung halten und auf den Abtransport in die Gefangenenlager warten. Ein absolutes Fraternisierungsverbot wurde für die US-Soldaten erlassen, eine Ausgangssperre zwischen 20.30 Uhr und 6.00 Uhr sollte für Ruhe und Ordnung sorgen. Am 17. Mai begannen die Amerikaner schließlich mit der Massenevakuierung stehender Einheiten, zum größten Teil der 14. deutschen Armee, in die Lager nach Ghedi und Bassano, wobei an diesem ersten Tag allein an die 5.000 Personen interniert wurden.

Kunstgegenstände

Durch die Weltpresse ging die Entdeckung Hunderter Gemälde und Kunstgegenstände aus Florenz in einer Lagerhalle in der Nähe von Meran. In St. Leonhard im Passeier entdeckte die 88. Division 264 Bilder von Tizian, Rubens, Van Dyck, Raffael, Bellini, Caravaggio, Lorenzo Lotto und anderen Künstlern von unschätzbarem Wert. Sie stammten aus dem Palazzo Pitti und den Uffizien in Florenz, von wo sie, als sich die Alliierten im August 1944 der Stadt genähert hatten, „sichergestellt" worden waren. Trotz der Eile, mit der man sie aus Florenz fortgeschafft hatte, und der Lagerung im Passeier waren die Bilder praktisch unbeschädigt. Zum selben Bestand gehörten auch die Gemälde, darunter Originale von Tizian, Raffael und Rembrandt, welche die Amerikaner am 6. Mai in Sand in Taufers entdeckten.

Fahndung nach versteckten Personen

Ab Mitte Mai gingen die alliierten Behörden auch verstärkt auf die Suche nach versteckten SS- und NS-Funktionären. In den letzten Kriegsmonaten war Südtirol nämlich nicht nur der sichere Hafen für Kollaborateure des Hitler-Regimes in Italien geworden, sondern auch für deutsche Partei- und Militärangehörige, die sich und ihre Verwandten hier in Sicherheit brachten. Meran war für die deutsche Führung Urlaubsort und Fluchtanlaufstelle. Hier versteckten sie sich zu Kriegsende in Privathaushalten, Krankenhäusern, Sanatorien und auf ab-

Das 20. Jahrhundert in Südtirol: Zwischen Niederlage und Befreiung

Margaret Bodin-Himmler und Gudrun Himmler, Frau und Tochter von Heinrich Himmler, wurden am 5. Mai 1945 von den Alliierten in der Nähe Bozens verhaftet

gelegenen Almen, teils unter falschem Namen, teils machten sie nur einen Zwischenstopp auf dem Weg in den Süden oder nach Rom, von wo aus sie oftmals Hilfe bei der Flucht aus Europa erhielten.

Das amerikanische Counter Intelligence Corps (CIC) richtete gleich nach Kriegsende Büros in Bozen, Meran, Brixen und Sterzing ein und versuchte von dort aus, Versteckte und Flüchtende ausfindig zu machen. Dabei war das CIC oft auf Zufallskontrollen von Zivilpersonen, Razzien in Hotels und Pensionen, Überwachung der Sammellager des Roten Kreuzes, Kontrolle von Krankenhäusern und Militäreinrichtungen und Bewachung der Grenzen beschränkt. Lebhafte Hilfe erhielt die Einheit von den italienischen Partisanen, welche sich in wachsender Zahl und mit steigendem Fanatismus dieser Aufgabe zu widmen schienen. Auch die ehemalige Widerstandsgruppe Hans Egarter unterstützte die Amerikaner bei ihrer Arbeit.

Tatsächlich spürten die Amerikaner in den ersten Nachkriegsmonaten einige hochrangige Persönlichkeiten auf. Aufsehen erregte die Festnahme von Heinrich Himmlers Frau und Tochter in einer Berghütte 20 Kilometer außerhalb Bozens. Auch der in Meran aufgespürte ehemalige französische Filmstar Corinne Luchaire und deren Vater, der ehemalige Vichy-Informations- und Propagandaminister Jean Luchaire, gelangten in die Schlagzeilen.

Die CIC-Einheiten hatten jedenfalls alle Hände voll zu tun, um die in Südtirol versteckten Personen ausfindig zu machen und Hintergründe über verhaftete Personen zu recherchieren. Dabei war es oft schwierig, zwischen richtigen und gefälschten Informationen zu unterscheiden. Die Vertreter des amerikanischen Geheimdienstes merkten bald, daß sie sich auf die Informationen italienischer Partisanen kaum verlassen konnten, und stuften diese als „Anfeindungen" ein. Anfang Juni setzten sich die Stellen außerdem dafür ein, diese Partisanen aus Südtirol abzuziehen, da sie nichts als Unfrieden und Reibereien verursachten. Schließlich unterstützte das CIC aufgrund des „unerträglichen Verhaltens dieser italienischen selbsternannten Widerstandskämpfer" die Beibehaltung einer alliierten Militärregierung für Südtirol, bis die territoriale Frage bei den Friedensverhandlungen endgültig geklärt war.

Entlassung von Beamten

Die rigoros durchgeführten Entlassungen von deutschsprachigen Beamten von den öffentlichen Stellen führte in Südtirol erwartungsgemäß zu Verbitterung. Bereits mit Einmarsch alliierter Truppen begannen Angehörige des CLN, deutschsprachige Beamte aus ihren Büros zu vertreiben und die Stellen ohne Legitimation zu besetzen. Die Entlassungen wurden im Laufe des Jahres auch nicht rückgängig gemacht, da es ja keinerlei rechtliche Grundlage für die Anstellung deutschsprachiger Beamter gab. Zwar wurden in einigen Büros, um den Schein zu wahren oder einen normalen Behördenverkehr zu ermöglichen, deutschsprachige Angestellte im Amt belassen bzw. wieder angestellt, doch fiel diesen die Arbeit in der oft feindlichen Umgebung nicht leicht. So blieb den deutschsprachigen Südtirolern im öffentlichen Bereich beinahe ausschließlich die Schule, in der ab Herbst 1945 wieder einige hundert Personen beschäftigt waren.

Partisanenmord in Gröden

Wilde Säuberungen durch italienische Partisanen gab es in Südtirol nur in Einzelfällen, doch diese schockierten die Bevölkerung um so mehr. Als tragisches Beispiel gilt die Ermordung von fünf Männern aus Gröden. Am 15. Mai 1945 führte eine Einheit der Partisanenbrigade Valcordevole aus Corvara unter Aufsicht des amerikanischen Majors Howard Chappel eine Razzia in Gröden durch, bei der mehrere Männer verhaftet, nach Corvara gebracht und dort gefoltert wurden. Fünf dieser Grödner kamen nicht zurück: Adolf Senoner (Vastlè), kommissarischer Bürgermeister von Wolkenstein 1943–1945, Gabriel Riffeser, Kommandant des Sicherheits- und Ordnungsdienstes (SOD) in Wolkenstein, Josef Pittscheider, AdO-Ortsgruppenleiter von Wolkenstein, Engelbert Ploner, Chef des SOD in St. Christina, Kosmas Demetz, Kommandant des SOD St. Ulrich und Gebietsleiter des SOD Gröden. Die offizielle Version lautete, daß die Männer bei ihrer Überbringung nach Belluno bei einem Fluchtversuch erschossen worden waren. Ihre Leichen wurden im Wald von Pescul an der Forcella Staulanza, dem angeblichen Ort ihrer Flucht, verscharrt. Erst nach wochenlangen Protesten, Interventionen und Bitten der Familien wurden die Leichen freigegeben, die Särge durften jedoch nicht geöffnet werden.

Aufruf der Südtiroler Volkspartei

Südtiroler!

Das unvermeidliche, an Furchtbarkeit alle Vorstellungen und Ausmaße übersteigende Ende des Nationalsozialistischen Regimes ist eingetreten, Ströme vergossenen Blutes, blühende Städte und Dörfer in Schutt und Asche gelegt, Hunger und Elend, unsägliches Leid und der Abscheu der ganzen Welt vor den wahrhaft teuflischen Methoden der Vergewaltigung und Ausrottung unzähliger unschuldiger Menschen durch die Gestapo sind das traurige Erbe des Dritten Reiches, das ein tausendjähriges sein wollte, aber schon nach zwölfjährigem Bestande zusammenbrach.

Südtiroler, erinnert Euch an alle Weissagungen und Versprechungen falscher Propheten! Vergleicht die entsetzliche Wirklichkeit mit den Trugbildern, die Euch seit Jahren vorgegaukelt wurden und Ihr werdet begreifen, daß ein neuer Weg begangen werden muß! Nicht Haß, Gewalt und nationale Überheblichkeit, sondern gegenseitiges Verstehen, Freiheit der Persönlichkeit, Achtung vor der Menschenwürde und ein auf ewigen, göttlichen und menschlichen Gesetzen sittlichen beruhendes Handeln sichern nicht nur dem Einzelnen, sondern auch einem Volke die Kraft, sich zu behaupten und zu erhalten.

Auch Ihr habt schwer gelitten. Aber durch das entschlossene Handeln einiger mutiger Männer ist im letzten Augenblick das furchtbarste Schicksal, die totale Zerstörung Eures Landes, das Euch in aussichtsloser Lage von verbrecherischer Hand zugedacht war, vermieden worden.

Faschismus und Nazismus müssen überwunden werden, gründlich, gänzlich, für immer!

So und in diesem Sinne soll in dieser schicksalsschweren Stunde die freie Einheit und Geschlossenheit der Südtiroler zu neuem Leben erstehen. Vertrauensleute aus allen Teilen des Landes haben die **Südtiroler Volkspartei** gegründet, und zwar mit folgendem

Programm:

1. Nach 25jähriger Unterdrückung durch Faschismus und Nationalsozialismus den kulturellen, sprachlichen und wirtschaftlichen Rechten der Südtiroler auf Grund demokratischer Grundsätze Geltung zu verschaffen.
2. Zur Ruhe und Ordnung im Lande beizutragen.
3. Seine Vertreter zu ermächtigen — unter Ausschluß aller illegalen Methoden — den Anspruch des Südtiroler Volkes auf Ausübung des Selbstbestimmungsrechtes bei den alliierten Mächten zu vertreten.

Südtiroler! Sammelt Euch und seid einig unter dieser Fahne!

Die alliierten Militärbehörden haben unseren Bestand und unser Recht auf Zusammenschluß in einer Partei anerkannt, die den italienischen Parteien als gleichberechtigt gegenübersteht. Über unser endgültiges Schicksal wird von den alliierten Mächten entschieden werden, denen wir unsere Wünsche frei vortragen können. Doch dürfen diese Wünsche jetzt nicht zum Gegenstand politischer Kundgebungen gemacht werden, um Ruhe und Ordnung nicht zu stören, deren Aufrechterhaltung das oberste Gebot der Stunde ist. Wir sind mit den Vertretern der italienischen Parteien einig in dem Wunsche einer Zusammenarbeit, welche Ruhe und Ordnung sichert, den Wiederaufbau alles Zerstörten sogleich in Angriff nimmt, die Fortführung und Förderung unseres wirtschaftlichen Lebens und die Sicherheit unserer bürgerlichen Rechte auf allen Gebieten des öffentlichen Lebens gewährleistet. Wir wollen uns hierin nicht beirren lassen durch die verschiedenen Willkürakte, die während der letzten Tage geschehen sind. Wir sind vielmehr überzeugt, daß die verantwortlichen Männer das Ihre tun werden, um sie abzustellen.

Südtiroler! Auch in den Zeiten schwerster Unterdrückung mußte Eure Disziplin, Eure Ruhe und Euer Wille zur unverdrossenen Arbeit anerkannt werden. Sie sind die Tugenden, die der Augenblick von Euch fordert. Bestehen wir die Bewährungsprobe dieser Übergangszeit, dann wird auch uns eine bessere Zukunft leuchten.

Bozen, am 12. Mai 1945.

Erich Amonn
Obmann der Südtiroler Volkspartei

Südtiroler Neubeginn
Die Gründung der SVP

Auch die Südtiroler blieben während dieser ersten Wiederaufbauphase nicht untätig. Initiatoren einer Südtiroler Volkspartei waren die im AHB und um die Gruppe Hans Egarter organisierten Mitglieder des Südtiroler Widerstandes. In den letzten Kriegstagen war den in Bozen verbliebenen AHB-Mitgliedern und Präfekt Tinzl klar, daß jede einmarschierende alliierte Einheit ausschließlich Widerstandskämpfer – und das bedeutete in Südtirol Dableiber – als politische Vertreter der deutschen Volksgruppe akzeptieren würde. Bruno De Angelis trat zudem an die deutschsprachigen Südtiroler heran und drohte mit massivem Einmarsch italienischer Partisanenverbände, sollten sie nicht bereit sein, die Verwaltung der Provinz an das CLN zu übergeben. Für die Südtiroler war die Bedrohung durch die Partisanen massiv und real, sie beschlossen schweren Herzens und nach ausführlichen Beratungen, De Angelis die Verwaltung zu übergeben. Gleichzeitig bemühten sie sich an anderen Fronten darum, den Einmarsch italienischer Widerständler zu verhindern.

Nach Einmarsch der Amerikaner gingen die deutschsprachigen Südtiroler daran, ihre politische Vertretung zu organisieren. Am 8. Mai 1945 fand in Bozen die Gründungsversammlung der Südtiroler Volkspartei (SVP) statt. Erich Amonn war der erste Parteiobmann, Mitglieder waren die Dableiber Josef Raffeiner, Toni Ebner, Hans Egarter, Hans Gamper und Josef Menz-Popp. Aber auch Optanten wie eben der ehemalige Präfekt Karl Tinzl und der Vertreter des Bischofs Geisler, Johann Untergasser, und die Bürgermeister von Bozen und Brixen, Fritz Führer und Hans Stanek, waren bei der Gründungsversammlung dabei. In den offiziellen Angaben zur Parteigründung schienen hauptsächlich die Dableiber und Mitglieder des AHB auf, was mit Blick auf die Alliierten ins Gewicht fiel.

Tatsächlich genehmigten die Amerikaner nicht nur die Gründung der SVP, sondern sie erlaubten auch den Druck einer deutschsprachigen Zeitung, der Dolomiten. Gleichzeitig wurde die italienische Presse auf den Druck ebenfalls einer einzigen Tageszeitung, des Alto Adige, beschränkt. In der ersten Ausgabe der Dolomiten vom 19. Mai 1945 wurde das Parteiprogramm der SVP abgedruckt, welches vor allem das Selbstbestimmungsrecht für Südtirol als Ziel propagierte und dabei versuchte, sowohl Dableiber als auch Optanten für die SVP einzunehmen.

„Waffenstillstand" mit dem CLN

Um den Frieden im Land zu sichern, kam es am 31. Mai auf Druck des amerikanischen Militärgouverneurs William McBratney zu einem „Waffenstillstandsabkommen" zwischen CLN und SVP, in dem der ausdrückliche Wille zum friedlichen Zusammenleben der beiden Volksgruppen in Südtirol festgehalten wurde. Am 8. September 1945 wurde dieses Abkommen auf Druck des AMG und des Präfekten De Angelis erneuert. Dabei verpflichteten sich neben den Parteien explizit auch die verantwortlichen Direktoren der Zeitungen Alto Adige, Dolomiten und Volksbote, Lino Ziller und Rudolf Posch,

Die Landesleitung der SVP in Bozen beim Jubiläum des Herz-Jesu-Bundes am 30. Juni 1946: in der ersten Reihe Josef Raffeiner, Obmann Erich Amonn, Vizeobmann Josef Menz-Popp, Otto von Guggenberg und Toni Ebner; in der zweiten Reihe Ivo Perathoner (Mitte); in der dritten Reihe rechts Claus Gatterer

Gegenüberliegende Seite: Parteiprogramm der SVP in der ersten Ausgabe der „Dolomiten", 19. Mai 1945

Korrupter Berater

Der alliierte „Berater" der Dableiber in den ersten Maitagen bei der Gründung der SVP war der französische „Abgesandte" Henri Clairval. Clairval entpuppte sich schließlich als Hochstapler: Er ließ sich, sogar gegen Quittung, von Tinzl die Parteikassa aushändigen, mit der er verschwand. Später wurde er von den Amerikanern verhaftet. Bei sich trug er verschiedene Ausweise mit mehreren Namen, die ihn unter anderem als Mitglied des Roten Kreuzes und als Schweizer Bürger auswiesen.

zu politischer Mäßigung, Zurückhaltung und Verantwortung für die Aufrechterhaltung von Ruhe und Ordnung.

In den ersten Monaten konzentrierte sich die neue Partei in Südtirol vor allem auf die Rekrutierung von Mitgliedern und die Gründung von Parteisitzen in den Gemeinden Südtirols. Das Verhältnis zwischen SVP und amerikanischen Behörden blieb dabei jedoch unterkühlt. Dies mag verschiedene Gründe gehabt haben. Die freundschaftliche und herzliche Beziehung zwischen De Angelis und McBratney war den Südtirolern nicht verborgen geblieben; dies machte den Amerikaner in den Augen der SVP schon von vornherein suspekt. Auch unterließ McBratney es nie, die Vertreter der SVP öffentlich zu rügen und Stellungnahmen über die mangelnde Zusammenarbeit der Partei mit den Italienern in den Dolomiten veröffentlichen zu lassen.

Die Anwesenheit der Amerikaner in Südtirol blieb aber in Hinblick auf eine den Wünschen der deutschsprachigen Bevölkerung entgegenkommende Lösung des Südtirolproblems in dieser Anfangszeit ungenutzt. Besser funktionierte der Austausch zwischen SVP und den Alliierten, als Anfang Oktober britische Einheiten die Amerikaner ablösten. Zu ihnen gab es nicht nur auf lokaler Ebene funktionierende Begegnungen, die Beziehungen waren geradezu freundschaftlich, was schon allein daran gelegen haben mag, daß die Briten ihre positive Haltung gegenüber den deutschsprachigen Südtirolern vom ersten Tag an deutlich zeigten.

Die SVP wird in Sachen Selbstbestimmung aktiv

Am 15. Juli 1945 starteten Erich Amonn und sein Generalsekretär Josef Raffeiner als Vertreter der SVP einen „Aufruf des Südtiroler Volkes zugunsten der Freiheit". In diesem Aufruf an die Alliierten wurde die Entscheidung von 1919 kritisiert, die Italianität Südtirols verneint, die Herrschaft der bisherigen italienischen Regierung und die Repressionspolitik gegen die Südtiroler angeprangert, das Optionsabkommen als propagandistisches Druckmittel bezeichnet und im übrigen die Mitarbeit mit dem deutschen Regime verneint. Dann wurde die aktuelle Situation dargelegt und beklagt, daß die Sprache, die Kultur und die politischen Rechte nicht respektiert würden, solange sie vom italienischen Willen abhängig waren. Auch die von Italien unterstellten wirtschaftlichen Tatsachen wurden als unwahr angeprangert, da sich das Problem der Elektrizität mittels Handelsverträgen lösen ließe. Die Südtiroler verlangten eine Volksabstimmung und einen „gerechten und dauerhaften Frieden" durch eine Wiedervereinigung mit Nordtirol und Österreich. Die Petition wurde am 26. August 1945 an die „Alliierte Kontrollkommission, den Papst und alle in Rom akkreditierten Vertreter der auswärtigen Mächte" übergeben, blieb jedoch ohne Echo.

Alliierte Militärregierung
Von Juni bis Dezember 1945

Die Hauptaufgaben der Amerikaner lagen im Sommer 1945 in der Organisation der Flüchtlings- und der Heimkehrerströme aus dem Norden, im Versuch, die wirtschaftliche Situation zu normalisieren, in der Durchführung des Wiederaufbaus und in der Umbildung der Verwaltung. Zu den zentralen Anliegen gehörte auch die Fortführung des AMG für die Provinz. Während lokale und nationale italienische Einrichtungen immer wieder für eine Übernahme Südtirols

Amerikaner in Niederdorf im Pustertal, April 1945

Aufruf des alliierten Generals Mark Clark an alle „Patrioten" der lombardischen Alpen und des Veneto, individuelle Vergeltungsschläge gegen Deutsche zu unterlassen

durch die italienische Verwaltung intervenierten, gab es auf alliierter Seite Bedenken. Das Hauptargument war, daß man eine Entscheidung über das Schicksal der Provinz bei den Friedensverhandlungen durch solche verwaltungstechnische Maßnahmen nicht erschweren oder gar vorwegnehmen wollte.

Die Meldungen alliierter Behörden in Südtirol nach Rom über das Zusammenleben der verschiedenen Sprachgruppen waren oft alles andere als ermutigend: Vor allem in den Sommermonaten 1945 kam es wiederholt zu Zwischenfällen, die durch die Regimenter San Marco und Nembo der Folgore provoziert wurden. Bereits im Mai 1945 setzten sich die alliierten Stellen in Bruneck vehement für eine Ablösung dieser „unmöglichen" Einheit, die sich vor allem aus „rachsüchtigen und Möchte-gern-Partisanen" rekrutiere, ein. Meldungen über willkürliche Hausdurchsuchungen und Verhaftungen gegen die deutschsprachige Bevölkerung kamen nicht nur von SVP-Stellen. Auch Präfekt De Angelis und reguläre Carabinieri-Einheiten beklagten sich in ihren Berichten nach Rom über die übereifrigen und feindlich gesinnten Soldaten. Erst im Herbst 1945 gelang es den Alliierten nach Intervention bei der italienischen Regierung, die Folgore abziehen zu lassen und nach und nach durch andere Truppenverbände zu ersetzen. Auf lokaler Ebene beruhigte sich die Situation dadurch etwas.

Die Entscheidung der Rückgabe der Provinz Bozen an die italienische Regierung wurde mehrmals verschoben und fand schließlich erst mit Jahresende 1945 statt. Die Amerikaner erlebten diese Entwicklung jedoch nicht mit. Bereits im September 1945 wurden alle US-Einheiten zurück in die Heimat geschickt. Mit 1. Oktober übernahmen britische Soldaten die alliierte Militärregierung in Südtirol. Provincial Commissioner William McBratney übergab die Leitung interimsweise an Col. Bruce J. Thompson, welcher am 22. Oktober vom den deutschsprachigen Südtirolern überaus wohlgesinnten Col. S. W. Miller abgelöst wurde. Doch trotz der nun guten Beziehungen zwischen SVP und Alliierten gelang es nicht, mit Jahresende eine Rückgabe der Provinz an die italienische Verwaltung zu verhindern. Auch wenn dies keinesfalls präjudizierend für die Entscheidungen bei den Friedensverhandlungen sein sollte, so war es doch ein harter Schlag für die immer noch optimistischen Südtiroler. Zwar waren die Alliierten höchstens hier und dort durch einen Jeep aufgefallen, doch war die Veränderung jetzt nur allzu deutlich. Durch ihre bloße Anwesenheit schienen die Italiener ihrem Ziel, der Beibehaltung der Brennergrenze für Italien, viel näher zu sein, als die Südtiroler dem ihren, der Rückkehr zu Österreich, in den letzten 25 Jahren es je gewesen waren.

Potsdamer Konferenz

Obwohl die Südtirolfrage bei der Konferenz von Potsdam (17. Juli bis 2. August 1945) keine Rolle spielte, wurden doch einige zentrale Grundsätze für die weitere Entwicklung festgelegt. Zunächst wurde beschlossen, in einer Außenministerkonferenz der fünf beteiligten Staaten USA, Großbritannien, Frankreich, der Sowjetunion und China im September in London die Friedenspläne für Deutschlands Satellitenstaaten, dazu gehörte auch Italien, auszuarbeiten. Es wurde beschlossen, mit Italiens Friedensvertrag zu beginnen, da sich Italien als erstes Land von den nationalsozialistischen Fesseln befreit hatte und sich auf gutem Weg Richtung Demokratisierung und Überwindung der faschistischen Vergangenheit befand.

Bezüglich Österreich konnten sich die westlichen Vertreter nicht dazu durchringen, die provisorische Regierung auf ganz Österreich auszudehnen. Auch die Frage der Anerkennung dieser Regierung sollte erst nach Einmarsch britischer und amerikanischer Streitkräfte in Wien beschlossen werden.

Italiens Ausgangsposition für die wichtige Londoner Außenministerkonferenz war im Sommer 1945 also ungleich besser als jene der nicht anerkannten Regierung in Wien.

Der Tiroler Landeshauptmann Karl Gruber und der Zivilgouverneur Frankreichs Voizard bei einer Südtirolkundgebung auf dem Landhausbalkon in Innsbruck, 1945

Das Südtirolproblem in Wien

Am 5. September befaßte sich die provisorische österreichische Regierung unter Karl Renner zum ersten Mal mit dem Problem Südtirol. Renner legte ein Memorandum zu Südtirol vor und bat, daß die drei Parteien sich baldmöglichst über den genauen Inhalt einigten. Dann verlas Renner das Memorandum, dessen Kernpunkt die Bitte an die Außenminister für den Friedensvertrag mit Italien war, daß über die Zugehörigkeit Südtirols eine Volksabstimmung angeordnet werden solle. Am 12. September übergab Österreich das Memorandum dem Alliierten Rat, das Foreign Office erreichte es jedoch erst am 22. September, kam also viel zu spät, um von den Außenministern in London berücksichtigt zu werden – falls es überhaupt verlesen worden wäre.

Außenministerkonferenz in London

Auf der Londoner Außenministerkonferenz (11. September bis 2. Oktober 1945) zeichnete sich bald ab, daß die Sieger Italien den Frieden diktieren würden, Stellungnahmen anderer betroffener Staaten, geschweige denn eine Teilnahme dieser, waren nicht erwünscht. Am 12. September ging es schließlich um territoriale Fragen, wobei der britische Vorschlag zur italienischen Grenze, der keine Erwähnung der Brennergrenze vorsah, angenommen wurde. Dem amerikanischen Außenminister James Byrnes gelang es lediglich, eine berüchtigte Zusatzformel einbauen zu lassen: „Die Grenze mit Österreich wird unverändert bleiben, mit der Ausnahme, jeden Fall zu hören, den Österreich für kleinere Grenzberichtigungen zu seinen Gunsten vorbringt." Österreich sollte von dieser Entscheidung jedoch nicht unterrichtet werden.

Damit waren die Weichen für die Südtirolpolitik gestellt. Österreichs Verhandlungsspielraum war relativ gering. Italien hatte außerdem eine großzügige Autonomie versprochen, was von den Alliierten mit Wohlwollen aufgenommen wurde.

Großkundgebungen in Österreich

Am 4. September 1945 wurde in Innsbruck eine von der französischen Militärregierung genehmigte große Südtirolkundgebung abgehalten, an der etwa 25.000 Personen teilnahmen. Landeshauptmann Karl Gruber bat den Verwaltungsbeauftragten, den französischen Generaladministrator Pierre Voizard, sich bei den alliierten Regierungen für eine Wiedervereinigung Südtirols mit Österreich einzusetzen. Darin wurde er von Bischof Geisler unterstützt.

Am 3. Oktober fand in Wien eine Großkundgebung unter der Schirmherrschaft des Leiters der provisorischen Regierung, Karl Renner, des späteren Bundeskanzlers Leopold Figl, des KPÖ-Mitglieds, Franz Honner, und des Wiener Bürgermeisters Theodor Körner statt, bei dem Renner den berühmten Appell an die Alliierten richtete: „Gebt den Südtirolern ihre Heimat, gebt den Südtirolern ihr Vaterland Österreich wieder!" Und Figl nannte Südtirol eine „Herzensangelegenheit" aller Österreicher. In einer Resolution wurden die Alliierten aufgefordert, das an Südtirol begangene Unrecht wiedergutzumachen.

Die Südtiroler legten große Hoffnungen in diese Meinungsäußerungen, und die Tage und Wochen, die auf sie folgten, waren von ungeheurem Optimismus geprägt. In dieser Zeit fühlten sie sich den Italienern überlegen, und nicht nur die offiziellen politischen Kreise waren überzeugt, daß die Alliierten solche Massenkundgebungen zugunsten Südtirols nicht unbeachtet lassen konnten.

Rechtsunsicherheit
Staatsbürgerschaft, Säuberung, Wahlberechtigung

Zu den Fragen, die auch unabhängig von einer Entscheidung über das zukünftige Schicksal Südtirols gelöst werden mußten, gehörte die Frage der Staatsbürgerschaft der Deutschlandoptanten, wobei sich dieses Problem zu einem der brisantesten und umstrittensten des ersten Nachkriegssommers entwickelte. Bei Kriegsende besaßen viele der Optanten de facto und de jure keine Staatsbürgerschaft, da sie zwar für Deutschland optiert hatten, aber nie ausgewandert waren. Andere waren nach den Ereignissen von 1943 zurückgekehrt, und ab Mai 1945 flüchteten wiederum viele Optanten zurück nach Südtirol.

Schon kurz nach der Errichtung der alliierten Militärregierung im Mai 1945 wurde den Besatzern klar, daß diese staatenlosen Südtiroler zu mehreren Problemen beitrugen. Zunächst galt es, die Säuberungsrichtlinien, die für die in Italien aufgegriffenen Deutschen und für italienische Faschisten erstellt worden waren, für die Provinz Bozen abzuändern oder zumindest genauer zu fassen. Wäre die ursprüngliche Regelung angewendet worden, hätten sich praktisch alle deutschsprachigen Südtiroler in den alliierten Internierungslagern wiedergefunden.

Gegen die Anwendung der Säuberungsrichtlinien für Faschisten sprachen sich die lokalen italienischen Behörden aus, da ein großer Teil der Beamten in Südtirol davon betroffen gewesen wäre. Bei der Änderung und Anpassung der Richtlinien für Südtiroler Verhältnisse mußte man jedoch auch die Frage der Nationalität der Optanten mitberücksichtigen, da auch die in ihren Reihen versteckten Kriegsverbrecher erfaßt werden sollten.

Gleichzeitig konnte man mit der Entscheidung über die Nationalitätenfrage nicht bis zur Friedenskonferenz warten, da in Italien baldmöglichst Lokal- und Nationalwahlen abgehalten werden sollten. Zwar strebte man in Südtirol nach der Unabhängigkeit von Italien, doch den SVP-Vertretern war auch klar, daß bei einer eventuellen Volksabstimmung die staatenlosen Optanten nicht würden mitstimmen dürfen. Es gab also gleich drei Gründe – Säuberung, Integration der Optanten und Erstellung der Wählerlisten –, die zur Entscheidung in der Nationalitätenfrage drängten.

Dabei hätten die Positionen diesbezüglich nicht konträrer sein können: Während der Präfekt Bruno De Angelis zunächst darauf beharrte, alle Optanten aus Südtirol auszuweisen, ging die Südtiroler Volkspartei dazu über, diese so zu behandeln, als hätte die Option nie stattgefunden. Der amerikanische Militärgouverneur, William McBratney, der anfangs wenig Durchblick in der Frage zu haben schien, erhielt spätestens Mitte Juli den Auftrag vom alliierten Hauptquartier aus Rom, dahingehend zu sondieren, wie man eine Ungültigerklärung des Optionsabkommens auffassen würde. Dies war ein Alarmsignal für Rom und Bozen und veranlaßte schließlich den Präfekten, McBratney einen Kompromissvorschlag zu unterbreiten, der darin bestand, allen in Südtirol anwesenden Optanten die italienische Staatsbürgerschaft zuzuerkennen, wobei dies durch eine Willenserklärung der Optanten mit nachfolgender Prüfung durch eine italienische Kommission geschehen sollte. Allen abgewanderten Optanten sollte hingegen die italienische Staatsbürgerschaft aberkannt werden.

Alliierte Militärregierung
Provinz Bozen
PROVINZ-VERORDNUNG Nr. 8
Suspendierung oder Entlassung nazistischer oder faschistischer Amtswalter und Beamter.

Da es die Aufgabe der Alliierten Militärregierung ist, dass Personen, welche Nazisten oder Faschisten waren und während des nazistischen oder faschistischen Regimes wichtige repräsentative Stellungen einnahmen, oder Personen die seit dem 8. Sept. 1943 mit der Nazi- oder republikanisch-faschistischen Regierung zusammengearbeitet haben, aus ihren Stellungen zu entfernen,

und da die italienische Regierung bereits Schritte in dieser Hinsicht unternommen hat und das Gesetz D.L.L. Nr. 159 vom 29. Juli 1944 und andere Gesetzesbestimmungen zu diesem Zwecke erlassen hat,

und da es die Absicht der Alliierten Militärregierung ist, ohne den Bestimmungen der italienischen Gesetzesvorschriften vorgreifen zu wollen, dass die Suspendierung oder Entlassung von Personen, welche unter diese Verordnung fallen, sofort stattfinden soll,

deshalb ordne ich, WILLIAM E. McBRATNEY, Oberstleutnant, Kommissar der Provinz, in Ausübung der speziellen Machtbefugnisse, welche mir erteilt worden sind, hiemit an wie folgt:

ABSATZ I.
Personen, welche unter diese Verordnung fallen.

Amtswalter und Beamte folgender Körperschaften unterliegen dem Verfahren dieser Verordnung:
a) Der staatlichen Zivilverwaltungsbehörden (auch autonomer);
b) lokaler Behörden und anderer öffentlicher Körperschaften und Institute;
c) besonderer Unternehmungen, welche unter der Aufsicht öffentlicher Behörden oder Körperschaften arbeiten, Privatunternehmungen und Körperschaften welche vom Staate anerkannt, öffentliche nützliche Unternehmungen, oder Unternehmungen, welche wichtige nationale Interessen vertreten oder kontrollieren.

ABSATZ II.
Kategorien von Personen.

1. Folgende Personen werden ihres Amtes enthoben:
a) Jeder, der sich als unwürdig erwiesen hat dem Staate zu dienen, entweder weil er aktiv am politischen Leben des Nazismus oder Faschismus teilgenommen hat, oder weil er ein ständiger Ideenverbreiter des Nazismus oder Faschismus war und dies in Ausnützung seiner Stellung als hoher öffentlicher Amtswalter getan hat;
b) Jeder der eine Ernennung oder Beförderung durch Begünstigung der Partei oder nazistischer und faschistischer Würdenträger erhalten hat;
c) Wer nazistischer oder faschistischer Parteilichkeit oder Korruption schuldig ist;
d) Wer ein lokaler oder höherer Befehlshaber der SOD (Südtiroler Ordnungsdienst) war oder wer den Titel (Grad) eines Squadristen, Sansepolkristen, eines Antimarcia (Marcia su Roma), Sciarpa Littoria innehatte oder wer ein Offizier der italienischen Miliz war;
e) Wer nach dem 8. September 1943 Offizier der faschistisch-republikanischen Miliz oder der faschistisch-republikanischen Armee war;
f) Wer nach dem 8. September 1943 nach Nord-Italien ausgewandert ist und der Nazi-Regierung oder der faschistisch-republikanischen Regierung den Treueeid geleistet oder in irgendeiner Weise mit diesen Regierungen zusammengearbeitet hat;
g) Wer ein Amtswalter des Sondergerichtes war oder die Stellung eines Ortsgruppenleiters, Kreisleiters, Ortsgruppenführers oder Kreisbauernführers innehatte, oder eine Ernennung zum kommissarischen Leiter angenommen hat;
h) Wer in der SA, SS, SD, oder irgendeiner anderen Nazi-, Polizei- oder Partei-Organisation als Mitglied eingetragen war, oder mit diesen zusammengearbeitet hat, oder wer eine executive oder administrative Stellung in der OT, Ein- und Rückwanderungsstelle oder DAT innehatte oder wer ein offizieller Lieferant oder Vermittler für die deutsche oder faschistisch-republikanische Armee oder der OT war;
i) Jeder der ein Amt in der Wehrmacht oder bei den Standschützen innehatte.

2. Folgende Personen sind aus dem Dienste zu entlassen:
a) Alle Personen die in Absatz I angeführt sind und die deutsche Staatsbürgerschaft haben;
b) Anordnungen bezüglich aller Personen welche in Absatz I angeführt sind und die ihre Beschäftigung nur provisorisch ausübten sind in Form der Entlassung und nicht einer Suspendierung zu erlassen.

3. Nach den Bestimmungen dieser Verordnung ist keiner als deutscher Staatsbürger anzusehen, der die italienische Staatsbürgerschaft am oder nach dem 1. Jänner 1940 innehatte und der in der Provinz Bozen am 4. Mai 1945 ansässig war und die Staatsbürgerschaft auf Grund von Schritten, welche er im Sinne der Bestimmungen des Abkommens zwischen Deutschland und Italien vom 26. 6. 1939 unternahm, wechselte oder zu wechseln versuchte.

ABSATZ III.
Ernennung von Kommissionen.

a) Spätestens innerhalb 3 Tagen nach dem Inkrafttreten dieser Verordnung ernennt der Kommissar der Provinz eine Kommission italienischer Bürger, welche den besten Leumund haben und Gegner des Nazismus und Faschismus waren. Dieser Kommission obliegt es die Bestimmungen dieser Verordnung in dieser Provinz auszuführen und die Ernennung dieser Kommission und der Sitz ihres Amtes wird öffentlich bekanntgegeben.
b) Jede Kommission besteht aus einem Präsidenten, welcher vom Kommissar der Provinz bestimmt wird und aus einer Anzahl von Mitgliedern, welche ebenfalls der Kommissar der Provinz ernennt. Die Kommission selbst kann in Unterabteilungen zerfallen.
c) Mitglieder der Kommission als auch deren Präsident können jederzeit von dem Kommissar der Provinz des Amtes enthoben werden.

ABSATZ IV.
Bekanntmachung von Kommissionen.

a) Spätestens 7 Tage nach dem Inkrafttreten dieser Verordnung muss der leitende Beamte jeder Verwaltungsbehörde oder Unternehmung welche in Absatz I. dieser Verordnung angeführt sind und die ihre Tätigkeit in dieser Provinz ausüben in den Räumen in welchen die Amtstätigkeit ausgeübt wird, eine oder mehrere Abschriften dieser Verordnung anschlagen und den Amtswaltern und den Beamten der Verwaltungsbehörden oder der Unternehmen, welche in dieser Ortschaft angestellt sind, bekannt geben:
1) dass diese Verordnung in dieser Provinz in Kraft getreten ist, und
2) dass die in Frage stehende Verwaltungsbehörde oder das Unternehmen, unter die Bestimmungen des Absatzes I. dieser Verordnung fällt.

Damit ein Versäumnis des Leiters einer Verwaltungsbehörde oder eines Unternehmens, diese Bekanntmachungen vorzunehmen, keine Entschuldigung oder Verteidigung für Personen bildet, welche den Anforderungen von Absatz V. nicht nachkommen, wird angeordnet:
b) dass der Präfekt der Provinz dafür Sorge trägt, dass in allen Gemeinden und Fraktionen von Gemeinden Kopien dieser Verordnung angeschlagen werden.

Vorläufige Lösung

Die alliierte Militärregierung dirigierte die Probleme dann teilweise durch zwei Verordnungen: Die von McBratney erlassene Verordnung Nr. 8 vom 11. Juli 1945 über die „Suspendierung oder Entlassung nazistischer oder faschistischer Amtswalter und Beamter" und die vom Regional Commissioner Brig. John K. Dunlop erlassene Verordnung Nr. 17 über die „Registrierung von Ausländern" vom 20. August 1945 legten fest, daß alle abgewanderten und illegal zurückgekehrten Optanten als Ausländer (enemy aliens) zu gelten hätten, wobei alle Personen, die 1939 zwar optiert hatten, aber nicht ausgewandert waren, nicht in diese Kategorie fielen. Das alliierte Hauptquartier legte der italienischen Regierung zudem nahe, die Richtlinien zur Säuberung für sowohl Faschisten als auch Nationalsozialisten geltend zu betrachten und sie dementsprechend anzuwenden und nach Beendigung der alliierten Militärregierung fortzuführen. Obwohl es in den Richtlinien für die Erstellung der Wählerlisten noch mehrmals Änderungen gab, war für die alliierten Behörden in Südtirol das Problem gelöst, die Gemeinden konnten mit der Erstellung der Wählerlisten beginnen.

Die italienische Regierung beugte sich vor allem hinsichtlich der bevorstehenden Londoner Konferenz im September 1945 und der von De Gasperi gegebenen Versprechen bezüglich einer Autonomie für Südtirol den Verordnungen, wobei eine definitive rechtliche Klärung jedoch ausblieb. Im Gegenteil, ein Ministerratsbeschluß vom 21. November 1945 sah die Möglichkeit einer Aberkennung der Staatsbürgerschaft für einen Großteil der Südtiroler Optanten vor. Doch dieser Beschluß kann wahrscheinlich besser im Lichte der Haltung der italienischen Regierung zu Jahresende 1945 interpretiert werden, als Rom durch Drohung und Schmeichelei mit allen Mitteln versuchte, die Südtiroler zur Zusammenarbeit für einen Autonomieentwurf zu bewegen, um endlich bei den Alliierten die Zustimmung zur Rückgabe der Provinz Bozen an die italienische Verwaltung zu erhalten.

Flüchtlingsstrom

Bereits in den ersten Nachkriegstagen begann ein stetiger Strom von italienischen Heimkehrern, Rückoptanten und Flüchtlingen über den Brenner und Bozen nach Italien zu reisen. Der Flüchtlingsstrom erreichte in der ersten Maihälfte an die 15.000, in der zweiten Maihälfte an die 90.000 Personen. Ab Mitte Juni wanderten zirka 200 bis 300 Personen durch das Sammellager in Bozen, im Juli und August stieg die Zahl auf 300 bis 400 an. Im September nahm die Zahl der Flüchtlinge dann rapide ab, im Oktober und November reduzierte sie sich auf ein Drittel der Vormonate, sodaß die ersten Lager wieder geschlossen werden konnten. Die Flüchtlinge, die mit dem Zug aus Innsbruck nach Südtirol kamen, waren zum großen Teil italienische Heimkehrer, die es aus Kriegsgründen in den Norden verschlagen hatte. Auch eine relativ große Anzahl von italienischen Flüchtlingen und KZ-Lagerinsassen kamen in den ersten Monaten zurück. Schließlich mehrte sich ab Juli 1945 konstant die Zahl osteuropäischer Juden, für die Italien zum „letzten Hafen" für eine Flucht nach Palästina, in die USA und nach Kanada wurde. Auch diese machten in Südtirol halt, wobei sie oft von Bozen in ein jüdisches Zentrum der Brichah nach Meran gebracht wurden und von dort aus auf illegalen Wegen in den Süden kamen.

Gegenüberliegende Seite: Verordnung der alliierten Militärregierung der Provinz Bozen zur Entnazifizierung und Entfaschisierung, Juni 1945

Ein Zug mit italienischen Flüchtlingen aus Innsbruck am Bahnhof Bozen, der Hauptverteilungsstelle für Norditalien, 20. Juni 1945

Italienische Flüchtlinge aus Deutschland und Österreich im Sammellager Reichenau bei Innsbruck vor der Abfahrt nach Bozen, Juni 1945

5. Alles retour

Rückoption und Rücksiedlung nach 1945

Seit 1945 weigerte sich Italien hartnäckig, die Optionen von 1939 – wie von der Südtiroler Volkspartei vehement gefordert – für null und nichtig zu erklären. Die **Auslegung der Option** als Bekenntnis zum Nationalsozialismus und die **ungeklärte Staatsbürgerschaft** der Deutschlandoptanten sollten als wirkungsvolles Druckmittel die Ausübung des Selbstbestimmungsrechtes der Südtiroler verhindern.

Das Pariser Abkommen 1946 sah schließlich die Revision der Optionen vor, und im Zuge der Durchführung des **Optantendekretes** von 1948 erhielten die Südtiroler die italienische Staatsbürgerschaft wiederverliehen bzw. bestätigt. Nur wenigen wurde sie verweigert.

Auch die meisten Umsiedler machten vom Rückoptionsrecht Gebrauch, in Österreich allerdings – in Rücksprache mit der SVP – unter dem Druck der Bundesregierung. Sowohl Bozen als auch Wien strebten eine möglichst umfassende Rücksiedlung der Südtiroler an, um **die Volksgruppe zu stärken**. Nur etwa ein Viertel bis ein Drittel der Umsiedler kehrte schließlich wieder in die alte Heimat südlich des Brenners zurück. Die geringe Unterstützung von öffentlicher und privater Seite und insbesondere das **Wohnungsproblem** waren für viele unüberbrückbare Hindernisse. Zudem war die Aufnahme der Rücksiedler kühl bis ablehnend, und viele bereuten den Schritt.

Die meisten Umsiedler blieben in Österreich und fanden dort eine neue Heimat.

Ankunft von Rücksiedlern in Brixen, 1950

Heimat oder Fremde?
Die Umsiedler nach dem Zusammenbruch

„Zuerst kommen die Flüchtlinge, dann die Einheimischen, und ihr könnt nach Hause gehen!" Diese barsche Auskunft gab der Bürgermeister einer deutschen Kleinstadt einem Südtiroler Umsiedler, der nach Arbeit fragte. Große Teile Deutschlands waren zerstört, das Land wurde überschwemmt von Millionen deutscher Flüchtlinge aus dem Osten, der Krieg hatte tiefe seelische und physische Wunden geschlagen, es herrschten Not und Elend. Ähnlich die Situation in Österreich. Es war ebenfalls von den Alliierten besetzt, die Menschen hungerten, und viele hatten kein eigenes Dach über dem Kopf. Und die Südtiroler? In den Wirren des Krieges war ihre Integration in die einheimische Bevölkerung vielerorts nur ansatzweise bzw. überhaupt nicht erfolgt, und nun, als der „Schutz" der NS-Behörden wegfiel, schlug ihnen dort nicht selten offene Ablehnung entgegen. Sie wurden als nicht gleichberechtigt angesehen, im Kampf um Wohnungen und Arbeitsplätze hatten sie vielfach das Nachsehen. „Verschwindet, euch hat nur der Hitler geholt!", bekamen sie immer wieder zu hören, und zwar nicht nur auf der Straße, sondern auch von Amtspersonen, die vorher dem NS-Regime treu gedient hatten.

Das 20. Jahrhundert in Südtirol: Alles retour

Die Südtirolerverbände

Im Jahre 1946 schlossen sich die Südtiroler in Österreich zu Interessengemeinschaften zusammen. Der Großteil der Umsiedler lebte in Tirol, und in den ersten Monaten nach Kriegsende wuchs ihre Zahl stark an, da viele der Heimat Südtirol zustrebten und sich deshalb möglichst nahe der vorerst gesperrten Grenze niederließen. 1947 befanden sich rund 21.000 von den 49.000 in Österreich registrierten Südtirolern in Tirol. Der Verband der Südtiroler in Tirol wurde am 12. Mai 1946 gegründet. Nur einen Monat nach der Konstituierung gehörten ihm bereits 1.700 Südtiroler an, und er war der mitgliederstärkste Landesverband. Am 6. Oktober 1946 vereinigten sich alle Südtirolerverbände zum Gesamtverband der Südtiroler in Österreich (GVS), der seinen Sitz in Innsbruck hatte. Mit Rechtsanwalt Rudolf Schlesinger bekleidete bis in die Mitte der 50er Jahre ein „Tiroler" auch das Präsidentenamt. Vordringlichste Aufgabe des GVS war die Rücksiedlung. Erst im Laufe der 50er Jahre, als allmählich klar wurde, daß die meisten Südtiroler in Österreich auf Dauer eine neue Heimat gefunden hatten, konzentrierte er seine Arbeit auf die Interessenvertretung dieser Mitglieder. Immer stärker traten auch die Traditions- und Brauchtumspflege in den Mittelpunkt.

In Deutschland gestaltete sich die Organisation der Südtiroler schwieriger, da sie weit über das Land verstreut waren und der Kontakt zwischen den Besatzungszonen stark beeinträchtigt war. Das Österreichische Repatriierungskomitee richtete vorläufig in München eine Landesstelle Südtirol ein, ab Mai 1946 übernahm die Hilfsstelle der Südtiroler in Deutschland bzw. die Kirchliche Hilfsstelle unter Leitung des aus Brixen stammenden Pfarrers Hans Dejaco von München aus die Betreuung der Südtiroler.

Pfarrer Hans Dejaco (links), Organisator der Rücksiedlerreisen aus Deutschland, verabschiedet sich von einem Rücksiedler in Waidbruck, 1950

Mitgliedskarte des Verbandes der Südtiroler in Innsbruck, 1947

Revision
Ungewisse Zukunft

Aus heutiger juristischer Sicht verblieben die in das Deutsche Reich ausgewanderten Südtiroler auch nach Kriegsende eindeutig im Besitz der deutschen Staatsbürgerschaft. Die deutschen Einbürgerungsurkunden mit dem Hakenkreuz blieben rechtsgültig. Für die Umsiedler stellte sich die Situation damals aber wesentlich komplizierter dar. Je nach Besatzungszone wurden sie unterschiedlich eingestuft, aber selbst innerhalb einer Zone gab es unter den Gemeinden und Behörden keine einheitliche Regelung. Wurden die Umsiedler einmal als deutsche Staatsbürger bezeichnet, so waren sie dann wiederum Österreicher, Italiener, *displaced persons*, Flüchtlinge, Staatenlose oder einfach nur Südtiroler. Die österreichische Regierung erkannte die Umsiedler nicht als österreichische Staatsbürger an, da sie ja nach Südtirol zurückkehren sollten, die bayerische Staatskanzlei verlautete hingegen schon 1946, daß sie die deutsche Staatsbürgerschaft besäßen.

Auch die Situation der in Südtirol verbliebenen Optanten für Deutschland war vielfach ungeklärt. Mit der Option hatten sie zwar noch nicht die deutsche Staatsbürgerschaft erworben – darüber herrschte Einhelligkeit –, weniger eindeutig war hingegen, ob sie aber damit die italienische Staatsbürgerschaft verloren hatten oder nicht. Nur widerstrebend rang sich die italienische Regierung zur zweiten Position durch. Die nicht abgewanderten Optanten mit deutscher Ein-

„Tiroler Tageszeitung" vom 23. April 1948

Provisorischer Reisepaß einer Grödner Umsiedlerin, „Staatsangehörigkeit: Südtiroler", 1947

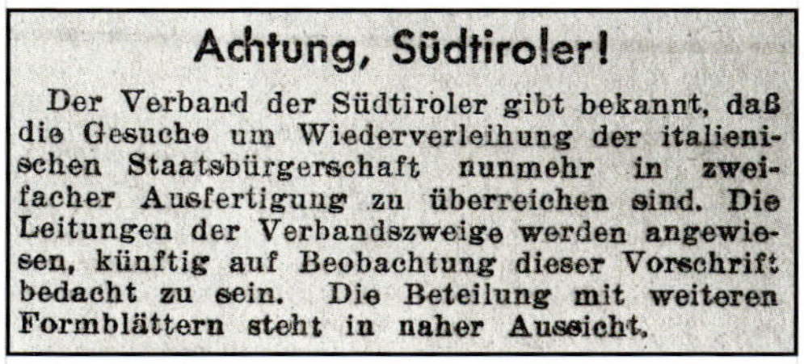

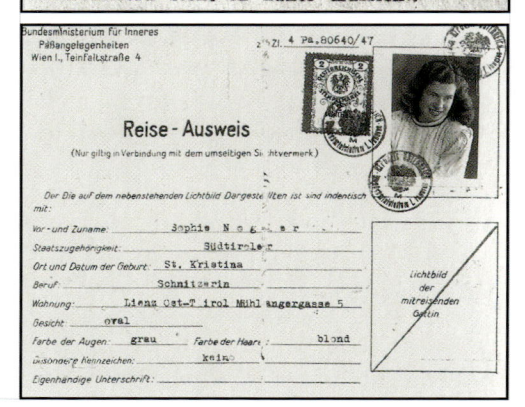

bürgerungsurkunde – immerhin gut 41.000 Personen – betrachtete man jedoch als Deutsche, während die Alliierte Militärregierung, die SVP und Österreich gegenteiliger Auffassung waren.

Sowohl für Optanten als auch für Umsiedler war die möglichst rasche Klärung ihres staatsrechtlichen Status von existentieller Bedeutung.

Das Damoklesschwert

Die italienische Regierung unter Ministerpräsident Alcide De Gasperi weigerte sich kategorisch, die Option als einen Vertrag zwischen zwei verbrecherischen Regimes zu annullieren. Schon frühzeitig erkannte De Gasperi in der ungeklärten Optantenfrage ein wirksames Mittel, um den Forderungen der Südtiroler und Österreicher auf eine Verschiebung der Brennergrenze entgegenzutreten.

Alcide De Gasperi

Unermüdlich stellte er gegenüber den alliierten Siegermächten die Option für Deutschland als ein Bekenntnis zum Nationalsozialismus hin, um damit die Südtiroler anzuschwärzen und ihre Wünsche zu delegitimieren. Vor allem aber behauptete er, jederzeit die Abschiebung der in Südtirol verbliebenen Optanten verlangen zu können. Die SVP und Österreich befanden sich in einer Zwickmühle. Obwohl man die Rückgliederung Südtirols an Österreich anstrebte, trachtete man gleichzeitig danach, die Südtiroler Volksgruppe demographisch zu stärken, das heißt die Rücksiedlung in die Wege zu leiten, und das war nur in Zusammenarbeit mit Italien möglich. (Wien verfolgte damit auch volkswirtschaftliche Interessen, das heißt eine Entschärfung der angespannten Lage auf dem Wohnungs- und Arbeitsmarkt.) Als im Dezember 1945 bekannt wurde, Italien bereite einen Gesetzentwurf vor, der die Verweigerung der italienischen Staatsbürgerschaft und folglich die Ausweisung Tausender Optanten nach sich ziehen würde, sah man sich in Bozen zum Handeln gezwungen. Einer nach Rom geeilten SVP-Delegation sagte De Gasperi Anfang 1946 zu, den Gesetzentwurf vorläufig (!) zurückzustellen. Daß die Alliierte Kommission das Vorhaben bereits verworfen hatte, erwähnte er freilich nicht. Unter dem vermeintlich drohenden Damoklesschwert der Ausweisung zahlreicher Optanten war der Handlungsspielraum der Südtiroler Politik in den folgenden, für die staatsrechtliche Zukunft des Landes entscheidenden Monaten stark eingeschränkt.

Das Optantendekret

Im Frühjahr 1946 arbeitete in Bozen eine gemischtsprachige Kommission unter Beteiligung der SVP an einer annehmbaren Lösung der Optantenfrage. Dieser Entwurf wurde jedoch vom Pariser Abkommen vom 5. September 1946 überholt, in dem sich die italienische Regierung verpflichtete, „zum Zwecke der Herstellung gutnachbarlicher Beziehungen zwischen Österreich und Italien nach Beratung mit der österreichischen Regierung und innerhalb eines Jahres nach Unterzeichnung vorliegenden Vertrages:

a) Im Geiste der Billigkeit und Weitherzigkeit die Frage der Staatsbürgerschaftsoptionen, welche sich aus dem Abkommen Hitler - Mussolini vom Jahre 1939 ergibt, zu revidieren."

Späte Entnazifizierung

Über einen Ausschluß von der italienischen Staatsbürgerschaft entschied eine Optionskommission in Bozen, deren Arbeit auch als politische Säuberung von „Ehemaligen" gewertet werden kann. Daß in dem Gremium allerdings ein früherer Faschist den Vorsitz führte und außerdem die faschistischen Beamten beinahe ausnahmslos auf ihren Posten geblieben waren, stieß auf Südtiroler Seite auf Unverständnis.

Folgende Personen konnten von der italienischen Staatsbürgerschaft ausgeschlossen werden: SS-Männer, Ortsgruppenleiter der NSDAP, Mitarbeiter der Gestapo, des SD, der ADERST, der AdO, Befehlshaber des SOD, Richter und Staatsanwälte der deutschen Sondergerichte sowie leitende Beamte der Operationszonen Alpenvorland und Adriatisches Küstenland. Weiters verurteilte Kriegsverbrecher und Kollaborateure und jene, die nach dem 8. September 1943 besondere Grausamkeiten begangen hatten. Schließlich waren selbst jene Südtiroler betroffen – und hier bestand ein grober, oft willkürlich genutzter Ermessensspielraum –, die in der Optionspropaganda oder während des Zweiten Weltkrieges „Fanatismus", „antiitalienische Gehässigkeit" oder „nazistische Parteisucht" gezeigt hatten.

„Tiroler Nachrichten" vom 7. Februar 1948

Damit war die Lösung des Problems in erster Linie eine österreichisch-italienische Angelegenheit geworden, was zu weiteren Verspätungen führen sollte. Die österreichische Regierung hatte dringlichere Fragen zu klären (Stichwort Staatsvertrag), als sich mit voller Kraft mit Südtirol zu beschäftigen. Die Optanten und Umsiedler wurden ungeduldig, und in Südtirol machte sich schon eine antiösterreichische Stimmung breit. Die Vorstöße von SVP und GVS bei Außenminister Karl Gruber, das Problem endlich anzupacken, blieben vorerst vergeblich. Erst Ende 1947 – das im Pariser Abkommen vorgesehene Jahr war längst verstrichen – ging man in die entscheidenden direkten Verhandlungen in Rom. Die endgültige Verabschiedung des sogenannte „Optantendekretes" knüpfte der italienische Ministerrat jedoch an die Zustimmung der SVP zum Autonomiestatut. Detail am Rande: Die getroffene Regelung fiel wesentlich ungünstiger aus als die mit Beteiligung der SVP im Jahre 1946 ausgehandelte Lösung.

Laut Optantendekret vom 5. Februar 1948 konnten „einfache" Optanten innerhalb von drei Monaten eine Erklärung über die Beibehaltung der italienischen Staatsbürgerschaft abgeben. Von Deutschland eingebürgerte, aber nicht abgewanderte Optanten mußten innerhalb derselben Frist für einen Wiedererwerb der italienischen Staatsbürgerschaft ansuchen. Die Gesuche der letztgenannten Gruppe und jene der Umsiedler, die innerhalb eines Jahres den Antrag auf den Wiedererwerb der italienischen Staatsbürgerschaft einbringen mußten, konnten allerdings abgelehnt werden, wenn den Betroffenen ein besonderes Naheverhältnis zum Nationalsozialismus nachgewiesen wurde.

Wieder Option

Am 18. April 1948 fanden in Italien die ersten Parlamentswahlen der Nachkriegszeit statt. Neben dem eigentlichen Wahlkampf führte die SVP einen breitangelegten Werbefeldzug für die Rückoption, wobei man vor allem mit dem Heimatbegriff emotional operierte. „Die Heimat braucht möglichst alle!", lautete ein gängiger Slogan. Die Leute sollten rasch um die italienische Staatsbürgerschaft ansuchen, um noch rechtzeitig das Wahlrecht zu erlangen. Tatsächlich konnten die meisten in Südtirol ansässigen Optanten an der Wahl teilnehmen.

Während in Südtirol innerhalb kürzester Frist von der Möglichkeit der Rückoption Gebrauch gemacht wurde, ließen sich die Umsiedler vorerst Zeit. Für die meisten waren einfach zu viele brennende Fragen offen, als daß sie sich spontan und vorbehaltlos für den Wiedererwerb der italienischen Staatsbürgerschaft ausgesprochen hätten. Wie

Südtiroler Erzieherinnen in Garmisch-Partenkirchen

Tiroler Tageszeitung

Bleiben oder gehen?
Von Nationalrat Franz Gschnitzer

Vor bald zehn Jahren hieß es für die Südtiroler: gehen oder bleiben?

Natürlich wollten sie bleiben, aber als Südtiroler in Südtirol und das ließ man nicht zu. Sie sollten Heimat oder Nationalität aufgeben und dabei drohte den Bleibern noch das Gespenst der Deportation nach Altitalien. So stellt der Räuber den Wanderer mit vorgehaltenem Pistol vor die Wahl: Geld oder Blut!

Die Mehrzahl der Südtiroler entschloß sich zu gehen und viele verließen tatsächlich das Land. Sie stehen heute wieder vor der Frage: bleiben oder gehen?

Diesmal nicht unter Druck, trotzdem ist die Entscheidung schwer. Da wird abgewogen, mit Unbekanntem gerechnet und man kann zu keinem Ergebnis gelangen.

Doch man muß sich entscheiden und wenn man es muß, je schneller desto besser! Denn der Tag wird kommen, der jedem ans Herz greift: der Tag, an dem die Frist abläuft.

Das erstemal war die Wahl erzwungen. In Südtirol herrschte faschistischer Terror; ob der Südtiroler blieb oder ging, er hatte keine Heimat mehr. Diesmal ist ihm die Stätte bereitet und er soll der Heimat absagen? Wie froh wären Millionen Vertriebene, wenn sie zurück dürften! Würden bloßfüßig zurückgehen und die Muttererde küssen. Er kann zurück und schlägt aus? nur für sich, auch für Kinder und Kindeskinder! Sollen sie nicht mehr das Land kennen, dem an Schönheit keines gleichkommt? Welche Verantwortung! Wird er im Grabe in fremder Erde die Ruhe finden? Wird es ihn nicht umtreiben wie einen, der seiner Kinder Hab und Gut vergeudet und Haus und Hof verlassen hat? Wird es ihn ruhig schlafen lassen, wenn er die Heimat heute im Stiche läßt? Denn sie hat ein Recht auf ihn, sie ruft ihn, und er — desertiert! Was besagen dagegen alle Nützlichkeitserwägungen?

Dieses Rechnen bleibt kurzsichtig und unnütz gegen das elementare Gefühl: da bin ich daheim, da gehöre ich her; hier trägt mich der Boden — und wenn die Welt untergeht.

Der erste Entschluß zu gehen, so begreiflich er war, hat sich als Irrtum erwiesen und es ist immer besser, einen Irrtum einzugestehen, einen Irrweg zurückzugehen, als auf ihm zu verharren. Wäre damals bleiben, aushalten richtiger gewesen, wie sich nachträglich gezeigt hat; dann ist es heute: gehen. Nicht in die Fremde wie damals, in die Heimat zurück, von dort zu bleiben, wo man nie hätte gehen sollen. Also eigentlich wieder wie damals: bleiben, treu bleiben, aushalten, Treue halten, Treue der alten Heimat — Südtirol!

"Tiroler Tageszeitung" vom 21. April 1948

"Dolomiten" vom 5. März 1948

Eingebürgerte Optanten!
Verschenkt nicht euer Wahlrecht!

Reicht bis 10. März die Widerrufserklärung ein. Ueberzeugt euch von der Eintragung in die Wählerlisten. Rekurriert bis 10. März an die Bezirkswahlkommission, wenn ihr nicht aufscheint.

Wählen ist Heimatpflicht!

Das Südtiroler Ehepaar Meraner vor der Neubausiedlung „Neue Heimat" in Innsbruck, Anfang der 50er Jahre. Sie kehrten erst 1956 nach Südtirol zurück

stand es um Arbeit und Wohnung in Südtirol? Wie würden die Pensionen geregelt? Freilich hatte auch der Wunsch nach Rücksiedlung im Laufe der Jahre abgenommen, viele hatten sich eine Existenz aufgebaut und persönliche Bindungen entwickelt. Österreich und die SVP waren aus verständlichen Gründen über diese Tendenz beunruhigt, und die Bozner Parteizentrale drängte in Wien darauf, den Umsiedlern keinesfalls Hoffnungen auf eine Verleihung der österreichischen Staatsbürgerschaft zu machen. In diesem Sinne beschloß die österreichische Regierung im November 1948, nur jene Südtiroler – wie seit August 1945 üblich – weiterhin wie Österreicher zu behandeln, die rückoptieren würden. Die Maßnahme zeigte Wirkung: Insgesamt suchten 90 Prozent der Umsiedler in Österreich um den Wiedererwerb der italienischen Staatsbürgerschaft an, mehr als zwei Drittel davon nach dem besagten Beschluß. Italien sah im österreichischen Vorgehen einen Verstoß gegen die getroffenen Vereinbarungen und legte die Behandlung dieser Spätgesuche vorerst auf Eis. Nach langwierigen Verhandlungen verpflichtete sich Österreich 1950, mindestens 25 Prozent der Rückoptanten die österreichische Staatsbürgerschaft zu verleihen. Von den in Deutschland lebenden Südtirolern machten nur etwa 30 Prozent von ihrem Rückoptionsrecht Gebrauch. Auf sie wurde keinerlei Druck ausgeübt, zumal sie zweifellos im Besitz der deutschen Staatsbürgerschaft waren. Über 4.000 Personen blieben von der italienischen Staatsbürgerschaft ausgeschlossen, fast 700 davon befanden sich in Südtirol. Karl Tinzl, der Bozner Präfekt in der NS-Zeit und Mitbegründer der SVP, war wohl der prominenteste von ihnen. Wie viele andere erhielt Tinzl jedoch bereits 1953 die Staatsbürgerschaft, die auf herkömmlichem Wege verliehen wurde.

Südtiroler Umsiedler-Flüchtlinge aus Slowenien in Niederdorf im Pustertal, April 1945

Der Weg zurück
Auf eigene Faust

In den letzten Wochen und Monaten des Krieges mußten die Umsiedler, die sich in den „Ostgebieten" oder beispielsweise auch in Luxemburg niedergelassen hatten, von einem Tag auf den anderen „ihre" Höfe verlassen. Über 300 Südtiroler Flüchtlinge aus Jugoslawien und der Tschechoslowakei wurden daraufhin jahrelang in Barackenlagern in und um Innsbruck untergebracht. Ausnahmsweise erfolgten noch während des Krieges Rücksiedlungen nach Südtirol, so wurde einigen aus Slowenien kommenden Bauernfamilien und rund 600 in Nordtirol ausgebombten Familien die Rückkehr gestattet. Nach Kriegsende schlossen die alliierten Besatzungsmächte die Grenzen und ließen im Sommer 1945 nur einen einzigen Rücksiedlerzug von 130 Personen passieren. Eine Rückkehr über die grüne Grenze war aber mit großen Gefahren verbunden. Beim beschwerlichen Weg über die Pässe und Jöcher liefen die Rückkehrer Gefahr, der italienischen Grenzwache in die Hände zu fallen, die die Aufgegriffenen dann zurückschickte. Manche Südtiroler erlagen den Gefahren des Weges: Nicht wenige erfroren, stürzten ab oder starben an Erschöpfung.

Die meisten Grenzüberquerungen fanden in der Brennergegend statt, Grenzbeamte wurden zum Teil bestochen, eigene Schmugglerbanden führten die Menschen gegen Bezahlung über die Berge. Schätzungen der illegalen Rücksiedlungen zwischen 1945 und 1948 reichen von 2.000 bis 12.000 Personen.

Gebremste Rücksiedlung

Im Juni 1949 erreichte der erste geschlossene Rücksiedlertransport den Bozner Bahnhof. Wie die folgenden wurde er von den Südtirolerverbänden in Österreich und Deutschland organisiert, die Wiener Regierung gewährte kleine finanzielle Unterstützungen und bemühte sich auch sonst um eine unbürokratische Verfahrensweise. Das Südtiroler Rücksiedlungsamt und der Gesamtverband der Südtiroler in Österreich appellierten an die Umsiedler, erst dann nach Südtirol zurückzukehren, wenn sie hier Arbeit und Wohnung hätten. Der Gesamtverband machte die Teilnahme an einem Rücksiedlertransport überhaupt vom Vorhan-

Verhungert und erfroren

Der Bauer Franz Klotzner aus Schenna schilderte in einer Gedächtnisfeier des Südtiroler Landtages zur 50. Wiederkehr des Endes des Zweiten Weltkrieges am 2. Mai 1995 folgendes dramatische Umsiedlerschicksal:

„Zum Beispiel gibt es bei uns hoch oben am Berg eine Bäuerin in Tall, die Polnisch kann. Diese Familie hatte damals einen Hof in Polen bei Krakau; es war eine kinderreiche Familie mit neun Kindern. Und im Jänner 1945 sind die Russen einmarschiert. Da können Sie sich denken, was diese Familie erlebt hat. Auf der Flucht sind von diesen neun Kindern zwei Buben gestorben, der eine sechs, der andere neun Jahre alt. Sie sind verhungert und erfroren. Es hat ein Jahr gedauert, bis diese Familie endlich nach Innsbruck gekommen ist. In Innsbruck sind sie wieder nicht über die Grenze gekommen, weil sie keine Papiere hatten. Die Familie ist dann schwarz über die Grenze geflüchtet und hat dann bei der Verwandtschaft in Passeier Unterkunft gefunden. Aber das ist nicht nur eine Familie, sondern da gab es viele Familien, die dieses Schicksal erlebt haben." (Heiss/Pfeifer, Südtirol – Stunde Null?, S. 388)

Wiederansiedlung

Die Außenstelle des Rücksiedlungsamtes am Brenner registrierte im Zeitraum von August 1949 bis Ende 1951 4.496 Rücksiedler, darunter 1.637 Kinder. Sie zogen vorwiegend aufs Land – allerdings in die Umgebung der Städte, da in den Zentren die Wohnungen besonders knapp waren und erst allmählich mit dem Bau von Rücksiedlersiedlungen begonnen wurde. Ihr Ansiedlungsgebiet läßt sich wie folgt aufschlüsseln:

Bozen	644	Personen
Meran	491	Personen
Brixen	192	Personen
Bruneck	67	Personen
Sterzing	79	Personen
Landgebiete	3.023	Personen

Der Südtiroler Landeshauptmann Karl Erckert besucht das Durchgangslager für Rücksiedler in Leifers. Ganz rechts Wilfried Plangger, der Leiter des Amtes für Rücksiedlungshilfe an Optanten in Bozen

densein einer Wohnung abhängig. Freilich war es sehr schwierig, vom Ausland aus diese Angelegenheiten zu regeln, weshalb vorher oft Besichtigungsreisen durchgeführt wurden. Aufgrund vielfältiger Probleme lag der Rücksiedlungsstrom weit unter den Erwartungen, und so kehrten bis 1950 insgesamt nur etwa 3.000 Personen zurück. Das Wohnungs- und Arbeitsproblem war aber auch in der Folge ausschlaggebend für eine gebremste Rücksiedlung, die im Zeitraum von 1949 bis gegen Ende der 50er Jahre zirka 10.000 Personen umfaßte. Bis 1952 waren die Zahlen noch relativ hoch, danach hatte Südtirol Wanderverluste zu verzeichnen. Nimmt man die illegalen Rücksiedlungen hinzu, so läßt sich die Gesamtzahl der zurückgekehrten Südtiroler auf zirka 20.000 schätzen.

Die Rücksiedlung aus Deutschland kam erst 1950/51 in größerem Umfang in Gang (bis 1952 ca. 1.200 Personen), als sie in Österreich ihren Höhepunkt bereits erreicht hatte.

Rücksiedlung aus Österreich

Jahr	1949	1950	1951	1952	1953	1954	1955	Gesamt
Rücksiedlungen	1.875	1.842	930	754	545	423	368	6.737

(Alexander u. a., Heimatlos, S. 248)

Endlich am Ziel?

Kein Geld

Erst am 27. April 1949, also nur wenige Monate vor dem Eintreffen der ersten Rücksiedlungstransporte und damit viel zu spät, beschloß die Region Trentino-Tiroler Etschland die Einrichtung eines Fürsorgeamtes für Rücksiedler, das die Rückkehr der Umsiedler auf Südtiroler Seite organisieren und lenken sollte. Das Amt für Rücksiedlungshilfe an Optanten unter der Leitung von Wilfried Plangger unterstand schließlich dem Landesausschuß der Provinz Bozen. Seine Arbeit wurde vor allem durch den knappen Personalstand und die äußerst geringen Geldmittel beeinträchtigt, die zur Verfügung standen. Nur 18 Mitarbeiter kümmerten sich um die Rückkehr Tausender Südtiroler, während die Umsiedlungsstellen der ADERST im Jahr 1940 577 Personen beschäftigt hatten. Das Budget erreichte 1949 gerade 35 Millionen Lire, 1950 auch nur 55 Millionen. Erst 1951 wurden die Gelder deutlich angehoben und beinahe verdreifacht. Bis 1952 wurden für die Rücksiedlungshilfe 404 Millionen Lire ausgegeben, nur ein knappes Drittel davon kam von der Region. Der Rest wurde von der Provinz aufgebracht und beanspruchte bis zu einem Zehntel des Haushaltes, trotzdem blieben die Mittel unzureichend. Vom Staat kam keine einzige Lira. Alle Versuche der Südtiroler Politiker, in Rom Geldmittel lockerzumachen scheiterten, da die Rücksiedler nicht als Flüchtlinge anerkannt wurden.

Das 20. Jahrhundert in Südtirol: Alles retour

Ein Dach über dem Kopf

Das Rücksiedlungsamt achtete vor allem auf einen kontrollierten Bevölkerungstransfer, denn „ein rücksichtsloses Hereinpumpen von Menschen, ohne die Unterbringungsmöglichkeiten irgendwie zu berücksichtigen, hätte nicht nur die sozialen Verhältnisse der Provinz belastet, sondern vor allen Dingen die Rücksiedler selbst verzweifelten Situationen ausgesetzt, die ihnen nach all dem Schweren, das sie erlitten haben, nach Möglichkeit erspart bleiben sollen". Es war denn vor allem das Wohnungsproblem, dem sich das Amt widmete – die Arbeitsplatzvermittlung bereitete weniger Schwierigkeiten. In der Provinz Bozen herrschte vor allem wegen der intensiven italienischen Zuwanderung aus dem Süden eklatante Wohnungsnot, besonders in den größeren Zentren. Allein 1951 fehlten in ganz Südtirol über 7.500 Wohnungen, außerdem hatten Rücksiedler kaum eine Chance, in den von staatlichen Wohnbauinstituten errichteten Gebäuden unterzukommen, da dort fast ausschließlich Italiener zum Zuge kamen. Andererseits intervenierte man von italienischer Seite, einen Teil der wenigen Rücksiedlerwohnungen doch bedürftigen Italienern zur Verfügung zu stellen.

In der Anfangsphase bemühte sich das Amt um den Ausbau bereits bestehender Wohnräume, zumeist Dachgeschosse. Den Hausbesitzern wurden die Umbauarbeiten finanziert, dafür mußten sie die Wohnungen für acht bis 12 Jahre Rücksiedlern zur Verfügung stellen. Die sehr niedrigen Mieten flossen in die Landeskassen. Als sich ab 1951/52 die Finanzlage besserte, konnte man auch an den Bau von neuen Wohnhäusern denken. Aus Kosten- und Zeitgründen errichtete man vorerst Fertighäuser. So wurden beispielsweise in Bruneck im Jahre 1954 innerhalb von nur drei Monaten drei Häuser mit insgesamt 12 Wohnungen aus dem Boden gestampft. Die Kosten beliefen sich auf 30,5 Millionen Lire. Die Wohnungen bestanden aus durchschnittlich drei Zimmern, Küche und Toilette; je vier Wohnungen zusammen besaßen zur gemeinsamen Benützung ein Bad und eine Waschküche. Die schnelle und billige Bauweise verursachte zum Teil beträchtliche Baumängel, wie zum Beispiel undichte Dächer.

Trotz der Aufrufe, erst nach dem Vorhandensein einer Wohnung rückzusiedeln, kamen in Bozen – insbesondere außerhalb der organisierten Rücksiedlertransporte – immer wieder Leute ohne Aussicht auf Unterkunft an, die nicht wußten wohin. Für diese Fälle unterhielt das Rücksiedlungsamt mehrere Durchgangslager. Zunächst fanden in der „Cadorna"-Kaserne in Bozen-Gries 136 Personen Platz, seit 1953 stellten die Militärbehörden in einer Kaserne in Leifers 260 Plätze zur Verfügung. Auch in Brixen und Blumau fanden Rücksiedler eine vorübergehende Bleibe. Viele blieben jedoch jahrelang, wohl auch, weil sie sich eine Mietwohnung

Im Lager

Die mißlichen Lebensbedingungen in den Durchgangslagern und die Schwierigkeiten der Rücksiedler bei der Wohnungssuche zeigt folgender Brief vom 10. November 1952 an den Landesausschuß Bozen:

„Der unterfertigte O. S., gebürtig aus Kurtatsch, seinerzeit langjähriger Angestellter der F.a Stuffer in Bozen, im Jahre 1940 nach Innsbruck-Kufstein ausgewandert, ist im Mai 1951 rückgewandert. Er wurde mit seiner nervenleidenden Frau im Rücksiedlerlager Gries untergebracht und lebt seitdem dort, also seit mehr als 17 Monaten im Wärterhaus der Muli-Baracke. Der Raum ist 6 m hoch, hat Zementboden. Die eigenen Möbel sind nebenan eingestellt und gehen dort zugrunde.

Wir brauchen dringend eine menschenwürdige Unterkunft, Zimmer und Küche oder Wohnküche. Die Bitte ist immer wieder vorgebracht worden, immer wieder erfolglos. Ich bin Invalide des Ersten Weltkrieges, war fünfeinhalb Jahre in russischer Gefangenschaft in Sibirien und stehe wie die Frau in ständiger ärztlicher Behandlung, wir müssen daher eine Unterkunft im Stadtbereich finden. Wir gehen gesundheitlich und moralisch zugrunde und sehen unsere Rettung nur in der sofortigen Unterbringung in einer anderen, menschenwürdigen Behausung. Wir bitten inständig um Hilfe."

Wohnhaus für Rücksiedler in Brixen, 1956

Bau von Rücksiedlerhäusern in Bozen/Haslach

„Die große Not ist unteilbar"

Eine Versammlung von Rücksiedlern wies am 6. Februar 1955 in Meran auf ihre schlechten Lebensbedingungen hin. Man bestritt die Behauptung „maßgeblicher Persönlichkeiten", daß alle Probleme gelöst seien:

„Wir sind der Meinung, daß in vielen Fällen die Notstände derart sind, daß (sie) eine ernste Gefährdung der Sittlichkeit, der Gesundheit der ganzen Bevölkerung darstellen. Es geht weiterhin nicht an, daß sich Kreise in unserem Lande die Augen zuhalten und nicht sehen wollen, daß ein Krankheitsherd, wie ihn die Not der Rücksiedler darstellt, auf die Dauer eine ernste Gefährdung für die ganze Bevölkerung werden muß."

nicht leisten konnten. In der Leiferer Kaserne waren noch 1955 148 Personen untergebracht, zumeist Rentner, Invaliden und Kriegswitwen mit minderjährigen Kindern. Ab Mitte der 50er Jahre reichte das Wohnungsangebot einigermaßen aus, da mehr gebaut wurde und die Rücksiedlungszahlen stagnierten.

Arbeitsbeschaffung

Ein beträchtlicher Teil der Optanten war nach der Abwanderung von der Landwirtschaft in die Industrie übergewechselt. Rücksiedlern gelang es jedoch kaum, in der Bozner Industriezone unterzukommen, da, wie es in internen Papieren immer hieß, im Bozner Arbeitsamt kein Südtiroler beschäftigt war, der entsprechende Stellen vermittelt hätte.

Südtirol brauchte dringend Lehrer, die sich jedoch nicht zu einer Rückkehr bewegen ließen, auch wenn Arbeitsplatz und Wohnung gesichert waren. Ebenso verhielt es sich mit besitzenden Umsiedlern, da die Bedingungen für den Vermögenstransfer äußerst schlecht waren.

Das Rücksiedlungsamt und die österreichische Regierung vergaben Beihilfen an Rücksiedler, die sich selbständig machen wollten. Die Mittel waren jedoch so gering bemessen, daß sie kaum in Anspruch genommen wurden.

Kühle Aufnahme

Das Rücksiedlungsamt und die Kirche forderten die Südtiroler auf, Rücksiedlungsausschüsse zu bilden, um die private Hilfe zu organisieren. Lana ging im September 1949 mit gutem Beispiel voran, bis 1951 wurde aber nur in 42 von insgesamt 106 Gemeinden eine solche Hilfsorganisation gegründet. Die Ausschüsse sollten bei der Arbeits- und Wohnungsbeschaffung mithelfen, Geld-, Kleider- und Lebensmittelsammlungen durchführen und den Menschen in allen sonstigen Angelegenheiten beistehen. Einige Ausschüsse arbeiteten durchaus mit Erfolg, die meisten allerdings setzten sich mit den Problemen nur ungenügend auseinander bzw. waren nicht in der Lage, die breite Bevölkerung für das Anliegen zu gewinnen. Im Jahr 1952 waren nur mehr fünf Ausschüsse wirklich aktiv.

Rücksiedlersiedlungen

Insgesamt wurden 900 bis 1.000 Wohnungen für Rücksiedler zur Verfügung gestellt. Die Neubauten verteilten sich wie folgt:

	Wohnungen
Bozen (Rentsch und Haslach)	197
Meran	35
Bruneck	27
Brixen	22
Sterzing	17
Laas	13

(Alexander u.a., Heimatlos, S. 259)

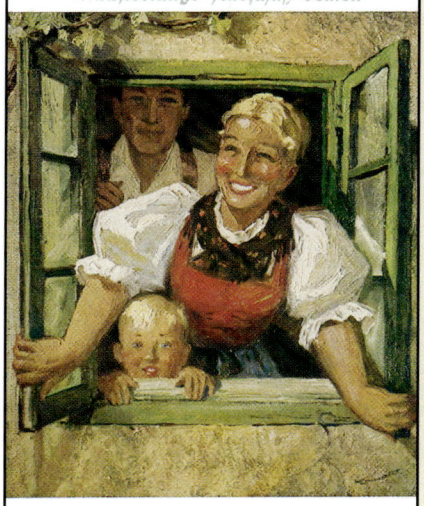

Aufruf des Rücksiedlungs-Ausschusses Brixen

Der SVP-Parlamentarier Otto von Guggenberg hielt die geringe Zahl von Rücksiedlungsausschüssen für „beschämend", jedoch hatte nicht nur die Bevölkerung, sondern auch amtliche Stellen für die Angelegenheit wenig bis gar nichts übrig. So klagte auch 1953 der Meraner Rücksiedlungsausschuß, wohl der aktivste im ganzen Land, in einem Schreiben an Landeshauptmann Erckert, „daß dem Rücksiedlungsproblem so wenig Interesse gewidmet wird". Dabei bezog man sich auf die Arbeit der Landesbehörden, denen Untätigkeit vorgeworfen wurde. „Einige maßgebende Persönlichkeiten der SVP (sind) seit jeher gegen meine Tätigkeit eingestellt gewesen", äußerte im Dezember 1952 der Leiter des Rücksiedlungsamtes, Wilfried Plangger, in seinem Rücktrittsschreiben an den Landeshauptmann. Ein Weiterarbeiten schien ihm nicht mehr möglich. Ausgelöst wurde dieser Schritt durch die Übertragung aller Rücksiedlungsangelegenheiten an Ersatz-Landesrat Anton Schatz. „Ich hatte in der Vergangenheit feststellen müssen", so Plangger weiter, „daß Herr Dr. Schatz, der dem Rücksiedlungsausschuß Brixen als Mitglied angehört, mir und dem Amte für Rücksiedlungshilfe eine durchaus ablehnende, um nicht zu sagen feindselige Einstellung einnahm." Solche Konflikte waren freilich einer Lösung der schwerwiegenden Probleme wenig dienlich.

Auch manche Bürgermeister standen den Rücksiedlungen ablehnend gegenüber, zum Teil, um der Gemeinde eine vermeintliche soziale Belastung zu ersparen. So manchem Rückkehrer wurde die Niederlassung erschwert bzw. sogar verweigert und die Ausstellung von Dokumenten abgelehnt. So war ein Ehepaar bei Verwandten in Unsere liebe Frau im Walde untergekommen und ersuchte um Eintragung in das Bevölkerungsregister der Gemeinde, um die Arbeitsbücher ausgestellt zu bekommen. Ihr Ansinnen wurde schließlich abgelehnt, aufgrund des Wohnungsmangels mußten sie aber im Dorf bleiben, „obwohl wir diese ungastliche Gemeinde gerne verlassen würden".

Den Rücksiedlern wurde vielfach mit Aversion und Abneigung begegnet, sodaß für viele die Rückkehr in die Heimat schlimmer als das Auswandern war. Das Trauma der Option war noch nicht verheilt, und die Anwesenheit der Rücksiedler erschwerte das Vernarben der tiefen Wunden. Vielfach dienten sie als Sündenböcke für die Fehler der Vergangenheit. Die Rückkehr wurde ihnen zuweilen völlig absurderweise sogar zum Vorwurf gemacht, und das Wort vom „Heimatverrat" fiel. Für viele dieser wahren Leidtragenden der verhängnisvollen 39er Option blieb Südtirol eine „kalte Heimat".

Unsozial und unchristlich

Vinz Stötter von der SVP-Bezirksleitung Sterzing beschwerte sich im Mai 1951 in einem Brief an den Parteiausschuß über die „unsoziale und unchristliche Haltung gewisser Landbürgermeister des Bezirkes Sterzing gegenüber dem Rücksiedlerproblem". So habe der Bürgermeister von Stilfes einem Malermeister, der vor der Umsiedlung 15 Jahre lang in der Gemeinde ansässig gewesen war, die Ausstellung des Arbeitsbuches und der Identitätskarte mit folgender Begründung verweigert:
„1. Er hätte kein Recht, sich hier niederzulassen.
2. Er könne in seiner ‚übervölkerten' Gemeinde keine Zuwanderung mehr gestatten, insbesondere von älteren Leuten, da sie eines Tages der Gemeinde zur Last fallen könnten.
3. Sollte er beharrlich auf eine Niederlassung in Stilfes bestehen und sich darauf versteifen, so würde er Sorge tragen, daß er abgeschoben werde. Im übrigen gebe er ihm den guten Rat, Stilfes schnellstens zu verlassen."
Der Bürgermeister von Wiesen, so Stötter weiter, sei da schon diplomatischer, indem er den Gemeindeangehörigen nahelege, ja nicht an Rücksiedler zu vermieten. Eine Frau habe dem Rücksiedlungsausschuß Sterzing trotzdem eine Wohnung angeboten, allerdings unter der Bedingung, „daß der Bezieher Pensionist (mit gesicherter Pension) sein müsse, da der Bürgermeister in seiner Gemeinde nur Leute mit 100 % gesicherter Existenz dulde". Im Vorjahr sei es aufgrund dieser Grundhaltung sogar zu einem Selbstmord gekommen, schrieb Stötter abschließend.

6. Demokratischer Auftakt

Reaktivierung des politischen Lebens

Die Möglichkeit, nach dem Krieg eine Phase der konstruktiven Zusammenarbeit unter den Sprachgruppen einzuleiten, wurde schon bald aufgrund von **gegenseitigem Unverständnis** und **mangelnder politischer Sensibilität** verschenkt. Die SVP als deutsch- und ladinischsprachige Sammelpartei sah sich einem „italienischen Block" gegenüber, der in den 50er Jahren eine Politik betrieb, die sich fast nahtlos an den Faschismus anschloß. Zudem ordneten beide Sprachgruppen die Abrechnung mit Faschismus und Nationalsozialismus der **Volkstumspolitik** unter: Die SVP schluckte ihre Nazis, die DC ihre Faschisten. Die SVP als Honoratiorenpartei setzte in der Anfangsphase auf Kooperation mit der DC und den Trentinern. Die katholische politische Kultur und der Antikommunismus bildeten die Grundlage für die auch von der Kirche stark befürwortete Koalition der beiden Parteien auf Landes- und regionaler Ebene. Selbst als die Trentiner DC die Umsetzung der **Autonomie sabotierte** und die Christdemokraten in Rom mit den Neofaschisten informelle Koalitionsabsprachen trafen, blieb die SVP ihrer ideologischen Schwesterpartei treu.

Aber nicht nur die italienischen rechtskonservativen Parteien, sondern auch Sozialisten und Kommunisten zeigten in der ersten Nachkriegszeit wenig Gespür für die Bedürfnisse der Minderheit und propagierten einen naiven Kosmopolitismus. Obgleich der SVP nach Abhaltung der ersten Landtagswahlen 1948 ein institutioneller politischer **Alleinvertretungsanspruch** zukam, verschärften sich schon bald die **internen Spannungen** zuerst zwischen Dableibern und Optanten, dann zwischen dem konservativ-bäuerlichen Flügel und der städtisch-liberalen Führungselite. Als 1957 die städtisch-bürgerliche Elite an der SVP-Spitze durch die konservativ-bäuerlich geprägte „Wehrmachtsgeneration" um **Silvius Magnago** abgelöst wurde, kam die Südtirol-Politik wieder in Bewegung. Auch der gesellschaftliche Modernisierungsprozeß und die mit dem Staatsvertrag von 1955 wiedererlangte Aktionsfreiheit Österreichs trugen dazu bei. Nun besann sich auch wieder die Linke ihrer demokratischen Tradition und unterstützte die Autonomieforderungen der Südtiroler.

Wahlwerbung in Bozen, Leonardo-da-Vinci-Straße anläßlich der Parlamentswahlen 1958

Gegenüberliegende Seite: Wahlwerbung in der Bozner Freiheitsstraße anläßlich der Parlamentswahlen 1948

Die Geburt der Parteien
Mißtrauen und Unverständnis

Das Kriegsende bedeutete für das politische Leben in Südtirol zwar keine „Stunde Null", kam aber dennoch einer einschneidenden Zäsur gleich: Mit dem Sieg über Faschismus und Nationalsozialismus waren auch die Weichen für einen demokratischen Neuanfang in der Nachkriegsära gestellt worden. Die vor Faschismus und Krieg gelebte parlamentarische Demokratie war nie vollständig gewesen, zumal die Frauen vom Wahlrecht ausgeschlossen waren, ein Defizit, das Italien mit der Einführung des allgemeinen und gleichen Wahlrechts auch für Frauen 1945/46 behob.

Wie überall in Italien, sei es in Rom, sei es in anderen Regionen, hatten sich die antifaschistischen Parteien auch in Südtirol im CLN (Comitato di Liberazione Nazionale) in einer Art Allparteienregierung organisiert, der die KPI, die Aktionspartei, die DC, die Liberalen und der PSIUP angehörten. Ihr Sofortprogramm zielte auf die „Zusammenarbeit zwischen italienischen und deutschen Parteien, mit dem Ziel, alle nationalistischen Tendenzen in beiden Lagern auszurotten". Vorgesehen waren weiters die „Gründung und Entwicklung von demokratischen Organisationen im gesamten öffentlichen Leben", die „Säuberung des öffentlichen Lebens von Faschisten und Nazis" sowie eine „weitgehende Autonomie in der Verwaltung".

Der noch während des Krieges aus dem Trentino operierende CLN wollte allerdings die am 8. Mai 1945 gegründete Südtiroler Volkspartei weder als Partei noch als Verein anerkennen, zumal die SVP in ihrem Programm das Recht auf Selbstbestimmung verankert hatte, welches der CLN ablehnte.

Obgleich die deutschsprachige Südtiroler Gesellschaft zwischen Optanten und Dableibern zutiefst gespalten war, wurden die Gräben zwischen diesen beiden Gruppen gleich bei Kriegsende zugeschüttet. Es waren die Dableiber, die den Optanten,

PARTITO SOCIALISTA DEMOCRATICO ITALIANO
VOTA SOCIALISMO
RADIO
Musica
OTA
P.C.I.
WÄHLE
P.C.I.

Der Vermittler

Der aus Branzoll stammende Dableiber und Rechtsanwalt August Pichler (1898–1963), der vor den Nazis in die Schweiz flüchten mußte, lehnte es 1945 ab, der SVP beizutreten, weil sich ehemalige NS-Sympathisanten in der Partei breitzumachen begannen. Pichler, der zunächst für die Selbstbestimmung eingetreten war, war schon bald davon überzeugt, daß die politische Zukunft des Landes nur in einer Regionalautonomie und in der Zusammenarbeit zwischen Südtirolern und Trentinern liegen könne. Es wundert daher nicht, daß Pichler im Sommer 1945 von Lino Ziller, einem führenden Exponenten der DC und Bürgermeister von Bozen (1948–1957), für die DC als Vertreter Südtirols in die römische Consulta Nazionale (1945–46) vorgeschlagen wurde. Die Consulta war die Vorläuferin der Verfassunggebenden Nationalversammlung (Costituente). Pichler spielte bis zur Verabschiedung des Pariser Vertrags (1946) eine zentrale politische Rolle, auch für die SVP, wenngleich er nicht der Sammelpartei angehörte. Die Partei Amonns lehnte jede institutionelle Mitarbeit ab; um der Forderung nach Selbstbestimmung Nachdruck zu verleihen, übernahm Pichler die Rolle des Vermittlers zwischen SVP und italienischem Staat. Er wurde in der Consulta in zentralen Bereichen des Minderheitenschutzes aktiv und setzte sich für die Wiedereinführung der deutschen Sprache im öffentlichen Dienst sowie für den Wiederaufbau einer deutschsprachigen Schule ein. Außerdem spielte er eine führende Rolle bei den Verhandlungen um die Revision des Optionsabkommens. Pichler war zugleich Vizebürgermeister von Bozen und Mitglied der „Epurazione"-Kommission. 1948 zog er sich aus der aktiven Politik zurück, als für alle deutschsprachigen Südtiroler der Druck zur Einordnung in die SVP immer massiver wurde.

DC-Flugblatt vom August 1945

mehr noch den politischen Eliten der NS-Sympathisanten, die Hand reichen, um sich geschlossen zuerst für die Selbstbestimmung und später für die Autonomie einzusetzen. Die ideologische Bruchlinie wurde so von der Volkstumspolitik überlagert. Unter den Gründern der SVP finden wir deshalb nicht nur antinazistische Dableiber, sondern auch Optanten bis hin zu ehemaligen NS-Aktivisten.

Die SVP war die erste Partei, die 1945 gegründet wurde, was ihr einen Vorsprung an politischer Legitimität in der Bevölkerung und gegenüber den Alliierten sowie einen organisatorischen Vorsprung gegenüber später gegründeten Parteien einräumte. Recht offensichtlich kamen dabei die symbolischen und personellen Kontinuitäten zwischen dem Deutschen Verband von 1920 zum Vorschein.

Erst im Herbst 1945 hatten sich die Südtiroler Sozialdemokraten unter Lorenz Unterkircher als deutschsprachige Sektion des PSIUP konstituiert. Wegen Meinungsverschiedenheiten bezüglich der Selbstbestimmung traten sie 1946 aus der Partei aus und gründeten die „Sozialdemokratische Partei Südtirols", die sich nach dem Mißerfolg bei den Landtagswahlen von 1948 faktisch auflöste. Ohne Einfluß blieb die 1946 gegründete „Südtiroler Demokratische Partei". Versuche, in den ladinischen Tälern eine eigene Partei zu gründen, scheiterten ebenfalls. Die SVP blieb bis 1964 die einzige deutschsprachige Partei im Südtiroler Landtag.

Die SVP war eine typische Honoratiorenpartei. Mit Erich Amonn als Obmann (1945–1948) und Josef Raffeiner als Parteisekretär (1945–1947) hatte das liberale und städtische Bürgertum die Führung übernommen und sollte diese endgültig erst mit dem Machtwechsel durch Silvius Magnago 1957 abgeben. Diese liberal-städtischen Eliten verfolgten nach Abschluß des Pariser Vertrags eine gemäßigte Politik, die an die Beziehungen mit dem Trentino vor dem Ersten Weltkrieg anknüpfte und die ethnischen Grabenkämpfe dem Tagesgeschäft vorzog.

Versuch eines Dialogs

Der Kleinkrieg der italienischen Parteien gegen die von den Alliierten genehmigte Gründung der SVP dauerte monatelang an. Insbesondere nationalistische Kreise innerhalb der CLN-Parteien ließen nichts unversucht, um den Einfluß der SVP so gering wie möglich zu halten. Andererseits hatte auch die SVP keine Vorstellungen darüber, wie sich ihr Verhältnis zu den italienischen Parteien im Land entwickeln sollte. Dennoch kam es bereits Ende Mai 1945 zu einem Übereinkommen zwischen SVP und CLN. Darin unterstrichen alle den Wunsch nach einem „friedlichen Zusammenleben der beiden Volksgruppen auf der Grundlage der Gleichheit, der gegenseitigen Achtung und der Autonomie auf dem Sprach- und Unterrichtssektor". Trotz einiger Rückschläge wurde Anfang September 1945 ein weiteres Abkommen unterzeichnet, das nochmals alle Parteien dazu aufforderte, alles zu unternehmen, damit sich „die Bürger italienischer und jene deutscher Zunge einander annähern". Aber das gegenseitige Mißtrauen, unterschiedliche Erfahrungen, tiefverwurzelte Vorurteile und Unverständnis

Bei der Beerdigung des am 22. Oktober 1948 verstorbenen Paul von Sternbach in Bruneck. Von links nach rechts: Josef Menz-Popp (halb verdeckt), Erich Amonn, Carl von Braitenberg, Otto von Guggenberg, Max Prey und Silvius Magnago

überlagerten den guten Willen für den Beginn einer konstruktiven Zukunft unter den Sprachgruppen. Die Mehrheit der Italiener im Lande lehnte die Selbstbestimmung ab, verdächtigte die Südtiroler undifferenziert, alle hätten ein Naheverhältnis zum NS-Regime gehabt, befürworteten die neue Zuwanderungswelle, verdrängten die faschistische Ära und sahen in der Fortsetzung der faschistoiden Politik in Südtirol nichts Anrüchiges.

Die deutsch- und ladinischsprachigen Südtiroler hatten ihrerseits kein Verständnis für die Lage der Italiener im Lande, begriffen nicht, daß der deutsche Einmarsch und die Herrschaft von Gauleiter Franz Hofer in den Jahren 1943–1945 bei vielen ein Trauma hinterlassen hatte, und verspürten keine Notwendigkeit, mit der eigenen NS-Vergangenheit abzurechnen.

Erste Zusammenarbeit
Abklingen der gesellschaftlichen Dauermobilisierung

Nach Abschluß des Pariser Vertrags (1946) und nach Verabschiedung des I. Autonomiestatuts (1948) besiegelte die SVP ihre politische Monopolstellung mit den Parlamentswahlen vom 18. April 1948 und den im darauffolgenden November stattfindenden Landtagswahlen. Nach Verabschiedung des „Optantendekrets" im Februar 1948 waren vorerst die „großen Themen" abgehandelt. Damit verlagerten sich die politischen Auseinandersetzungen teilweise von autonomiepolitischen hin zu allgemein gesellschaftlichen Themen. Und somit fand die Dauermobilisierung der Bevölkerung vorerst ein Ende.

Von den knapp 80.000 Südtirolern, die durch die Option ihre Heimat verlassen hatten, kehrten zwischen 1943 und 1945 und dann auf Grund der Möglichkeit der formellen Rückoption ab 1948 zwischen 25.000 und 30.000 zurück. Aber die Rückkehr bedeutete für viele eine zweite Demütigung. In den Siedlungen der Rücksiedler in den Bozner Stadtvierteln Rentsch und Haslach sowie in Bruneck, Brixen und Sterzing lebten die Rückoptanten vielfach mittellos, oft isoliert und zum Teil gesellschaftlich gebrandmarkt.

Der im Zeichen des „Kalten Krieges" stehende Parlamentswahlkampf von 1948 leitete die Zusammenarbeit zwischen den beiden bürgerlichen und katholischen Parteien SVP und DC auf Landes- und Regionalebene ein. Trotz vieler politischer und ethnischer Auseinandersetzungen waren die katholische

Der Regionalrat der Region Trentino-Tiroler Etschland, 1956

Teuflischer Kommunismus

„Christentum und Kommunismus sind Gegensätze wie Himmel und Hölle, wie Gott und Teufel. Das unfehlbare kirchliche Lehramt hat wiederholt die Unvereinbarkeit des Kommunismus mit dem Christentum erklärt und alle Christen aufmerksam gemacht, dass jeder, der der Kommunistischen Partei und Lehre angehört und ihr Vorschub leistet, exkommuniziert ist, d.h. von der Gemeinschaft der Kirche und von den Gnaden ihrer Sakramente ausgeschlossen bleibt. (...) Jede Verbindung mit dem Kommunismus ist Verrat an den höchsten Gütern unseres Volkstums." Ausschnitt aus dem Hirtenbrief des Bischofs Joseph Gargitter vom Jahr 1955

Wahlempfehlung der „Dolomiten" vom 15. November 1952

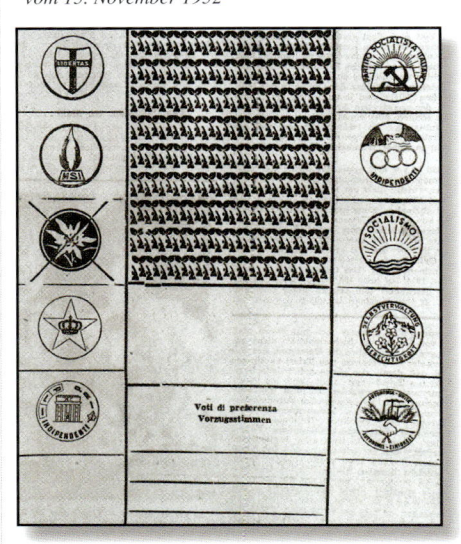

Matrix und der Kampf gegen die politische Linke die gemeinsame Klammer beider Parteien, eine politische Achse, die über die gesamte Zeit der 1. Republik andauern sollte und von der lokalen Kirche unterstützt wurde. Die Aufrechterhaltung des gesellschaftlichen und vor allem ökonomischen Status quo übertünchte über viele Jahre die tiefen Interessenkonflikte zwischen den beiden katholischen Parteien.

Nach den ersten Regionalratswahlen bildeten DC und SVP eine Koalition, die von außen vom „Partito Popolare Trentino Tirolese" (PPTT) unterstützt wurde. Die Koalition wurde 1952 und 1956 erneuert. Eine Regierung mit derselben Parteienkonstellation wurde 1948 unter Einschluß des PRI in Bozen gebildet, während es 1952 und 1956 zur „Großen Koalition" der beiden katholischen Parteien kam. Allerdings wurde die Zusammenarbeit Mitte der 50er Jahren immer spannungsgeladener: Die DC unternahm alles, um die Autonomie zugunsten Südtirols zu sabotieren; die Region trat unter dem DC-Leader Tullio Odorizzi so gut wie keine Kompetenzen an die beiden Provinzen ab. Dadurch existierte Südtirols Selbstverwaltung de facto nur auf dem Papier.

Ergebnis der Landtagswahlen vom 28. November 1948

Parteien	Stimmen	Prozent	Sitze
Südtiroler Volkspartei	107.249	67,60	13
Democrazia Cristiana	17.096	10,78	2
Partito Socialista Italiano	7.925	4,99	1
Partito Comunista Italiano	6.281	3,96	1
Unione Indipendenti	5.674	3,58	1
Partito Socialista Lavoratori Italiani	4.891	3,08	1
Movimento Sociale Italiano	4.662	2,94	1
Autonomia Trentina	4.065	2,56	-
Sozialdemokratische Partei Südtirols	804	0,51	-
Summe	**158.646**	**100**	**20**

Ergebnis der Landtagswahlen vom 16. November 1952

Parteien	Stimmen	Prozent	Sitze
Südtiroler Volkspartei	112.602	64,76	15
Democrazia Cristiana	23.864	13,72	3
Partito Socialista Italiano	9.996	5,75	1
Movimento Sociale Italiano	8.317	4,78	1
Partito Socialista Democratico Italiano	6.013	3,46	1
Partito Comunista Italiano	5.335	3,07	1
Partito Liberale Italiano/ Partito Repubblicano Italiano	3.455	1,99	-
Partito Nazionale Monarchico	3.227	1,86	-
Selbstverwaltung und Gerechtigkeit	609	0,35	-
Unione Indipendenti	456	0,26	-
Summe	**173.874**	**100**	**22**

Ergebnis der Landtagswahlen vom 11. November 1956

Parteien	Stimmen	Prozent	Sitze
Südtiroler Volkspartei	124.165	64,40	15
Democrazia Cristiana	27.676	14,35	3
Movimento Sociale Italiano	11.607	6,02	1
Partito Socialista Italiano	10.826	5,62	1
Partito Socialista Democratico Italiano	7.774	4,03	1
Partito Comunista Italiano	4.203	2,18	1
Unione Italiana	2.273	1,18	-
Partito Liberale Italiano	1.669	0,78	-
Unione Popolare Tirolese	1.416	0,73	-
Popolo Europeo	1.186	0,62	-
Summe	**192.795**	**100**	**22**

Der Marsch nach rechts
Schleichende Refaschisierung

Angelo Facchin

Die dominante Partei im italienischen Parteiensystem ab 1948 war die DC, die nach dem Bruch der antifaschistischen Allparteienregierung (1947) in unterschiedlicher Kombination bis 1960 mit den kleinen laizistischen Parteien (PRI, PLI, PSDI) regieren sollte. Diese politische Dominanz setzte sich in der Region und in Südtirol innerhalb der italienischen Sprachgruppe fort. Gleich wie die SVP versuchte die DC, sich in Südtirol als eine Art Sammelpartei der Italiener zu präsentieren. Und wie die SVP ihre Nazis geschluckt hatte, so schluckte die DC ihre Faschisten. Auch deshalb war die Entnazifizierung und *epurazione* von Anfang an zum Scheitern verurteilt gewesen.

Es dauerte nicht lange, bis die DC neben der Gefahr des Kommunismus auch die nationale Bedrohung der Italiener Südtirols entdeckte. Nicht wenige ehemalige Faschisten schlossen sich deshalb in Südtirol nicht dem MSI, sondern der DC an, um in einem starken ethnischen Block der SVP Paroli zu bieten.

Dabei wurde die vom MSI in den 50er Jahren italienweit angestrebte „inserimento"-Politik in Südtirol bereits 1948 vorweggenommen. In einer Absprache mit dem MSI flossen die Stimmen der Neofaschisten auf den Kammerkandidaten der DC, Angelo Facchin, der bis 1958 als einziger Italiener Südtirols seine Partei im Parlament vertrat. Der ehemalige „enthusiastische Faschist", so das Hochkommissariat für die Sanktionen gegen den Faschismus, vertrat eine äußerst nationalistische Politik und sponserte immer wieder neofaschistische Kundgebungen, wie etwa den Gegenprotest zur Los-von-Trient-Kundgebung auf Sigmundskron im November 1957. In jenem Jahr wurde er von Innenminister Fernando Tambroni zu seinem Vertrauensmann in Südtirolangelegenheiten ernannt. 1960 regierte Tambronis DC-Alleinregierung mit Unterstützung der

Die Abgeordneten der Südtiroler Volkspartei, Toni Ebner, Otto von Guggenberg und Friedl Volgger auf dem Weg zur ersten Sitzung des Römischen Parlaments, 1948. Der italienische Photograph notierte zu diesem Bild: „Die Südtiroler Abgeordneten erzeugen Aufmerksamkeit mit ihren Hüten, die anstelle von Bändern Seile zieren, und mit dem stolzen Schritt, mit dem sie Montecitorio betreten."

Parlamentarier aus Südtirol 1948–1958		
Kammer	**SVP**	**DC**
1948	Otto von Guggenberg Friedl Volgger Toni Ebner	Angelo Facchin
1953	Karl Tinzl Toni Ebner Otto von Guggenberg	Angelo Facchin
1958	Toni Ebner Roland Riz Karl Mitterdorfer	Alcide Berloffa
Senat	**SVP**	**DC**
1948	Carl von Braitenberg Josef Raffeiner	
1953	Carl von Braitenberg Josef Raffeiner	
1958	Luis Sand Karl Tinzl	Candido Rosati (ab 1962)

Andrea Mitolo bei einer Demonstration am Siegesdenkmal, 1959

Neofaschisten von außen. Erst nach der Ablösung Facchins durch Alcide Berloffa bei den Parlamentswahlen von 1958 und dank Aldo Moros politischer Öffnung nach links sollte der autonomiefreundlichere Kurs der DC in Rom und in Bozen allmählich Gestalt annehmen. Aber zuvor sollten noch die ersten Bomben hochgehen. 1957 wurden 17 Südtiroler verhaftet, während mit der Gründung des BAS (Befreiungs-Ausschuß Südtirol) im Jahre 1959 die Basis für die spätere Feuernacht (1961) gelegt wurde.

Verschlechterung des politischen Klimas

Zur Verschlechterung des politischen Klimas trug auch der MSI bei, der einen über seine prozentmäßige Stärke bei Wahlen relativ großen politischen Einfluß ausübte und gegenüber der DC ein erhebliches Einschüchterungspotential besaß. In Südtirol im Frühjahr 1947 federführend von den beiden Brüdern Andrea und Pietro Mitolo gegründet, erzielte der MSI bereits bei den Landtagswahlen von 1948 ein Mandat (2,9 Prozent). Starke Sympathien genossen die Neofaschisten unter den nach Südtirol eingewanderten Faschisten aus den ehemaligen italienischen Kolonien, aber auch unter den aus Istrien vertriebenen Italienern. Von dort waren mit finanzieller Unterstützung des „Ente per le Tre Venezie" im Laufe der 50er Jahre etliche tausend Flüchtlinge eingewandert, die nach der Zielsetzung der römischen Regierung den Prozeß der italienischen Majorisierung der Südtiroler fortsetzen sollten.

In den 50er Jahren kam es zu einer Reihe von neofaschistischen Provokationen. So wurde in Bozen eine „festa tricolore" veranstaltet, an der ehemalige hohe faschistische Funktionäre und Frankisten teilnahmen. Die römische Parteispitze verlegte demonstrativ eine Sondersitzung nach Bozen, und der „Fronte della gioventù" organisierte immer wieder Kundgebungen gegen die Autonomieforderungen und für die Brennergrenze.

Bis zu den Landtagswahlen von 1956 war der Stimmenanteil des MSI bereits auf 7,9 Prozent gestiegen, bei den Gemeinderatswahlen in Bozen ein Jahr später auf 13,25 Prozent. Gemeinsam mit Monarchisten und Liberalen bildete der MSI im Bozner Gemeinderat einen Block von fast 20 Prozent. Daneben gründeten mit Blick auf die jeweiligen Landtagswahlen Exponenten des MSI und der DC in den 50er Jahren eine gemeinsame italienische Sammelpartei, die mitunter Ach-

Sigmundskron, 1957

tungserfolge erzielte, vor allem aber als Drehscheibe der Kommunikation unter den rechtskonservativen italienischen Parteien diente.

Dieses angespannte politische Klima war lediglich die andere Seite der Alltagsmedaille. Immer wieder wurden von deutschsprachigen Südtirolern Schikanen angezeigt. Das betraf den Bereich der Schule genauso wie den öffentlichen Dienst, die Sozialfürsorge genauso wie den sozialen Wohnbau. Faschistische Gesetze wurden gegen deutschsprachige Südtiroler angewandt, Recht gebeugt und die Demokratie vielfach eingeschränkt.

Dazu kam die Angst der Südtiroler, durch die italienische Zuwanderung früher oder später majorisiert zu werden. Der von Kanonikus Michael Gamper 1953 in der Tageszeitung „Dolomiten" veröffentlichte Artikel über den „Todesmarsch" der Südtiroler sollte eine politische Wende herbeiführen. Auch wenn sich statistisch eine solche Majorisierung nicht nachweisen läßt, so hatte sich dieses Todesmarschklima im Lande breitgemacht, wodurch die Bevölkerung für eine härtere Gangart empfänglich gemacht wurde, die in den Südtirol-Terrorismus der 60er Jahre münden sollte.

Italienische Studentendemonstration in Bozen, Februar 1959

Zwischen Autonomie und Nationalismus
Die Linke und Südtirol

Kommunisten und Sozialisten, vor allem der Partito d'Azione, hatten während des Widerstandes gegen Faschismus und Nationalsozialismus den Umbau des zentralistischen Staates gefordert. In bezug auf Südtirol gab es allerdings unterschiedliche Positionen. Der PSIUP sprach sich genauso wie die Kommunistische Partei gegen das Recht auf Selbstbestimmung aus, sodaß es in der Sozialistischen Partei zu Auseinandersetzungen mit der deutschsprachigen Sektion kam, die die Partei 1946 verließ. In krasser Abgrenzung zu Bozen setzte sich die Witwe von Cesare Battisti, Ernesta Bittanti, für die Selbstbestimmung Südtirols ein, später, genauso wie ihr Sohn Gigino, für eine eigene Autonomie ohne Trentiner Bevormundung. Immerhin stimmte der PSIUP als einzige Partei 1947 im Parlament gegen die Miteinbeziehung Südtirols in die Region Trentino-Tiroler Etschland. Fast zehn Jahre später setzte sich der PSI wieder stärker für die Rechte der Südtiroler ein, während die Partei im November 1959 eine Tagung zum Südtirolproblem durchführte, deren Ergebnis in die Forderung nach einer weitreichenden Autonomie für Südtirol mündete.

Wahlwerbung in der Bozner Freiheitsstraße anläßlich der Parlamentswahlen 1958

Versammlung der Kommunistischen Partei in Trient, 1950

Der Südtiroler Kommunist

Silvio Flor

Silvio Flor (1903–1974), Sohn des gleichnamigen sozialistischen Trentiner Abgeordneten, wuchs in der österreichischen Sozialdemokratie auf und trat 1921 der neugegründeten KPI bei. Vor den Faschisten floh er nach Österreich und Frankreich und verfaßte 1931 eine illegale kommunistische Flugschrift, in der das Selbstbestimmungsrecht für Südtirol gefordert wurde. Von 1932 bis 1935 befand er sich in Moskau, davon zwei Jahre an der Lenin-Schule.

Noch während des Krieges kehrte er nach Südtirol zurück und betätigte sich im Widerstand. 1945 baute er als Leitungsmitglied der Südtiroler KPI die Partei wieder auf, trat aber bereits ein Jahr danach wegen Meinungsverschiedenheiten über die Südtirol-Autonomie aus der Partei aus, die sich gegen die Selbstbestimmung und für eine Regionalautonomie aussprach. Nachdem er die KPI verlassen hatte, arbeitete er weiterhin in der Gewerkschaftsbewegung. Er setzte sich für die Südtiroler Kriegsgefangenen und Optanten ein, führte einen publizistischen Kampf für die Entnazifizierung und *epurazione* und engagierte sich in der außerparlamentarischen Opposition.

Flor, der in der Nachkriegszeit bei der Tageszeitung „Dolomiten" als Setzer und Drucker arbeitete, setzte sich zeit seines Lebens für die Südtiroler Autonomie ein und gründete 1972 gemeinsam mit Hans Dietl, der die SVP wegen seiner Gegnerschaft zum Paket verlassen hatte, die Sozialdemokratische Partei Südtirols.

Die KPI zählte 1945 in Südtirol an die 100 deutschsprachige Mitglieder, die in erster Linie von Silvio Flor, einem Mitbegründer der Südtiroler Kommunisten (1921), betreut wurden. KPI-Führer Palmiro Togliatti sprach sich im Gegensatz zur politischen Linie der Zwischenkriegszeit gegen die Selbstbestimmung und für die Ausweisung aller mit den Nationalsozialisten kompromittierten Deutschen aus, aber für eine „breite Autonomie" und für das friedliche Zusammenleben der Sprachgruppen. Aber es dauerte nicht lange, da setzte sich auch innerhalb der KPI entgegen allen rhetorischen Bekenntnissen immer mehr eine nationalistische Linie durch. Nachdem die KPI für die Einheitsregion gestimmt hatte, trat Flor 1946 aus Protest aus der Partei aus, kandidierte aber dann 1952 bei den Landtagswahlen nochmals auf der deutschsprachigen Liste „Selbstverwaltung und Gerechtigkeit", die von der KPI finanziell unterstützt wurde. Sie erhielt lediglich 609 Stimmen.

Erst 1953 wurde innerhalb der KPI die „Autonome Landesorganisation Südtirol" gegründet, der Josef Stecher vorstand. Mit der 1956 in Bozen gehaltenen Rede von Senator Mauro Scoccimarro, Mitglied des Zentralkomitees, zeichnete sich in der KPI ein Kurswechsel ab, der in eine offene Unterstützung der Autonomieforderungen der Südtiroler mündete.

Spannungen innerhalb der SVP
Amonn kontra Gamper

Die SVP war trotz ihrer parteipolitischen Monopolstellung kein einheitlicher Block. Der Dissens gegenüber ihrer Politik kam nicht nur von den wenigen deutschsprachigen Südtirolern, die sich in der kommunistischen oder sozialistischen Partei engagierten, sondern auch aus den eigenen Reihen.

Dieser interne Dissens drückte sich einmal zwischen Dableibern und Optanten aus, da die Minderheit der Dableiber in den ersten Nachkriegsjahren aus naheliegenden Gründen überproportional in den Führungspositionen vertreten war. Allerdings garantierte die Integrationsideologie der SVP auch eine nahtlose Kontinuität von politischen Karrieren, die oft in den illegalen, später dann legalen NS-Organisationen begonnen hatten und nach 1945 in den Reihen der SVP bruchlos weitergeführt werden konnten. Das betrifft vor allem den Wiedereintritt von kommissarisch ernannten Bürgermeistern während der NS-Besetzung des Landes sowie von Funktionären der „Arbeitsgemeinschaft der Optanten", der Nachfolgeorganisation des Völkischen Kampfrings Südtirol. Die Folge war die schrittweise Marginalisierung des katholisch-konservativen Widerstandes.

Unabhängig von solchen persönlichen Ressentiments drückten sich die Meinungsverschiedenheiten innerhalb der SVP in einer unterschiedlichen Interpretation der Autonomiepolitik und Koalitionsstrategie in der Region aus. Auf der einen Seite trat die SVP-Führung unter Erich Amonn für eine Zusammenarbeit mit der DC und den Trentinern ein, auf der anderen Seite lehnte Kanonikus Michael Gamper, der einflußreiche Schriftleiter der Tageszeitung „Dolomiten", eine solche Zusammenarbeit ab. Diese konträren Positionen spitzten sich Ende 1948 zu, als die SVP-Führung im sogenannten „Perassi-Brief" gegenüber der Regierung ihren Dank für die Durchführung der Autonomie äußerte.

Dieser interne Dissens, der im Laufe der 50er Jahre immer härter wurde, sollte sich bis zum Beginn der Ära Magnago entlang dieser autonomiepolitischen Bruchlinie ziehen. Den Notabeln stand die jüngere Generation um Peter Brugger,

Alfons Benedikter und Hans Dietl gegenüber, die der Parteiführung eine zu konziliante Haltung gegenüber der DC in Rom, Trient und Bozen vorwarf. Obgleich die Durchführung der Autonomie auf allen politischen Ebenen vom Koalitionspartner DC blockiert und sabotiert wurde und auf Landesebene die nationalistisch dominierte DC gemeinsame Sache mit den Neofaschisten machte, sprach die SVP den DC-Regierungen in Rom stets ihr Vertrauen aus oder enthielt sich höchstens der Stimme, wenn etwa die DC mit Unterstützung des MSI von außen regierte.

Zum Teil deckte sich diese Konfliktlinie mit jener zwischen der städtisch-bürgerlichen Honoratiorengruppe und einer stärker ländlichen, katholisch-konservativen Parteibasis. Spätestens Mitte der 50er Jahre verschob sich die politische Achse zugunsten einer immer markanter werdenden volkstumspolitischen, radikaleren Linie. Doch trotz dieser innerparteilichen Zerreißproben blieb unter den Parteimitgliedern der „Fetischismus der Einheit" vorherrschend.

Putsch gegen die SVP-Spitze

Auf der Landesversammlung der SVP im Mai 1957 fand ein überraschender Wechsel an der Parteispitze statt. Die Wahl von Silvius Magnago zum Parteiobmann sollte zu einer deutlichen Kursänderung der SVP-Politik führen. Die neue, in autonomiepolitischen Fragen radikalere und unnachgiebigere Haltung hatte sich bereits ein Jahr zuvor mit der Wahl von Hans Dietl zum Obmann des Bauernbunds angekündigt. Dietl war bereits 1955 aus Protest gegen die antiautonomistische DC-Politik von der Regionalregierung zurückgetreten, auch wenn sich dann die Gesamtpartei diesem Schritt nicht anschloß.

Dem Wechsel an der Parteispitze waren geheime Vorbereitungen vorausgegangen, um die bisherige Parteiführung in einem Überraschungscoup zu kippen. Innerhalb der nächsten beiden Jahre kam es auch zu einem fast vollständigen Austausch der Führungsgremien. Dieser setzte sich bei den Parlamentswahlen von 1958 fort, bei denen Abgeordnete und Senatoren durch Exponenten der neuen Richtung ersetzt wurden.

Günstige Rahmenbedingungen für eine neue politische Phase und Aufbruchstimmung hatte auch Österreich geliefert, das dank der Unterzeichnung des Staatsvertrages von 1955 eine weit aktivere Politik gegenüber Italien betreiben konnte, als dies bisher möglich gewesen war.

Es dauerte kein halbes Jahr, bis nach dem Wechsel an der Parteispitze die Kursänderung bei der Protestkundgebung auf Schloß Sigmundskron mit aller Deut-

Landesversammlung der SVP am Reichrieglerhof am 3. März 1956. Vorne von links nach rechts: Otto von Guggenberg, Silvius Magnago, Alois Pupp, Carl von Braitenberg, Josef Raffeiner. Auf dieser Landesversammlung wurde die Ablöse der älteren SVP-Generation um Amonn durch die jüngere um Magnago bereits vorbereitet. Drahtzieher waren Franz Widmann und Hans Dietl

Landesversammlung der SVP, 1956. Vorne: Peter Brugger, Alfons Benedikter, Franz Waldthaler

Oberetscher Hetzer

„Was wollen denn die Oberetscher eigentlich? Sie wollen die Abtrennung der Provinz Bozen von der Region Trentino-Tiroler Etschland, mit dem Ziel, zu einem späteren Zeitpunkt den großen Schritt nach Österreich machen zu können. Wir möchten nur sehen, wer den Mut hätte, den absurden Forderungen der Oberetscher Hetzer die natürlichen Grenzen des Vaterlandes, für deren Erkämpfung so viele Soldaten ihr Leben lassen mußten, zu opfern? Mehr zu fordern als das, was unser Land in großzügiger Weise den berechtigten Wünschen der innerhalb unserer Staatsgrenzen lebenden sprachlichen Minderheit gewährt hat, hieße die Grundlage unseres Staates zu erschüttern." Aus „Giornale d'Italia", November 1957

Der bisherige Präsident Remo Abbertini (DC) gratuliert dem bisherigen Vizepräsidenten Silvius Magnago zur Regionalrats-Präsidentschaft, September 1958

Silvius Magnago, 1956

lichkeit zum Ausdruck kam. Unter dem Schlagwort „Los von Trient" wurde am 17. November 1957 in einer großangelegten Massendemonstration die autonomiefeindliche Politik der Trentiner und römischen DC angeprangert und eine von Trient unabhängige Sonderautonomie gefordert. Mit ein Anstoß zur Kundgebung war im Oktober 1957 die Ankündigung des Ministers für öffentliche Arbeiten an den Bozner Bürgermeister gewesen, Rom werde 2,5 Milliarden Lire für die Errichtung eines neuen Stadtteils mit 5.000 Wohnungen und allen damit zusammenhängenden Infrastrukturen zur Verfügung stellen. Diese Ankündigung war von der SVP als Affront, als Einleitung einer neuen Zuwanderungswelle verstanden und vehement abgelehnt worden.

Als nächster Schritt drohte Obmann Magnago in einem geheimen Brief an den Präsidenten des Regionalausschusses, Tullio Odorizzi, mit dem Rückzug der SVP-Assessoren aus der Regionalregierung, sollte es nicht zu einer radikalen Änderung der Autonomiepolitik kommen. Formalisiert wurde dieser Schritt 1959, worauf eine zehnjährige Phase der SVP-Opposition im Regionalrat folgte. Erst nach Annahme des Pakets (1969) kehrte die SVP 1970 in die Regionalregierung zurück.

Vater der Autonomie

Silvius Magnago wurde am 5. Februar 1914, einige Monate vor dem Ausbruch der Ersten Weltkrieges, geboren – Vater aus Rovereto, Mutter Innsbruckerin. Krieg und Diktaturen prägten seine Kindheit und Jugend; im Zweiten Weltkrieg stand er selbst als Gebirgsjäger an der russischen Front und wurde im April 1945 als Schwerkriegsversehrter entlassen. In der unmittelbaren Nachkriegszeit begann er seine ziemlich steile politische Karriere: 1947 wurde er Mitglied des SVP-Parteiausschusses, bei den Gemeinderatswahlen 1948 in Bozen erhielt er die meisten Vorzugsstimmen und wurde Vizebürgermeister. Bei den Landtagswahlen im November desselben Jahres erhielt er wiederum die meisten Vorzugsstimmen und wurde erster Landtagspräsident; dieses Amt bzw. abwechselnd jenes des Präsidenten des Regionalrates hatte er bis 1960 inne.

Seine Stunde schlug am 25. Mai 1957, als er als 43jähriger Obmann der Südtiroler Volkspartei zur unumstrittenen Leitfigur der neuen härteren Linie in der Partei wurde. Im November desselben Jahres wird er das „Los von Trient" ausrufen und gleichzeitig Ausschreitungen verhindern. Damit wurde er zum vehementesten und institutionell bedeutsamsten Verfechter dieser Südtiroler Gratwanderung entlang realpolitischer Möglichkeiten: entschlossene Forderungen nach einer wirklichen Autonomie für Südtirol ohne Radikalisierung. Im Dezember 1960 wurde Silvius Magnago Landeshauptmann von Südtirol und blieb es 28 Jahre lang.

Auf Aufholkurs
Reorganisierung und Modernisierung

Der Wechsel an der Parteispitze ging nicht nur auf die unterschiedlichen Meinungen über die Autonomie und die Zusammenarbeit mit der DC zurück, sondern auch auf den Wandel in der Südtiroler Gesellschaft. Zu politischen und ethnischen Spannungen führte nicht nur die unzureichende „Unterautonomie", die Südtirol eingeräumt wurde, sondern auch die ungleiche Verteilung ökonomischer Ressourcen und Lebenschancen.

Nachdem die deutsch- und ladinischsprachige Minderheit nach dem Krieg begann, sich gesellschaftlich und kulturell, aber auch von der zahlenmäßigen Konsistenz her zu reorganisieren, schloß sich dem in einer zweiten Etappe ein sozialer, wirtschaftlicher und identitätsstiftender Aufholprozeß an. Im Talbereich kam es zu einem starken Bevölkerungszuwachs vor allem durch die anhaltende Zu- und Rückwanderung, während in den bäuerlichen Berggebieten außerordentlich hohe Geburtenraten zu verzeichnen waren. In den 50er Jahren wies Südtirol europaweit einen der höchsten Geburtenüberschüsse auf, zwischen 1956 und 1959 durchschnittlich 11,3 Prozent, die Ladiner lagen gar bei 22,7 Prozent.

In den 50er Jahren begann auch in Südtirol ein einschneidender Modernisierungsprozeß, der in erster Linie die deutsch- und ladinischsprachigen Südtiroler, weniger die Italiener, traf. Während vor allem auf seiten der deutsch- und ladinischsprachigen Bevölkerung die Zahl der Arbeitsuchenden wuchs, war die Wirtschaft nicht in der Lage, genügend Arbeitsplätze zur Verfügung zu stellen. Das hing unter anderem auch damit zusammen, daß die politische Führung die Lage zu Beginn der 50er Jahre nicht richtig einschätzte. Denn trotz Krisensymptomen sah man im Bauerntum nach wie vor die Sicherung der ethnischen Identität.

Die freigewordenen Arbeitskräfte aus der Landwirtschaft, die eine fortschreitende Rationalisierung erlebten, drängten nun in andere Wirtschaftszweige. Allerdings stießen sie auf politische Hindernisse, wie etwa im öffentlichen Dienst, der eine italienische Domäne blieb. Andererseits erfolgte die Öffnung der Bozner Industriezone für die deutschsprachige Bevölkerung erst in den 60er Jahren. Eine Untersuchung der Jahre 1956 und 1957 ergab zudem, daß viele Arbeiter und Arbeiterinnen nicht einmal sechs Monate im Jahr beschäftigt waren. Durch den zunehmenden Arbeitskräfteüberschuß und die Krise in der Landwirtschaft kam es nach 1955 zu einer verstärkten Auswanderung der deutsch- und ladinischsprachigen Bevölkerung vor allem nach Deutschland.

Dieses knapp skizzierte ökonomische und soziale Szenario führte zu einem klassischen Verteilungskampf und Interessenkonflikt zwischen den Sprachgruppen um die wenigen freien Arbeitsstellen und Ressourcen, wie etwa Sozialwohnungen, eine Situation, die durch die anhaltende Einwanderung von Italienern noch verschärft wurde.

Nach einer zehnjährigen Stillhaltephase begann sich Ende der 50er Jahre die deutsch- und ladinischsprachige Bevölkerung zu mobilisieren. Und die SVP schritt voran.

Kundgebung italienischer EWG-Befürworter am Brenner, Juni 1958

Alcide De Gasperi bei der Einweihung des neuen Messegeländes in der Bozner Romstraße, 1952

Blutspender der Volkes

„Dabei muß man noch das unschätzbar große Verdienst des Bauernstandes in Anschlag bringen, dass er der hauptsächliche Blutspender des Volkes ist (…) Deshalb ist es für unser Volk ein Gebot der Selbsterhaltung, dass die Landwirtschaft in all ihren Teilen lebensfähig gemacht und lebensfähig erhalten werde, auch das Bergbauerntum." (Zitiert aus Christoph Pan, Die wirtschaftliche und soziale Lage Südtirols und ihre Entwicklungsmöglichkeiten, Bozen 1963)

7. Schwierige Ausgangsposition

Die Südtirolfrage von 1945–1959

Mit dem **Gruber-De Gasperi-Abkommen** (5. September 1946) und dessen Verankerung im Annex IV des Friedensvertrages zwischen Italien und den Alliierten (10. Februar 1947) war eine Basis geschaffen, von der sich die Südtiroler ihre Grundrechte erstreiten konnten. Es folgten das Autonomiestatut (29. Januar 1948), Optantendekret (2. Februar 1948) und Accordino (12. Mai 1949). Der neue Aktivismus in der Südtirolpolitik der 50er Jahre hing mit Österreichs **„annus mirabilis"** von **1955** zusammen, das für die Südtiroler kein „Wunderjahr" wurde. Bereits die Auflösung der „Außenstelle des Bundeskanzleramtes in Innsbruck" (BAI), zuständig für die Rücksiedlung, hatte Betroffenheit ausgelöst. Aus Frustration über die passive österreichische Südtirol- und die wenig konziliante italienische Autonomiepolitik (1946–1951) bildete sich in ersten Ansätzen ein eigenes **„Südtiroler Volk"-Bewußtsein** heraus. Südtirols maßgebliche Politiker setzten auf **Regionalisierung**, lehnten aber Regionalismus im Sinne von Separatismus ab. Sie waren allerdings aufgrund der ethnischen Gemenge-Lage im Raum Bozen sowie durch die italienische Massenzuwanderung in ihrem Agieren beschränkt. In den Jahren von 1951 bis 1959 ergaben sich weitere Spannungsfelder, mit denen Tirol und Südtirol konfrontiert waren. Der **Minderheitenkonflikt** sollte **internationalisiert** werden, wobei zwischen 1959 und 1961 erneut die Selbstbestimmungsforderung aufkam. Damit schließt sich der Kreis zur Ausgangslage.

Kundgebung für die Selbstbestimmung Südtirols in Klausen, 1946

Schwere Nachkriegszeit
Hausgemachte Hindernisse

Bereits im Sommer 1945 wurde deutlich, daß der Wunsch zur Landeseinheit in Tirol stärker ausgeprägt war als im südlichen Landesteil. In der Führung der Südtiroler Volkspartei, in der zunächst die gemäßigten Kräfte den Ton angaben, gab es starke Vorbehalte gegen Demonstrationen. Angesichts der ungewissen Lage wurden solche abgelehnt: „(…) P. Patrick und Ing. Ducia kamen aus Innsbruck zurück und berichteten, daß man dort dringend wünsche, daß hier in Südtirol Manifestationen für den Anschluß gemacht werden. Ich war dagegen. Auch Amonn ist dagegen", schrieb der Generalsekretär der SVP, Josef Raffeiner, am 23. Juli 1945 in sein Tagebuch. Die SVP-Spitze blieb uneins. Im November 1945 setzten sich aber die Verfechter einer härteren Linie gegen Obmann, Erich Amonn, und Generalsekretär durch und sollten damit vorerst die Oberhand behalten.

Zuvor war bereits in Tirol mit einer Großkundgebung in Innsbruck am 4. September ein demonstratives Zeichen der Verbundenheit mit dem südlichen Landesteil gesetzt worden. Tirols Landeshauptmann Karl Gruber bezeichnete die Forderung nach Rückgliederung Südtirols als ausgleichende „Gerechtigkeit" und eine „bloße Autonomie" als „keine Lösung". Die Selbstbestimmungseuphorie der Jahre 1945/46 war aufgrund des Glaubens an die Wirksamkeit der neugegründeten „Vereinten Nationen" entstanden. Hinzu kam die Europa-Begeisterung mit einer Vielzahl von Verbandsgründungen.

Bis ins Frühjahr 1946 war die vom Leiter der „Landesstelle für Südtirol" in Innsbruck, Eduard Reut-Nicolussi, koordinierte Propaganda wirksam. Bei der Innsbrucker Großkundgebung am 22. April 1946 wurden Bundeskanzler

Leopold Figl rund 155.000 geheim in Südtirol gesammelte Unterschriften (inbegriffen auch solche von in Österreich lebenden Umsiedlern) überreicht, die das Verlangen nach Los-von-Rom deutlich werden ließen. Dieses Votum entsprach praktisch der Volksabstimmung, die bis dato gefordert worden war, hatte aber keine Wirkung. Die Alliierten fühlten sich nicht daran gebunden. Italien konnte sich jedenfalls ausrechnen, daß es ein ähnlich hohes Zustimmungspotential geben würde, sollte es in Südtirol ein reguläres, international kontrolliertes Plebiszit geben. Dazu kam es jedoch nicht. Das Recht auf Ausübung der Selbstbestimmung blieb den Südtirolern 1945/46 verwehrt.

Der nur kurz als Tiroler Landeshauptmann amtierende, im November 1945 zum Leiter der Außenpolitik avancierte und diplomatisch unerfahrene Karl Gruber erhielt im Januar 1946 die Information, daß die Außenminister der Siegermächte im September des Vorjahrs in London für den Verbleib der Provinz Bozen bei Italien votiert hatten. Er ließ sich daraufhin relativ rasch auf eine kompromißbereite Haltung ein. Im Frühjahr 1946 erkannte er, daß die internationale Konstellation wenn nur bedingt bzw. überhaupt nicht für eine Rückkehr Südtirols sprach.

Der Weg zum Pariser Abkommen

Die Chronologie bis zum Abkommen enthält folgende Stationen: die Vorentscheidung auf der Außenministerkonferenz in London vom 14. September 1945, die Brennergrenze beizubehalten und nur „kleinere Grenzberichtigungen" zuzulassen, wobei dieser alliierte Beschluß noch keinen definitiven Charakter hatte; die Überreichung eines geheimen Memorandums betreffend die „Bozner Lösung" von Gruber an den britischen politischen Vertreter in Wien am 12. April 1946, wonach Südtirol einschließlich Bozens ohne Industriezone und Teile des Unterlands zu Österreich kommen sollten – die Seifenblase platzte alsbald; die Ablehnung der österreichischen Forderung nach Rückgliederung Südtirols am 1. Mai 1946 durch die Außenminister in Paris, die ihren Septemberentscheid vom Vorjahr damit offiziell bekanntgaben; sowie die österreichische Forderung nach dem Pustertal als „kleinere Grenzberichtigung", vorgetragen von Gruber am 11. Mai in Paris und durch die Außenminister abgelehnt am 24. Juni 1946. Vor dem Hintergrund des Scheiterns seiner gesteigerten Kompromißpolitik gegenüber den Mächten strebte Österreichs Außenminister in der Hoffnung auf Unterstützung der Anglo-Amerikaner ab Sommer 1946 ein bilaterales Abkommen mit Italien an, welches günstige Voraussetzungen für einen Minderheitenschutz bieten und weitere Verhandlungen zu möglichst weitgehender Autonomie offenlassen sollte. Gruber bezeichnete Südtirol (im nachhinein) als „Kleingeld im Länderschacher" und gab damit die Position der Mächte wieder, die sich aus sicherheitspolitischen, geostrategischen und antikommunistischen Überlegungen für den Verbleib Südtirols bei Italien entschieden hatten.

Eine Intervention in Moskau stand für Österreich nicht zur Debatte. Hätte es die Westmächte mit einer „Annäherung" an Jugoslawien in Zugzwang bringen können? Der damalige SVP-Parteisekretär Friedl Volgger sondierte im Frühjahr 1946 in Belgrad,

Südtirol-Kundgebung in Innsbruck am 22. April 1946

Auf der Kundgebung in Innsbruck am 22. April 1946 wurden dem österreichischen Bundeskanzler Leopold Figl 155.000 Unterschriften für die Selbstbestimmung Südtirols übergeben

Der österreichische Bundeskanzler Leopold Figl, Hans Schoefl, Otto von Guggenberg, Eduard Reut-Nicolussi und Alfons Weissgatterer bei der Innsbrucker Südtirol-Kundgebung

Herz-Jesu-Feier auf dem Waltherplatz in Bozen, 30. Juni 1946

*Paul von Sternbach auf einer SVP-Kundgebung in Toblach am 26. Mai 1946,
links Claus Gatterer, rechts Josef Gruber, dahinter Franz Innerhofer-Tanner*

Demonstration für die regionale Autonomie am 20. April 1947 auf der Piazza Fiera in Trient und am 15. September 1946 auf der Piazza Italia in Trient

Der italienische Ministerpräsident Alcide De Gasperi und der österreichische Außenminister Karl Gruber nach der Unterzeichnung des Pariser Abkommens

aber in Wien wurde eine solche Variante nicht in Betracht gezogen, zu viele Risiken schienen damit verbunden, vor allem mit Blick auf die Kärntner Frage und damit zusammenhängenden jugoslawischen Gebietsansprüchen.

Grubers Politik lehnte sich bereits seit 1945/46 eng an die Anglo-Amerikaner an. Durch sein Naheverhältnis zum Briten Edgeworth Murray Leslie, der als Berichterstatter für den US-amerikanischen Nachrichtendienst fungierte, und dem US-Vertreter John G. Erhardt in Wien war Washington bis ins kleinste Detail über jeden Schritt der österreichischen Außenpolitik sowie Reaktionen und Vorstellungen in Tirol und Südtirol detailliert unterrichtet. Auf diese Weise verspielten Gruber und die SVP-Führung – Leslie ging in der Parteizentrale in Bozen ein und aus – jeden Überraschungseffekt ihrer Politik und beraubten sich verhandlungstaktischer Möglichkeiten, nicht nur mit Blick auf die Westmächte, sondern auch auf bilateraler Ebene mit Italien.

Das Pariser Abkommen

1. Den deutschsprachigen Einwohnern der Provinz Bozen und der benachbarten zweisprachigen Ortschaften der Provinz Trient wird volle Gleichberechtigung mit den italienischen Einwohnern im Rahmen besonderer Maßnahmen zum Schutze des Volkscharakters sowie der kulturellen und wirtschaftlichen Entwicklung des deutschsprachigen Bevölkerungsteiles gewährt werden. In Übereinstimmung mit schon getroffenen oder in Vorbereitung befindlichen gesetzgeberischen Maßnahmen wird den Staatsbürgern deutscher Sprache insbesondere folgendes gewährt werden:
a) Volks- und Mittelschulunterricht in der Muttersprache.
b) Gleichstellung der deutschen und der italienischen Sprache in den öffentlichen Ämtern und in amtlichen Urkunden sowie bei den zweisprachigen Ortsbezeichnungen.
c) das Recht, die (...) italienisierten Familiennamen wieder herzustellen.
d) Gleichberechtigung hinsichtlich der Einstellung in öffentliche Ämter, um ein angemessenes Verhältnis der Stellenverteilung zwischen den Volksgruppen zu erzielen.
2. Der Bevölkerung der oben erwähnten Gebiete wird die Ausübung der autonomen regionalen Gesetzgebungs- und Vollzugsgewalt gewährt werden. Der Rahmen für die Anwendung dieser Autonomie-Maßnahmen wird in Beratung auch mit den einheimischen deutschsprachigen Repräsentanten festgelegt werden.
3. In der Absicht, gutnachbarliche Beziehungen zwischen Österreich und Italien herzustellen, verpflichtet sich die italienische Regierung, in Beratung mit der österreichischen Regierung binnen einem Jahr nach Unterzeichnung dieses Vertrages
a) in einem Geist der Billigkeit und Weitherzigkeit die Frage der Staatsbürgerschaftsoptionen, die sich aus dem Hitler-Mussolini-Abkommen von 1939 ergeben, zu revidieren;
b) zu einem Abkommen zur wechselseitigen Anerkennung der Gültigkeit gewisser akademischer Grade und Universitätsdiplome zu gelangen;
c) ein Abkommen für den freien Personen- und Güterverkehr zwischen Nord- und Osttirol (...) auszuarbeiten;
d) besondere Vereinbarungen zur Erleichterung eines erweiterten Grenzverkehrs und eines örtlichen Austauschs gewisser Mengen charakteristischer Erzeugnisse und Güter zwischen Österreich und Italien zu schließen.

Erschütterung in Südtirol

Die SVP-Führung, weiter von unterschiedlichen Auffassungen und Gegensätzen geprägt, war sich der Gerechtigkeit ihres Selbstbestimmungsanliegens sicher. Sie konnte die einhellig ablehnende Haltung der Alliierten im Mai 1946 nicht begreifen und war erschüttert. Autonomieverhandlungen mit dem Präfekten von Bozen, Silvio Innocenti, hatte sie konsequent abgelehnt.

Unter dem Schockzustand des alliierten Negativbescheids stehend, unterschätzten in der Parteiführung in weiterer Folge die gemäßigten Vertreter das aktivierbare Stimmungspotential in der Südtiroler Bevölkerung für eine Rückkehr zu Österreich. An Demonstrationen dachte die SVP-Spitze erst, als es im Grunde zu spät war.

Ein aktivistischer Teil in der SVP-Parteiführung unter Kanonikus Michael Gamper, Otto von Guggenberg und Friedl Volgger wollte noch nicht aufgeben. Dem Südtiroler Klerus waren diese Kräfte aber immer noch zu wenig radikal. Der Bischof von Brixen Johannes Geisler und Generalvikar Alois Pompanin sprachen sich dezidiert für die Beibehaltung der Selbstbestimmungsforderung aus und verlangten mit Hans Schoefl einen eigenen Delegierten für die Friedenskonferenz, weil sie sich auf die Parteivertreter allein nicht verlassen wollten. Zu den Differenzen in der SVP-Spitze kamen Koordinierungsprobleme zwischen Bozen, Innsbruck und Wien, die sich mehrten und im Mai und Juni zu einer schweren Vertrauenskrise führten. Raffeiner hatte sich wohl schon mit der Autonomie abgefunden und auch keine Einwände gegen ein Zusammengehen mit dem Trentino. Diese Position stellte aber innerhalb der SVP noch eine klare Minderheit dar.

Wäre mehr zu erreichen gewesen?

Wohl auch aufgrund der anhaltenden Massendemonstrationen im Frühjahr 1946 in Österreich gestatteten die Siegermächte Wien, seine Position auf der stellvertretenden Außenminister- und der Pariser Friedenskonferenz darzulegen. Wäre Österreich ein „Nullum" gewesen, hätte es diese Möglichkeit nicht besessen.

Voraussetzungen für eine erfolgreiche Lösung waren durchaus gegeben: Die deutschsprachige Bevölkerung in Südtirol stand 1945/46 nahezu geschlossen hinter dem Wunsch nach Rückgliederung. Die mit Aufwand und Risiko durchgeführte geheime Unterschriftensammlung, die einer Willensäußerung in Form eines Plebiszits gleichkam – nahezu die gesamte wahlberechtigte nichtitalienischsprachige Bevölkerung hatte unterschrieben –, und die beachtlichen Protestdemonstrationen im Mai 1946 im Zuge der Ablehnung der Selbstbestimmung durch die Außenminister verdeutlichten das vorhandene Stimmungskapital, von der proösterreichischen Haltung im Trentino nicht zu sprechen. In der Alpenrepublik besaß das Thema Südtirol hohe Sympathiewerte und verfügte über entsprechende Mobilisierungseffekte.

Die politisch interessierte britische Öffentlichkeit stand größtenteils hinter dem Anliegen. Der in Opposition befindliche Kriegspremier Winston Churchill erklärte, keinen Fall in Europa zu kennen, der so eindeutig nach den Grundsätzen der Atlantik-Charta (1941) zu entscheiden wäre wie die Südtirolfrage, und sprach sich für eine Angliederung an Österreich aus.

Die Meinungsbildung in den westlichen Außenministerien war trotz der nach außen geschlossen wirkenden Haltung ihrer Ressortchefs nicht einheitlich. Im

Ganz bleich und aufgeregt

„(…) traf ich zuerst Dr. Lang und kurz darauf Dr. Straudi mit Frau, die mir mitteilten, daß gestern abends im Radio die Nachricht verbreitet wurde, daß Österreichs Ansprüche auf Südtirol von der Außenministerkonferenz in Paris abgewiesen worden seien. Ich wollte es zuerst nicht recht glauben – aber dann las ich es auch im ‚Alto Adige', der bei einem Zeitungsstand aufgehängt war. Ich nahm die Sache nun doch ernster und kehrte ins Parteihaus zurück, wo über diese Nachricht eine allgemeine Bestürzung herrschte. Bald darauf versammelte sich der Aktionsausschuß. Dort herrschte große Verwirrung. Kanonikus Gamper war ganz bleich und aufgeregt." Aus dem Tagebuch des SVP-Generalsekretärs Josef Raffeiner, Eintrag vom 1. Mai 1946.

Foreign Office bestand keine gemeinsame Linie. Der britische Außenminister Ernest Bevin mußte unter seinen Außenamtsexperten im Juni 1946 ein Machtwort sprechen, daß die interne Diskussion zu beenden und Südtirol bei Italien zu belassen sei.

Claus Gatterer zufolge befand sich Italien 1945/46 in einer „Position der Schwäche", die nicht genutzt worden sei. De Gasperi fürchtete die Gefahr, die mit der Plebiszitforderung verbunden war, vor allem Rückwirkungen im Trentino, wo separatistische Strömungen unkontrollierbare Formen annehmen konnten. Er wollte keine Unruhen.

Italien wußte bis zum Abschluß des Pariser Abkommens nicht, ob die nördliche Grenze seines Territoriums auf der Friedenskonferenz festgeschrieben und Wien formell keinen Anspruch mehr auf Südtirol erheben würde. Denn solange De Gasperi dort eine Volksabstimmung ablehnte, konnte er auch keine für Triest und Istrien verlangen. Aufgrund dieses Dilemmas waren ihm die Hände gebunden, was für Österreich südtirolpolitisch Manövrierraum und verhandlungstaktisches Kapital bedeutet hätte. Hat Gruber nicht gewußt, wie stark seine Position eigentlich war? Wäre also mehr zu erreichen gewesen?

Das italienische Argument von der Bedeutung der Südtiroler Wasserkraft war widerlegt und die ökonomische Zweckmäßigkeit der Bozner Industriezone stark bezweifelt worden. Italien stand in der Südtiroler Optantenfrage 1945/46 unter internationalem Druck und spielte auf Zeit. Rom handelte bis 1947/48 aus einer Position der Schwäche heraus. Der österreichische Außenminister aber baute die Italiener 1945/46 regelrecht auf, während er die eigene Stellung durch mehrmaliges vorzeitiges Nachgeben schwächte. Vor der Friedenskonferenz in Paris hatte Österreich die stärkste Waffe seiner Südtirolpolitik, die Forderung nach Abhaltung eines Plebiszits, bereits aus der Hand gegeben. Gruber hatte nach Ablehnung der Pustertalforderung „vor einem einzigen Scherbenhaufen" (Rolf Steininger) seiner Südtirolpolitik gestanden. So gesehen hatte sich das in Paris dann erreichte Autonomieabkommen, welches zu einem großen Teil der Insistenz westlicher Politiker zu verdanken war, noch als relativ gutes Ergebnis erwiesen. Vor dem gesamten Hintergrund ist fraglich, daß das Pariser Abkommen das Maximum des Erreichbaren gewesen sei, was ÖVP-nahe Presseorgane behaupteten und Zeitzeugen heute noch in voller Überzeugung meinen. Bei einer „härteren" österreichischen Position wäre das Pariser Abkommen autonomiepolitisch möglicherweise substantieller ausgefallen.

Unterschiedliche Interpretationen

Gruber sprach über den Pariser Vertrag zu Recht von einem „politischen Abkommen", welches Italien die Hoffnung gab, zur inneren Ruhe zu kommen, und Österreich durch den zu konsolidierenden befreundeten südlichen Nachbarn zur Stabilisierung verhelfen sollte – war Südtirol also ein österreichisches Stabilitätsopfer, so wie es früher schon Felix Ermacora angedeutet hat? Die wiederholt vom Außenminister vorgetragene Behauptung, wonach sich nur Rom gebunden habe – Wien somit keinen politischen Preis zu bezahlen hatte –, ist unzutreffend, weil Österreich durch das Abkommen gezwungen war, den Verbleib Südtirols bei Italien hinzunehmen und sich an die Autonomielösung zu halten. Wien konnte also von der Rückgliederungsforderung und dem Plebiszitgedanken politisch keinen Gebrauch mehr machen, jedenfalls solange die Loyalität des Vertragspartners gegeben war, wovon *bona fide* auszugehen war. Für Italien

SVP-Kundgebung auf dem Dorfplatz von St. Ulrich/ Gröden mit Josef Raffeiner und Anton Sotriffer, 1946

hingegen war ein Dilemma seiner Revisionspolitik beseitigt: Es konnte nun, ohne in Widerspruch zu seiner Südtirolpolitik zu geraten, Selbstbestimmung und Plebiszit für Triest fordern, was es 1953 auch tat.

Das Gruber-De Gasperi-Abkommen war weder für Italien noch für Österreich ein voller Erfolg, sondern ein hart errungener Formelkompromiß, der keinen der Beteiligten nach Lage der Dinge voll zufriedenstellen konnte. Oder verlor Italien Triest und Istrien, so fragte Viktoria Stadlmayer im Rückblick, gerade weil es Südtirol erhielt?

Gruber hatte die Vereinbarung in der Hoffnung auf dauerhafte Freundschaft mit Italien unterzeichnet. Die Abmachung wurde nicht zur Ratifizierung vor den Nationalrat gebracht, da Wien damit signalisieren konnte, daß es mit dem Pariser Abkommen „so eine Sache" war. Diese Verfahrensweise bot ferner die Möglichkeit, die Südtirolfrage offenzuhalten. Die Regelung als „Zwischenlösung" innenpolitisch durchgebracht, das heißt gegen eine massive Gegnerschaft auch in der eigenen Partei und unter seinen Landsleuten in Tirol und Südtirol behauptet zu haben, war die eigentliche politische Leistung Grubers.

Die Ansicht, daß die Südtirolfrage mit dem Pariser Abkommen und durch die Aufnahme in den italienischen Friedensvertrag internationalisiert worden sei, ist nicht haltbar, weil die Signatarstaaten die darin enthaltenen Bestimmungen lediglich „zur Kenntnis genommen" hatten, sie nicht zur Intervention gezwungen waren und auch keine italienische Verpflichtung ihnen gegenüber bestand. Tatsächlich war die Problematik teils bilateralisiert (Reoption, zwischenstaatliche Vertragsmaterien), teils inneritalianisiert (vor allem die Autonomiefrage) worden. Gruber wußte um den italienischen Wunsch, den Geltungsbereich der Autonomie auf das Trentino auszudehnen, und nahm die Offenhaltung des Punktes in Kauf, um die Übereinkunft als solche nicht zu gefährden, während er den SVP-Delegierten und der Öffentlichkeit den Eindruck vermittelte, daß es sich bei der Festsetzung der Autonomiegrenzen nur um die Provinz Bozen handle, eine Ausdehnung nicht unter Zwang und nur mit Einverständnis Österreichs (!) beschlossen werden könne.

De Gasperi hatte mit dem Abkommen lediglich etwas gewährt, was nüchterne Beobachter bereits im November 1945 als „demokratische Selbstverständlichkeit" bezeichnet hatten. Gruber hingegen hatte durch sein ohne Kompensationen gebliebenes Nachgeben solche Formulierungsungenauigkeiten und damit Rechtsnachteile in Kauf genommen, die den schwächeren von zwei Vertrags-

Große Kundgebung der Ladiner aller ladinischen Täler am Sellajoch, 1946

partnern stärker treffen mußten, und die Schwächsten von allen, die eigentlichen Betroffenen, die Südtiroler, dazu zwangen, der sich zäh verteidigenden italienischen Bürokratie die an sich natürlichen grund- und minderheitenrechtlichen Verpflichtungen in jahrzehntelangen Kämpfen mühsam abzuringen.

Bilanz und Ausblick

Mit dem Pariser Vertrag war trotz der gescheiterten Bemühungen zur Annullierung des Hitler-Mussolini-Abkommens von 1939 die voraussichtliche Sicherstellung der vorhandenen ethnischen Basis für die später substantiell erweiterte Autonomie ermöglicht worden. Das war keine Bagatelle, wenn man an die gleichzeitig stattfindende millionenfache Vertreibung von Deutschen aus ihrer angestammten Heimat denkt. Allerdings wäre ein entsprechender Vorgang, das heißt die Wiederholung eines solchen Unrechts, in Südtirol nur schwer vorstellbar gewesen. Das Pariser Abkommen enthielt weiters Grundzüge für bilaterale Abkommen und einen Nachbarschaftsvertrag zwischen Österreich und Italien, auf denen das „Accordino" (12. Mai 1949) sowie kulturelle Vereinbarungen zwischen beiden Ländern aufbauen konnten.

Mit der Vereinbarung wurde, wenn auch nicht viel, gemessen an den SVP-Instruktionen vom 7. August 1946 (international garantierte Autonomie im Falle der Ablehnung der Selbstbestimmung oder Internationalisierung), so doch wenigstens etwas erreicht. Die Südtiroler Delegierten hatten sich zur Wehr gesetzt und beharrlich auf Modifikationen der für sie ungenügenden Abmachungen bestanden. Sie waren mit dem Abkommen jedoch vor eine vollendete Tatsache gestellt worden.

Die Ladiner waren die eigentlichen Opfer der bilateralen Verabredungen zwischen Gruber und De Gasperi. Sie wurden nämlich nach heftigem italienischem Widerstand gar nicht im Abkommen erwähnt.

Die nolens volens approbierte Vereinbarung war in den Augen des SVP-Delegierten Otto von Guggenberg „das kleinere Übel", das immerhin eine rechtlich verankerte Argumentationshilfe für die zukünftige Geltendmachung der Südtiroler „völkischen Rechte und Wahrung ihres Eigenlebens" bot.

Die zentralstaatliche Ministerialbürokratie und die italienischen Behörden im „Alto Adige", die das Abkommen mit jenem Geist hätten umsetzen sollen, der angeblich in Paris herrschte, waren noch in zu starker ideologischer Nähe zum Faschismus, als daß eine europäische Lösung hätte gefunden werden können. Es war paradoxerweise jener unbewältigt gebliebene faschistische oder, präziser formuliert, neofaschistische Geist, gepaart mit einer christdemokratischen Regierungsführung, der Italien Südtirol bewahren half. Die Alliierten spielten hier mit, weil es in ihren machtpolitischen Interessen lag.

Das Gruber-De Gasperi-Abkommen war weder eine „Kapitulation" noch die „Magna Charta für Südtirol". Es war eine Kompromißlösung, die nach Lage der Dinge für Italien weitaus günstiger ausfallen mußte, da es daraus innen-, außen- und autonomiepolitisch Nutzen ziehen konnte. Zu diesem Schluß wird man im Zuge einer Historisierung der Thematik kommen, die für „nationale Verräter" und „Kapitulanten", „europäische Helden" und Politiker, die angeblich das „Maximum des Möglichen" erreicht haben, kaum mehr Raum bietet.

Trügerische Hoffnung
Keine eigene Autonomie und schleppende Reoption

Das Jahr 1947 begann politisch mit der SVP-Landesversammlung vom 10. und 11. Februar am Reichrieglerhof oberhalb Bozens. Die aus Optanten wie Dableibern bestehende Parteiführung und -basis präsentierte sich nach außen als homogener Block. Volkstumskampf stand bevor.

Zur gleichen Zeit erfolgte die Unterzeichnung des italienischen Friedensvertrags im Uhrensaal des Quai d'Orsay, des französischen Außenministeriums in Paris. Der italienische Bevollmächtigte Meli Lupi di Soragna betrat die Räumlichkeiten mit Schweigen und signierte mit ausdruckslosem Gesicht. Es herrschte eisige Stimmung. Anschließend sprach er von einem „Trauertag für Italien". Zum Thema Südtirol äußerte er sich erst gar nicht.

Mit dem Gruber-De Gasperi-Abkommen war es Italien gelungen, bei der Konzipierung und Festsetzung des ersten Autonomiestatuts nicht nur die Österreicher, sondern auch die Südtiroler weitgehend auszuschalten. Unter Berufung auf Artikel 2 des Pariser Abkommens, der für den Erlaß eines Autonomiestatuts nur eine Konsultation, nicht jedoch die verpflichtende Zustimmung ortsansässiger, einheimischer Vertreter vorsah, wurde die Frage der Autonomie im Rahmen der innerstaatlichen Gesetzgebung und somit allein in der italienischen Souveränität liegend geregelt.

Der Vorschlag der SVP vom April 1947 zur Bildung einer Dachregion mit der Übertragung der Legislative auf die Provinzen wurde römischerseits abgelehnt. Nach diesem Entwurf sollte Bozen Hauptstadt der Region werden, mit der Begründung, daß Trient dieses Opfer bringen müsse, da es seine Autonomie nur dem Pariser Abkommen, das heißt der Initiative Südtirols, zu verdanken habe. Gedankengänge von Ettore Tolomei, der mit der Schaffung einer Provinz Bozen und der Beseitigung des Puffers Trient die unmittelbare Einschaltung des Staates wirkungsvoller zu

Toni Ebner, Erich Amonn, Josef Menz-Popp und Otto von Guggenberg bei der SVP-Landesversammlung am 16. Februar 1952 am Reichrieglerhof bei Bozen

Otto von Guggenberg auf einer SVP-Wahlversammlung in Brixen 1948. Links von ihm sein Bruder Franz von Guggenberg, Bezirksobmann der SVP in Brixen

Bauernbundobmann Franz Innerhofer-Tanner, Carl von Braitenberg und Friedl Volgger bei einer SVP-Wahlveranstaltung in Meran im April 1948

gestalten hoffte, waren dabei durchaus enthalten. Darin zeigte sich das Dilemma der SVP-Führung, welches Parteiobmann Erich Amonn letztlich bewog, den Zusammenschluß mit Trient nicht abzulehnen, in der sich noch als trügerisch erweisenden Hoffnung, mit dem Trentino gemeinsam stärker gegen Rom auftreten zu können.

Starke SVP – schwaches Österreich

Mit 1947 sollte die Phase der Verwirklichung des Pariser Abkommens beginnen. Zentrale Punkte waren die Autonomie und die Reoption.
Die Einstellung Trient gegenüber war seitens der Südtiroler ursprünglich nicht negativ, sondern durchaus konstruktiv. Es gab Überlegungen zu einem autonomiepolitischen *modus vivendi*, im Jahre 1947 dominierte eine Politik der Verständigung und der Bemühungen um einen Ausgleich. Der eher kompromißbereiten Haltung der SVP-Führung folgten eine Verhärtung der Standpunkte und gegenseitige Distanzierung. Daraus erwuchs Anfang der 50er Jahre ein doppeltes Konfliktfeld: erstens das inneritalienische Spannungspotential mit Rom und zweitens das interregionale mit Trient.

Daß im Falle von Wahlen plebiszitäre Akte seitens der deutschsprachigen Bevölkerung erfolgen würden, bewahrheitete sich im Jahr 1948: Bei der Parlamentswahl vom 18. April hatte die SVP mit 107.059 abgegebenen Stimmen für die Kammer und mit 95.240 für den Senat ein eindrucksvolles Ergebnis erreicht, welches als Probe aufs Exempel für die Landtagswahlen galt, die am 28. November stattfanden. Das Resultat übertraf alle Erwartungen: 107.249 Menschen bzw. 67,7 Prozent der wahlberechtigten Bevölkerung votierten für die Volkspartei, die 13 der insgesamt 20 Landtagssitze erhielt.

Dieser phänomenale Wahlausgang beeindruckte jedoch in Wien nicht besonders. In der Reoptionsfrage agierte die Bundesregierung in den folgenden Jahren mit wenig Nachdruck. Die Auflösung der „Außenstelle für Südtirol" 1951 erzeugte Betroffenheit, zumal in Südtirols politischen Kreisen der Eindruck entstand, daß sie ihr Schicksal in die eigenen Hände nehmen müßten. Vertreter der SVP wurden in weiterer Folge kritischer und fordernder gegenüber Wien. Aus Frustration mit der passiven österreichischen Südtirolpolitik und der wenig konzilianten italienischen Autonomiepolitik entstand allmählich ein eigenes „Südtiroler Volk"-Bewußtsein. Auch war auf seiten Österreichs die Einsicht, als „Schutzmacht" für die Südtiroler aufzutreten, noch nicht so ausgeprägt, wie es dann Ende der 50er

Jahre und im Laufe der weiteren Entwicklung war. Mit dem Gruber-De Gasperi-Abkommen schien das Wohl der Südtiroler gesichert. Die Erkenntnis seiner geringen Tragfähigkeit schälte sich erst im Laufe der 50er Jahre voll heraus. Erst aus dieser zur Gewißheit werdenden Einsicht erwuchs die Erkenntnis, ja die politische Legitimation, als Protektor für die Südtiroler aufzutreten.

Fehlende Zweisprachigkeit

Die mangelhafte Umsetzung des Pariser Abkommens war bereits früh erkennbar. Schon 1949/50 häuften sich die Beschwerden wegen der nicht gewährleisteten Zweisprachigkeit bei Kilometersteinen und Ortstafeln. Im Bozner Gemeinderat wurde das Recht zum Gebrauch der Muttersprache eingefordert. So berichteten die „Dolomiten" am 18. November 1950: „Da bat GR. Dr. Grasser um das Wort und erklärte in deutscher Sprache: ‚Ich habe mich bis jetzt bemüht, italienisch zu sprechen. Ich und andere Kollegen der deutschen Volksgruppe taten dies im Interesse der Zusammenarbeit. Die italienischsprachigen Kollegen dürfen aber nicht vergessen, daß wir damit große Opfer bringen, weil es für uns leichter ist, die Muttersprache zu gebrauchen. Mitolo lügt, wenn er behauptet, die Sache nur vom juridischen Standpunkt aus zu behandeln, denn er hat ihr einen höchst politischen Anstrich gegeben. Die Artikel 84, 85 und 86 des Autonomiestatuts geben jedem das Recht zum Gebrauch der Muttersprache. Das Statut ist ein Gesetz, und wenn es manchem nicht paßt, soll er nicht im Gemeinderat randalieren, sondern sich nach Rom wenden. Wenn der Landesausschuß diese Klausel zur Bedingung gemacht hat, so wird er gewußt haben warum, und uns muß das maßgebend sein. Abgesehen von diesem juridischen Standpunkt, muß es höchst bedauert werden, daß man in Bozen, wo doch 20.000 bis 30.000 Deutsche leben, noch eigens darum kämpfen muß. Mir kommt es fast wie ein Rückschreiten in die faschistische Zeit vor, in der man sogar Gräber geschändet hat.'"
Besonders gravierend war die fehlende Zweisprachigkeit in der Spitalsverwaltung in Bozen. Patienten soll sogar ihre deutschsprachige Lektüre abgenommen worden sein. Die fehlenden Sprachkenntnisse bei den Krankenpflegern führte dazu, daß man sich nicht mehr im Bozner Krankenhaus behandeln lassen konnte. Im Gemeinderat gab es darüber hitzige Debatten. Mehrfach hatten SVP-Vertreter die Mißstände bereits zur Sprache gebracht, der Gemeinderat war diesen Fragen jedoch stets ausgewichen, wie Vizebürgermeister Silvius Magnago kritisierte. Die Leitung des Spitals war italienisch. Deutschsprachiges Personal fehlte.

Italienische Studentendemonstration in Bozen, 1957

Österreich und die Rückoption

Die schleppend verlaufene Rücksiedlung hatte neben römischer Intransigenz in den Jahren 1948/49 auch einen spezifischen Hintergrund, der mit einer Vereinbarung vom März 1950 zusammenhing, in der sich Österreich verpflichtet hatte, mindestens 25 Prozent der Rückoptanten auf eigenem Territorium die Staatsbürgerschaft zu verleihen. Demzufolge mußte diese mindestens 5.000 Antragstellern (mit Angehörigen 12.000) gewährt werden. Die jeweiligen Staatsbürgerschaftsverleihungen sollten in Italien wie Österreich parallel ablaufen. Da Wien bis 1952 aber erst 3.500 Gesuche erledigt hatte, verzögerte auch Rom die Gewährung der Rückoptionsanträge. Letztlich vergab Österreich an zirka 5.500 Antragsteller die Staatsbürgerschaft. 1959 gab es in Südtirol nur noch 678 Per-

Eigene bescheidene Kräfte

„Der Standpunkt, den das Außenamt gerade zu den grundlegenden Fragen einnimmt, ist von dem unseren derart differierend, daß, bleibt man dabei, wir es vorziehen würden, uns auf unsere eigener bescheidenen Kräfte zu verlassen und uns im Notfall evtl. an unsere engl. und deutschen Freunde zu wenden. (...) Das Außenamt hatte unserer vollsten Überzeugung nach, mit der wir, wenigstens ich, nie hinter dem Berg hielten, u.zw. von Anfang an (Verhandlungen Optantendekret) der italienischen Seite gegenüber entweder eine an sich zu nachgiebige Haltung eingenommen oder ist der bekannten italienischen Verhandlungstaktik der 100%igen Überforderung, um die noch immer zu hoch gehenden 50% zu erreichen, umkleidet von überfließender Höflichkeit und voll von Hintergedanken bzgl. der Textfassung, um dieser späterhin die gewünschte Interpretierung geben zu können, leider Gottes allzusehr erlegen. War es ursprünglich eine Ermessensfrage, die Richtigkeit unserer fortwährenden Warnungen zu werten, so haben wir und damit wohl auch das Außenamt heute gewiß genügend Beweise für deren Stichhaltigkeit." Brief des SVP-Abgeordneten Otto von Guggenberg an Karl Gruber vom 9. November 1951.

Karikatur zur italienischen Zuwanderung in Südtirol aus der Münchner Zeitschrift „Simplicissimus" und aus den „Dolomiten" vom 15. August 1959

sonen, denen die italienische Staatsbürgerschaft verwehrt worden war. Der Rücksiedlungsprozeß verlief wohl auch deshalb so mühsam, weil die von Gruber beabsichtigte Politik „freundschaftlicher Nachbarschaft" die italienische Regierung erwiesenermaßen nur wenig stimuliert hatte, dem Abkommen Inhalt und Realität zu verleihen. Die österreichische Außenpolitik räumte dem Abschluß des Staatsvertrags Priorität ein und wünschte keine Beeinträchtigung der Beziehungen mit Italien.

Es stellen sich hierbei Fragen, nämlich ob sich Außenminister Gruber bestimmenden Einfluß Italiens auf die vier Besatzungsmächte für den Staatsvertrag erwartete oder ob er nur das innenpolitisch instabile NATO-Mitglied schonen wollte. Der Ost-West-Konflikt im allgemeinen und der Kalte Krieg im besonderen bildeten die nicht unwesentlichen Rahmenbedingungen für die anhaltende Stagnation der Verwirklichung des Pariser Abkommens. Implizit damit verbunden waren antikommunistische Grundstimmungen, die zwischen den Akteuren (Wien, Innsbruck, Bozen und Rom) Gemeinsamkeiten darstellten. Diese Übereinstimmung war paradoxerweise aber gleichzeitig eine Erschwernis für eine günstigere autonomiepolitische Lösung des Südtirolkonflikts. Der Kalte Krieg fror gleichsam die ungelösten Fragen dieses Minderheitenproblems mit ein. Der rigide Antikommunismus der Österreichischen wie der Tiroler und Südtiroler Volkspartei wie auch der Democrazia Cristiana sollte sich nicht als förderlich für die autonomiepolitischen Ziele erweisen. Im Gegenteil: Er belastete sie, schien doch durch eine Konfliktverschärfung der gemeinsame antikommunistische Grundkonsens in Frage gestellt zu sein. Nur punktuell widersetzten sich regionale Eliten diesen Zwängen, wie zum Beispiel Friedl Volgger durch seine Kontakte mit Vertretern Jugoslawiens.

Die Mächte verfolgten das Anliegen der Südtiroler nach 1945 zwar mit einem gewissen Wohlwollen, aber es gab ihrerseits kein aktives Eintreten oder ein anhaltendes Engagement.

Wachsende Unzufriedenheit
„Todesmarsch" und nationalistische Töne

Die italienische Zuwanderung in die Provinz Bozen nahm Anfang der 50er Jahre derartige Ausmaße an, daß Kanonikus Gamper am 28. Oktober 1953 in den „Dolomiten" vom „Todesmarsch" sprach, „auf dem wir Südtiroler seit 1945 uns befinden, wenn nicht noch in letzter Stunde Rettung kommt". Das aufsehenerregende und zur Berühmtheit gelangte Diktum erfüllte zwei Funktionen: Einmal war es ein Appell zur Stärkung des inneren Zusammenhalts, und zweitens sollte eine Signalwirkung im Sinne der Alarmierung der internationalen Öffentlichkeit vor einer sich intensivierenden Entnationalisierungspolitik erzielt werden. Die Parole vom „Todesmarsch" war einprägsam. Sie verfehlte in Südtirol wie in Österreich ihre Wirkung nicht. Fortan beherrschte sie die Debatte. Der Kanonikus hatte von 50.000 italienischen Zuwanderern im Zeitraum von 1946 bis 1952 gesprochen und dabei etwas überzogen, tatsächlich hat Italien in jener Zeit aber die Zuwanderung nicht nur gewünscht, sondern auch gefördert und mit dieser intern so bezeichneten „‚51%'-Politik" (Rolf Steininger) die Südtiroler und Ladiner gezielt zu unterwandern versucht.

Der Rhetorik Gampers, dessen griffige Formel von Tirols Landeshauptmann Alois Grauß und der Tiroler Tageszeitung übernommen wurde, waren wenig versöhnliche Aussagen des italienischen Ministerpräsidenten anläßlich einer Wahlrede im Trentino vorausgegangen. Nach den ereignisreichen Jahren 1945/46 und einer politisch relativ ruhigen Phase von 1947 bis 1952 kündigten sich neue Auseinandersetzungen an. Wenn es im Südtirolkonflikt eine „Eskalationsspirale" gab, dann ist deren Beginn mit einem deutlich schärfer werdenden Diskurs schon vor dem Staatsvertragsabschluß, ab dem Jahr 1953, anzusetzen. De Gasperi hatte in Trient bei einer Rede am 25. Mai des gleichen Jahres in Reaktion auf neofaschistische Kritik auf die Zeit von 1943 bis 1945 reagiert und behauptet, daß der Separatismus von Bozen und Trient auf die verfehlte Politik des Mussolini-Regimes zurückzuführen sei. Der von seinen italienischen Gegnern als „Austriacante" beschimpfte De Gasperi schlug im Wahlkampf nationalistische Töne an.

Selbstbestimmung für Triest – Hoffnung für Südtirol?

Die politische Aufregung steigerte sich, als Italiens Ministerpräsident Giuseppe Pella am 13. September 1953 Selbstbestimmung für Triest forderte und Wien öffentlich dazu schwieg. In Bozen war man alarmiert: Toni Ebner hatte im römischen Parlament eine Selbstbestimmungsrede gehalten. Die SVP-Politiker Karl Tinzl und Otto von Guggenberg hatten sich an Gruber gewandt und deutlich gemacht, daß die italienische Volksabstimmungsforderung für Triest ein historischer Augenblick sei, das Wort zu ergreifen. Die Legitimation hierfür sei aus der „Partnerschaft" Österreichs am Pariser Abkommen gegeben. Tinzl und Guggenberg wiesen darauf hin, daß der Pariser Vertrag von seiten der Regierung und vom „Zwangspartner, dem Trentino, immer mehr sabotiert werde".

Vorgeschlagen wurde eine internationale Kontrolle der Durchführung und Einhaltung des Pariser Abkommens als „die beste Lösung". Durch den Annex sei das Abkommen integrierter Bestandteil des Friedensvertrages und daher ein Appell an ein Schiedsgericht möglich. Tinzl und Guggenberg machten deutlich, daß sie auf Tiroler Veranlassung gehandelt hatten.

Öffentlich nicht bekannt wurde, daß Wien bereits reagiert hatte. Streng geheim war Österreichs Südtirolpolitik 1953 in die Nähe des Selbstbestimmungsspektrums gerückt, als Außenminister Gruber vertraulich in den westlichen Staatskanzleien diesen österreichischen Rechtsvorbehalt deponieren ließ, nachdem Italien eine Volksabstimmung für die Bevölkerung in Triest gefordert hatte. In Tirol glaubte man, daß Wien nur geschwiegen habe, was nicht zutreffend war.

Am 24. November 1953 versammelten sich heimattreue Verbände und Politiker unter Führung Eduard Reut-Nicolussis zu einer Kundgebung vor dem Goldenen Dachl in Innsbruck, um zunehmend alarmiert durch wachsende Besorgnis über die Lage der Landsleute südlich des Brenner gegen die offizielle Südtirolpolitik zu protestieren. Die Veranstaltung verlief zwar ohne größeren Widerhall in der Bevölkerung, es begann damit aber eine neue Phase der Südtirolpolitik.

Gruber verlor infolge einer umstrittenen Buchveröffentlichung seinen Regierungsposten, aber vor allem den für sein Überleben im Ministeramt erforderlichen Anhang in Tirol. Die Südtiroler befanden sich – auch infolge seiner Politik –, im Niemandsland zwischen oktroyierter italienischer Staatsbürgerschaft und nicht eingehaltener vertraglich zugesicherter Autonomie. Reut verwies bei der Innsbrucker Kundgebung auf die Doppelbödigkeit der italienischen Politik: „(…) wenn in Südtirol heute Stimmen laut werden, welche das Selbstbestimmungsrecht auch nur andeuten, dann wird ihnen von der italienischen Presse und von führenden italienischen Politikern mit dem Hochverratsprozeß gedroht".

Es gibt keine Deutschen in Südtirol

Alcide De Gasperi

„Es sei gleich gesagt, daß es keine Deutschen in Südtirol gibt. Es gibt nur italienische Staatsbürger, die aus freier Wahl durch den feierlichen Akt der Ablehnung der Option im Jahr 1939 oder durch den noch feierlicheren Akt der Reoption von 1948 zu solchen wurden. Als solche sind sie ein Teil der italienischen Familie (…) und haben das Recht, am parlamentarischen Leben teilzunehmen. (…) Einmal wenigstens stimme ich auch mit Mussolini überein, der im Jahr 1938 sagte, daß man, um Südtirol zu entdeutschen, die Südtiroler nicht isolieren dürfe, sondern sie am nationalen Leben teilhaben, sie Abgeordnete, Senatoren, Minister werden lassen müsse. (…) Es ist notwendig, daß die Staatsbürger deutscher Zunge die italienischen Bürger, wenn sie in ihr Gebiet einwandern, nicht als einen Versuch nationaler Unterhöhlung aufnehmen, sondern lediglich als Menschen, die in ihrem eigenen Haus Arbeit suchen und ein Recht auf Arbeit haben." Aus der Rede Alcide De Gasperis in Trient am 25. Mai 1953.

Eduard Reut-Nicolussi

Keine Illusionen

„Wir geben uns andererseits, sehr geehrter Herr Minister, keinen Illusionen hin in der Hoffnung, daß das Selbstbestimmungsrecht jetzt erreicht werden könnte. Dies umsomehr, als wir auch nicht glauben, daß es in Triest zum Durchbruch kommen wird. Aber das Eine können wir hoffen: Daß wir durch Aufrollung dieser Frage und deren geschickte Ausnutzung, besonders wenn von außen her ein moralischer Druck kommt, unsere Lage stark verbessern und endlich einmal den Geist brechen können, der bisher bei der Regierung sowohl wie überhaupt bei einem Großteil der italienischen Bevölkerung gegen unsere Autonomie herrscht." Brief der Abgeordneten Karl Tinzl und Otto von Guggenberg an Außenminister Gruber vom 30. September 1953.

Bischof Joseph Gargitter und Innenminister Mario Scelba, 1957

Karl Tinzl

Landeshauptmann Grauß war gezwungen, mehr in die Offensive zu gehen. Im Landtag stellte er im Unterschied zu seiner bisher eher passiven Haltung klar, daß Tirol den Südtirolern Unterstützung geben werde: „Es ist unser ehrlicher Wunsch, zu unserem großen Nachbarn im Süden gute Beziehungen zu erhalten. Höher aber steht unsere nationale Pflicht, den Südtirolern bei der Durchsetzung ihrer Rechte getreuen Beistand zu leisten." (Tiroler Nachrichten, 27. November 1953.) Guggenberg dankte Grauß für die wertvolle Unterstützung, der Volksbote sprach Grauß das Verdienst zu, „das Komplott des Schweigens über Südtirol" gebrochen zu haben. Implizit verlangte der Landeshauptmann die Selbstbestimmung, als er rhetorisch fragte, ob „nicht auch für Südtirol billig sein (müßte), was der italienische Regierungschef für Triest als recht erachtet?"

Als Italien 1954 Triest schließlich zugesprochen bekam, bedeutete dies nicht eine Liberalisierung, sondern eine Verschärfung seiner Südtirolpolitik. Die Schikanen gingen weiter.

SVP-Memorandum und Mobilisierung in Tirol

In einer Besprechung der SVP-Spitzen im Dezember 1953 in Bozen wurde bereits deutlich, daß „die Italianisierungsmaßnahmen (…), wie die Praxis zeigt, durch das Pariser Abkommen nicht ausgeschaltet" seien. Fernziel müsse die Einhaltung der „italienische[n] Verpflichtung zur Erhaltung des ethnischen Status quo" sein. Tirols Landeshauptmann wurde gebeten, „dahin zu wirken, daß Dr. Gruber als Botschafter in Washington bestellt wird. Gleichzeitig möge Herr Landeshauptmann dem neuen Botschafter ans Herz legen, in den USA für Südtirol zu wirken". Diese Hoffnung sollte sich jedoch als übertrieben herausstellen.

Im Februar 1954 empfing Italiens Ministerpräsident Mario Scelba SVP-Vertreter, die ein umfangreiches Memorandum überreichten. Er sagte in einer Regierungserklärung die Einhaltung des Pariser Abkommens zu, praktische Schritte blieben jedoch aus – einmal mehr eine Enttäuschung für die loyal gesinnten SVP-Vertreter.

Im Juli 1954 stieß der Volksbote erneut vor: Der Zustand in Südtirol widerspreche dem Wortlaut des Pariser Abkommens, schaffe „Unrecht", sei ein „Bruch des Vertrages" und eine „bewußte Hintergehung der Südtiroler". Die Mobilisierung der Öffentlichkeit in Tirol hatte erste politische Konsequenzen. Wenige Monate nach den Demonstrationen vom November 1953 folgte – von Michael Gamper angeregt – die Gründung des „Bergisel-Bundes" (BIB) am 18. Juni 1954 in Innsbruck als Interessenverband für Südtirol. Bis Anfang der 60er Jahre konnten sich im BIB die gemäßigt-zurückhaltenden Kräfte behaupten, denn der Bund verfolgte vornehmlich ideelle und kulturelle Ziele (Publikationen, Büchersendungen, Unterstützung von Kindergärten in Südtirol etc.). Seit 1957 gab der BIB die ansehnliche Vierteljahresschrift „Südtirol in Wort und Bild" heraus. In anderen Bundesländern bildeten sich Verbände und Ortsverbände, in Innsbruck waren Eduard Widmoser als geschäftsführender Obmann und Viktoria Stadlmayer als Mitglied der Bundesleitung aktiv. Das Verhältnis der Tiroler Landesregierung zum BIB gestaltete sich sehr gut. Man erhoffte sich durch diese Interessenvertretung Impulse für eine neue Südtirolpolitik aus der Bundeshauptstadt, da in Innsbruck die drückende Situation für die Südtiroler bekannt war und immer unerträglicher wurde.

Diskriminierung auf Raten

Ab Juli 1952 mußte der Amtsverkehr in Südtirol zur Gänze in italienischer Sprache geführt werden – ein krasser Widerspruch zum Pariser Abkommen. Im März 1952 wurde ein Gesetz erlassen, welches Kriegsheimkehrer von Stellenvermittlungen in niederen Dienstposten zugunsten von Zuwanderern aus Italien ausschloß. Seit Herbst 1953 wurden faschistische Sondergesetze über die militärische Genehmigungspflicht von Eigentumsübertragungen in zahlreichen Gemeinden Südtirols reaktiviert. Im April 1954 wies die Regierung in Rom ein Kindergartengesetz des Landtags zurück, weil es den (faschistischen, noch nicht an die Verfassung angepaßten) Staatsgesetzen nicht entsprach. Im Juni 1954 beteiligten sich Tausende Südtiroler Kriegsinvaliden an einem Schweigemarsch durch Bozen, um gegen das Ausbleiben des jahrelang versprochenen Rentengesetzes zu protestieren. Im Februar 1955 versandten Gerichtsbehörden der Provinz ein Rundschreiben des Justizministers, wonach es italienischen Staatsbürgern verboten war, ihren Kindern fremdsprachige (deutsche) Vornamen zu geben. Im April 1955 wurden von Rom rund zwei Milliarden Lire für Wohnbauzwecke in Südtirol (1,8 für Bozen) ausgeschüttet. Von zirka 2.000 Wohnungen gingen lediglich etwas über 100 an Südtiroler. Im Mai 1955 trat der Südtiroler Regionalassessor für Landwirtschaft Hans Dietl zurück, um gegen die nicht erfolgte Durchführung der Verwaltungsautonomie, wie sie im Autonomiestatut von 1948 im reduzierten Ausmaß zugunsten der Provinz Bozen vorgesehen war, zu demonstrieren. Im gleichen Monat wurden zwei Südtiroler zu 12 und 16 Monaten Kerker verurteilt, weil sie zur Zeit der Pella-Rede in einer Aufschrift auf einem Heustadl Selbstbestimmung für Südtirol gefordert hatten. In Brixen wurde eine Frau gerichtlich verurteilt, weil sie die Fensterläden rot-weiß-rot hatte streichen lassen. Polizeistaatliche Maßnahmen waren im Zunehmen begriffen, und der berüchtigte „Pfunderer-Prozeß" sollte für internationales Aufsehen sorgen.

Der Pfunderer Prozeß

Am 16. August 1956 wurde im Südtiroler Bergdorf Pfunders der junge italienische Finanzwächter Raimundo Falqui tot in einem steinigen Bachbett gefunden. Die Erhebungen ergaben, daß am späten Vorabend eine größere Gruppe Bauernburschen mit Raimundo Falqui und seinem Kollegen Francesco Lombardo, die sich den Südtirolern anschlossen, in einer Arbeiterkantine gesungen und gezecht hatten. Als sich die beiden Italiener als Amtspersonen ausgaben und die Räumung des Lokals verlangten, kam es zu einer Rauferei, bei der Falqui verprügelt wurde und Fußtritte erhielt. Die am 16. August verhafteten

Viktoria Stadlmayer, Ende der 50er Jahre

Hans Dietl, Mitte der 50er Jahre

Die „Pfunderer Buam" bei der Gerichtsverhandlung

Burschen gestanden die Zecherei und Sauferei; was aber genau nach der Rauferei geschah, blieb unklar.

Während die deutschsprachige Presse in Südtirol und Österreich den Vorfall als Kriminalfall darzustellen versuchte, beurteilten die italienischen Blätter diesen als Politikum. Im Juli 1957 begann in Bozen der Prozeß gegen die acht Burschen, sieben wurden wegen Mordes verurteilt, einer aus Mangel an Beweisen freigesprochen, obwohl laut gerichtsmedizinischen Untersuchungen nur ein Schlag (oder Aufprall auf einen Stein) die Todesursache gebildet haben soll, während die Verletzungen durch die Schlägerei geringfügiger Art gewesen wären. Das Gericht vertrat die These, daß die Schuld der Angeklagten hundertprozentig erwiesen sei, und verhängte 113 Jahre, 8 Monate und 10 Tage Kerkerstrafen.

Die „Dolomiten" hielten den Schuldspruch für unfaßbar. Die Übersetzung des italienischen Urteils war nicht für notwendig erachtet worden. Das Verfahren glich einem politischen Schauprozeß, für die italienische Seite handelte es sich um einen vorsätzlichen Mord, in der Südtiroler Öffentlichkeit wurde bestritten, daß die Burschen den „Finanzer" umgebracht hätten.

Der „Pfunderer Prozeß" wurde als Höhepunkt der bisherigen italienischen Unterdrückungspolitik empfunden, eine Reihe von Ungereimtheiten bei der Prozeßführung bestärkte das Mißtrauen in Tirol und Südtirol. Im Januar 1960 bestätigte der Kassationsgerichtshof in Rom die in zweiter Instanz ergangenen, zum Teil noch erhöhten Urteile des Appellationsgerichts in Trient vom März 1958. Damit wurden „die Pfunderer" zu Märtyrern für Südtirol gemacht. Der Prozeßausgang führte zu einer weiteren Anspannung der Lage.

Neue Hoffnung, Ungewißheit und Sorge
Österreichischer Staatsvertrag und neue Südtirolpolitik

Die Memoranden von Südtiroler und österreichischer Seite (1954 und 1956) an die römische Adresse sind noch als Versuche zur autonomiepolitischen Verständigung zu sehen, die Anliegen zeitigten jedoch kein Resultat. Ungelöst blieb die Frage des Gebrauchs der deutschen Sprache in öffentlichen Ämtern. Von 17 Sachgebieten betreffend das Minderheitenstatut gab es lediglich für deren drei Durchführungsbestimmungen, das heißt die Autonomie stand nur auf dem Papier.

Unterzeichnung des Österreichischen Staatsvertrages im Schloß Belvedere in Wien am 15. Mai 1955

Die Unzufriedenheit der SVP-Führung und des Gesamtverbandes der Südtiroler (GVS), der Dachorganisation der umgesiedelten Südtiroler in Österreich, mit der österreichischen Politik wuchs. Nach Unterzeichnung des Staatsvertrag am 15. Mai 1955 sprach sich Tirols Landeshauptmann Alois Grauß (nach entsprechenden Worten von Kanzler Julius Raab, wonach Österreich sich auch in Zukunft für die Durchführung des Pariser Abkommens und die Interessen Südtirols verwenden werde) für ein energisches Auftreten der Bundesregierung aus. Der Staatsvertrag sei kein Hindernis, ja es sei „unsere Pflicht gegenüber Südtirol" seine Interessen „weiterhin mit allen uns zu Gebote stehenden Mitteln wahrzunehmen". Es bleibe „uns immer Herzenssache".

Die Südtiroler erhofften sich nach Abzug der Besatzungsmächte mehr Aktivität von Österreich, wobei Sorge bestand, daß dem Ballhausplatz mit Staatsvertrag und Neutralität neue Beschränkungen auferlegt worden seien: Österreichs Territorium war in den Grenzen von 1937 festgeschrieben und damit die Möglichkeit zur Forderung nach Rückgliederung (was nicht gleichbedeutend war mit Unterstützung von Selbstbestimmungsforderungen seitens der Südtiroler) im Grunde ausgeschlossen. Weit schwerer zu wiegen schien das Bekenntnis zur Neutralität. Sie untersagt grundsätzlich Parteinahmen in Konflikten und Einmischungen in innere Angelegenheiten. Das „annus mirabilis" für Österreich drohte neue Hindernisse für Südtirol zu bedeuten, was die italienische Diplomatie sofort erkannte und entsprechend publizistisch und politisch auszunützen versuchte. Wien war gezwungen, diesen Standpunkt zu entkräften und eine aktivere Südtirolpolitik zu initiieren. Vor diesem Hintergrund gingen Innsbruck und Bozen stärker in die Offensive. Der neue Aktivismus hing mit den angestauten Frustrationen und der wachsenden Verbitterung in Südtirol zusammen. Neben gezielter italienischer Majorisierungspolitik durch die Regionalpolitik der Trentiner und massive Zuwanderung italienischer Staatsbürger aus dem Süden gab es systemimmanente Hemmnisse durch die römische Bürokratie und Diplomatie.

Hinzu kam noch, daß sich die Bevölkerung des Saargebiets im gleichen Jahr, am 23. Oktober 1955, in einem Referendum mit 67,7 Prozent gegen eine „Europäisierung", das heißt eine Autonomie, aussprach, sich somit von Frankreich lossagte und sich für die Zugehörigkeit zur Bundesrepublik Deutschland entschied. Die Signalwirkung für Südtirol ist nicht zu unterschätzen.

Der österreichische Staatssekretär Franz Gschnitzer anläßlich der 150-Jahr-Feier der „Tiroler Freiheitskämpfe" in Schlanders, 1959

Die Berufung Franz Gschnitzers

Der Abzug der Besatzungstruppen eröffnete der österreichischen Außenpolitik zwar mehr Handlungsspielraum, in der Südtirolfrage bewegte sich aber zunächst kaum mehr als vorher. Grubers Nachfolger als Außenminister, Leopold Figl, geriet bald ins Schußfeld der Kritik, er nehme zu viele Rücksichten auf die christdemokratische Bruderpartei in Italien. Dies gab dem sozialistischen Staatssekretär für Äußeres, Bruno Kreisky (1953–1959), Anlaß, sich stärker für Südtirol zu engagieren.

Franz Gschnitzers Berufung stand im Zusammenhang mit dem wachsenden Unmut über Figls Südtirolpolitik. Nachdem dieser anläßlich eines Rombesuchs im März 1956 angeblich von Meinungsverschiedenheiten zwischen Österreich und Italien gesprochen hatte, die „unendlich geringfügig" seien – „Auch hier gilt das bereits Gesagte: Was uns trennt, ist unendlich geringfügig gegenüber dem, was uns eint" –, schäumten die Patrioten in Tirol vor Wut. Der Obmann der Tiroler ÖVP, Aloys Oberhammer, ließ es sich nicht nehmen, öffentlich festzustellen, daß „unendlich geringfügig" sei, „was seit Figls Ministerschaft für Südtirol seitens der österreichischen Außenpolitik geschehen" sei. Wien registrierte die Radikalisierung der Stimmung in beiden Landesteilen mit Sorge.

Die Rolle des neuen Staatssekretärs Gschnitzer blieb erwartungsgemäß aus italienischer Sicht umstritten, weil er angeblich „kompromißlos" und „engstirnig" agierte. Tatsächlich verfolgte er eine differenzierte und ausgewogene Politik, um die für ihn unabdingbaren volkstumspolitischen Ziele zu erreichen, wobei er sich an europäischen Vorstellungen orientierte. Seine Forderung nach Abstimmung von österreichischer und italienischer Regierung war nicht mehr als das von Österreich am 8. Oktober 1956 überreichte Memorandum, welches unter Berufung auf das geltende Pariser Abkommen verfaßt worden war. Dies unterschied ihn von Figl, der „über Südtirol hinweg" zu einer Verständigung mit Italien zu kommen versuchte. Gschnitzer war der Regierung gegenüber korrekt und loyal, erwies sich als „treibende Kraft", wie er auch zum Widerstand fähig war, wenn Wien zu nachgiebig erschien. Hingegen war er zum Einlenken bereit, wenn die Autonomie gesichert werden sollte. Die Bildung einer Kommission, wie sie das österreichische Memorandum forderte, war für ihn nicht unabdingbar, wenn „die systematische Italianisierungspolitik" aufhören sollte.

Gschnitzer und der „Freundeskreis" hofften, Südtirol dem Europarat unterstellen zu können. Grundsätzlich war der Staatssekretär zur Verständigung auf der Basis des Pariser Abkommens bereit, obwohl er es südtirolpolitisch „für schlecht und für eine Fehlleistung des damaligen Außenministers Gruber" hielt. Sein eigent-

liches Ziel bestand darin, Rom den Verzicht auf das alleinige Interpretationsrecht des Pariser Abkommens abzuringen. Eine Rede in Innsbruck löste in Italien dann jedoch Aufregung aus, weil er darin die Aufrechterhaltung der Volkstumsgrenze bei Salurn als Voraussetzung für die Staatsgrenze am Brenner bezeichnete.
Die „neue Politik" Österreichs wurde von Italien mit Sorge registriert. Man war sich der eigenen Sache in Südtirol offenbar gar nicht so sicher. Während in Rom das Prinzip der „Heiligkeit des Staatsterritoriums" galt, rechnete Gschnitzer im Zuge des Entstehens überstaatlicher europäischer Organisationen mit neuen Entwicklungsmöglichkeiten für Südtirol.
Zwischen Figl und Gschnitzer herrschte Einverständnis bezüglich der Rom zu stellenden Bedingungen, die Taktik aber differierte. Während der Außenminister alle scharfen Stellungnahmen vermeiden wollte – Rom müsse die Möglichkeit haben, Konzessionen einzugehen, ohne sein Gesicht zu verlieren –, ermunterten Gschnitzer und Grauß die SVP-Führer zu scharfen demonstrativen Maßnahmen, nicht jedoch zu Anschlägen, „die der Sache auch nach ihrer Ansicht bloß schaden" würden. Auch die SVP-Führung stand Gewalttaten ablehnend gegenüber. Ungewiß blieb aber, inwieweit „jugendliche Hitzköpfe oder italienische *agents provocateurs* die Hand im Spiel haben", bemerkte die deutsche Vertretung in Wien.

Der österreichische Staatssekretär Franz Gschnitzer (rechts) im Gespräch mit dem SVP-Politiker Hans Stanek

Startschuß zur Europäisierung

Der Startschuß für die Europäisierung der Südtirolfrage fiel 1956, als Österreich im April dem Europarat beitrat und Wien versuchte, das Gremium mit diesem Anliegen zu befassen. Die Südtiroler Politiker der SVP waren bereits als Mandatare des italienischen Staates in Straßburg vertreten. 1957 verabschiedete der Europarat auf Initiative seiner Südtiroler Mitglieder eine Resolution, in der die Wahrung der Kollektivrechte der nationalen Minderheiten in Europa gefordert wurde. Die Initiative wurde vom Ministerkomitee der Straßburger Organisation jedoch nicht aufgenommen, da es die Auffassung vertrat, die Verantwortung für die Prüfung der Frage der nationalen Minderheiten sollte der UNO überlassen werden. Europa sollte keine substantielle Hilfe bieten, bereits 1956/57 schien sich Österreichs Weg zu den Vereinten Nationen abzuzeichnen, wenngleich Wien noch um eine bilaterale Regelung mit Rom bemüht war und internationale Verwicklungen und Unannehmlichkeiten vermeiden wollte.
Im Memorandum vom 8. Oktober 1956 hatte die Bundesregierung die Probleme mit der Autonomie, Zweisprachigkeit, Stellenbesetzung und dem Schulwesen eingehend behandelt und die Einsetzung einer gemischten österreichisch-italienischen Kommission zur Lösung der offenen Fragen gefordert – vergeblich. Der römischen Regierung waren die Autonomie-Anliegen der Südtiroler bekannt, sie zeigte hierfür allerdings nur wenig Verständnis, verkannte die existentiellen Nöte der Südtiroler mit Blick auf die italienische Massenmigration, stellte sich hierzu vollkommen taub und arbeitete damit dem Unzufriedenheitspotential und der daraus resultierenden explosiven Stimmung in Südtirol in nicht unerheblichem Maße vor.
Die italienische Antwortnote vom 9. Februar 1957 auf das österreichische Memorandum vom 8. Oktober 1956 hielt fest, daß das Pariser Abkommen keine zwischenstaatlichen Konsultationen vorsehe. Rom verfuhr, bestärkt durch die Inaktivität Figls, nach dem Grundsatz: Das Pariser Abkommen sei erfüllt und die Autonomieregelung eine rein inneritalienische Angelegenheit. Hier kamen die

Keine Unterwanderung
„Saragat sagte mir dann, er habe unser Memorandum nicht studiert, aber aufmerksam gelesen. Puncto Sprache und Staatsdienst hätten wir vollkommen recht. In Fragen der Autonomie scheinen wir von irrigen Voraussetzungen auszugehen. Der Zuzug vom Süden nach Norden sei durch demographische und wirtschaftliche Faktoren bedingt. Die Geburtenziffern, der Arbeitsmarkt und das Lohngefälle seien dafür entscheidend. Die Unterwanderung in Südtirol werde aber seit Ende des Faschismus nicht mehr staatlich gefördert, was allein schon durch einen Vergleich mit dem Zuzug in andere Provinzen bestätigt werde. Der Pariser Vertrag sehe den Schutz des Volkscharakters der Minderheit vor, nicht aber die Errichtung eines Nationalparkes." Bericht des österreichischen Botschafters Max Löwenthal von einem Gespräch mit dem italienischen Vizepremier Giuseppe Saragat am 29. Oktober 1956.

Das 20. Jahrhundert in Südtirol: Schwierige Ausgangsposition

Formulierungsschwächen und inhaltlichen Unterlassungssünden der Vereinbarung Gruber-De Gasperi zum Vorschein, vor allem die unterbliebene Regelung einer schiedsgerichtlichen Instanz oder Schlichtungskommission. Die „consultation" konnte nur ihren Zweck erfüllen, wenn sie auch erfolgte. So war der Jahrzehnte später vielgerühmte Pariser Vertrag auch in den 40er und 50er Jahren als Konsultativabkommen sowohl auf inner- als auch auf zwischenstaatlicher Ebene untauglich, zumal die Nennung eines konkreten Beratungsorgans unterblieben war. Von Einzelfragen abgesehen, zum Beispiel Warenaustausch und Regelung der Reoptionsfrage – wobei die Rücksiedlung nur tröpfchenweise erfolgt war –, blieben die Südtiroler ohne substantielle Hilfe Wiens, so daß sich Unzufriedenheit und Unmut in Bozen steigerten.

„Los von Trient"
Sigmundskron, erste Attentate und Internationalisierung

Infolge des Ausbleibens der Gewährung der den Südtirolern zugesicherten Grundrechte und der gesteigerten Italianisierungsmaßnahmen wurde das Verhältnis zwischen Innsbruck und Wien immer belasteter.

In Wien sah man „die Rückkehr Südtirols zu Österreich als utopisch" an, während sich in Südtirol radikalere Elemente bemerkbar machten. Vom Juni 1956 bis zum Jänner 1957 wurden erste Sprengstoffanschläge auf Denkmäler, Gebäude, militärische Einrichtungen, elektrische Leitungen und Bahnkörper verübt. Den italienischen Behörden gelang es, die Angehörigen der heimischen „Stieler-Gruppe" rasch ausfindig zu machen und festzunehmen, sodaß diese von Hans Stieler und seinem Kreis auf reine Sachwerte ausgerichteten Attentate vorerst eingedämmt werden konnten.

Seit 1958 bestand um Josef Kerschbaumer, Georg Klotz und Luis Amplatz eine neue Gruppe, die zu Tiroler Politikern verschiedener Couleurs wie Aloys Oberhammer (ÖVP), Rupert Zechtl (SPÖ), aber auch zu Journalisten wie Gerd Bacher, Wolfgang Pfaundler und Fritz Molden Verbindungen hatte, die ihrerseits Kontakte zum Außenministerium (Gschnitzer, Kreisky) vermittelten.

In Massen auf Sigmundskron

Auch die Südtiroler Politik sah sich zum Handeln gezwungen. Am 17. November 1957 sprach der seit Mai gewählte SVP-Obmann und Landtagspräsident (der spätere Landeshauptmann seit 1960) Silvius Magnago unter dem massiven Druck in der Partei und der Bevölkerung sein Verdikt über die italienische Auslegung des Pariser Abkommens aus, als er das historische „Los von Trient" auf Schloß Sigmundskron verkündete.

Der Bauer Georg Pircher aus Lana machte als Vorredner seiner Verbitterung Luft, als er der vor Zustimmung rasenden Menge zurief: „Wir sind belogen und betrogen worden bis auf den heutigen Tag." Der Mahner und Realpolitiker Magnago konnte die aufgewühlte Stimmung in ruhigere Bahnen lenken. Mit rhetorischem Geschick gelang es ihm, den Marsch aufgebrachter Demonstranten auf Bozen und einen Volksaufstand zu verhindern. Er ließ die anwesenden rund 35.000 Südtiroler wissen, daß er für diese Versammlung „eine große Verantwortung" trage und den zuständigen Behörden sein „deutsches Wort" gegeben habe, daß „nach der Kundgebung alles vorbei ist, das heißt (…) keine Märsche und kein Sonderprogramm nach dem offiziellen Programm mehr stattfinden wird". Er bat die

Großkundgebung der Südtiroler auf Schloß Sigmundskron bei Bozen, 17. November 1957

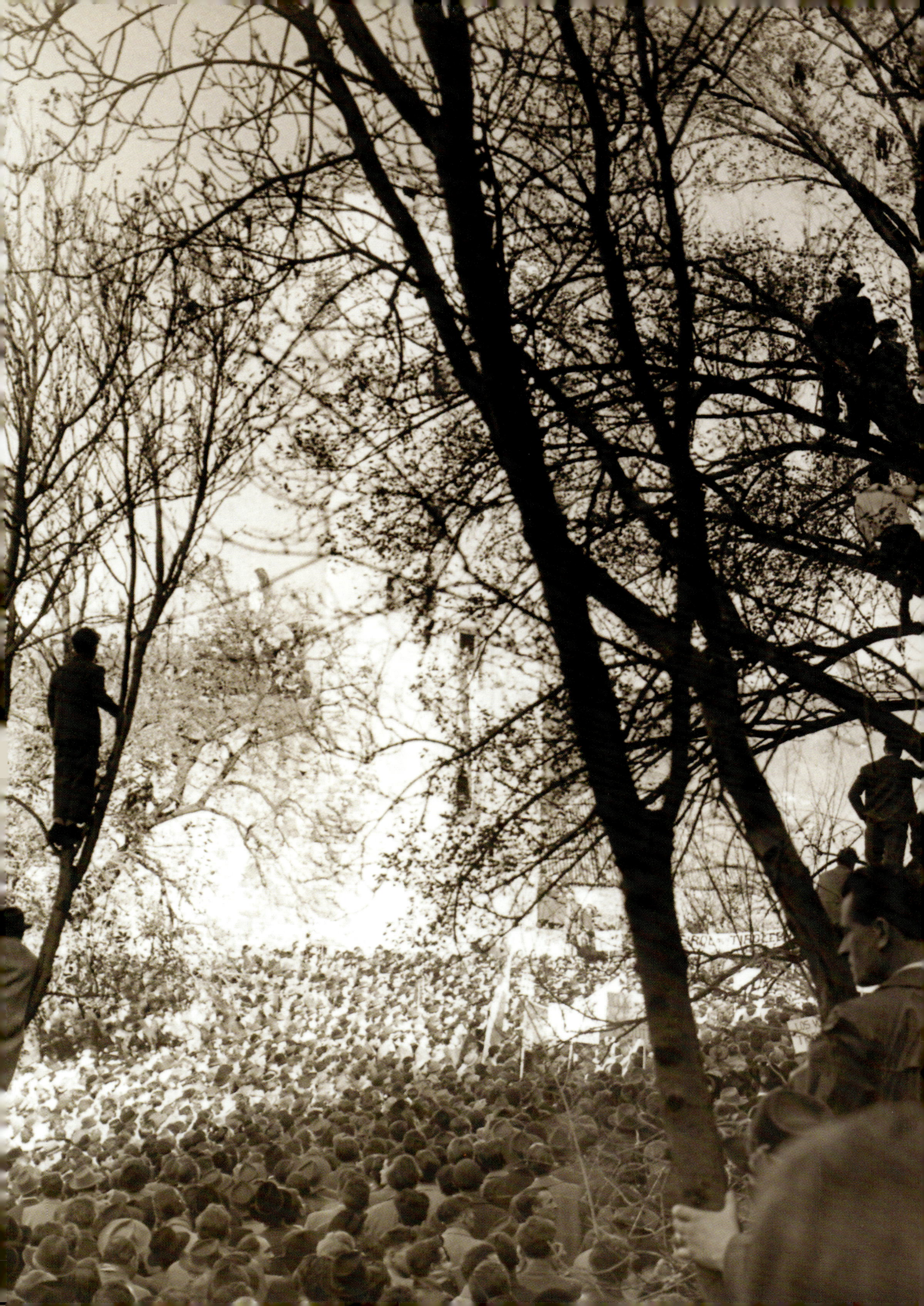

*Los-von-Trient-Kundgebung auf Schloß
Sigmundskron bei Bozen, 17. November 1957,
am Rednerpult Silvius Magnago*

Kundgebungsteilnehmer inständig, „dieses deutsche Wort einzuhalten", womit er Jubel auslöste und die Menge auf seine Seite zog. Die Demonstrationen sollten ordnungsgemäß verlaufen und die Teilnehmer friedlich nach Hause gehen. „Wir wissen, daß viele nicht das Wort uns gegenüber gehalten haben, aber wir wollen besser sein als die anderen." Magnagos Politik zielte aufgrund des massiv gewordenen öffentlichen Drucks auf eine „Landesautonomie für Südtirol allein", das heißt eine „Region Südtirol-Tirolo del Sud" ab, dagegen blieben Erwägungen, die Selbstbestimmungsforderung ins Spiel zu bringen, im Hintergrund oder primär taktischer Natur. An eine Losreißung von Italien und einen Anschluß an Österreich war Magnagos Auffassung nach nicht ernsthaft zu denken. Seiner Ansicht nach konnte auch Wien in diesem Sinne gar nicht aktiv werden. Magnago sprach auch nur von „der europäischen Funktion", die Südtirol einnehmen werde. Es ging in Sigmundskron also nicht um Selbstbestimmung oder die Landeseinheit, sondern um die elementaren Grundrechte der Südtiroler, die im „Los von Trient", Magnagos historischer Parole, gipfeln sollten.

Das Scheitern der Bilateralisierung

Welch hohen Stellenwert das Thema „Landeseinheit" nördlich des Brenners besaß, wurde im ÖVP-Programm zu den Landtagswahlen 1958 deutlich, für das Parteiobmann Oberhammer mitverantwortlich zeichnete. Im 15-Punkte-Programm stand an erster Stelle die „betonte Fortsetzung der Südtirolpolitik", gefolgt von der „Stärkung der Landesrechte im Sinne eines echten Föderalismus". Der fünfte Punkt lautete: „Die Feier zur Erinnerung an die Freiheitskämpfe 1809 (150-Jahr-Feier 1959) soll unter Mitwirkung des ganzen Volkes eine tirolische Erneuerung werden."

Das Scheitern der schier endlosen bilateralen Sondierungen zwischen Wien und Rom, das heißt dem Staatssekretär im Außenamt, Franz Gschnitzer, und dem italienischen Botschafter in Wien, Gastone Giudotti, während des Jahres 1958 – Verhandlungen lehnte Italien kategorisch ab –, führte dann fast zwangsläufig zum Versuch der Internationalisierung der Problematik.

Inzwischen war die Amtszeit von Landeshauptmann Grauß zu Ende gegangen. Sein Nachfolger wurde Hans Tschiggfrey, der seit 1949 als Finanzreferent mit der aus dem Pariser Abkommen (Artikel 3d) resultierenden Materie des Accordino vertraut war. Als Landeshauptmann war er in der Südtirolfrage aktiver als sein Vorgänger, zumal die veränderten politischen Rahmenbedingungen im Zuge des Aufbruchs nach der Gedenkfeier von 1959, Österreichs Anrufung der UNO und die Bombenanschläge 1960/61 verstärktes Engagement nahelegten. In seiner Amtszeit spitzte sich die politische Situation südlich des Brenners zu. Tschiggfrey verstand es, die Tiroler Südtirolpolitik zu aktualisieren. Wiederholt mobilisierte er die Öffentlichkeit durch teilweise scharfe Erklärungen an die italienische Adresse und griff später als Mitglied der österreichischen UNO-Delegation 1961 in das Geschehen ein, wodurch sich eine neue Phase der Südtirolpolitik Wiens abzeichnete. Diese setzte bereits mit dem Jahr 1959 ein.

Italienische Gegen-Demonstration zur Kundgebung in Sigmundskron vor dem Siegesdenkmal und dem Landhaus in Bozen, November 1957

Italienische Demonstranten werden daran gehindert, das Verlagshaus Athesia in der Museumstraße zu stürmen, November 1957

Der Tiroler Landeshauptmann Hans Tschiggfrey im Gespräch mit dem Südtiroler Landeshauptmann Alois Pupp, 1959

*150-Jahr-Feier der „Tiroler Freiheitskämpfe"
in Kaltern, 14. Juni 1959*

150 Jahre „1809" und Anrufung der UNO

Am Landesparteitag der Tiroler ÖVP am 15. Februar 1959 erstattete Gschnitzer einen Rechenschaftsbericht, der angesichts der angespannten sozioökonomischen Lage in Südtirol die Aufbruchstimmung dieses Jahres erkennbar werden ließ: Die Südtiroler fühlten sich mehrheitlich betrogen, Arbeitsuchende blieben aus den eigenen Landesstädten ausgesperrt, und die Durchführungsbestimmungen des Pariser Abkommens würden verletzt.

Die politische Lage verschärfte sich zusehends. Als am 16. Januar die Durchführungsbestimmungen zum Volkswohnbau von der römischen Regierung erlassen wurden, mit denen der Provinz alle noch verbliebenen Kompetenzen auf diesem Sektor genommen wurden, kündigte die SVP nach Konsultation mit Wien ihren Austritt aus dem Regionalausschuß an. Damit war das Funktionieren der Region „Trentino-Alto Adige" gelähmt. Am 27. Februar 1959 verweigerten schließlich die SVP-Vertreter im italienischen Parlament der Regierung Segni die Zustimmung.

Im April wollte Außenminister Figl anläßlich einer Gedenksitzung des Europarats in seiner Rede die Südtirolfrage ansprechen. Auf Protest des italienischen Delegierten Roberto Lucifero wurde er vom Vorsitzenden, dem Belgier Fernand Dehousse, ersucht, sich auf „das Thema" zu beschränken. Mit Europas Hilfe war also nicht zu rechnen.

Zum Andreas-Hofer-Gedenken veranstaltete Tirol einen großen Festumzug am 13. September 1959, bei dem die „Dornenkrone" als Symbol der Teilung des Landes durch Innsbruck getragen wurde. Die Tiroler Landespolitik verstand die 150-Jahr-Feier der „Tiroler Freiheitskämpfe" bewußt als Zeichen der Aufbruchstimmung.

Unter dem seit 1953 zunehmenden politischen Druck aus Tirol, der durch Magnagos „Los von Trient" 1957 verstärkt worden war, wagte Österreich schließlich den Weg zur UNO: Kreisky warf das Südtirolproblem ausgehend vom Pariser Abkommen am 21. September 1959 in New York auf und kündigte die Anrufung der Vereinten Nationen zur Lösung der Streitfrage an, die dann mit dem österreichischen Antrag vom 23. Juni 1960 definitiv die Internationalisierung der Südtirolfrage einläutete. Dieser Schritt sollte klarstellen, daß Südtirol kein inneritalienisches Problem sein würde. Das Recht auf Anrufung der Selbstbestimmung hatte in maßgebenden Kreisen der Südtiroler Volkspartei

*150-Jahr-Feier der „Tiroler Freiheitskämpfe"
auf dem Kalterer Dorfplatz, 14. Juni 1959*

1959/60 immer stärkeren Anklang gefunden, dieser Forderung konnte Kreisky allerdings wenig abgewinnen. Gleich bei seinem Amtsantritt hätte die Verkündung dieses Maximalziels seiner Stellung und Politik wohl geschadet. Er sprach sich gegen diese Haltung aus, obwohl dieser Wunsch in Südtirol immer stärker artikuliert wurde.

Im November 1959 war auf der Landesversammlung der SVP unübersehbar gewesen, daß der Glaube an den guten Willen Roms restlos aufgezehrt war und die sofortige Anrufung des Selbstbestimmungsrechts gefordert wurde. In der Schlußresolution war festgehalten worden: Sollten die bilateralen Verhandlungen zwischen Österreich und Italien nicht in absehbarer Zeit zu einem Erfolg führen, lautete die Marschrichtung: Gewährung einer Regionalautonomie für Südtirol, oder der Ruf nach Selbstbestimmung werde übermächtig. Nicht nur für gemäßigte Kreise war das Maß voll, radikale Kräfte hatten sich bereits in Erwartung weiterer italienischer Intransigenz gesammelt.

Die Formierung des BAS

1959 formierte sich nach längerer Vorbereitung der „Befreiungs-Ausschuß Südtirol" (BAS), initiiert von Südtirolern und Österreichern, der sich ganz bewußt von dem Honoratiorenverband und der „Vereinsmeierei" des Bergisel-Bundes verabschieden und Taten setzen wollte. Unter ihnen befand sich auch Norbert Burger von der Wiener Burschenschaft Olympia, später Begründer der National-Demokratischen Partei (NDP), die zum gewaltsamen Kampf gegen den italienischen „Unrechtsstaat" bereit war. Burger bezeichnete im Dezember 1959 in seiner Schrift „Südtirol ein deutsches Schicksal" das italienische Bestreben, „die deutsche und ladinische Volksgruppe biologisch und kulturell einzuschmelzen und zur Minderheit zu machen", als „schier krankhaft". Darin führte er aus, daß „der einzig wirksame Schutz zur Erhaltung des deutschen Volkstums in Südtirol nur" sein könne: „Den Südtirolern muß endlich das zweimal vorenthaltene Selbstbestimmungsrecht erkämpft und zuteil werden."

Durch die Persönlichkeit Kreiskys gewann die Südtirolfrage jedoch in kurzer Zeit weit mehr an internationalem Gewicht als bei allen seinen Vorgängern im Amt. Dieser österreichische Patriot machte das Thema Südtirol zum Anliegen Nummer 1 der österreichischen Außenpolitik. Damit konnte auch ein Abgleiten in deutschnationale und pangermanische Fahrwasser verhindert werden.

Kampf mit geistigen Waffen

„Es ist sicher eine ernste Lage, in der wir uns befinden, für uns, noch mehr für die Südtiroler selbst. In dieser ernsten Lage gibt mir etwas Trost, Ruhe und Kraft: wir können mit ruhigem Gewissen vor der Welt sagen, daß weder die Südtiroler noch wir verantwortlich sind für die Verschärfung, die eingetreten ist, und ich setze eines hinzu: Im Bewußtsein unseres guten Rechtes brauchen wir es auch nicht zu scheuen – wenn es sich nicht vermeiden lassen sollte –, die Frage internationalen Instanzen zu unterbreiten. (…) So wie der Freiheitskampf, den wir heuer in der Erinnerung begehen, gemeinsam geführt wurde von allen Tirolern – die Kampfesstätten sind im ganzen Land zu finden –, so wollen wir auch in diesem Kampf, einem Kampf mit geistigen Waffen, (…) Waffen des Rechtes führen und wir wollen die Parole befolgen, die damals vor 150 Jahren galt: Wir wollen kämpfen, einig und beharrlich, entschlossen und besonnen für Freiheit und Recht!"
Staatssekretär Franz Gschnitzer am 8. Landesparteitag der Tiroler Volkspartei im Musikvereinssaal in Innsbruck am 15. Februar 1959.

8. Konservative Erneuerung

Von den Hilfspaketen zur Stillen Hilfe

Im Vergleich zu den Nachbarn standen die Südtiroler nach dem Krieg relativ gut da. Nur entlang der Brennerlinie und in Bozen hatte es verheerende Bombardierungen gegeben, die Bevölkerung litt kaum Hunger. Im Gegenteil: Über mehrere Jahre wurden **Hilfspakete nach Deutschland und Österreich** geschickt, der Vinzenzverein organisierte sogar Altkleidersammlungen für die kriegsgeschädigten nördlichen Nachbarn. Und doch waren die ersten Nachkriegsjahre keine leichte Zeit, die **Verunsicherung** nach dem greifbar nahen Heimatverlust durch Option und Krieg war groß; ihre Auswirkungen sollten bis weit in die 50er Jahre hinein konkret spürbar sein.

Der **Traum vom kleinen Glück** fiel in dieser Gemütslage auf fruchtbaren Boden. Das bürgerliche Modell der **Kleinfamilie** gelangte in den 50er Jahren zur vollen Blüte, die Ehe katholischer Prägung, ein sicherer Arbeitsplatz und eine Eigentumswohnung bildeten Grundfesten der gesellschaftlichen Ordnung.

Für viele Menschen in Südtirol blieben diese Leitbilder noch weit entfernte Wunschträume. Trotz faschistischer Industrialisierung und anlaufendem Massentourismus war Südtirol immer noch vorwiegend von Landwirtschaft und Kleingewerbe geprägt, die nur wenige Arbeitskräfte aufnahmen. Viele Südtiroler suchten daher ab Mitte der 50er Jahre ihr Glück im beginnenden Wirtschaftswunder Deutschlands, der Schweiz, Österreichs und in den norditalienischen Städten. Diese **Arbeitsmigranten** brachten mitsamt der sich rasant entwickelnden Medien die Verheißungen der neuen Konsum- und Freizeitgesellschaft ins Land. **Auto, Einbauküche, Kühlschrank, Fernseher und Urlaub** am Meer wurden gegen Ende der 50er Jahre zwar erst für einige greifbare Realität, dafür aber für alle zu allmählich in Reichweite rückenden **Wunschbildern**.

Am Rande der Mangelgesellschaft klafften breite Risse **sozialer Not**. Am Ende des Jahrzehnts machte sich das kurz vorher noch hilfsbedürftige Deutschland bereits Sorgen um das strukturschwache kleine Land im Süden: Zunächst floß über das „Kulturwerk für Südtirol" in München, ab 1963 dann über die „Stille Hilfe für Südtirol" Geld für soziale Projekte über den Brenner.

Am Dorfbrunnen in Tramin, 1959

„Danach war nichts mehr"
Leben nach dem Krieg

Der totale Krieg brachte gebrochene Biographien hervor; die meisten Menschen, ob an der Front oder im Hinterland, blieben von ihm gezeichnet. Südtirols abgründiges Trauma war aber neben dem Weltkrieg vor allem die Option und die Umsiedlung, für die Italiener im Lande kam der große Schock mit dem Einmarsch der deutschen Truppen.

„Danach ist nichts mehr passiert…" so der Standardsatz vieler Zeitzeuginnen und -zeugen. Er steht einerseits für die emotionale Grunderfahrung des Krieges und erinnert an die prägende Entscheidung fürs Bleiben oder Gehen und die damit folgenden schmerzhaften Auseinandersetzungen, andererseits verweist er auf die bescheidene Normalität der 50er Jahre.

Die tiefen Gräben zwischen Dableibern und Optanten wurden selten durch versöhnende Gespräche überbrückt, ganz im Gegenteil: Ihre Folgen wurden meist durch Schweigen über Geschehnisse und Erfahrungen „gemeistert". Die Erleichterung über das Ende des Schreckens und der Wunsch nach einem besseren Leben mündeten in emotionale Erstarrung, in schweigende Befolgung des herrschenden Imperativs, das Vergangene ruhen zu lassen.

Die tiefgreifenden sozialen Veränderungen der 50er Jahre, die im Rückblick als Revolution des Alltagslebens erscheinen – Kleinfamilie, Arbeitssicherheit, Technisierung und Medialisierung des Wohnraumes, Mobilität und Motorisierung, Freizeit, Konsum –, werden nicht als Wandel wahrgenommen: „Danach war es wie immer: normal" – die Starre einer Gesellschaft in Veränderung.

Das 20. Jahrhundert in Südtirol: Konservative Erneuerung

Zwischen München und Verona: „Es war überall schön"

Erna Maria Schuster (geb. 1923) war siebzehn, als sie im Frühjahr 1940 im Zuge der Umsiedlung zusammen mit ihren Eltern von Sterzing nach München zog. Ihr Vater hatte als arbeitsloser Bankangestellter die Option zum willkommenen Anlaß genommen, um sich eine neue Existenz aufzubauen. Die Tochter freute sich auf die Großstadt und wurde nicht enttäuscht. Sie fand bald Arbeit bei der Sparkasse München und war für knapp zwei Jahre ein voll integriertes „Deutsches Mädel": „Wir Südtiroler wurden großartig aufgenommen, wir hatten eine schöne Wohnung im Zentrum von München. Alles war wunderbar und prächtig, ich war begeistert." Als ihr Südtiroler Jugendfreund – inzwischen bei der Deutschen Wehrmacht – im März 1942 als Gebirgsjäger nach Afrika hätte einrücken sollen, hielt er um ihre Hand an. Die Heirat schützte ihn vor einem vorzeitigen Kriegseinsatz, auch kam bald darauf das gemeinsame Kind zur Welt. War sie noch einige Monate vorher, wie alle jungen „Bankfräuleins" ihrer Filiale, von SSlern nach Dachau zum Tanz eingeladen worden – heute ist sie froh darüber, daß es aus Zufall nie dazu gekommen ist –, verließ sie 1943 München im Bombenhagel: „Es war furchtbar, gleich nach der Geburt mußten wir in den Luftschutzkeller, ich habe das Baby mit meiner Spucke getauft." Nach einem längeren Zwischenstopp in Feldkirch bei Verwandten kehrten Mutter und Tochter im September 1943 nach massiver Intervention ihres Mannes bei den Innsbrucker Behörden nach Sterzing zurück. Da Erna Schuster das Familienhaus in Sterzing gemeinsam mit ihrem Bruder besaß und beide zum Zeitpunkt der Umsiedlung noch minderjährig waren, war es nicht abgelöst worden. Bald fanden sie und ihr Vater Arbeit „bei der OTTEI", dem militärischen und zivilen Bauamt in Sterzing. Vom direkten Kriegsgeschehen ist ihr neben der Münchner Zeit die Bombardierung der Brennerbahnstrecke in lebhafter Erinnerung, als sie regelmäßig mit ihrem Rad von Sterzing nach Freienfeld fuhr, um bei den Bauern Lebensmittel einzukaufen.
Bei Kriegsende stand Erna Schuster ohne Arbeit und ohne Ehemann mit einer kleinen Tochter da. Sie fühlte sich betrogen: „Den Mann verloren, die Möbel verloren, den Krieg verloren, die Ersparnisse verloren, fürs Vaterland hatte ich nichts mehr übrig." Ihr Mann kehrte nicht zurück und wurde, da er in Italien im Einsatz war, schon nach drei Jahren (anstatt nach sieben) für tot erklärt. Schon bald fand sie Arbeit in einer Sterzinger Lebensmittelkooperative, wo sie gleichzeitig eine der vielen Gesellschafterinnen und angestellte Kassierin war. Erst nach einer gewerkschaftlichen Kontrolle Ende der 40er Jahre wurde sie richtig angestellt und bezahlt. 1951 heiratete die ehemals von Hitlerdeutschland begeisterte junge Frau einen in Sterzing stationierten Mailänder Alpini gegen zaghaft geäußerte Bedenken von Freunden und Verwandten: „Sie haben schon gesagt, ‚Ernele, muß es wirklich der sein, du könntest doch jeden haben', aber dann haben sie es alle akzeptiert." Doch Erna Schuster war von den menschlichen Qualitäten ihres Zukünftigen überzeugt, nur die Tatsache, daß er beim Militär war, ließ sie zögern, schließlich war sie schon um ihren ersten Mann jahrelang in Sorge gewesen. Schon vor der Hochzeit kündigte sie ihre Stellung: Die ausschließliche Rolle als Ehefrau und Mutter war für die äußerst aktive Frau, die besonders das Angestelltenverhältnis bei der Bank genossen hatte, nun selbstverständlich. Sie folgte ihrem Mann, der zum Kommandanten avancierte, nach Brixen, nach Verona und schließlich nach Bozen. Zwei weitere Kinder folgten. Das Leben in den Mietwohnungen des Militärs gefiel ihr: „Die Italiener waren so gesellig, nachmittags Kaffee, abends Cocktailparties… Ich wurde überall herzlich aufgenommen."

Erna Schuster an ihrem ersten Hochzeitstag am 11. März 1942

Erna Schuster mit ihrem zweiten Mann, Ende der 50er Jahre

Notburga Bacher, Mitte der 50er Jahre, bei der Heuarbeit (unten)

Schweigen ohne Vergessen

Obwohl sie damals noch ein Kind war, haben sich Krieg und Option im Gefühlsleben von Notburga Bacher (geb. 1935) tief eingeschrieben. Als Dableiberkind – ihre Familie war zusammen mit den Familien Staffler, Seeber und dem Pfarrer die einzigen Dableiber in Mauls bei Sterzing – hat sie Haß und Aggression schon sehr früh kennengelernt. „1941 kam ich in die Schule, da mußten wir mit den Italienern gehen, und die Deutschen haben uns ‚walsche Fockn' (italienische Schweine) genannt." Als die Dableiberkinder im September 1943 nach dem deutschen Einmarsch Zugang zur deutschen Schule bekamen, wollten die Schüler aus Optantenfamilien das zunächst nicht akzeptieren. Die Ausgrenzung war auch außerhalb der Schule kategorisch und unerbittlich. Wenn Notburga Bacher mit ihrer Familie auf dem Weg vom entlegenen Bauernhof ins Dorf an den Nachbarhöfen vorbeikam, verschwanden die vor dem Haus sitzenden Menschen stillschweigend in ihren Häusern, ohne Gruß, ohne Gespräch.

Notburgas Mutter hatte sich aus religiösen Gründen gegen NS-Deutschland und fürs Dableiben entschieden und ihre Meinung zunächst auch offensiv im Dorf vertreten. Seit der Pfarrer sie aus Angst vor Vergeltung zum Schweigen angehalten hatte, beschränkte sie ihren öffentlichen Protest auf das Niederknien und Beten bei den Heldengedenkfeiern anstatt des obligaten Hitlergrußes.

Der stille Widerstand der Mutter und das Gefühl des Ausgegrenzt- und Verachtetseins blieb dem Bergbauernmädchen für den Rest ihres Lebens ebenso in Erinnerung wie einige Kriegserlebnisse: die Einberufung des halbblinden Vaters, deutsche Einheiten auf Partisanensuche in ihrem Bauernhaus, türkische Kriegsgefangene im Maulser Tal, deutsche Soldaten auf der Flucht übers Penser Joch. Nach dem Krieg hätte sich die Zehnjährige einen Austausch über diese intensiven Erfahrungen gewünscht, doch „niemand hat darüber geredet, da waren Bombenlöcher hier herum, die haben sie alle schön zugemacht, und das Leben ist weitergegangen". Notburga ging nach der Pflichtschule in den Dienst, arbeitete als Wäscherin im Vinzentinum in Brixen, als Haushälterin bei „einer Herrschaft" in Gröden, als „Wirtschafterin" auf einem Hof in Ritzail – an eine weiterführende Ausbildung konnte die Bauerntochter nicht denken, „da hat niemand etwas gesagt, daß ich auch könnte noch in die Schule gehen". Im Vinzentinum studierte hingegen ihr zweitältester Bruder, der zum Geistlichen bestimmt war, während der erstgeborene Sohn den Bauernhof übernehmen sollte. Beide Brüder durchkreuzten die Pläne der Mutter, wobei der Erstgeborene bereits 1954 nach Österreich auswanderte: „‚Ich gehe jetzt, mich freut's hier nicht, hier ist nichts', sagte er. Wir wußten uns nicht mehr zu helfen." Während er die Matura nachholte, in Wien studierte und dort blieb, zog der Zweitälteste Anfang der 60er Jahre nach Süddeutschland. Die Mutter lebte mit vier Töchtern und viel Arbeit weiterhin am Hof. Eine der Töchter heiratete bald nach dem Ausstieg des ältesten Bruders einen jungen Pächter des Dorfes, zusammen führten sie den Hof und bekamen fünf Kinder, wobei die Mutter und die Schwestern weiterhin am Hof lebten. 1961 heiratete die 26jährige Notburga Bacher, weil der Bewerber „ganz nett" war und aus Sorge: „Jetzt muß dir mal einer gefallen, sonst bleibst du noch übrig." Sie blieb Bäuerin, wurde fünffache Mutter und nach dem frühen Tod ihres Mannes Anfang der 70er Jahre im Nebenerwerb Zimmervermieterin.

Das 20. Jahrhundert in Südtirol: **Konservative Erneuerung**

Die „Bozner" Vagabundin

Sie kam nach Bozen, als zentrale Erlebnisse bereits zu Erinnerung geronnen waren, doch blieben sie von nachhaltiger Intensität. Lidia Menapace – geboren 1924 und aufgewachsen in Novara – hatte gerade nach dem wegen ihrer Begabung verkürzten Schulbesuch ihr Literaturstudium an der Mailänder Cattolica (als nichtstaatliche Universität war sie am wenigsten von faschistischer Indoktrination beherrscht) begonnen, als Italien an der Seite Hitlerdeutschlands in den Krieg eintrat. Aus einer antifaschistischen, laizistischen Familie stammend, schloß sie sich an der Cattolica der Federazione universitaria cattolica italiana (FUCI) an. Dabei bereicherte sie ihr bislang „klägliches politisches Wissen" um die antifaschistische katholische Haltung, vor allem anhand der päpstlichen Enzykliken gegen den Faschismus „Non ne abbiamo bisogno" und gegen den Nationalsozialismus „Mit brennender Sorge".
Nach dem deutschen Einmarsch in Italien im September 1943 kam ihr Vater für zwei Jahre ins Konzentrationslager. Die Tochter schloß sich der in der Region Lombardei äußerst aktiven Resistenza an. Mit ihrem Fahrrad lieferte die Studentin als getarnte Stafette von Novara aus Medikamente, Informationen, auch Sprengstoff zu den Partisanenstützpunkten der nahegelegenen Täler.
Nach dem Studienabschluß 1945 wurde sie als weibliches Mitglied der Resistenza unsanft mit der Realität konfrontiert: Nicht alle Stafetten durften beim großen Freudenumzug zum Kriegsende am 25. April mitmarschieren; die wenigen aus den Formationen „Giustizia e libertà", denen es erlaubt war, stempelte das Publikum mit herablassendem Lächeln als „Huren der Partisanen" ab. Menapaces Kommentar: „In Zeiten des Chaos sind die Frauen gleich wichtig, sobald die Ordnung zurückkehrt, werden sie zur Ordnung gerufen." So geschehen auch mit der Einführung des Frauenwahlrechts, das unter den männlichen Partisanen keinesfalls unumstritten war. „Unsere Generation glaubte, die Welt neu erfinden zu können, zu Kriegsende brodelte es vor innovativem Eifer." Zur Debatte stand die gesamte Neuordnung des Staates, der Arbeitswelt, bezüglich der Frauen aber stellte man die alte Frage, ob sie wirklich Staatsbürgerinnen seien – Lidia Menapace traute ihren Ohren nicht und „kämpfte wie eine Tigerin" für die Republik und das Wahlrecht der Frauen.
Als sie 1951 einen Trentiner heiratete, der in Bozen eine Stelle als Amtsarzt bekam, zögerte sie nicht: „Ich kam sehr gern nach Bozen, die Stadt pulsierte, sie glich mehr einem Lager als einer Stadt, Leute kamen und gingen." Die Bewegung bedeutete für sie Freiheit und Leben, im krassen Gegensatz zum „bigotten und abgeschotteten" Trient, in das sie niemals gezogen wäre. Ihre spontane „Leidenschaft für Südtirol" wuchs, als sie merkte, daß sie von der unmittelbaren Vergangenheit nichts wußte, „rein gar nichts über die Option, die OZAV", und sie wurde zu einer steten Verfechterin der Autonomie für Südtirol. Als solche schloß sie sich der DC an und blieb ihr bis zum Bruch 1968 treu: Ende der 50er Jahre saß sie im Bozner Gemeinderat und war in den 60er Jahren Gesundheits- und Sozialassessorin der Provinz. Gleichzeitig unterrichtete sie am Klassischen Lyzeum Sprachen und war Lektorin für italienische Literatur an der Cattolica in Mailand. Bozen ist ihr „zur Heimat" geworden, obwohl sie stets – wie sie selbst sagt – „als Vagabundin" zwischen Bozen, Mailand, Rom und den vielen anderen Städten des In- und Auslandes, in denen sie Vorträge hielt und hält, gelebt hat. Widerstand wurde ihr zum Lebensprogramm (Lidia Menapace, Resistè. Racconti e riflessioni di una donna che ancora resiste, Milano 2001).

Lidia Menapace bei einem DC-Kongreß, 1961

Lidia Menapace auf der Talferpromenade, Mitte der 50er Jahre

Das 20. Jahrhundert in Südtirol: **Konservative Erneuerung**

Mobile Gesellschaft
Heimkehrer, Zuwanderer, Rücksiedler, Arbeitsmigranten

In der unmittelbaren Nachkriegsgesellschaft gehörte Instabilität zum konkreten Alltag: Sehr viele Menschen waren in Bewegung. Nach dem Einmarsch der Alliierten 1945 kehrten zahlreiche Flüchtlinge in ihre Heimatorte zurück – vor allem aus dem stark bombengeschädigten Bozen waren viele in die Täler und Bergdörfer, Italiener nach dem Einmarsch der Deutschen 1943 auch in den Süden geflüchtet. In die Heimat zurück strömten auch Massen von Rückwanderern, Soldaten aus den Truppen Badoglios, der Republica di Salò und der Deutschen Wehrmacht. Hinzu kamen Widerstandskämpfer, Deserteure, zahlreiche Kriegsheimkehrer aus deutscher, russischer und anglo-amerikanischer Gefangenschaft und Deportierte aus den Konzentrationslagern.

Die Wanderbewegungen beschränkten sich nicht auf die unmittelbaren Nachkriegsjahre: Viele Kriegsheimkehrer vor allem aus russischer Gefangenschaft fanden erst Anfang der 50er Jahre nach Hause zurück, auch die Rücksiedlung von Südtirolern zog sich in die Länge. Ein anderer Migrationsstrom wurde zum heftigsten Politikum der 50er Jahre: die Zuwanderung aus den restlichen italienischen Provinzen.

„Zo acqua e su rovigotti" (Wasser herunter und Menschen aus Rovigo herauf): Der Spruch war in den 50er Jahren in Bozen und Umgebung in aller Munde. Die verheerende Überschwemmung der östlichen Poebene im Herbst 1951 brachte Tausende von Evakuierten nach Südtirol und löste eine Solidaritätswelle im ganzen Land aus. Gleichzeitig verschärfte sich aber ein Problem, das spätestens mit der von Kanonikus Michael Gamper 1953 ausgerufenen „Todesmarschparole" (Claus Gatterer) ins öffentliche Bewußtsein rückte, die stete Zuwanderung aus allen italienischen Provinzen, vor allem aber aus dem Veneto und dem Trentino. Die Immigranten waren auf der Suche nach Arbeit und Wohnraum, ließen sich vorwiegend in den Städten und entlang der Brennerlinie nieder. Vor allem die in der Bozner Industrie Arbeitsuchenden lebten oft einige Jahre in Baracken und Notbehausungen – so zum Beispiel im aufgelassenen Durchgangslager in der Reschenstraße – und in überfüllten Wohnungen.

Bei den deutschsprachigen Südtirolern lösten die damals kursierenden Zahlen das Gefühl des Erdrücktwerdens aus, Gamper sprach von 50.000 zugewanderten Italienern von 1946 bis 1952 und zeichnete das graue Zukunftsbild von der Minderheit im eigenen Land.

Tatsächlich weisen die lückenhaften und oft fehlerhaften Statistiken der Nachkriegsjahre einen steten Bevölkerungszuwachs in Südtirol auf, der von der italienischen Zuwanderung, den zahlreichen Rückwanderern aus Deutschland und Österreich und vor allem dem natürlichen Bevölkerungswachstum gespeist wurde. Die positive Bevölkerungsbilanz (2,3 Prozent) machte den Verlust durch Krieg und Option insgesamt bereits 1951 wett; sie war bedingt von der überproportionalen Bevölkerungszunahme in Bozen und dem umliegenden Etschtal, während der Vinschgau rund 9 Prozent, Meran 4,6 Prozent, Burggrafenamt 5,6 Prozent, Brixner Becken und Eisacktal 3 Prozent und das obere Pustertal 3,3 Prozent Verluste aufwiesen. Das Bevölkerungswachstum hielt auch in den folgenden Jahren an, wobei die Täler aufgrund des hohen Geburtenüberschusses schnell aufholten. In den Nachkriegsjahren fand keine wesentliche Kräfteverschiebung unter den in Südtirol ansässigen Sprachgruppen statt, es blieb bei einem Drittel Italiener (1961 34,3 Prozent) und zwei Dritteln Deutsche (62,2 Prozent) und Ladiner (3,4 Prozent).

Italienische Zuwanderer im Barackenlager auf dem Gelände des ehemaligen Durchgangslagers in der Reschenstraße in Bozen, Jänner 1960

Dem Wirtschaftswunder entgegen

Um 1955 setzte eine Bewegung ein, deren Bedeutung für die wirtschaftliche und soziale Lage der deutschsprachigen Südtiroler erst Jahre später erkannt wurde, die Arbeitsmigration. Obwohl verläßliche Statistiken fehlen, läßt das wenige bekannte Zahlenmaterial auf mehr als 10.000 Südtiroler Arbeitsmigranten zwischen 1955 und 1965 schließen. Das sich im „Wirtschaftswunder" befindliche Deutschland, aber auch die Schweiz und etwas später Österreich winkten mit Ausbildung, guten Verdienstmöglichkeiten, geregelten Arbeitszeiten und Unterkünften auch für ungelernte Arbeiter.

Die Nachfrage weckte in Südtirol das Interesse von unterbeschäftigten, arbeitswilligen jungen Männern aus Tälern und Dörfern, die entschlossen waren, ihren Lebensstandard anzuheben, als Arbeiter in deutschen Fabriken, im Schweizer Gast-, Holz- und Baugewerbe ein besseres Leben zu suchen. Aber auch zahlreiche junge Frauen entschieden sich dafür, der in Südtirol ziemlich ausweglosen Lage am Arbeitsmarkt zu entfliehen, um ebenfalls in Fabriken, im Gastgewerbe,

Wohnbevölkerung in Südtirol

	Provinz	Deutsche	Italiener	Ladiner	Bozen
1943	291.698	176.297	104.766	10.635	64.533
1951	341.521	214.257	114.568	12.696	70.898
1961	373.863	232.717	128.271	12.594	88.799

Quellen: Adolf Leidlmair, Bevölkerung und Wirtschaft und ASTAT

Stilfser Almhirten und Senner auf dem Weg zu ihrem Arbeitsplatz im Engadin, 1949

Das 20. Jahrhundert in Südtirol: **Konservative Erneuerung**

aber auch in Privathaushalten, als Dienst- und Kindermädchen ihren Unterhalt zu verdienen. Ihr Weg führte nicht nur Richtung Norden: Zahlreiche junge Frauen aus dem Bozner Unterland verdingten sich auch in wohlhabenden Familien norditalienischer Städte.

Viele der Arbeitsmigranten gingen nur saisonalen Tätigkeiten nach, wer jedoch einen qualifizierten Arbeitsplatz erlangt hatte, blieb vielfach im Gastgeberland. Dennoch blieben sie – teils bis heute – Südtirol emotional verbunden, wie die Historikerin Sabine Falch in einer Studie zu den „Heimatfernen" zeigt. Mit der 1956 eingerichteten Arbeitsstelle beim KVW suchten Südtirols Politiker und kirchliche Verantwortungsträger dem „Aderlaß deutscher Arbeitskräfte" entgegenzuwirken. So sollten die Heimatfernen nicht nur die Bindung an ihr Herkunftsland bewahren, sondern auch möglichst wieder für eine Rückkehr gewonnen werden.

Parallele Gesellschaften
Ethnische Arbeitsteilung

In der Nachkriegszeit arbeiteten die meisten deutschsprachigen Südtiroler in der Landwirtschaft, während Italiener vorwiegend in der Industrie und im öffentlichen Dienst tätig waren. Die ziemlich eindeutig nach Sprachgruppen getrennten Arbeitswelten – wobei es sich um eine Grundtendenz handelte, mit vielfachen Überlappungen und Bereichen der Zusammenarbeit, zumal im städtischen Milieu – waren einerseits historisch bedingt. Beamtenentlassungen und Industrialisierung hatten die Italiener gefördert, Abwanderung von vorwiegend Lohnabhängigen als Folge der Option hatten den deutschen Anteil unter Arbeitern und Angestellten gesenkt. Diese „ethnische Gewichtung" der Arbeitswelt erfuhr auch während der 50er Jahre keine wesentliche Änderung. Viele deutschsprachige Südtiroler und ihre politischen Vertreter lehnten bis zu Beginn der 60er Jahre Industrialisierung ab; sie galt noch zu einem Zeitpunkt als „entfremdendes" Element, als bereits ein großer Teil der aus der Landwirtschaft freigesetzten Südtiroler die Auswanderung als realistische Lebensperspektive in Betracht zog.

Das Gros dieser Arbeitskräfte war ungelernt, einerseits wegen des mangelnden Ausbildungsangebots – das neue Lehrlingsgesetz, das eine duale Ausbildung vorsah, trat beispielsweise erst 1955 in Kraft –, andererseits auch infolge der Haltung der noch großteils auf Selbstversorgung ausgerichteten Südtiroler Bauern. So wanderten Mitte der 50er Jahre nach wie vor staatliche Beamte und qualifizierte Industriearbeiter aus anderen italienischen Provinzen zu, während

Kellnerin am Fuß der Drei Zinnen, 50er Jahre

Baumwollspinnerei St. Anton in Bozen, 50er Jahre

unqualifizierte Südtiroler Arbeitskräfte aus Mangel an Arbeitsplätzen auswanderten. Im Gastgewerbe und Fremdenverkehr kam nur ein Teil der ungelernten Arbeiterschaft unter – und das waren großteils saisonale, unsichere Arbeitsstellen –, der öffentliche Dienst blieb den Südtirolern hingegen bis in die 70er Jahre so gut wie verschlossen. Staatliche Stellen – Verwaltung, Post, Eisenbahn – wurden über gesamtstaatliche Wettbewerbe ausgeschrieben, die Chancen waren für deutschsprachige Südtiroler äußerst gering und eine feste Arbeitsstelle in der Provinz bei erfolgreichem Ausgang alles andere als gesichert. Außerdem blieben die überwiegend von Italienern besetzten und die Staatsmacht repräsentierenden Staatsstellen für viele deutschsprachige Südtiroler eine fremde Welt, was sie nicht nur um Arbeitsplätze brachte, sondern vielfach auch um soziale Absicherung.

Getrennte Lebenswelten?

Trotz weitgehend „ethnischer Arbeitsteilung", historischer Ressentiments und politisch zunehmend aufgeheizter Stimmung entwickelten sich in der Nachkriegszeit auch Felder entspannten Zusammenlebens: etwa im Bereich des Handels, wo die schmale Schicht der Südtiroler Wirtschaftstreibenden seit jeher ein Verhältnis gutnachbarlicher Konkurrenz zu ihren italienischen Partnern pflegten; auch der nationale Kampf um mehr Arbeitssicherheit nötigte zu intensiver Kooperation, und es kam vor allem im Bereich der privaten und nachbarschaftlichen Beziehungen zum Tragen. So stellte Michele Lettieri im Nachkriegs-Bozen eine allen Sprachgruppen offene Jugendorganisation (Associazione Giovanile Altoatesina/Südtiroler Jugend-Vereinigung, AGA/SJV) auf die Beine, die sich bald mit 2.000 Mitgliedern auf die ganze Provinz ausweitete. Die anfänglich auch in den Vereinsgremien vertretenen deutschsprachigen Jugendlichen wurden aufgrund der politischen Spannungen jedoch zum Austritt aus dem Verein angehalten. Trotz des Rückzugs beteiligten sich die meisten weiterhin an den zahlreichen Aktivitäten des Vereins, an Tanzabenden, Sport- und Kulturveranstaltungen, Nachhilfeunterricht auch in deutscher Sprache für Handelsschüler und Geometer.

Weit nachhaltigere Beziehungen stifteten die sogenannten „Mischehen", die im Klima ethnischer Spannungen bereits in den 50er Jahren zu einer gewichtigen politischen Frage avancierten. „Eine große und kaum einzudämmende Gefahr erwächst dem Deutschtum durch die nationalen Mischehen", klagte Adolf Leidlmair 1958 in seiner statistischen Abhandlung „Bevölkerung und Wirtschaft in Südtirol". 1951, so errechnete der Geograph auf der Grundlage

Die „Casa del Popolo", vormals Sitz des PNF in Meran, in der in den 50er Jahren neben 17 Notwohnungen für Zuwanderer und Rückwanderer auch das kommunistische Parteibüro und der Sitz der ACLI untergebracht waren

Welsche Verführer

Ein Flugblatt des Befreiungsausschusses Südtirol aus dem Jahr 1961 stilisiert das politische Problem der „Mischehen" zu einem Teil des Volkstumskampfes, wobei extreme Kreise nicht vor NS-ähnlicher Diktion zur „Rassenschande" zurückschreckten:

„Südtiroler Mädchen!
Besinne Dich Deines Volkstums und verschmähe jedes Verhältnis mit den welschen Verführern! Sie werden Dir zum Verhängnis und zerstören Deine Zukunft! Mischehen bedeuten Volkstod!"

Demonstration der CGIL in Bozen, Anfang der 60er Jahre

der Pfarrmatrikeln, lag der Anteil der „Mischehen" an der Gesamtzahl der Eheschließungen in Bozen bei 43,3 Prozent, wobei zwei Drittel davon auf Ehen zwischen deutschsprachigen Frauen und italienischsprachigen Männern fielen: „Die liebenswürdige und zuvorkommende Art des Italieners, sein Familiensinn und seine Kinderliebe tragen ebenso wie die Bewunderung für die italienische Mode und der Reiz des Fremden dazu bei, daß ein Teil der Bozner Bürgertöchter die Unterschiede des Volkstums immer weniger trennend empfindet. (…) Ob der Mann oder die Frau der italienischen Volksgruppe angehört, ist gleichgültig, die aus solchen Verbindungen stammenden Kinder sind in sehr vielen Fällen für das Deutschtum verloren. Schon aus Bequemlichkeitsgründen setzt sich im häuslichen Umgang das Italienische durch, bringt doch der deutsche Partner bereits aus der Schule die nötigen Sprachkenntnisse in die Ehe mit."

Für die gesamte Provinz Bozen liegt aus dieser Zeit kein Zahlenmaterial vor, aber schätzungsweise gab es nicht mehr als 5 Prozent Ehen zwischen deutschsprachigen und italienischsprachigen Südtirolern bzw. Südtirolerinnen; zum Vergleich: 1980 waren es 7,7 Prozent.

Gemeinsamer Arbeitskampf

Der Kampf um sichere Arbeitsplätze, vor allem um mehr Rechte für Arbeiter und Angestellte, war eines der politischen Hauptthemen der Nachkriegszeit. Während des Faschismus waren zwar die Vierzigstundenwoche und die Pflichtversicherung für Arbeiter eingeführt worden, das Regime hatte aber jegliche freie Arbeitsvertretung abgeschafft, die bestehenden Gewerkschaften aufgelöst und durch eine staatlich geleitete Einheitsgewerkschaft ersetzt.

Bereits im Juni 1944 konstituierte sich die Confederazione Generale Italiana del Lavoro/Allgemeiner Gewerkschaftsbund (CGIL/AGB), die zunächst kommunistische, sozialistische und christliche Arbeiter und Arbeiterinnen vereinte. Doch im demokratischen Italien zerbrach die Einheit rasch: 1948 spaltete sich der christliche Teil der CGIL ab und arbeitete bald in der nichtkommunistischen Einheitsgewerkschaft Confederazione Italiana Sindacati Lavoratori (CISL) zusammen. In Südtirol fusionierten die gleichzeitig entstandenen CISL und SGB (Südtiroler Gewerkschaftsbund) bald nach ihrer Gründung im Oktober 1948.

Der einen Monat vorher ins Leben gerufene KVW (Katholischer Verband der Werktätigen) leistete gemeinsam mit seiner italienischen Partnerorganisation, den ACLI (Associazioni Cristiani Lavoratori Italiani), hierzu die notwendige Geburtshilfe.

Die neue „freie" Gewerkschaft befand sich zwischen zwei Stühlen: Als christlich ausgerichtete Arbeitervertretung sollte sie „die deutsche Arbeiterschaft dem Zugriff des Kommunismus (…) entreißen" (Pius Holzknecht, geistlicher Assistent des KVW anläßlich einer SH-Studientagung 1958) – zahlreiche deutschsprachige Arbeiter waren in der CGIL organisiert und Landarbeiter in der Federterra. Trotzdem begegnete ihr die SVP lange mit Mißtrauen und Ablehnung, während sie vom sich sprunghaft entwickelnden KVW trotz seines vorgewerkschaftlichen Charakters an Bedeutung und Akzeptanz unter der deutschsprachigen Arbeiterschaft bald bei weitem überflügelt wurde. Auch verlief die interethnische, nach dem Proporz organisierte Zusammenarbeit innerhalb des SGB/CISL – alle Ausschüsse wurden nach dem Verhältnis der organisierten Mitglieder besetzt – nicht reibungslos.

Trotz dieser schwierigen Situation und der großen Zersplitterung – ebenfalls 1948 hatten sich sozialdemokratische Gewerkschafter von der CGIL abgespaltet und als Unione Italiana Lavoratori (UIL) neu konstituiert und sich auch in Südtirol als drittstärkste Gewerkschaft etabliert – wurden auf dem Gebiet der sozialen Absicherung langsam Erfolge erzielt. Die Südtiroler Arbeiterschaft, besonders die deutsch- und ladinischsprachige, hatte diese auch bitter nötig: 1952 waren gerade 20 Prozent der Erwerbstätigen unter ihnen sozialversichert. Die Gewerkschaften leisteten gemeinsam mit den anderen Patronaten, insbesondere KVW/ACLI, in diesen Jahren nicht nur konkrete Unterstützung, sondern vor allem Aufklärungsarbeit bei Arbeitern und Arbeitgebern für das Recht auf Unfall- und Krankenversicherung, Altersvorsorge und Arbeitslosenunterstützung.

Die interethnische Zusammenarbeit blieb mit zunehmenden politischen Spannungen auch auf gewerkschaftlicher Ebene ohne dauerhaften Erfolg: Die deutschsprachigen Arbeitsrechtler entschieden sich 1964, unterstützt vom KVW, für die „ethnische Gewerkschaft", der Autonomer Südtiroler Gewerkschaftsbund (ASGB) wurde am 11. September 1964 in Meran aus der Taufe gehoben.

Der Traum vom kleinen Glück
Family-Lifestyle

Neben dem sicheren Arbeitsplatz waren in den 50er Jahren die Familie und das Eigenheim unverzichtbare Bausteine des kleinen Glücks. Nach den unsicheren Zeiten von Krieg und Option erlebte man Privatbereich und Verwandtschaft als willkommenen Ort des Rückzugs, als Quelle des Seelenfriedens. Gleichzeitig erlaubte die beginnende Modernisierung der Nachkriegsgesellschaft im Sinne eines steten Aufweichens patriarchaler Wirtschafts- und Sozialstrukturen mehr Menschen die Gründung einer Familie als je zuvor: In den 50er und 60er Jahren heirateten über 90 Prozent der Menschen im heiratsfähigen Alter, 98 Prozent davon mit dem Segen der Kirche.

Das von der päpstlichen Enzyklika „Casti Connubii" 1930 formulierte katholische Familienmodell – der Mann ist das ‚Haupt', die Frau das ‚Herz' der Familie – war das Herzstück der umfassenden Familiarisierung der Gesellschaft: Dem Mann kam dabei die Rolle des Familienernährers zu, die Frau galt als Hüterin von Häuslichkeit und emotionaler Geborgenheit. Die auf emotionalen Zusammenhalt bauende Kleinfamilie stand im Zentrum des gesellschaftlichen Wiederaufbaus. Erwerbsarbeit des Mannes und selbstlose Aufopferung der Frau für die Familie sollten in vorbildlicher Pflichterfüllung die Lebensführung der Kinder bestimmen.

Die soziale Nivellierung der Nachkriegszeit beschränkte sich nicht auf die Glättung sozialer Hierarchien – wozu traditionell nicht nur der Zugang zu Besitz, sondern auch die Möglichkeit der Verehelichung und der Gründung einer Familie

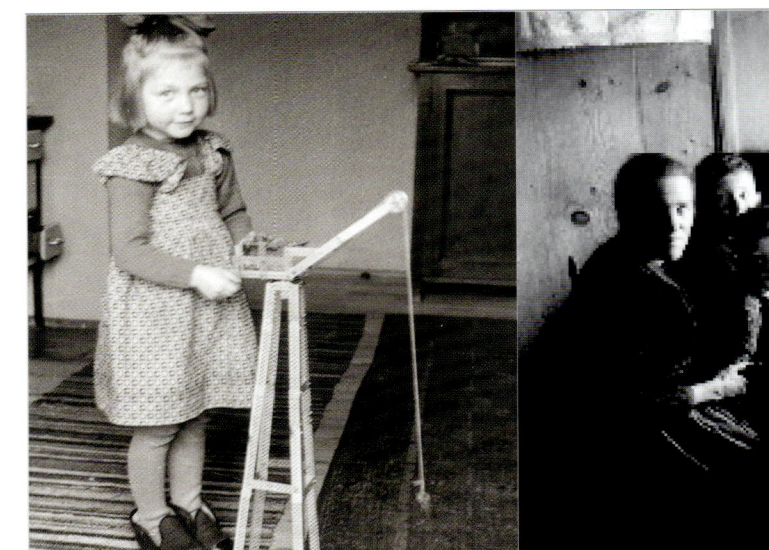

Mit dem neuen „Matador"-Spielzeug, 1953

Beim Essen am Wegerhof in Latzfons, 1957

Gegenüberliegende Seite: Bozner Briefträgerinnen, 1943

Latzfonser Bäuerinnen bei einem Krankenpflegekurs, um 1951

zählte –, sondern vollzog sich auch innerfamiliär, im Sinne einer Glättung der Hierarchien zwischen Mann und Frau und den Generationen. Leitbild der Kleinfamilie war ein partnerschaftliches Ehemodell, wobei eine fixe Rollenverteilung (Mann-Arbeit/Öffentlichkeit, Frau Haus/Privatheit und nur mit Einschränkungen Erwerbsarbeit) beibehalten wurde. Das nachgebende Autoritätsgefälle zwischen Eltern und Kindern manifestierte sich auf plastische Weise in der Ablösung des „Ihr", in der Südtiroler Umgangssprache „Es", mit „Du" als elterliche Anrede.

Das modernisierte Kleinfamilienmodell der 50er Jahre wurde oft als „1-2-3-4 Syndrom" (eine Frau/Mann, zwei Kinder, drei Räume, vier Räder und schließlich die „fünfte Wand", das Fernsehen) charakterisiert. Diese vier bis fünf „Seligkeiten" waren in Südtirol zwar erst ansatzweise Realität, rückten aber bereits in die kollektive Vorstellungswelt ein. Dabei trafen Modell und Realität vor allem im ländlichen Raum, wo die bäuerliche Großfamilie noch vorherrschte, besonders heftig aufeinander. So ließ der Durchbruch des Zwei-Kinder-Familienmodells in Südtirol noch auf sich warten: 1957 brachten deutschsprachige Südtirolerinnen durchschnittlich 3,14 Kinder zur Welt (1960: 3,44), ladinischsprachige 3,19 (1960: 3,65) und italienischsprachige 2,13 (1960: 2,34). 1960 gebaren die Südtirolerinnen noch durchschnittlich drei Kinder, wobei der Höhepunkt des Babybooms sich erst 1965 mit 3,28 Kindern pro Frau einstellte und den bis heute andauernden Abwärtstrend einleitete.

Zwischen Mutter Teresa...

Das Frauenbild der Nachkriegszeit war zwiespältig. Die Kriegswirren hatten innerfamiliäre Hierarchien aufgeweicht und den Frauen eine bedeutsame Rolle in Wirtschaft und Gesellschaft vermittelt. Nach Kriegsende wurden Frauen jedoch wieder verstärkt in traditionelle Hierarchien eingegliedert. Von breiten, vor allem katholischen Kreisen wurde in den 50er Jahren die im privaten Glück aufgehende Ehefrau und Mutter als ideales Wunschbild für die Einzelne und die Gesellschaft massiv propagiert. Als Negativfolie dienten die zahlreichen alleinstehenden, durch den Krieg verwitweten oder aufgrund des kriegsbedingten Frauenüberschusses „übriggebliebenen" Frauen. Als Alternative zum häuslichen Glück wurde für diese Frauen und für die noch nicht verheirateten Mädchen die Erwerbsarbeit akzeptabel, vornehmlich in den „weiblichen Berufen", als Verkäuferin, Kellnerin/Zimmermädchen, Sekretärin, Lehrerin, Krankenschwester.

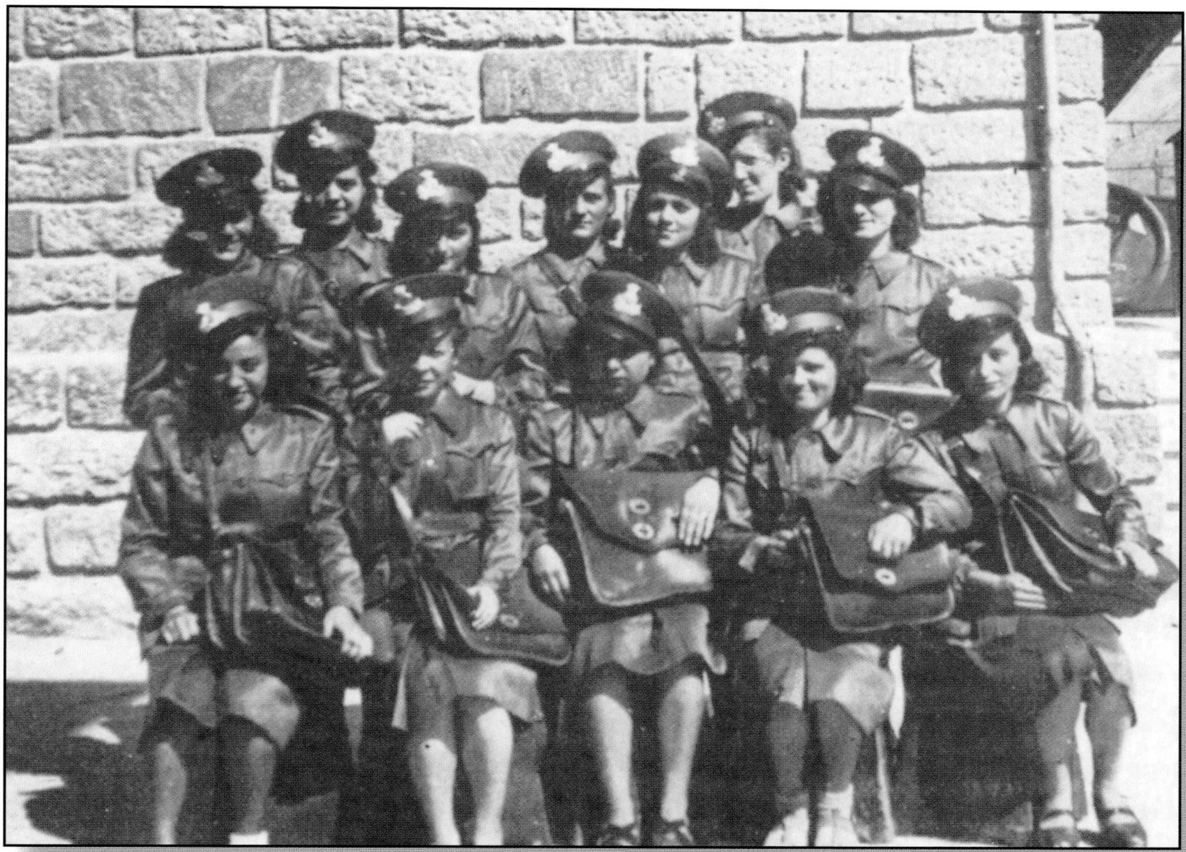

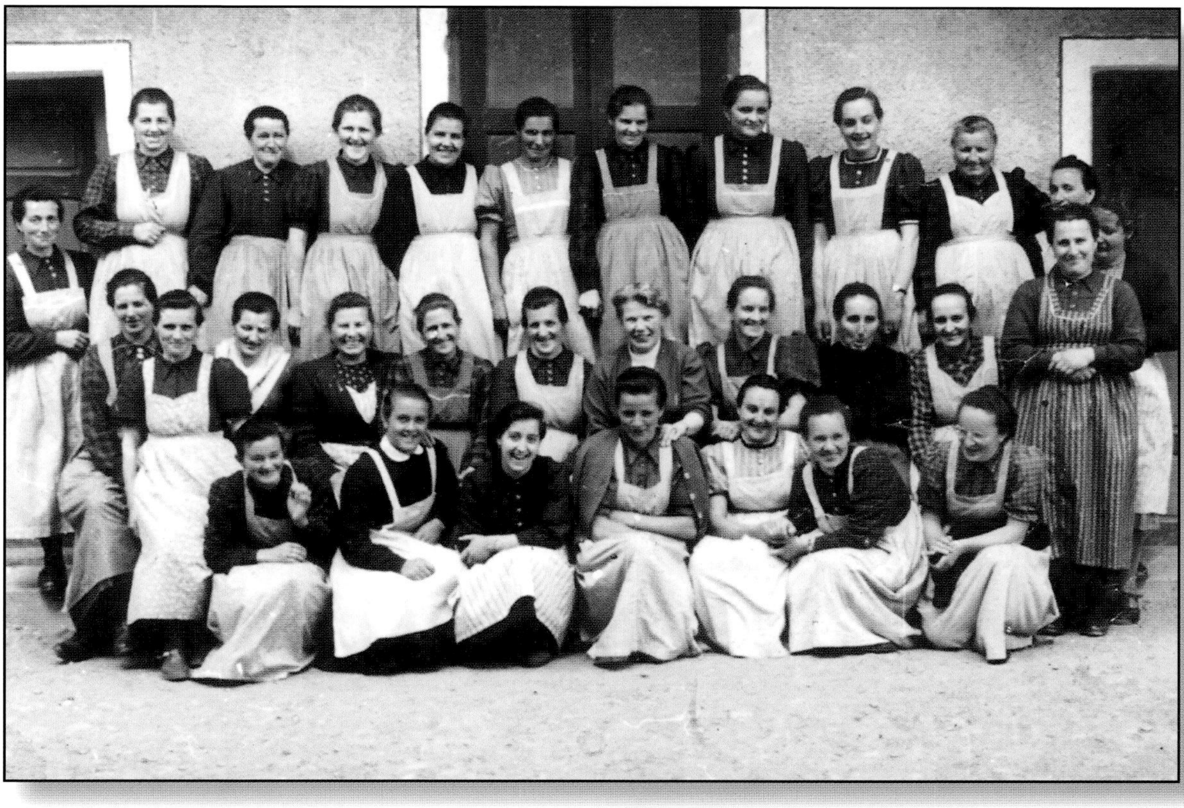

Das 20. Jahrhundert in Südtirol: **Konservative Erneuerung**

In den 50er Jahren entwickelten sich neue „feminine" Berufsbilder: Familienhelferin und Sozialassistentin, in der zeitgenössischen Diktion „Wohlfahrtspflegerin".

Die Berufstätigkeit verheirateter Frauen, zumal von Müttern, war lange Zeit mehr geduldet als befürwortet: In Italien konnte eine Frau aufgrund ihrer Heirat bis 1964 fristlos gekündigt werden, auch konnte der Mann eine Kündigung seiner Frau erwirken. Mitte der 50er Jahre zog ein neues, „amerikanisches" Frauenideal auf: Die sich in ihrem technisierten Haushalt sicher und schnell bewegende Frau, die trotz Berufstätigkeit ihrem Mann alle Wünsche von den Lippen abliest und die Kinder in geduldiger Zuneigung zu aufrechten Menschen erzieht. So steht in der Athesia-Zeitschrift „Die Frau" 1955 zu lesen: „Einen besonderen Ruf (…) genießt die Amerikanerin. Obwohl sie meist berufstätig ist, versteht sie es, Mann und Kinder gut zu versorgen, ihren Haushalt tadellos zu führen und überdies noch gepflegt auszusehen."

… und Marilyn Monroe

Gleichzeitig erfuhr der Frauenkörper in der sich entwickelnden Konsumgesellschaft eine nachhaltige Sexualisierung, von der Ehefrauen nicht ausgespart blieben. Zwar war die Moral der 50er Jahre extrem konservativ – 1958 wurden in Italien auf der Grundlage der Legge Merlin die Bordelle geschlossen, auch das beliebte Freudenhaus in der Gerbergasse in Bozen fiel diesem Kampf gegen die Promiskuität zum Opfer. Gleichzeitig machte sich aber eine zaghafte Enttabuisierung der Sexualität breit, die Frauen zwar sexuelles Empfinden – vornehmlich im Dienste männlicher Wünsche und Phantasien – zubilligte, andererseits aber ein neues, sexualisiertes und vor allem verallgemeinertes Frauenbild ausprägte. Zum materiellen Inbegriff dieser Entwicklung wurde der zweiteilige Badeanzug: 1946 wurde der Bikini vom französischen Modeschöpfer Louis Réard der Weltöffentlichkeit präsentiert. Bis 1960 war das knappe Kleidungsstück im Brixner Schwimmbad ausdrücklich verboten.

Auch die Ehefrau hatte nun in der von Massenmedien und vor allem dem Kino (Audrey Hepburn, Doris Day) geschaffenen Vorstellungswelt sexuell anziehend und verfügbar zu sein, während sich für die Männer zum adretten und vertrauenswürdigen Heiratsanwärter und Ehemann (Gregory Peck, Cary Grant) ab 1955 der jugendliche „Halbstarke" (Marlon Brando, James Dean, Elvis Presley) als richtungsweisendes Rollenbild gesellte.

Eine konkrete Ausprägung erfuhr die Sexualisierung des Frauenkörpers in den auch in Südtirol boomenden Miss-Wahlen: Jeder Ort, jede Stadt, jeder Berufszweig bekam seine eigene Miss. 1952 erlebte Meran, am Pferderennplatz und im Kursaal, die Miss-Italia-Wahlen. Den Einfluß des Kinos auf das Schönheitsideal belegt die Tatsache, daß parallel zu jeder Miss auch eine „Miss Cinema" gewählt wurde. So nahm 1958 nicht nur die „Miss Bozen" (Erika Haller) an den Ausscheidungen zur Miss-Italia-Wahl teil,

Teilnehmerinnen am Wettbewerb „Die ideale Ehefrau" in Meran, 1958. Ehefrauen aus ganz Italien kamen „nach der Passerstadt", schrieb „Die Illustrierte Woche", „auch hier ging es um die Wahl einer ‚Königin' – aber ohne Badekostüm und Scheinwerfer. Die ideale Ehefrau muß ihren Titel mit anderen Gaben erringen als dem Naturgeschenk schöner Frauen und graziöser Bewegungen". Zur „Sposa d'Italia 1958" wurde Tebe Dazzi aus Genua gekürt, die 1942 neunzehnjährig einen italienischen Soldaten heiratete und sich, als ihr Mann nach dem deutschen Einmarsch 1943 als verschollen galt, auf die Suche nach ihm machte und den Verletzten nach Hause zurückbrachte

Urania-Handarbeitskurs für „zukünftige Hausfrauen", 1958

„Miss Italy" 1958 Elisabeth Rota aus Meran

sondern auch die „Miss Cinema Bozen" (Helene Steinbacher). Auf nationaler Ebene tagten ständige Kommissionen für die „Miss Europa"-, „Miss World"- und „Miss Universum"-Wahlen. 1958 wurde Italien bei den „Miss Europa"-Wahlen in Istanbul von der Meranerin Elisabeth Rota vertreten.
Während Mutter Teresa (1910–1997) in Kalkutta die Kongregation „Missionarinnen der Liebe" gründete (1950), ließ Marilyn Monroe (1926–1962) erstmals alle Hüllen fallen. Die Notiz und die Aktbilder der blonden Schönheit auf einem Kalender gingen 1952 durch die Weltpresse. Im selben Jahr feierte Brigitte Bardot ihr Filmdebüt und begann ihre steile Karriere als Sex-Symbol. 1959 bedankte sich ein Südtiroler Familienvater bei der „einzigen Südtiroler Illustrierten", der „Illustrierten Woche", daß sie es „zweifellos bewusst vermieden hat, durch die Veröffentlichung anstössiger Fotos halb- oder sogar dreiviertelentkleideter Damen in Grossformat eine gewisse Leserschicht anzuziehen, wie es sonst leider üblich ist." Dadurch könne man die Zeitung auch den Kindern überlassen, „ohne befürchten zu müssen, dass sie an ihrer Seele Schaden nehmen". („Die Illustrierte Woche", 11. Januar 1959)

Auftakt zum Schlankheitskult

Marlis M. stellte 1958 der „Frauenberaterin" der Illustrierten Woche, Brigitte Selva, brieflich folgende Frage: „Wie kann ich mich, als 20jähriges, vollschlankes Mädchen, 158 cm gross, ein bisschen nett kleiden?" Die Antwort: „Da Abmagerungskuren Ihnen anscheinend gesundheitlich nicht zuträglich sind, raten wir Ihnen lieber, vollschlank zu bleiben. (…) Allerdings eines sollten Sie verhüten: Ihr Gewicht noch weiterhin zu steigern! Versuchen Sie es zumindest zu halten. Essen Sie viel frisches Obst und Gemüse, sorgen Sie für regelmässigen Stuhlgang. Vermeiden Sie, so gut es geht Pasta asciutta und weisses Brot, fette Saucen und Schlagsahne." („Die Illustrierte Woche", 31. August 1958)

Kirche in modernen Zeiten

Die Kirche verlor in einer zunehmend mobilen Gesellschaft ihre traditionelle Rolle als Kontrollinstanz. Die Gründe lagen nicht nur in der Arbeitsmigration ins Ausland, in der Abwanderung in Städte und größere Ortschaften, sondern auch in der Modernisierung der Lebensstile. Trotzdem wollte sie ihren Einfluß auf das Verhalten des einzelnen und die kollektive Moral keinesfalls preisgeben. Im Gegenteil, Modernisierung, Materialisierung der Lebenswelt und Konsumgesellschaft stellten sie vor eine neue Aufgabe. Bischof Joseph Gargitter bemerkte anläßlich einer Studientagung der Südtiroler Hochschülerschaft 1957: „Auch unser Volk und Land (sind) hineingestellt in die der heutigen Zeit eigenen Gefahren und Zeiterscheinungen, die bei uns dann selbstverständlich eine eigene Färbung und Tongebung erhalten. Wenn also die Kirche heute in der Auseinandersetzung steht mit dem Materialismus, dem Liberalismus, dem Naturalismus und wie sie sonst alle diese modernen „Ismen" heißen, so wissen wir, daß wir auch bei uns in diesen Zeiterscheinungen die geistige Auseinandersetzung zu suchen haben. (…) Nunmehr strömt der Geist der großen Welt (…) in unsere Städte, Täler und Dörfer und findet Menschen, die häufig nicht vorbereitet sind, oder besser, die dringend reif gemacht werden müssen für die geistigen Auseinandersetzungen. (…) Es ist kein Zweifel, daß eine materialistische Lebensauffassung sehr rasch zur Versteppung und zum Untergang unserer Berghöfe und Bergdörfer führen würde und daß die stärkste Kraft unseres Volkes, das gesunde Bauerntum, einen tödlichen Stoß bekäme durch den Verlust der religiösen Schau des Lebens. Die Gefahr ist nicht zu unterschätzen: die Sucht zu verdienen, rasch zu Geld zu kommen, das Verlangen, zu genießen und die Vorteile des städtischen Lebens mitzumachen und das Verlangen genügend, möglichst viel freie Zeit zu haben: diese Dinge kehren ein beim Bergbauern und, rein materialistisch gesehen, ist er dumm, wenn er sich diese Vorteile entgehen läßt; er verläßt den Hof und geht in die Fabrik. (…) Der Fortschritt, in sich zu begrüßen und selbstverständlich nach Kräften zu fördern, bedeutet für den Bauern eine Gefährdung, der man begegnen und die man überwinden muß: Der Eindruck, daß die Maschine vom Herrgott unabhängiger macht: mehr Fortschritt, weniger Religion. Auch für das Vorhandensein dieser Gefährdung könnten genügend Beispiele und Symptome genannt werden (wir brauchen keinen Herrgott mehr, wir haben jetzt die Berieselung!). Darüber hinaus hält der praktische Lebensmaterialismus seinen Einzug in unser Volk durch eine großaufgezogene Vergnügungsindustrie, die in ihren verschiedenen Erscheinungsformen – vom Sportgötzen bis zur sittlichen Ausgelassenheit – den Menschen fast völlig gefangenzunehmen droht."
Die kirchliche Haltung zur Modernisierung war von tiefgreifender Ambivalenz geprägt: Die Amerikanisierung der Lebensführung, die Konsum- und Massengesellschaft, die keine klaren Hierarchien mehr kannte, wurde zwar als diametraler Gegensatz des christlichen Ideals von Askese/Keuschheit und Demut abgelehnt, die Notwendigkeit gesellschaftlicher Entwicklung als wirksames Mittel gegen die Armut jedoch erkannt.

„Einkehrtag" für Frauen im Benediktinerkloster Muri-Gries in Bozen, Ende der 40er Jahre

Folgende Seiten: Vor den Baracken im „Loretoviertel" in Bozen, November 1959

Neue Gemeindehäuser in der Virglstraße in Bozen, November 1953

Barackenlager in der Postgranz in Meran, dahinter Volkswohnbauten, Mitte der 50er Jahre

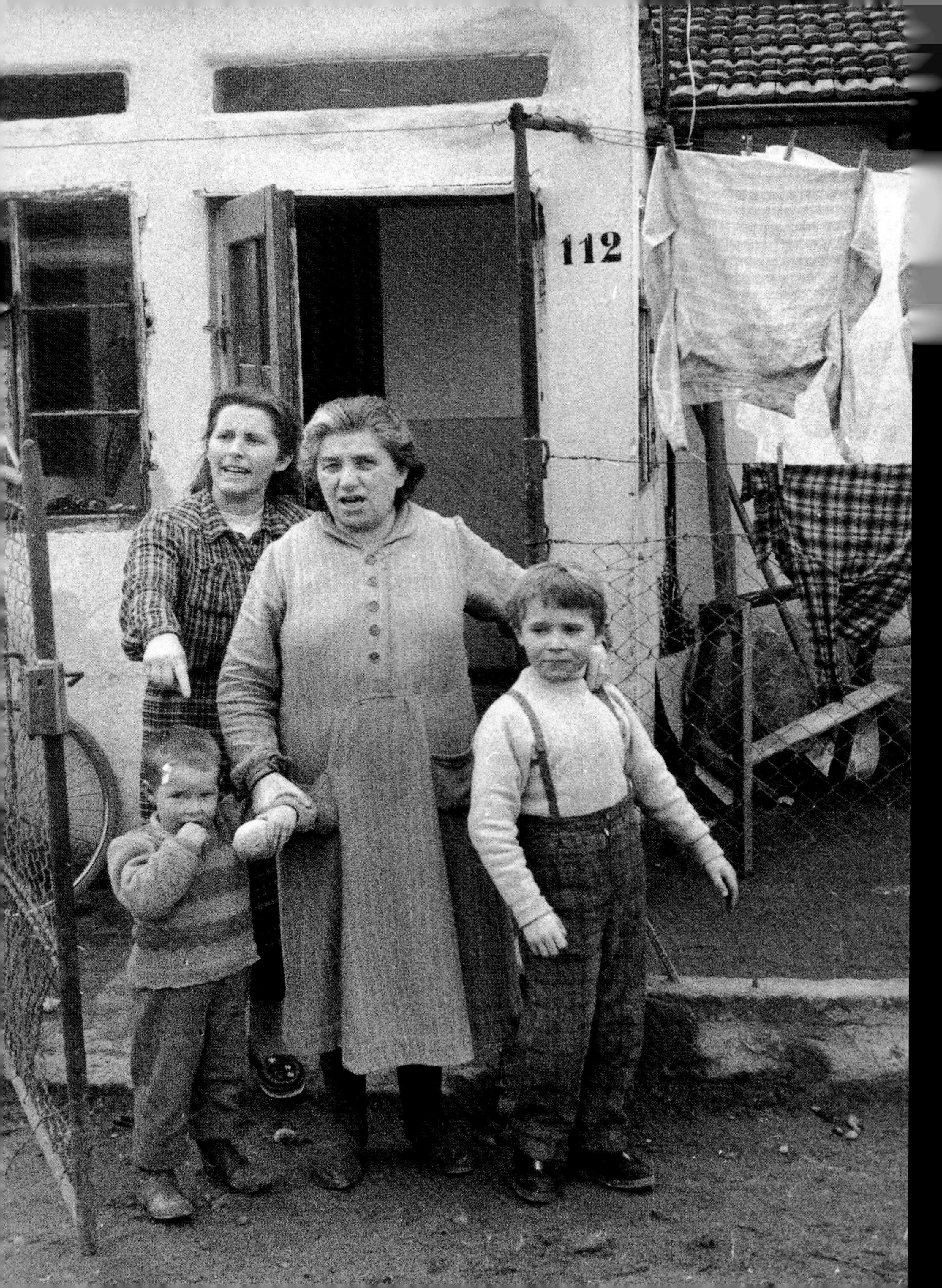
112

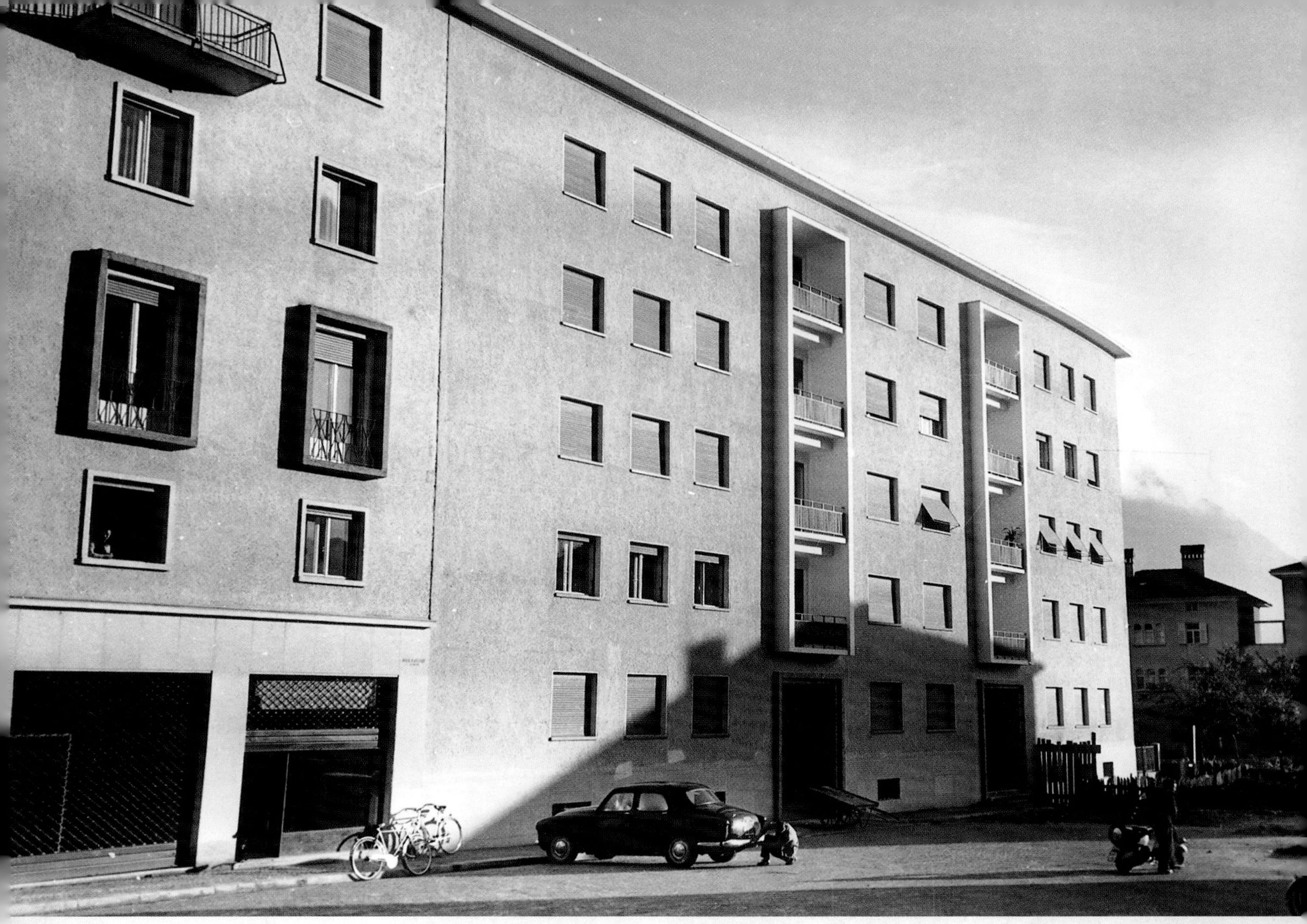

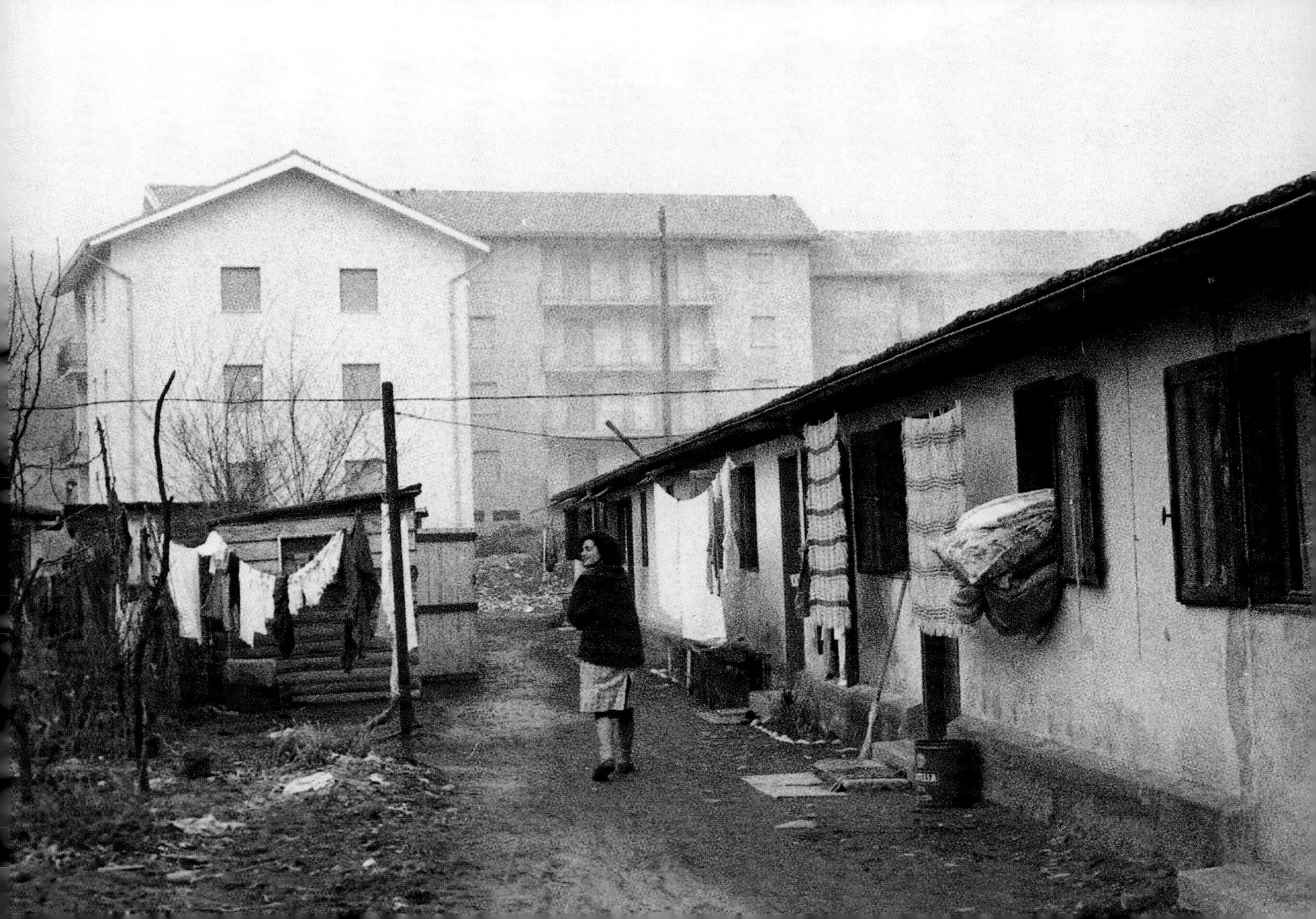

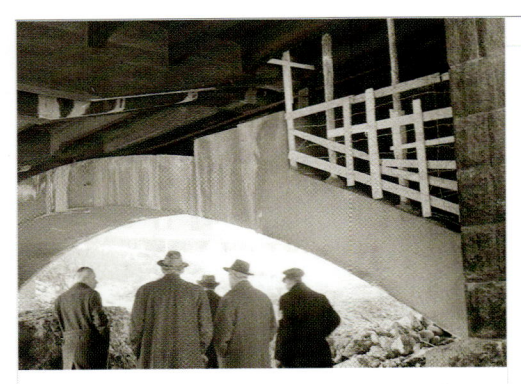

Das 20. Jahrhundert in Südtirol: **Konservative Erneuerung**

Vertreter der Landesverwaltung und der Gemeindeverwaltung Bozen beim Lokalaugenschein hier an der verbarrikadierten Notunterkunft unter der Drususbrücke, 1959

Anhaltender Aufschwung

„Die Stadt ist ein einziger Stein- und Zementhaufen bis zu den Ufern der Flüsse. Auf den Trümmern der bombengeschädigten Bauten entstehen Wohnhäuser, Hotels, öffentliche Einrichtungen, die es zur Deckung der Bedürfnisse der sich entwickelnden Stadt braucht. Die intensive Bautätigkeit wird Bozen ein schöneres Aussehen verleihen, wobei die Spuren der lokalen Tradition unberührt bleiben werden. Bozen, die Grenzstadt, erfüllt würdevoll ihre Aufgabe, die unverkennbaren italischen Tugenden (‚spiccate virtù italiche') im Bereich der Arbeit und der Gastfreundschaft zu vertreten, im Respekt für die sich im Laufe der Jahrhunderte herausgebildete Zivilisation und für die fortwährenden Bevölkerungsverschiebungen." Einleitung zur Informationsschrift der Gemeinde Bozen.

Wohnungsnot und Eigenheim

Eines der größten Probleme der Nachkriegszeit war parallel zu den Migrationsströmen die Wohnungsnot. In den Städten, insbesondere im kriegszerstörten Bozen, war die Wohnungssituation prekär, zahlreiche Familien lebten in Notbehausungen und überfüllten Räumen. So schrieb der „Alto Adige" im Jänner 1948: „Über 4.000 Familien sind bei uns noch ohne Unterkunft, leben auf Dachböden, in Kellerräumen und Baracken, manchmal auch in Löchern wie die Höhlenmenschen oder unter Brücken."

Trotz heftigster politischer Auseinandersetzungen um diesen zentralen Aspekt des Zuwanderungsproblems, der Rückoption und hemmender Probleme auf dem Bausektor wurde in den 50er Jahren einiges zur Linderung der Wohnungsnot getan. Staatliche Bauprogramme kamen vor allem in Bozen und Meran zum Zug. In Bozen entstand in den 50er Jahren das Don-Bosco-Viertel, in Haslach und am Bozner Boden wurden die Rückoptantenhäuser und andere Volkswohnbauten errichtet.

Der Großteil der Bautätigkeit auf dem Wohnbausektor entfiel jedoch auf private Initiativen. Sie erreichte 4/5 des gesamten Bauvolumens, wobei aber Private und Genossenschaften mit öffentlichen Geldern gefördert wurden. 1952 trat das erste Wohnbauhilfegesetz, 1962 das Kleinsparergesetz in Kraft. Das Eigenheim wurde bereits in den 50er Jahren zum für viele realisierbaren Lebensziel, von politischer Seite als sozial-stabilisierender Faktor unterstützt. Der Südtiroler Trend von der Mietwohnung hin zur Eigentumswohnung war eingeleitet: Während 1951 noch mehr Wohnungen vermietet als von den Eigentümern selbst benutzt wurden (52,6 Prozent), waren es 1961 nur mehr 50,4 Prozent, und die Tendenz blieb fallend (1991: 27 Prozent).

Insgesamt stieg die Anzahl der Wohnungen von 72.670 (1951) auf 92.347 (1961), wobei sich bereits in den 50er Jahren ein Trend hin zur größeren Wohnung beobachten läßt: Der Anteil der Drei- bis Fünfzimmerwohnungen an den gesamten Neubauwohnungen betrug 1951 59 Prozent, 1961 67 Prozent. Während 1951 noch 13 Prozent der Bevölkerung in Ein- und Zweizimmerwohnungen lebten, waren es 1961 nur noch 10 Prozent. Parallel dazu sank die Wohndichte, das heißt die durchschnittliche Anzahl der in einer Wohnung (ohne Berücksichtigung der Größe) lebenden Menschen kontinuierlich: von 4,8 1951 auf 4,2 1961 (zum Verleich: 1999 2,7 Prozent).

Trotzdem zog sich die Wohnungsnot als Dauerproblem bis weit in die 60er Jahre hinein. Noch 1961 gab es 4.088 überbelegte Wohnungen (1951: 6.342), die von 31.144 Südtirolern, 9 Prozent der ansässigen Bevölkerung, bewohnt wurden. In diesen überbelegten Wohnungen teilten im ländlichen Raum im Durchschnitt 3 Personen ein Zimmer, im städtischen Arbeitermilieu 2,7 Personen. 1961 lebten in Südtirol noch immer knapp 2.500 Personen in notdürftigen Baracken, Kellern, Magazinen und dergleichen; die meisten davon in Bozen.

Doch die Wohnungsnot äußerte sich nicht nur in mangelndem und zu kleinem Wohnraum, sondern auch in mangelnder Wohnqualität. Über 20.000 Wohnungen hatten 1951 noch keine Trinkwasserleitung, bei mehr als 30.000 befand sich die Toilette außerhalb der Wohnung, und nur etwas mehr als 10.000 Wohnungen verfügten über ein Bad. Eine Heizung hatten selbst 1961 nur knapp 17.000 Wohnungen in Südtirol, während bereits knapp 90.000 über einen Stromanschluß verfügten, rund ein Drittel davon nur zu Beleuchtungszwecken.

Die Verheißungen der 50er
Auf dem Weg zur Konsumgesellschaft

Die Devise der Nachkriegszeit hieß zunächst noch Genügsamkeit, Arbeit am eigenen, persönlichen Glück, im Bewußtsein zum allgemeinen Wiederaufbau und Wohlstand beizutragen. Mit wachsendem Wohlstand aber gesellten sich zu den Bestandteilen des kleinen Glücks (Familie, Arbeit, Eigenheim) die „Verheißungen der 50er Jahre" – Motorrad, Kleinauto, Einbauküche, Waschmaschine, Nylonstrümpfe, Fernseher, Freizeit und Urlaub. Die „Verwestlichung" des Alltags erfolgte parallel zur schleichenden Amerikanisierung der Lebensbilder über Film und Kino, über dieses „Accessoire". „Warum haben wir kein Auto?" titelt die Zeitschrift „Die Frau" 1955 einen Artikel mit dem Untertitel „Aus einem amerikanischen Tagebuch", in dem die Kinder ihren Vater anflehen, doch ein Auto zu kaufen. Der Vater begründet die Absage mit dem finanziellen Argument: Er und die Mutter hätten es vorgezogen, Kinder zu kriegen, als allein im Auto herumzufahren. Und abschließend: „Wenn Gott will, daß wir eins haben sollen, dann bekommen wir schon eins."

Mit fortschreitender Konsumorientierung verbreitete sich unter den Jugendlichen in ersten Ansätzen ein neues Lebensgefühl, das der Devise folgte: „Arbeite, um zu leben und nicht umgekehrt". Damit stellten sie sich in krassen Gegensatz zur Moral der Selbstaufopferung der Elterngeneration, mit der diese Krieg und Wiederaufbau gemeistert hatte. In der sich abzeichnenden nivellierten Mittelstandsgesellschaft verlagerte sich ein Teil der sozialen Konflikte von der Klassenzugehörigkeit zu den Generationen, wobei in Südtirol der ethnische Kampf noch dominierte und beides dämpfte.

Modernes Wohnen

Rasant verbreitete sich in den 50er Jahren eine neue Vorstellung vom modernen Wohnen. Zu ihr gehörten die funktionale Einbauküche, sanitäre Anlagen, Heizung und Wohnzimmerpolstersessel. Besonders attraktiv waren die neuen Symbole technischen Fortschritts: Waschmaschine, Kühlschrank, Tiefkühltruhe, Elektroherd, Staubsauger, Radio, Plattenspieler und Fernseher.

Eine erste Variante der Einbauküche war bereits in den 20er Jahren als „Frankfurter Küche" entwickelt worden: Um die Arbeitsschritte der Hausfrau zu rationalisieren, wurden die Küchenschränke fugenlos verbunden und mit einer Arbeitsplatte versehen, Herd und Kühlschrank eingepaßt. Nach dem Krieg hielt die funktionale Arbeitsküche, die „Schwedenküche" oder „amerikanische Küche", als moderne Nachfolgerin der Wohnküche Einzug in den Wohnungsbau.

Im sozialen Wohnungsbau waren sogar Standardgrößen für die neue Kleinküche vorgesehen (6,5 m^2) – wer es sich jedoch finanziell leisten konnte, zog bei einer Neuanschaffung eine Kombination aus funktionalen Einbauschränken und wichtigen Elementen der Wohnküche vor, so den Holzherd (meist neben Elektro- oder Gasherd), großer Tisch und Eckbank.

Werbeanzeigen und Gespräche mit Zeitzeuginnen lassen darauf schließen, daß die neuen Küchenerrungenschaften samt Elektrogeräten Mitte der 50er Jahre in Südtiroler Wohnhäusern Eingang fanden. Sie wurden zum Statussymbol des neuen Wohlstandes, von dem viele noch lange Zeit unberührt blieben – über 2.300 Haushalte hatten 1961 noch keinen Stromanschluß, in mehr als 32.600

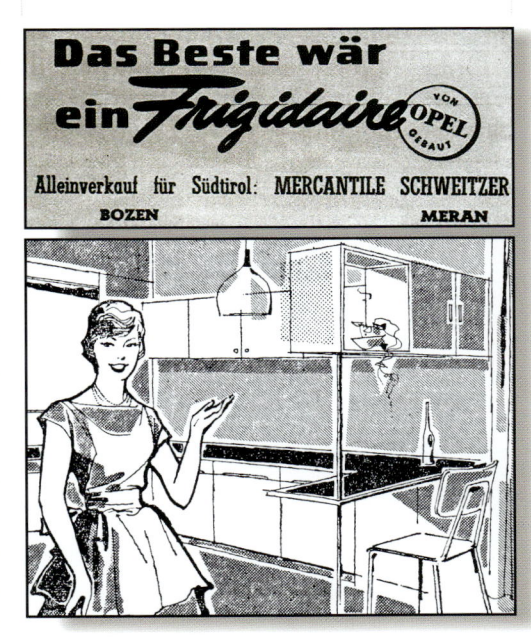

Das erste Grammophon in Latzfons, am Roathof 1952

Kühlschrankwerbung in der „Illustrierten Woche", 1958

Werbung für die Einbauküche im „Alto Adige", 1959

diente er nur für die Beleuchtung. Auch Fernsehen war bis weit in die 60er Jahre hinein das Privileg einer Minderheit. Trotzdem wurde der Fernseher – neben der Einbauküche – zum Leitmöbel des modernen Hauses, obwohl er nur für einen Bruchteil der Südtiroler Haushalte bereits erschwinglich, bzw. die Ausstrahlung zugänglich war. Radioprogramme à la Tante Annis „Kinderecke", „Das Radio am Dorfplatz" oder „Die moderne Frau" von Sofia Magnago bildeten den bescheidenen Einstieg in die künftige Medienwelt.

Neue Heimeligkeit und verstärkte Mobilisierung bildeten dabei keinen Widerspruch, sondern eine kohärente Koalition: Das Fernweh wurde über Fernsehen und Film geweckt, und beide waren große Leistungsanreize. Mehr Arbeiten und mehr Verdienen eröffneten große Chancen: das Träumen nach Feierabend im Polstersessel, das Sonnenbad im Sommer in Rimini.

Massen – Motorisierung – Mobilität

Fahrzeuge in der Provinz Bozen				
	1952	1953	1955	1956
Motorräder	2.397	2.378	15.628	18.305
Autos	4.031	4.619	6.730	8.087
Kleintransporter	509	587	1.002	1.112
LKWs und Traktoren	2.764	2.816	3.264	3.314
Autobusse	75	84	97	117

Quelle: Bozen 1957

Der Vorreiter der Motorisierung der Massen in der Nachkriegszeit war frech und spritzig. Im Frühjahr 1946 wurde ein Motorrad präsentiert, das das italienische Lebensgefühl wesentlich prägen sollte: die Vespa. Sie kostete nur 80.000 Lire, weniger als ein Drittel des populären FIAT-Kleinwagens Topolino. Die Vespa war eines der wenigen erfreulichen Resultate der Kriegsproduktion: Der Motor war von Piaggio als Startaggregat für Kriegsflugzeuge konstruiert worden und ließ sich nahtlos für das Kleinmotorrad adaptieren. Bereits 1947 folgte ein weiterer Klassiker der Motorisierung auf zwei Rädern: die Lambretta. Zwischen Vespa und Lambretta entzündete sich ein harter Konkurrenzkampf um den ersten Platz auf dem Sektor der Motorroller. Bereits 1948 zirkulierten in Italien 159.449 Motorräder; dies war aber erst der Vorgeschmack der künftigen Massenmotorisierung: Von 465.576 (1949) sprang die Zahl auf 1.823.516 (1953: dreimal soviel wie Autos), 1954 waren es mehr als zwei Millionen, 1957 mehr als drei Millionen. Obwohl deutlich unter dem nationalen Durchschnitt, stieg auch die Motorisierung der Region Trentino-Südtirol schnell an, wobei der Motorroller überwog: 1951 kam ein Auto auf 123 Einwohner und ein Motorrad auf 77 Einwohner, 1952 waren es bereits ein Auto auf 97 und ein Motorrad auf 52 Einwohner. 1964 überstieg dann in Italien die Anzahl der Autos erstmals jene der Motorräder.

Das Dienstauto des Assessorats für Landwirtschaft, 1956

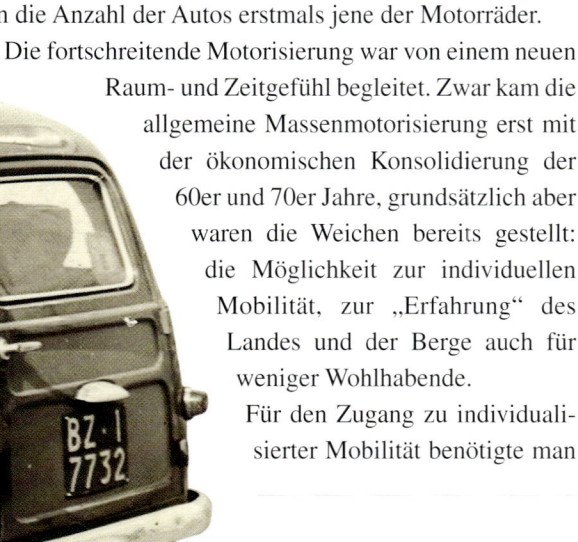

Die fortschreitende Motorisierung war von einem neuen Raum- und Zeitgefühl begleitet. Zwar kam die allgemeine Massenmotorisierung erst mit der ökonomischen Konsolidierung der 60er und 70er Jahre, grundsätzlich aber waren die Weichen bereits gestellt: die Möglichkeit zur individuellen Mobilität, zur „Erfahrung" des Landes und der Berge auch für weniger Wohlhabende.

Für den Zugang zu individualisierter Mobilität benötigte man nicht unbedingt ein eigenes Fahrzeug. Vor allem in den Dörfern entwickelte sich ein informelles System der Leihgabe für Fahrten in die Stadt, Behördengänge oder Arztbesuche; Anhalter wurden in der Regel anstandslos mitgenommen. Bis weit in die 60er Jahre hinein hatten im ländlichen Bereich oft nur jene Familien in der Nachbarschaft ein Auto, die einen Angehörigen auf Arbeit im Ausland hatten, dessen Einkommen den Kauf eines Autos ermöglichte.

Die Zukunft gehört dem Auto

Die Politik fügte sich zunehmend dem boomenden Individualverkehr, obwohl die meistgenutzten Fortbewegungsmittel immer noch der Zug und die wenigen noch bestehenden Straßenbahnen waren. Aber die Zukunft gehörte – nicht zuletzt infolge des motorisierten Fremdenverkehrs – dem Auto. Das Straßennetz wurde im ganzen Land ausgebaut, sämtliche Großprojekte bestanden lange vor ihrer Realisierung auf dem Papier: Die Brennerautobahngesellschaft wurde 1959 gegründet, die Schnellstraße Meran-Bozen stand bereits 40 Jahre vor ihrer Verwirklichung zur Diskussion.

In Bozen wurden Weichen für die künftige Verkehrsentwicklung gelegt: Parallel zum Wohnbau blühte der Straßenbau: Zwischen 1955 und 1960 entstanden die Etschlandstraße, die Perathoner-, die Horaz-, Amba-Alagi-, die Duca-d'Aosta-, die Cesare-Battisti-, die Sassari- und Parmastraße und das Straßennetz in Haslach. 1948 entschied sich die Stadtverwaltung gegen die Reaktivierung der Straßenbahn und für den Aufbau eines städtischen Busnetzes: Die SASA (Società Atesina Servizi Automobilistici) erweiterte ihre Dienstleistung Mitte der 50er Jahre um die Linie 4 (Leifers und Branzoll), 6 (Kardaun und Waidbruck) und 8 (Terlan und Nals) und die „Tourismuslinie" Meran-Bozen. 1961 wurde der Autobusbahnhof in der Perathonerstraße in Betrieb genommen. Es entstanden die Brücke zum Bozner Boden, die Loretobrücke und die Virglvariante (1962).

Doch die Zukunft gehörte nicht nur den Zwei- und Vierrädern, auch das Flugzeug beflügelte die Phantasie der Planer. Der Ausbau des Bozner Flughafens war bereits 1958 im Gespräch, „Flughafen der Dolomiten und des Gardasees" nannte sich das ambitionierte Projekt, das eine 1800 Meter lange Rollbahn, Zufahrtspisten, Abstellplätze und eine Flugstation vorsah und – noch vierzig Jahre danach für Zündstoff sorgen sollte.

Motorisierte Teilnehmer der vom Circolo Universitario Cittadino organisierten Schatzsuche, Bozen September 1951

Der Waltherplatz in Bozen in den 50er Jahren

Das 20. Jahrhundert in Südtirol: **Konservative Erneuerung**

Fest in einem Kalterer Weinkeller, 1955

Ball im Hotel Greif in Bozen, 1957

Vespa-Ausflug auf die Mendel, 1950

Genuß der freien Zeit

Die Veränderungen der Wirtschafts- und Sozialstruktur hatten entscheidenden Einfluß auf die Zeitwahrnehmung und -gestaltung: Freizeit wurde für immer mehr Südtiroler zur neuen intensiven Erfahrung und rückte gegen Ende des Jahrzehnts ins Zentrum der entstehenden Konsumgesellschaft. Zwar gibt es für Südtirol und die Region keine Zahlen zur durchschnittlichen freien Zeit im Tages- und Jahreslauf, der Wandel der Berufsstruktur, der Rückgang der Landwirtschaft und die Zunahme des Dienstleistungssektors lassen zumindest den Schluß zu, daß Freizeit nun für viele zu einer stärker konturierten Zeiteinheit wurde. Es sank zwar die Arbeitszeit, aber es wurde nicht unbedingt weniger gearbeitet. Fixe Arbeitsstunden hatten straffere Zeitrhythmen zur Folge und setzten mehr Zeit für individuelle Lebensgestaltung frei. Im saisonal extrem arbeitsintensiven Tourismus führte dies zu schwer lösbaren Problemen, da zur Hochsaison das Bedürfnis nach dem freien Sonntag oder kürzeren täglichen Arbeitszeiten kaum erfüllbar war.

Der Trend im Bereich der Freizeitgestaltung ging grundsätzlich in Richtung Individualisierung. Der Rückzug ins Private, das häusliche Glück im Eigenheim, der Sonntagsausflug mit Picknick, das Fernsehen, das Kino lösten viele Südtiroler aus der engen Bindung an die Ortsgemeinschaft heraus. Die 50er Jahre waren aber auch, zumal im ländlichen Raum, von einem neuen Gemeinschaftsgefühl geprägt. Ein überbordender Vereinssinn lockte die Menschen in die Öffentlichkeit. Nach dem Ende faschistischer und nationalsozialistischer Vereinnahmung entfaltete sich das Vereinswesen zu neuer, noch nie erlebter Blüte: Musikkapellen, Volkstanzgruppen, Chöre und Heimatbühnen, Freiwillige Feuerwehren und Schützen, Katholische Jungschar und Jugend, Katholische Frauen- und Männerbewegung, Bauernbund und Bäuerinnen, Alpenverein und Sportvereine schossen aus dem Boden. Dabei bedeutete Vereinswesen neben Vorstandssitzungen und einer mühsamen Programmfolge mit wachsendem Wohlstand auch immer mehr gemeinsame Ausflüge und Festveranstaltungen.

Gerade der Sport stiftete neuen Zusammenhalt unter Aktiven und Zuschauern sowie unter den Sprachgruppen: Zwar waren viele deutschsprachige Südtiroler Fans der deutschen Fußballnationalmannschaft oder von Bayern-München, das italienische Fußballfieber, Stars wie Fausto Coppi und das Totocalcio – die ersten *schedine* wurden am 5. Mai 1946 noch vor der Entscheidung für die Republik verteilt – gingen aber auch an ihnen nicht spurlos vorüber. Zunehmend wirkten sich auch das Mitwirken und die Erfolge Südtiroler Spitzensportler in den italienischen Nationalmannschaften zusammenführend aus, auch wenn die Atmosphäre im Lokalsport von ethnischem Antagonismus geprägt war.

Wohlfahrt hat Hochkonjunktur
Die Schattenseiten der Aufbaugesellschaft

„Alles Leben ist abgewandert in Baukästen, neue Not mildert man sanitär." So scharf kommentierte die österreichische Schriftstellerin Ingeborg Bachmann bereits 1957 die Schattenseiten der Aufbaubeglückung. Die Nachkriegsgesellschaft entwickelte eine neue Aufmerksamkeit für soziale und gesundheitliche Probleme. Internationale Umsetzung erfuhr diese Tendenz in der Gründung der Weltgesundheitsorganisation (WHO) der Vereinten Nationen am 4. April 1948 in Genf.

Bevor jedoch die von Bachmann angesprochenen Widersprüche der Wohlstandsgesellschaft ins allgemeine Bewußtsein rückten, war man mit der Bewältigung der Folgen des Krieges beschäftigt. Das 1948 errichtete Assessorat für Sozialfürsorge und Gesundheitswesen in der Provinz Bozen, das lange Zeit beharrlich und nicht untätig auf Durchführungsbestimmungen des Autonomiestatuts in sämtlichen Bereichen wartete, errichtete ein „Provinzlaboratorium für Hygiene und Prophylaxis" und eine „Betreuungsstelle für Tbc-Bekämpfung". Die „Volkskrankheit" Tuberkulose hatte während des Krieges und in den schwierigen Nachkriegsverhältnissen sprunghaft zugenommen: „Zum ersten Mal seit einem Jahrhundert ist die Tuberkulose jetzt Europas Mörder Nr. 1", schrieb die „New York Times" im April 1947. Prekäre Wohnverhältnisse, knapper Wohnraum und mangelnde Hygiene, die körperliche Schwäche von Kriegsheimkehrern und Flüchtlingen waren die Auslöser. Noch 1952 traten in Bozen 25 Fälle von Tuberkulose-Erkrankungen auf. In den 50er Jahren kam jedoch ein wirksames Antibiotikum gegen die verschiedenen Tuberkuloseformen auf den Markt, womit der Krankheit der Todesnimbus endgültig genommen war.

Das „Provinzlaboratorium für Hygiene und Prophylaxis" nahm sich auch eines anderen Nachkriegsproblems an, das, wie im Tätigkeitsbericht der Region 1953–1956 zu lesen ist, „nach dem Krieg eine beträchtliche sozialwirtschaftliche Bedeutung angenommen hatte": die psychischen Krankheiten. Während die öffentliche Hand „Geisteskranke" und „Schwachsinnige" noch unter die Kategorie „Fürsorge und Wohlfahrtspflege" und nicht „Gesundheit" einreihte, hielt die Psychopharmakatherapie als medikamentöse Behandlung seelischer Leiden mit der Entwicklung von „Chlorpromazin" als erstem Neuroleptikum 1952 Einzug in die Psychiatrie.

Versicherung für alle

Großbritannien setzte bald nach Kriegsende eine hohe Latte: 1946 wurde der „National Health Service Act" ausgearbeitet, das Gesetz zur Verstaatlichung des Gesundheitswesens. Seit 1948 in Kraft, sah es die allgemeine staatliche Pflichtversicherung vor, die allen Bürgern und Bürgerinnen Schutz insbesondere im Krankheitsfall gewährte und alle sozialen und medizinischen Dienstleistungen, einschließlich medikamentöser Versorgung, zahnärztlicher Betreuung, Schwangerenvorsorge und Geburtshilfe, unentgeltlich zugänglich machte.

In Italien mahlten die staatlichen Mühlen zwar erheblich langsamer, trotzdem setzte sich die soziale Absicherung angesichts einer starken Kommunistischen Partei und einer der christdemokratischen Regierungspartei nahestehenden sozial-engagierten Kirche langsam durch. 1947 wurde die allgemeine Unfall-, Kranken- und Invaliditätsversicherung für Arbeiter und Arbeiterinnen und das

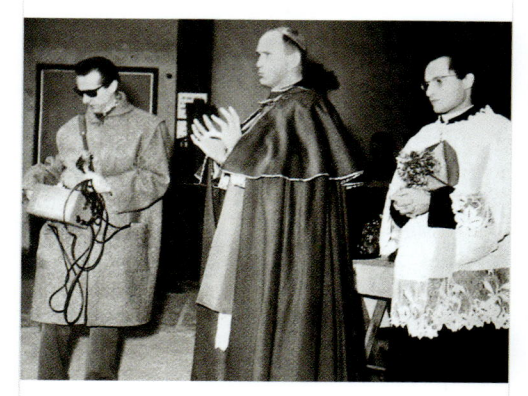

Weihbischof Heinrich Forer bei der Einweihung der Blutbank in Cortina d'Ampezzo, deren Mitbegründer er war. Unter dem Motto „Blutspender sind Tatchristen" engagierte er sich auch persönlich als Blutspender. In den 50er Jahren begann sich die Welt an den Gedanken „fremder Körper" im eigenen Leib zu gewöhnen: 1950 wurde in Chicago die erste erfolgreiche Nierentransplantation durchgeführt und in Frankreich die ersten künstlichen Hüftgelenke eingesetzt. Acht Jahre später wurde in Stockholm der erste Herzschrittmacher implantiert

Recht auf Arbeitslosenunterstützung verfassungsrechtlich verankert. Mit der Reform der Pensionsversicherung 1952 wurden die Renten erstmals nach den Beitragsleistungen, das heißt nach Versicherungsjahren bemessen, womit sich die ausbezahlten Beträge um das Sechsundfünfzigfache von 1939 erhöhten.

Da es im übrigen Italien noch keine allgemeine Pflichtversicherung gab, wurde die Selbstverwaltung der Krankenkasse ins Erste Autonomiestatut aufgenommen. 1954 wurden die „Wechselseitigen Landeskrankenkassen von Trient und Bozen" eingeführt. Die von den Betroffenen selbst verwaltete „Wechselseitige Landeskrankenkasse Bozen" ist seither Träger der allgemeinen Kranken- und Mutterschaftsversicherung in Südtirol.

1955 folgte die Krankenversicherung der Landwirte, 1956 jene der Handwerker, in den folgenden Jahren auch die Invaliditäts-, Alters- und Pensionsversicherung für beide Berufsgruppen und die Krankenversicherung für Kaufleute.

Staat und Kirche gegen soziale Not

Während die soziale Absicherung der Erwerbsbevölkerung im Laufe der 50er Jahre große Fortschritte machte, blieb die Sozialhilfe ein Stiefkind der Gemeinden. In Südtirol gewährten nur die größeren Gemeinden – Bozen, Meran, Brixen, Bruneck und Sterzing – in Härtefällen finanzielle Hilfen, Bedürftige kleinerer Gemeinden wurden nach traditionellem Muster in „Altersheimen" untergebracht. Mit dem Aufbrechen der Solidargemeinschaft „Haus" zugunsten der Kleinfamilie, vor allem infolge des wirtschaftlichen Strukturwandels, wurden gerade im ländlichen Raum zahlreiche Arbeitskräfte freigesetzt, die ohne soziale Absicherung waren.

Region und Provinz führten neben den Krankenhäusern auch „Anstalten für erwerbsunfähige Greise" und solche „für gewöhnliche Minderjährige", sprich Waisenkinder. Der Bereich der Kleinkinderfürsorge stützte sich weiterhin auf das ONMI, das staatliche Hilfswerk für Mutter und Kind.

Die Caritas bildete Familienhelferinnen aus und vermittelte sie an Familien in Notsituationen

Die Kirche, bereits traditionell in der Wohlfahrtspflege engagiert, wandte sich in der Nachkriegszeit in großem Stil der sozialen Not zu. Im Dezember 1946 wurde die Diözesancaritas durch Bischof Geisler in Brixen gegründet, im März 1950 durch den Erzbischof von Trient, Carlo de Ferrari, in Bozen. Primäres Ziel der Caritas war eine zentrale Koordinierung des kirchlichen „Liebeswerkes". Die Caritas setzte dort an, wo staatliche Hilfe zu kurz griff. Sie versorgte Notleidende mit Kleidung, Lebensmitteln und Geld und betreute lange Zeit auch Kriegsbedürftige in Deutschland und Österreich. Zudem organisierte die Caritas Schulausspeisungen, vermittelte Familienhelferinnen (von 1958 bis 1968 unterhielt sie eine Familienhelferinnenschule in Bozen) und widmete sich der Betreuung alter Menschen. Auch vermittelte sie schon früh Ferienaufenthalte für „kriegsgeschädigte" Kinder, insbesondere Optantenkinder, in Südtiroler Familien und organisierte Berg- und Meerkolonien in eigens angemieteten Heimen. Zur Bekämpfung der Wohnungsnot bot die Caritas Hilfe bei Ansuchen zum Bau von Eigenheimen und förderte Wohnbaugenossenschaften. Neben der Caritas als kirchlicher Dachorganisation in sozialen Fragen waren noch die Vinzenzkonferenzen und die Caritativen

Frauengruppen von einiger Bedeutung in der sozialen Fürsorge: Diese ehrenamtlichen Organisationen betreiben individuelle Armenunterstützung, führten Altersheime und Waisenhäuser, betreuten alleinstehende Frauen und kümmerten sich unter dem Schlagwort „Mädchenschutz" um Mädchen, die sich aus Berufs- oder Ausbildungsgründen außerhalb des familiären Schutzraumes befanden.

Das erste der 15 geplanten Gebäude des Kinderdorfes bei Brixen, 1958

Das Dorf der Kinder

Die „Südtiroler Kinderdorf Genossenschaft" wurde im November 1955 nach dem österreichischen Vorbild (Vater der Idee war der Österreicher Hermann Gmeiner) von kirchlich engagierten Südtirolern gegründet. Zwischen 1956 und 1965 entstanden elf Einfamilienhäuser auf einem Grundstück in Brixen, ein Verwaltungshaus, ein Gemeinschaftshaus und eine Dorfkirche. Leitidee des Kinderdorfprojekts war der Versuch, auch elternlosen Kindern ein Aufwachsen in familiärer Umgebung zu ermöglichen. Daneben war für das Südtiroler Kinderdorf auch die Vermittlung anderer Werte zentral, so „Glaube und Heimatliebe". Die Gründung des Südtiroler Kinderdorfes hatte nicht nur einen sozialen Aspekt, sondern auch einen „volkstumspolitischen": Deutschsprachige Südtiroler Waisenkinder sollten nicht in italienischen Heimen außerhalb der Provinz landen. Die elf Häuser wurden jeweils von neun bis zehn Kindern und einer „Mutter" bewohnt, die die Kinder idealtypisch durch Liebe, Zärtlichkeit, Geborgenheit und Vertrauen zu einer stabilen Existenz führen sollte. „Das Fehlen eines Familienvaters (ist) oft sogar von Vorteil, weil das Kind einem Mann besonders ablehnend gegenübersteht, den es meist als Vertreter einer ‚Autorität' kennt, die nicht selten zu primitiver Brutalität mißbildet ist." (Hans-Henning Andresen 1969 im Buch „Die freie Wohlfahrtspflege in Südtirol", S. 59.) Das Brixner Kinderdorf wurde zu einem Fünftel von Provinz und Region finanziert, der Rest der Gelder wurde über Spenden aus dem In- und Ausland aufgebracht.

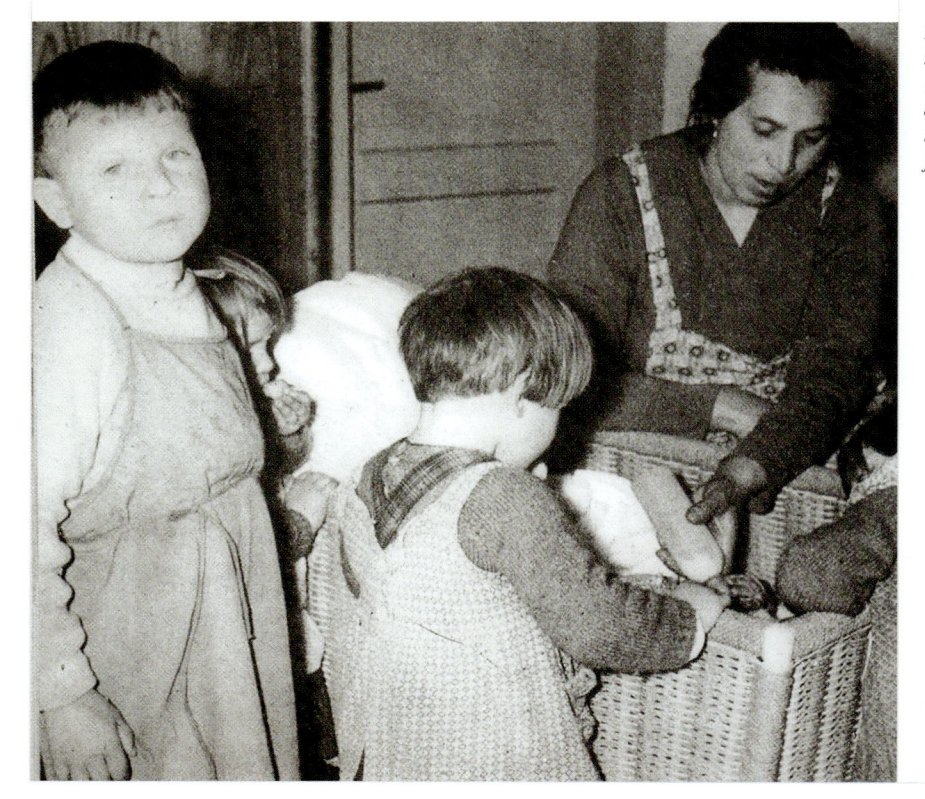

Eine Kinderdorf-„Mutter" mit Kindern. Der Kommentar der „Illustrierten Woche" zu diesem Bild: „Das Leben in einem Kinderdorf-Haus entspricht dem ‚normalen' Familienleben des Südtiroler Mittelstandes. Eine ‚Mutter' übernimmt die Pflege von jeweils neun Kindern."

9. Startbahn Wirtschaft

Südtirol auf dem Weg zu Wachstum und Wohlstand

Kriegerische Ereignisse bringen nicht nur Leid und Not, sie beschleunigen auch gesellschaftliche Veränderungsprozesse. Dies gilt besonders für den Zweiten Weltkrieg, wobei dessen Auswirkungen auf die Bevölkerungs- und Wirtschaftsstruktur Südtirols durch die **Umsiedlung** zusätzlich verstärkt wurden: Sie veränderten die ethnische Zusammensetzung wie die **soziale Schichtung** der Südtiroler Bevölkerung. Ihr ohnehin überbesetzter **bäuerlicher Anteil** wurde durch die Abwanderungen nur unzureichend entlastet und stellte bis in die 60er Jahre die zahlenmäßig stärkste gesellschaftliche und wirtschaftliche Gruppe in Südtirol.

Es wäre jedoch verfehlt, aus diesem numerischen Übergewicht etwa eine Rückständigkeit der Agrarwirtschaft abzuleiten. Vielmehr setzte in allen Bereichen des Primärsektors zunächst eine langsame, seit Mitte der 50er Jahre beschleunigte **Technisierung und Modernisierung** der Betriebe ein.

Diese Entwicklung wurde unmittelbar nach Kriegsende durch die Reorganisation selbständiger und unabhängiger Standes- und Interessenvertretungen eingeleitet und gefördert. So wurden etwa unter der Ägide der **Handels-, Industrie- und Landwirtschaftskammer** die traditionsreiche „Bozner Weinkost" wie auch die „Bozner Messe" wieder ins Leben gerufen.

Der durch überzogene Förderungsmaßnahmen der 30er Jahre überdimensionierte Industriesektor pendelte sich nach dem Zweiten Weltkrieg ohne Substanzverlust auf ein „normales" Niveau ein. Die **wirtschaftliche Stabilisierung** in den 50er Jahren schuf eine gute Auftragslage, wobei die Elektrizitätswirtschaft durch die anhaltende **Erschließung der Wasserkraft** der Industrie ungeheure Mengen an Energie zur Verfügung stellte. Die Wettbewerbsfähigkeit des heimischen Handwerks wurde durch eine Reform der Berufsausbildung und eine gesetzliche Regelung der Gewerbeausübung gestärkt.

Ende der 50er Jahre besaß die Südtiroler Wirtschaft eine solide Basis, um sicheren Schrittes ihren Weg nach oben fortsetzen zu können.

Obstsortiererinnen der Fedexpo in Auer, 1951

Sozialstruktur mit Turbulenzen
Sozio-ökonomische Auswirkungen von Krieg und Umsiedlung

Als im Herbst 1939 der Zweite Weltkrieg vom Zaun gebrochen wurde, hatten die Südtiroler gerade die Frage aufgezwungen bekommen, ob sie weiterhin in Italien bleiben oder nicht etwa der Annahme der deutschen Staatsangehörigkeit und einer damit verbundenen Abwanderung ins Deutsche Reich zustimmen wollten. Die damaligen Optionen ergaben eine überwältigende Mehrheit für eine Umsiedlung, wodurch ein bevölkerungspolitischer Aderlaß und ein massiver ökonomischer Substanzverlust für Südtirol zu befürchten war. Tatsächlich setzte allerdings nur ein geringer Teil seine bekundete Absicht zur Abwanderung in die Tat um, doch hat immerhin rund ein Drittel der Deutschlandoptanten in den folgenden Jahren Südtirol verlassen. Der Großteil von ihnen war unselbständig und gehörte dem Sekundärsektor an, wodurch sich die deutschsprachigen Angehörigen von Handwerk und Industrie in Südtirol um rund 67 Prozent verringerten, wogegen der bäuerliche Sektor einen Bevölkerungsverlust von nur etwa 10 Prozent erlitt. Am meisten schrumpfte jedoch der Anteil der in der Hauswirtschaft tätigen Bevölkerung, und zwar um etwa drei Viertel. Die Zahl der Beschäftigten im Handel nahm um rund ein Viertel ab und jene im Gastgewerbe um 40 Prozent.

Die Umsiedlungsaktion beraubte somit die Provinz Bozen eines Großteils ihrer deutschsprachigen Arbeitnehmer und Arbeitnehmerinnen, die rund 85 Prozent der Abgewanderten stellten. Sie wirkte dadurch wie eine „soziale und berufliche Amputation", wodurch sich die „tirolische Gruppe zwischen Brenner und Salurn auf die primitive Form einer fast ausschließlich agrarischen Gesellschaft zurückentwickelte" und die „ihrem zivilisatorischen Niveau entsprechende interne Arbeitsteilung und Gliederung mit einem Schlag eliminiert war" (Claus Gatterer). Die Folgen für die Südtiroler Wirtschaft waren allerdings keineswegs so gravierend, wie die Sicht auf die sozialen und beruflichen Veränderungen der deutschsprachigen Bevölkerung vermuten ließ. Vielmehr wurde die überbesetzte Landwirtschaft durch Abwanderung und Kriegsdienstleistungen der bäuerlichen Bevölkerung auch entlastet, was aber keineswegs als Rechtfertigung von Umsiedlung und Krieg verstanden werden soll. Damit wurde jedoch der seit Mitte der 30er Jahre zu beobachtende Prozeß einer tendenziellen Reagrarisierung der Südtiroler Bevölkerung zusätzlich gebremst. Während nämlich der Beschäftigtenstand des Agrarsektors in den österreichischen Regionen des Alpenraumes von 1934/36 bis 1951 zwischen 8 und fast 13 Prozent, im Trentino sogar um mehr als 15 Prozent schrumpfte, verringerte sich die bäuerliche Bevölkerung Südtirols im gleichen Zeitraum gerade einmal um knapp 2 Prozent.

Sonderfall Industrie

Eine weitaus stärkere Reduzierung ist jedoch im Industrie- und Gewerbesektor feststellbar, dessen Anteil am personellen Gesamtvolumen der Berufstätigen 1951 um 6,6 Prozentpunkte geringer ausfiel als noch 1936.
Die Entwicklung in beiden Sektoren ist ebenso bemerkenswert wie sonderbar. Während der Anteil der Landwirtschaft überall schrumpfte, blieb er in Südtirol relativ stabil; während der Sekundärsektor in den Nachbarregionen des In- und Auslandes allenthalben zunehmend deutlicher die Wirtschaftsstruktur prägte, verlor er in Südtirol seit Mitte der dreißiger Jahre tendenziell an Bedeutung. Diese gegenläufigen Entwicklungen sind keine Spezifika für die italienischen Landesteile, zumal das Trentino sich ähnlich entwickelte wie die österreichischen Bundesländer, sondern eine reine Südtiroler Besonderheit.
Im Hinblick auf den Sekundärsektor ist auffallend, daß in Südtirol nach dem Ersten Weltkrieg eine stürmische Aufwärtsentwicklung stattfand, die alle anderen Regionen des Alpenraumes in den Schatten stellte. Verantwortlich dafür war die staatlicherseits forcierte Industrialisierung, die mit der Errichtung der Bozner Industriezone Mitte der dreißiger Jahre die Südtiroler Wirtschaftsstruktur einschneidend verändert hat. Damals sorgte das faschistische Regime dafür, daß zahlreiche Unternehmer ihre Industriebetriebe in Südtirol ansiedelten und damit Arbeitsmöglichkeiten für Tausende von zuwandernden Arbeitskräften schufen. Der relativ hohe Beschäftigtenstand an Industriearbeitern konnte auch während der Kriegsjahre aufrechterhalten werden, zumal zahlreiche Betriebe mit Rüstungsaufträgen ausgelastet waren. Die solcherart voranschreitende Expansion des Industrie- und Gewerbesektors wurde insgesamt allerdings durch eine verhältnismäßig hohe Abwanderungsquote an Umsiedlern eingeschränkt, zumal ja knapp 40 Prozent von ihnen dem Sekun-

Im Lancia-Werk in Bozen, Oktober 1946

Heuernte in Gmund bei Auer, 1946/47

Hausmeister Grödner Hotels, Anfang der 50er Jahre

VOLETE LA SALUTE??
BEVETE
FERRO-CHINA-BISLERI
BISLERI
RATHAUS
PANIFICIO
BÄCKEREI
P

därbereich angehört hatten. Und auch in der Industriezone selbst änderte sich mit dem Ende von Krieg und Faschismus die Situation, als die Auftragslage sich verschlechterte und die staatlichen Vergünstigungen zunächst wegfielen. Die Zukunft der Industriezone lag somit nach Kriegsende im ungewissen, die Folge davon waren ein Beschäftigungsrückgang im Sekundärsektor bis zum Beginn der 50er Jahre und eine Verringerung seines Anteils an der Gesamtwirtschaft. All diese Faktoren bedingten gleichzeitig den relativ stabilen Prozentsatz der in der Landwirtschaft Berufstätigen; sie verschleierten aber auch das tatsächliche Ausmaß des Schrumpfungsprozesses im Agrarsektor.

Stabilisierung des gesellschaftlichen Gefüges

Die Verringerung des Beschäftigtenanteils in der Landwirtschaft setzte sich in den 50er Jahren fort, allerdings in „normalen" Bahnen und in etwa der gleichen relativen Größenordnung wie im Bundesland Tirol, wo er von 1951 bis 1961 um 11,6 Prozent, südlich des Brenners um 12 Prozent sank. Zu Beginn der 60er Jahre wies Südtirol mit zirka 31 Prozent an bäuerlicher Bevölkerung im Vergleich zu den benachbarten Alpenregionen in Österreich den stärksten agrarischen Charakter auf, was angesichts ausgedehnter Wein- und Obstbaukulturen nicht verwunderlich ist. Die beiden anderen Wirtschaftssektoren besaßen in den 50er Jahren ähnliche Zuwachsraten wie Nord- und Osttirol oder das benachbarte Trentino und beschäftigten 1961 rund 28 Prozent der Berufstätigen in Industrie und Handwerk bzw. etwa 41 Prozent im Dienstleistungssektor.

Umsiedlung und Krieg setzten im Hinblick auf die wirtschaftliche Zugehörigkeit der Bevölkerung in Südtirol einen in der Zwischenkriegszeit deutlich erkennbaren und „künstlich" vorangetriebenen Prozeß fort, der sich im Vergleich zu anderen Alpenregionen gegenläufig entwickelte und in einer relativen Stagnation im Agrarbereich, einer übermäßigen Zunahme der Industriearbeiterschaft und einer tendenziellen Abnahme der im Dienstleistungssektor Beschäftigten zum Ausdruck kam. Mit dem Ende der bevölkerungspolitischen Zwangsmaßnahmen und staatlichen Eingriffe in die Südtiroler Wirtschaftsstruktur setzte eine Trendumkehr in den einzelnen Sektoren ein; die Entwicklung lief fortan in etwa parallel zu jener in den Gebieten nördlich des Brenners wie in der Region südlich der Salurner Klause.

Wirtschaft im Krieg

„Der Zweite Weltkrieg traf die Wirtschaft der Provinz Bozen in einer Verfassung, die, wenn auch nicht geradezu blühend, so doch unzweifelhaft günstiger war als die in zahlreichen anderen Teilen des Landes. So konnte sie sich" – wie die Bozner Handels-, Industrie- und Landwirtschaftskammer 1949 feststellte – „auch nach dem Krieg wieder verhältnismäßig rasch erholen, zumal unsere Bevölkerung, wie anerkennend festgestellt werden muß, es verstand, diesen Prozeß durch ungesäumte Wiederherstellung der früheren Wirtschaftsbeziehungen wirksam zu beschleunigen." Der angesprochene „Erholungsprozeß" war deshalb notwendig, weil die italienische Autarkiepolitik bis zum Ende des Faschismus sowie kriegswirtschaftliche Notwendigkeiten bis 1945 die landwirtschaftliche und industrielle Produktion maßgeblich bestimmten. Rüstungsaufträge hielten in der Bozner Industriezone die Maschinen am Laufen, Hörndl- und Körndlbauern blieben ebensowenig auf ihren Erzeugnissen sitzen wie die Wein-

Mitarbeiter der „Obsterzeuger Genossenschaft Brixen" vor dem „letzten Waggon 1947/48", zweiter von links stehend der Geschäftsführer Peter Hafner

Gegenüberliegende Seite: Kriegsschäden in der Bozner Altstadt, Ende der 40er Jahre

Von Bombardierungen verwüstete Obstwiesen nahe der Albeinser Eisenbahnbrücke bei Brixen bei Kriegsende

und Obstproduzenten, obwohl seit der deutschen Besetzung Lebensmittel rationiert und meist nur auf Karten zu erhalten waren, die Bauern Abgabeverpflichtungen von landwirtschaftlichen Erzeugnissen unterlagen und Preisfestsetzungen einen freien Handel nahezu vollständig ausschlossen. Aber nicht nur die Verteilung der Versorgungsgüter war der deutschen Verwaltung unterworfen, auch die landwirtschaftliche Produktion sollte die durch den Krieg angespannte Ernährungssituation im Deutschen Reich durch erhöhte Anstrengungen verbessern helfen. Um dies zu erreichen, riefen Bauernführer in den einzelnen Bezirken dazu auf, alle Kräfte in diesem Sinne zu mobilisieren, gaben bei diversen Versammlungen etwa praktische Erntetips und wiesen „auf die unbedingte Notwendigkeit der Erzeugungssteigerung" hin. Diese könne „nur durch den Einsatz aller Kräfte und die totale Ausnützung jedes Grundstückes erreicht werden", wobei „unter Hinweis auf die Vernichtungsabsichten" der Feinde die in der Heimat verbliebenen Bauern an ihre Verpflichtung „zu restlosem Einsatz in der Erzeugungsschlacht" erinnert wurden.

Vor einem solchen Hintergrund konstituierte sich im Sommer 1944 die „Obstgenossenschaft Brixen", die einzige Genossenschaftsgründung in Südtirol während des Krieges, der sich seit September 1943 auch unmittelbar und nachhaltig auf die Infrastruktur und Wirtschaft des Landes auswirkte. Zahlreiche Bombardierungen vor allem entlang der Brennerbahnlinie forderten Tote und Verletzte, führten zu Zerstörungen von Gleisanlagen und Bahnhöfen, schonten weder Kirchen noch Wohngebäude und legten Fabrikshallen in Schutt und Asche. So erhielt in den letzten Kriegstagen die Baumwollspinnerei St. Anton in Bozen einen Bombentreffer, bei dem auch ein Arbeiter getötet wurde. Feldfluren mit Obstbeständen und Rebstöcken wurden ebenfalls verwüstet, vor allem in der Nähe von strategischen Zielen wie etwa der Albeinser Eisenbahnbrücke. Deren Umgebung sah wie eine Mondkraterlandschaft aus, in der bei Kriegsende kein Apfelbaum mehr stand und auch ein Obstbauer sein Leben lassen mußte.

Insgesamt hielten sich die materiellen Schäden in Südtirol durch Kriegseinwirkungen in Grenzen, die immerhin behoben werden konnten, während es für Schmerz und Leid sowie Not und Verzweiflung keine Reparaturmöglichkeiten gibt.

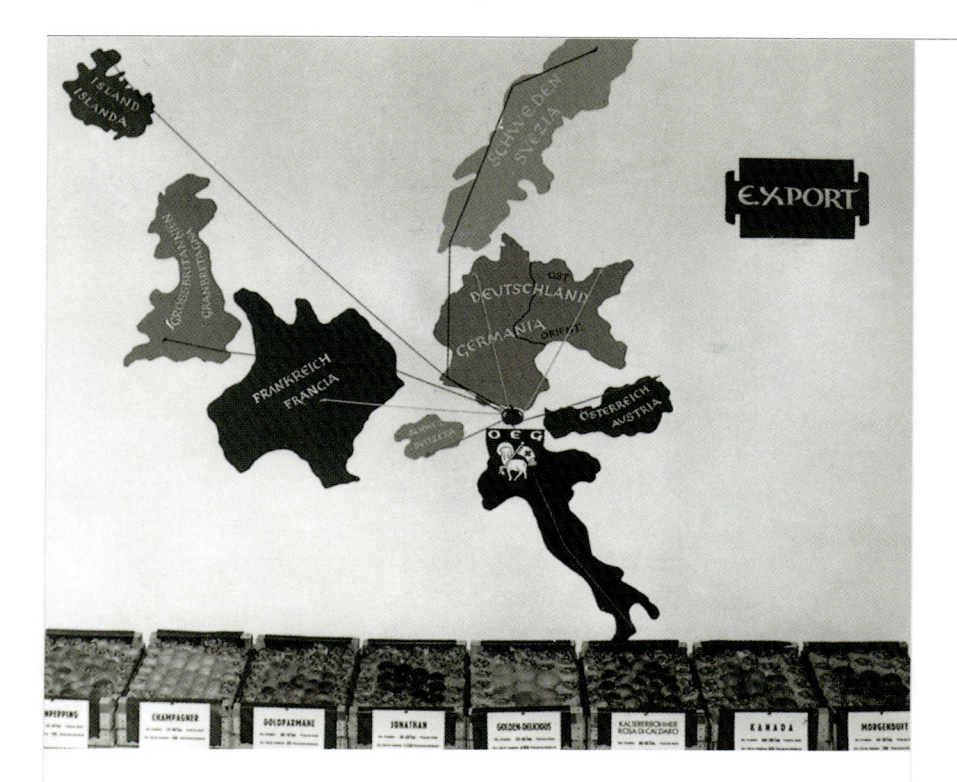

Von der Autarkie zur Selbständigkeit
Die Wiederauferstehung der Handelskammer

Das Ende von Faschismus und Nationalsozialismus schuf auch für die Südtiroler Wirtschaft Freiräume, die nach Kriegsende zu füllen waren. Bereits im September 1944 wurden die Provinzialwirtschaftsräte und Wirtschaftsämter aufgehoben und durch die „Betreuungsstelle der gewerblichen Wirtschaft" als Dienststelle des Obersten Kommissars der Operationszone Alpenvorland ersetzt.

Deren Aufgaben übernahm nun die wiedererrichtete Handels-, Industrie- und Landwirtschaftskammer Bozen, deren leitende Organe mit einem vom Provinzialkommissar der Alliierten Militärregierung genehmigten Präfektursdekret ernannt wurden. Sie traten Anfang Juni 1945 ihr Amt als oberste Wirtschaftsbehörde der Provinz in den Räumen des Merkantilgebäudes in Bozen an und förderten in der Folgezeit maßgeblich die Überleitung einer Autarkie- bzw. Kriegswirtschaft in eine selbständige, an liberalen Prinzipien orientierten Marktwirtschaft.

Schwierigkeiten ergaben sich hierbei sehr bald deswegen, weil die Preise in der Provinz Bozen bzw. der Operationszone Alpenvorland während des Krieges keine wesentlichen Erhöhungen erfahren hatten, so daß sich Südtirol nach Kriegsende auf einem Preisniveau befand, das deutlich unter dem im übrigen Italien lag, wo der Inflationsprozeß viel weiter fortgeschritten war. Hierdurch kam es im Frühjahr 1945 zu einem Zulauf von Gelegenheitshändlern und Spekulanten, die in Südtirol Waren zu niedrigen Preisen einkauften und am italienischen Binnenmarkt absetzten, wo die Preise kontinuierlich anstiegen. Solcherart gingen vor allem Holz, Pappe, Rohhäute und teilweise auch Obst in großen Mengen außer Landes, fehlten aber zur Deckung des eigenen Bedarfs. Darüber hinaus wurde der Wiederaufbau etwa der von Kriegseinwirkungen schwer geschädigten Stadt Bozen dadurch erheblich behindert. Dazu kamen Schwierigkeiten, notwendige Rohstoffe aus dem Ausland zu erhalten, weshalb die Bewirtschaftung etwa von Treibstoffen für den Autoverkehr und die Industrie, von

Apfelsorten und Exportziele der Brixner Obstgenossenschaft in den 50er Jahren

Stand der Region Trentino-Südtirol auf der Messe in London, 1954

Das neue Gebäude der Südtiroler Sparkasse auf dem Waltherplatz in Bozen, 50er Jahre

Markt auf dem Siegesplatz in Bozen, um 1948

festen und flüssigen Brennstoffen, Bereifungen für PKWs, Motor- und Fahrräder, von Eisen, Zement, Leder, Seife, Schuhen usw. erforderlich wurde. Teilweise wurden solche Maßnahmen erst 1948 wieder aufgehoben.

Handel bringt Wandel

Die Vielfalt der wirtschaftlichen Probleme der Nachkriegszeit erforderte Einfallsreichtum, Improvisationskunst und Durchsetzungsvermögen. Vor allem galt es, Handelsbeziehungen in Gang zu setzen, für die heimische Obst- und Weinproduktion Absatzmärkte zu erschließen und Exportgeschäfte anzubahnen sowie Material- und Versorgungsengpässe im Land durch Warenimporte zu beseitigen. Abnehmerländer für den Südtiroler Wein waren traditionell die Schweiz, Deutschland und Österreich, wobei die beiden letzten sowie die skandinavischen Staaten auch sehr viel Obst importierten. Mit Kriegsende verschwand jedoch der deutsche und österreichische Markt, und auch die vormaligen Abnehmer im Norden Europas konnten wegen massiver Transportschwierigkeiten nicht beliefert werden.

Vom Tauschgeschäft zu Handelsbeziehungen

In dieser Lage gründeten Obsthändler, Kaufleute und Vertreter der Bozner Handelskammer noch im Frühjahr 1945 einen Kompensationsausschuß, über den Austauschbeziehungen mit dem Ausland hergestellt wurden. Hierbei wurden wegen der unterschiedlichen Preisentwicklung verstärkt Kompensationsgeschäfte angestrebt, bei denen heimische Waren gegen notwendige und gleichwertige Waren getauscht werden sollten. Allerdings stießen im Außenhandel solche Austauschformen auf Schwierigkeiten, zumal erst entsprechende Kontakte mit Geschäftspartnern in der Schweiz oder Österreich hergestellt und geeignete Gegenwaren gefunden werden mußten. Doch bereits wenige Wochen nach Kriegsende rollten die ersten Eisenbahnwaggons und Lastwagen voller Obst aus Südtirol über die Grenzen, worauf eine Menge von Gütern insbesondere für das Baugewerbe nach Südtirol gelangte, die ansonsten auf andere Märkte abgelenkt worden wären.

In den letzten fünf Monaten des Jahres 1945 wurden solcherart Lieferungen im Wert von rund 250 Millionen Lire allein in die Schweiz getätigt, von wo Schädlingsbekämpfungsmittel, Zuchtvieh, Käse, Bekleidung sowie Maschinen für die Landwirtschaft, Mühlen- und Textilindustrie bezogen wurden. Im gleichen Zeitraum beliefen sich die Ausfuhrwerte nach Österreich auf rund 120 Millionen Lire, wofür ebenfalls Maschinen sowie Holz, Faserplatten, Zellstoff, Kupfervitriol, graues Zuchtvieh, Obststeigen, Viehsalz, Zigarettenpapier und verschiedene andere Waren eingeführt wurden. Auf den Ausfuhrlisten standen vor allem Obst und Gemüse, Pulpen und Fruchtsäfte, Most, Essig und Wein.

Der Weinexport lief aber erst in den letzten Wochen des Jahres 1945 an, und zwar in die Schweiz, wofür noch die Genehmigung der Alliierten Militärregierung notwendig war. Am 1. Januar 1946 kehrte Südtirol jedoch wieder vollkommen unter italienische Verwaltung zurück, und wenige Monate später wurde der Außenhandel über das Provinzialamt für Handel und Industrie, ein Außenamt des Industrie- und Handelsministeriums mit Sitz in Bozen, abgewickelt, der durch die nach und nach wiederhergestellten Verkehrswege und neuorganisierten Transportmittel eine wesentliche Erleichterung technischer bzw. logistischer Art erfuhr. Bis 1948 hatte sich die Lage in vielfacher Hinsicht normalisiert, zumal zahlreiche Märkte wieder offenstanden, so die Schweiz, Österreich sowie bis 1948 auch die CSR, zu denen im gleichen Jahr die Bizone, das ist die 1949 gegründete Bundesrepublik Deutschland, als wichtiger Exportmarkt kam und sich England – erstmals in der Südtiroler Geschichte – für die Aufnahme heimischer Äpfel öffnete. So mancher Waggon rollte bald auch wieder nach Frankreich und in die skandinavischen Länder, wo Südtirol ebenfalls in sehr gutem Ruf stand. Die ausgeführten Waren waren wie eh und je im wesentlichen Wein und Erzeugnisse des Obst- und Gemüsebaus, aber auch gewerbliche Produkte, wie etwa Grödner Schnitzwaren, chemische Produkte, Wolle und anderes mehr.

Der Kompensationstausch wich – ohne gänzlich aufzuhören – mehr und mehr den Reziprozitätsgeschäften oder gar dem Freihandel, wobei sich die einzelnen Exporteure zunehmend zu Fachgruppen vereinigten und die jeweiligen Interessen im Außenhandel wirksam vertraten. Solcherart entstanden der Fruchtverband, der „Verband der Obsterzeugergenossenschaften" (VOG), die zusammen mit dem Verband der Kellereigenossenschaften und dem Weinhändlerverband allesamt einen wichtigen Faktor auf dem Gebiet der regionalen Wirtschaftspolitik darstellten.

Das „Accordino"

Eine grenzüberschreitende Zusammenarbeit zur Erleichterung des Warenaustausches stellte der am 1. März 1949 zwischen Italien und Österreich geschlossene und am 12. Mai von der römischen Abgeordnetenkammer approbierte Vertrag dar, der eine wirtschaftliche Sonderregelung zwischen den Bundesländern Tirol und Vorarlberg auf der einen Seite und den Provinzen Trient und Bozen bzw. der Region Trentino-Alto Adige auf der anderen Seite zum Inhalt hatte. Dieses am 1. Juli 1949 in Kraft getretene sogenannte „Accordino" stützte sich auf den Artikel 3d des Pariser Vertrages, wonach ein präferenzieller Handelsverkehr für charakteristische Waren zwischen den beiden Grenzgebieten vereinbart werden sollte.

Das Accordino regelte den begünstigten Austausch bestimmter aus den beiden Regionen stammender Waren und Erzeugnisse, die in beigefügten Listen wert- und mengenmäßig festgelegt und in die Kategorien „A" und „B" eingeteilt wurden. Unter „A" wurden diejenigen Güter angeführt, deren Einfuhr zwar der Entrichtung von Grenzgebühren (Zoll, Umsatzsteuer usw.) unterlagen, die aber lediglich eine Genehmigung (Lizenz) von der Regional- statt der Zentralbehörde benötigten, wohingegen „B"-Waren Lizenz- und Gebührenfreiheit genossen. Die Kontingentlisten wurden regelmäßig den veränderten Erfordernissen angepaßt.

Bis Ende 1959 wurden auf der Basis dieses Abkommens aus der Region Trentino-Südtirol vor allem Obst, Wein, Gemüse sowie andere landwirtschaftliche Produkte und Wollerzeugnisse im Wert von fast 11,3 Milliarden Lire, davon knapp 2,1 Mrd. zollfrei, ausgeführt, während im gleichen Zeitraum Importe von jenseits des Brenners im Werte von rund 10,6 Milliarden, davon etwa 2,2 Mrd. Lire zollfrei, ins Land kamen. Sie bestanden hauptsächlich aus Schnittholz, Zucht- und Nutzvieh, Kupfervitriol, Holzerzeugnissen und landwirtschaftlichen Produkten.

Der Präsident der Bozner Handelskammer Walter von Walther im Gespräch mit Bischof Gargitter, 1956

Wetterleuchten

„Die ersten Nachkriegsjahre hatten einen ausgesprochen günstigen Einfluss auf die Wirtschaft unserer Provinz, da die Inflation, mit der durch sie entstehenden grosszügigen Deckung jeglicher Anschaffungs- und Erzeugungskosten, als treibende Kraft im Handel und in der Landwirtschaft wirkte. Obst, Kartoffeln, Wein, Bauholz, Zuchtvieh, um nur die wichtigsten unserer Landesprodukte zu nennen, fanden mühelos Absatz im Inland wie im Ausland, erzielten dabei sehr günstige Preise und belebten eine rege Handelstätigkeit. Es war jedoch offensichtlich, dass dieser auf Inflationszahlen aufgebaute Wohlstand mehr Schein als Wirklichkeit enthielt, und die fortlaufende Entwertung des Geldes führte nicht selten zu Anlagen, die man weder als zweckmässig noch als vernünftig bezeichnen konnte." Aus dem Tätigkeitsbericht der Handels-, Industrie- und Landwirtschaftskammer Bozen 1945–1946–1947

Bau der neuen Messehalle in Bozen, 1952

Eröffnung des neuen Messegeländes

Innenansicht des neuen Bozner Messepalastes, 1954

Eine Flugschau der Firma Leitner anläßlich der ersten Bozner Messe nach dem Krieg, die im Gerichtsgebäude stattfand, 1948

Logo der Bozner Messe, 1949

Der „internationale Enzian" – Die Bozner Messe

Eine starke Belebung erfuhr der Handel durch die (Wieder-)Gründung der Bozner Messe, wobei Bozen als Ausgangspforte nach Norden und Eingangstor in den Süden und seine Messe als Brücke zum Ausland gesehen wurden. Die Messe wurde 1948 wiederum ins Leben gerufen, nicht ohne hierbei auf Widerstand zu stoßen, doch konnte sie schließlich am 12. September jenes Jahres im Rohbau des Justizpalastes und auf dem angrenzenden Freigelände mit 573 Ausstellern, davon knapp 200 aus dem Ausland, eröffnet werden und die folgenden 15 Tage einen steten Zustrom an Besuchern verzeichnen. Der Erfolg dieser ersten internationalen Bozner Messe nach dem Zweiten Weltkrieg, zusammen mit der damit verbundenen Viehzuchtschau und einem attraktiven Rahmenprogramm mit einem großen Trachtenumzug und einer vielbeachteten Fachtagung, gab nicht nur den Initiatoren recht, sondern zeigte vor allem erfreuliche Auswirkungen auf Handel, Handwerk und Fremdenverkehr in Südtirol. Gründe genug, um fortan die Messe alljährlich im September zu wiederholen, vor allem auch deshalb, weil sie bereits nach ihrem Nachkriegsdebut neben Mailand, Bari, Verona und Padua in die Reihe der wichtigsten Messeveranstaltungen Italiens gestellt wurde.

Im zweiten Jahr ihres Bestehens bestätigte die Messe ihre Bedeutung, indem die Zahl der Aussteller sich nahezu verdoppelte, insgesamt 11 Nationen vertreten waren und Geschäftsabschlüsse in einer Höhe von über 2 Milliarden Lire getätigt wurden.

Allerdings unterstrichen die beengten räumlichen Verhältnisse des Veranstaltungsgeländes zusehends die Notwendigkeit eines endgültigen Sitzes der Messe mit einem eigenen Ausstellungsareal, das 1951 erworben wurde. Im Jahr darauf fand die Messe erstmals an ihrem neuen Sitz in der Romstraße statt, wo neben der großen Halle in späteren Jahren feste Pavillons für Obst und Wein sowie eine Viehversteigerungshalle und Musterstallungen ebenso hinzukamen wie ein Sonderpavillon „Österreich" und „Deutsches Handwerk". Das Gros der Aussteller verteilte sich auf den Sektor der landwirtschaftlichen Maschinen und hier besonders von Traktoren, doch waren auch Anbieter aus der Wein- und Obstwirtschaft in großer Zahl auf der Messe. Kunsthandwerkliche Produkte, Haushaltsgeräte sowie Elektroartikel füllten daneben ebenso die Ausstellungsräume wie Hotelausstattungen und Holzbearbeitungsmaschinen. Überflüssig zu erwähnen, daß sich die Zahl der Aussteller von der ersten Nachkriegsmesse bis zum Beginn der 60er Jahre kontinuierlich erhöhte, und 1959 zählte die Messe insgesamt 1.625 Aussteller, von denen 528 aus dem Ausland kamen. Und die Tendenz blieb steigend!

Transport und Verkehr

Handel benötigt außer erfolgversprechenden Geschäftsverbindungen vor allem Transportmittel und Verkehrswege mit entsprechenden Einrichtungen zur Durchführung des Imports und Exports. Hier lag jedoch vieles im argen, und die Unzulänglichkeit der Zollanlagen an der Brennerlinie war den Wirtschaftstreibenden Südtirols ein besonderer Dorn im Auge. Franzensfeste besaß zu Beginn der 50er Jahre kein einziges Geleis mehr als zu jener Zeit, als der Bahnhof lediglich als Abzweigung zur Pustertal-Linie diente. Es fehlte an Laderampen, Zoll-Lagern, Bankschaltern sowie entsprechenden Einrichtungen für notwendige Post- und Telegraphendienste. In Bozen sah die Lage nicht wesentlich besser aus. Deshalb floß der Güterverkehr nicht in wünschenswertem Ausmaß über die Brennerstrecke, sondern wurde vielfach über andere Bahnlinien umgeleitet, die über bessere Zollanlagen verfügten.

Der Notwendigkeit, hier etwas zu verbessern, maßen die italienischen Staatsbahnen offenbar aber keine große Dringlichkeit zu. Es änderte sich wenig, denn nachdem die Brennerstrecke nach dem Krieg wieder einigermaßen hergestellt war, stand der Schienenverkehr im Güter- wie Personentransport gegenüber dem Straßenverkehr lange Zeit nahezu konkurrenzlos da.

Der Eisenbahnverkehr konnte Mitte der 50er Jahre rund 97 Prozent des gesamten Güterumschlags an den Grenzstellen, 1961 über 80 Prozent auf der Brennerstrecke für sich verbuchen. Der Personenverkehr verlagerte sich jedoch mit wachsender Mobilität und zunehmender Motorisierung der Bevölkerung mehr und mehr auf die Straße, die 1958 etwa 70,2 Prozent der 15,3 Millionen Besucher Italiens, und zwar „mit motorisierten Mitteln" benützten.

Der Brenner war inzwischen zum wichtigsten Eingangstor Italiens geworden, durch das allein rund 18,5 Prozent sämtlicher Ausländer auf die Halbinsel gelangten. Obwohl die Brennerbahn allen übrigen Zufahrtslinien weit überlegen war, machten die Reisenden auf der Schiene mit 955.418 (6,3 Prozent) nur etwas mehr als die Hälfte der 1.860.244 (12,2 Prozent) durch das Wipptal über den Paß kommenden Straßenbenützer aus. Das immer dichter werdende Verkehrsaufkommen verdeutlichte in wachsendem Maße, daß die Brennerstraße sehr bald an die Grenze ihrer Aufnahmefähigkeit stoßen würde. Die außergewöhnliche Zunahme, besonders des Sommerreiseverkehrs, warf für die Straße schwierige Probleme auf, die immer dringlicher einer Lösung bedurften. Diese Aufgabe übernahm in den folgenden Jahren die im Februar 1959 gegründete Brennerautobahn-Aktiengesellschaft. Damit wurde ein neues Zeitalter im Transitverkehr eingeläutet!

Verkehrsinfarkt

„Auf dem Gebiete des Verkehrs- und Transportwesens bestehen (…) wieder fast völlig normale Verhältnisse, insbesondere bei den Eisenbahnen, deren Leistungsfähigkeit in jeder Hinsicht beträchtlich zunahm. Als Folge davon stellte sich allerdings eine Krise im Autotransportgewerbe ein, das in der unmittelbaren Nachkriegszeit, angesichts der Notwendigkeit, einen Ersatz für die höchst mangelhaften Bahntransportmöglichkeiten zu schaffen, eine übermäßige Ausweitung erfahren hatte und nunmehr mit den Eisenbahnen nicht mehr konkurrieren kann. Diese Konkurrenzunfähigkeit wurde überdies durch die Erhöhung der Steuerlasten für das Autotransportgewerbe noch künstlich verschärft."
Aus dem Wirtschafts- und Tätigkeitsbericht der Handelskammer Bozen für das Jahr 1948.

Lieferanten der Firma Zuegg in Rom, 50er Jahre

Kontinuität und Modernisierung
Stabilisierung der Landwirtschaft

1945 erfolgte die Neugründung des 1926 aufgelösten Südtiroler Bauernbundes, der sich nicht allein als bäuerliche Interessenvertretung verstand, sondern seine Aufgabe auch in der „Behauptung der Volksgruppe im angestammten Heimatland" und deren Existenzsicherung sah (Hans Dietl, Obmann des Südtiroler Bauernbundes, 1956 bis 1959). Dazu gehörte an erster Stelle die Sicherung der bäuerlichen Substanz, wofür 1954 das „Gesetz über die Regelung der geschlossenen Höfe" beschlossen wurde, das in seinen Grundgedanken eine Wiederauflage des 1927 außer Kraft gesetzten Tiroler Höfegesetzes vom Jahre 1900 bedeutete und die „Grundsätze des tirolischen Höfe- und Anerbenrechtes" beinhaltete. Hierdurch konnte eine Grundzersplitterung bei rund der Hälfte der etwa 24.000 bäuerlichen Anwesen Südtirols verhindert werden. Diese waren nämlich als sogenannte geschlossene Höfe unteilbar und ihre Erbfolge durch das Höfegesetz geregelt, wobei der Anerbe als Hofübernehmer seine weichenden Geschwister nach dem Ertragswert des Hofes abzufinden hatte. Landesgesetzlich geregelte Kredithilfemaßnahmen zur besseren Durchführung des Höfegesetzes gewährten bei mangelnder Liquidität eines Hoferben notwendige Darlehen und Zinsenbeihilfen zur Auszahlung der weichenden Erben. Damit konnte eine Verarmung des Bauernstandes weitgehend hintangehalten werden, freilich auch gestützt und gefördert durch ein allmählich sich herausbildendes System von Subventionen, Kreditgewährungen und Steuernachlässen, die den Bauern eine Verbesserung ihrer Produktionsgrundlagen und Modernisierung ihrer Produktionsmittel, sei es für die Wein- oder Obsterzeugung, die Viehwirtschaft oder den Ackerbau, ermöglichte.

Kartoffelernte in Latzfons, um 1960

Familie in Neumarkt bei der Maisverarbeitung – „Tirk-Tschilln", vermutlich Ende der 50er Jahre

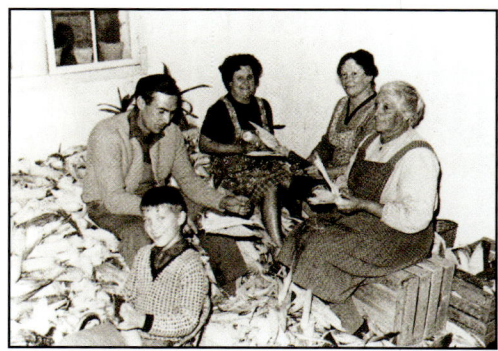

Große Felder – kleine Flächen

Der ohnehin recht geringe Anteil des Ackerlandes an der landwirtschaftlichen Nutzfläche Südtirols verringerte sich nach dem Zweiten Weltkrieg weiterhin, wofür die Gründe in einer deutlichen Ausdehnung des Obstbaues sowie in der Zunahme an Wohn- und Industrieflächen in den Talgebieten lagen. Die Ackerfläche verringerte sich in den 24 Jahren zwischen 1929 und 1953 um 5,9 Prozent, in den folgenden sechs Jahren bis 1959 um weitere 4,8 Prozent. Vor allem die Anbauflächen für Weizen und Gerste nahmen zwischen 1939 und 1959 rapide ab, und zwar um 25,8 bzw. 17,6 Prozent, allerdings wiesen im gleichen Zeitraum fast alle Getreidearten eine Ertragssteigerung auf, die beim Mais über 6 Doppelzentner von 29,1 auf 35,7 pro Hektar ausmachte. Neben der vermehrten Pflanzung von Getreidearten mit höherer Produktivität und Widerstandsfähigkeit sind solche Zuwächse auch deutlicher Ausdruck einer Intensivierung des Ackerbaus mit effizientem Düngemittel- und Maschineneinsatz sowie erfolgreicher Schädlingsbekämpfung. Die weitaus höchsten Steigerungen wurden bei der Kartoffelerzeugung erzielt: Obwohl die Anbauflächen hierfür zwischen 1949 und 1959 um 2,2 Prozent abnahmen, stiegen deren Erträge von 118,2 auf 177,2 Doppelzentner pro Hektar an. In größerem Maßstab wurde der Kartoffelanbau im Pustertal, wo sich auch ausgedehnte Getreide- und Maisfelder fanden, sowie im Brixner Becken betrieben.

Bartlmä-Markt am Ritten, 1948

Schafescheren im Ahrntal, 1940

Viehausstellung in Taufers im Münstertal, 1957

Hornvieh und andere Vierbeiner

Die Wiederauffüllung des gesamtitalienischen Viehbestandes konnte 1948 als abgeschlossen gelten, denn damals gab es mit 7.923.000 Rindern um 3 Prozent mehr als 1938. Südtirol zählte erst 1950 wieder mehr Rinder als 1938, und zwar um 4,7 Prozent; im Jahr zuvor waren es noch 230 oder 0,2 Prozent weniger als vor dem Krieg, doch hatten zu jenem Zeitpunkt die Pferde-, Schaf- und Ziegen- sowie Schweinebestände allesamt die Vorkriegszahlen um 12,5 Prozent, 32 bzw. 5,5 Prozent schon bei weitem überschritten.

Die Viehzucht stellte ein wichtiges Standbein der Südtiroler Landwirtschaft dar, wobei in mancherlei Hinsicht nach dem Zweiten Weltkrieg erst einmal Wiederaufbauarbeit geleistet werden mußte. So wurde gegen Ende der 40er Jahre die Auslese und Bewertung der für die Zucht bestimmten Tiere wieder in geordnete Bahnen gelenkt, was für eine Verbesserung der Rinderrassen absolut notwendig war. Das Landwirtschafts-Inspektorat übernahm im wesentlichen die Verantwortung für diesen nach dem 8. September 1943 gänzlich vernachlässigten Dienst, wodurch die Auslese der Zuchtstiere und die Disziplin der Sprungstationen gewährleistet wurden. Die Erfolge zeigten sich in den nächsten Jahren in einer Zunahme der Bestände, die gegen Ende der 50er über 120.000 Rinder zählten. Mit einem Anteil von rund 33 Prozent war das wegen seiner hohen Milchleistung bevorzugte Braunvieh am häufigsten anzutreffen, gefolgt von der Grauviehrasse und den eher als Fleischlieferanten gehaltenen Pinzgauern mit 26 bzw. 25 Prozentanteilen. Etwa 6.000 Exemplare oder rund fünf Prozent zählte die Ultner Rasse, die vor allem als Arbeitsvieh eingesetzt wurde und mit wachsender Motorisierung freilich immer weniger gefragt war. Die übrigen rund elf Prozent setzten sich aus verschiedenen Kreuzungen zusammen, die kaum wirtschaftliche Bedeutung besaßen.

Wirtschaftlich erfolgreich waren die Braunviehzuchtgebiete im Obervinschgau, im oberen Eisacktal und Pustertal, die zu den wichtigsten inländischen Versorgungszentren für hochwertiges Zucht- und Nutzvieh zählten. Absatzprobleme kannte die Viehwirtschaft nicht, auch nicht die Züchter der Pinzgauer Rasse im Sextner und Pustertaler Gebiet und des unteren Eisacktales oder die von Grauvieh, die besonders um und in den Seitentälern von Meran und Bozen, auf den Hochflächen von Hafling, Ritten, Deutschnofen und Aldein, also etwa dem Verbreitungsgebiet des Haflingers, anzutreffen waren.

Garanten der Qualität

Das Haflingerpferd wurde und wird nach wie vor mit großem Erfolg gezüchtet und konnte seine steigende Wachstumskurve über die Zeit des Faschismus und Zweiten Weltkrieges hinaus auch in den 50er Jahren fortsetzen. Bereits 1947 begann eine intensivere Kooperation der einzelnen Zuchtgenossenschaften, die 1953 den „Verband der Südtiroler Haflinger Pferdezucht-Genossenschaften Gen.m.b.H." gründeten. Damals bestanden die Zuchtverbände der Haflingerrasse und norischen Rasse aus 11 Genossenschaften mit 525 Mitgliedern und 603 im Zuchtbuch eingetragenen Stuten. Trotz Motorisierung der Landwirtschaft war die Nachfrage nach Haflingerpferden, vor allem im oberitalienischen Raum, und nach Norikern nach wie vor gegeben, denn bestimmte Arbeiten konnten auch mit Maschinen nicht bewältigt werden.

Neben der Haflingerzucht waren auch andere viehwirtschaftliche Sektoren in hohem Maß genossenschaftlich organisiert. Zu Beginn der 50er Jahre zählte die Landesvereinigung der Brauntierzuchtverbände 82 Genossenschaften mit 1.888 Mitgliedern und 4.384 im Zuchtbuch eingetragenen Rindern. Der Landesverband der Grauviehzüchter bestand aus 26 Genossenschaften mit 629 Mitgliedern und 1.641 im Zuchtbuch eingetragenen Rindern. Die Viehzuchtverbände der Provinz Bozen sind ihrerseits in der Vereinigung der Südtiroler Viehzuchtverbände zusammengeschlossen.

Die Schaf-, Ziegen- und Schweinezüchter der Provinz Bozen haben sich ebenfalls in Genossenschaften vereinigt, so etwa in der Schweinezuchtgenossenschaft Oberpustertal, den Schafzuchtgenossenschaften Niederdorf, Graun oder Sarntal. Hierdurch erfolgte eine Konzentration auf bestimmte zuchtfähige Rassen, während die Mischrassen zunehmend aufgegeben wurden. So erfolgte auch in der Viehwirtschaft während der 50er Jahre eine immer größere Orientierung an marktwirtschaftlichen Erfordernissen, die Produkteigenschaften und Qualitätsstandards diktierten und die von den Züchtern, wollten sie konkurrenzfähig bleiben, erfüllt werden mußten.

Lautstarke Technisierung

In der Provinz Bozen war die Verwendung von Maschinen in der Landwirtschaft nach dem Zweiten Weltkrieg schon ziemlich verbreitet, und Futterschneidmaschinen, Dreschmaschinen, Zentrifugen, Butterfässer mit Motorantrieb oder sonstige Maschinengeräte für eine zweckmäßige Bearbeitung der Felder waren vielerorts anzutreffen, wobei vor allem die Verbreitung von Traktoren und Motorpumpen für die Schädlingsbekämpfung durchaus beachtlich war. Allerdings waren viele dieser Apparaturen selbst konstruiert, umgebaute und adaptierte Fabrikate mit ausgesprochen experimentellem Charakter, die manchem Sicherheitsexperten zweifellos graue Haare hätten wachsen lassen.

Einen Quantensprung in der Technisierung leitete das staatliche Gesetz Nr. 949 vom 25. Juli 1952 über landwirtschaftliche Darlehen ein, das den Südtiroler Bauern den Erwerb von Maschinen für Berieselungsanlagen oder auch für den mobilen Einsatz, wie Traktoren, erleichtern sollte. Wurden 1938 in Südtirol gerade einmal 26 Traktoren gezählt, waren es 1950 schon 41, zehn Jahre später bereits 3.771, was einem Zuwachs von über 9.000 Prozent entsprach.

Von dieser Entwicklung waren keineswegs alle Gegenden der Provinz gleichermaßen betroffen, besaßen doch Mitte der 50er Jahre lediglich 89 der 112 Gemeinden Südtirols insgesamt 1.096 Traktoren, und in 15 von ihnen war er damals noch ein Unikum. Am häufigsten waren sie in den Obst- und Weinanbaugebieten der Tallandschaften anzutreffen, etwa in Bozen (208), Lana (119), Leifers (94), Terlan (78), Eppan (66), Marling (51) oder Schlanders (51) – um nur diejenigen Gemeinden anzuführen, wo mehr als 50 Traktoren im Einsatz waren. Absoluter Spitzenreiter bei den Typen waren Dieselrösser der Firmen Allgäuer (344) und Steyr (284), gefolgt von Fiat mit 154, wobei Traktoren von insgesamt 24 auslän-

Die Schweinezucht in Oberetsch

„Im Oberetsch zieht man Schweine, die aus anderen Provinzen eingeführt werden. Selten sind sie in der Provinz geworfen. Man hält es nicht für einträglich, die Ferkel aufzuziehen, so dass viele Gemeinden ganz ohne Eber sind. Die Schweine werden von den Züchtern in zwei Rassen unterschieden, die italienische und die deutsche. Diese Unterscheidung hat nichts mit Wissenschaft zu tun. Die italienische ist gewöhnlich zweifärbig, mit eingedrücktem Rüssel, die deutsche immer weiss mit langem Rüssel. Von Rasse wird eigentlich nicht gesprochen. Die italienische hält man für weniger anfällig durch Krankheiten, aber mit Neigung zur Fettbildung, die deutsche für empfindlicher, aber für weniger fettansetzend und daher geneigter zur Fleischbildung." Antonio Ruzzier in der Zeitschrift „L'Allevatore", 1950

Traktorensegnung in Vahrn, 50er Jahre

Das 20. Jahrhundert in Südtirol: **Startbahn Wirtschaft**

dischen und 18 inländischen Herstellern vertreten waren. Die Dominanz ausländischer Traktoren lag darin begründet, daß sich die italienischen wenig dazu eigneten, in Südtirol verwendet zu werden, denn sie waren für die heimischen Böden meist zu groß oder besaßen nur einen Antrieb, weshalb sie sich „nur" als Zugmaschinen verwenden ließen und nicht etwa auch als Antriebsaggregate für andere Werkzeuge und Gerätschaften. Tatsächlich erbrachten 549 der 628 Traktoren von Allgäuer und Steyr lediglich eine Leistung von maximal 25 PS (321 bis 15 PS, 127 zwischen 15 und 20 und 101 zwischen 20 und 25 PS), während 152 Fiat-Traktoren zwischen 25 und 30 PS, einer sogar mehr und nur ein einziger weniger PS unter der Haube hatten.

Der vermehrte Einsatz von Maschinen in der Landwirtschaft wurde begleitet von einer zunehmenden Herausbildung von Monokulturen, sei es im Wein-, Obst- oder Ackerbau, zumal hier die Technik am rationellsten und daher effizientesten eingesetzt werden konnte. Der in den 50er Jahren eingeschlagene Weg wurde auch in den folgenden Jahren bestritten und führte allmählich von einer Technisierung zu einer Industrialisierung der Landwirtschaft.

Zukunftskurs: vorwärts nach oben

Die Obsterzeugung setzte nach dem Zweiten Weltkrieg in ihren traditionellen Anbauregionen zu einem Höhenflug an; in anderen, eher peripheren Produktionsgebieten erfolgte eine zunehmende Abkehr von mischwirtschaftlichen Betriebsformen zu reinen Obstbaubetrieben, wodurch auch diese allmählich, wenn auch in bescheideneren Dimensionen, einen angesehenen Platz auf den nationalen und internationalen Märkten erobern und behaupten konnten.

Zwar herrschte zu Beginn der 50er Jahre unter den Obstbauern noch Endzeitstimmung, zumal die Rentabilitätskurve ihrer Arbeit bei ständig wachsenden Produktionskosten, Löhnen, Sozialabgaben, Steuern, Ausgaben für Schädlingsbekämpfungsmittel rapide abwärts verlief. Die Furcht vor einer Existenzkrise wurde verstärkt durch die benachbarte Konkurrenz, deren Produktionsflächen in den alten Provinzen Nord- und Mittelitaliens in den vorangegangenen Jahren Ausmaße von ausgedehnten Plantagenwirtschaften angenommen hatten. Gleichzeitig mußten die Südtiroler Obstbauern zur Kenntnis nehmen, daß ihre alten angestammten Obstsorten dem „Geschmack der Weltmärkte" und den erhöhten Anforderungen der Baumpflege und Schädlingsbekämpfung nicht mehr entsprachen und ehemalige Abnehmerländer wie etwa Österreich und Deutschland selbst als erfolgreiche Produzenten und ernstzunehmende Konkurrenten auf den Märkten auftraten.

Eigeninitiative sowie massive, aber auch rigide Förderungsmaßnahmen halfen jedoch den Südtiroler Obstbauern zu einem großen Sprung nach vorne. So wurde ihnen die Bekämpfung der San-José-Schildlaus mit Regionaldekret zur Pflicht gemacht, die Besitzer von vernachlässigten und von Parasiten befallenen Obstgärten verwarnt, und nicht selten mußte die Bekämpfung der Schädlinge von den

Segnung des ersten Traktors in Latzfons, 1956

Die erste Mähmaschine in Turnauna im Tauferer Tal, 1958

Schwefelmaschine zur Schädlingsbekämpfung, 50er Jahre

Weiterbildung für Landwirte in Kastelruth unter dem Motto: „Durch Wissen zum Fortschritt", 1956/57

Pflanzenschutzstellen auf Kosten der Zuwiderhandelnden vorgenommen werden. Dazu kamen Fortbildungsmaßnahmen für eine größere Sorgfalt bei der Baumpflege, wie etwa Schnittkurse, sowie Informationen zur gezielten und effizienten Düngung oder Aufklärungen über den wirksamen Einsatz von Schädlingsbekämpfungsmitteln. Hiervon profitierten Wein- und Obstbauern gemeinsam, ebenso wie von einer erfolgreichen Frostabwehr.

Etikett für Marillenschnaps aus Schlanders

Die Fedexpo in Auer, 1951

Beregnungsanlage zur Frostschutzbekämpfung, 50er Jahre

Bau der Beregnungsanlage in Natz-Schabs bei Brixen, März/April 1958

Der bewaffnete Kampf gegen die Naturgewalten

Winterfröste zerstörten nicht selten den Blütenansatz der Bäume, schädigten nicht weniger den Weinbau und führten oft zu Rebtod, wodurch in manchen Jahren die Ernte in einzelnen Lagen sehr vermindert wurde. Gefürchtet sind die Spätfröste Ende April und in der ersten Maihälfte; auch Hagelwetter lokaler Natur sind nicht selten. Dagegen wurden auch Maßnahmen ergriffen und Versuche mit Raketen unternommen, wie etwa derjenige der Pflanzenschutzstelle Bozen in der Gemeinde Eppan im Jahre 1950. Es wurden verschiedene Abschußstellen eingerichtet, und die Batterien traten mit „stets zufriedenstellenden Ergebnissen" mehrmals in Aktion. Wie berichtet wurde, überzeugten sich somit die Bauern „von der Nützlichkeit und der Notwendigkeit, die Abwehr in genossenschaftlicher Form zu organisieren und gemeinsam zu den Anschaffungskosten der Raketen beizutragen".

Zur Vermeidung von Reif und Frühjahrsfrösten wurden in der Provinz Bozen zur gleichen Zeit 625 Rauchbomben und 30 „Tauno-Laine-Öfen" verteilt, und zwar in Leifers, Gargazon, St. Jakob, Burgstall, Lana, Siebeneich, Terlan, Andrian, Sigmundskron, St. Pauls, Eppan, Latsch, Brixen und Innichen. In diesen Orten wurden entsprechende Versuche unternommen, wobei diese zusammen mit den Rauchbomben bewiesen haben, daß „damit die gewöhnliche Raucherzeugung vorteilhaft ergänzt werden kann, besonders wegen ihrer leichten Verlegbarkeit bei Änderung der Windrichtung und der raschen Einsatzmöglichkeit".

Aller Optimismus konnte jedoch nicht darüber hinwegtäuschen, daß es gegen Hagel und Frost keine absolut sicheren Rezepte gibt, und selbst nach der Einrichtung von Beregnungs- und Frostschutzanlagen sowie organisierter Warndienste waren immer wieder empfindliche Ernteeinbußen bei Obst- und Weinbauern zu beklagen, so etwa in manchen Gegenden in den Jahren 1950, 1953 und 1957.

Expansion und „Amerikanisierung"

Solche Rückschläge konnten jedoch die Aufwärtsentwicklung im Südtiroler Obstbau nicht dauerhaft bremsen. Sie wurde an einer Ausweitung und Verbesserung der Obstanlagen unübersehbar, wobei allein das Ausmaß der geschlossenen Kulturen gegenüber den Anbauflächen von 1929 um mehr als die Hälfte zugenommen hat und von 7.344 ha auf knapp 11.200 ha im Jahre 1959 angestiegen ist. Auch die Obstgenossenschaften hatten sich seit Kriegsende von 13 auf 29 mehr als verdoppelt und ihre Mitglieder von 857 auf 2.589 gar verdreifacht. Und dieser Entwicklung standen natürlich auch die Produktionszuwächse nicht nach, wobei sich der Obstbau im wesentlichen mit der Erzeugung von Äpfeln und Birnen befaßte, in einem Verhältnis von ungefähr 80 zu 20 Prozent während der 50er Jahre. Die Aprikosen aus dem Vinschgau besaßen nur ge-

Das 20. Jahrhundert in Südtirol: Startbahn Wirtschaft

Vorführung eines „Elevators" anläßlich der Einweihung des neuen Lager- und Kühlhauses „Bozner Unterland" in der Bozner Industriezone im Dezember 1958

ringe Bedeutung, ebenso wie die Edelkastanien von Tschötsch sich großer Beliebtheit erfreuten, aber keine wirtschaftliche Größe darstellten. Die Erntemengen an Südtiroler Obst wuchsen von rund 60.000 Tonnen im Jahre 1939 auf 205.850 Tonnen 20 Jahre später um mehr als das Dreifache an.

Um die Vermarktung solcher Mengen zu erleichtern und vor allem gewinnträchtiger zu gestalten, wurden Lager- und vor allem Kühlräume benötigt. Den Anfang in Südtirol hatte bereits 1934 das Bozner Lagerhaus gemacht, doch investierten Obstgenossenschaften und Privatunternehmer nach dem Zweiten Weltkrieg vermehrt ebenfalls in solche Anlagen, so daß es Ende 1958 insgesamt 92 Lagerhäuser mit Kühlanlagen gab und eine Kapazität für insgesamt 111.380 Tonnen zur Verfügung stand. Darin wurden allerdings immer weniger die traditionellen Südtiroler Sorten gelagert – die Produktionspalette der Obstgenossenschaft Algund zählte 1950 über 50 verschiedene Apfel- und annähernd 30 Birnensorten –, denn sie entsprachen schon lange nicht mehr dem Kundengeschmack. Und so fand gegen Ende der 50er Jahre in der Südtiroler Obstproduktion eine „Amerikanisierung" statt, die Goldparmänen, Kalterer Böhmer, Champagner, Reinetten oder Steinpepping aus den Obstanlagen Südtirols weitgehend verdrängte und durch amerikanische Züchtungen, wie Morgenduft, Jonathan, Winesap, Red und Golden Delicious, ersetzte. Absoluter Spitzenreiter der Südtiroler Apfelproduktion wurde in den folgenden Jahren der Golden Delicious, der fortan zum allergrößten Teil die Lager der meisten Genossenschaften und die Taschen ihrer Mitglieder füllte. Wer aber einmal ein hie oder da noch an alten Apfelbäumen hängendes „Stoanpeppele" oder eine Goldparmäne gekostet hat, weiß, daß es auf Geschmacksfragen auch andere Antworten gibt.

Mehr Wein und weniger Reben

In nicht weniger als 70 von 107 Gemeinden Südtirols wurde auch nach dem Zweiten Weltkrieg Weinbau betrieben, in rund 30 von ihnen bildete er sogar die Haupterwerbsquelle für die Bevölkerung.

Im Gegensatz zu den Obstkulturen haben die Weingärten in Südtirol keine Erweiterung, sondern in den 30 Jahren nach 1929 eine Reduzierung um mehr als 10 Prozent erfahren. Diese Verringerung ging aber nicht so sehr zu Lasten der geschlossenen Anlagen, deren Flächen in den 50er Jahren um etwa 132 ha auf 6.386 ha schrumpften, sondern beruhte weitgehend auf einer Verkleinerung der Mischkulturen um fast das Zehnfache: Sie fanden sich 1959 auf 1.369 ha, also nur mehr auf gut der Hälfte ihres Flächenausmaßes zu Beginn jenes Jahrzehnts. An dieser Entwicklung wurde eine zunehmende Professionalisierung im Weinbau erkennbar, die sich auch am Anstieg der Weinproduktion ablesen läßt. Betrug sie während der 30er Jahre durchschnittlich noch rund 310.000 hl, lag ihr Jahresschnitt in den 50ern bei 418.289 hl mit einem Spitzenwert von 576.600 hl im Jahre 1958. Solche Zahlen basierten auf einer Verminderung von Ernteausfällen durch effiziente Bekämpfung von Krankheiten (Mehltau, Peronospora) und Schädlingen (Traubenwickler, Rebenschildlaus, Maikäfer) und wirksamer Frostabwehr sowie in einer Ertragssteigerung durch den Einsatz von Bewässe-

50-Jahr-Feier der „Jubiläumskellerei" Kaltern, 1958

rungsanlagen. Die Weinbauern von St. Magdalena waren die ersten, die in Italien 1932 eine künstliche Beregnung in ihren Rebanlagen in Betrieb nahmen. Von deren Nützlichkeit und Erfolg überzeugt, zogen zunächst die Kalterer und in den 50er Jahren auch andere Anbaugebiete nach, und so entstanden bis zum Ende dieses Jahrzehnts vier Beregnungsgenossenschaften in Südtirol.

Das Genossenschaftswesen besitzt im Weinbausektor eine lange Tradition, die bis ins Jahr 1893 zurückreicht. Ende der 50er Jahre gab es 22 Kellereigenossenschaften, von denen 19 bereits vor dem Zweiten Weltkrieg bestanden. Dazu kamen mehr als 100 private Eigenbau- und Handelskellereien, die meisten von ihnen jedoch nicht als Gesellschaften, sondern als Einzelfirmen. Einzelne private wie auch einige genossenschaftliche Kellereien haben sich bereits lange vor dem Ersten Weltkrieg zu Verbänden zusammengeschlossen, denen in verstärktem Maße nach 1945 weitere Mitglieder beitraten, wodurch eine Bündelung gemeinsamer Interessen – etwa der Schutz von Marken und Anbaugebieten – erreicht wurde, die solcherart effizienter gegenüber Behörden vertreten und durchgesetzt werden konnten. Vor allem jedoch wurden über die Verbände gemeinsame Werbekampagnen durchgeführt und kollektive Absatzstrategien entwickelt, die dem Südtiroler Wein eine effiziente Vermarktung und den Weinbauern angemessenen Lohn für ihre Mühen gewährleisteten.

Südtiroler Originale

Die 1896 erstmals veranstaltete Bozner Weinkost wurde nach dem Zweiten Weltkrieg von den Vereinigungen der Weinhändler und Kellereigenossenschaften unter dem Patronat der Handels-, Industrie- und Landwirtschaftskammer wiederum ins Leben gerufen und nimmt seither alljährlich einen fixen Platz im Veranstaltungskalender Bozens ein. Denn die Talferstadt ist einer der bedeutendsten Weinmärkte Italiens. Mengenmäßig an der gesamtitalienischen Weinproduktion mit weniger als 1 Prozent beteiligt, nahm Südtirol Ende der 40er und während der 50er Jahre jedoch am Weinexport der Halbinsel mit 20 bis 25 Prozent teil, was als ein sprechender Beweis für die Güte und Beliebtheit der heimischen Weine gewertet werden kann. In den 50er Jahren wurden über 90 Prozent der Südtiroler Weine exportiert.

Spritzen der Rebanlagen in Tramin, Ende der 40er Jahre

Kalterer Winzer in seinem Weinkeller, 1955

Zweck der Kost ist es, die Weinerzeugung der Provinz zu regeln und zu bessern und den Weinkonsumenten zur Auswahl und Kost der Weine zu erziehen, die ihnen 1948 etwa mit 157 Sorten (43 Weiß-, 114 Rotweine) präsentiert wurden. Drei Jahre später stellten 85 Aussteller 134 Sorten Rot- und 46 Weißweine vor, – ein beachtliches Zeugnis für die Vielfalt der Südtiroler Weine und die Leistungsfähigkeit ihrer Produzenten. An erster Stelle sind hier die Weinbauern des Unterlandes zu nennen, die mit ihren drei Qualitäten Kalterersee Auslese, Kalterersee und Kaltererleiten im Jahre 1956 etwa 65 Prozent der Südtiroler Weinexporte stellten, gefolgt vom St. Magdalener und Lagreinkretzer.

Die Nachfrage und der damit verbundene Verkaufserfolg Südtiroler Weine, vor allem der Kalterer und St. Magdalener, hatten allerdings auch unangenehme Auswirkungen. Denn es erschienen auf den Märkten immer mehr Weine unter solchen Namen, die allerdings mit der Qualität und den Herkunftsgebieten der Originale wenig gemein hatten. Angesichts immer raffinierterer Systeme des Betrugs und der Fälschung von Weinen wurde das Problem besonders nach der Unterzeichnung der römischen Verträge und der Herausbildung eines gemeinsamen europäischen Wirtschaftsraumes immer dringlicher, vor allem weil konkurrierende Erzeugerländer bereits Gesetze zum Schutze der Echtheit und des guten Namens ihrer Weine besaßen. Seitens der Südtiroler Weinproduzenten wurde schon 1951 ein entsprechender Gesetzentwurf ausgearbeitet und dem römischen Senat unterbreitet. Doch eine juridische Definition und Regelung der Anwendung von Ursprungs- und Herkunftsbezeichnungen, wodurch ein Schutz für Produzenten und ihre Erzeugnisse gewährleistet und damit die Konkurrenzfähigkeit Südtiroler Weine erhalten werden konnte, ist erst in den 60er Jahren beschlossen worden.

Zur Industrialisierung der Provinz

„Der ständige Bevölkerungszuwachs und der voraussichtliche Bevölkerungszuwachs durch die Rückkehr der Rückoptanten, die ausserordentlich begrenzte Möglichkeit einer Aufnahme von Arbeitskräften durch den landwirtschaftlichen Sektor werden zur Folge haben, dass diese neuen Arbeitskräfte bei der Industrie eine Beschäftigungsmöglichkeit finden können angesichts der ungeahnten Entwicklungsmöglichkeiten dieses Wirtschaftssektors in unserer Provinz.

Es wäre daher an der Zeit, dass das Problem einer durchgreifenden Industrialisierung unserer Provinz, das bisher nie aufgeworfen wurde, endlich etwas mehr in den Vordergrund gerückt und seitens der zuständigen Wirtschaftsorgane mehr beachtet werde. Damit würde für die erwünschte Besserung der wirtschaftlichen und sozialen Lage der hiesigen Bevölkerung eine solide Basis geschaffen und gleichzeitig ein wertvoller Beitrag für die Entwicklung der regionalen und damit auch nationalen Wirtschaft geleistet. – Die Voraussetzungen für eine Industrie in Südtirol seien gut, vor allem gäbe es ein hohes Potential an weiblichen Arbeitskräften, das bisher nur sehr geringe Arbeitsmöglichkeiten vorfinde." Aus dem Tätigkeitsbericht des Provinz-Wirtschaftsrates für das Jahr 1950

Großindustrie und Kleingewerbe
Lokal konzentrierte Industrie

Auf dem Gewerbe- und Industriesektor haben die einschneidenden Veränderungen der 30er Jahre besonders im Bozner Unterland, vor allem jedoch in den Köpfen so mancher deutschsprachiger Südtiroler, nachhaltige Auswirkungen gezeigt. Einerseits haben die Industrialisierungsmaßnahmen des italienischen Staates ehemalige Weinbaugebiete in eine Industrielandschaft verwandelt, die Anzahl von Betrieben und Arbeitern und Arbeiterinnen gewaltig erhöht und den ethnischen Proporz, in erster Linie der Bozner Bevölkerung, massiv verschoben. Damit sind andererseits aber bereits vorhanden gewesene allgemeine und diffuse Aversionen gegen Industrie und Fabriken verstärkt worden und haben eine besondere, konkrete Note erhalten, die diese Abneigung mit den Feindbildern „Italien" und „Faschismus" verknüpfte. Wie der Teufel vor dem Weihwasser schreckten deshalb Südtiroler Politiker vor Industrie und notwendig erachteten Industrialisierungsmaßnahmen zurück, was ihnen im Laufe der 50er Jahre in verstärktem Maße den Vorwurf von Versäumnissen einbrachte. Nichtsdestoweniger konnte aber auch von den Gegnern der Industrie das Rad der Zeit nicht gestoppt, sondern nur gebremst werden.

Die offizielle Statistik wies 1960 für Südtirol 518 Industriebetriebe mit 16.676 Beschäftigten aus, das waren 64 bzw. 2.230 mehr als 1951 und bedeutete ein Wachstum um 14,1 bzw. knapp 15,5 Prozent.

Das Gros der Industriearbeiterschaft fand sich auch nach dem Zweiten Weltkrieg vorwiegend in der Mitte der 30er Jahre entstandenen Bozner Industriezone kon-

Industriezone in Bozen, um 1940

zentriert, die auch während der Kriegsjahre einer wachsenden Zahl vor allem italienischer Werktätiger – bei Lancia etwa bis zu 5.000 – einen sicheren Arbeitsplatz bot, nahm doch die Rüstungswirtschaft den einzelnen Fabriken ihre Sorgen und Anstrengungen um Aufträge und Absätze weitgehend ab. Nach Kriegsende stellte die Rückkehr zur Friedensproduktion nicht so sehr ein technisches als ein wirtschaftliches Problem dar, zumal es sich im allgemeinen um Betriebe handelte, die nach modernen und rationellen Grundsätzen gebaut und zum größten Teil mit neuen Anlagen ausgestattet waren. Vielmehr hing der Erfolg des Umstellungsprozesses wesentlich von der allgemeinen ökonomischen Situation Italiens ab, deren Aufschwung und Niedergang sich in analoger Weise auf die Zone auswirkten, wobei lokale Umstände in vielerlei Beziehung eher eine günstige Entwicklung fördern konnten.

Fortsetzung der Industrialisierung

Die Industriezone war ursprünglich zweifellos auch aus politischen Erwägungen heraus errichtet worden, doch sind ihr gewisse wirtschaftliche Standortvorteile keineswegs abzusprechen. Die verschiedenen Betriebe entwickelten sich nämlich auf Grund der Verfügbarkeit an Energie und Rohstoffen im Lande, insbesondere an elektrischem Strom, von dem in Südtirol – auch über das Ventennio hinaus – immer größere Mengen erzeugt wurden. An vorderster Stelle der Energieverbraucher standen hierbei die elektrometallurgischen Werke. Ein weiterer Umstand, der die industrielle Entwicklung begünstigte, war die reichliche Verfügbarkeit von Holz und Forst-Nebenprodukten, wovon zahlreiche Betriebsanlagen der Zone abhingen. Eine dritte Gruppe von Unternehmen orientierte sich an lokalen Bedürfnissen, wie etwa an der Versorgung mit Bekleidungsartikeln, Lebensmitteln oder verwerteten Trestern und heimischem Obst, wie die „Destillerie Federali" und „La Frutticola". So ist es nicht verwunderlich, daß trotz nachkriegsbedingter Produktionsprobleme die Industriezone nach 1945 und vor allem in den 1950er Jahren ihre stärkste Entfaltung erfuhr, also im Rahmen einer freien Wirtschaft und nachdem fast alle vormaligen Begünstigungen bereits aufgehoben worden waren.

Die Konjunkturkurven waren nach dem Ende der beiden diktatorischen Regime zunächst aber keineswegs nach oben gerichtet, obgleich der Wiederaufbau eine große Nachfrage bedingte, der jedoch unmittelbar nach dem Krieg keine Auf-

„Kriegsgewinne"

Die seit 1868 bestehende Laaser Marmorindustrie befand sich ab 1928 in den Händen der unter starker deutscher Kapitalbeteiligung gegründeten italienischen Gesellschaft „Società anónima Lasa per l'industria del marmo", die 1942 in staatlichen Besitz überführt wurde, indem das Aktienpaket aus deutschem Besitz vom „Ente per le Tre Venezie" übernommen wurde, das auch noch Ende der 50er Jahre das Unternehmen führte. Die Schwierigkeiten der Nachkriegsjahre überwand der Betrieb mit Hilfe staatlicher Subventionen, bis zu Beginn der 50er Jahre ein großer Aufschwung erfolgte: Die amerikanische Armee erteilte damals einen Großauftrag zur Lieferung von 86.000 weißen Kreuzen für Soldatenfriedhöfe in den Vereinigten Staaten. Die Beschäftigtenzahl stieg daraufhin vorübergehend auf 500 Arbeiter an.

Laboratorium der chemischen Fabrik für Pflanzenschutzmittel I.F. Amonn in Bozen

Lancia-Werkstätte in Bozen, 1951

träge folgten. Zu unsicher war die politische und finanzielle Lage, als daß die Wirtschaft wieder hätte in geordnete Bahnen geleitet werden können; außerdem steckte so manches Stammwerk der Bozner Zonenbetriebe in großen Schwierigkeiten. In dieser Situation bildeten sich Arbeitnehmerorganisationen, die schnell großen Zulauf erhielten und – solcherart gestärkt und von politischer Seite unterstützt – Betriebseinstellungen, Entlassungen oder Kurzarbeit weitgehend verhindern konnten.

Dies zeigte sich, als der angeschlagene Lancia-Konzern die Rückverlegung der Bozner Anlagen nach Turin plante und bereits mit Demontagearbeiten in der Zone begonnen hatte. Dem Vorhaben setzte der Bozner Präfekt im Herbst 1945 ebenso ein Ende, wie im Frühjahr 1948 der Versuch, das Bozner Zweigwerk abzustoßen, zum Scheitern gebracht wurde. Die Krisenerscheinungen des Jahres 1958 führten bei Lancia dann doch zu Entlassungen, wobei eine neue Auftragswelle im Herbst 1959 wiederum Neueinstellungen bewirkte und die Zahl der Beschäftigten auf über 2.000 ansteigen ließ.

Davon war Lancia Ende der 40er Jahre allerdings noch weit entfernt. In der gesamten Zone hätten damals – 1948 – bei vollem Betrieb rund 7.000 Arbeiter und Arbeiterinnen beschäftigt werden können; tatsächlich standen nur etwa fünfeinhalbtausend auf den Lohnlisten der einzelnen Unternehmen. Die Belegschaft der Zone war fast durchwegs italienisch und blieb es auch, als in späteren Jahren „einzelne kleinere einheimische und mit der bodenständigen Wirtschaft engverbundene Betriebe" hinzukamen.

Die Zone wächst

1947 entstand in der Zone ein Fabrikationsbetrieb für Schädlingsbekämpfungs- und Düngemittel des „Hauptverbandes Landwirtschaftlicher Genossenschaften Südtirols" mit 15 bis 30 Arbeitern, 1951 kam ein moderner Obstsortier-, Verpackungs- und Versandbetrieb des Bozner Großhandelsunternehmens Cadsky hinzu, mit 80 bis 100 Arbeitskräften während der Hauptsaison, und 1959 gründete die Firma Amonn eine chemische Fabrik, die vorwiegend Pflanzenschutzmittel produzierte und durchschnittlich 85 Personen beschäftigte. Innerhalb der Zone fielen diese Betriebe hinsichtlich ihrer Beschäftigtenzahl jedoch kaum ins Gewicht.

Die erste Neugründung in der Industriezone nach dem Krieg erfolgte bereits 1946, als die Firma „Augusto Delaiti & Co." ihren Betrieb für Konstruktionen in Aluminium, Eisen und Legierungen eröffnete. Sie wurde jedoch bald mit einem Mangel an elektrischer Energie konfrontiert, der besonders den Sektor der mechanischen und der Metallindustrie betraf und sich auf die Produktionskosten negativ auswirkte. Unzureichende Energiezufuhr und Einschränkungen im Stromverbrauch, verbunden mit andauernden Absatzstockungen, führten in den ersten Nachkriegsjahren bei Lancia wie bei den INA- oder den Magnesit-Werken zu Produktionseinschränkungen. Ende 1948 war diese kritische Lage jedoch ohne größere Erschütterungen ausgestanden, und die Bozner Stahlwerke konnten während dieses Jahres gar auf eine erhöhte Produktion bei normalem Geschäftsgang verweisen. Im Jahr darauf führten die Abgabebeschränkungen an elektrischer Energie in der metallurgischen und Stahlindustrie allerdings zu einem Produktionsausfall von durchschnittlich 10 Prozent, zumal die Anlagen meist nur mit 70 Prozent ihrer Kapazität ausgenützt werden konnten.

Die wirtschaftliche Erholung ließ jedoch nicht lange auf sich warten, und ein zusätzliches Energieangebot aus neu errichteten bzw. vergrößerten Elektrizitätswerken sicherte die Leistungsfähigkeit der Unternehmungen. Der konjunkturelle Aufschwung der 50er Jahre ließ auch in Südtirol nicht nur Ansätze eines Wirtschaftswunders erkennen, sondern fand auch in einem Anwachsen der Beschäftigtenzahl in den 35 Betrieben der Industriezone auf rund 8.000 (1957) seinen Niederschlag.

Solche Zahlen konnten jedoch nicht darüber hinwegtäuschen, daß die Südtiroler Industrie insgesamt betrachtet ausgesprochen kleinbetrieblich strukturiert war. Die 517 im gleichen Jahr beim Verband der Industriellen der Provinz Bozen (1945 gegründet) eingetragenen Firmen beschäftigten zu 59 Prozent weniger als 10 Arbeitnehmer und 88 Prozent von ihnen weniger als 50. Nur 1,55 Prozent der eingetragenen Firmen zählten über 250 und nur 3 Betriebe mehr als 1.000 Belegschaftsmitglieder. Diese waren das Zweigwerk Bozen der „Soc.p.az. Lancia & Co. - Fabbrica Automobili di Torino" mit 2.200, die Stahlwerk-Aktiengesellschaft „Acciaierie di Bolzano" mit 1.500 und das Aluminiumwerk des Montecatini-Konzerns „Industria Nazionale Alluminio-Montecatini" mit fast 1.100 Personen. Die Betriebe mit mehr als 250 Arbeitern standen fast ausschließlich in italienischem Besitz.

Regional gestreute Klein- und Mittelbetriebe

Nur wenige der Südtiroler Betriebe besaßen überlokale Bedeutung. Die bodenständige, fast ausschließlich konsum- und rohstofforientierte Industrie umfaßte vorwiegend das Textilgewerbe, die Holzverarbeitung und Nahrungsmittelbranche. Die größte Textilfabrik stand seit 1848 in St. Anton und garantierte auch nach dem Krieg mit rund 350 Beschäftigten dem „Bozner Tuch" seinen guten Ruf. Ihr folgten die Moessmer'sche Lodenfabrik in Bruneck und eine Wollfabrik in Brixen mit 200 bzw. 100 Arbeitern und Arbeiterinnen.

Über 600 Sägen mit unterschiedlichster technischer Ausstattung und insgesamt über 1.500 Beschäftigten standen an der Spitze der Holzindustrie, die zu Beginn der 50er Jahre 4.550 Personen zählte. Neben der Möbelbranche gab es eine überregional bedeutende Holzverarbeitung in der Kartonagenindustrie mit Produktionsstätten in Lana, Bruneck, Mittewald und Brixen, die in Normaljahren mit rund 350 Arbeitskräften 40 Prozent der italienischen Erzeugung lieferten.

Obstverwertung und Mühlenindustrie besaßen beinahe ausnahmslos handwerklichen Charakter, ebenso wie die weitum bekannte Hausindustrie des Gröden-

Werbeaktion der Firma Zuegg auf der internationalen Messe in Verona, 1955

Industrielle Obstverwertung

Die industrielle Obstverwertung stieß in den 50er Jahren in mehrfacher Hinsicht auf Grenzen, so etwa in der Marmeladenherstellung. Diese hatte in der Kriegszeit größere Mengen an Äpfeln verarbeitet, verlegte ihren Schwerpunkt danach jedoch mehr auf feinere Produkte, wie Aprikosen-, Erdbeer- und Pfirsich-Konfitüren, wodurch der Bedarf an Äpfeln auf ein Minimum absank. Dazu kam, daß die Gewohnheiten der Italiener den Marmeladen keinen Platz auf dem Frühstückstisch einräumten und Apfelmus bei ihnen gänzlich unbekannt war. Für solche Produkte gab es in Italien wenig Absatzmöglichkeiten, wohl aber für Säfte, deren Erzeugung in den 50er Jahren verstärkt ins Auge gefaßt wurde. Die größte industrielle Verwertungsmöglichkeit besaß das Obst auf dem Gebiet der Destillation, die in größerem Maße von der „Destillerie Federali" in der Industriezone, aber auch in den Schnapsbrennereien so mancher Bauernhöfe, natürlich nur für den Eigenbedarf, betrieben wurde.

Die Baumwollspinnerei St. Anton in Bozen, 50er Jahre

Der Stand der Firma Durst auf der Fotokina in Köln, 1952

tales, wo in den 50er Jahren schätzungsweise 60 Unternehmen mit rund 1.000 Heimarbeitern und -arbeiterinnen kunsthandwerkliche Produkte, vor allem Schnitzereien, herstellten. Einzig die Firma ANRI in Wolkenstein verfügte in jener Zeit über eine fixe Belegschaft von etwa 150 Personen, die sich zusammen mit 250 Heimarbeitern und -arbeiterinnen auf die Herstellung von Spiel- und Dekorationsartikeln spezialisierten.

Nicht nur überregionalen, sondern weltweiten Ruf erwarb sich die „Durst AG", die in den 30er Jahren in Brixen von den Brüdern Julius und Gilbert Durst gegründet worden war, Fotoapparate herstellte und die industrielle Fertigung von Vergrößerungsgeräten betrieb, mit denen die Firma bald auch auf internationalen Märkten Fuß fassen konnte. Ihr Expansionskurs wurde durch den Zweiten Weltkrieg unterbrochen, doch der Betrieb mit über 100 Beschäftigten weitergeführt, zum Teil auch im Dienste der deutschen Rüstungsindustrie, zumal „Durst" ab 1944 verschiedene Teile für die Messerschmitt-Werke fertigte und sie mit Schrauben und Bolzen für die unterschiedlichsten Geräte belieferte.

Nach Kriegsende konzentrierte sich das Unternehmen wieder auf die Herstellung von Vergrößerungsapparaten, die zusammen mit einer Reihe neuer Konstruktionen und Erfindungen der Durst-Brüder schnell wieder die internationalen Märkte öffneten und den Weltruf der Firma begründeten. 1952 standen rund 80 Mitarbeiter auf der Lohnliste der Firma, deren Zahl ebenso wie die Produktion kontinuierlich zunahm. Mitte der 50er wurden knapp 75 Prozent der von rund 90 Arbeitnehmern hergestellten fotografischen Präzisionsapparate und Artikel vor allem nach Deutschland, Österreich und in die USA exportiert. Diese Erfolgsstory steht in der Südtiroler Industrielandschaft einzigartig da, und sie fand in den folgenden Jahren ihre Fortsetzung!

Wohnungsnot und Bauboom

Parallel zur Errichtung der Bozner Industriezone entstand entlang des Eisacks in St. Quirein bis 1942 ein neuer Stadtteil, mit 4.500 Wohnräumen für rund 12.000 Personen und entsprechender Infrastruktur, wie Geschäftslokale, Kinos, Gasthäuser usw. Damit war der Wohnungsbedarf in Bozen keineswegs gedeckt, aber die politische Entwicklung und späterhin der Mangel an Baumaterialien verhinderte zunächst die Verwirklichung notwendiger Wohnbauprojekte. Die bis Ende der 40er Jahre anhaltende Krise am Bausektor wirkte sich auch auf die vor- und nachgelagerten Gewerbe aus und brachte vor allem das Handwerk in eine bedrängte Lage. Nicht anders verhielt es sich mit der Holzindustrie, die ebenfalls vergebens auf eine Belebung der Bautätigkeit wartete. Diese regte sich erst Ende der 40er Jahre wieder und verringerte die Arbeitslosigkeit, die nach Feststellung der Bozner Handelskammer aber nie ein wirklich beunruhigendes Ausmaß erreichte und sich, von einigen Ausnahmefällen abgesehen, im Vergleich zu anderen Provinzen in eher bescheidenen Grenzen hielt. Daran änderte sich während der 50er Jahre kaum etwas, zumal die Baukonjunktur auch nach der Fertigstellung der Kraftanlagen in Reschen anhielt und mit Arbeiten an den Talferkraftwerken oder den neuen Anlagen der Etschwerke in Schnals sowie mit der Durchführung von Straßenprojekten hinreichend Beschäftigung bot.

Während der gesamten 50er Jahre konzentrierte sich die Bautätigkeit im Wohnungssektor besonders auf die beiden größten Städte, Bozen und Meran. Vor allem in Bozen blieb ungeachtet der beachtenswerten Bautätigkeit die Frage der Wohnungsnot jedoch weiterhin ein brennendes Problem, das durch den erwarteten Zuzug von Rückoptanten Anfang der 50er Jahre zusätzlich verstärkt wurde. Nach einer Studie aus jener Zeit sollten deshalb im Rahmen eines Siebenjahresplanes rund 3.000 Volkswohnungen zur Linderung der fortdauernden Wohnungsnot errichtet werden, was angesichts fehlender öffentlicher Finanzierungsmittel aber weit außerhalb der tatsächlichen Realisierungsmöglichkeiten lag. Nichtsdestoweniger wurden vielerorts Rücksiedlerhäuser errichtet, und der Bauboom führte in den 50er Jahren landesweit wie auch in Bozen selbst mit 27,1 bzw. 58,2 Prozent zu den relativ stärksten Zuwächsen an Wohnungen in der zweiten Hälfte des 20. Jahrhunderts.

Bau der Gemeindehäuser in der Virglstraße in Bozen, 1952

Dunkle Wolken – goldner Boden

Die Südtiroler Gewerbelandschaft wird bis in die Gegenwart besonders von einem breitgefächerten Handwerk geprägt, das auf eine lange Tradition zurückblicken kann, mit hohen Qualitätsansprüchen und einem ausgeprägten beruflichen Standesbewußtsein. Seine Lage wurde jedoch wie bei den Obstbauern zu Beginn der 50er Jahre ebenfalls von massiven Zukunftsängsten bestimmt, zumal sich die Anforderungen an die heimischen Werkstätten und ihre Meister deutlich geändert hatten. Gewisse, damals als Anachronismen empfundene Techniken bei der Herstellung und ästhetische Besonderheiten in der Ausstattung verteuerten die Produktion von mehr oder minder dekorativen Erzeugnissen. Sie fanden immer weniger eine kaufkräftige Kundschaft, denn gefragt waren funktionale und billige Einrichtungsgegenstände. Eine wachsende und nicht in zünftischen Traditionen stehende Konkurrenz produzierte ungehemmt und in großer Zahl solche einfachen Gebrauchsgüter und billige Nutzartikel. Dadurch wurde die Wettbewerbsfähigkeit des Südtiroler Handwerks verringert, vor allem nachdem die altösterreichische Gewerbeordnung mit obligatorischem Qualifikationsnachweis für die Ausübung eines Handwerks vom italienischen Gesetzgeber 1926 außer Kraft gesetzt worden war. Dies öffnete einer ungebremsten Konkurrenz, vor allem von zuwandernden Billiglöhnern und im Sinne zünftischer Handwerksethik pfuschenden Dilettanten, Tür und Tor, und dies über das Ende der faschistischen Herrschaft hinaus. Ihren billigeren und oft kurzlebigen Erzeugnissen standen die soliden, qualitätvollen und deshalb teureren Produkte der Handwerksmeister gegenüber, jedoch teilweise außerhalb eines lebensfähigen Marktes. Deshalb wurde nicht nur eine Modernisierung des Handwerks in jeder Be-

Neustifter Schmiede, 1957

Altgraun vor der Seestauung

ziehung für notwendig erachtet, so etwa die Ausstattung der Werkstätten mit Maschinen, sondern vor allem der Ruf nach einer qualifizierten Lehrlingsausbildung immer lauter, am besten mit der Wiedererrichtung der alten Gewerbeschulen.

Die Forderung wurde 1955 erfüllt und die weitgehend zum Erliegen gekommene berufliche Ausbildung mit dem neuen Lehrlingsgesetz wieder auf eine solide Basis gestellt. Es knüpfte an die alte Tradition der dualen Ausbildung an und schuf die Voraussetzung für einen beruflichen Qualifikationserwerb im Handwerk, aber auch in Gastgewerbe und Handel. Zwei Jahre später wurde mit der Aufhebung der Gewerbefreiheit einer handwerklichen Berufsausübung ohne Befähigungsnachweis wieder ein Riegel vorgeschoben.

Energiespender Wasserkraft
Von Speicherkapazitäten und Kilowattstunden

Als der Krieg zu Ende ging, war die Elektrizitätswirtschaft in Südtirol beinahe schon ein halbes Jahrhundert alt, und gut 20 Jahre zuvor hatten italienische Gesellschaften damit begonnen, die „weiße Kohle" in großem Stile zu erschließen und die Stromerzeugung kontinuierlich zu steigern. Für die ständige Zunahme der Erzeugungskapazitäten von 2 Mrd. kWh im Jahre 1945 auf 4,5 Mrd. kWh 1960 wurden vor allem die Einzugsgebiete von Eisack und Etsch genützt und seit Ende der 30er Jahre in verstärktem Maße auch Speicherkraftwerke errichtet. Verfügten solche 1939 über einen Stauraum von gut 40 Millionen m³, waren es Mitte der 50er Jahre bereits 177,5 Millionen m³, und Baukonzessionen für Kraftwerke mit weiteren 100 Millionen m³ Speicherkapazität waren bereits bewilligt. Ende der 50er Jahre belief sich die gesamte Elektrizitätsgewinnung in ganz Südtirol auf knapp 5 Mrd. kWh, die fast ausschließlich von italienischen Großgesellschaften erzeugt und zu jeweils etwa 40 Prozent ebenso in die oberitalienischen Industriegebiete wie in die Bozner Industriezone geliefert wurden.

Der älteste Stromerzeuger waren die vormaligen Etschwerke, nun Azienda Elettricità consorziale della città di Bolzano e Merano. Mit dem Bau des Kraftwerks auf der Töll (1896) einst Pioniere der Stromgewinnung in Südtirol, konzentrierten sie sich nach dem Zweiten Weltkrieg auf die weitere energiewirtschaftliche Nutzung des Schnalstales durch Errichtung des Vernagtspeichers (1949–1956), dem acht Höfe samt Besitzern mit Familien weichen mußten, und die Inbetriebnahme einer Kraftanlage unterhalb von Katharinaberg; 1959 wurde der Beschluß gefaßt, ein zweites größeres Kraftwerk in Naturns zu bauen.

Die Società Edison, seit 1927 Stromlieferantin mit Zentralen in Wiesen und ab 1938 in Waidbruck, errichtete 1958 das Rienzwerk Bruneck-Percha; die italienischen Staatsbahnen waren Gesellschafter des 1940 in Betrieb genommenen Werkes in der Hachl bei Brixen, und die Società Avisio leitete seit 1953 das Wasser des Avisio aus dem Fleimstal über einen Stollen zur Stromerzeugung in die Kraftanlage nach St. Florian bei Neumarkt ab. Die Società Trentina di Elettricità (S.T.E.) gehörte ebenfalls zu den Stromerzeugern, mit eigenen Werken in St. Anton (1952) und Lana (1953), das mit dem Wasser der Falschauer aus dem Ultental gespeist wurde, wo neben dem 1948 errichteten Damm bei Mitterbad in der Nähe von St. Pankraz in späteren Jahren weitere Stauseen für zusätzliche Kraftwerke entstehen sollten. Außerdem baute diese Gesellschaft ein Kraftwerk in Waidbruck, das den Grödner Bach nützte, und befaßte sich mit der energiewirtschaftlichen Erschließung des Sarntales. Nicht zu vergessen auch die Società Idroelettrica Piemonte (S.I.P.), die in Kardaun bereits seit 1929 das größte Kraftwerk im Lande betrieb.

Rund ein Drittel der Stromerzeugung Südtirols lag in den Händen des bis zur Verstaatlichung der Stromversorgung in den 60er Jahren größten Energieproduzenten in Südtirol, des Montecatini-Konzerns, des „eigentlichen Motors der industriellen Entwicklung Südtirols" (Adolf Leidlmair). Er betrieb seine Anlagen in Kastelbell (1949), Laas (1955), wohin das im Zufrittstausee gesammelte Wasser aus dem Martelltal abgeleitet wurde, und in Marling (1956), meist zusammen mit der Società Edison. Am bekanntesten dürfte jedoch das unterirdische Kraftwerk an der Straße Schluderns-Tartsch sein, bzw. dessen Speicher, der 1949 das Landschaftsbild im obersten Vinschgau ebenso einschneidend wie spektakulär verändert hat.

Ein Dorf geht unter

Bereits lange vor dem Zweiten Weltkrieg von der Montecatini geplant, begannen 1939 nach einigen Versuchsbohrungen im Reschengebiet die Bauarbeiten, denen 1943 die Genehmigung zur Wasserableitung aus der Etsch und für die Errichtung eines Staubeckens zur Erzeugung elektrischer Energie folgte. Kriegsbedingt bzw. wegen der deutschen Besetzung Südtirols unterbrochen, wurden die Arbeiten trotz heftiger Proteste nach 1945 wiederaufgenommen und zu Ende geführt. Durch „Zusammenlegung" des Reschen- und des Mittersees, der an der Ausmundung der Etsch bei St. Valentin abgedämmt wurde, entstand mit einem Fassungsvermögen von 112 Millionen Kubikmetern ein einziger 7,5 km langer und 1,5 km breiter See in und mit der Gemeinde Graun. Denn die Errichtung jenes gigantischen Beckens führte zum Versinken von zwei Dritteln der Ortschaft Reschen und zum gänzlichen Untergang von Graun samt allen Gebäuden und einem 523 Hektar großen Gebiet von Acker- und Wiesengrund; lediglich der Kirchturm von Graun ragt bis auf den heutigen Tag aus dem Seewasser. 250 Menschen mußten abwandern, weil die noch vorhandenen Höfe und Feldfluren kaum mehr existenzsichernd waren. Für diejenigen, die blieben, wurden zwei Dörfer gleichen Namens an den Ufern des Stausees mit Gemeindehaus, Kirchengebäuden und Schulen errichtet, 40 neue Häuser in Reschen und 33 in Graun gebaut sowie Trinkwasserleitungen, Straßen, Abflußkanäle, öffentliche Beleuchtung usw.

„Für den Fremden mag die weite Seefläche und der aus den Fluten herausragende Kirchturm von Altgraun einen imponierenden Eindruck hinterlassen, für den Einheimischen ist es eine riesige Grabplatte über Kornfeldern und saftigen Wiesen, die den harten Lebenskampf im Hochgebirge erleichterten." (Adolf Leidlmair, Bevölkerung und Wirtschaft in Südtirol, S. 236).

Die fortschreitende und beinahe ungebremste Erschließung der Wasserkräfte in den 50er Jahren schuf enorme Zuwächse an Erzeugungskapazitäten für elektrische Energie, wodurch die Stromversorgung der Industriebetriebe um Bozen oder auch in den Nachbarprovinzen in hohem Maße sichergestellt werden konnte. Dagegen sollte es noch Jahre dauern, bis in Südtirol selbst die Lieferung von „weißer Kohle", besonders für die bäuerlichen Betriebe in manchen ländlichen Gegenden, in ausreichendem Maße gewährleistet werden konnte.

Der Vernagtspeicher im Schnalstal, Anfang der 50er Jahre

Das zerstörte Altgraun vor der Stauung

Altgraun versinkt im Stausee, 26. Juli 1950

10. Großer Zug gen Süden

Die Motorisierung verleiht dem Tourismus Flügel

Der Zweite Weltkrieg bedeutete für manches der großen Hotels das Ende. Enteignet, beschädigt, zum Lazarett umfunktioniert, blieben etliche dieser Monumente aus der Gründerzeit des Fremdenverkehrs für immer geschlossen. Womöglich wären sie in den großen Umwälzungen, die der **Massentourismus** dann mit sich brachte, ohnehin untergegangen.

Die Touristen kehrten nach Kriegsende erstaunlich schnell zurück. Als erste die vergleichsweise glimpflich davongekommenen Italiener. Etwas später auch Österreicher und Deutsche. Aus zerbombten Mauern flohen sie in eine scheinbar heil gebliebene Märchenwelt. Capri, Chianti, o sole mio – Italien wurde zum **Land der Sehnsucht**, zum Zauberwort für Urlaub, gutes Essen, freies Leben. 1953 durfte jeder Deutsche 1.500 Mark wechseln; 1955 verhieß der Slogan „Urlaubsgeld erschließt die Welt" bezahlten Urlaub für alle; im gleichen Jahr stellte VW den einmillionsten **Käfer** auf die Straße. Diese Mixtur aus Wirtschaftswunder, großzügiger Urlaubsregelung und einem PKW-Bestand, der sich rasend schnell vermehrte, war die treibende Kraft hinter einer Reisewelle, die bald ganz Europa erfaßte.

Südtirol blieb für viele zwar nur Zwischenstation auf dem Weg ins richtige Italien. Gleichwohl bildete sich eine Gästeschicht heraus, die dem Land von nun an die Treue hielt und es für lange Zeit prägte. Der deutsche Gast wurde dominierend, seine **Mark zum Maß aller Dinge**. Er suchte sein Urlaubsglück nicht im städtischen Flair der Hotels, sondern draußen auf dem Land. Am liebsten mit Familienanschluß und Stallgeruch. Ein Idyll, wie es der zu großer Beliebtheit gekommene Heimatfilm vorspielte. Das Knattern des Käfer-Motors wurde zur Fanfare des touristischen Aufschwungs. Von den Fremden bisher unentdeckte Gemeinden, wie Kaltern, Schenna, Dorf Tirol, richteten die ersten Gästezimmer ein. Es war der noch unscheinbare Auftakt einer stürmischen Entwicklung, die seit den 60er Jahren das Profil ganzer Talschaften verändern sollte.

Verkehrsstau am Brennerpaß, 50er Jahre

Das Hotel Post in St. Ulrich in Gröden war eines der „Reservelazarette" im Zweiten Weltkrieg. Im Bild die Meßfeier vor dem Hoteleingang zu Fronleichnam

Singen für die Soldaten
Große Hotels werden zu Kriegslazaretten

Mit dem Einmarsch der Deutschen Wehrmacht änderte sich schlagartig das Leben in Meran. Seit Ausbruch des Krieges waren die meisten Hotels geschlossen – jetzt bekamen sie eine neue Rolle. Die Hotelbetten füllten sich mit Verwundeten von der Front. Zum Schutz vor Luftangriffen wurden auf die Dächer große rote Kreuze auf weißem Grund gemalt. Bald war nahezu ganz Meran ein Lazarett. Noch 1960, als der riesige Meranerhof abgerissen wurde, entdeckte man Spuren dieser Zeit. In der Erde hinter dem Haus wurden Arm- und Beinknochen gefunden – Reste von Amputationen, die in dem Hotel durchgeführt wurden.

Auch außerhalb von Meran wurden große Hotels für Kriegszwecke beschlagnahmt. Im Grandhotel am Karersee richtete die Waffen-SS ein Lazarett ein, im Hotel Pragser Wildsee hielt die SS Geiseln gefangen, im Grandhotel in Gossensaß lagerte die Deutsche Wehrmacht Munition. Am 8. Mai 1945 geriet es nach der Explosion einer Handgranate in Brand und wurde völlig zerstört. Und noch vor Ausbruch des Krieges waren im „Bristol" in Meran und im gleichnamigen Hotel in Bozen die Büros der Deutschen Aus- und Rückwanderungsstelle untergebracht. Beide Hotels wurden dann in den frühen 50er Jahren abgerissen. Das Hotel Germania in Toblach wurde dagegen 1943 an den italienischen Flugzeughersteller „Caproni Aeroplani" verkauft, der es zu einem Ferienheim für Arbeiter machte, während ins Südbahnhotel Toblach das Istituto Geografico Militare, der kartographische und geographische Dienst des italienischen Heeres, einzog.

Vor den deutschen Soldaten in den Meraner Lazaretten sangen alsbald einheimische Mädchen zu „Heimabenden" auf. Jugendorganisationen sorgten auf diese Weise für eine Betreuung der Patienten. Als 1947 das letzte Lazarett aufgelassen wurde, kehrten ehemalige Patienten und Ärzte in der Folge als Touristen zurück. Einen beachtlichen Teil seiner Nachkriegsgäste verdankte Meran auf diese Weise seiner Rolle als Lazarettstadt.

In italienischer Hand
Auf dem Weg zur deutschen Hochburg

1949, überraschend schnell nach dem verheerenden Krieg, waren in Südtirol mit 1,4 Millionen Übernachtungen die Zahlen der Vorkriegsjahre fast erreicht. Geändert aber hatte sich die Herkunft der Gäste. 80 Prozent waren nun Italiener. Sie konnten sich vergleichsweise schnell wieder den Luxus einer Urlaubsreise leisten, hatte doch Italien im Krieg trotz großer Schäden weniger stark gelitten als Deutschland. St. Ulrich zum Beispiel registrierte bereits zwei Jahre nach Kriegsende 150.000 Übernachtungen von Italienern – mehr als jemals zuvor. 1952 wurden sogar über 200.000 gezählt, beinahe doppelt so viele wie in den 30er Jahren. Die Übernachtungen von Ausländern waren hingegen in den ersten 50er Jahren mit nicht einmal 20.000 verschwindend gering.

Ab 1950 aber holen Deutsche und Österreicher mächtig auf. „Die Deutschen werden reisen wie noch nie, wenn sie erst satt zu essen haben", prophezeite 1949 der Bremer Tourismuspionier und spätere Touropa-Gründer Carl Degener. Schon kurze Zeit später waren die ersten Anzeichen des späteren Wirtschaftswunders zu erkennen. Zum Heiligen Jahr 1950 erlaubte die deutsche Regierung erstmals wieder die Ausfuhr von Devisen. Rom, Capri, Gardasee, die Adria – bella Italia wurden bald zum Synonym für Urlaub. Die Grenzstellen am Brenner, am Reschen und in Winnebach verzeichneten von den frühen 50ern an immer neue Rekorde. Noch war Südtirol zwar vor allem ein Etappenziel auf dem Weg in den Süden: Wenn schon Italien, dann richtig, lautete die Devise. In Brixen etwa sank 1950 die durchschnittliche Aufenthaltsdauer auf knapp zwei Tage. Dennoch nahmen die Übernachtungszahlen von Ausländern nun sprunghaft zu. 1950 stiegen 16.600 Touristen aus der Bundesrepublik Deutschland in Südtirol ab, zehn Jahre später waren es schon über 300.000. Die Zahl der österreichischen Touristen in Südtirol stieg von knapp 25.000 auf über 57.000. Zugleich stagnierte der Zustrom der Italiener, am Vorabend der ersten Bombenanschläge brachen die Übernachtungen von Inländern gar von 1,9 auf 1,3 Millionen im Jahr ein. Kamen noch 1952 78 Prozent aller Urlauber in Südtirol aus dem italienischen Staatsgebiet, so war das Verhältnis bis zum Ende des Jahrzehnts fast umgekehrt: 37 Prozent Italiener, 63 Prozent Ausländer. Die bisherige Domäne der Italiener wurde für lange Zeit zur Hochburg der Deutschen.

Großbrand im Hotel Gröbner in Gossensaß, Mai 1945

Feriengäste im Pustertal, Anfang der 50er Jahre

Titelseite eines Reiseführers, 50er Jahre

Folgende Seiten: Folkloreveranstaltung in Innichen, um 1950

Erinnerungsfoto italienischer Touristen in St. Lorenzen, 1954

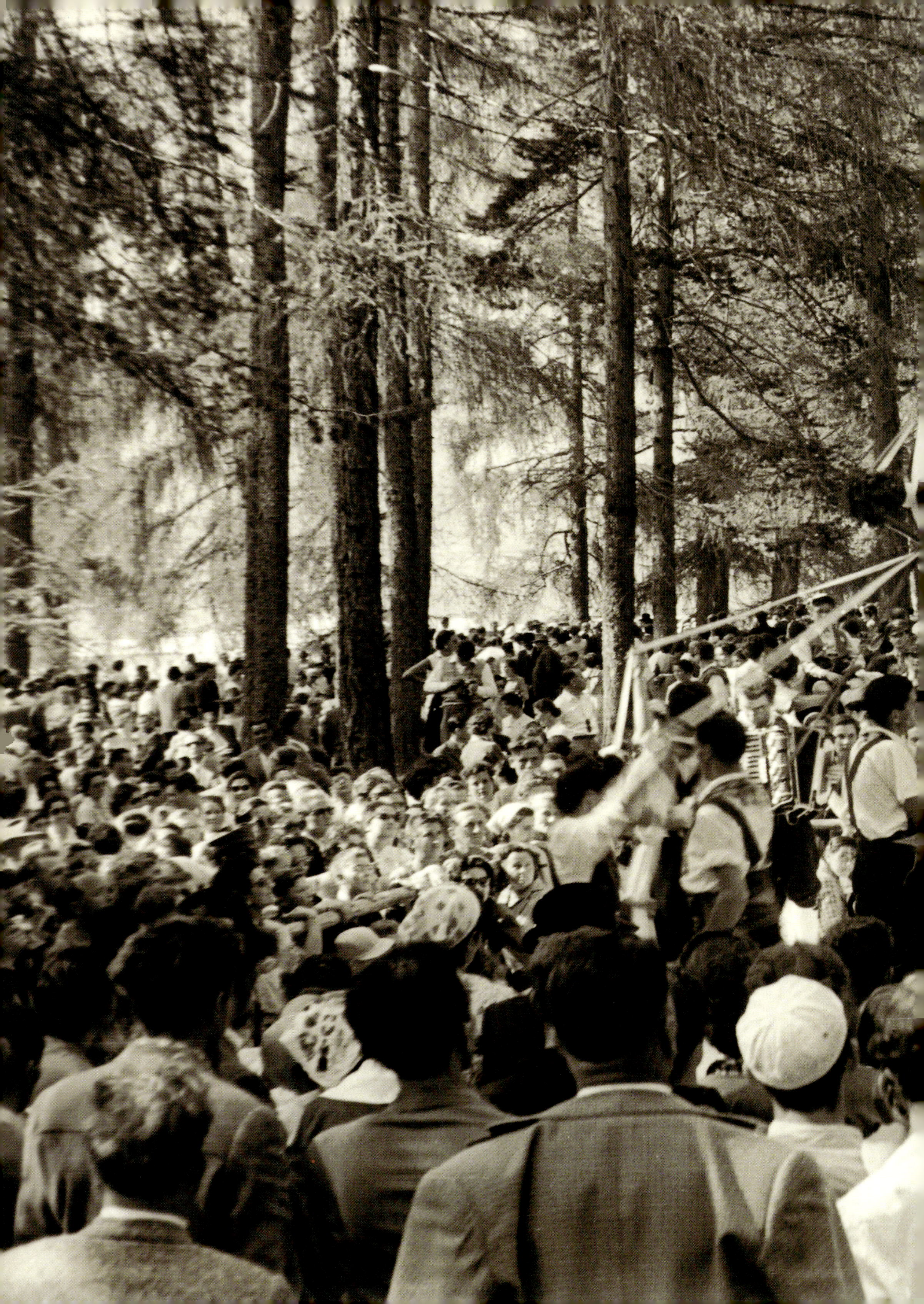

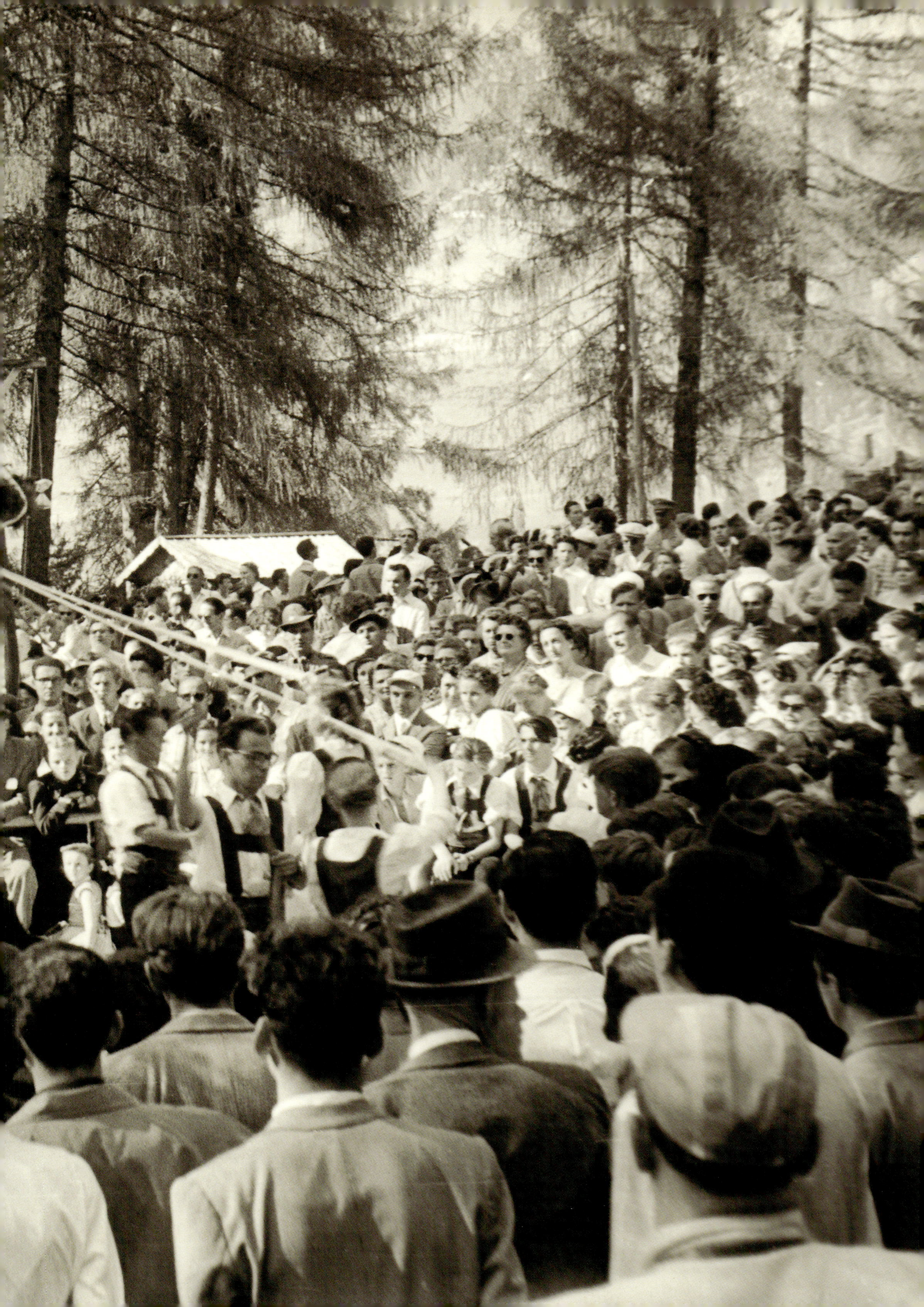

Urlaubsverkehr in Südtirol, Juli 1951

VW-Käfer auf dem Nordtiroler Teil der Timmelsjochstraße, 1959

Südtirol wird deutsch		
In den 50er Jahren nahmen die Übernachtungen der Ausländer, allen voran der Deutschen, sprunghaft zu.		
	1950	**1959**
Meran	109.505	623.416
Bozen	86.959	203.304
Brixen	14.188	67.811
St. Ulrich	8.911	95.178
Bruneck	1.065	17.103
Kaltern	136	33.432

Das erste Taxi in St. Lorenzen, ein „Fiat 1100 B" und Fahrer Franz Niedermair, 1948

Die Verkehrslawine beginnt zu rollen

1955 lief in Wolfsburg der einmillionste Käfer vom Fließband. Im selben Jahr erlebte man am Brenner den ersten großen Stau, der bis nach Matrei reichte. Schon der Osterverkehr war um 40 Prozent stärker ausgefallen als im Jahr zuvor. Ein Reporter der Dolomiten sah die Brennerstraße überfüllt von ungezählten Kleinmotorrad- und Rollertypen, eleganten Mercedes 300, chromfunkelnden Straßenkreuzern und natürlich den Volkswagen. „Wer es aber noch nicht zum eigenen Fahrzeug gebracht hat, fuhr in ungezählten riesigen Autobussen und Gesellschaftswagen auf Osterreise in den Süden, ganze Betriebsgemeinschaften, Vereine, Reisebürogesellschaften, Schulen in bunter Mischung darunter." Zu Pfingsten zeigte sich das gleiche Bild, und während der Mittsommerfeiertage 1955 fielen am Brenner alle Rekorde: An einem einzigen Tag passierten 20.000 Fahrzeuge die Grenze in Richtung Süden.

Durch die anschwellende Verkehrslawine fühlten sich jene bestätigt, die schon seit längerem auf den Bau einer zweiten Nord-Süd-Verbindung drängten. Da eine „zweigeleisige Fahrbahn" zwischen Innsbruck und Bozen noch unerreichbar schien, schlugen sich verschiedene Interessengruppen für drei Alternativrouten: eine Paßstraße über den Staller Sattel, eine Verbindung zwischen Pfitsch und dem Zillertal und den Bau einer Hochgebirgsstraße über das Timmelsjoch. 1955 setzte sich ein Meraner Komitee gegen den energischen Widerstand der Eisacktaler durch und erreichte, daß der Südtiroler Landtag für den Bau der Timmelsjochstraße votierte. Immerhin führte auf Südtiroler Seite seit den 30er Jahren eine alte Militärstraße bis kurz unterhalb der Paßhöhe, während auf Nordtiroler Seite eine Straße bis nach Obergurgl führte. Außerdem versprach das Timmelsjoch den Autotouristen spektakuläre Aussichten.

Ihre eigentliche Aufgabe, zu Spitzenzeiten des Touristenverkehrs den Brenner zu entlasten, erfüllte die Timmelsjochstraße nie. Während auf Nordtiroler Seite schon bald eine breit ausgebaute Panoramastraße bis auf die Paßhöhe führte, verhinderte das italienische Militär noch viele Jahre das Projekt. Erst 1967 wurde die enge, kurvenreiche Strecke bis zur Grenze freigegeben. Da war die Brennerautobahn in Abschnitten bereits befahrbar.

Tourismus als Druckmittel

Für viele ausländische Touristen wurde die Fahrt nach Südtirol nicht nur wegen der Bergstraßen, sondern auch wegen der Grenzkontrollen zum Abenteuer. „Grenzschikanen gegen Südtirol-Reisende – 40.000 Touristen am Brenner stundenlang aufgehalten", meldete „Die Presse" in Wien nach dem Pfingstwochenende 1955. Trotz starker Zunahme des Reiseverkehrs habe die italienische Grenzpolizei angefangen, „die Kontrollen besonders genau und schikanös durchzuführen". Die Zeitung zitierte einen Carabinieri-Offizier, laut dem Rom die strengen Kontrollen angeordnet habe, „um die Südtiroler, die immer wieder durch unberechtigte Forderungen die Ruhe im Lande stören, zur Räson zu bringen".

Urlaub im Zelt

Für Südtirol brachte der Autoverkehr eine völlig neue Form des Tourismus. Auf einem Wiesenstück am Rand des Meraner Pferderennplatzes etablierte sich in den ersten Nachkriegsjahren das Campieren. In der Hochsaison übernachteten dort bald über 100 Gäste – vor allem Deutsche, Schweizer und Österreicher. Trotz des „kalten Krieges", der von einigen Hoteliers gegen die neue Reiseform geführt wurde, widmete ihr das Ente provinciale per il turismo im Herbstprospekt des Jahres 1954 eine große Doppelseite. Darauf lobte es den neuen mit Waschbecken und Toiletten ausgestatteten Pavillon, der im selben Jahr gebaut worden war. Zwei Jahre später erhielt der Meraner Campingplatz sogar ein azurblau gekacheltes Schwimmbecken, acht mal zwölf Meter groß. Das Provinzialamt für Fremdenverkehr ortete in Meran damit großtönend „den am besten ausgestatteten Campingplatz Europas".

Vahrner See bei Brixen, um 1950

Sternfahrten in den Frühling

War der Tourismus früherer Zeiten eng an die Eisenbahn gebunden, so eröffnete ihm der „Volkswagen" nun neue Dimensionen und neue Räume. Zwar hatte der Zug auch nach dem Zweiten Weltkrieg noch längst nicht ausgedient. Die Deutsche Bundesbahn etwa schickte im Frühjahr und Herbst noch lange ihre Sonderzüge nach Meran und Brixen – meist vollbesetzt mit älteren Menschen und Kriegswitwen, die auf die Motorisierungswelle nicht mehr aufsteigen wollten. Seine starke Verbreitung aber verdankte der Tourismus der Nachkriegszeit dem Individualverkehr.

Motorrad, Auto und Wohnwagen wurden zu Sinnbildern einer neuen Freiheit. Ins Blaue fahren, ungebunden sein – der Reiz lag im Unterwegssein und nicht im Ankommen. Die Meraner Kurverwaltung bewies Gespür für das neue Lebensgefühl und erfand 1953 die „Sternfahrt in den Meraner Frühling". 25 Jahre lang steuerten nun tausende von Autofahrern aus ganz Europa zu Ostern die Kurstadt an. Die Autos waren mit runden Aufklebern geschmückt, Trachtenmädchen und ein zünftiger Tusch empfingen die Teilnehmer auf der Kurpromenade. Für die weitesten Anreisen winkten Ehrenurkunden, unter den Teilnehmern wurden goldene Uhren, Photoapparate, Schreibmaschinen, Benzinkanister und sogar ein Fiat 600 verlost.

Ein Jahr älter als die Sternfahrt war die Autorallye „Supercortemaggiore", die die Teilnehmer von Cortemaggiore in der Poebene „durch einige der schönsten Gegenden Italiens" nach Meran führte. Cortemaggiore bei Piacenza war

Aufkleber zur Autosternfahrt Cortemaggiore-Meran im Juni 1954

Internationales Porsche-Treffen in Meran, 1958

einer der wenigen Orte Italiens, wo Erdöl gefördert wurde, weshalb der Energiekoloß Agip die Rallye lancierte. Sie hielt sich aber nur einige Jahre. Zu einem ähnlichen Erfolg wie die Frühjahrssternfahrt wurde dagegen das 1956 erstmals organisierte internationale Porsche-Treffen, zu dem nun in jedem Herbst sogar Amerikaner gruppenweise nach Stuttgart flogen, um mit einem neuen Porsche die Fahrt nach Meran anzutreten. Frühlingssternfahrt und Porsche-Treffen füllten anfangs die Meraner Hotels, etliche tausend Übernachtungen waren nun jedes Jahr diesem Faible für langes Fahren zu verdanken. Bereits Ende der 50er Jahre mußten die Meraner aber mitansehen, daß die Teilnehmer der Sternfahrten sich in Meran zwar feiern ließen, zum Übernachten dann aber hinaus aufs Land fuhren, nach Schenna, Dorf Tirol, Algund oder Marling, wo dank der neuen Beweglichkeit der Gäste der Tourismus rasch Fuß faßte. Dennoch wurden die beiden Autoveranstaltungen bis in die 70er Jahre aufrechterhalten.

...doch nicht für Fremdenzimmer!

1954 legte sich der Schloßwirt von Schenna einen 14-Sitzer zu und richtete eine Busverbindung nach Meran ein. Im Dorf schüttelte man den Kopf: Wer wird denn schon von Meran nach Schenna fahren wollen! Zwei Jahre später begann Johann Mair mit dem Bau der ersten Frühstückspension, des „Hohenwart" mit 18 Betten, einem WC und einer Etagendusche. Einen Kredit von der örtlichen Bank bekam er dafür nicht: für den Kauf einer Wiese – ja, aber doch nicht für Fremdenzimmer!

Das neue Meran
Radioaktive Quellen und die Vision von einem „Merano-Terme"

Radon – ein neues Zauberwort. Das radioaktive Edelgas war in den 30er Jahren in 40 Wasserquellen am Vigiljoch und in Gratsch nachgewiesen worden. Ein Manko Merans schien damit beseitigt, galt es doch bis dahin

Kolorierte Postkarte, 1957

wegen fehlender Heilquellen nicht als vollwertiger Kurort. Nun aber, so tönte im Frühjahr 1939 das Mitteilungsblatt der Kurverwaltung, werde Meran „als klimatischer Kurort zu neuer Berühmtheit gelangen". Der Mailänder Architekt Paolo Vietti-Violi, der schon den Pferderennplatz entworfen hatte, brachte die Vision von einem „Merano-Terme" zu Papier: eine riesige Badeanlage mit Gärten und Arkaden, die an das alte Rom erinnerte. Sie sollte in unmittelbarer Nähe des Grandhotels Meranerhof entstehen und sich weit nach Süden erstrecken. Der Ausbruch des Krieges machte diesen Plan zunichte, der Glaube an das radioaktive Wasser aber überlebte.

Noch in den 40er Jahren wurde der unterbrochene Bau eines 1.200 Meter langen Stollens zu den Quellen fortgesetzt. Anfang der 50er Jahre warben einige Hotels mit der Heilwirkung dieses Wassers, Universitätsprofessoren widmeten ihm ihre Aufmerksamkeit, die Kurverwaltung lud zu einem Kongreß über thermale Radioaktivität. Und bald war auch das Projekt einer Thermenanlage wieder auf dem Tisch – weit weniger spektakulär als das von Vietti-Violi, aber an nahezu demselben Standort: das Grandhotel Meranerhof, seit dem Krieg im Besitz der Regionalverwaltung und wegen seines desolaten Zustandes nicht wieder eröffnet. 1958 wurde die Aktiengesellschaft Salvar (Società Azionaria Lavorazione Valorizzazione Acque Radioattive) gegründet, an der die Staatsverwaltung, die Region als Eigentümerin des Geländes, die Gemeinde Meran und die Kurverwaltung Anteile hielten. 1959 wurde ein Architekturwettbewerb ausgeschrieben und gleich darauf mit dem Abbruch des Meranerhofes begonnen. Wegen großer Finanzierungsprobleme sollte es aber bis 1972 dauern, ehe das neue Meraner Thermal- und Kongreßzentrum fertig war.

Das Hotel „Bristol" als Zentrale der Italianità

Bei seiner Eröffnung im Jahr 1954 galt es als architektonische Sensation: acht Stockwerke hoch, 137 Zimmer, 104 Bäder, auf dem Dach zwei Gärten, ein Nachtlokal und ein azurblaues Schwimmbad: das neue Bristol in Meran – ein Traumhotel. Der Kubus mit den klaren Linien der 50er wurde zwar als Ausdruck der Moderne inmitten des überholten Neoklassizismus und Jugendstils gefeiert,

Das 20. Jahrhundert in Südtirol: Großer Zug gen Süden

das etablierte Meran aber schüttelte über den futuristischen Bau nur den Kopf: Unverständlich, daß dafür das altehrwürdige Bristol weichen mußte; zudem war der neue Eigentümer suspekt.

Der venezianische Reeder Benatti hatte bald nach dem Krieg Meran als Kurort für seinen kranken Sohn entdeckt und den Einstieg ins hiesige Tourismusgeschäft riskiert. Das alte, nach dem Krieg nicht mehr eröffnete Bristol war ihm 1951 von der Opera Nazionale Combattenti angeboten worden. Aber Benatti wollte mehr als nur dieses eine Hotel. Im hintersten Martell kaufte er auch das „Paradiso", und bald kursierten Pläne, vom Bristol aus eine Seilbahn zur Mut oberhalb von Dorf Tirol zu bauen. Um Benatti sammelte sich alsbald eine Gruppe einflußreicher Italiener, die nun endlich einen Gegenpol zum deutsch dominierten Tourismusgewerbe schaffen wollten.

Die Voraussetzungen schienen günstig. 1946 war der Bauunternehmer Piero Richard, der in der Zwischenkriegszeit den Pferderennplatz angelegt hatte, Präsident der Kurverwaltung geworden. Richard unterhielt gute Kontakte zum Agip-Präsidenten Enrico Mattei, einem Südtirol-Fan, der sich 1956 den Antholzer See kaufte. Mattei brachte auf Richards Bitte die Autorallye „Supercortemaggiore" nach Meran. Mit Matteis Hilfe war es auch möglich, 1953 auf der Staatsstraße zwischen Meran, Burgstall und Marling ein Autorennen auszutragen, das der später legendäre Manuel Fangio auf Alfa gewann. Zu dem Kreis um Benatti und Richard gehörte auch der Direktor des Banco di Roma in Meran, Tullio Tranquillini, der spätere Präsident der Thermengesellschaft Salvar. Der Einfluß dieser Gruppe trug mit dazu bei, dass der Staat mit großen Summen in die Meraner Thermen einstieg.

Der Versuch, im Tourismusgewerbe Fuß zu fassen, hatte aber nur teilweise Erfolg. Als 1956 eine italienische Finanzgruppe das noch immer geschlossene „Palace" übernehmen wollte, gründeten über 50 Meraner eiligst eine Aktiengesellschaft, um das Hotel selbst zu kaufen. Es wurde gewissermaßen zu einem Wendepunkt in den italienischen Bestrebungen. Benattis Aktivitäten erhielten durch die Zurückhaltung der selbstbewußter werdenden SVP einen Dämpfer, die Seilbahn zur Mut kam über das Stadium einer Idee nie hinaus. Das Bristol wurde zwar zum bevorzugten Hotel der gehobenen Rennplatzbesucher, war sonst aber meist schlecht belegt und verlor rasch an Glanz. Nach einer langen Phase des Niederganges verkaufte Benatti es schließlich an den Bozner Bauunternehmer Tosolini. Und der mächtige Agip-Präsident Mattei starb 1962 bei einem mysteriösen Flugzeugabsturz.

Fortbildung mit Urlaubsfreuden

Als die deutsche Ärztekammer in den frühen 50er Jahren an die Organisation eines Fortbildungskongresses ging, war es für Meran nicht schwer, sich als Austragungsort zu empfehlen. Die alte Kurstadt hatte einen guten Ruf, die Hotels boten genügend Betten, und dem national gesinnten Vater des Kongresses, Professor Schretzenmayer, lag Südtirol besonders am Herzen.

Der 1953 erstmals veranstaltete Kongreß übertraf von Anfang an alle Erwartungen. Bereits im dritten Jahr war die Zahl der teilnehmenden Ärzte aus Deutschland, Österreich und der Schweiz auf über 2.000 gestiegen. Sie brachten insgesamt 3.000 Familienangehörige mit – und das gleich für zwei Wochen. Für die Hotellerie und die Geschäfte in der Stadt ein erhebliches Potential. Aber auch die Ärzte wußten Meran und seinen hohen Freizeitwert zu schätzen. In den er-

Das Grandhotel Bristol in Meran, 50er Jahre

Der Untermaiser Pferderennplatz, um 1950

sten Jahren nahm noch niemand daran Anstoß, daß der von der Steuer absetzbare zweiwöchige Kongreß stark an Urlaub erinnerte. Die „Dolomiten" schrieben 1955 unverblümt: „Da die Vorträge nur in den Nachmittagsstunden gehalten werden, wird reichlich Gelegenheit geboten sein, die Meraner Herbstlandschaft kennenzulernen." Auch längere Ausflugsfahrten an den Gardasee und in die Dolomiten seien vorgesehen. Als der Urlaubscharakter des Kongresses immer stärker hervortrat, wurden auf Verlangen der deutschen Finanzämter zwar Präsenzlisten eingeführt. Das besondere Flair des Meraner Kongresses blieb aber erhalten; er wurde ohne Unterbrechung über dreißigmal veranstaltet.

Honeymoon in Meran

Der Hochzeitsboom der Nachkriegszeit brachte die Meraner Kurverwaltung auf eine vielbeachtete Werbeidee. Sie schrieb 1955 für junge Brautpaare die „Kasse der Hochzeitsreisenden" aus. Frischvermählte, die ihre Flitterwochen in Meran verbrachten, nahmen an einer monatlichen Verlosung teil. Hauptpreis war die Rückerstattung der Hotelrechnung. Die Aktion brachte Meran Hunderte von positiven Zeitungsartikeln ein und hielt sich über 15 Jahre. Sie wurde erst in den 70er Jahren eingestellt.

Eine Liebestragödie sorgt für Publicity

Monatelang rätselte 1955 die gesamte europäische Presse, ob die englische Königstochter Margaret trotz der Mißbilligung der anglikanischen Kirche den schneidigen, aber geschiedenen Oberst Peter Townsend heiraten würde. „Die Liebestragödie am englischen Hof", so schrieb selbst die Neue Zürcher Zeitung, löste „in der ganzen Welt eine Woge des Mitgefühls aus", von dem Meran nicht wenig profitierte. Wenige Wochen, bevor die Prinzessin den endgültigen Verzicht auf die Ehe verkündete, trat Townsend als Jockey beim Großen Preis von Meran an. Eine große Schar Photographen und Boulevard-Journalisten verfolgte jeden seiner Schritte in der Kurstadt. Nach dem Ende der Rennsaison zogen die „Dolomiten" daraus eine für den Tourismus sehr positive Bilanz: „Seitdem Oberst Townsend in Meran geritten ist, haben sich auch Zweifler von der internationalen Bedeutung des Meraner Rennplatzes überzeugen lassen."

Heißhunger auf Skipisten
Aufstiegsanlagen verhelfen dem Wintersport zum Durchbruch

Das Startkapital waren eine Betonmischmaschine, eine Tischlerei und eine mechanische Werkstätte. Mit diesem Familienbesitz machte sich Erich Kostner 1946 in Corvara an ein kühnes Vorhaben: den Bau eines Sesselliftes auf den Col Alto. Er sollte den 1938 erbauten Schlittenlift ersetzen, der den Krieg nicht überlebt hatte. Mechanik und Know-how lieferte der Meraner Seilbahningenieur Karl Hölzl, die Stützen aber baute Kostner selbst – aus Holz. Das italienische Transportministerium fand nichts Schlechtes dabei. Der Sessellift auf den Col Alto war der erste überhaupt, der in Italien die Betriebsgenehmigung erhielt.
Als der Lift zu Heiligabend des Jahres 1947 in Betrieb ging, war dies für Corvara der Start zu einem rasanten Aufstieg. Auch in anderen Orten kurbelte die

Entwurf für ein Südtirol-Werbeplakat von Franz Lenhart, 40er Jahre

Ende der 50er Jahre in Gröden gebaute Seilbahn, die nie in Betrieb genommen wurde, da die Anlage zu steil angelegt war

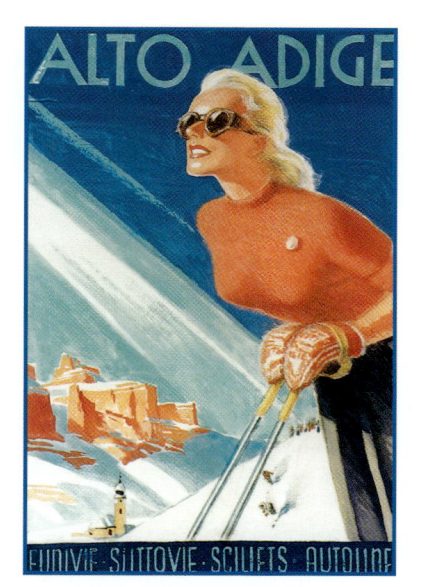

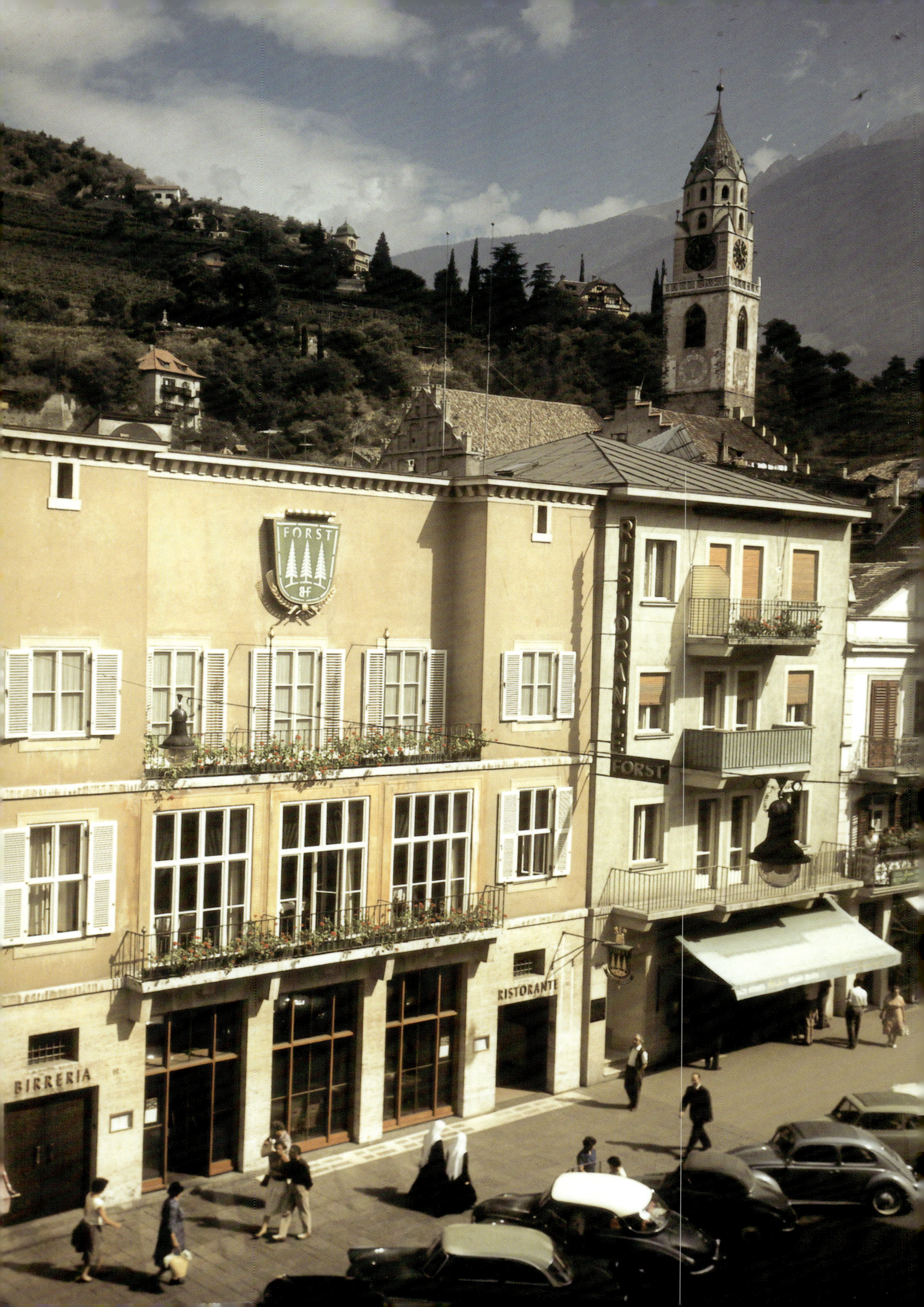
FORST
RISTORANTE
FORST
RISTORANTE
BIRRERIA

neue Technik den Wintertourismus an. Auf der Seiser Alm und in Hafling, am Brenner und in Toblach, in Trafoi und am Vigiljoch: Im Winter 1951 führte das Fremdenverkehrsamt der Provinz Bozen in seinem Werbekatalog bereits 15 Ski- und 13 Sessellifte an und notierte begeistert: „Gute Skifahrer, die sich nie hatten träumen lassen, an einem einzigen Vormittag zwei, drei, fünf Abfahrten auf Pisten wie der Ciampinoi, Dantercëpies oder der Marmolata zu schaffen (…), verschlingen heute Piste auf Piste."

Für die rasch ansteigende Zahl der Winterurlauber reichten die vorhandenen Betten nicht mehr aus. Skischulen entstanden und immer neue Aufstiegsanlagen. In Corvara gingen 1957 die Sessellifte „Pralongià I" und „Pralongià II" in Betrieb. Sie ermöglichten die Abfahrt nach St. Kassian – eine Vorstufe des späteren Skikarussells Alta Badia. Für das Vergnügen im Schnee war offenbar keine Anfahrt zu weit. Im Winterprospekt 1955 listete das Landesfremdenverkehrsamt die Zugverbindungen auf, mit denen Südtirols „weite Skiwiesen und ausgezeichnete Abfahrtsstrecken" am schnellsten zu erreichen waren: von Paris in 29 Stunden, von London in 30, von Hamburg in 23, von Kopenhagen in 33, von Oslo in 46 Stunden.

Gegenüberliegende Seite: Das Forst-Restaurant in Meran wurde in den 50er Jahren gebaut

Tourismus und Politik
Südtirol auf dem Kopf

Ende der 50er Jahre setzte das Fremdenverkehrsamt der Provinz Bozen in seinen Werbeprospekten erstmals eine ungewöhnliche Reliefkarte ein. Während Landkarten im allgemeinen von Süden nach Norden ausgerichtet sind, stand diese Karte gewissermaßen auf dem Kopf. Sie zeigte die Landschaft von Norden her gesehen mit einem perspektivischen Blick nach Süden. Eine Reverenz an die Urlauber aus Deutschland und Österreich, die allmählich den Südtiroler Tourismus dominierten? Wilfried Plangger, der 1957 als Direktor das Fremdenverkehrsamt übernahm, hat eine andere Erklärung. Die vom Innsbrucker Kartographen Berann hergestellte Karte war in einer Zeit in Auftrag gegeben worden, als August Gröbner, Besitzer des Palasthotels in Gossensaß, Präsident des Fremdenverkehrsamtes der Provinz Bozen war (1955–1960). Gröbner habe die Karte so gewollt, weil Gossensaß in dieser Perspektive als wichtigstes Tor zum Süden erscheint und außerdem etwas größer wirkt, als es in Wirklichkeit war. Die auf dem Kopf stehende Reliefkarte wurde vom Landesfremdenverkehrsamt bis in die 70er Jahre verwendet.

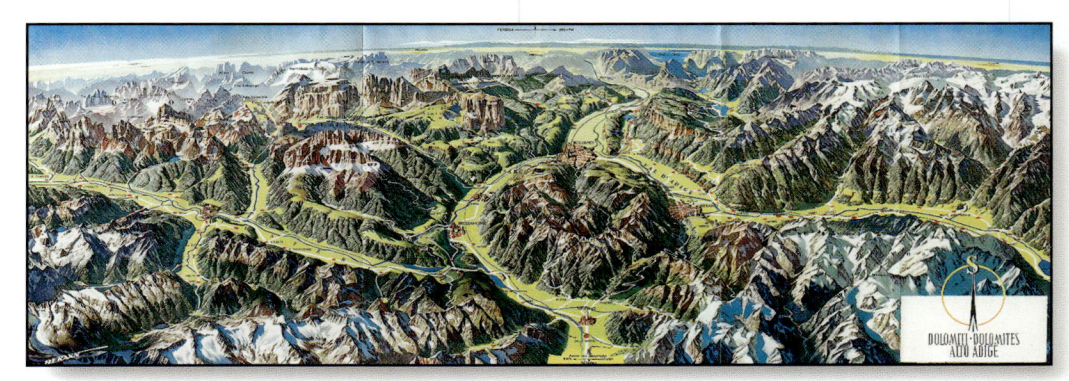

Churchill am Karersee

„Karersee...", murmelte ich, „habe noch nie davon gehört." „Das ist es ja gerade, was ich stets behaupte, die Engländer haben nun einmal keine Ahnung von Geographie. Aber auf jeden Fall ist Karersee allgemein bekannt als schöner Sommeraufenthalt, tausenddreihundert Meter hoch gelegen, im Herzen der Dolomiten." In dem 1927 erschienenen Krimi „Die großen Vier" läßt Agatha

Das 20. Jahrhundert in Südtirol: Großer Zug gen Süden

Christie ihre beiden Helden Hauptmann Hastings und Hercule Poirot zum großen Buchfinale ins Grandhotel Karersee reisen. Dort hatte sie selbst kurz zuvor ihren Urlaub verbracht. Diesem Krimi verdankte das Hotel wahrscheinlich auch seinen bekanntesten englischen Gast. Zwei Jahre nach der Wiedereröffnung quartierte sich im Sommer 1949 Winston Churchill, der britische Premier und spätere Literatur-Nobelpreisträger, für einige Tage im Karerseehotel ein. Hercule Poirot und sein Partner hatten in den nahen Felsen eine nach der Weltmacht strebende Verbrecherbande zur Strecke gebracht. Im Vergleich dazu zeigte Churchill weniger Unternehmungslust. Wegen seiner Leibesfülle etwas unbeweglich, ließ er sich mit Vorliebe in einer Art Sänfte vom Hotel zum See tragen, um dort zu malen. Weder der populäre Premier noch die vielgelesene Agatha Christie schafften es aber, englische Touristen wieder für Südtirol zu begeistern. Auch eine um 1950 gestartete Werbeaktion (South Tyrol is awaiting you for the winter or the summer season. Come and see!) war wenig erfolgreich. Die Zahlen der 20er Jahre wurden auch nach dem Zweiten Weltkrieg nie mehr erreicht, die Engländer blieben mit rund zwei Prozent eine kleine Minderheit unter den Touristen in Südtirol.

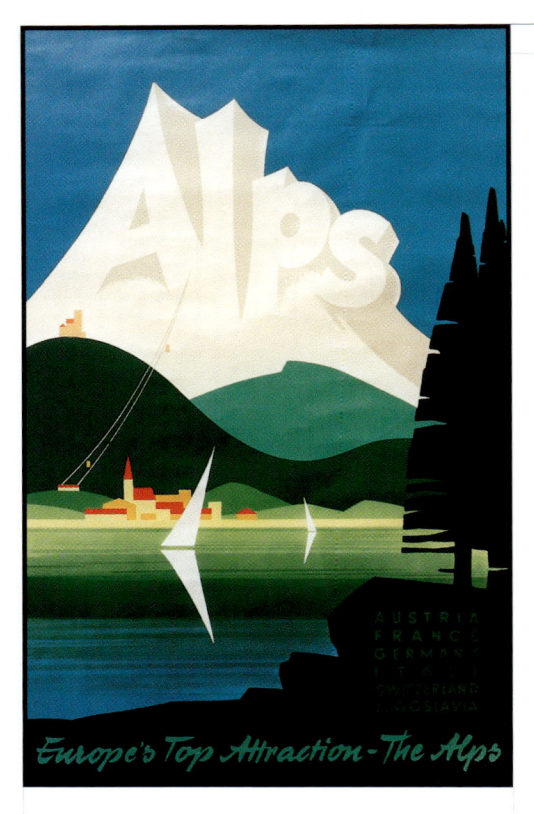

Werbeplakat, 1958

Karriere eines Präsidenten

Großgewachsen, meist im hellen Anzug mit einer frischen Gerbera im Revers – Otto Panzer war für seine Zeitgenossen eine beeindruckende Erscheinung. Seiner Erscheinung, in erster Linie aber seinem Status als „Dableiber", verdankte er nach Kriegsende eine führende Rolle im Südtiroler Tourismus. 1946 wurde ihm die Präsidentschaft des „Ente provinciale per il turismo di Bolzano" angetragen, des Vorläufers des Landesfremdenverkehrsamtes. In seiner fast zehnjährigen Amtszeit erlebte Panzer die Erholung des Fremdenverkehrs aus dem Tief des Zweiten Weltkrieges und den Übergang zum Massentourismus. Außerdem war Panzer zwischen 1949 und 1960 Präsident des „Vereins für Alpenhotels in Tirol" – jener noch von Theodor Christomannos gegründeten Gesellschaft, der das Grandhotel Karersee gehörte. Sein Bruder Willy führte das Hotel zwischen 1947 und 1958 als Direktor. Kurz nach dem Ausscheiden der beiden Panzer schloß das Karerseehotel 1961 vorübergehend, bald darauf setzte der allmähliche Verkauf einzelner Parzellen und Hotelräume ein. Auch im Privaten erlebte Otto Panzer den Wandel einer touristischen Institution. Sein „Park-Hotel", vor 1939 die vornehmste Adresse in Meran, wurde nach einem Intermezzo als Lazarett in der Nachkriegszeit nicht wieder eröffnet. Panzer verkaufte es schließlich schweren Herzens an das staatliche Versicherungsinstitut INAIL, das aus dem Hotel in Meran/Obermais die INAIL-Klinik (später Böhler-Krankenhaus) machte.

Südtirol in Klammern

Das Verbot der Bezeichnung „Südtirol" ging zwar auf den Faschismus zurück, aber auch nach dem Krieg blieb es in manchen Formen noch lange aufrecht. So wachte das staatliche Tourismusbüro Enit darüber, daß auf Plakaten und Prospekten das amtlich korrekte „Tiroler Etschland" oder „Provinz Bozen" aufschien. Der Provinzialverband für Tourismus (Ente provinciale per il turismo) hielt sich anfangs an die Weisung. Er setzte fast ausschließlich auf die Doppelbezeichnung „Tiroler Etschland/Dolomiten" (für den italienischen Markt: Alto Adige/Dolomiti) – „eines der geeignetsten Mittel, um den früheren Stellenwert in der in- und ausländischen Klientel wieder zu erreichen", wie Verbandspräsident Otto Panzer 1955 in seiner Abschiedsrede feststellte. Als 1957 aber der Bozner Wilfried Plangger zum neuen Direktor des Provinzialverbandes wurde (er löste den Italiener Marcello Caminiti ab), begann sich die touristische Marke zu ändern. Plangger „schwindelte, wo immer es mir möglich war", die Bezeichnung „Südtirol" auf Plakate und Prospekte. Um die politische Zensur zu umgehen, setzte er sie einfach in Klammern.

Auf nach Rimini!
Südtirol beginnt zu reisen

In den 50er Jahren wurden die Südtiroler selbst zu Touristen. In der lokalen Tageszeitung erschienen nun Anzeigen von Hotels in Rimini: „Südtiroler! Kommt!" Wer das Heilige dem profanen Meer vorzog, fand Angebote nach Rom oder gar in ferne Wallfahrtsorte. „Erstmalig für Südtirol unternehmen wir anfangs September mittels großem, völlig neuem und bequemem Pullmann eine 14tägige Fahrt nach Lourdes", inserierte ein Busunternehmen im Sommer 1955. Sieben Tage Rimini waren ab 8.000 Lire zu haben, 14 Tage Lourdes um 18.000 Lire.

Dolomitenreiseführer, um 1955

Ferienkolonie der Caritas Bozen in Grado, 1959

Josef Raffeiner mit „SVP"-Boot am Adriastrand, 1956

Südtiroler Ferienkolonie der „Pontifica opera assistenza" (POA) in Cesenatico, 1957

11. Sportautonomie als Fernziel

Das Selbstbewußtsein wächst

Weder die Option noch der Krieg mit dem Einmarsch der Deutschen Wehrmacht 1943 noch die Bomben 1944 brachten das endgültige Aus für den Sport in Südtirol. Reguläre Meisterschaften wurden zwar eingestellt, doch **sporadisch** fanden **noch Wettkämpfe** statt – so ein großer Leichtathletik-Städtevergleich zwischen Meran und Bozen am 21. Juni 1941, den der SCM (Sportclub Meran) knapp gewann. Die Meraner Pferderennbahn war noch 1942 in Betrieb und an die nationale Lotterie gekoppelt. Das Militär trug in Südtirol Hochgebirgsstaffeln aus, selbst im April 1943 wurden noch Bergläufe veranstaltet.

Mit dem Einmarsch der Deutschen Wehrmacht schlug **die Stunde der ehemals „Illegalen"**, der Sportler um den Volksgruppenbeauftragten für körperliche Ertüchtigung Toni Ruedl. Am Drususportplatz in Bozen marschierten 200 „Sportbeflissene" und 44 Lehrgangsteilnehmer der NS-Sportakademie in Berlin auf. Sie übernahmen den Aufbau des **Turnunterrichts** an den deutschen Schulen. Auf den Leibchen der noch aktiven Sportler tauchten **Hakenkreuze** auf, doch der Neubeginn zeichnete sich bereits ab.

Dieser war zunächst sprachgruppenübergreifend. Die Wahl, ob deutscher oder italienischer Verein, richtete sich meist nach dem Angebot. Wer sich dem Eisschnelllauf oder Eiskunstlauf verschrieb, wurde Mitglied der italienischen „Polisportiva". In der Leichtathletik starteten deutsche Südtiroler für die SAB in Bozen, italienische für den SCM in Meran.

Erst im Laufe der 50er Jahre verstärkte sich der **Wunsch nach mehr Sportautonomie** und auch nach **nach Sprachgruppen getrennten Vereinen**.

Fehlende Zweisprachigkeit der zentralistisch geführten olympischen Fachverbände mit ihren „Zonenkomitees" und „Zonendelegierten" für Südtirol sorgte für **zunehmenden Unmut**. Die Wende zeichnete sich Ende der 50er Jahre ab. Über das erste Sportförderungsgesetz der Landesregierung (1960) erhielten nun auch lokale Sportvereinigungen Beiträge, der Bau neuer Sportanlagen wurde gefördert. Im Laufe der nächsten 20 Jahre stieg die Zahl der Südtiroler Sportvereine sprunghaft von 90 (1959) auf 250 (1971) an.

800-m-Lauf beim Internationalen Leichtathletikmeeting in Meran, 1958. Zweiter vor. links der Meraner Peppi Larcher

Radlfahrer in Taufers, Anfang der 40er Jahre

Heimatlos
Spitzensport und Option

Innerhalb weniger Jahre traten sie bei Sportveranstaltungen für Italien, für das Deutsche Reich, für Österreich und dann wieder für Italien an, jene Südtiroler Spitzensportler, die im Laufe der Option abgewandert waren und die manchmal erst Jahre nach dem Krieg wieder zurückkehrten.

Im Schilanglauf waren es die Optanten Vinzenz Demetz, Gottfried Baur, Engelbert Senoner und Severin Menardi. Demetz und Baur belegten bei den österreichischen „Ostmarkmeisterschaften" 1941 über 16 Kilometer die Plätze eins und zwei. Der siegreichen Ostmarkstaffel gehörten die Grödner Azzolini, Baur und Demetz an. Im Kriegswinter 1942/43 holte sich Vinzenz Demetz in Zinnwald bei den Nordischen Meisterschaften die deutschen Titel über 16 und 50 Kilometer.

Noch im Winter 1943/44 wurden in Seefeld Gaumeisterschaften der Alpinen ausgetragen. Die Kombination um den goldenen Ring gewann der ehemalige Italienmeister Hans Nogler aus Gröden. 1946 – Tirol war noch französisch besetzt – holte sich Hans Nogler beim ersten Ländertreffen der besten Schifahrer Österreichs die Siege in der Abfahrt, im Slalom und in der Kombination. 1948 startete er für Österreich bei den Olympischen Winterspielen in St. Moritz. Deutschland war damals noch von internationalen Wettkämpfen ausgeschlossen.

Karl Dibiasi, 1936 Olympiastarter für Italien, ge-

Turner des Sportclub Meran, Anfang der 40er Jahre

wann 1942 die Ostmarkmeisterschaft im Turmspringen. Nach dem Krieg setzte er – inzwischen als Verwalter des Schwimmbades von Solbad Hall – seine Siegesserie bei den Österreichischen Meisterschaften fort. Fünf Titel im Turmspringen waren das Ergebnis. Die letzte österreichische Meisterschaft gewann Dibiasi – inzwischen mit Sohn Klaus, dem späteren Olympiasieger, wieder nach Südtirol zurückgekehrt – im Jahr 1952, als knapp 45jähriger.

Südtirols Radsportlegende Richard Menapace hingegen zog erst nach dem Krieg nach Österreich. Der Traminer hatte bereits in den 30er Jahren als Amateur Gino Bartali und Fausto Coppi herausgefordert. 1936 fuhr er in der Mannschaft von Gino Bartali seinen ersten Giro d'Italia. 1937 gewann Richard Menapace die internationale Radfernfahrt Mailand-München. Ab 1948 startete er für die Innsbrucker Schwalben zunächst noch mit Problemen rund um seine Startberechtigung. Da er seinen Wohnsitz in Südtirol noch nicht endgültig aufgegeben hatte, wurde ihm der Titel eines Tiroler Bergmeisters aberkannt, nicht jedoch die drei aufeinanderfolgenden Siege bei der Österreich-Rundfahrt (1947, 1948 und 1949). Ab 1949 startete Richard Menapace für einen Salzburger Verein.

Neubeginn mit Schwierigkeiten
Der AVS kämpft um Anerkennung

Im zerbombten Bozen war der Schutt noch nicht zur Gänze weggeräumt, da träumten begeisterte Berg- und Sportfreunde bereits wieder vom Neubeginn organisierter Vereinstätigkeit. Mit dem Ende des Krieges war auch das faschistische Verbot deutscher Vereine hinfällig geworden.

Die Zeit drängte, denn ein Ende der amerikanischen Besatzung durch die alliierte Militärbehörde AMG war abzusehen. Von den Amerikanern erhoffte man sich mehr Verständnis für ein Gründungsansuchen als von der italienischen Präfektur in Bozen.

Freilich verlangten die Amerikaner unbelastete Garanten, deren Vergangenheit nicht nazifaschistisch kompromittiert war. Als Internierter des Konzentrationslagers in Dachau und als überzeugter Demokrat entsprach SVP-Mitbegründer Friedl Volgger diesen Anforderungen. Dank seiner Hilfe erhielt der „Alpenverein Südtirol" am 31. Dezember 1945, dem letzten Tag der AMG-Zuständigkeit vor der Übergabe der Verwaltungsbefugnisse an die italienische Regierung, das erlösende amerikanische „approved". Die Anerkennung des AVS durch die Quästur in Bozen im April 1946 war somit eine reine Formsache.

Die erste AVS-Hauptleitung unter Hanns Forcher-Mayr tagte am 14. Juni in der Villa Brigl am Sitz der Südtiroler Volkspartei. Als Mitgliedsbeitrag wurden

AVS-Wanderung zum Sarntaler Weißhorn, 12. Oktober 1947

Crozzon di Brenta, Nordkante, am 31. August 1950, in der Mitte Norbert Rudolph, rechts Josef Rampold

100 Lire für A-Mitglieder und 50 Lire für B-Mitglieder (Ehefrauen und Jugend) festgelegt. Innerhalb weniger Monate entstanden die Sektionen Meran, Bozen und Brixen. 1947 folgten Bruneck, Sterzing, Vinschgau und Klausen.

Die Sehnsucht nach Freiheit, Natur und sportlicher Bewegung war groß, die nachkriegsbedingte Not machte erfinderisch. Meist wurde schon die Anfahrt zum Ausgangspunkt von Wanderungen und Touren zum Gemeinschaftserlebnis. So ging's mit dem dampfenden und schnaubenden „Grödner Bahndl" von Klausen im Postkutschentempo nach Plan de Gralba am Fuße des Sellastocks oder aber im offenen LKW mit Holzpritschen auf der Ladefläche zur sonntäglichen Dolomiten-Rundfahrt.

Auf den Bergen herrschte zwar Freiheit, aber noch keine Gleichberechtigung zwischen AVS und italienischem CAI. Zentralistische Bürokratie und tiefverwurzeltes Mißtrauen gegenüber lokalen Traditionen kennzeichneten das Nachkriegs-Italien der 40er und 50er Jahre. An eine Rückgabe der enteigneten Hütten war nicht zu denken und an eine Entschädigung zu diesem Zeitpunkt auch noch nicht. Allein der Kampf um die Erlangung der Rechtspersönlichkeit des AVS und damit die Möglichkeit, neue Berghütten zu bauen und zu besitzen, sollte 16 Jahre dauern. Bis dahin mußten die Liegenschaften auf Privatpersonen eingetragen werden. Als erste Berghütte der Nachkriegszeit wurde 1956 das Radlseehaus der AVS-Sektion Brixen eingeweiht. Ein 1949 auch vom AVS unterstützter Vorschlag der CAI-Sektion Bozen zur symbolischen Versöhnung am Berg scheiterte an der CAI-Sektion Mailand. Der Vorschlag sah für alle 57 vom CAI verwalteten Berghütten zweisprachige Bezeichnungen vor. Die ursprünglich nach den deutschen Erbauersektionen, dann aber nach italienischen Städten benannten Hütten sollten ortsgebundene Namen erhalten. So wäre zum Beispiel aus dem „Rifugio città di Milano" (Schaubachhütte) die „Suldner Hütte" (Rifugio di Solda) geworden. Doch das Veto der Sektion Mailand vereitelte diesen Versuch nationalistischer Entkrampfung bereits im Ansatz.

Gipfelsturm für die Trikolore

Als eine Hauptaufgabe seiner alpinen Vereinsarbeit sah der AVS in den ersten Nachkriegsjahren die Wiederinstandsetzung der Wegemarkierungen. Der Nachholbedarf war enorm, denn in der Zwischenkriegszeit war die Markierungsarbeit zum Erliegen gekommen.

Ab 1949 erhielt jede AVS-Sektion ihr eigenes Markierungsreferat. Zum anerkannten „Markierungspapst" avancierte in den 50er Jahren mit Jax Dellantonio ein Bergfreund, der nicht nur in Südtirol, sondern auch im Trentino fast jeden Steig persönlich kannte.

Die richtigen Kletterer unter den AVS-Mitgliedern mußten noch bis 1952 warten. Dann erhielten sie ihre Hochtouristengruppe mit anspruchsvollen Aufnahmekriterien. Die angehenden jungen Akademiker unter ihnen wahrten standesgemäße Distanz zu den „Berglern", meist einfachen Handwerkern. Doch auch renommierte Bergfexe wie Luis Trenker und Karl Felderer hatten bei den Hochtouristen keine Chance. Sie wurden als zu alt befunden und abgewiesen. „Wir waren früher als junge Spinner bei den alten Herren nicht gerade gut angesehen: Man ignorierte uns", erinnert sich Norbert Rudolph, Mitbegründer der AVS-Hochtouristengruppe.

Das Selbstbewußtsein der Jungen wuchs, als aus ihren Reihen 1954 Erich Abram in die italienische K2-Expedition berufen wurde. Erst im Jahr zuvor hatten die Engländer den höchsten Berg der Welt, den Mount Everest, bezwungen. Nationales Prestige war jetzt noch am K2, dem mit 8.611 Metern zweithöchsten Achttausender, zu gewinnen. Generalstabsmäßig und mit einer noch nie dagewesenen Materialschlacht wurde der aus italienischer Sicht „schönste und schwierigste" Himalaja-Riese in Angriff genommen. Am 31. Juli 1954 war es soweit. Lino Lacedelli und Achille Compagnoni erreichten den Gipfel. Doch nicht ihnen galten die Schlagzeilen der Presse. Die Erfolgsmeldung appellierte an den Nationalstolz: „Il Tricolore sul K2". Italien hatte sich internationalen Respekt am Berg verschafft.

Erich Abram durfte dazu beitragen, auch wenn ihm der Gipfelsturm versagt blieb. Die Gemeinde Bozen unter Bürgermeister Lino Ziller würdigte ihn nach seiner Rückkehr am 27. September mit der Verleihung einer Goldmedaille als Ausdruck der „Bewunderung und Dankbarkeit".

Auf dem Großen Vernel, 20. August 1956

Erich Abram in der Pelmo-Nordwand am 20. Juli 1952

Schlagzeile auf der Titelseite des „Milano-sera" vom 3. August 1954

Die Mannschaft des AC Bozen, 1947/48

Kurzer Höhenflug
Als der AC Bozen noch in der Serie B war

Es waren die Fußballer, die nach dem Krieg als erste zum Leistungssport zurückfanden. Gleich drei Südtiroler Mannschaften – Bozen, Meran und Brixen – spielten 1946/47 in der italienischen Meisterschaft der Serie C. Diese war in drei Kreise unterteilt, und jedem der drei Kreissieger winkte der Aufstieg in die Serie B. Der AC Bozen schaffte die Sensation nach dem Gewinn der Finalrunde gegen Edera Triest und Montebelluna.

Doch das Gastspiel in der zweithöchsten italienischen Fußballiga dauerte nur eine Saison:1947/48. Trotz regen Publikumszuspruchs überforderte der Profifußball die finanziellen Möglichkeiten der Bozner. Die Serie B-Spielzeit endete mit einem für Nachkriegsverhältnisse astronomischen 5-Millionen-Lire-Defizit. Der Eintritt für die Nordkurve kostete 100 Lire, für die ungedeckte Tribüne wurden 150 Lire und für die Haupttribüne 200 Lire verlangt. (Der Preis der Tageszeitung „Dolomiten" schwankte je nach Umfang zwischen 6 und 8 Lire.)

Einzelne Spieler schafften zwar den Sprung in die Serie A, und AC-Bozen-Star Giovannini wurde nicht weniger als 13mal in die italienische Nationalmannschaft berufen, welche 1949 ihre besten Spieler beim Flugzeugabsturz von Superga verloren hatte. Das Flugzeug der in der Nachkriegszeit für unschlagbar gehaltenen Meisterelf des AC Turin war auf dem Rückflug von Lissabon bei Turin gegen einen Hügel gerast. Alle achtzehn Spieler, sechs Begleiter und drei Journalisten fanden den Tod. In Italien herrschte Staatstrauer, Turin wurde vier Spieltage vor dem Meisterschaftsende zum Meister erklärt. In Südtirol ging es mit dem Fußballsport zu Beginn der 50er Jahre weiter abwärts. 1951 verließ mit dem AC Bozen auch der letzte Südtiroler Verein die Serie C. Man spielte jetzt wieder auf Amateurniveau.

Fußballmannschaft Lana, 1956/57

Fußballspielen im Bozner Lido, 50er Jahre

Die Mannschaft des HC Bozen, 1956/57

Spitzen auf Eis
Eishockey erobert die Herzen des Publikums

Der Südtiroler Eishockeysport steckte zwar noch in den Kinderschuhen, erlebte in der Nachkriegszeit aber eine rasante Entwicklung. Die ersten Eishockeymannschaften waren 1931 in St. Ulrich, 1933 in Bozen, 1935 am Ritten und 1937 in Meran gegründet worden. Eishockeyhochburg in Italien war immer noch Mailand, das seit 1925 über ein Kunsteisstadion verfügte. So holten sich die Mailänder Mannschaften auch nach dem Krieg alle Eishockeytitel. Erst 1957 durchbrach Cortina diese Erfolgsserie. Bozen mußte bis 1963 warten.

In Südtirol wurde bis 1953 ausschließlich auf Natureis gespielt. Der HC Bozen (1945 als Eishockeysektion der Polisportiva neu gegründet) hatte sein Spielfeld zunächst am Bozner Bozen. Einfache Holzbalken am Spielfeldrand ersetzten die Banden. Tragende Säulen der Mannschaft waren der schußgewaltige Hans Lux, der später ein Angebot der Mailänder „Diavoli" annahm, und der zweikampfstarke Siegfried Mech. Als Trainer konnte der Exil-Ungar Sandor Ott gewonnen werden. Das erste Auswärtsspiel gegen Asiago gewannen die Bozner 2:1.

Das Spielfeld in „Sibirien" am Bozner Boden genügte schon bald nicht mehr den Anforderungen. So übersiedelte man Ende der 40 Jahre zuerst auf den Platz neben der Turnhalle in der Vintlerstraße und dann in die Nähe der Bersaglieri-Kaserne in der Marconistraße. Erst jetzt wurden reguläre Banden angebracht. Bei durchschnittlich nur 20 Spieltagen im Winter ließen die Eisbedingungen eine erfolgreiche Meisterschaftsteilnahme noch nicht zu. Die Wende kam am 7. November 1953 mit der Inbetriebnahme der Kunsteisanlage in der damals neuen Messehalle. Das Auftaktspiel gegen den HC Inter Mailand gewann Bozen mit 8:5. Die Begeisterung kannte keine Grenzen. Als Bozen gar den HC Davos mit 8:7 besiegte, titelte Theo Wiedenhofer in den „Dolomiten": „Herrlich, einmalig, rassig, atemberaubend…".

In der Saison 1953/54 belegte der HC Bozen auf Anhieb Platz

Die Hockeymannschaft des SC Meran, 1949

zwei in der italienischen Meisterschaft hinter Inter Mailand. Für Meran kam hingegen nach einem Winter mit nur elf Spieltagen auf Natureis das Aus. Der Eishockeybetrieb mußte vorübergehend eingestellt werden.

Um den italienischen Meistertitel spielten in den 50er Jahren durchwegs vier Mannschaften. Die Mailänder Vereine Inter und Diavoli, der HC Bozen sowie der SG Cortina, der zu den Olympischen Spielen 1956 sein Kunsteisstadion erhielt. Mit Cortina wurde 1957 erstmals ein Nicht-Mailänder-Verein Italienmeister. Eishockey war inzwischen zum reinen Profisport geworden, ein Trend, der sich bereits Anfang der 50er Jahre abgezeichnet hatte. So spielten zum Beginn der Kunsteisära 1953 in Bozen bereits drei Kanadier, zwei Italos (Oriundi) sowie zwei Österreicher. In der Folge legte der italienische Eissportverband neue Quoten für Ausländer und sogenannte „Oriundi" (meist Kanadier mit italienischem Paß) fest. 1959 waren bei den vier Vereinen der Serie A die Ausländer Hudson, St. John, Watson, Parisi und Trasher gemeldet, ferner die Oriundi Tucci, Tomei, Furlani und Coletti. Der heimische Nachwuchs mit Norbert Koler, Siegfried Schlemmer, Robert Psenner und Heini Bacher stand bereits im Team, mußte aber noch bis 1963 auf den ersten italienischen Titel warten.

Südtiroler Eisprinzessinnen

Bozen 1959. Die 18jährige Meranerin Carla Tichatschek und die 19 Jahre alte Boznerin Christine Rieder stehen bei den Italienmeisterschaften im Eiskunstlaufen auf dem obersten Treppchen. Carla hat ihren Einzeltitel bei den Damen erfolgreich verteidigt, Christine holt sich erstmals den Titel im Paarlauf zusammen mit ihrem Partner Walter Adriaro. Zwei Mädchenträume sind in Erfüllung gegangen. Die seit 1914 anhaltende Erfolgsserie der Mailänder und Turiner Eiskunstläuferinnen in Italien ist zu Ende.

Die Wege zum Erfolg hätten unterschiedlicher nicht sein können. Die Meranerin Carla Tichatschek wurde früh gefördert. Ihr Training absolviert sie in den Kunsteisstadien von Bozen, Mailand, Wien und London. Ihr Trainer ist kein Geringerer als der zehnfache Italienmeister Carlo Fassi. Bereits mit siebzehn holt sie in Mailand ihren ersten italienischen Titel, sie nimmt an Europa- und Weltmeisterschaften teil und wird 1960 in die italienische Olympiamannschaft für Squaw Valley berufen.

Christine Rieder erhielt als Kind Ballettunterricht und entdeckte dann ganz allein ihre Liebe zum Eiskunstlauf. Die ersten Pirouetten brachte sie sich selbst bei, auf der Natureisbahn am Bozner Boden. Solange das Natureis es zuließ, schulterte sie nach der Schule ihre Schlittschuhe und eilte zum mehrstündigen Training. Einen Trainer hatte sie nicht. Als Mitglied der „Polisportiva" konnte sie schließlich im Messepalast trainieren, wo sie auf den italienischen Juniorenmeister im Eiskunstlauf, Walter Adriaro, traf. Der Bozner ist für Christine Rieder der ideale Paarlaufpartner. Erste Erfolge stellten sich ein: Die beiden gewannen die „Zonen"-Meisterschaften, wurden italienische Juniorenmeister und durften am Sommerfortbildungskurs des italienischen Eissportverbandes in Cortina teil-

Die Meraner Eiskunstläuferin Carla Tichatschek, Italienmeisterin 1958/59 und Olympiateilnehmerin 1960 in Squaw Valley

Christine Rieder und Walter Adriaro beim Training in der Bozner Kunsteishalle, 1959

nehmen. „Die Konkurrenz an der Spitze war eher gering", erinnert sich Christine Rieder, „da gab es noch ein, zwei Paare, vor allem Marlene Lanznaster und Roberto Castoldi, die ebenfalls für die Polisportiva Bozen starteten."
Nach dem Gewinn des Titels 1959 widmete sich die angehende Augenoptikerin Christine Rieder wieder mehr ihrem Beruf im Familienbetrieb in der Museumstraße.

Der Traum vom Auto für alle
Automobilsport als Vorläufer der Massenmotorisierung

Zahlreiche Konsumgüter, darunter Benzin und Gummireifen, waren noch rationiert, da begannen auch im Alpenraum die Rennmotoren wieder zu heulen. 1946 wurde die „Stella Alpina" gestartet, 1947 die „Coppa delle Dolomiti", ein Etappenrennen, das von Cortina über die Dolomitenpässe bis aufs Stilfser Joch führte.
Am 13. Juli 1947 erlebte das 1929 ins Leben gerufene Mendelrennen seine erste Nachkriegsauflage. Die Motorisierung des Alltags steckte noch in den Kinderschuhen. Die wenigen funktionstüchtigen Vorkriegsautos waren unerschwinglich. Der Traum vom eigenen fahrbaren Untersatz beschränkte sich auf „Vespa"- oder „Lambretta"-Motorroller. Papi am Steuer, Mami am Sozius im Damensitz quer zur Fahrtrichtung und der Sprößling stehend zwischen Papis Beinen an der Lenkstange, so startete die Kleinfamilie anno 1950 zum Sonntagsausflug.
Gerade der Mangel ließ die Begeisterung für Motorsportveranstaltungen überschäumen. Zehntausende säumten die Rennstrecke des ersten Mendelrennens nach dem Krieg – damals noch von der Freiheitsstraße über die Drususallee, Sigmundskron, Eppan hinauf auf die Mendel.

Internationales Porsche-Treffen in Meran, 1958. Mit 300 Teilnehmern, darunter 47 Porschefahrern aus den USA, war dieses zum 4. Mal hintereinander in Meran veranstaltete Treffen das bis dahin erfolgreichste. Während der Geschwindigkeitswettbewerb auf der Meraner Kurpromenade endete, fand die „Gymkhana" am Meraner Sportplatz statt. Nach den Rennen trafen sich die gegeneinander antretenden Porschefahrer und -fahrerinnen zu einem Galaabend im Meraner Kursaal.

Der Sieger Cristian Bino Heins in seinem Porsche 1500 beim Start des Mendelrennens in Eppan (links) und im Ziel am Mendelpaß, 1958

Für 16.20 Uhr hatte die Rennleitung eine zehnminütige Unterbrechung angeordnet, um den fahrplanmäßigen Meraner Zug am beschrankten Bahnübergang in Sigmundskron passieren zu lassen.

Die einzige kritische Stimme zum Mendelrennen 1947 kam von einem Grieser Bauern, der in einem Leserbrief an die „Dolomiten" zu bedenken gab, ob es wirklich notwendig sei, „nach einem verlorenen Krieg und in Zeiten der Mangelwirtschaft derart viele Tonnen Benzin, schwer erhältliche Gummireifen und im freien Handel nicht aufzutreibendes Stroh (für die Verkleidung gefährlicher Stellen) zu verschwenden". Der allgemeinen Rennsportbegeisterung taten solche Stimmen keinen Abbruch.

Die allmählich auf Touren kommende Autoindustrie förderte mit allen Mitteln Straßenrennen, bei denen Autos eingesetzt wurden, die den Serienmodellen ähnlich waren. Der Glaube an den Fortschritt war ungebrochen, und so wagte der Berichterstatter der „Mille Miglia" – das legendäre Straßenrennen von Brescia nach Rom – 1957 die Prognose, das ideale Zukunftsauto für jedermann werde über einen 3,5-Liter-Motor mit 280 PS verfügen.

In die Blütezeit der automobilen Euphorie der 50er Jahre fielen aber auch zahlreiche schwere Unfälle, welche ein allmähliches Umdenken einleiteten. 1955 kamen in Le Mans Dutzende von Zuschauern ums Leben, als ein explodierender Rennwagen in die Menge raste. Nur die Schweiz verbot daraufhin alle Automobilrennen. Als 1957 bei der „Mille Miglia" ein Ferrari von der Straße abkam und seine beiden Fahrer sowie zehn Zuschauer mit in den Tod riß, bedeutete das das engültige Aus für das traditionsreiche italienische Straßenrennen.

Aus Sicherheitsgründen wurden die Rennen in der Folge auf geschlossene Rundstrecken verlegt. Ausnahmen blieben Bergrennen – zunächst auch noch das Mendelrennen – sowie Rallyes.

Rennen im Sonntagsanzug, Internationales Porsche-Treffen in Meran, Oktober 1958

Max Reisch und seine Frau Christiane mit ihrem Opel Caravan in der südpersischen Wüste Dascht-i-Lut, 1958

Ein motorisierter Weltenbummler aus Tirol

Geboren 1912 in Kufstein, verbringt Max Reisch erste Ausbildungsjahre in Bozen, das ihm später zum zweiten Wohnsitz werden wird. Hier entdeckte er auch seine Faszination für Motoren und fürs Extreme.

Als 18jähriger erklomm er als erster mit einem 3-PS-Puch-Motorrad das Stilfser Joch, zwei Jahre später feierten die „Innsbrucker Nachrichten" seine Durchquerung Nordafrikas als „Größte Motorexpedition Nordafrikas". Jahr für Jahr sorgte der Tiroler Abenteurer für neue Schlagzeilen. 1935 stieg er vom Motorrad auf ein Steyr-Expeditionsfahrzeug um, das ihm die österreichische Autofirma nach eigenen Wünschen gebaut hat. 1936 gelang ihm die Weltumrundung über China, Japan und Amerika. Im Zweiten Weltkrieg stellt Max Reisch seine Wüstenerfahrung dem deutschen Afrikakorps zur Verfügung. Als technischer Inspektor erreicht er in der libyschen Wüste mit dem VW-Kübelwagen zahlreiche Wasserstellen und Oasen. Die Motorsportbegeisterung des inzwischen 34jährigen ist bei Kriegsende ungebrochen. 1950 wird er österreichischer Rallye-Staatsmeister. 1951 erfaßte ihn wieder das Fernweh, er gab das erste „Wohnmobil" Europas in Auftrag. Auf engstem Raum verfügte sein „Gutbrod Atlas 800"-Kastenwagen über zwei Klappbetten, eine Kochschublade, einen Klapptisch, ein Waschbecken und einen 40-Liter-Wassertank. Nach einer Probefahrt zum Polarkreis zog es ihn wieder in die Wüste. Er erreichte Kuwait und erhielt eine offizielle Einladung nach Riad, der Hauptstadt des damals für Ausländer gesperrten Saudi-Arabien.

Expeditionsberichte und Bildbände bescherten ihm wachsende Popularität. Seine Urania-Vorträge in Südtirol „Im Auto um die Erde", „Auf nach Afrika", „König im Morgenland" fesselten Tausende begeisterte Zuhörer. Bis zu seinem 72. Lebensjahr begleitete Max Reisch – seit 1971 „Professor" – als wissenschaftlicher Leiter Studiengruppen durch Afrika und den Orient. Er starb am 18. Jänner 1985 in Kufstein. Seine Autos sind im „Rundgemälde" in Innsbruck ausgestellt.

Max Reisch

Der sowjetische Spitzenathlet Bolotnikov beim Dr.-Erckert-Leichtathletik-Meeting in Meran, Oktober 1957

Der Südtiroler Sportjournalist Hansjörg Prantl in den 50er Jahren

Hautnah dabei
Das Sportpublikum der 50er

Als das in Italien noch junge Fernsehen 1956 mit den Olympischen Winterspielen von Cortina in Südtirol Einzug hielt, wurde der kleine ovale schwarzweiß-flimmernde Bildschirm als Kuriosum bestaunt. Vor den Elektrogeschäften, die Fernseher in den Auslagen hatten, bildeten sich Trauben neugieriger Menschen. Auch kurbelte das Olympia-Geschäft erstmals die Verkaufszahlen an, doch als Konkurrenz für Radio und Zeitungen wurde das Fernsehen noch nicht wahrgenommen. Zu gering waren die technischen Fortschritte der Fernsehröhre seit der TV-Weltpremiere bei den Olympischen Spielen 1936 in Berlin. Für Live-Stimmung bei Direktsendungen fehlte die notwendige Technik, Filmberichte hingegen waren weitaus perfekter in der Kino-Wochenschau vor dem neuesten Sissi-Film zu sehen.

Das sportbegeisterte Publikum aber wollte seine Helden aus der Nähe bestaunen. Fußballstadien waren nicht selten ausverkauft – nicht nur zu Bozens Serie-B-Zeit. Bei Automobilrennen warteten Tausende entlang der Rennstrecke in beängstigender Nähe zu den Boliden stundenlang auf ihre Favoriten. Und Zehntausende säumten die Dolomitenpässe, wenn Fausto Coppi und Gino Bartali in Minutenabständen vor dem Feld bei der fast alljährlichen Bozner Giro-Etappe im Drususstadion eintrafen.

Eishockeyspiele im neuen Bozner Eispalast (1953) erreichten einen Besucherschnitt von 5.000 Zuschauern. Die Eishockey-„Hooligans" der 50er waren ganz einfache Bauernburschen, die zu den alljährlichen Freundschaftsspielen mit dem IEV Innsbruck demonstrativ im blauen Schurz erschienen und dadurch in ihrer „italianità" bedrohte italienische Bozner zu Schlägereien provozierten, welche alljährlich einige Verletzte forderten. Als Beschimpfungssprache akzeptierten beide Seiten das Italienische, vor allem wenn es galt, dem „arbitro venduto" (in der harmlosesten Form der Beschimpfung) zuzusetzen. Als Schiedsrichter Costazza senior ein Eishockeyspiel am Bozner Boden nicht nach dem Wunsch des Publikums pfiff, entkam er der wütenden Menge nur durch einen Sprung über die Ufermauer ins darunterliegende zugefrorene Eisackbett. Auf Schlittschuhen enteilte er, von Eisscholle zu Eisscholle sprintend, seinen Verfolgern.

„Am Talferstrand und an der Passer kocht man Fußball nur mit Wasser"

Regelmäßige Sportberichterstattung in der Presse hatte es bereits vor dem Krieg gegeben, in Italien mit der „Gazzetta dello Sport" sogar eine eigene nur dem Sport gewidmete Tageszeitung, die auch in Südtirol gelesen wurde.
Für den deutschen Nachkriegsjournalismus in Südtirol war der Sport noch absolutes Neuland. Das lokale Sportgeschehen fand vor allem in den Montagausgaben der Tageszeitungen „Dolomiten" und „Alto Adige" Berücksichtigung. Die Redaktionen betrachteten den Sport noch als Nebensache und überließen das Sammeln der Ergebnisse, die Berichterstattung und auch die Kommentare freien Mitarbeitern, die meist selbst begeisterte Sportler waren und für ein Taschengeld arbeiteten.
Als Pionier der Südtiroler Sportberichterstattung gilt Theo Wiedenhofer. Im Hauptberuf Versicherungsagent, in der Freizeit Zeitnehmer bei Sportveranstal-

tungen, prägte er mit betont blumenreichen Vergleichen und gereimten Titelzeilen die „Dolomiten"-Sportberichterstattung der 50er Jahre. Sprachpuristen und Berufsjournalisten rümpften zwar die Nase, wenn Th.w. einen 6:2-Sieg der Bozner Fußballer gegen Luparese (1950) mit dem Zweizeiler „Für hungrige Wölfe/die Hälfte von zwölfe" versah, die Leser aber warteten gespannt auf ihren wöchentlichen Wiedenhofer-Reim: „Aeolus, ach Aeolus/ das war für Segler kein Genuß" (1950 nach einer Regatta am Kalterer See).

Als begeisterter Fußballanhänger litt Wiedenhofer persönlich unter Niederlagen der Südtiroler Mannschaften und ließ die Leser an diesem Schmerz teilhaben: „Im wunderschönen Monat März / bringt der Fußball Leid und Schmerz". „Oh je, oh je", schreibt Wiedenhofer nach Niederlagen von Bozen und Meran, „es ist wieder einmal schiefgegangen. Ganz schief! Der weißrote Fußballalmanach ist um ein ‚Tragerl' bereichert worden, und viele Anhänger sind um eine Enttäuschung reicher geworden. Der Spielverlauf war arm. Arm im Geiste, arm in den Beinen, arm an Ideen." Viele Fußballanhänger kauften die Montagausgabe der „Dolomiten" nur wegen der Th.w.-Verse, erinnert sich Hansjörg Prantl, der ab 1956 als freier Mitarbeiter Sportberichte schrieb. Freie Mitarbeiter galten damals noch als Mädchen für alles, und so verfolgte Hansjörg Prantl unter der Woche bei geringem Sportaufkommen die Arbeiten des Bozner Gemeinderates für die Lokalredaktion.

Auch Pepi Aussersdorfer, späterer Wiedenhofer-Nachfolger, begann seine journalistische Karriere Ende der 50er Jahre nebenberuflich mit Berichten über die Vier-Schanzen-Tournee der Schispringer, ehe er (zehn Jahre später) über den Umweg durch die Lokalredaktion dem sportlichen Fachjournalismus zum Durchbruch verhalf.

Im Namen des Erfolgs
Der Leistungssport im Kommen

Der ursprünglich vom englischen „Gentlemen sportsmen" um die Jahrhundertwende definierte Idealsportler war wohlhabend und fair, betrachtete den Sport als die schönste Nebensache der Welt und lehnte Preisgelder, Aufputschmittel, ja selbst gezieltes körperliches Training als unsportlich ab.

Außerhalb Englands hatten die Verschmelzung von Sport und Nationalismus sowie die Verbindung von Fortschritt, Geschwindigkeit und Lebensgefahr eine Entwicklung eingeleitet, die in der Nachkriegszeit eine deutliche Beschleunigung erfuhr. Der heraufziehende Kalte Krieg ließ den Sport zum Kampf der Gesellschaftssysteme werden. Die Entlassung der afrikanischen Staaten in die Freiheit sorgte für einen zusätzlichen Internationalisierungsschub. Die Zahl der Wettkämpfe wurde gesteigert, was den Spitzensport immer teurer und zeitintensiver werden ließ. In vielen Männersportarten hatte sich der Trainingsaufwand gegenüber 1900 vervierfacht und war nur noch mit Hilfe des Staates oder privater Sponsoren zu bewältigen.

Während der Begriff „Doping" in den 50er Jahren noch kein Thema war – auch wenn bekannte Spitzensportler wie Fausto Coppi über Geheimrezepte für „Stärkungsmittel" verfügten –, schlugen die Wellen beim Thema „Amateurstatus" hoch. So wurden die österreichischen Schistars Trude Klecker und Christian

„Dolomiten", März 1950

Folgende Seiten: Adolfo Fedrizzi im Bob bei der Italienmeisterschaft in Cortina, 1954

Willi Gerstgrasser, mehrfacher Italienmeister im Kanuslalom und in der Wildwasserabfahrt, Zillertal um 1957

Die italienische Kanumannschaft bei der Weltmeisterschaft 1953 in Meran

Sport-Rollschuhlaufen in Bozen, 1958

Mitglieder des Radsportvereins „Falken K.M.V.", 1958

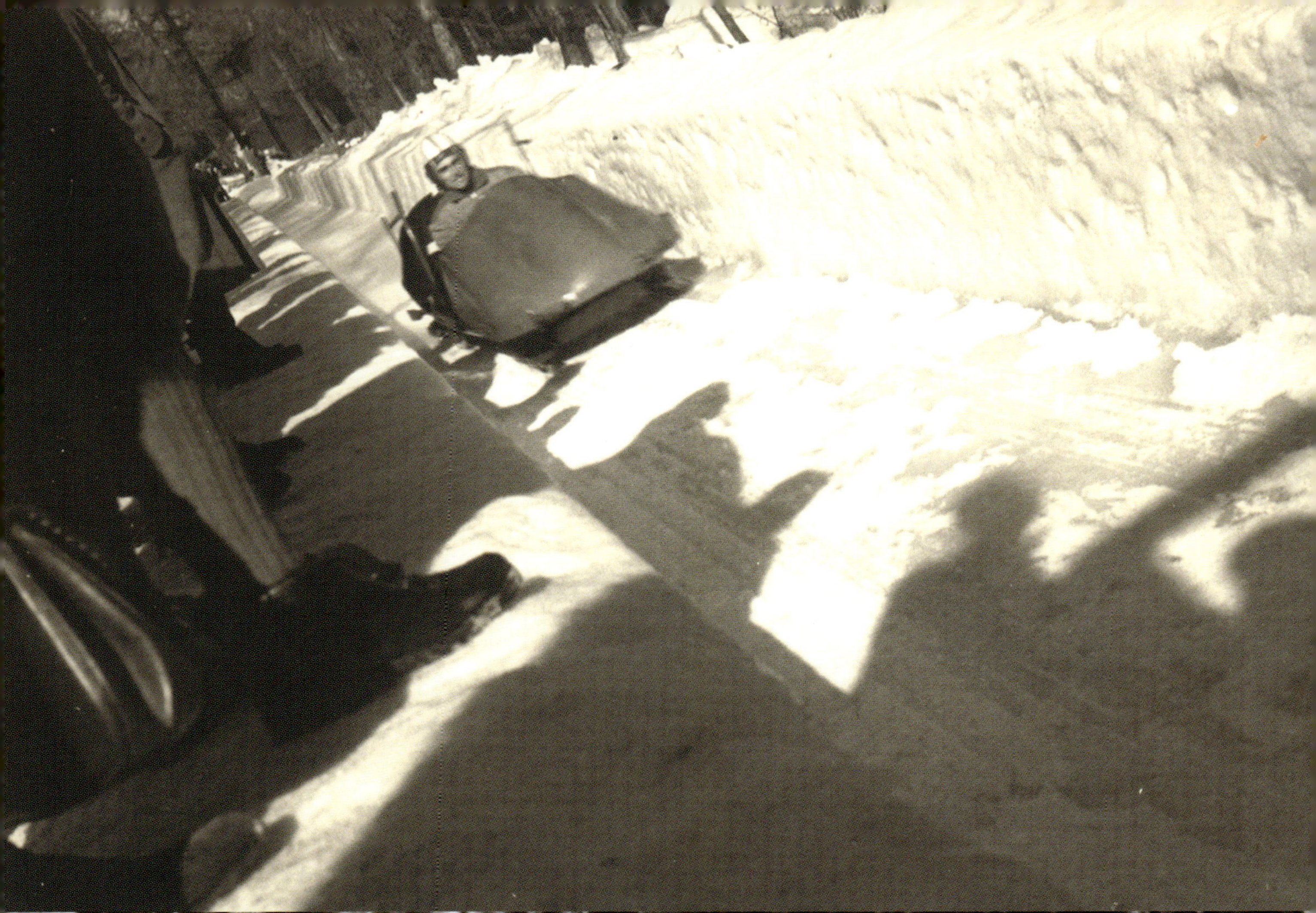

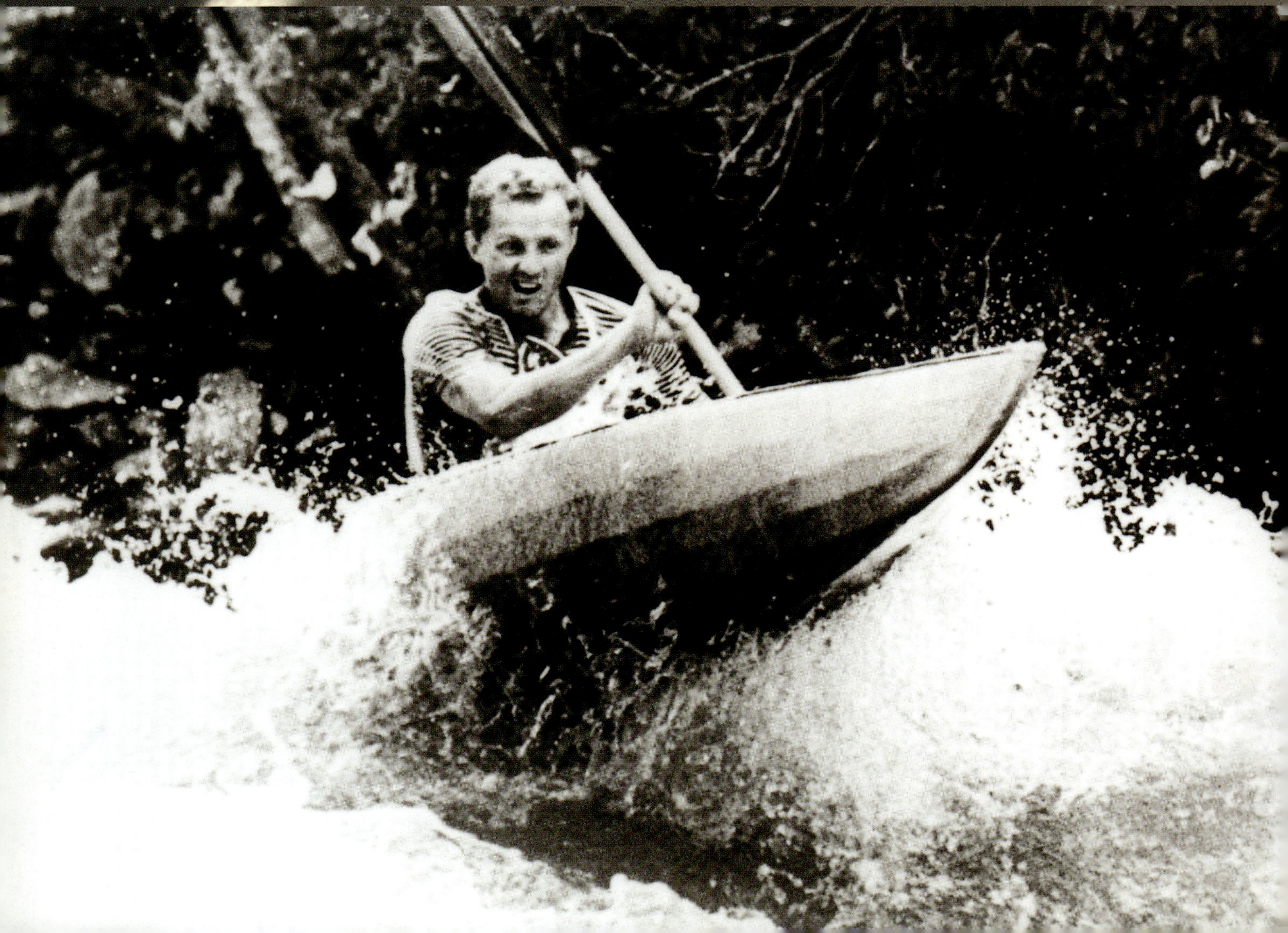

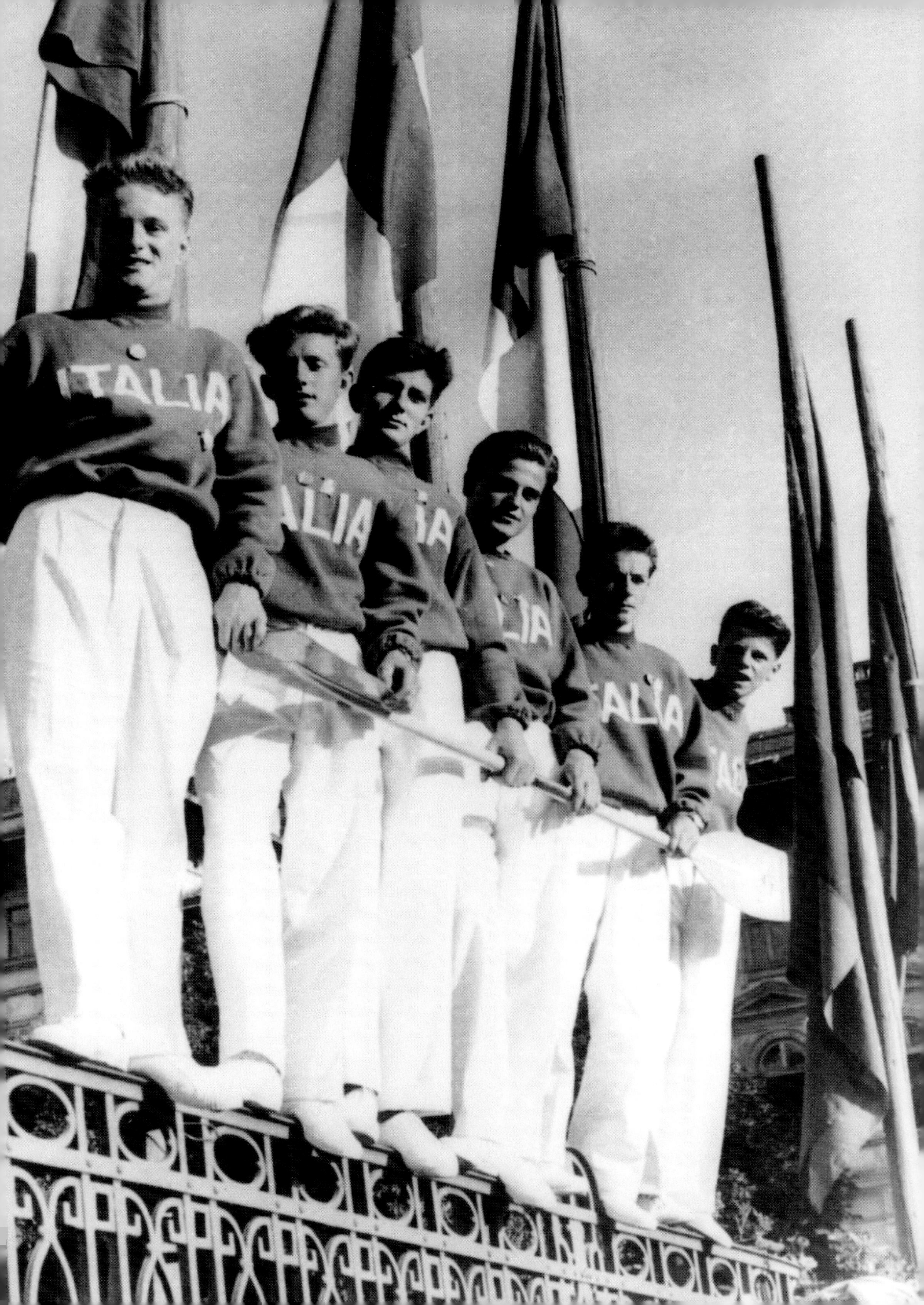
ITALIA

Basketball am Bozner Siegesplatz, 1958

Pravda 1954 von einer übergenauen Amateurkommission für eine Saison gesperrt, weil sie Werbung für ihre Schifirmen betrieben hatten. Christian Pravda, damals weltbester alpiner Schirennläufer, hatte in den USA ein Plakat für seine Schifirma unterschrieben. Mit ähnlichen Maßnahmen wurde der Schein des reinen Amateursports noch jahrzehntelang, eigentlich bis zur Karl-Schranz-Affäre 1972, gewahrt.

Die Wechselbeziehung zwischen Spitzensport, Geld und nationalem Prestige war in den 50er Jahren bereits irreversibel. Bei solchen Rahmenbedingungen war es für Südtiroler Sportler fast unmöglich, sich international durchzusetzen. Mit dem Bau sportlicher Infrastrukturen war gerade erst begonnen worden, und die Förderung lokaler Sportvereine durch das Nationale Olympische Komitee war sehr zurückhaltend. (Dagegen erhielten die sportlichen Ableger politischer Parteien, wie die „Libertas" von der DC oder die „Fiamma" vom MSI und selbst die Freizeitsportler vom ENAL, relativ üppige Unterstützungen.)

Auf Schnee

Über sportliche „Diskriminierung" klagten Anfang der 50er Jahre vor allem die Schirennfahrer. Der internationale Durchbruch blieb ihnen zunächst versagt. Bei den großen Klassikern am Arlberg und in Kitzbühel gaben die Österreicher den Ton an. Das Wunderteam aus Kitzbühel mit Ernst Hinterseer, Hias Leitner, Anderl Molterer und Toni Sailer war nicht zu schlagen und führte alle Weltranglisten an. (Der Weltpokal wurde erst in den 60er Jahren ins Leben gerufen.) In Italien diktierte die „Abetone-Fraktion" um Zeno Colò die Politik des Wintersportverbandes. Zeno Colò, Italiens erfolgreichster Nachkriegsschifahrer, hatte sich beim Einmarsch der Deutschen Wehrmacht im September 1943 in die Schweiz absetzen können. Als italienischer Militärangehöriger wurde er zwar interniert, erhielt aber auf Fürsprache des späteren FIS-Präsidenten Marc Hodler die Möglichkeit zu regulärem Schitraining. Unter dem Pseudonym „Donner" gewann er noch im Krieg seine ersten Schirennen in der Schweiz. Als Colò 1954 zum Ende seiner Karriere bei den alpinen Italienmeisterschaften am Abetone alle drei Titel gewinnen „mußte", halfen die Zeitnehmer im Riesentorlauf diskret nach. Otto Glück als Tagesschnellster war plötzlich Zweiter. Glück war neben dem Sterzinger Karl Gartner der herausragende Südtiroler Schirennfahrer der 50er Jahre. Beide gewannen je zwei italienische Meisterschaften.

Bei den Olympischen Winterspielen 1956 in Cortina, die vom Kitzbühler Toni Sailer überstrahlt wurden, waren Südtiroler Sportler nur schwach vertreten.

Die Rennmannschaft des Sci Club Bolzano, 1946

Remo Tomasi von der Polisportiva Bozen durfte an den Eisschnellaufbewerben am Misurinasee teilnehmen. Andrea Mocellini (Polisportiva Sterzing), der auf der Jaufenstraße das Bobfahren gelernt hatte, saß 1956 im italienischen Viererbob, mit dem Eugenio Monti, dessen Mutter Toblacherin war, die Silbermedaille gewann.

Im Wasser

Daß die Statistik ausgerechnet im Jahr 1956 die erste olympische Goldmedaille eines Südtirolers verzeichnet, war eher dem Zufall zu verdanken. Auf der Suche nach Arbeit war Albert Winkler aus Kastelbell bei den Moto-Guzzi-Werken in Mailand gelandet. Im hervorragend geleiteten Ruderzentrum der Firma bot sich ihm die Gelegenheit zum regelmäßigen Rudertraining. Sein Talent wurde mit der Berufung in den Moto-Guzzi-Olympia-Vierer für Melbourne belohnt. Albert Winkler kehrte als Olympiasieger heim: in einer Sportart, die in Südtirol bis heute nicht praktiziert wird.

Bodenständiger, wenn auch noch nicht olympisch, waren dagegen die Erfolge der Meraner Wildwasserkanuten auf der Passer. Bei den 1953 erstmals in Meran ausgetragenen Weltmeisterschaften gingen mit Willi Gerstgrasser, Walter Runggaldier und Theo Christomannos gleich drei Meraner für Italien an den Start. Willi Gerstgrasser holte sich in der Folge zwölf italienische Titel im Slalom und in der Abfahrt. Sein Bruder Siegfried sowie Karl Hober (ebenfalls Meran) teilten sich die Titel bei den Italienmeisterschaften 1959 und nahmen im selben Jahr an den Weltmeisterschaften teil. Der Meraner Kanu-Elite der 50er Jahre gehörten zudem noch Siegfried Salcher, Gunter Erhart sowie die Italienmeisterin Heidi Schrott an.

Die Leichtathletik

Nicht mehr ganz so dominierend wie in der Vorkriegszeit waren die Meraner Leichtathleten. Den ersten Nachkriegsvergleich gegen Bozen verloren die Meraner im August 1946 ganz knapp mit 72:66 Punkten. In der Folge widmeten sich die SCM-Athleten um Hans Masten ganz dem Aufbau des internationalen Leichtathletikmeetings, welches Sportler aus ganz Europa anlockte. Von 1950 bis 1955 war die Diskuswerferin Maria Netzbrandt die herausragende SCM-Athletin. Sie wurde zehnmal in die italienische Nationalmannschaft berufen. Ähnlich erfolgreich waren die Boznerinnen Christine Ruedl (Fünfkampf), Franca de Paoli (800 m) und Anita Baldo (400 m).

80-m-Hürdenlauf bei der „Pio-Clauser-Trophäe" in Bozen, 1958. Die Boznerin Christine Ruedl (Mitte) belegte den 3. Platz und stellte einen neuen Regionalrekord auf, womit ihr der Aufstieg in die Meisterklasse der italienischen Leichtathletinnen gelang

12. Mühsamer Neubeginn

Von den Deutschen Sprachkursen zur Nachkriegsschule

Mit der Einführung der Deutschen Sprachkurse im Zuge der Option begann im Bewußtsein der deutschsprachigen Bevölkerung Südtirols eine neue Ära: die Wiedereinführung der deutschen Schule.

Sollten die Sprachkurse die Kinder auf den Einzug in das nationalsozialistische Deutschland vorbereiten, so diente die **„Deutsche Schule Südtirol"** in der Operationszone Alpenvorland ab Herbst 1943 dazu, den Anschluß des Landes an das Reich in die Wege zu leiten. Während das italienische Schulwesen mit Einschränkungen den Krieg überdauerte, wurde in Gröden und im Gadertal rein deutscher Unterricht verpflichtend.

Mit Kriegsende entstanden auch für die Schule völlig neue Voraussetzungen. Ein kontinuierliches **Tauziehen** zwischen den Schulbehörden der Minderheit und der Regierung in Rom prägte die Nachkriegsschule. Während das grundsätzliche **Recht auf muttersprachlichen Unterricht** kaum in Frage gestellt wurde, waren zentrale Aspekte seiner Umsetzung heftig umstritten.

Der Neubeginn war aufgrund der **prekären Lage in der Nachkriegszeit** schwer. Der Mangel machte sich auf allen Ebenen bemerkbar: zuwenig geeignete Schulräume, kaum geeignete Unterrichtsmaterialien und besonders das Fehlen qualifizierter Lehrer. Konnten diese Schwierigkeiten mit der Zeit überwunden werden, so zeichnete sich Ende der 50er Jahre neuerdings eine **Bildungskrise** ab: Trotz veränderter gesellschaftlicher Rahmenbedingungen besuchte nur ein geringer Prozentsatz der deutschsprachigen Schüler nach der Volksschule weiterführende Schulen. In der Weiterbildung fehlten nach 1945 zunächst sämtliche Voraussetzungen für eine kontinuierliche Tätigkeit. Lediglich die Kirche mit ihren Organisationen und **Bildungshäusern** vermochte in einem gewissen Umfang Bildungsarbeit zu leisten, beschränkte sich jedoch weitgehend auf religiöse Inhalte. Bedeutsam war in den 50er Jahren aber auch der **Verband der Volkshochschulen** mit seinem dichten Netz an Urania-Kulturvereinen und seinem Angebot an Lichtbildervorträgen.

Schüler des Deutschen Sprachkurses in Glaning bei Bozen, 1941

Blickrichtung Reich

Der fachliche Leiter der Sprachkurse, Heinz Deluggi, 1941 über die Ausrichtung der Sprachkurse: „Vom Gedanken ausgehend, die Jugend unserer Volksgruppe in die Blickrichtung zum deutschen Vaterlande auszurichten und eine Überbrückung der größten Schwierigkeiten in der gedanklichen Angleichung an die Jugend im großen deutschen Vaterland anzustreben, wurde der Unterricht in den deutschen Sprachkursen Südtirols grundsätzlich auf die Reichsrichtlinien für Erziehung und Unterricht in den Volkshochschulen vom 15. Dezember 1939 gestellt."

Lehrerinnen und Lehrer der Deutschen Sprachkurse bei einem Lehrgang in Bruneck, 1942

Schule im Krieg
Die Deutschen Sprachkurse

Nach Jahren mehr oder weniger rein italienischer Schule kam ein deutschsprachiger Unterricht als Folge des Optionsabkommens gewissermaßen durch die Hintertür nach Südtirol zurück. Wer 1939 für Deutschland optiert hatte, erhielt die Möglichkeit, seinen Kindern Privatunterricht erteilen zu lassen. Die Organisation der im März 1940 eingeführten „Deutschen Sprachkurse" unterstand bis 1942 den „Amtlichen Deutschen Ein- und Rückwanderungsstellen" (ADERST), die praktische Durchführung besorgte aber im wesentlichen die „Arbeitsgemeinschaft der Optanten für Deutschland" (AdO), die ab Februar 1942 auch selbst die Verantwortung trug.

Für die Dableiber-Kinder, die weiterhin die reguläre italienische Schule besuchten, wurde zum Teil ein privater Deutschunterricht als Fortsetzung der Geheimschule geführt, nun aber nicht mehr mit finanzieller Hilfe von reichsdeutscher Seite, sondern nur mehr mit Spenden wohlhabender Dableiber-Familien.

Die Sprachkurse wurden von der deutschsprachigen Bevölkerung im Sinne einer Wiedereinführung des muttersprachlichen Unterrichts begrüßt, waren aber mit einem regulären Schulsystem nicht vergleichbar, sondern stellten wie die Katakombenschule einen Notbehelf dar. Der Unterricht konnte nur nachmittags stattfinden – am Vormittag blieben die Gebäude weiterhin der italienischen Schule vorbehalten –, und er umfaßte lediglich 5mal 2 Stunden in der Woche. Mit dem Schuljahr 1941/42 wurde eine

Das 20. Jahrhundert in Südtirol: **Mühsamer Neubeginn**

Gliederung nach Klassenstufen eingeführt: Elementarstufe (1. Schuljahr), Unterstufe (2. und 3. Schuljahr), Mittelstufe (4. und 5. Schuljahr) und Oberstufe (6. bis 8. Schuljahr).

Von der Möglichkeit, die Optantenkinder zusätzlich am Vormittag in die staatliche Schule zu schicken, machten die wenigsten Eltern Gebrauch. So blieben viele junge Südtiroler nach 1945 ohne gültiges Abschlußdiplom. In den Sprachkursen sollten nur Kenntnisse der Muttersprache vermittelt werden. Als die italienischen Behörden – die formal die Aufsicht innehatten – mitbekamen, daß auch andere Fächer wie Rechnen und Geschichte unterrichtet wurden, protestierten sie. Letztlich wurde ihr Einfluß immer geringer, und die Lehrer der Sprachkurse kümmerten sich immer weniger um ihre Vorgaben. Schließlich wurden sogar Abendkurse für Schulentlassene mit geringen Kenntnissen durchgeführt, die dann 1941 offiziell erlaubt wurden.

Als größtes Problem bei der Organisation der Sprachkurse erwies sich der Lehrermangel. Zunächst konnten nur knapp 288 Schulstellen mit 465 Lehrkräften besetzt werden, lediglich zwei Drittel des Bedarfs. Da nicht genügend Berufslehrer zur Verfügung standen, setzte sich der Rest aus Hilfslehrern zusammen, zum Teil vormalige Notschullehrerinnen, zum Teil Schüler und Schülerinnen der Lehrerbildungsanstalten. Das im Rahmen von Sommerlagern rekrutierte Hilfspersonal sollte vor allem unter politischen Aspekten „zuverlässig" sein, auf Fachkompetenz wurde erst in zweiter Linie geachtet. Neben der Vermittlung von Kenntnissen im Lesen und Schreiben stand der Wille im Vordergrund, „sich mit aufopfernder Arbeit in den Dienst der Volksgemeinschaft zu stellen".

Hatte man in der Wahrnehmung der Bevölkerung „unsere Schule" wieder, so fiel die Zielsetzung behördlicherseits anders aus: „Aufgabe der Sprachkurse ist es, dem Umsiedlerkind die Beherrschung seiner Muttersprache in Wort, in Schrift und im Denken zu geben und es so vorzubereiten auf den Einzug nach Deutschland." Somit handelte es sich bei den Sprachkursen um eine vorläufige Einrichtung, was auch in ihrem Aufbau deutlich zum Ausdruck kam. Die Ausrichtung auf das Deutsche Reich läßt sich hingegen an den Inhalten ablesen. Sowohl die erlassenen Richtlinien, die Lehrmittel, vor allem aber die Aus- und Weiterbildung der Lehrer waren nationalsozialistisch ausgerichtet. Die weltanschauliche Durchdringung konnte nun auf dem völkischen Fundament, das durch die Arbeit der deutschen und österreichischen Deutschtumsvereine gelegt worden war, erfolgreich aufbauen. Der Lehrerschaft und den Eltern wurde der Grad der nationalsozialistischen Beeinflussung häufig nicht bewußt, da gezielt der Eindruck vermittelt wurde, an bäuerliche und Tiroler Traditionen anzuknüpfen.

Optantenkinder mit ihren Deutschlehrern, Vintl 1941

Sportstunde auf dem Reichrieglerhof oberhalb von Bozen bei einem Lehrgang für Hilfslehrerinnen, vermutlich 1942

Lehrermangel

Genügend Lehrkräfte für die Deutschen Sprachkurse zu finden, war keineswegs einfach. Auf sogenannten „Ausleselagern" suchte man nach geeigneten Kandidaten. Da manche Teilnehmer nur die italienische Schule besucht hatten, waren die Ansprüche von vornherein nicht allzu hoch. Die Ausbildner bekamen von einem als begabt beschriebenen Burschen aus dem Eisacktal Folgendes zu lesen: „Iach binn das chind eines Bauern, der hat ein claines Bauernguet (…). Iach habe noch nie oine doice Sciule besuecht." Ein weiterer Lehrerkandidat schrieb: „Mier befinnt'n uns auf der Seiseralm. Da ist es scian und mich froiz, 'aß ich mich gimeldet han."

Herzlich willkommen im deutschen Elsass!
Schule für Volksdeutsche Rufach

Das 20. Jahrhundert in Südtirol: **Mühsamer Neubeginn**

Reichsschulen für Volksdeutsche

Die Deutschen Sprachkurse sollten Grundkenntnisse vermitteln, eine höhere deutschsprachige Schulbildung im Land war aber auch nach 1940 – sieht man von den bestehenden geistlichen Instituten ab – ausgeschlossen. Daher bemühten sich die zuständigen AdO-Funktionäre, begabten Schülern eine weiterführende Ausbildung im Deutschen Reich zu vermitteln. Im Zentrum ihrer Überlegungen stand die Gewährleistung des Lehrernachwuchses. So wurden zwischen 1940 und 1944 insgesamt 350 Schüler und Schülerinnen an den verschiedenen Lehrerbildungsanstalten der „Ostmark" ausgebildet.

Ein zweiter Schwerpunkt wurde in Zusammenhang mit den Reichsschulen für Volksdeutsche in Achern (Baden) und Rufach (Elsaß) gesetzt. Diese Heimschulen waren zur Erziehung einer nationalsozialistischen Elite gegründet worden. Obwohl sie neben Oberschulen auch Mittel- und Hauptschulen umfaßten, dürfte die Mehrzahl der Südtiroler Schüler die Oberschulen besucht haben. 1941 waren immerhin 470 Südtiroler Buben in Rufach eingeschrieben und 223 Mädchen in Achern. Bis 1942 besuchten insgesamt 1.400 Schüler und Schülerinnen höhere Schulen im Reich.

Die Reichsschulen für Volksdeutsche in Achern und Rufach waren deshalb von längerfristiger Bedeutung, weil hier ein erheblicher Teil der Südtiroler Nachkriegselite ausgebildet wurde. Die Schülerinnen und Schüler waren mitunter jahrelang nicht nur dem berüchtigten Anstaltsdrill, sondern auch nationalsozialistischen Bildungsinhalten ausgesetzt. Die hier erfolgte Indoktrination der Schüler erschwerte nach 1945 den Aufbau eines demokratischen Schulwesens. Auch die Kulturpolitik des Landes sollte lange Zeit maßgeblich von „Rufachern", besonders jenen Südtirolern, die dort als Lehrer unterrichtet hatten, beeinflußt werden.

„Deutsche Schule Südtirol"

„Wir haben nicht mehr Deutsche Sprachkurse, sondern deutsche Volksschule. Wem danken wir's? Unseren tapferen deutschen Soldaten, die unsere Heimat besetzt und befreit haben, und unserem Führer, der dies angeordnet hat." So kommentierte das Deutsche Schulamt Südtirols den Einmarsch der deutschen Truppen am 8. September 1943 und die Bildung der Operationszone Alpenvorland. Anders als zwischen 1940 und 1943 entstand nun ein vollständiges deutschsprachiges Schulwesen mit Volks-, Haupt-, Oberschulen sowie Berufs- und Fachschulen. Die geistlichen Schulen wie Johanneum und Vinzentinum wurden geschlossen. Das italienische Schulwesen blieb strukturell erhalten, wurde jedoch vor allem im Bereich der Volksschulen deutlich verkleinert. Zum Besuch der deutschen Schule waren nun alle Schüler verpflichtet, unabhängig, ob es sich um Optanten- oder Dableiberkinder handelte. Auch in den ladinischen Tälern wurde nun ausschließlich deutscher Unterricht erteilt.

Der graduelle Umbau des deutschsprachigen Schulwesens erfolgte nach nationalsozialistischem Vorbild. Für alle Schultypen galten die Richtlinien des Großdeutschen Reiches. Die Volksschule übernahm zwar weitgehend die Organisationsstruktur der Sprachkurse; neu war aber die Einteilung in acht Kreise, welche wiederum in eine unterschiedliche Anzahl von Zonen gegliedert waren. Auch wenn Südtirol aus politischen Erwägungen formal Teil der Repubblica di Salò blieb, deutet einiges in der Verwaltungsstruktur bereits auf eine Integration des

Gegenüberliegende Seite: Die Reichsschulen für Volksdeutsche in Achern (links) für Mädchen und Rufach für Buben, 1941

Musik- und Gesangskurs der „Deutschen Mädelschaft" in Graun

„Deutsche Jugend" im Raum Brixen, 1943–1945

> **Weltanschauliche Schulung**
>
> Ausschnitt aus dem „Programm der Schulung der Lehrerschaft im Sommer 1944":
> 1) Lebensgesetzliche Weltanschauung des Nationalsozialismus
> 2) Der Jude als Weltschmarotzer
> 3) Das Reich und Europa (Erziehung zum Führervolk)
> 4) Der weltanschaulich-politische Auftrag des deutschen Erziehers

Schiausflug der „Deutschen Jugend", Juni 1942

Landes in das Großdeutsche Reich hin, etwa die Umbenennung der Bezirke in Kreise oder die Zuständigkeit der Gemeinden für infrastrukturelle Belange der Schulen. Die Ausrichtung des Unterrichts auf das Reich verdeutlicht etwa der verpflichtende Beitritt aller Schüler und Schülerinnen des Jahrgangs 1934 zur „Deutschen Jugend" (Tarnorganisation für die Hitlerjugend und den BDM – Bund Deutscher Mädel). Die Schülerschaft mußte an Ertüchtigungstreffen, Gemeinschaftslagern und Sportmärschen teilnehmen, die nur teilweise während des Unterrichts stattfanden. Auch in Südtirol wurde die schulische Bildung zunehmend durch eine außerschulische ergänzt.

Die deutsche Volksschule griff in erster Linie auf das Lehrpersonal der Sprachkurse zurück, zudem rekrutierte man neue Hilfslehrer, holte sogar in andere Provinzen versetzte Lehrer zurück. Die knapp 900 Lehrerinnen und Lehrer wurden nun nach deutschem Besoldungsrecht bezahlt, also wesentlich besser als ihre italienischen Kollegen. Um die politische Linientreue zu gewährleisten, verlangte das Schulamt ein politisches Leumundszeugnis. Das hörte sich konkret folgendermaßen an: „Die Obengenannte geht politisch in Ordnung. Sie ist Angehörige des BDM. Auch in sonstiger Richtung wird sie gut beurteilt. Gegen ihre Verwendung im Schuldienst bestehen keine Bedenken." Allzu streng konnten die politischen Richtlinien aufgrund des herrschenden Lehrermangels allerdings nicht ausgelegt werden. So wurden auch Dableiberinnen eingesetzt.

Vergleichsweise aufwendige Schulungskurse sollten das Lehrpersonal nicht nur fachlich weiterbilden, sondern auch etwaige Mängel in nationalsozialistischer Gesinnung abbauen. Im Unterricht hatten die Lehrer zumindest von den Vorgaben her wenig Spielraum, denn die geltenden Richtlinien waren nicht wie nach 1945 als Orientierungshilfen für das unterrichtende Personal gedacht, sondern Bestimmungen mit Anspruch auf Gehorsam. Viele der von den Sprachkursen übernommenen Lehrer waren keineswegs überzeugte Nationalsozialisten. Da jedoch das Anleitungs- und Kontrollsystem der Sprachkurse übernommen worden war, standen Lehrerinnen und Lehrer unter ständiger Beeinflussung und Kontrolle.

Die Deutsche Volksschule war in vier Stufen gegliedert: Fibel-, Unter-, Mittel- und Oberstufe. Während manche Texte der Lesebücher offen und kraß NS-Ideologie vermittelten, dürfte diese vor allem dann wirksam geworden sein, wenn sie über scheinbar harmlose Themen wie „Muttersorgen", „Ein Schädling im Gemüsegarten" und „Ich helfe" transportiert wurde, da nationalsozialistische Vorstellungen über die Rolle von Frau und Familie, über Rassenhygiene und Volksgemeinschaft im alltäglichen Gewand daherkamen. Über diesen Diskurs erhielten ähnliche Inhalte Eingang in die Schulfibeln der Nachkriegszeit.

Lehrerin hilft beim „Speckern", Latzfons um 1958

Schule nach dem Krieg
Politische Rahmenbedingungen

Im Frühjahr 1945 war die politische Situation rund um die Kapitulation der Deutschen Wehrmacht von Desorientierung und Unsicherheit gekennzeichnet. Dies mußte notwendigerweise Auswirkungen auf die Schule im Land haben, die zunächst am 30. Mai 1945 geschlossen wurde. Nachdem die Regierung Parri den Südtirolern vier Wochen später den Unterricht in der Muttersprache zugesichert hatte, begann ein Tauziehen, unter welchen konkreten Bedingungen dieser erteilt werden konnte. Überlagert und maßgeblich beeinflußt wurde die Diskussion um den Wiederaufbau der Schule von den anstehenden politischen Entscheidungen: Würde Südtirol bei Italien verbleiben, und wenn ja, unter welchen Bedingungen? Die italienische Regierung zeigte in der Schulfrage Entgegenkommen, um gegenüber den Alliierten in Hinblick auf die Friedensverhandlungen einen positiven Eindruck zu erwecken. Nach Abschluß des Pariser Vertrages und insbesondere nach Verabschiedung des Ersten Autonomiestatuts sollte die Haltung der Regierung deutlich restriktiver werden.

Josef Ferrari

Vorerst war das Unterrichtsministerium in Rom jedoch nur ein Akteur unter mehreren. Bis Ende 1945 spielte die alliierte Militärverwaltung eine wichtige Rolle: Ihre Stellen vertraten in der Frage der Minderheitenschule keine einheitliche Haltung; insgesamt war das Verständnis für die lokalen Gegebenheiten jedoch gering. In Bozen wurde Erminio Mattedi zum Schulamtsleiter bestellt. Ihm zur Seite stand, aber lediglich mit beratender Funktion, der für die deutsche Schule zuständige Vizeschulamtsleiter Josef Ferrari. Für das unmittelbar nach dem Krieg von der Provinz Bozen abgetrennte Unterland war der Trentiner Schulamtsleiter Giovanni Gozzer zuständig. Für die maßgeblichen politischen Kräfte der Minderheit galt es zunächst, die Einführung des von der Regierung auch für Südtirol erwogenen aostanischen Schulmodells zu verhindern, wonach einige Fächer in Deutsch und einige in Italienisch unterrichtet werden sollten. Außerdem ging es darum, die Einstellung von Italienern mit guten Deutschkenntnissen an Stelle von muttersprachlichen Lehrern zu verhindern.

Erminio Mattedi

Giovanni Gozzer

Das 20. Jahrhundert in Südtirol: **Mühsamer Neubeginn**

Die Volksschuldekrete

Nach einer Phase intensiver Verhandlungen des Schulamtes mit der Regierung in Rom wurde im Oktober 1945 das erste Volksschuldekret erlassen: Es ließ zwar einige wichtige Angelegenheiten offen, stellte aber auf gesetzlicher Ebene den Neubeginn einer muttersprachlichen Schule unter demokratischen Verhältnissen in Südtirol dar. Die gleichzeitig erlassenen Weisungen zur Anwendung des Gesetzes enthielten allerdings einige Wermutstropfen: So wurde das Ladinische kurzerhand zu einem italienischen Dialekt erklärt. Das Schuldekret galt nicht für das Unterland. Hier hatte allerdings der Trentiner Schulamtsleiter Gozzer in Rücksprache mit den Alliierten, aber ohne die Regierung zu konsultieren, eine Verordnung erlassen, welche die Wiedereröffnung der deutschen Schulen im Herbst 1945 ermöglichte. Das zweite Volksschuldekret von 1947 brachte kaum wesentliche Fortschritte. Unter anderem blieb die rechtliche Stellung von Schulamtsleiter Ferrari weiter undefiniert.

Die Frage der Sekundarschulen

Insgesamt schwieriger gestaltete sich der Neuanfang in den Mittel- und höheren Schulen. Sie galten als ebenso wichtig wie die Volksschule, sollte mittelfristig wieder eine Bildungsschicht entstehen, welche die Minderheit zwischen 1925 und 1945 weitgehend eingebüßt hatte. Hier war die Neigung der römischen Zentralbehörden, den Vorstellungen der Südtiroler nachzukommen, spürbar geringer. So wurde noch zu einem

Landesschulinspektor Heinz Deluggi (Mitte) bei seiner Verabschiedung mit Vizeschulamtsleiter Josef Ferrari (rechts), 1957

Zeitpunkt an der Forderung der Zweisprachigkeit festgehalten, als diese für die Volksschule längst kein Thema mehr war. Nicht nur die Regierung, auch das italienische Schulamt in Bozen entwickelte in dieser Frage deutlich vom deutschen Schulamt abweichende Vorstellungen. Auch innerhalb der deutschen Schulleitung bestanden über die Gestaltung des Sekundarschulwesens unterschiedliche Ansichten. So glaubte Inspektor Heinz Deluggi zunächst, die zahlreichen privaten geistlichen Institute seien in der Lage, das Land hinreichend mit Mittel- und höheren Schulen zu versorgen.

Mitten in den stockenden Verhandlungen setzte Vizeschulamtsleiter Josef Ferrari den entscheidenden Schritt. Ohne die Genehmigungen des Unterrichtsministeriums abzuwarten, eröffnete er ab November 1945 die Sekundarschulen. Kurz bevor die alliierten Militärbehörden die Verwaltung an die italienische Regierung übergaben, erwirkte er ein entsprechendes Dekret, das gegenüber dem Unterrichtsministerium geltend gemacht werden konnte. Ungeachtet zahlreicher ungelöster Fragen und Probleme war nun ein muttersprachlicher Unterricht von der Volksschule bis zur Matura möglich.

Als die wichtigen politischen Entscheidungen im Zusammenhang mit Südtirol fielen – Pariser Vertrag und Erstes Autonomiestatut –, bestand im Bereich Schule bereits eine Realität, die nun zumindest in der Schulpraxis keine Veränderungen erfuhr. Der Pariser Vertrag hob das Recht auf muttersprachlichen Unterricht zwar auf eine internationale Ebene, blieb aber im übrigen sehr kursorisch. Das Autonomiestatut stellte insofern keinen großen Einschnitt dar, als der Provinz in Schulfragen nur sekundäre Gesetzgebungskompetenz zugesprochen wurde.

Schule 1945 – Kontinuität oder Neubeginn?

Trotz vielfältiger Schwierigkeiten konnte Vizeschulamtsleiter Josef Ferrari 1945 auf einem funktionierenden deutschsprachigen Schulwesen aufbauen. Konkret zum Ausdruck kam die Kontinuität auf organisatorischer Ebene etwa im deutschen Schulamt, das nach 1945 so weiterbestand, wie es 1943 errichtet worden war. Insgesamt gab es auf Verwaltungsebene schon in Ermangelung der nötigen Mittel kaum Veränderungen. Wichtig war die Existenz eines muttersprachlichen Unterrichts während des Krieges nicht zuletzt für das Selbstverständnis der Minderheit: Die Forderung nach einer deutschen Schule galt als Selbstverständlichkeit und wurde im Unterschied zu anderen Minderheitenfragen von Kriegsende an mit größter Entschiedenheit vertreten. Ministerialinspektoren spürten dies und rieten der Regierung zu einer entgegenkommenden Haltung.

Auf der anderen Seite war die Notwendigkeit einer geistigen Neuorientierung da. Am 22. Mai 1945 kommt auf dem von Heinz Deluggi geleiteten letzten Kreisschulleitertreffen die neue Situation zum Ausdruck: „Der Vorsitzende verweist auf die gänzlich veränderte politische Lage und auf die Rückwirkungen, welche diese auf das Schulwesen in Südtirol mit sich bringen wird; (…) Veränderungen im organisatorischen Aufbau, in der Leitung und im Lehrkörper sind zu erwarten. Eine Umstellung auf die Erziehung der Schulkinder nach demokratischen Grundsätzen hat unbedingt zu erfolgen."

Obwohl es neben einer allgemeinen auch eine schulamtsinterne Entnazifizierungskommission gab, wurden nationalsozialistische Lehrer und leitende Schulbeamte nur halbherzig zur Rechenschaft gezogen. Da die Säuberungen auf italienischer Seite äußerst inkonsequent betrieben wurden, nahm man sie auch auf deutscher Seite nicht ernst. Symbolhaft für die Kontinuität im personellen Bereich steht die Person von Heinz Deluggi, der, obwohl von 1943 bis 1945 neben Albert Strobl die maßgebliche Figur der deutschen Schule, auch nach 1945 als Landesschulinspektor eine tragende Rolle einnahm. Zum Vizeschulamtsleiter wurde allerdings doch nicht der von konservativen Kreisen favorisierte Deluggi ernannt, sondern der in Opposition zum NS-Regime stehende Geistliche Josef Ferrari, den die liberale Parteiführung der SVP vorschlug.

Eine konsequent durchgeführte Entnazifizierung hätte zu einem drastischen Lehrermangel geführt. Wer sich also 1940–45 nicht als besonders eifriger Anhänger des Regimes hervorgetan hatte und jetzt nicht angezeigt wurde, konnte mit einer Wiederanstellung rechnen. Während es unter den Verwaltungspersonen und Berufslehrern meist nur Degradierungen bzw. Versetzungen gab, entledigte sich das Schulamt jener Hilfslehrer, die als fachlich inkompetent galten und zwischen 1943 und 1945 primär aufgrund ihrer politischen Haltung angestellt worden waren.

Zweisprachiges Schulzeugnis, 1946/47

Mißlungene Epuration

SVP-Generalsekretär Josef Raffeiner vermerkte über den Gang der Säuberungen im Schulbereich am 26. Februar 1946 in seinem Tagebuch: „Nachmittag Sitzung der Epurationskommission des Schulamtes. Die paar wenigen faschistischen Lehrer, die von der früheren Epurationskommission epuriert worden waren, wurden auf Grund des neuen ‚milderen' Gesetzes alle wieder rehabilitiert. Ich stellte zum Schluß die Frage, wie wir die nazistischen Lehrer epurieren können, wenn die Faschisten alle unangetastet bleiben. Die ganze Arbeit der Kommission hätte überhaupt keinen Sinn mehr, und es sei schade um die Zeit, die wir verlieren. Ein italienischer Professor und eine Professorin gaben mir vollkommen recht."

ENTNAZIFIZIERUNG IN SÜDTIROLS SCHULEN

	degradiert	versetzt	nicht zugelassen	haben freiw. verzichtet
Führungskräfte	41	6		5
Berufslehrer		41		4
Hilfslehrer			177	113
insgesamt	41	224	113	9

Das 20. Jahrhundert in Südtirol: **Mühsamer Neubeginn**

Die deutschsprachige Schule in Südtirol war in den Nachkriegsjahren durch ein überaus konservatives Klima geprägt. Zum Ausdruck kam es auf vielen Ebenen, vielleicht am nachhaltigsten auf jener der Lesebücher. Nun machte sich bemerkbar, daß ein beträchtlicher Teil der Schulleute unter dem Faschismus in geistlichen Heimen wie dem Vinzentinum erzogen worden war. Das Festhalten an Begriffen wie „Volkstum", „Brauchtum" und „Deutsche Identität" bei gleichzeitiger Ignorierung des sozialen Wandels bis weit in die Nachkriegszeit hinein ist andererseits ohne die Nachwirkungen nationalsozialistischer Kulturpolitik nicht erklärbar. Die inhaltliche Demokratisierung der Schule war ein langwieriger Prozeß, der unbestreitbar 1945 seinen Anfang nahm.

Praktische Schwierigkeiten

Bombenschäden an der Goetheschule und am Gymnasium „G. Carducci", das im heutigen Postgebäude am Dominikanerplatz in Bozen untergebracht war, um 1947

Erwies sich die Schaffung der rechtlichen Voraussetzungen für einen muttersprachlichen Unterricht in der unmittelbaren Nachkriegszeit als schwierig, so drohte der Neuanfang nicht zuletzt an praktischen Unzulänglichkeiten zu scheitern. In Bozen etwa waren zahlreiche Schulen von Bomben zerstört oder beschädigt, andere Gebäude zum Teil in den letzten Kriegsjahren von Militär oder Ämtern in Anspruch genommen worden. Die Räume mußten erst wieder instand gesetzt werden. Aus diesem Grund verzögerte sich der für die Volksschulen am 10. Oktober festgelegte Unterrichtsbeginn teils um mehrere Wochen. Die allgemeine Knappheit der Schulräume in der Nachkriegszeit hatte wiederholt Konflikte zwischen den Sprachgruppen zur Folge.

In den verschiedenen geistlichen Heimen, die wieder ihre Tore öffneten, gelang es nur mit Mühe, die Schüler ausreichend zu ernähren. Vizeschulamtsleiter Ferrari kümmerte sich persönlich um Kartoffellieferungen aus dem Pustertal etwa für die LBA Meran. Fristeten die Schüler ein karges Dasein, so war es um die Lehrerschaft keineswegs besser bestellt. Obwohl es seit November 1945 eine Gehaltsregelung gab, sahen viele Lehrer bis März des folgenden Jahres kein Geld. Es entstand eine dramatische Notlage, die wiederholt in den Medien thematisiert wurde. Nur mit Kostplätzen bei Bauern und eigens eingerichteten Lehrermensen konnten sie sich über Wasser halten. Schuhe wurden von der Gewerkschaft zur Verfügung gestellt.

Die meisten deutschsprachigen Lehrer wurden auf das äußerst niedrige italienische Anfangsgehalt zurückgestuft, die Mehrheit erhielt aufgrund des Supplentenstatus kein Sommergehalt. Ein weiteres Problem stellten die Lernbehelfe und hier in erster Linie die Schulbücher dar. Die Fibeln aus der NS-Zeit durften nicht mehr verwendet werden. Es gab ernsthafte Überlegungen, auf jene Lehrbücher zurückzugreifen, die nach dem Ersten Weltkrieg entstanden waren. Schließlich wurden Bücher aus der Schweiz gekauft. Vizeschulamtsleiter Ferrari wickelte den Erwerb über Kompensationsgeschäfte ab: Schweizer Bücher gegen Lieferungen von Äpfeln und Knoblauchpulver.

Im November 1945 schrieben die „Dolomiten" unter dem Titel „Schule in Not": „Von allen Schwierigkeiten, mit denen unsere Nachkriegsschule zu kämpfen hat, Mangel an Schullokalen, an Lehrbüchern und Unterrichtsbehelfen, an Heizmaterial, an finanziellen Mitteln, ist der Mangel an Lehrkräften die größte. (…) Es ist eine bittere Tatsache, daß nun, da die politischen Voraussetzungen für den Wiederaufbau der bodenständigen Schule endlich gegeben sind, dieser an materiellen Schwierigkeiten zu scheitern droht."

Das 20. Jahrhundert in Südtirol: **Mühsamer Neubeginn**

Die Förderung der Lehrerausbildung kam konkret in der Gründung der sogenannten „deutschen Schulhilfe" zum Ausdruck: Über Spenden und Sammelaktionen bei Geschäftsleuten und Banken wurde unter anderem der Heimaufenthalt von bedürftigen LBA-Schülern finanziert. Hatte man der Politik in der unmittelbaren Nachkriegszeit bisweilen vorgeworfen, sich zuwenig um die Belange der Schule zu kümmern, so änderte sich das nach Abschluß des Pariser Vertrages. In den 50er Jahren wurde Schulpolitik zu einem zentralen volkstumspolitischen Anliegen. Um das Mißverhältnis zwischen den Sprachgruppen, was den Besuch von Sekundarschulen angeht, auszugleichen, wurde das Kanonikus-Michael-Gamper-Werk geschaffen: Über ein Netz von Heimen in den Zentren sollte es vor allem Kindern aus den Tälern ermöglicht werden, weiterführende Schulen zu besuchen.

Gestaltung der Zukunft
Ferrari setzt sich durch

Maiausflug der Latzfonser Volksschüler nach Durnholz, 1954

In einer Umgebung, die deutliche Beharrungstendenzen zeigte, erwies sich Vizeschulamtsleiter Josef Ferrari als Triebfeder des Neuanfangs. Er war nicht nur Garant, daß sich inhaltliche Kontinuitäten von der nationalsozialistischen Schule her zumindest in Grenzen hielten, sondern setzte sich im wesentlichen auch gegen jene Kräfte durch, die im Rückgriff auf altösterreichische Schulmodelle das Heil für die Nachkriegsschule erkannten. So war Ferrari – gegen eine breite minderheiteninterne Opposition – ein früher Verfechter der Einheitsmittelschule. Hätte die Provinz Bozen über entsprechende Kompetenzen verfügt, wäre anstelle der fortschrittlichen Einheitsmittelschule 1963 wohl eine Art Hauptschule nach österreichischem Vorbild oder überhaupt ein achtstufiges Modell der häufig einseitig idealisierten Volksschule eingeführt worden. Dabei befand sich die Entwicklung des Sekundarschulwesens der deutschen Sprachgruppe in einer schweren Krise: Mitte der 50er Jahre wies etwa der gesamte Vinschgau keine einzige Mittel- oder höhere Schule auf. Im Schuljahr 1958/59 besuchten über 80 Prozent der deutschsprachigen Schüler lediglich die Volksschule. Ferrari und seinem Nachfolger Fritz Ebner war klar, daß die deutsch-

Maturaklasse des deutschen wissenschaftlichen Lyzeums Brixen, 1946

Schüler des italienischen klassischen Lyzeums Bozen, in der Mitte die Lehrerin Lidia Menapace, Mitte der 50er Jahre

Italienische Volksschule Don Bosco in Bozen, 50er Jahre.

Die wenigen deutschsprachigen Kinder des Don Bosco-Viertels erhielten 1957/58 in einem umfunktionierten Geschäftslokal Unterricht

sprachigen Schüler nur dann endlich stärker die Oberschulen besuchen würden, wenn es gelänge, die unteren Mittelschulen stärker am Land anzubieten. Die Entwicklung im Zusammenhang mit der 1963 eingeführten Einheitsmittelschule sollte diese Einschätzung bestätigen.

Verhältnis zwischen der Gesamtschülerzahl und Besuchern von Sekundärschulen im Schuljahr 1954/55

GESAMTSCHÜLERZAHL		
Deutsche und Ladiner	37.081	=66,04 Prozent
Italiener	19.070	=33,96 Prozent
BESUCHER VON MITTEL- UND HÖHEREN SCHULEN SOWIE FACHSCHULEN		
Deutsche und Ladiner	4.060	=37,82 Prozent
Italiener	6.674	=62,18 Prozent

„Mischmasch-Einheitsschule"

Von Kriegsende an bestand sowohl innerhalb der SVP als auch bei den meisten Schulleuten ein grundsätzlicher Konsens darüber, wie die Zukunft der Schule aussehen sollte: Erhaltung der kulturellen Eigenart unter anderem durch muttersprachlichen Unterricht, erteilt von deutschsprachigen Lehrern, der klar von der Schule der italienischen Sprachgruppe zu trennen ist. Die Bestrebungen nach einer mehr oder weniger weitreichenden Schulautonomie fanden in der römischen Zentralbürokratie zunächst kein Verständnis, sah man doch das Hineinwachsen der Südtiroler in die italienische Kultur und Gesellschaft nach wie vor als politisches Ziel. So wurden die Bestrebungen der Minderheit auf dem Schulsektor als Teil eines gefährlichen Separatismus interpretiert. Befürchtungen, im Falle einer autonomen deutschen Schule würde der Nazismus in Südtirol fortleben, waren zum Teil authentisch, zum Teil Vorwand, um Südtiroler Forderungen abzuschmettern. Für die deutsche Sprachgruppe war in Rom eigentlich das zweisprachige Modell nach Aostaner Vorbild vorgesehen, also mit einigen Fächern in Deutsch und einigen in Italienisch.

Das Unterrichtsministerium sollte in den 40er und 50er Jahren ein Gegenspieler der Südtiroler Schulautonomie bleiben, unabhängig davon, ob es jeweils um Umsetzung der Lehrpläne, um Schulmaterialien mit zu wenig nationalen Inhalten oder einen zu „patriotischen" Unterricht ging. Versuche von italienischer Seite, vor allem in Bozen zweisprachige Schulen einzurichten, scheiterten wiederholt am heftigen Widerstand von deutschem Schulamt, SVP und Athesia-Presse. Es wurde befürchtet – zum Teil zu Recht, kamen entsprechende Vorschläge doch ausgerechnet aus dem nationalistischen Lager –, solche zweisprachigen Experimente könnten einen schleichenden Erosionsprozeß der deutschen Schule zur Folge haben.

Das 20. Jahrhundert in Südtirol: **Mühsamer Neubeginn**

Ethnische Bunkermentalität

Fehlte der römischen Zentralregierung und ihrem Beamtenapparat das Verständnis für die Bedürfnisse einer Minderheit auf dem Bildungssektor, so war andererseits die Haltung maßgeblicher Südtiroler Politiker wie auch großer Teile der Bevölkerung über verständliche Berührungsängste hinaus von einer ethnischen Bunkermentalität gekennzeichnet. Im Pustertal kam es sogar zu einem Schulstreik gegen die Erteilung des Zweitsprachenunterrichts durch Italiener. Nur mit Mühe erreichte Schulamtsleiter Ferrari, daß der Streik abgebrochen wurde. Auch gab es in der Bevölkerung starke Vorbehalte gegen den Zweitsprachenunterricht an sich. Während das Schulamt ohne große Bedenken Lehrer einstellte, deren nationalsozialistische Gesinnung hinlänglich bekannt war, machten sich Inspektoren große Sorgen, wenn etwa Bewerberinnen einen italienischen Vater hatten, wie etwa folgende Anfrage ans Schulamt zeigt: „Die Genannte ist väterlicherseits Italienerin, mütterlicherseits Deutsche. Gilt sie als Italienerin oder als Deutsche?" War eine Lehrerin mit einem Italiener verheiratet, wurde ihre Bewerbung meist abschlägig beantwortet. Die in der Schule der Nachkriegszeit allgemein herrschende Unduldsamkeit gegenüber einem als fremdartig empfundenen Lebensgefühl und einem anderen Umgang mit den italienischen Mitbürgern wird aus folgendem Schreiben eines Inspektors deutlich: „Die deutschen Lehrpersonen: Dora F. (…) und Filomena G. (…) entsprechen nicht dem Willen des Volkes und der Kinder. Besonders ungünstig wirkt Filomena G. (…). Schon die Haartracht stößt ab, dann die ganz lockere Kleidung, die man mit dem besten Willen nicht sittsam nennen kann. Und dann die ganze Haltung und Fraternisierung mit den Grenznachbarn in Tret, wohin die beiden Lehrpersonen gehen zu den nächtlichen Unterhaltungen und dann mit einem Katzenjammer am Montag die Schule beginnen. Man kann sich den Erfolg denken?!"

Ethnisch unduldsame Kreise, im besonderen die Athesia-Presse, lehnten nicht nur jedes mehrsprachige Schulmodell als „Mischmasch-Einheitsschule" grundsätzlich ab, auch zaghafte Versuche einer Zusammenarbeit über die Sprachgrenzen hinweg, wie gemeinsame Schülerheime für beide Sprachgruppen oder sprachgruppenübergreifende Lehrertagungen, wurden heftig attackiert. Mobil gemacht wurde aber auch gegen Ladinisch als Unterrichtssprache in Gröden und im Gadertal. Strebten die Italiener zunächst eine Italianisierung der ladinischen Schule an, so machte Kanonikus Gamper die Lösung für die Ladiner in rein deutschsprachigen Schulen aus, komme doch dem Ladinischen allenfalls die Rolle eines Dialektes zu. Nichtsdestotrotz setzte sich das ladinische Modell einer mehrsprachigen Schule, das neben der Muttersprache Deutsch und Italienisch in gleicher Gewichtung vorsah, letztlich durch.

1. Klasse Mittelschule der heutigen Aufschnaiter-Schule in Bozen mit Lehrer Gerhard Riedmann (1. Reihe, Mitte) und Italienischlehrerin Viola (rechts), 1959

Kündigungsgrund Scheidung

Die 50er Jahre – für die nachfolgenden Generationen Ausdruck eines spießigen Jahrzehnts. Daß es sich dabei nicht nur um ein Klischee handelt, veranschaulicht ein 1953 verfaßtes Schreiben von Vizeschulamtsleiter Josef Ferrari an den Parlamentarier Toni Ebner über das Privatleben eines Schuldirektors:
„ (…) Prof. Bonatta erzählte mir heute früh, dass Dir. Maurer seine Frau und sein Kind verlassen hätte und nun die gesetzliche Scheidung betreibe. (…) Das Vorspiel dieser Scheidung ist ein Verhältnis, das Dir. Maurer anlässlich der Maturitätsprüfung an der Lehrerbildungsanstalt mit einer Kandidatin begonnen hat. Ich wusste von all dem, aber ich hatte es noch nicht für genügend belegt gehalten. Nun aber kann die Sache starten. (…) Das Beste wäre, Dir. Maurer würde offiziell in Kenntnis gesetzt, dass sein Verhältnis publik ist und dass es anlässlich der Scheidung zu einem öffentlichen Ärgernis wird. Die Schule vertrage unmöglich eine solche Haltung eines Direktors. (…) Das Beste wäre, wenn Maurer selbst die Konsequenzen zöge und sich davonmacht."

Die deutsche und die italienische Sektion des Schulamts Bozen in den 50er Jahren. Ganz links Josef Ferrari und Inspektor Heinz Deluggi (verdeckt), vor ihnen Margareth Bregenzer-Klopfer (links) und Viceprovveditore Salvatore De Franco (rechts), dahinter Inspektor Francesco Zorzi (verdeckt)

Bruno und Maria Pokorny, Begründer des Verbandes der Volkshochschulen Südtirols, begrüßen den Referenten Wilhelm Prasthofer, 50er Jahre

Stiefkind Erwachsenenbildung
Bildungsdefizit und Strukturprobleme

Das durchschnittliche Bildungsniveau der deutschsprachigen Bevölkerung in Südtirol zählte bei Kriegsende zu den niedrigsten in Zentraleuropa. Die faschistische Bildungspolitik, Option und Krieg schufen Lücken, die weder die Katakombenschule noch die Deutschen Sprachkurse auch nur annähernd kompensieren konnten. Dieser Bildungsrückstand war bis weit in die Nachkriegszeit hinein spürbar. Die Erwachsenenbildung hätte also über ihre traditionelle Rolle hinaus auch die elementaren Bildungsdefizite der Bevölkerung – vor allem im Bereich der Muttersprache – beheben sollen. Die gesetzliche Grundlage für einen Aufbau entsprechender Einrichtungen hätte seit dem Autonomiestatut von 1948 bestanden: Die Provinz Bozen übte im Bereich der Erwachsenenbildung die primäre Gesetzgebungskompetenz aus. Anders sah es jedoch in praktischer Hinsicht aus: Nimmt man kirchliche Einrichtungen aus, so verfügten weder Land noch Gemeinden über die nötigen Voraussetzungen; zudem fehlten in den 40er und 50er Jahren die finanziellen Mittel, um solche – etwa in Form geeigneter Räumlichkeiten – zu schaffen. Die Landesregierung war bereits mit dem Wiederaufbau der Schule teilweise überbeansprucht – für die Anliegen der Erwachsenenbildung brachte sie somit in der Nachkriegszeit kaum Gehör auf, wie die Pioniere auf diesem Sektor zu klagen nicht müde wurden. Ein Fonds, mit dem erstmals gezielt die Unterstützung kultureller Tätigkeit gefördert werden konnte, wurde erst 1958 eingerichtet. Zu einer Koordinierung der Angebote der einzelnen Trägerorganisationen in der Weiterbildung kam es überhaupt erst Anfang der 70er Jahre.

Volkshochschulen in Südtirol 1958

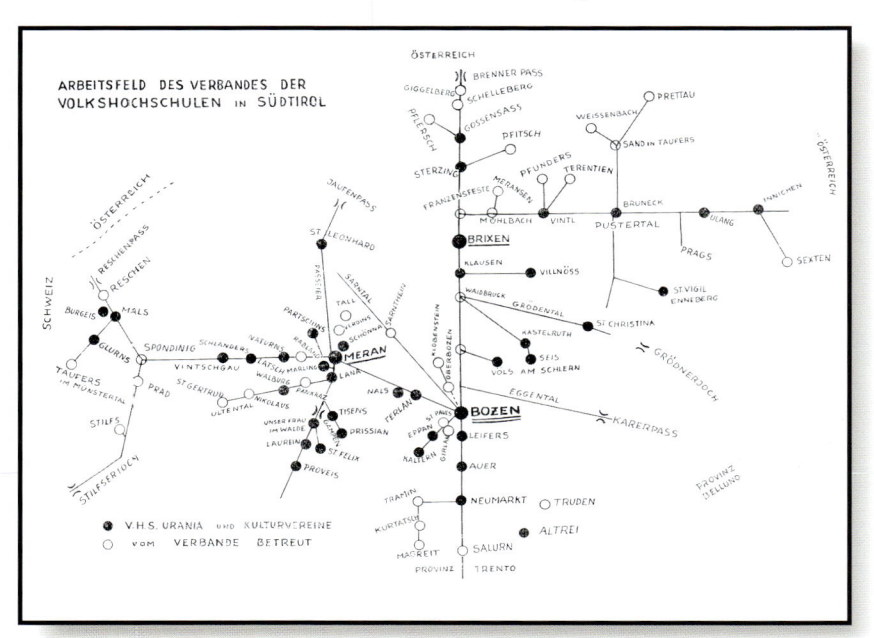

Französischkurs der Urania Meran, 50er Jahre

Urania-Vortrag im alten Schulhaus von St. Nikolaus in Ulten, 1960

So blieb die Erwachsenenbildung zunächst in erster Linie privater Initiative überlassen. Die Folge: Es fehlte nicht nur an Koordinierung, sondern das Angebot ging zum Teil an den Bedürfnissen der Bevölkerung vorbei. So nahm berufliche Weiterbildung im Rahmen früher Weiterbildungsangebote nur eine Randstellung ein.

Fenster in die Welt – die VHS

Außerhalb kirchlicher Einrichtungen fehlten wesentliche Voraussetzungen, um ein umfassendes Weiterbildungsprogramm umzusetzen. Eine der wenigen Ausnahmen stellte der 1950 von Bruno Pokorny gegründete „Verband der Volkshochschulen Südtirols" (VHS) dar. Bereits ein Jahr zuvor hatte sich in Meran die Urania wiederkonstituiert, und nach ihrem Vorbild erfolgten weitere Gründungen in Bozen, Kaltern, Lana und anderen größeren Ortschaften des Landes. Da diese Kulturvereine allesamt auf rein ehrenamtlicher Basis tätig waren und kaum über Mittel verfügten, organisierten Bruno und Maria Pokorny einen nach bundesdeutschem Vorbild und von deutschen und österreichischen Referenten getragenen Vortragsdienst, den alle dem Verband angehörenden Kulturvereine in Anspruch nehmen konnten. Da auf diese Weise auch in kleinen Dörfern ein kulturelles Angebot organisiert werden konnte, wurden laufend neue Urania-Vereine gegründet, zum Teil bis in die Seitentäler hinein. Die von der Meraner Verbandszentrale angebotenen Vorträge erfreuten sich in den 50er und 60er Jahren eines überaus großen Zuspruchs, sodaß die meist bescheidenen Räume oft nicht alle Interessenten aufnehmen konnten. Angesichts der Rahmenbedingungen erstaunt dies nicht: In einer Zeit kulturellen Vakuums und noch kaum verbreiteter Massenmedien stellte das Angebot der Urania-Ortsgruppen für viele Südtiroler ein Fenster in die Welt dar. Außerdem wurde neben dem bildenden zumindest gleichwertig das unterhaltende Element betont. Zwar organisierten einzelne Vereine in den Städten und größeren Ortschaften von Beginn an im bescheidenen Umfang Kurse und Seminare, doch zählten Lichtbildervorträge und Filmvorführungen auch zu ihrem Standardrepertoire. In den 50er und 60er Jahren wurden in manchen Ortschaften bis zu vier Vorträge im Monat veranstaltet.

Inhaltlich dominierten die Themen Reisen und Abenteuer, in politischer Hinsicht war eine Orientierung des Verbandes – obwohl von allen Instanzen unabhängig – an den Leitlinien konservativer Kulturpolitik süddeutscher Bundesländer nicht zu übersehen. Die Volkshochschulen mußten schon insofern auf Empfindlichkeiten der Kirche Rücksicht nehmen, gefährdete deren Einspruch doch stets die Akzeptanz eines Vereines im Dorf und waren nicht wenige Ortsgruppen auf ihre Räumlichkeiten bei der Abhaltung der eigenen Veranstaltungen angewiesen. Die frühe Tätigkeit des Verbandes der Volkshochschulen sollte für die Kultur und Bildungslandschaft insofern Bedeutung erhalten, als ihr eine Vorbildwirkung für zahllose spätere Initiativen zukam.

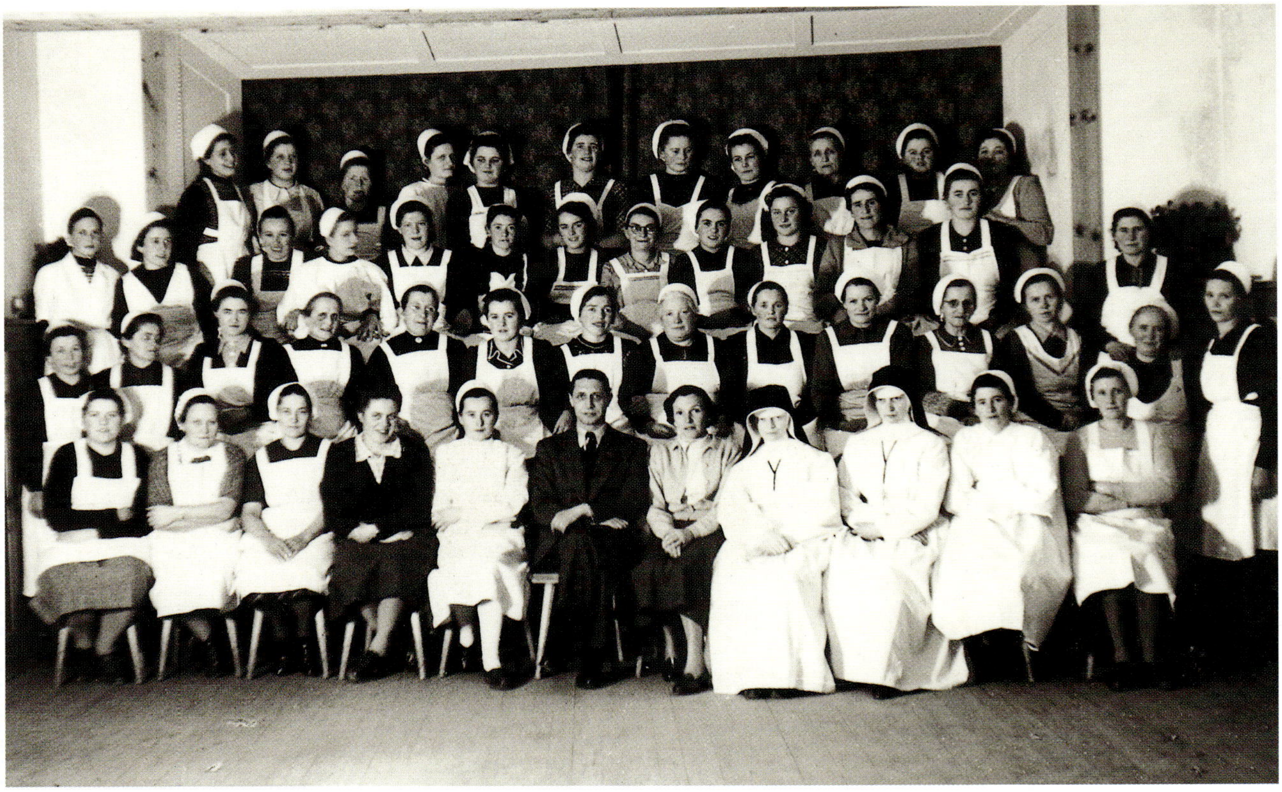

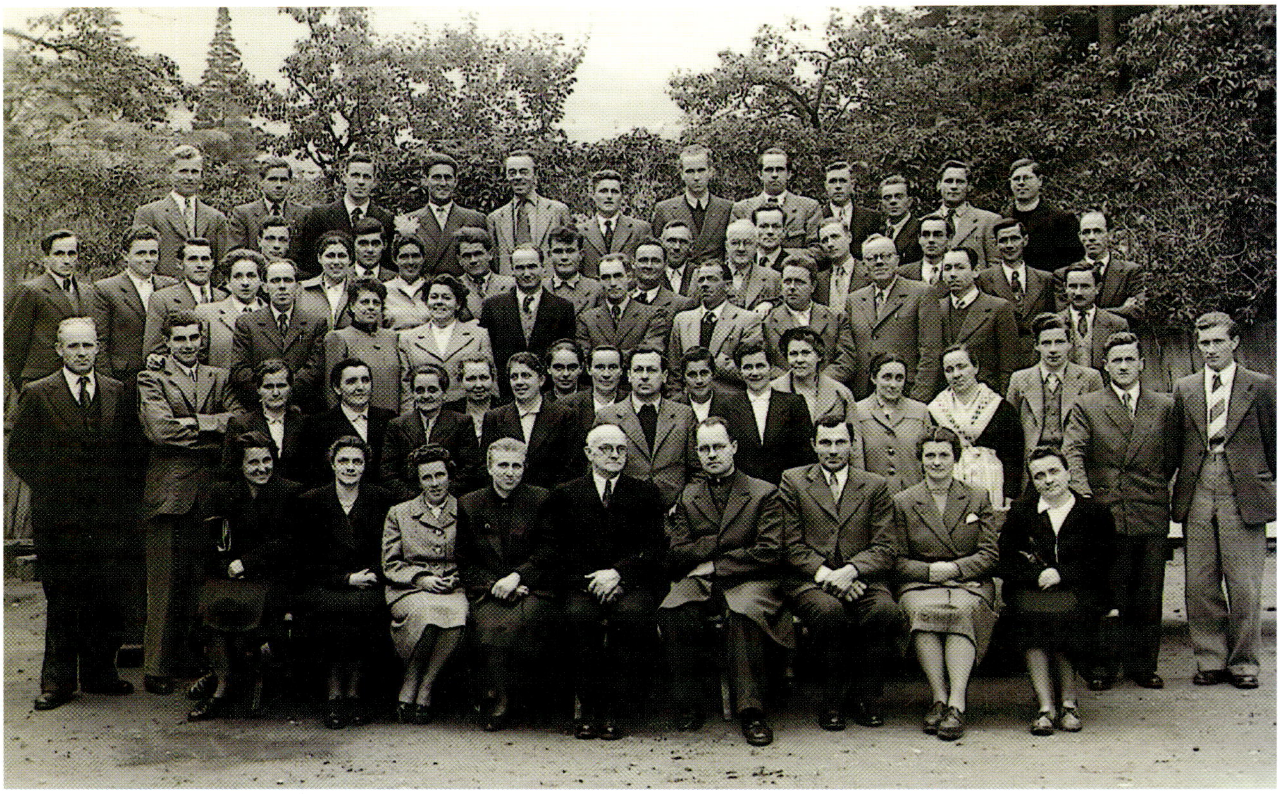

Die Bildungsarbeit der Kirche

Die einzige gesellschaftliche Kraft, die dank ihrer Organisationen wie KVW oder Katholische Laienbewegung in der Nachkriegszeit Bildungsarbeit mit einer bestimmten Breitenwirkung leisten konnte, war die Kirche. Besonders der KVW nahm von Beginn an Aufgaben im Bereich der Weiterbildung wahr. Seine zahlreichen Ortsgruppen erleichterten dies. Da der KVW auch die katholischen Bildungshäuser, wie das 1947 eröffnete Bildungshaus „Lichtenstern" am Ritten oder – in der Diözese Brixen – das 1955 eröffnete Bildungshaus „St. Georg" in Sarns, nützen konnte, war er bereits früh in der Lage, nicht nur Mitarbeiterschulung, sondern auch Seminare und Kurse für Arbeiter und Handwerker zu einer Zeit durchzuführen, als keine weiteren Angebote für berufliche Weiterbildung existierten. Besonders das KVW-Sozialwerk bot Veranstaltungen zum Bereich Arbeit. Gerade die Bildungshäuser – außer in den genannten Einrichtungen wurden auch im Brixner Priesterseminar und im Ansitz Reinegg bei Brixen Kurse abgehalten – sicherten den kirchlichen Organisationen strukturelle Vorteile gegenüber anderen Weiterbildungsorganisationen.

Trotz dieser vergleichsweise günstigen Voraussetzungen entfaltete sich die kirchliche Weiterbildung in den 50er Jahren nicht den Vorstellungen entsprechend: Die verschiedenen kirchlichen Organisationen stimmten ihr Angebot in keiner Weise aufeinander ab und traten mitunter in Konkurrenz zueinander; die Bildungshäuser hielten an religiösen Inhalten wie etwa Exerzitienkursen fest, wobei gleichzeitig andere Themen vernachlässigt wurden.

Auch die Entwicklung des Katholischen Bildungswerkes war zunächst Ausdruck kirchlicher Indisponiertheit. Dieses war unter den kirchlichen Bildungseinrichtungen von Aufbau und Inhalten her am ehesten mit der Volkshochschule vergleichbar und verstand sich auch als deren Gegenpol. Zwar entstanden ab 1949 in Meran, Bozen und Brixen erste Ortsgruppen des Bildungswerkes, auf dem Land tat sich vorerst aber wenig. Erst als der Erfolg der Volkshochschule mit ihrem an die 60 Vereine umfassenden kapillaren Aufbau bis in die Bergtäler hinein immer augenscheinlicher wurde, ergriff man Gegenmaßnahmen. 1963 wurde in Bozen eine Zentralstelle des Bildungswerkes errichtet. Die Pfarrer rührten nun nicht nur die Werbetrommel zur Gründung von Ortsgruppen, sondern gaben auch von den Kanzeln herab das Programm bekannt, das gleichzeitig im Katholischen Sonntagsblatt veröffentlicht wurde. Der Eintritt zu den Veranstaltungen war frei, die Methoden der Wissensvermittlung waren zum Teil moderner, die Inhalte häufig zeitgemäßer und kritischer als jene der Volkshochschule.

Auch auf anderer Ebene wurde Ende der 50er Jahre eine Bildungsoffensive vorbereitet: Die Fertigstellung weiterer Bildungshäuser, wie der Cusanus-Akademie in Brixen und der Lichtenburg in Nals, machten die Kirche für eine neue Ära in der Weiterbildung bereit. Inhaltlich durch die Akzentuierung von Themen wie Erziehung und Familie, methodisch durch die Abkehr von frontalen Vermittlungsmethoden wie dem traditionellen Lichtbildervortrag sicherten sich die Kirche und ihre Organisationen längerfristig die Vorherrschaft im Bildungssektor.

Gegenüberliegende Seite: Krankenpflegekurs des KVW Brixen, März 1951

KVW-Schulung im Elisabethinum in Bozen, Mai 1954. In der ersten Reihe, 3. von links, Waltraud Gebert-Deeg

13. Neue Freiheit – alte Fronten

Medien im Zeichen des Volkstumskampfes

Waren die Medien bis 1945 Propagandawerkzeuge der Diktaturen, so wurden sie nun zum **Schauplatz der Auseinandersetzungen** um und in Südtirol. Ausgetragen wurden die Kontroversen vor allem über die Zeitungen zweier Unternehmensgruppen: Auf deutscher Seite entwickelte sich der **Athesia-Verlag** aufgrund hoher Auflagezahlen und Erfolgen am Werbe- und Anzeigenmarkt zum dominierenden Medienunternehmen. Zum wichtigsten Medium für die deutsche Sprachgruppe sollte Athesias neues Tagblatt „**Dolomiten**" werden.

Auf italienischer Seite entstand mit der **Genossenschaft SETA** ein Unternehmen, das die Sprachgruppe nach erzwungener Abstinenz während der deutschen Besatzung wieder mit einer Tageszeitung, dem „**Alto Adige**", versorgte. Die vom „Comitato di liberazione nazionale" (CLN) gegründete Genossenschaft geriet jedoch bald in wirtschaftliche und politische Turbulenzen. Sah die italienische Tageszeitung zunächst ihre Aufgabe darin, beizutragen, Südtirol für Italien zu sichern, so verstand sie sich später – wie ihr deutschsprachiges Pendant – als Verteidigerin der Rechte der eigenen Sprachgruppe.

Diese ethnische Grabenstellung versuchten in der Nachkriegszeit Blätter aufzuweichen, die sich zwar an den deutschen Leser wandten, im wesentlichen aber auf Initiative von Italienern herausgegeben wurden. Die übermächtige Konkurrenz der Athesia-Presse sowie der bald aufkommende Verdacht, es handle sich bei diesen Produkten letztlich um **Propagandainstrumente** der römischen Regierung, verurteilte sie allesamt nach wenigen Jahren zum Scheitern.

Ebenfalls unter den Vorzeichen ethnischer Auseinandersetzungen erfolgte in der Nachkriegszeit der Aufstieg der elektronischen Medien. Der **Radio-Sender Bozen** erfreute sich in den 50er Jahren eines wachsenden Hörerzuspruchs, blieb aber aufgrund seiner proitalienischen Ausrichtung im Kreuzfeuer der Kritik. Beim Mitte des Jahrzehnts aufkommenden Fernsehen kam es hingegen als Reaktion auf fehlende Sendungen in deutscher Sprache bald zu ersten Versuchen, den Empfang ausländischer Sender in Südtirol zu ermöglichen.

Erich Innerebner an der Funkregie des RAI-Senders Bozen

Aufstieg der Athesia-Presse
Die Entwicklung zum größten Medienunternehmen Südtirols

1945 ergaben sich im Bereich der Medien neue Rahmenbedingungen. Dennoch läßt sich die Entwicklung des Pressewesens nicht ohne Berücksichtigung der Vorkriegsverhältnisse erklären. Im alten Tirol waren die Liberalen Pioniere des Pressewesens, aber bald schon zog die katholische Konkurrenz nach und setzte sich aufgrund vorteilhafter Rahmenbedingungen rasch durch. Während die kleinen liberalen Betriebe den Sprung von den städtischen Zentren auf das Land nie richtig schafften und ihre Zeitungen zu relativ hohen Kosten produzierten, erfolgte die Herstellung bei den katholischen Verlagen, allen voran der 1907 gegründeten Tyrolia GmbH, unter wesentlich günstigeren Voraussetzungen: Die Beschaffung der Mittel im Rahmen einer GmbH war zukunftsträchtig, konnte über diese neue Gesellschaftsform doch erstmals auch das Kleinkapital angesprochen werden. Tatsächlich sollten es in den Krisenjahren der Zwischenkriegszeit unter anderem die Ortsgeistlichen und ihr Anhang sein, die den Verlag durch Kauf kleiner Anteile über Wasser hielten. So konnten stets die nötigsten Investitionen durchgeführt werden.

Anders als die liberalen Blätter, wie die zwischen 1920 und 1922 erschienene „Südtiroler Landeszeitung", wurden die Tyrolia-Zeitungen nicht durchwegs von bezahlten Journalisten gestaltet. Der Personalstand war ungeachtet der hohen Auflagen von Blättern wie „Der Tiroler" und „Volksbote" niedrig, da der Verlag auf ein Netz von Zubringern bauen konnte: Ortsgeistliche, Lehrer und andere

Honoratioren versorgten die Zeitungen mit Lokalberichten. Eine auch die Peripherie umfassende Berichterstattung und niedrige Bezugspreise sicherten der Tyrolia bereits Anfang der 20er Jahre ein deutliches Übergewicht gegenüber einer fragmentierten liberalen Konkurrenz, die bereits vor den faschistischen Verboten nur mehr ein Schattendasein führte.

Während die liberale und sozialdemokratische Presse bis 1926 vollständig verboten wurde, gelang es den Verlagsleitern des katholischen, nunmehr in „Vogelweider" umbenannten Verlages, im Vorfeld faschistisch-vatikanischer Verständigung mehrere Blätter nach kurzer Unterbrechung wieder herauszubringen. Immer wieder von den Behörden bedroht und Beschränkungen unterworfen, gelang es dem Unternehmen mit Unterstützung der Kirche, seine Zeitungen bis 1943 am Markt zu halten, und dies sehr erfolgreich. In dieser Zeit entstand die bei vielen Südtirolern zu beobachtende Gleichsetzung von Presse mit den Produkten des 1936 in „Athesia" umbenannten Verlages, stellten seine Blätter doch eines der wenigen Bindeglieder innerhalb der ihrer Sprache und Kultur beraubten Minderheit dar. Die von den Faschisten herausgegebene „Alpenzeitung" wurde vor allem von der Landbevölkerung nie akzeptiert. Die faschistische Pressepolitik begünstigte den Verlag nicht zuletzt in wirtschaftlicher Hinsicht, fiel ihm nun doch eine monopolähnliche Position auf dem Anzeigenmarkt zu. Inhaltlich waren die Blätter allerdings gleichgeschaltet und unterschieden sich in bezug auf den politischen Teil in ihrer Wirkung auf die Bevölkerung nicht wesentlich von den faschistischen Zeitungen.

Erfolgreicher Neubeginn

Die Vorteile einer kontinuierlichen Entwicklung machten sich bemerkbar, als Athesia nach einer kaum zweijährigen, durch die deutsche Besetzung bedingten Unterbrechung im Mai 1945 ihre Tätigkeit wiederaufnehmen konnte. Der von den Deutschen enteignete Verlag ging wieder in die Hände der alten Eigentümer über, das gesamte Personal mit Ausnahme der Redakteure wurde übernommen. Die Kriegseinwirkungen hatten vor allem die Bozner Gebäude des Unternehmens schwer in Mitleidenschaft gezogen, die zur Herausgabe einer Zeitung unabdingbaren Infrastrukturen – wie eine Druckerei in Brixen – waren aber vorhanden.

Wichtig für den erfolgreichen Start des wichtigsten Verlagsblattes, der Tageszeitung „Dolomiten", wurde die in Medienfragen minderheitenfreundliche Haltung der Alliierten Militärverwaltung: Sie erlaubte nicht nur umgehend die Herausgabe der Zeitung, sondern war auch beim Vertrieb behilflich. Da die Redakteure des „Bozner Tagblattes" nicht übernommen wurden, herrschte zunächst ein redaktioneller Engpaß, in den Monaten nach Kriegsende fanden sich jedoch jene Mitarbeiter wieder ein, die im wesentlichen bereits vor 1943 die verschiedenen Verlagsblätter gestaltet hatten.

Wichtige Faktoren für den raschen Wiederaufstieg der Athesia-Presse waren ein dichtes Netz von Beziehungen im politischen, wirtschaftlichen und journalistischen Bereich, das während des Faschismus aufgebaut bzw. aufrechterhalten werden konnte, und die fast zwanzigjährige monopolähnliche Position auf dem Werbe- und Anzeigenmarkt. Sowohl für den Leser als auch für die Wirtschaft waren die Athesia-Blätter zum Synonym für Südtiroler Medien schlechthin geworden. Die „Dolomiten", ab 1947 einzige deutschsprachige Tageszeitung im Land, erreichten bereits 1948 mit über 14.000 Exemplaren Tagesauflage den Höchststand ihres Vorgängers „Der Landsmann" vor dessen Verbot im Jahre 1925;

Die Zeitung der AdO

Nach dem deutschen Einmarsch im September 1943 gab die Arbeitsgemeinschaft der Optanten (AdO) bis Kriegsende das „Bozner Tagblatt" heraus. Hergestellt wurde die Tageszeitung in der beschlagnahmten Athesia-Druckerei in Bozen. Sowohl die Athesia-Blätter als auch „La Provincia di Bolzano" und die „Alpenzeitung" wurden eingestellt. War die Bevölkerung über eineinhalb Jahrzehnte der Indoktrinierung faschistischer sowie gleichgeschalteter Zeitungen ausgesetzt, so erfuhr nun die Manipulation durch die Kriegs- und Greuelpropaganga des „Tagblattes" eine weitere Steigerung. Außer dem „Tagblatt" wurden in Südtirol in den letzten eineinhalb Kriegsjahren nur reichsdeutsche Zeitungen angeboten.

Kanonikus Michael Gamper (rechts) mit Karl Theodor Hoeniger anläßlich einer Feier des Südtiroler Künstlerbundes, Mitte der 50er Jahre

Titelseiten der Athesia-Zeitschriften „Die Frau", „Jugendwacht" sowie der Wochenzeitung „Katholisches Sonntagsblatt"

Die Zingerle-Psychose

In den 40er und 50er Jahren war für ein kleines Lokalblatt wie die „Dolomiten" die heute übliche Aufmachung und Themenvielfalt undenkbar. Die zunächst nur vier, später acht Seiten umfassende Zeitung war sowohl formal als auch inhaltlich schlicht und nüchtern gehalten. Es gab jedoch bereits damals Ausnahmen, außerordentliche Ereignisse, bei denen die Zeitungsmacher von den üblichen Schemata abwichen. Ein solcher Anlaß war der Fall Guido Zingerle. Zingerle zog im Sommer 1950 Südtirol über Wochen in seinen Bann. Er hatte nach Kriegsende mehrere Frauen in Nord- und Südtirol auf grauenvolle Weise umgebracht, aber erst der letzte Mord lenkte den Verdacht auf den gebürtigen Tscharser. Die „Dolomiten" schrieben nach seiner Verhaftung am 12. August:

„Man wird wohl ohne Übertreibung sagen können, daß nun ein Aufatmen durch das ganze Land geht. Der sich auf freiem Fuß in den Wäldern und auf den Almen herumtreibende, hier und dort auftauchende und immer wieder verschwindende Mörder beschäftigte in den letzten Wochen die Gedanken eines jeden – so sehr, daß man zeitweilig den Ausbruch einer wahren Zingerlepsychose befürchten mußte."

Da das Informationsbedürfnis der Bevölkerung außerordentlich war, reagierte das Blatt durch wiederholte Situationsberichte, besonders in den beiden Wochen vor der Verhaftung. Nach erfolgter Festnahme widmete es – in einer Zeit, als von Gewaltverbrechen üblicherweise in kurzen Einspaltern berichtet wurde – der Lebensgeschichte Zingerles eine ganze Seite. Noch ungewöhnlicher muten die Beiträge vom 16. August an, in denen ein Redakteur unter anderem über ein Gespräch mit dem Mörder eine Art Psychogramm zu erstellten versuchte.

Berichterstattung über den „Fall Zingerle" in den „Dolomiten" vom 1. August 1950

1960 wurden bereits knapp 20.000 Zeitungen verkauft. Von Beginn des Erscheinens an war das Inseratenaufkommen äußerst rege: Von den zunächst vier Blattseiten konnte im Schnitt eine mit Anzeigen gefüllt werden. So wurde die Tageszeitung in der wirtschaftlich schwierigen Nachkriegszeit zu einer wichtigen finanziellen Stütze für den gesamten Verlag. Da kaum Auslandspresse nach Südtirol gelangte, das Fernsehen vorerst keine, der Hörfunk eine untergeordnete Rolle spielte, stellten die „Dolomiten" in der Nachkriegszeit nicht nur die wichtigste Informationsquelle für die deutschsprachigen Südtiroler, sondern auch ein einzigartiges Instrument zur Steuerung der öffentlichen Meinung dar.

Viele Verlagszeitungen – geringe Konkurrenz

Aufgrund der sechs verlagseigenen Pressetitel aus der Zwischenkriegszeit konnte Athesia bereits 1946 neben den „Dolomiten" und den Wochenzeitungen „Volksbote" und „Katholisches Sonntagsblatt" wieder die Zeitschriften „Der Schlern", „Die Frau", „Jugendwacht" und „Kinderzeitung" herausgeben und so ein breites Spektrum an Leserwünschen abdecken. Daß der Verlag neben seinen Zeitschriften auch über Buchhandlungen in allen Landesteilen verfügte, bot ebenfalls Vorteile: Zeitungsartikel freier Mitarbeiter und Inserate konnten hier in einer Zeit beschränkter Mobilität aufgegeben werden. Mit Hilfe des Ortsklerus und weiterer Honoratioren wurde wieder eine Lokalberichterstattung aufgezogen, der die Konkurrenz nichts entgegenzusetzen hatte.

Eine Voraussetzung für den Erfolg der Verlagspresse: Athesia hatte von 1945 an kaum ernsthafte Gegner. Bei der ehemaligen liberalen Konkurrenz war durch die faschistischen Verbote jegliche Tradition abgerissen. Außerdem scheute man neue Presseinitiativen nicht zuletzt in Erinnerung an die finanziellen Debakel der 20er Jahre. Gegen Konkurrenzgründungen sprach vor allem der nach 1945 herrschende rigide Einheitsimperativ innerhalb der Minderheit. Galt die SVP als Sammelbecken aller Wähler, so etablierte sich Athesia als der Minderheitenverlag. Initiativen wie die „Bozner Zeitung", die Wochenblätter „Der Standpunkt" und „Alpenpost" waren von vornherein Außenseiterunternehmungen. Auch innerhalb der SVP bestehende Ambitionen, anstelle des „Volksboten" eine eigene Zeitung mit dem Titel „Südtiroler Stimmen" herauszugeben, wurde von Athesia-Präsident Michael Gamper unterbunden. Der Verlag stellte der Partei zunächst zwei, später vier Seiten des Wochenblattes zur Verfügung. Nicht nur durch diese Regelung begab sich die SVP in medialer Hinsicht in weitgehende Abhängigkeit von Athesia: Während der „Volksbote" gegenüber den „Dolomiten" ohnehin mit jedem Jahr an Bedeutung verlor, stellte sich in Konfliktsituationen heraus, daß auch in bezug auf die Wochenzeitung die letzte Kontrolle nicht bei der Partei, sondern beim Verlag lag.

Der italienische Gegenpol
Die Gründung des „Alto Adige"

Von 1943 bis 1945 verfügten die Italiener in Südtirol über keine Zeitung. „La Provincia di Bolzano" und die „Alpenzeitung" wurden nach dem deutschen Einmarsch eingestellt. Zeitungsimporte aus anderen Provinzen waren verboten. Es war daher eines der wichtigsten Anliegen des CLN (Comitato di liberazione nazionale), nach Übernahme der Kontrolle über Südtirol möglichst bald wieder eine Tageszeitung herauszugeben. Bereits am 24. Mai, also wenige Tage nach den „Dolomiten", erschien die erste Nummer des „Alto Adige". Anders als bei Athesia war genügend Personal für Setzerei, Druckerei, Verwaltung und Redaktion vorhanden. Dafür hatte man wesentlich größere Schwierigkeiten mit der Alliierten Militärverwaltung als die „Dolomiten"-Redaktion. Das CLN selbst übernahm die Herausgabe der Zeitung und betraute ein aus Redakteuren, Setzern und Druckern zusammengesetztes Komitee mit deren Leitung. Die Redaktion saß in Bozen, gedruckt wurde aber bis November 1945 im Keller des Vinzentinums in Brixen. Im Herbst 1945 zog der „Alto Adige" samt Druckerei in die ehemaligen Räumlichkeiten des Blattes „La Provincia di Bolzano" an der Bozner Drususbrücke ein.

Da nationale Zeitungen aufgrund der Transportschwierigkeiten auch nach Kriegsende kaum zu bekommen waren, erlebte das Blatt in den ersten Monaten des Erscheinens einen Auflageboom. Durchschnittlich wurden über 20.000 Exemplare abgesetzt. Im Dezember 1945 wurde die Genossenschaft SETA – Società editrice tipografica atesina – gegründet, die als Eigentümerin und Herausgeberin des „Alto Adige" fungierte. Sie hatte von Beginn an mit finanziellen Problemen zu kämpfen, zudem gab es ständige Konflikte der Genossenschafter, nämlich der einzelnen im CLN vertretenen Parteien, über die politische Linie. Die – längerfristig erfolgreiche – Expansion in das Trentino, der erfolglose Versuch, mit der „Bozner Zeitung" ein Gegengewicht zu den „Dolomiten" zu schaffen, sowie der Umstand, daß die Parteien die Druckerei für eigene Zwecke ausnützten, brachten die Genossenschaft 1947 in ernsthafte finanzielle Schwierigkeiten. Zudem sank die Auflage des Blattes kontinuierlich. Die Journalisten zogen sich aus den Entscheidungsgremien zurück. Ende 1947 erfolgte die Auflösung der Genossenschaft und die Gründung einer Gesellschaft mit beschränkter Haftung. Damit einher ging nun der schleichende Machtverlust des Parteienkartells innerhalb der SETA. 1949 wurden die Verhandlungen mit der Regierung über die Überlassung der Immobilien und der Druckerei an der Drususbrücke erfolgreich zum Abschluß gebracht. Damit fand der „Alto Adige" endlich ein Domizil. Nicht nur in diesem Zusammenhang mehrten sich nun die Hinweise, daß das Blatt von der DC unterstützt wurde.

Schwere politische Differenzen und unsichere wirtschaftliche Perspektiven führten wiederholt zum Austritt von Gesellschaftern aus der SETA. So ergaben sich im Rahmen mehrerer Kapitalerhöhungen in der ersten Hälfte der 50er Jahre immer eindeutigere Mehrheitsverhältnisse. Es kristallisierte sich nun endgültig das Übergewicht jenes Mannes heraus, der seit 1946 als Vertreter der Republikaner im Verwaltungsrat der SETA saß: Servilio Cavazzani. Ab 1956 hielt er die absolute Mehrheit des Kapitals, sein Sohn Albino war bereits zwei Jahre zuvor zum Direktor des „Alto Adige" ernannt worden. Cavazzani wurde

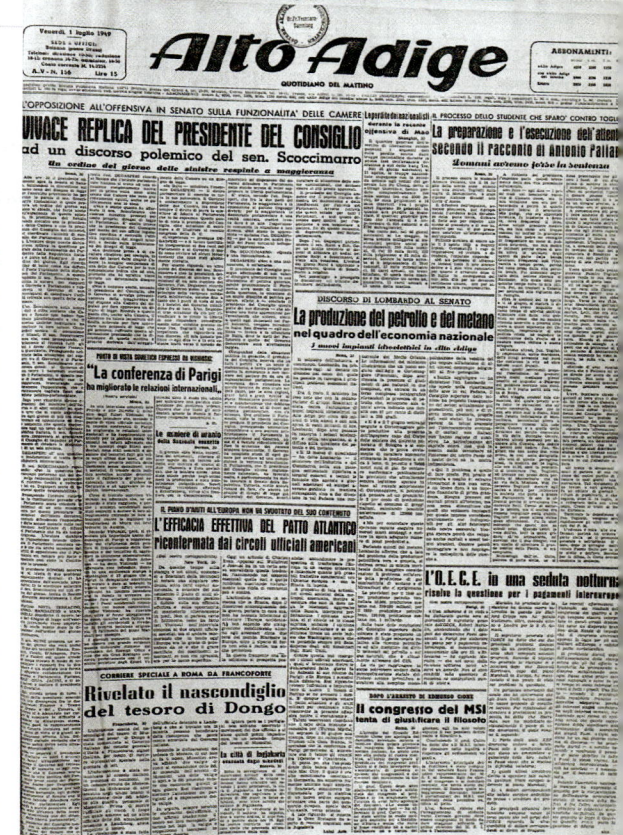

Titelseite des „Alto Adige" vom 1. Juli 1949

Der Direktor des „Alto Adige" Albino Cavazzani im Gespräch mit den SVP-Abgeordneten Karl Tinzl, Juli 1956

unter anderem über das in Südtirol und Triest operierende Grenzzonenamt (Ufficio per le zone di confine) des Innenministeriums finanziell gefördert. Der aus Trient stammende Verleger unterhielt auch in seiner Heimatstadt wichtige Beziehungen, unter anderem zum DC-Politiker Benjamino Andreatta, der die Banca di Trento e Bolzano leitete. Andreatta wiederum verband eine enge Freundschaft mit Ministerpräsident De Gasperi. Letztlich hielt sich die SETA, die in den 50er Jahren stets rote Zahlen schrieb, mit staatlichen Zuwendungen über Wasser. Andererseits folgte den Veränderungen an der Spitze der Gesellschaft auch eine inhaltliche Kursänderung der Zeitung, die in den 50er Jahren auf eine ausnehmend konservative, in Minderheitenfragen nationalistische Linie einschwenkte.

Servilio Cavazzani

Die Rolle des „Alto Adige" in der Südtirolpolitik

1945 ergab sich auf dem Südtiroler Zeitungsmarkt insofern eine neue Situation, als sich erstmals beide Sprachgruppen in ihren Presseorganen grundsätzlich frei artikulieren konnten. Dies geschah in erster Linie über die beiden neugegründeten Tageszeitungen, die sofort bei der Leserschaft breiten Anklang fanden. Die erste Phase des Erscheinens von „Dolomiten" und „Alto Adige" war noch von einem Akt gegenseitiger Hilfe geprägt: Im Zuge der Verlegung der beiden Druckereien von Brixen nach Bozen wurden die Zeitungen jeweils beim anderssprachigen Pendant gedruckt.

Politisch gingen die in den Blättern vertretenen Ansichten freilich von Beginn an auseinander: Während die „Dolomiten" einer Rückkehr des Landes nach Österreich das Wort sprachen, stand die Brennergrenze für den „Alto Adige" nie zur Debatte. Zudem billigte er der deutschen Sprachgruppe lediglich eine äußerst beschränkte Form der Autonomie zu. Solange die Vertreter der unter sich uneinigen CLN-Parteien die Blattlinie bestimmten, blieb der Tonfall des Blattes noch relativ gemäßigt. Mit den von Rom aus gesteuerten Veränderungen der Eigentumsverhältnisse ging aber eine immer deutlichere Richtungsänderung einher: Die Zeitung wurde zum Wortführer der Italianità Südtirols. Wenn den „Alto Adige" ab Ende der 40er Jahre ein gleichermaßen minderheitenfeindlicher wie unduldsamer Nationalismus kennzeichnete, kam dies nicht von ungefähr: Hier waren die Auswirkungen der fehlgeschlagenen Entfaschisierung besonders spürbar, wurden doch ehemalige Parteigänger wie Angelo Facchin, Vincenzo Errante, Curzio Malaparte oder der sowohl als Journalist wie als Organisator von Finanzquellen wichtige Renato Cajoli Mitarbeiter des Blattes. Die personelle Konzentration ehemaliger Faschisten in Redaktion und Verwaltung färbte deutlich auf den Inhalt des Blattes ab: So wurden die Südtiroler allesamt pauschal zu ehemaligen Nazis erklärt und die faschistische Entnationalisierungspolitik schlichtweg geleugnet. Cajoli etwa begründete das Recht Italiens auf die Brennergrenze ganz nach dem Argumentationsmuster Ettore Tolomeis, wenn er schrieb, die Südtiroler seien nichts anderes als germanisierte Italiener.

Gegenüberliegende Seite: Titelseite der „Dolomiten" vom 15. November 1952

Wer rettet Südtirol die Autonomie? Der Mann und die Frau, die für das Edelweiß stimmen!

Einzelnummer Lire 25.-

Dolomiten

Tagblatt der Südtiroler

Samstag, den 15. November 1952 — 29. Jahrgang

Der Tag der Entscheidung ist da!
Ganz Südtirol geschlossen für Edelweiß!

Liebe Südtiroler!

Bozen, 15. November

Ist in diesen Wochen zu euch geredet worden, in der Zeitung, in Flugblättern, auf Plakaten. So überflüssig scheinen mag, noch ein Wort an euch zu richten. Tun wir es, dann vor allem darum, um auf eine Seite, auf eine Gefahr hinzuweisen, die in letzter Stunde aufgetaucht ist. Feinde der Ordnung und des christlichen Volkes erweisen sich gerade in Wahlzeiten immer wieder als Meister im Verheimlichen ihrer wahren Ziele. Um die nationalen Italiener für sich zu ködern, haben die Kommunisten bei früheren Wahlen den Garibaldikopf ausgehängt und als Wahlzeichen verwendet. Sein Namen und Bild verwendeten sie, um die patriotischen Italiener in Stimmung und Begeisterung zu setzen. Weil aber doch allzu viele Bürgerliche den Schwindel erkannten, versuchten es die Kommunisten mit anderen Mitteln und Zeichen. So in Südtirol mußte sogar das Bild der Alpenrose als kommunistisches Wahlzeichen herhalten. Auch bei uns wagen die Kommunisten nicht, euch ihr wahres Gesicht der Bevölkerung zu zeigen. Darum verleugnen sie bei den diesmaligen Wahlen sogar das traditionelle Zeichen von Sichel und Hammer und überlassen dieses ihren Spießgesellen, den Linkssozialisten. Sie selber verstecken sich hinter dem niedlichen, das zwei ineinandergeschlungene Kornähren und rauchende Fabrikschlote aufweist.

Glaubt ihnen nicht!

Den Schwindel noch weiter zu treiben, ließ eine in deutscher Sprache verfaßte Zeitung, in der Sarner Bauer mit einem Manne in bürgerlicher Tracht gezeigt werden, und überall im Lande ausgehängt. (Es verwechselt werden mit dem der Volkspartei, das ebenfalls einen und eine Tirolerin in Tracht zeigt, mit anderen männlichen Gestalten, hinter denen Edelweiß aufleuchtet.) Die zweite getarnte, deutsche Kommunistin hat sich den verführerischen „Liste des Bundes der Südtiroler" im Vordergrund ihres Wahlzeichens mit drei Alpenrosen, im Hintergrund ragen Dolomiten auf. Alles ist darauf berechnet, unser heimatliebendes Volk über den wahren Charakter der Hintermänner und ihre Ziele hinwegzutäuschen. Unter dem Wahlzeichen solchen Machenschaften und die Freunde Moskaus.

Liste wird unterstützt von einem in deutscher Sprache erscheinenden Blatte, das den verfänglichen Namen „Der Südtiroler" trägt, aber von kommunistischem Geiste durchseuchtet und geführt ist. Die Förderer dieser kommunistischen Liste haben in diesem Land mit einem Flugblatt überschüttet, in welchem den Leuten das Blaue vom Himmel versprochen wird, sogar die Abschaffung der italienischen Staatssprache in Südtirol! Wir können nur sagen: Glaubt ihnen nicht! Auch dann, wenn sie euch in letzter Augenblick mit irgend einem Manöver überraschen sollten, um euch zu verwirren. Bringt eure politische Einstellung auf eine möglichst kurze Formel, die da lautet: Unsere Stimme der Südtiroler Einheitsliste — der Edelweißliste.

Jede Stimme, die einer anderen Splittergruppe gegeben wird, bedeutet Schwächung der Südtiroler Abwehrfront und Gefährdung eines notwendigen vollen Erfolges.

Wie notwendig, vor allem vor Manövern, die von den entgegengesetzten Lagern herkommen, ist. Ihr erinnert euch, wie es bei den Wahlen des Jahres 1948 war. Im letzten Augenblick, da es nicht mehr möglich war, in unserer Presse sich zur Wehr zu setzen, erschienen in Stadt und Land Plakate, die eine bestimmte italienische Partei als die einzige christliche empfahlen und vor unserer christlichen Partei, der Südtiroler Volkspartei, euch abwendig zu machen versuchten. Mit Vorliebe waren diese Plakate längs des Kirchweges angebracht. Es war wohl der hinterhältigste Trick jener Wahlperiode.

Eine christliche Partei

Was einmal gewesen, kann wiederum kommen. In diesem Fall möget ihr davor gewarnt sein! Die Südtiroler Volkspartei ist die Sammlung aller Südtiroler, sie ist aber auch eine christliche Partei. Sagt man euch anders, dann glaubt ihnen nicht! Die katholische Richtung der Partei ist eindeutig klar in ihrem Programm festgelegt. Dieses enthält u. a. folgende Abschnitte:

„Die Südtiroler Volkspartei… erblickt in dem überlieferten katholischen Glauben unseres Südtiroler Volkes, dem der größte Teil desselben anhängt, den wertvollsten Bestand seines geistigen Lebens und das kostbarste Erbe der Väter. Die Südtiroler Volkspartei wird demzufolge jederzeit für den Schutz und die Förderung der religiösen Güter des Südtiroler Volkes eintreten, soweit dies auf politischem Gebiete notwendig ist. In der Ueberzeugung, daß die christliche Familie die Keimzelle jeder gesunden Gesellschaftsordnung ist, wird die Südtiroler Volkspartei für deren Rechte und Freiheiten auch dann, wenn sie vom Staate kommen sollten, in Schutz nehmen und die Rechte der Eltern auf die Erziehung der Kinder in vollem Umfange verteidigen."

Hinsichtlich der Jugenderziehung heißt es in dem Programm der Volkspartei:

„Dem Schul- und Bildungswesen in allen seinen Formen ist die weitestgehende Förderung angedeihen zu lassen. Die religiöse Erziehung der Jugend ist im kirchlichen Rahmen zu sichern."

Jeder der Kandidaten auf der Edelweißliste hat sich auf diese programmatische Grundsätze verpflichtet und damit sich für eine christliche Haltung auch in seiner parlamentarischen Tätigkeit festgelegt.

Die Südtiroler Volkspartei ist für die deutschsprachige Bevölkerung unseres Landes die einzige für sie in Betracht kommende Partei, wie die DC. es unter der italienischsprachigen Bevölkerung es sein will. Eben darum kommt für die Südtiroler Katholiken bei den bevorstehenden Regionalwahlen praktisch nur eine Wahlliste in Frage — die mit dem Zeichen des Edelweiß.

Noch ein Wort an

unsere ladinischen Brüder

Vor kurzem hieß es in einer italienischen Zeitschrift („Oggi"), die ladinische Bevölkerung der Dolomitentäler sei ein aussterbender Volksstamm („Popolazione che parlavano il Ladino, lingua in via di scomparire"). Ob hier nicht der Wunsch der Vater des Gedankens ist? Einmal gehörten die Nonsberger, die Fleimstaler, die Fassaner zum ladinischen Sprachgebiet. Unter dem Einfluß des italienischen Trient verloren die ersten zwei bis auf wenige Reste ladinischen Eigenart und Sprache. Im Fassa besteht die Gefahr, daß beides ebenfalls allmählich erstirbt. Tausend Jahre lang war Fassa mit dem Fürstentum und dem Bistum Brixen vereint. Unter dem Krummstab des hl. Kassian konnte auch das Ladinertum gut leben, gerade so wie in Gröden und Enneberg. In der nachnapoleonischen Zeit wurde es politisch und kirchlich zu Trient geschlagen. Damit begann seine Italianisierung.

Die tausendjährige Geschichte bezeugt es: Für die Ladiner bedeutet die Gemeinschaft mit den deutschen Tirolern Leben und die politische Gemeinschaft mit den Italienern allmähliches Sterben. —

Bei entscheidenden Verhandlungen über die Durchführungsbestimmungen zum Autonomiestatut, hat der DC.-Abgeordnete Facchin den Standpunkt vertreten, die Ladiner dürften nicht als eine eigene Volksgruppe angesehen werden. Daß sie im italienischen Meere versinken, ist das Bestreben vieler italienischer Wissenschafter, wie italienischer Politiker.

Man will euch von euren Südtiroler Nachbarn trennen, um euch um so rascher „absorbieren" (aufsaugen) zu können.

Ladiner, diese Pläne der gemeinsamen Gegner werden nicht verwirklicht werden, wenn ihr euch nicht selber ihnen in die Arme werfet. Bei den Frühjahrswahlen sind einzelne Gemeinden von den Fremden überrumpelt worden, unter der Mitwirkung von volksvergessenen Elementen in euren eigenen Reihen. Der Erfolg hat eure Widersacher ermutigt, gleiches auch bei den Regionalwahlen zu versuchen. Zeigt ihnen, daß sie vergebens gehofft haben.

Das alte Ziel — neue Methoden

Ladiner und Deutsche verbindet in diesem Lande dasselbe Schicksal. Entweder leben wir beide miteinander, oder wir gehen, voneinander getrennt, beide unter. Unsere gemeinsamen Gegner verfolgen heute noch dasselbe Ziel, wie weiland der Faschismus — unseren Untergang. Geändert haben sich nur die Methoden. Sie sind etwas feiner und glatter geworden. Einstmals versuchte man es mit Gewalt, heute mit „Demokratie", vor allem aber mit der Ueberwanderung unseres Volkstums. Seit dem Jahre 1948, also in vier Jahren, hat sich die Bevölkerung Südtirols um 18.000 Personen vermehrt, die des Trentinos nur um 3000. Woher dieses geradezu unglaubliche Mehr gegenüber dem Trentino? Woher sind die fast 20.000 Menschen gekommen? Sicherlich nicht von Norden, denn in dieser ganzen Zeit sind nur wenig mehr als 4000 umgesiedelte Südtiroler heimgekehrt. Allen Ableugnungen der Behörden zum Trotz ist also die Zuwanderung aus dem Süden auch in den letzten Jahren unheimlich weitergegangen, unter Duldung, mit Mitwirkung der Regierung. 1918 gab es in Südtirol 6000 bis 7000 Italiener, heute mehr als 110.000. In diesen Tagen hat ein italienischer Wahlredner mit Zuschuß von weiteren 100.000 Italienern nach Südtirol als nächstes Ziel proklamiert. Dieser Statistiker gegenüber verblassen alle noch so schön frisierten Zahlenkünste des Herrn Innocenti in seinem Grünbuch!

Gegen diese geradezu tödliche Gefahr gibt es für uns keine andere Politik, als die — uns als Volk am Leben zu erhalten suchen. Ein Mittel dazu, und zwar ein sehr wesentliches, ist uns auch in der Wahl der nächsten Regionalrates und Landtages in die Hand gegeben. Es geht darum, wer in den nächsten vier Jahren unser Land regieren soll, unsere eigenen Leute, die das wollen, was wir wollen, oder Fremde, die sicherlich nicht in erster Linie auf unser Wohl bedacht sind, sondern auf ihren Vorteil. Darum kommt bei der Stimmabgabe am morgigen Sonntag eine so große Bedeutung zu für unser Land, für Deutsche und Ladiner. Für uns beide kann unter den neun Kandidatenlisten nur eine einzige in Frage kommen, die Edelweißliste. Stimmen wir für die unsrigen und unserem zukünftigen Geschlechte. Möge Gott uns hiebei helfen!

Diskurs am Wahlsonntag in der Früh

Sie: Sonst hats immer geheißen: „Mander, es ist Zeit!" Jetzt finden sie wohl die Weiber a. Was a recht ist. Weiberleut sein allweil mehr als Manderstutzen, deswegen geben wir dösmal den Ausschlag.

Er: Dös Vorrecht sollts haben. In der Sach gibts einmal kein Streit zwischen Mann und Weib, höchstens an Wettstreit. Edelweiß ist für beide gleich Trumpf. Und der Trumpf tut dösmal wieder stechen, seit sog i dir…

Die Reaktion der „Dolomiten"

Die „Dolomiten" reagierten naturgemäß auf solche Provokationen. Daß auch der Ton der deutschen Tageszeitung radikaler wurde und in eine Überbetonung volkstumspolitischer Kategorien ausartete, ist freilich nur zum Teil der minderheitenfeindlichen Haltung von italienischer Regierung und Presse zuzuschreiben: In den ersten zehn Nachkriegsjahren bestimmte Athesia-Patriarch Michael Gamper, was in Fragen der Minderheitenpolitik in die Zeitung kam. Und Gamper war maßgeblich vom katholischen Antiitalianismus der Jahrhundertwende geprägt worden. So mischten sich in die „Dolomiten"-Artikel der 50er Jahre unter die Klagen über die anhaltende Entnationalisierungspolitik der Regierung sowie Forderungen nach einer echten Autonomie immer wieder Beispiele ethnischer Intransigenz.

War der „Alto Adige" der Italianità Südtirols verpflichtet, so wurde in der deutschen Tageszeitung alles der Forderung nach Einigkeit untergeordnet und in diesem Sinne etwa die braune Vergangenheit vieler Südtiroler verschwiegen oder Personen mit abweichender politischer Meinung ausgegrenzt. Auch fehlte in den „Dolomiten" der 50er Jahre im Grunde jegliche Perspektive eines friedlichen Zusammenlebens der beiden Sprachgruppen. Gamper-Parolen wie „Südtirol ist deutscher Boden und soll es bleiben für alle Zukunft!" waren nicht dazu angetan, ein vertrauenerweckendes Klima bei den Mitgliedern der anderen Sprachgruppe zu schaffen, die sich samt und sonders in den Status unerwünschter Eindringlinge versetzt sahen.

Friedl Volgger

Nach Gampers Tod 1956 wurde die Linie der „Dolomiten" im wesentlichen vom verantwortlichen Redakteur Friedl Volgger geprägt. Die Haltung des Blattes wurde zunehmend militant. Es begleitete das Land über das „Los von Trient" in die heiße Phase der Südtirolpolitik. Ein gewisser Kurswechsel erfolgte 1961, als sich die „Dolomiten" am Tag nach den Sprengstoffanschlägen der Feuernacht mit dem Aufmacher „Geschändetes Herz-Jesu-Fest" von der zunehmenden Radikalisierung zu distanzieren begannen.

Letztlich spiegelt die Haltung der beiden großen Tageszeitungen des Landes nicht nur das gespannte Verhältnis zwischen den Sprachgruppen wider, die Blätter trugen ihrerseits maßgeblich zu einer Zuspitzung der Lage bei. Zumal sowohl „Alto Adige" als auch „Dolomiten" jeweils eine monopolähnliche Position einnahmen: Die „Dolomiten" waren nicht nur die einzige deutsche Tageszeitung im Land, sie gaben auch die Linie für andere Verlagsblätter wie den „Volksboten" vor. Außerdem kam ihnen überragende Bedeutung als Informationsquelle für das deutschsprachige Ausland zu. Der „Alto Adige" hingegen erfuhr zwar in den 50er Jahren eine gewisse Konkurrenz durch den – ähnlich orientierten – „L'Adige", dafür gab es in Südtirol aber praktisch keine italienische Wochen- und Standespresse. Während der Bildungsschicht angehörige deutschsprachige Südtiroler durchaus den „Alto Adige" lasen und somit ihr Bild abrunden konnten, war dies umgekehrt bei den Italienern mangels Sprachkenntnissen die Ausnahme. Einflußreich war das italienische Tagblatt jedoch nicht nur aufgrund seiner Verbreitung in der Region: Es versorgte auch die großen nationalen Zeitungen mit seinen Südtirol-Beiträgen.

Die deutschsprachige Oppositionspresse
Eine zweite deutsche Tageszeitung

Große, von den deutschen Besatzern hinterlassene Papiervorräte sowie das Bedürfnis, die Druckerei an der Drususbrücke besser auszulasten, bewogen die Inhaber der Genossenschaft SETA, ab November 1946 eine deutschsprachige Tageszeitung herauszugeben, die „Bozner Zeitung". Den redaktionellen Kern bildeten jene Mitarbeiter, die zwischen 1943 und 1945 das „Bozner Tagblatt" gestaltet hatten. Die Konkurrenz war mit den „Dolomiten" jedoch bereits fest am Markt etabliert und genoß alle denkbaren strategischen Vorteile. Außerdem erweckte ein von ehemaligen Nationalsozialisten gestaltetes, von Italienern herausgegebenes Blatt beim Großteil der Bevölkerung wenig Vertrauen, zumal seine regierungsfreundliche Haltung auf recht plumpe Weise vermittelt wurde. Leserzuspruch und Anzeigenaufkommen blieben gering, die Papierreserven gingen rasch zur Neige, und bereits nach wenigen Monaten wurde den Herausgebern bewußt, daß sie dabei waren, sich finanziell völlig zu übernehmen. Die Zeitung wurde eingestellt. In der Druckerei der SETA sollten aber weitere deutschsprachige Blätter entstehen.

„Der Standpunkt"

In Meran hielten sich in den Nachkriegsjahren einige erstklassige Journalisten wie Louis Barcata, Alfred Boensch und Rudolf Kircher auf, zum Teil wegen ihres Naheverhältnisses zum NS-Regime, zum Teil, weil sie sich in Meran bessere Arbeitsbedingungen als in Deutschland und Österreich versprachen. Auf Initiative des Südtiroler Industriellen Hans Fuchs gründeten sie 1947 die Wochenzeitung „Der Standpunkt". Über sie sollten italienische Positionen unter anderem in der Südtirolfrage vor allem der Leserschaft in Österreich und Deutschland nähergebracht werden. Die Ambitionen, den größeren Teil der Auflage im Ausland abzusetzen, schienen nicht nur wegen des Niveaus der Mitarbeiter realistisch; Südtirol war ab Jänner 1946 im Unterschied zu Deutschland und Österreich nicht mehr von den Alliierten besetzt, das heißt hier konnten Zeitungen unzensiert herausgegeben werden. Erfolgte bereits die Gründung unter maßgeblicher Hilfe der Bozner Präfektur, so wurde das Blatt bis zu seiner Einstellung unter anderem vom Grenzzonenamt subventioniert.

Der „Standpunkt", der so prestigeträchtige Persönlichkeiten wie Robert Jungk und Indro Montanelli zu seinen Mitarbeitern zählte, war in erster Linie kein politisches Blatt, sondern eine Kulturzeitung. Vor allem in der Rubrik „Grenzland Südtirol" wurde jedoch auch zur Südtirol-Problematik Stellung bezogen. Dabei zielte man im Inland auf jene Kreise ab, die mit dem Konfrontationskurs der Athesia-Blätter nicht zufrieden waren und nach turbulenten Jahrzehnten ein ausgeprägtes Bedürfnis nach Ruhe und Frieden hatten. So wurde das Autonomiestatut von 1948 als großzügige Geste der Regierung gewertet, anderseits die

„Der Standpunkt" vom 5. September 1947

Schreckgespenst Spaltung

Claus Gatterer schätzte die unter anderem über die Medien erfolgten Spaltungsversuche der deutschen Sprachgruppe in seinem Buch „Im Kampf gegen Rom" folgendermaßen ein: „Die verschiedenen italienischen Versuche, politisch durch die Gründung von Satellitenparteien und publizistisch in die Minderheit einzudringen und sie von innen zu sprengen, bewirkten das Gegenteil. Die Minderheit rückte, wie einst unter der Drohung der faschistischen Entnationalisierung, umso enger zusammen, je mehr sie sich gefährdet fühlte; und – was schwerer ins Gewicht fällt – die ständige Angst vor der Spaltung verstärkte in vielen Kreisen den Hang zur Intoleranz, welcher in der Volksgruppe ohnehin als böses Erbe nazistischer und faschistischer Denkformen vorhanden war: Intoleranz dem Fremden, also dem Italiener, gegenüber, Intoleranz aber vor allem dem Andersdenkenden in den eigenen Reihen gegenüber, der nur zu leicht in den Geruch des Verräters geriet."

Problematik einer versteckten Assimilierungspolitik und die daraus für die Minderheit resultierenden politischen und sozialen Probleme verschwiegen. Eine ruinöse Pressefehde mit den „Dolomiten", in welcher es das Athesia-Blatt nicht versäumte, auf die italienischen Finanziers des „Standpunkt" hinzuweisen, sowie private Konflikte innerhalb der Redaktion manövrierten die Wochenzeitung bereits Anfang der 50er Jahre in eine schwere Krise. Die Auflage sowohl der im Ausland als auch in Südtirol verkauften Exemplare ging kontinuierlich zurück. In den letzten fünf Jahren seines Bestehens führte der „Standpunkt" nur mehr ein Schattendasein, das Ende konnte nur dank staatlicher Zuschüsse hinausgezögert werden.

Die „Alpenpost"

In mancher Hinsicht mit dem „Standpunkt" vergleichbar und doch ganz anders war eine weitere in der SETA gedruckte Wochenzeitung, die „Alpenpost". Der „Standpunkt" sollte aus der Sicht der Herausgeber vor allem im Ausland seine – proitalienische – Wirkung entfalten, er wurde in Südtirol wegen seines hohen Niveaus nur in Akademikerzirkeln gelesen. So entstand die Absicht, ein anspruchsloses, unterhaltsames Wochenblatt für den Südtiroler Markt herauszugeben.

Eigentümer der Zeitung waren einige im Südtiroler Fruchtverband zusammengeschlossene große Obst- und Weinhändler. Diese standen durch die bestehende Kontingentierung der Ausfuhrmengen von Agrarprodukten in unmittelbarer Abhängigkeit von der Regierung. Die „Alpenpost" wurde lanciert, um Rom ein Zeichen des eigenen guten Willens zu geben. Längerfristiges Ziel der Herausgeber: Verbesserung des Klimas zwischen den Sprachgruppen im Land. Während beim Unterfangen „Bozner Zeitung" Blattlinie und Personal allzu offensichtlich

Titelseiten der „Alpenpost" vom 8. Dezember 1951 und vom 5. Jänner 1957

den Einfluß italienischer Interessen verrieten, ging man nun anders vor. Als Direktor der Zeitung zeichnete der geachtete Schriftsteller und Maler Hubert Mumelter, ihre wirklichen Promotoren blieben aber im Hintergrund: der Mehrheitseigentümer des Verlagshauses SETA, Servilio Cavazzani, und der Österreicher Louis Barcata, der das Blatt leitete, bis es 1955 von Toni Kienlechner übernommen wurde. Cavazzani besorgte den Druck und spielte auch im administrativen Bereich eine wichtige Rolle; so soll er die Buchhaltung geführt haben.

Das Wochenblatt war auf dem Markt gut plaziert. Während in Italien Tageszeitungen traditionell eher von elitärem Zuschnitt waren, explodierte in der Nachkriegszeit die Nachfrage für primär auf Unterhaltung abzielende, bunt gestaltete Wochenblätter. In die Kategorie Boulevard fiel auch die „Alpenpost". Die zwischen 1951 und 1957 erscheinende Zeitung erfreute sich zumindest in den ersten Jahren beträchtlicher Beliebtheit; so sollen zeitweise über 10.000 Exemplare verkauft worden sein. Wegen hoher Druck- und Versandkosten war sie dennoch defizitär. Auch die „Alpenpost" hielt sich mit direkten und indirekten Zuwendungen von staatlicher Seite über Wasser.

Das Thema Politik spielte in der Zeitung vom Umfang her nur eine untergeordnete Rolle; zudem argumentierte das Blatt sehr zurückhaltend, wenn auch eine italienfreundliche Grundhaltung nicht zu übersehen war. Erst ab Mitte der 50er Jahre ist ein mitunter polemischer, gegen die Machthaber im Lande gerichteter Ton anzutreffen.

Ende eines Experiments

1957 kam nicht nur für den „Standpunkt", sondern auch für die „Alpenpost" das Aus. Bei letzterer spielte der Abschluß der Europäischen Verträge eine Rolle: Damit fielen die Ausfuhrbeschränkungen für Obst und Wein. Die Eigentümer des Blattes verloren auch angesichts des immer geringeren Leserzuspruchs das Interesse, es weiterzuführen.

Insgesamt hatte sich die politische Lage in der zweiten Hälfte der 50er Jahre verschärft. Die Linie von „Standpunkt" und „Alpenpost" fand in der Bevölkerung angesichts der gespannten politischen Lage immer weniger Verständnis. Den Blättern war es zudem nicht gelungen, zum Sprachrohr aller von SVP und Athesia-Presse Enttäuschten zu werden. Schließlich sahen die italienischen Stellen das Scheitern ihrer Pressepolitik in Südtirol ein und kündigten ihre Unterstützung auf.

Mit der Einstellung von „Alpenpost" und „Standpunkt" war freilich auch der mediale Versuch, für ein friedliches Zusammenleben der Volksgruppen einzutreten, gescheitert – die politischen Rahmenbedingungen für eine entsprechende Haltung sollten erst im Tauwetter der 60er Jahre entstehen. Gleichzeitig ging ein Stück medienpolitischer Pluralismus innerhalb der Minderheit verloren.

Das Ende der beiden Zeitungen war praktisch die Geburtsstunde des „Deutschen Blattes" im „Alto Adige". In der deutschsprachigen Bevölkerung gab es offensichtlich ein Bedürfnis, sich außerhalb der Athesia-Presse artikulieren zu können. So hatten sich seit Kriegsende stets Personen an die italienische Tageszeitung gewandt, weil sie keine Gelegenheit erhielten, sich in „Dolomiten" und „Volksbote" zu äußern. Ab 1955 erschienen im „Alto Adige" vereinzelt deutschsprachige Artikel, 1958 wurde die ständige Rubrik „Für unsere deutschen Leser" eingeführt, die später erheblich ausgeweitet und bis 1999 publiziert wurde.

Die „Heimatverräter"

Redakteure der „Alpenpost" signierten aus Angst vor gesellschaftlicher Anfeindung nur mit Kürzeln oder überhaupt nicht. Wer hingegen als Mitarbeiter der Zeitung bekannt war, wie die zeitweilige Chefredakteurin Toni Kienlechner oder der Direktor Hubert Mumelter, mußte damit rechnen, von der Bozner Gesellschaft ignoriert oder gar offen als „Verräter" angepöbelt zu werden. Mumelter über die Haltung volkstumspolitischer Kreise ihm und seiner Zeitung gegenüber:

„Der Verruf, der gegen die Existenz, die besänftigende, objektiv urteilende, natürlich auch anprangernde Sprache der Alpenpost, die immerhin im Lande ein beliebtes Unterhaltungs- und Informationsblatt war, inszeniert wurde, grenzte beinahe an Hexenwahn und Inquisition. Wenn manche Herren in Bozen und Innsbruck die Macht Himmlers besessen hätten, wäre ich längst vergast, denn sie waren und sind von ähnlicher Sorte, wenn sie sich auch mit Konzentrationslagervergangenheit brüsten."

Programmsitzung des RAI-Senders Bozen im großen Sendesaal, 1957 oder 1958. Vorne Mitte beginnend im Uhrzeigersinn: Direktor Tassinari, Magnago, Vigl, Gaddi, Innerebner, Licardi, Vizedirektor Armani (stehend), Rainaldi, (?), Maurer, Blum, Pichler, Rampold, Seberich

Der Rundfunkreporter Fritz Scrinzi in einem Interview mit dem Dorfältester für die Sendung „Der Sender auf dem Dorfplatz" in Steinhaus im Ahrntal, 1954

Ingeborg Brand, die Märchentante der „Kinderecke" im Studio, 1957

Aufschwung der elektronischen Medien
Der RAI-Sender Bozen

Wie in allen anderen Bereichen trat Südtirol mit der Errichtung der Operationszone „Alpenvorland" medienpolitisch in ein neues Zeitalter: Der Sender Bozen übernahm das Programm der Reichssender, unterbrochen von kurzen Eigensendungen. War die deutschsprachige Bevölkerung bislang dem faschistischen „Radio Bolzano" gleichgültig gegenübergestanden, so erfreute sich der Sender nun aufgrund der deutschsprachigen Programme, vor allem der Volksmusiksendungen, zunehmender Beliebtheit. Gegen Ende des Krieges mißtrauten freilich immer mehr Südtiroler den Erfolgsmeldungen an der Front und informierten sich durch Abhören sogenannter „Feindsender" über den Stand der Dinge.

Die 1944 gegründete staatliche Rundfunkanstalt RAI (Radio Audizioni Italia) nahm am 1. Oktober 1945 in Bozen Sendungen in deutscher Sprache auf, und zwar zweimal täglich je zwanzigminütige Nachrichten. War bereits die Ausstrahlung eines deutschsprachigen Programmes nicht auf Initiative der RAI, sondern nur auf Druck der Alliierten Militärverwaltung erfolgt, so entsprachen auch Umfang und Inhalt keineswegs den Wünschen der Hörerschaft.

Ende der 50er Jahre verfügten die meisten Haushalte über einen Radioapparat, und entsprechend entwickelte sich die Nachfrage. Um den RAI-Sender Bozen entspann sich eine Polemik, die sich über Jahrzehnte hinziehen sollte. Ausgetragen wurde sie im wesentlichen in der Tageszeitung „Dolomiten". Die unzufriedenen Hörer wandten sich nämlich in erster Linie nicht direkt an die von Italienern geleitete RAI, sondern an das Athesia-Blatt. Die Vorwürfe an den Sender waren immer wieder dieselben: Die finanzielle und technische Ausstattung des Senders sei schwach, die Sendungen in deutscher Sprache seien vom Umfang her unbefriedigend, die Sendezeiten äußerst ungünstig. Kritik wurde auch an der Personalpolitik der RAI geübt: Alle wichtigen Posten würden von Italienern besetzt, und zwar ohne die gesetzlich vorgesehenen Wettbewerbe. Unter den deutschsprachigen Mitarbeitern befänden sich auffallend viele Personen reichsdeutscher Herkunft, die als Mitarbeiter der SETA-Blätter „Alpenpost" und „Standpunkt" nicht für die Mehrheit der deutschsprachigen Bevölkerung sprechen würden. Zudem würde die Gestaltung der deutschsprachigen Programme von Italienern vorgenommen, mitunter mit wenig Verständnis für die Interessen der lokalen Bevölkerung. In der aufgeheizten Situation der 50er Jahre erregte auch die vom Sender verwendete Terminologie, etwa „Tiroler Etschland" anstatt „Südtirol", Anstoß.

Obwohl der Pariser Vertrag im Bereich des Rundfunks offensichtlich mißachtet wurde, kümmerten sich die SVP-Politiker lange kaum um die Angelegenheit. Erst Ende der 50er Jahre regte sich auf öffentlichen Druck hin Widerstand. Einen ersten wichtigen Versuch, den Sender Bozen zu reformieren, stellte das sogenannte „Gleichstellungsgesetz" des Südtiroler Landtages aus dem Jahre 1960 dar. Darin wurde unter anderem die Abnabelung des Senders von Rom gefordert. Obwohl die Provinz seit 1948 über die primäre Gesetzgebungskompetenz im Bereich Kultur verfügte, wurde es vom Verfassungsgerichtshof abgewiesen. Dennoch sollte der Hörfunk von nun an im Blickfeld politischer Bemühungen bleiben. Ungeachtet vieler offener Fragen gelang es dem Sender Bozen in den 50er Jahren langsam, die Distanz zu den Hörern zu überwinden, und zwar mit Erfolgssendungen wie dem „Wunschkonzert", „Aus Berg und Tal" und vor allem dem „Sender auf dem Dorfplatz". Mit der 1960 erfolgten Inbetriebnahme des neuen Funkhauses am Mazziniplatz wurden die Sendungen der RAI-Bozen nicht mehr über die Mittelwelle, sondern über Ultrakurzwelle ausgestrahlt. Damit verbesserte sich nicht nur die Empfangsqualität, nun konnten auch die deutschsprachigen Sendungen von weniger als vier auf acht Stunden ausgedehnt werden. So nahm einerseits die Hörerakzeptanz des Senders stetig zu, während er in politischer Hinsicht ungeachtet gewisser Fortschritte, die etwa im Rahmen der 19er Kommission erzielt wurden, noch lange umstritten blieb.

Kritik an der RAI

Rainer Seberich, in den 50er Jahren Mitarbeiter des RAI-Senders Bozen, übt 1958 in einem Brief an den SVP-Politiker Roland Riz Kritik am Verhalten der Sendeanstalt: „Die RAI interessierte sich bisher kaum für die deutschen Sendungen, aber sie war eben aus politischen Gründen verpflichtet, sie durchzuführen, so schlecht sie auch ausfielen. Erst seit einiger Zeit, auf Drängen der Südtiroler Politiker und der öffentlichen Meinung, ist eine gewisse Bereitwilligkeit zu Verbesserungen festzustellen, welche jedoch immer als eigene Initiative der Rundfunkgesellschaft hingestellt werden sollen, die auf keinen Fall das alleinige Bestimmungsrecht über die Gestaltung der deutschsprachigen Sendungen preisgeben will."

Radio-Berichterstattung vom Herz-Jesu-Fest 1946 in Bozen

Werbeanzeige für einen Radioapparat in den „Dolomiten" vom 13. November 1952

Aufnahmen zur Sendung „Welt der Frau" von Sofia Magnago im RAI-Funkhaus Bozen, 1958

Das erste Signet der „Tagesschau" des Sender Bozen

Olympia und der Fernseh-Auftakt

Das Fernsehzeitalter begann in Italien 1954. Wenn Südtirol bereits zwei Jahre später an das Fernsehnetz der RAI angeschlossen wurde, so hatte dies einen triftigen Grund: die Austragung der Olympischen Winterspiele in Cortina d'Ampezzo. Auf Betreiben des Bozner RAI-Direktors Renato Tassinari wurde zugesagt, den ursprünglich für später geplanten Anschluß Bozens an das Netz vorzuziehen. Die „Dolomiten" vermeldeten kurz vor Eröffnung der Spiele: „Das Versprechen wurde prompt eingehalten, dank der aufopfernden Arbeit der Fernsehtechniker, die bei der Errichtung des Fernsehsenders in Montiggl beschäftigt waren. Sie haben, so erklärte Generaldirektor Ing. Valentini (…) bei einer kleinen Pressekonferenz im RAI-Gebäude, geradezu mit Selbstverleugnung Tag und Nacht gearbeitet. (…) Heute hat die Stadt Bozen bereits 500 Fernsehantennen auf ihren Dächern." Gemessen an den wirtschaftlichen Umständen setzte sich das neue Medium rasch durch. 1959 gab es im Land über 12.000 Abonnenten, das heißt etwa jede sechste Familie verfügte über ein TV-Gerät. Da der Empfang vorerst nur in den Ballungszentren gewährleistet war, dürften die Zuseher mehrheitlich der italienischen Sprachgruppe angehört haben.

Erst 1966, nachdem sich SVP-Vertreter wiederholt für den Empfang der Hörfunk- und Fernsehprogramme aus dem deutschsprachigen Ausland ausgesprochen hatten, reagierte die RAI mit der Ausstrahlung eines einstündigen Versuchsprogramms in deutscher Sprache. Es wurde jedoch von

---

Fernsehen auf der Straße

Wie das neue Medium Fernsehen in Südtirol aufgenommen wurde, berichtet die „Alpenpost" kurz vor Eröffnung der Olympischen Winterspiele 1956 in Cortina: „Alles blickte gebannt auf die fünf Schaufenster der RAI (in der Bozner Sparkassenstraße), in denen je ein Fernsehapparat aufgestellt war. (…) Die RAI hätte keinen besseren Zeitpunkt wählen können, um den neuen Fernsehumsetzer in Montiggl in Tätigkeit zu setzen, als jenen der Olympischen Spiele. Das erklären auch einstimmig die Radio- und Fernsehhändler, die schon am ersten Tag des Empfangs alle Hände voll zu tun hatten, um in Bozen und Umgebung die schlanken, silbrigen Empfangsantennen zu montieren, die seit einer Woche den Dächern der Stadt eine neue, moderne Note verleihen. (…) Fernsehen und Olympia wurden schlagartig zum Tagesgespräch nicht nur in Bozen, sondern auch im Etschtal und in Meran, wo der Empfang ebenfalls schon ausgezeichnet ist und sich schon die ersten Antennen aus dem Dächergewirr erheben."

RAI-Reporter Renato Tagliani übergibt einem Bauern aus St. Martin im Vinschgau einen Fernseher, 1958. Die RAI feierte die Erreichung von einer Million Fernsehteilnehmern mit einer Prämienziehung und mit einer Geschenksaktion an entlegene „fernsehunerschlossene" Ortschaften

Das neue Funkhaus des RAI-Senders Bozen am Mazziniplatz im Oktober 1960

SVP-Seite mißtrauisch beäugt. Man vermutete, mit dem deutschsprachigen RAI-Programm sollte das langgehegte Vorhaben, ausländische Sender in Südtirol auszustrahlen, vereitelt oder zumindest auf die lange Bank geschoben werden. Seit der Wiederaufnahme von Sendungen im deutschsprachigen Ausland, vor allem aber seit der Österreichische Rundfunk (ORF) 1957 am Patscherkofel einen Fernsehsender errichtet hatte, gab es in Südtirol Ambitionen, durch den Bau entsprechender Umsetzer die Ausstrahlung auch diesseits des Brenners zu gewährleisten. Während vor allem der „Alto Adige" gegen solche Absichten polemisierte, gingen einige Radioamateure Anfang 1959 daran, auf dem Penegal einen Umsetzer zu errichten. Damit waren die Voraussetzungen für den Empfang des österreichischen Programms im Bozner Talkessel geschaffen. Kurz darauf wurde in Brixen vor einem Radiogeschäft ein Empfänger aufgestellt, der die Sendungen des ORF wiedergab. Vor der Inbetriebnahme des Senders am Patscherkofel konnten in Südtirol vereinzelt sogar die Sendungen des Deutschen Fernsehens empfangen werden.

Immer mehr Händler gingen zu Beginn der 60er Jahre dazu über, deutschsprachigen Kunden den Kauf eines TV-Apparates durch Aufstellung von Fernsehumsetzern in empfangsgünstigen Lagen schmackhaft zu machen. So ergab sich eine Konstellation, die bis zur 1973 erfolgten Legalisierung des Empfangs ausländischer Programme Bestand haben sollte: Über illegale Umsetzer konnten immer mehr Südtiroler das ORF-Programm empfangen, die Beamten des Postministeriums schritten wiederholt dagegen ein und legten Umsetzer still. Das politische Tauwetter im Rahmen der Paketverhandlungen ließ die Behörden jedoch insgesamt zurückhaltend agieren, sodaß 1970 mehrere tausend Haushalte an das „private" Umsetzernetz angeschlossen waren.

14. Alle Kultur dem „Volk"

Die Heimat-in-Not-Haltung prägt die Kultur

„Volkwerdung" hieß die Devise, als die Kultur in Südtirol 1940 einen neuen Nachlaßverwalter bekam: das **SS-Ahnenerbe**, berühmt, berüchtigt und gefürchtet – und in Südtirol von vielen mit offenen Armen empfangen. „Volkwerdung", das war das Zusammenschweißen aller zu einer stählernen Kugel im Kampf gegen die anderen.

Es begann schon, als die Nationalsozialisten nicht viel mehr als ein Gruß aus der Ferne waren. Die Kultur war in Südtirol längst ein Faktor der Politik geworden. Der VKS etwa hatte deren **„vorpolitischen" Charakter** bereits in den 30er Jahren für sich genutzt. Mit gemeinschaftlichem Singen und Tanzen gab man sich nach außen harmlos und baute doch gleichzeitig die Organisation der kommenden Jahre auf. Als das SS-Ahnenerbe 1940 einen seiner wichtigsten Einsätze in Südtirol begann, war die Volksmusikpflege nicht mehr verschwörerisch. Jetzt wurde sie mit wachsendem Ehrgeiz betrieben. Nichts Geringeres sollte erreicht werden, als die **Kultur eines ganzes Landes zu kartografieren**, zu katalogisieren, kurz: verpackungsfertig zu machen, damit sie mitreisen konnte, als germanisches Kulturgut, wo immer die Reise der Südtiroler auch hingehen sollte. Doch auf die Euphorie folgte die Katastrophe.

Die Nachkriegszeit und vor allem die 50er waren konservative Jahre. Im Juli 1953 konstatierte ein Rezensent der „Dolomiten", daß es in der Südtiroler Kunst keine Stellungnahmen zu Zeitproblemen gäbe, keine Aufarbeitung des Krieges, ja nicht einmal die geringste Aufregung im Bildaufbau zu verzeichnen wäre: „kein Akt, kein strömendes, stürzendes Wasser, keine Naturgewalten, keine Bewegtheit". Die Kunst war **zur Idylle erstarrt**. Selbst ein Wasserfall hätte schon zuviel Bewegung bedeutet in jenen Jahren der Starre.

Die Südtiroler Kultur war bereit, sich in den **Schützengräben** zu verschanzen, als sich herausstellte, daß die nationale Frage in Südtirol eine Überlebensfrage bleiben würde. Man nahm sich nicht viel Zeit für neue Konzepte, sondern orientierte sich in der Grundtendenz am **Volkstumskampf** der vergangenen Jahre: Alle Kultur dem deutschen Volke! – Dieser Leitlinie der Nationalsozialisten blieb die offizielle Kultur auch nach dem Krieg treu.

Die Heimatbühne St. Jakob im Ahrntal führt das „Notburgaspiel" nach Maria von Buol auf, 1942

Himmlers Einsatz in Südtirol
Der politische Charakter der Kultur

Als Südtirol nach den vielen offenen und untergründigen Kämpfen gegen das faschistische Italien die Verfechter des Deutschtums im Land hatte, empfanden das viele als den Anfang einer Befreiung. Nun endlich war die eigene Kultur nicht mehr verboten, sondern sie war wichtig geworden, überaus wichtig sogar. Von der Bauweise der Friedhöfe bis zum gedankenlos dahingesungenen Lied, von der Tracht bis zu den Erzählungen der Alten, alles war plötzlich wieder gefragt, alles sollte aus der Erinnerung hervorgeholt werden.

Das SS-Ahnenerbe war als eine Forschungsgemeinschaft gegründet worden auf der Suche nach dem Erbe der Germanen. Der Verein etablierte sich aber nach und nach als kulturpolitisches Instrument der SS, ein Steckenpferd von „Reichsführer SS" Heinrich Himmler persönlich, das von der reinen Suche nach dem Urgrund des Germanischen bald abkam und ein gefürchtetes Machtinstrument wurde. Es war nicht nur ideologiebildend tätig in der Ausrichtung der deutschen Wissenschaft nach den Maximen des Nationalsozialismus, sondern es war auch an grausamen medizinischen „Forschungen" an Häftlingen des Lagers Dachau beteiligt. Die Unternehmungen des SS-Ahnenerbes wurden in militärischem Jargon kurz und bündig als „Einsätze" bezeichnet. Der Nutzen der Wissenschaft wurde dabei durchaus auch in materiellen Kategorien gemessen, wenn es darum ging, die ideologische Rechtfertigung für die Beutezüge zu liefern bei der unrechtmäßigen Überführung von Kunst- und anderen Wertgegenständen aus besetzten Gebieten. Heinrich Himmler war oberster Weisungsgeber. Nicht wenigen Forschungsvorhaben lagen seine absurden Vorstellungen zugrunde. Der esoterisch interessierte SS-Führer hatte sich seine private Mythologie zurechtgezimmert: Demnach stammte der arische Mensch nicht etwa von den Tieren ab, sondern er war göttergleich auf die Erde gekommen, aus dem ewigen Eis des Weltalls, wo die Urgermanen als Keim konserviert gewesen seien.

Freie Edelbauern

Der Dialektforscher Bruno Schweizer, ein Studienfreund Heinrich Himmlers, schrieb im Frühjahr 1941 in den Mitteilungen des Volksbildungsdienstes, „dass man den Weg, den die Südtiroler Volksgruppe nun beschreiten werde, nur einem Geschehen in der germanischen Geschichte vergleichen könne, jener Fahrt nämlich, durch die die freien nordischen Edelbauern, die dem König Harald nicht dienstbar sein wollten, ihre alten Erbhöfe verließen, um sich auf der fernen, damals unbewohnten Nordmeerinsel Island eine neue Heimat zu suchen. Ihr Brauchtum aber und sogar die Giebelzeichen ihrer Höfe nahmen sie mit sich und pflegten treu ihre alten Überlieferungen, die sich als kostbares Ahnenerbe bis heute erhalten haben, während in ihrer früheren Heimat Norwegen das meiste davon längst verschwunden ist".

Der – nach eigener Einschätzung – bedeutendste Auslandseinsatz des SS-Ahnenerbes begann auf Anordnung von Heinrich Himmler am 2. Jänner 1940: Ziel war die „Aufnahme des gesamten dinglichen und geistigen Kulturgutes" Südtirols. Zu diesem Zweck wurde eine „Kulturkommission" eingesetzt, die direkt Himmler unterstand.

Vom Nordmeer bis zu den Südalpen

Hinter dem aufwendig organisierten „Einsatz" des SS-Ahnenerbes in Südtirol stand die Vorstellung, daß man im „Grenzlanddeutschtum Südtirols eine Kultur vorfinden" könne, die von fremden Einflüssen „fast unberührt sei", wie es der Musikforscher Alfred Quellmalz im Februar 1941 in einem Brief an Max Seiffert, seinen Chef im Staatlichen Institut für Deutsche Musikforschung, formulierte. „Der Südtiroler" wurde als naturgemäßer Hüter der Tradition begriffen. Könne man schon das Land nicht retten, so doch wenigstens seine Kultur. Das war die Aufgabe der Kulturkommission. Die Aufgabe, die den Südtirolern breitenwirksam zugedacht wurde, war eine wesentlich größere: Als geborene Grenzschützer könnten sie – samt ihren urgermanischen Wurzeln an eine andere Grenze des Reiches verfrachtet – das Deutschtum dort sichern.

Im März 1941 arbeiteten insgesamt 30 Reichsdeutsche und 26 Südtiroler in der Kulturkommission, die Wolfram Sievers, ein ehemaliger Kaufmann, leitete. Allesamt waren auf Spurensuche. Zu finden hofften sie „überzeugende Beweise für die Einheit unseres Volkstums vom Nordmeer bis in die Südalpen", wie es der Laien-Heimatforscher Karl Theodor Hoeniger, Abteilungsleiter des Volksbildungsdienstes der AdO, in einem Arbeitsbericht 1941 ausdrückte. Der Südtiroler Bauer avancierte so zum „Wehrbauern" gegen das Fremdvölkische, geschult im Kampf gegen den Faschismus, ein natürlicher Grenzwächter, überall einsetzbar. Insgesamt wurden 14 verschiedene Arbeitsgruppen eingerichtet, vom Brauchtum bis zur Volksmusik, von den Trachten bis zu den Museen, von der Mundartforschung bis zu Foto und Film. Das Ganze geschah unter enormem Zeitdruck, denn die Südtiroler sollten nach dem Optionsfahrplan möglichst bald das Land verlassen. Vorher aber mußte noch ihre Kultur katalogisiert werden. Dabei stand nicht das Gegenwärtige, das gerade Ausgeübte im Vordergrund des Interesses, sondern „Volkskultur" mußte möglichst „alt" sein, um als authentisch zu gelten. Die Kulturkommission hätte diesen Berg an Arbeit nie bewältigen können, hätte ihr nicht die AdO zur Seite gestanden.

Heimat wird zum Gegenstand

Der sogenannte „Kulturdienst" der AdO unter Leitung von Norbert Mumelter hatte sehr genaue Vorstellungen über die Erfassung der kulturellen Güter. Sie planten die „Konservierung" aller „unbeweglichen Kulturgüter" aus der Heimat, um präzise Pläne für die neuen Siedlungsgebiete zu haben, aber auch, um die Erinnerung an die verlassene Heimat zu sichern. Ganze Dörfer wurden zentimetergenau kartografiert und mit Plänen, statistischen Daten und Abbildungen ergänzt. Doch während die AdO ihre Dörfer in einer fernen Zukunft am liebsten maßstabgerecht wieder aufgebaut hätte – samt Kirche und gußeisernen Kreuzen auf dem Friedhof –, plante das SS-Ahnenerbe die Umgestaltung der dörflichen Strukturen. Kirchen hatten in den neuen Plandörfern der

Karl Theodor Hoeniger

... einmal vorbei am Schloß Sigmundskron, über die Mendel in sausender Fahrt, begleitet vom Klang der Sonntagsglocken aus dem Überetsch, der Brenta zu. Mit flatternden Hemdärmeln ging's die steile Mendelstraße aufwärts, bis wir dann, schon meist weit oben, den ersten Strahlen der aufgehenden Sonne begegneten.

Das Lied der Option

Die Berge galten als faschistenfreier Raum. Da ist es naheliegend, daß auch das eigentliche Lied der Option von den Bergen handelte. Es war das sogenannte „Bozner Bergsteigerlied": „Wohl ist die Welt so groß und weit", bis heute ein beliebtes Lied in Schule und organisierter Freizeit. Der Bozner Fotograf Karl Felderer soll es 1928 gedichtet haben. Die Schönheit der Berge besingend, spielt es eher feinsinnig auf das Leid der Südtiroler an: „Wo König Ortler seine Stirn hoch in die Lüfte reckt,/ bis zu des Haunolds Alpenreich, das tausend Blumen deckt./ Dort ist mein schönes Heimatland mit seinem schweren Leid,/ mit seinen stolzen Bergeshöhn, mit seiner stolzen Freud'."

Vor allem durch seine Herausgabe als Fotoalbum mit Südtiroler Landschaftsmotiven gewann das siebenstrophige Lied während der Option an Gewicht als wehmutsschweres Symbol der Erinnerung an die Heimat. Subtil unterstreicht im Bildband ein Foto des zerstörten Laurin-Brunnens in Bozen die Botschaft des ungerechten Leids.

Sonnwendfeier, 1941

Das 20. Jahrhundert in Südtirol: Alle Kultur dem „Volk"

Nationalsozialisten keinen Platz mehr. Sie wurden ersetzt durch Dorfgemeinschaftshäuser („Haus der Heimat"), in denen in NS-Manier mit nächtlichen Fackelaufläufen und ähnlichen mystischen Verklärungen der Nationalsozialismus als neue Mythologie, als Ersatzreligion, gefeiert werden sollte.

So waren die Interessen der Kulturkommission nicht immer deckungsgleich mit jenen des Kultur- und Bildungsdienstes der AdO. Während viele Südtiroler Optanten glaubten, die Heimat wie einen Gegenstand an eine andere Stelle versetzen zu können, ging es dem SS-Ahnenerbe auch um die Agitation mittels der Kultur des Volkes.

Auch Norbert Mumelter war davon überzeugt, daß es nicht ausreiche, die existierenden Erscheinungen der Volkskultur zu erforschen, auch er hielt eine „Wiederbelebung von Volkslied und Volkstanz" und die Schulung des Volkes für notwendig, wie er 1940 an Volksgruppenführer Peter Hofer schrieb.

Tatsächlich war das SS-Ahnenerbe auf der Suche nach halb Vergessenem – und manchmal auch nach nie Dagewesenem. Eine Volkstanztradition im eigentlichen Sinne gab es zum Beispiel schlichtweg nicht. So hatte der Bozner Karl Auckenthaler, der später einer der wichtigsten Helfer des Leiters der Arbeitsgruppe Volksmusik Alfred Quellmalz wurde, noch in der „illegalen" Zeit von 1935 bis 1940 mit der Volkstanzpflege begonnen. Dabei mußte den Tänzerinnen und Tänzern Elementares beigebracht werden, da man „in Südtirol von Volkstänzen wenig oder gar nichts" kannte, wie Auckenthaler sich Jahrzehnte später erinnert.

Die unsichtbare Garde marschiert

„Die unsichtbare Garde marschiert durch unser Land, ihr Kämpfen geht um Bozen, die Stadt am Talferstrand" – mit diesen Zeilen begann das „Lied der Bewegung", ein antiitalienisches Lied, das bereits in den 30er Jahren eines der Marschlieder des VKS war. Derartige Lieder hätten – in der Öffentlichkeit gesungen – noch 1940 gefährlich sein können. Das Lied gipfelt in der Drohung: „Kameraden auf zum Streite, der Tod die Sense schwingt! (…) Der Feind, noch kann er lachen, doch Bozen wird erwachen in Deutsch-Südtirol!"

Das Lied war in jenen Jahren in Südtirol weitaus politischer, als es den Anschein hatte. Die Polarisierung der Gesellschaft in Dableiber und Optanten bewirkte einen neuen Liederkanon, der vom großdeutschen militanten Trutzlied über wehmütige Abschiedslieder bis hin zum herausfordernden Dableiberlied reichte. Der sogenannte „Fragsburger Zwischenfall", eine Demonstration, bei der im Oktober 1939 eine größere Ansammlung von Menschen singend nach Meran marschierte, ist nur ein Beispiel für die Bedeutung des Liedes im Volkstumskampf. Natürlich war dies alles den faschistischen Behörden nicht verborgen geblieben, auch wenn sie nicht immer mit aller Härte dagegen vorgegangen waren – das Konzept hieß eher Einverleibung als Zerstörung. Dennoch waren zu dem Zeitpunkt, als die Kulturkommission ihre Arbeit begann, viele Blaskapellen aufgelöst und ihre Musikinstrumente konfisziert worden. Für die Kulturkommission des SS-Ahnenerbes mußten viele Gruppen erst wieder ausgerüstet werden. Außerdem mußte nach den Jahren der Abstinenz vom deutschen Lied erst wie-

„Stammeseigene Musik"

„Die Abteilung Volksmusik würde ihre Pflichten gegenüber dem deutschen Volkstum gröblich verletzen, wenn sie die letzte Möglichkeit, die stammeseigene Volksmusik in ihrer echten ursprünglichen Form festzuhalten, nicht ergriffe. Denn nur so kann in den nächsten Generationen ein getreues Abbild dieser Musik überliefert werden. Diese Aufnahmen sind aber gleichzeitig ein wesentliches Hilfsmittel für die Volksbildungsarbeit, dem Niedergang der stammeseigenen Musik, der sich verheerend auch auf den Zustand des gemeindeutschen Volksliedes auswirken müsste, entgegenzuarbeiten. Südtirol ist ein Gebiet, wo sich die musikalischen Stammeseigentümlichkeit, Mannigfaltigkeit und Schönheit erhalten haben." Alfred Quellmalz in einem Brief an Wolfram Sievers, Generalsekretär des SS-Ahnenerbes, im Februar 1942

St. Martin im Ahrntal, anläßlich der Option fotografiert, 1940

„Schuhplattler" bei einem AdO-Treffen im Unterland, 1939/40

Volkstanz auf Castelfeder, 1940

der geprobt werden. Der Bildungsdienst der AdO half beim Einstudieren des „alten" Volksliedgutes eifrig mit: Nach reichsdeutschem Vorbild hatte er seine Bildungsarbeit an den Volksgenossen längst systematisiert. Im Oktober 1941 etwa gab Karl Auckenthaler eine Weisung an alle Leiter der Sing- und Tanzgruppen aus. Darin waren 14 „Pflichtlieder" aufgelistet, die innerhalb des folgenden halben Jahres zu erlernen seien. Erhalten ist die Auckenthaler-Sammlung nicht mehr, aber Thomas Nussbaumer vermutet in seiner grundlegenden Dissertation über „Alfred Quellmalz und die volksmusikalischen Forschungen in Südtirol" (1998), daß Auckenthaler sich vor allem an Tiroler Volkslieder gehalten habe und nicht das gesamte Repertoire an nationalsozialistischen Liedern habe einstudieren lassen. Auf diese Weise war Südtirol in den Volksbildungskanon der Nationalsozialisten eingereiht worden.

Musik- und Gesangskurs der „Deutschen Mädelschaft" in Graun, 40er Jahre

Musikkapelle Sarnthein, 1941

Karl Auckenthaler und die Quellmalz-Assistentin Gertraud Simon in Durnholz, Juli 1940

Lied, Jodler, Reime, Tanz
Die Forschung der Kulturkommission: Beispiel Volksmusik

Alfred Quellmalz (1899–1979), der Leiter der Volksmusikgruppe, war im Gegensatz zu manch anderen Arbeitsgruppenleitern in der Kulturkommission kein Autodidakt, sondern gelernter Musikwissenschaftler. Als er den Forschungsauftrag in Südtirol übernahm, war er Leiter der Abteilung Volksmusik am Staatlichen Institut für Deutsche Musikforschung (1935–1945). Auch nach dem Krieg blieb er eng mit dem Südtiroler Volkslied verbunden und gab von 1968 bis 1976 eine dreibändige Sammlung „Südtiroler Volkslieder" heraus. Im Vorwort des ersten Bandes 1968 verschwieg er noch die Art des Zustandekommens der Liedsammlung und unterschlug jeglichen Zusammenhang mit dem SS-Ahnenerbe. Er gab an, er habe die Lieder im Rahmen einer zweijährigen Forschungsarbeit im Auftrag des Instituts für Deutsche Musikforschung gesammelt. Diese offensichtliche Geschichtsklitterei wurde ihm von einigen Wissenschaftlern sehr übel genommen. Insgesamt wurden von der Arbeitsgruppe Volksmusik an die 3.300 Tonaufnahmen gemacht auf 415 Tonbändern mit den dazugehörenden schriftlichen, fotografischen und teilweise auch filmischen Aufnahmen. Das ursprüngliche Vorhaben einer flächendeckenden Untersuchung wurde nach 425 Tagen in Südtirol aufgegeben zugunsten eines „repräsentativen Querschnitts". Die Tätigkeit hatte wesentlich länger gedauert, als ursprünglich geplant. Zunächst wurden mit Hilfe der Mitarbeiter der AdO Fragebögen in den Haushalten verteilt. Im allgemeinen konnte die Kulturkommission unter dem kritischen Auge der italienischen Behörden ihrer Tätigkeit relativ frei nachgehen. Allerdings blockierten die Noch-Machthaber in Bozen alle Versuche, aus der Forschung massenpolitisch wirksame Treffen werden zu lassen, bereits im Keim.

Alfred Quellmalz und Gertraud Simon bei Feldforschungsaufnahmen in Seis, April 1941

Wein gegen Hemmungen

„Das Ergebnis der Aufnahmen hängt völlig vom Aufnahmeleiter ab. Abgesehen von wenigen steilen Gebieten, in denen Gesang und Spiel tatsächlich verklungen sind, liegt es an ihm allein, ob er die nötige innere Verbindung zu seinen Aufnahmepersonen herstellen und diese dazu anregen kann, ihre wertvollsten Stücke vorzutragen. Von besonderer Wichtigkeit ist die allgemeine Stimmung. Jedes Nachlassen der suggestiven Kraft des Aufnahmeleiters überträgt sich in verstärktem Maße auf Sänger und Spieler. In Südtirol war es unbedingt notwendig, daß die Leute genügend Wein zur Verfügung hatten. Dadurch konnte der eigentliche Aufnahmezweck in den Hintergrund treten. Die Leute sangen und spielten mit vorrückender Zeit so, als ob sie bei sich zu Hause wären." Aus dem Nachlaß von Alfred Quellmalz zum Thema „Erfahrungen bei den Schallaufnahmen"

„Wilde-Mann-Spiel" in Kortsch, 1941

Vom Tal bis auf die Alm: Der „Kulturfilm"

Die Filmgruppe stand unter Leitung des SS-Hauptsturmführers Hellmut Bousset, der seine Feldforschung in Südtirol offensichtlich nicht nur aus wissenschaftlichen oder politischen Gründen betrieb. Bousset war gleichzeitig Inhaber einer Filmfirma, der „Kifofilm". Er nutzte den Südtiroler Aufenthalt zum kommerziellen Einsatz seiner Kenntnisse für den Propagandafilm. Ein großer Teil der im Auftrag des SS-Ahnenerbes gedrehten Filme verbrannte allerdings bereits 1942 bei einem Großbrand im Filmlager der Geyer-Werke in Berlin Schönefeld. Wie ein „Kulturfilm" von Bousset aussah, vermittelt seine Filmbeschreibung über die Dokumentation der Umsiedlung der Gottscheer Volksgruppe: Der Film zeigt das Zusammenpacken der Habseligkeiten kurz vor der Abreise, aber auch die „großartigen Kundgebungen der Volksgruppe unmittelbar vor der Umsiedlung, mit denen die eigentliche Umsiedlung begann und die ein eindrucksvolles Bekenntnis zu Führer und Reich brachten" (nach einem Vermerk von Bousset 1941). Daneben dokumentierte die Arbeitsgruppe Film die traditionellen Arbeitsweisen der Südtiroler Bauern, ihre Trachten und ihr Kunsthandwerk. So entstanden Filme über den Ackerbau und das Wimmen, über die Almwirtschaft und die Südtiroler Trachten, soweit sie noch vorhanden waren. Bousset kam 1943 noch einmal zurück nach Südtirol, um das verbrannte Material zumindest teilweise wieder zu ersetzen. Doch auch über den Verbleib dieser Filmdokumente ist nichts bekannt.

Von Saligen und Haselwurm

Auch der Gruppenleiter der 4. Arbeitsgruppe für „Märchen und Sagen, Hausmarken und Sippenzeichen" Wilhelm Mai richtete sich mit Hilfe der AdO zunächst mit einem Fragebogen an die Südtiroler Bevölkerung. Er suchte nach „Geschichten von Drachen und verzauberten Jungfrauen, von Königssöhnen und bösen Hexen, von kühnen Abenteurern und redenden und hilfreichen Tieren; Geschichten von Saligen und der Hulda, von den Fanggen und der feurigen Riesin, vom Wildg'fahr, von der spinnenden Wildfrau, von Klaubauf, Runsa und Perchtl, von Faien, Eismanndl, Wichtl, Klopferl, Pfützen, Marchegger, Venedigermanndl, Freischützen, vom Alber, Haselwurm, von der Schlangenkönigin, vom umgehenden Schuster, Pechmanndl und Willeweiss", wie es im Aufruf zur Sammlung von Volkserzählungen hieß. Mai kam vom SS-Ahnenerbe und war

Aufnahme von Volksliedern in Unsere Frau in Schnals, November 1941

damals im Rang eines SS-Rottenführers. Unter dem Zeitdruck, unter dem alle Arbeitsgruppen standen, verzichtete Mai bald auf die Tonaufnahme der Erzählungen seiner Informanten und ließ sie sich auch schriftlich zusenden. Mai, der bereits im Frühjahr 1941 nach einem halben Jahr seine Tätigkeit für die Kulturkommission niederlegte, weil er freiwillig zur Waffen-SS einrückte, nahm die Suche nach dem „Ur"-Germanentum besonders ernst. Alle Geschichten, denen in irgendeiner Weise christliche Erzählmuster zugrunde lagen, überging er. Ihn interessierte das Vorchristliche, das Mythische, die germanischen Wurzeln. Vor allem in Schwänken und Witzen glaubte er, fündig geworden zu sein, aber auch in der Sagenwelt der Dolomiten. Trotz der arbeitsökonomischeren Auswertung von schriftlichen Zusendungen kam Mai mit seinen Tonaufnahmen durch das ganze Land: Sprechaufnahmen entstanden im Durnholzer Tal, im Kanaltal, in Pfitsch, im Jaufental, in Pflersch, im Passeier, im Ahrntal, in Bruneck, in Truden und im Raum Sterzing.

Einmal Grenzvolk – immer Grenzvolk
Die Kunst am gefährdetsten Rand der deutschen Kultur

„In Österreich und in Deutschland gefällt, was Hitler nicht verboten hat", hat der Filmemacher und Künstler Herbert Achternbusch einmal pointiert formuliert. Viele von Südtirols Kulturmachern hätten sich nach dem Krieg diese Worte in goldenen Lettern über die Ateliers und Schreibtische hängen können.
Das Schockerlebnis über die endgültige Abtrennung von Österreich hat dazu beigetragen, daß Südtirols Künstler noch über Jahrzehnte im Abwehrkampf gefangen blieben. Dennoch erstaunt, in welcher Geschlossenheit sich Südtirols Künstler, Schriftsteller und Musiker der Heimat-in-Not-Haltung beugten. Die inhaltlichen und ästhetischen Formen der Selbstdarstellung Südtirols lassen bis in die 60er Jahre hinein eine Orientierung an den alten Mustern erkennen. In den Jahren nach dem Krieg allerdings wurde das Deutschtum aus der Position der Verteidigung heraus erbitterter vertreten als je zuvor.
1955 erinnerte die Kulturzeitschrift „Der Schlern" Südtirols Künstler ohne jede Umschweife an ihren eigentlichen Auftrag und an ihre „Verantwortung" dem (deutschen) Volk gegenüber und dem „deutschen Kulturraum, an dessen äußerstem und gefährdetstem Rand er steht" („Der Schlern", Heft 10, 1955). Nun waren die Südtiroler Künstler – zum Teil auch nolens volens – endgültig dort an-

gekommen, wo sie die Nationalsozialisten schon einmal haben wollten: Sie wurden zu Grenzschützern im Volkstumskampf, ein Bollwerk am äußersten Rand des Deutschtums. Häufig konnte man in den kulturpolitischen Reden keinerlei Unterschied ausmachen zwischen den Jahren des Krieges und jenen danach – keine Rede von einer Stunde Null.

„Der Dichter bewahrt und erhält im Grenzvolk durch sein schöpferisches Werk die völkischen Eigenheiten des Volkes selbst: die Sprache vor allem, das Lied und Sagengut, die Geschichte, die Tradition, die Sitten und Gebräuche, die Trachten, die heiteren und die traurigen Feste (…) Daher auch soll Dichtung gemeinhin Erziehung gerade in jenen Fällen sein, in welchen – wie in Südtirol (…) – das eigene Sprachgut durch die sonst nützliche und fruchtbringende Berührung mit fremdem Kultur- und Sprachgut in Gefahr gerät zu verschwinden."

Mit diesen Worten beschrieb Oswald Sailer als offizieller Delegierter Südtirols beim „I. Internationalen Deutschsprachigen Schriftstellerkongreß" nach dem Krieg in Igls die Aufgaben der Schriftsteller in Südtirol. Das war im Jahr 1955. Dieselben Worte hätten bestens auch in den Rahmen des Großdeutschen Dichtertreffens 1938 in Weimar gepaßt, wie Klaus Amann, Leiter des Robert-Musil-Instituts der Universität Klagenfurt, in einem Aufsatz über die Südtiroler Nachkriegsliteratur schonungslos feststellt. „Eine durch die Politik geförderte Isolierung (…)", so Amann, „eine Monopolisierung der literarischen Öffentlichkeit mit Hilfe der Institutionen und die damit einhergehende Zerstörung der für die Entwicklung einer lebendigen literarischen Öffentlichkeit lebensnotwendigen Konkurrenz haben dazu geführt, daß in Südtirol länger als in jeder anderen deutschsprachigen Region die völkisch-nationale Literaturtradition beinahe ungebrochen bis in die 60er Jahre überdauern konnte."

Die Stunde der Vereine

Als 1960 das Südtiroler Kulturinstitut seinen sechsten Geburtstag mit einer Jubiläumsschrift beging, stand sie unter dem Titel „Südtirols Ringen um kulturelle Freiheit". Daß damit nicht etwa die Freiheit der Andersdenkenden gemeint war, zeigen gleich die ersten Absätze, in denen an die „totale geistig-kulturelle Unterdrückung" durch die Faschisten erinnert wird und die Einigkeit im Kampf um die „kulturelle Selbstbehauptung" beschworen wird. Die Kultur der ersten Jahre nach dem Krieg stand ganz unter dem Leitspruch der SVP: „Sammelt euch und seid einig unter dieser Fahne!", dem letzten Satz in dem äußerst knappen Programm, das die SVP den Alliierten 1945 überreicht hatte. In diesem Sinne wurde die Volkskultur reorganisiert, gebündelt und zu Vereinen zusam-

Musikkapelle Enneberg, 1952

Kirchenchor St. Peter, 1950

mengefaßt: 1946 schlossen sich Südtirols Künstler im Südtiroler Künstlerbund zusammen „im Heimatbewußtsein wurzelnd, der Welt aufgetan", 1948 kam es zur Gründung des Verbandes der Südtiroler Blasmusik mit 56 Kapellen – 1958 waren es bereits 174 Musikkapellen mit insgesamt 4.986 Musikanten, ein Stand, auf dem sich die volksmusikalische Begeisterung in den kommenden Jahrzehnten einpendeln sollte. 1949 schlossen sich die Chorvereine im Südtiroler Sängerbund zusammen, 1951 fand das erste Landessingen statt. 1954 wurde das Südtiroler Kulturinstitut gegründet mitsamt den Meraner Hochschulwochen und der Friedrich-Tessmann-Bibliothek (1958) und damit die deutschsprachige Kultur zentralisiert. 1967 schließlich kam es zum Höhepunkt dieser Entwicklung, als in Bozen mit großem Festakt das „Haus der Kultur" eröffnet wurde. Es bekam den Namen Walther von der Vogelweide, jenem Markwart deutscher Sitte, den selbst Ettore Tolomei nicht gänzlich stürzen konnte, der Symbolfigur schlechthin im Kampf um das Deutschtum.

Die Musikkapelle Algund auf offenem Lastwagen in Bozen, 30. Juni 1946

Vereint für Heimat und Idylle
Der Südtiroler Künstlerbund

Erster Präsident des Südtiroler Künstlerbundes wurde 1946 erstaunlicherweise nicht etwa Rudolf Stolz, der während der Gaukunstausstellung 1940 in Innsbruck noch als größter Tiroler Künstler nach Albin Egger-Lienz gefeiert wurde und den Mozartpreis bekam für seine Verdienste um „die deutsche Wesensart in der Kunst". Sein Bruder, Albert Stolz, wurde Präsident der 140 Südtiroler Künstler, Bildhauer und Architekten, die sich zum Südtiroler Künstlerbund zusammenschlossen. Bemerkenswert ist dies, weil sich Albert Stolz in den Zeiten der Auslese gen Süden orientiert hatte. Im Meraner Rathaus hatte er außerdem ein Fresko zur Verherrlichung Mussolinis gemalt. Auch der Bildhauer Hans Piffrader, der nach dem plötzlichen Tod von Albert Stolz 1947 die Leitung des Südtiroler Künstlerbundes übernahm, war verstrickt gewesen in den Maschen der Faschisten: Von ihm stammt unter anderem das monumentale Relief auf dem ehemaligen Parteigebäude der Faschisten in Bozen. Die Wahl dieser ersten beiden Präsidenten des Südtiroler Künstlerbundes war also zunächst frei von dem Verdacht einer falschen Kontinuität im Dienste des „deutschen Volkes".

Südtiroler-Sängerbund-Fest in Brixen, 1957

Gegenüberliegende Seite: „Maskerolympiade" des Südtiroler Künstlerbundes zu Fasching im Hotel Greif

Künstlerbund-Malkurs im Konservatorium in Bozen, 1956

Bei einer Feier des Südtiroler Künstlerbundes im Hotel Greif in Bozen, Mitte der 50er Jahre: Emanuel Fohn, Eddy von Ferrari, Maria Delago und Ignaz Gabloner

Der Architekt G. Pattis, Präsident des Südtiroler Künstlerbundes von 1950 bis 1969, bei einem Familienausflug in Burgeis

Ausflug des Südtiroler Künstlerbundes nach Klausen, Herbst 1949

Johanna Blum dirigiert den Leonhard-Lechner-Chor bei einer Feier des Südtiroler Künstlerbundes in der Gummer-Bar in Bozen, Anfang der 60er Jahre

Doch der Eindruck täuscht. Die Nachkriegsjahre in Südtirol standen unter dem Zeichen der Einigung. Die Vergangenheit wurde hingenommen und, wo nötig, verziehen. Was zählte, war die Zukunft. Und die war im Künstlerbund wie anderswo geprägt von der Heimat-in-Not-Haltung.

Noch 20 Jahre später, zum Jubiläum 1967, wurden in der Festschrift des Künstlerbundes zunächst einmal die Verdienste um das Deutschtum herausgestrichen. Von Albert Stolz bis zu Karl Moser, von Hans Piffrader bis zu Ignaz Gabloner, sie alle hätten „mit gediegenem Können Boden und Rahmen für ein neues Kunstleben" geschaffen, „bei aller persönlichen Bescheidenheit des Auftrages bewußt, der dem Künstler in einem Randgebiet des großen deutschen Kulturraumes gegeben ist (…)". Spätestens jetzt – im Jahre 1967 – sind alle früheren Gegensätze getilgt. Sie werden bewußt verschleiert im Schlagschatten des großen „Auftrages". Auch Ignaz Gabloner gehörte zu den vielgelobten und vielbeschäftigten Künstlern im Faschismus. Doch nach 20 Jahren Volkstumskampf zählen die einmal gefällten Entscheidungen nicht mehr, sondern nur noch die Volkszugehörigkeit.

Die Unabhängigkeit eines Südtiroler Künstlerlebens ist offen deklariert die „Unabhängigkeit" von der internationalen Kunst. Diese „Freiheit" wird als Glück und als Verpflichtung empfunden: „Die meisten unserer Künstler studieren in München oder Wien", heißt es in der Festschrift 1967, „und sie haben natürlich die Tendenzen der jeweiligen Kunstströmungen in sich aufgenommen, jedoch die Unabhängigkeit und die in gesundem Heimatbewußtsein wurzelnde Eigenart bewahrt: die Wärme und Echtheit der Empfindung, die Frische der Darstellung und die Ehrlichkeit, die nicht mehr scheinen will." Hermann Nitsch oder Oswald Oberhuber, Zeitgenossen jener Künstler, die 1967 die Errichtung des Waltherhauses feierten, waren in unendlicher Ferne.

Die jungen Konservativen

Rudolf Stolz (1874–1960) gehörte auch nach dem Krieg noch zu den einflußreichen Malern in Südtirol. Er galt mit seinen volkstümlichen Figuren, seinen Krippen- und Madonnenbildern und den Tiroler Bauern in allen Lebenslagen, nach wie vor als künstlerischer Erbe von Albin Egger-Lienz. Sie waren so beliebt, daß Rudolf Stolz der einzige Südtiroler Maler mit einem eigenen Museum (in Sexten) werden wird.

Doch es gab auch viele junge Künstler, die sich in einem konservativen Kunstverständnis trafen. Vor allem die Fassaden der Häuser, die in den 50er und 60er Jahren entstanden, legen Zeugnis davon ab. Denn im Südtirol der Nachkriegszeit wurde stetig aufgebaut: Öffentliche Gebäude, Schulen, Bürgerhäuser entstanden. Eine Möglichkeit für junge Künstler, sich im Land Geld und Renommee zu ermalen, war die „Kunst am Bau". Die bodenständige Tradition der Wandmalerei wurde fortgeführt mit neuen Motiven und Techniken. In diesem Aufgabenbereich machten sich vor allem Hans Prünster

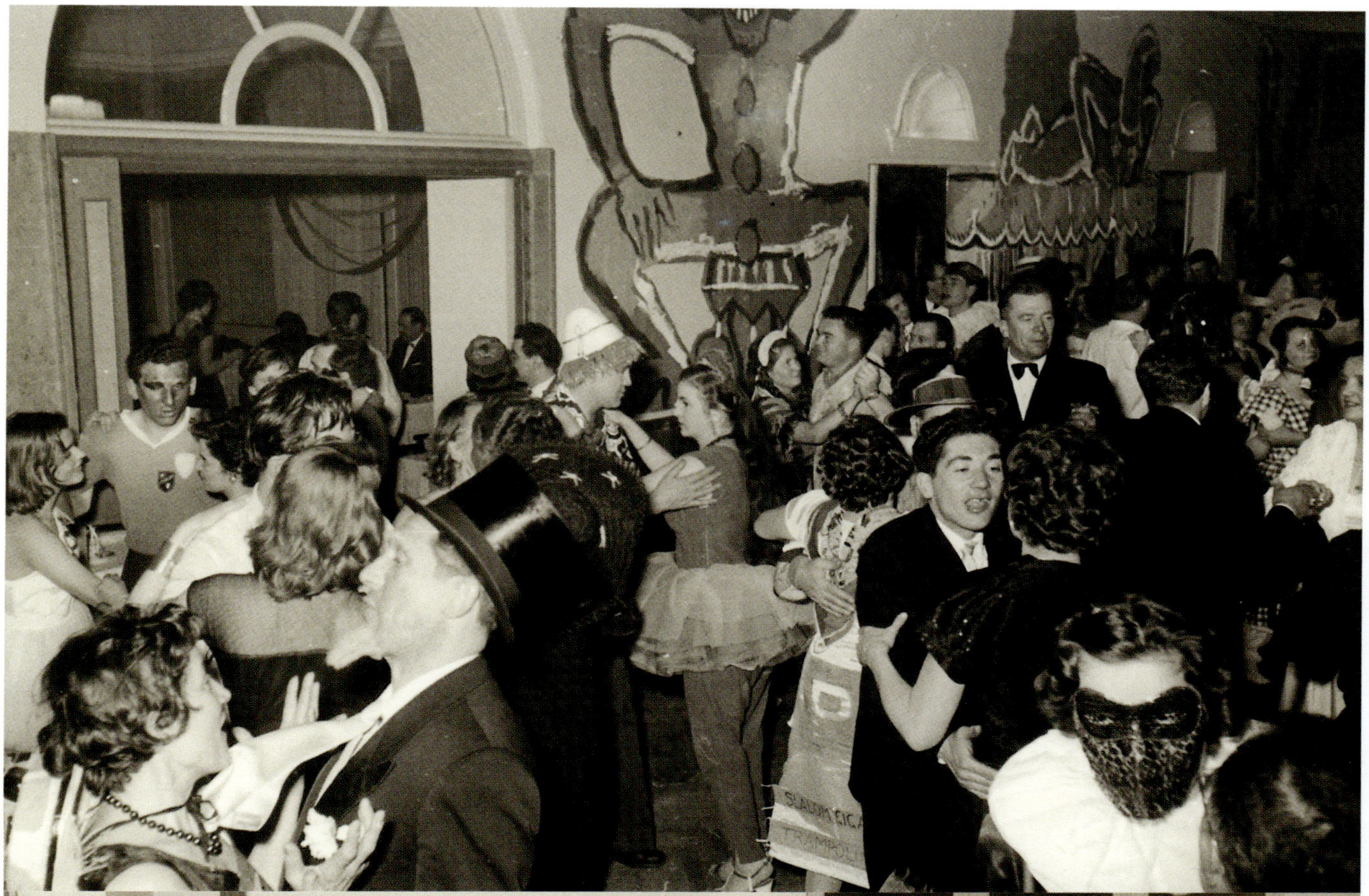

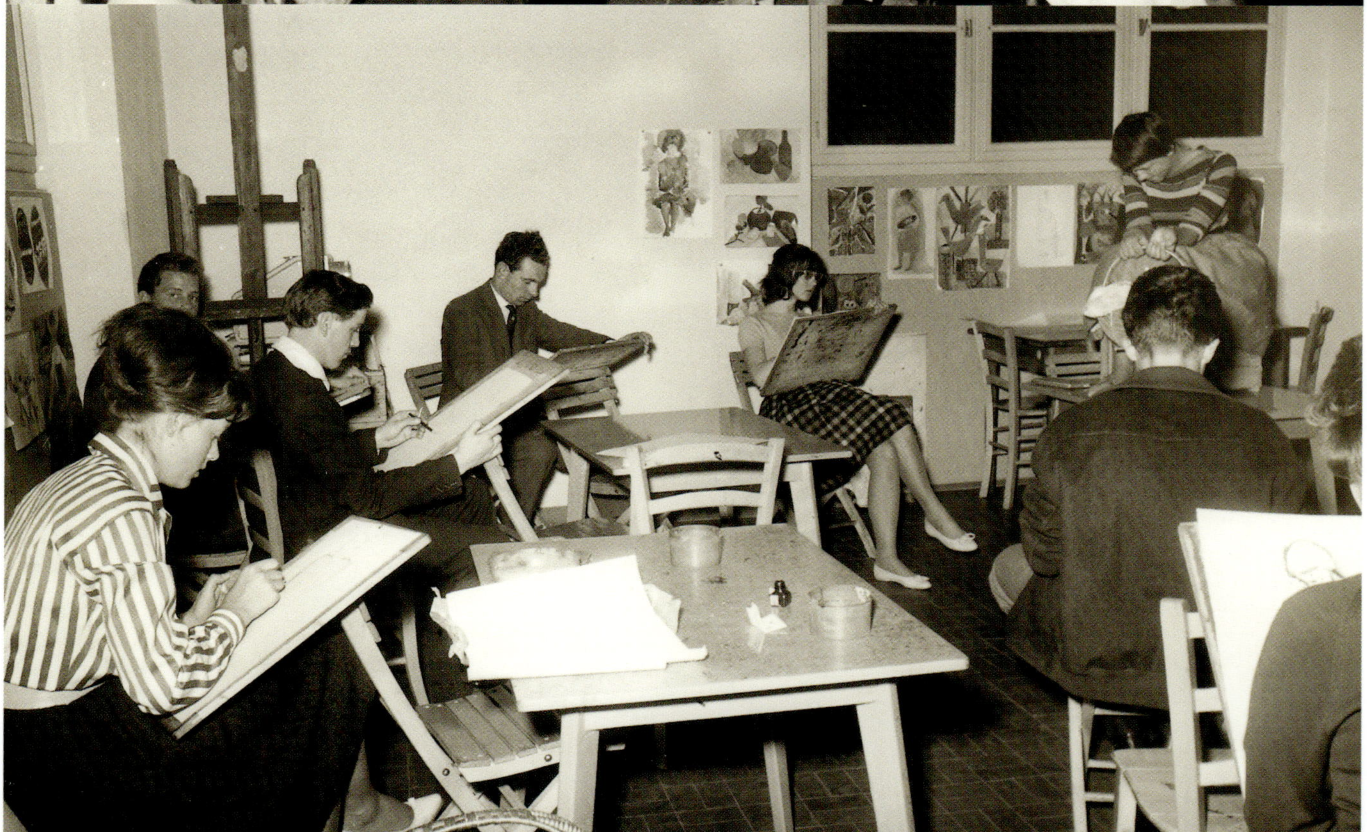

Hans Prünster mit Familie, 1942

Hans Prünster, Schloß Kastelbell, Farbstift und Aquarell, 1950

Heiner Gschwendt, Der Weinstampfer, Wandbild in der Kellerei Lageder in Bozen, 1960

(geb. 1907) und Heiner Gschwendt (geb. 1914) einen Namen. Sie sind die Künstler der ersten Stunde.

Hans Prünster aus dem Passeier begann bereits 1930/31 mit seiner Ausbildung in München. Das handwerkliche Ethos bestimmte das künstlerische Klima an der Münchner Akademie, wo Künstler auf ihre spätere Funktion in der (nationalsozialistischen) Gesellschaft mit altmeisterlicher Strenge vorbereitet wurden. In den 50er Jahren, inzwischen bereits ein erfahrener Mann, begann er zielstrebig seine Karriere: Er war Gründungsmitglied des Südtiroler Künstlerbunds, dessen Präsident er in den 70er Jahren werden sollte, im Alter von 74 Jahren wurde er folgerichtig mit dem Walther-von-der-Vogelweide-Preis für sein Lebenswerk ausgezeichnet. Seine Fresken und Mosaike finden sich auf Volksschulen (Jenesien, Siebeneich, Girlan), Studentenheimen (St. Georg, Bozen), Friedhöfen (Friedhofskapelle St. Pankraz in Ulten) und Krankenhäusern (Krankenpflegeschule Marienklinik, Bozen).

Auch Heiner Gschwendt wurde parallel zu Hans Prünster an der Münchner Akademie ausgebildet, allerdings in der Klasse von Praetorius, der für „eine den Umständen entsprechend freie künstlerische Atmosphäre" sorgte, wie es die Kunsthistorikerin Eva Eccel-Kreuzer formuliert. Mit einer schweren Verwundung kehrte er nach dem Krieg nach Südtirol zurück und ließ sich in Klausen nieder, wo er das Leben eines künstlerischen Einzelgängers führte. Eines seiner bekanntesten Werke ist der Walther von der Vogelweide am gleichnamigen Kulturhaus in Bozen, aber auch die Fresken am Capitol-Kino in Bozen, am Michael-Gamper-Heim oder an der Athesia in Meran stammen von ihm. Sie entstanden alle in den späten 50er Jahren.

Gemeinsam ist den beiden ein verhaltenes, betont graphisches Herangehen an ihre Aufgabe, keine Kunst der großen Gefühle, sondern eine in sich gekehrte, fast zaghafte Weise des Ausdrucks, die nicht wirklich Position bezieht.

Die neue Heimat

Das Ideal des neuen Südtiroler Menschen schuf der Pustertaler Siegfried Pörnbacher (geb. 1914). Nicht umsonst ziert eines seiner großen Wandgemälde den kleinen Sitzungssaal und den Aufenthaltsraum des Bozner Landhauses. Entstanden sind auch diese Fresken in den 50er Jahren. In dem Wandbild „Ernte" ist die Arbeit des Wimmens, Äpfelpflückens und Korneinbringens zum Sinnbild der Jugend und des Lebens verklärt: Die Frauen mit Kopftuch und barfüßig, die Männer mit Pfiate und Pfoat (Schürze und Hemd), zu ihren Füßen essen die Kinder, was der Boden einbringt, ein Lobgesang auf die bäuerliche Welt, die zum Leitbild des jungen Südtiroler Landtags wird. Pörnbacher, auch er im Krieg schwer verletzt, mußte ein Jahr im Krankenhaus Wien zur Genesung verbringen. Während der Rekonvaleszenz besuchte er Graphik- und Malkurse. Nach dem Krieg nach Südtirol zurückgekehrt, begann er seine künstlerische Ausbildung als Privatschüler von Peter Fellin 1947/48 in Meran. Danach lernte er die Technik des Freskos vier Jahre lang in Wien, bevor er zu einem der gefragten Wandmaler Südtirols wurde. Seine Fresken zieren Schulwände in Niederolang, Vilpian, Geiselsberg, Prettau, Mühlbach oder Bruneck (Mittelschule).

Zum „Engel des Künstlerbundes" wurde eine Frau, Maria Delago (1902–1979). Auch sie bekam – bereits 1963 – den Walther-von-der-Vogelweide-Preis zugesprochen. Studiert hatte die Tochter eines Richters aus dem Passeier zunächst in Wien bei Michael Powolny, dem Begründer der „Wiener Keramik". Die Form ihres Ausdrucks ist das Relief, mal in Bronze, häufig aber auch in Keramik. Abseits jeder Aktualität schuf sie mit großer handwerklicher Fertigkeit und enger Bindung an die Volkskunst ein Werk, das mit seiner liebenswürdigen Aufmerksamkeit für Details auf der Schwelle zum Kunsthandwerk steht.

Sehr viel enger mit der Zeit verzahnt ist das Werk einer anderen Frau des Künstlerbundes, Liselotte Plangger-Popp (geb. 1913), eigentlich eine gebürtige Ostpreußin, die durch ihre Heirat mit dem Südtiroler Bildhauer Hans Plangger 1954 nach Südtirol kam. Aufgewachsen im äußersten Nordosten Deutschlands in einer geschichtsträchtigen Landschaft, den Masuren, wo Käthe Kollwitz, Ernst Barlach oder Siegfried Lenz zu Hause waren, haben die Erfahrungen von Krieg und Heimatvertreibung ihr Werk durchaus beeinflußt. „An den Tränenseen der Heimat" heißt ein Holzschnitt von 1946, der in expressiver Intensität die Starre der Trauer in der Nachkriegszeit einfängt.

Merans erste Galerie

Im Gegensatz zu der deutsch- und ladinischsprachigen Künstlervertretung war die italienischsprachige Interessenvertretung der Künstler, der SIABA (1952) – Sindacato Italiano Artisti Belle Arti – eine dezidiert gewerkschaftliche Vereinigung, hervorgegangen aus der CISL, der Confederazione Italiana Sindacati Lavoratori. Das Programm der SIABA war nicht die Abgeschlossenheit, sondern die Öffnung nach außen. So ist es kein Wunder, daß auch der erste Galerist Südtirols italienischer Muttersprache war.

In Meran hatte ein wenig von der Weltoffenheit der Jahrhundertwende überlebt. Unter einem kulturell interessierten Kurpräsidenten wie Giuseppe Maviglia wurden in der Passerstadt bereits in der unmittelbaren Nachkriegszeit Ausstellungen auf internationalem Niveau gezeigt von Lyonel Feininger über Giorgio de Chirico bis zu Giacomo Manzù. Internationale Künstler von Weltruhm hatten die Stadt zu ihrem Domizil erklärt, der bekannteste darunter der Dichter Ezra Pound. Aber auch hervorragende Pianistinnen hatten sich in Meran niedergelas-

Siegfried Pörnbacher, Wimmerin in Kaltern, Tempera, 1956

Liselotte Plangger-Popp, An den Tränenseen der Heimat, Holzschnitt, 1946

Maria Delago, Paradies, Keramik

Die Lehrerin

„Mein Vater war Fassmaler und Verleger in Gröden", schreibt Mili Schmalzl (geb. 1912), „so kam ich schon früh mit der Kunst bzw. dem Kunsthandwerk in Berührung." So unprätentiös wie ihr Zugang zur Kunst war auch ihr Unterricht. Mili Schmalzl ist die Lehrerin der Südtiroler Kunst schlechthin. Seit 1943 in der Kunstschule von Gröden tätig, hatte ihr eigenes Werk zurückstehen müssen. In der Öffentlichkeit wenig beachtet, hat sie eine ganze Generation Südtiroler Künstler unterrichtet von Markus Vallazza bis zu Egon Rusina. Ihre Leidenschaft ist die Farbe und das Experimentieren mit Materialien. Sie versteht sich als Anstoßgeberin und ist für alle Experimente offen. 1976 ging sie nach 33 Jahren Lehrtätigkeit in Pension.

Gegenüberliegende Seite: Peter Fellin in seinem Atelier, um 1950

sen wie Lilo Martin oder Natalja Pravossudovic, eine der bekanntesten Schülerinnen Arnold Schönbergs. Zum Mittelpunkt und Treffpunkt im Kunstgeschehen wurde die kleine Galerie „Am Corso", die der Maler Emilio Dall'Oglio (geb. 1915) gemeinsam mit dem Maler und Schriftsteller Antonio Manfredi (geb. 1912) bereits in den ersten Nachkriegsjahren gegründet hatten. Dall'Oglio aus der Valsugana hatte in Mailand und Venedig gearbeitet, bevor er sich 1939 endgültig in Meran niederließ. Gemeinsam mit dem Schriftsteller Mario Gorini hat er die Kulturzeitschrift „Il sentiero dell'arte" gegründet. Seine Galerie in Meran wurde zu einem Diskussionsforum der Künstler – über alle Barrieren hinweg.

„ein minimum an kultur und intelligenz"
Die Meraner Künstlergruppe und ihr Manifest

In der Atmosphäre des stillen Zusammenscharens der deutschsprachigen Künstler wirkte das Erscheinen des Manifests der „Südtiroler Künstlergruppe" 1954 wie ein Knall. Das Manifest war zweisprachig, konsequent in Kleinschreibung gehalten und ein Affront gegen Pathos, Heimattümelei und den Antiintellektualismus, der in den Nachkriegsjahren grassierte. Es war ein Aufruf zu mehr Intelligenz und Toleranz beim Betrachten von Kunst.

„(…) daher versichern die meraner künstler und ihre freunde den lesern dieses manifestes ihre künstlerische aufrichtigkeit; sie fordern, daß die würde ihrer überzeugung anerkannt oder zumindest respektiert werde; sie fordern, wie sie es immer getan haben, nicht gähnen, sondern ein minimum an kultur und intelligenz, denn sie meinen, dass die intelligenz das werkzeug ist, mit dem man begreift, was man nicht kennt und nicht liebt (…)".

Hervorgegangen war das Manifest aus eben jenen Diskussionskreisen, die rund um die Meraner Galerie „Am Corso" entstanden waren. Galerie-Gründer Emilio Dall'Oglio gehörte zum engeren Kern der Meraner Manifest-Verfasser wie auch die Maler Peter Fellin, Karl Plattner und Oswald Kofler, der malende Schriftsteller Antonio Manfredi oder der Schmuckkünstler und Maler Anton Frühauf. Zu ihnen gesellten sich langsam – und nicht immer ohne Zögern – auch andere Südtiroler Künstler. So finden sich als Unterzeichner auf dem Manifest auch ältere Künstler wie der in Bozen geborene Josef Kienlechner oder Emanuel und Sophie Fohn. Unter den jungen Unterzeichnern sind Willy Valier und Hans Ebensperger. Gemeinsam machte die lockere Künstlergruppe mit einer Wanderausstellung auf sich aufmerksam, die in Innsbruck, München und Wien Station machte. Während die Tiroler Tageszeitung 1954 noch den „Verlust einer bodenständigen Südtiroler Kunst" bedauerte, wurde in Wien der Aufbruch Südtirols in die Moderne positiv notiert.

Das Enfant terrible Peter Fellin

Als der Meraner Peter Fellin (1920–1999) in der Kulturzeitschrift Arunda 1986 eine Sondernummer bekam, wurde darin nur ein einziges fotografisches Porträt des Malers abgebildet, dafür aber gleich zwei Bilder seiner Bibliothek. Es ist bezeichnend für das sechzehnte Kind einer Familie aus dem Nonstal, Vollwaise im Alter von 3 Jahren, daß er seine Bücher wichtiger nimmt als sich selbst. In der „Leichtseligkeit" der 50er und 60er Jahre schuf er den Begriff von „dem Geistigen in der Kunst". Die Kunst war für ihn eine Art Wissenschaft, ein Mittel auch zur Erforschung der Menschen, ihrer Beziehung zu sich

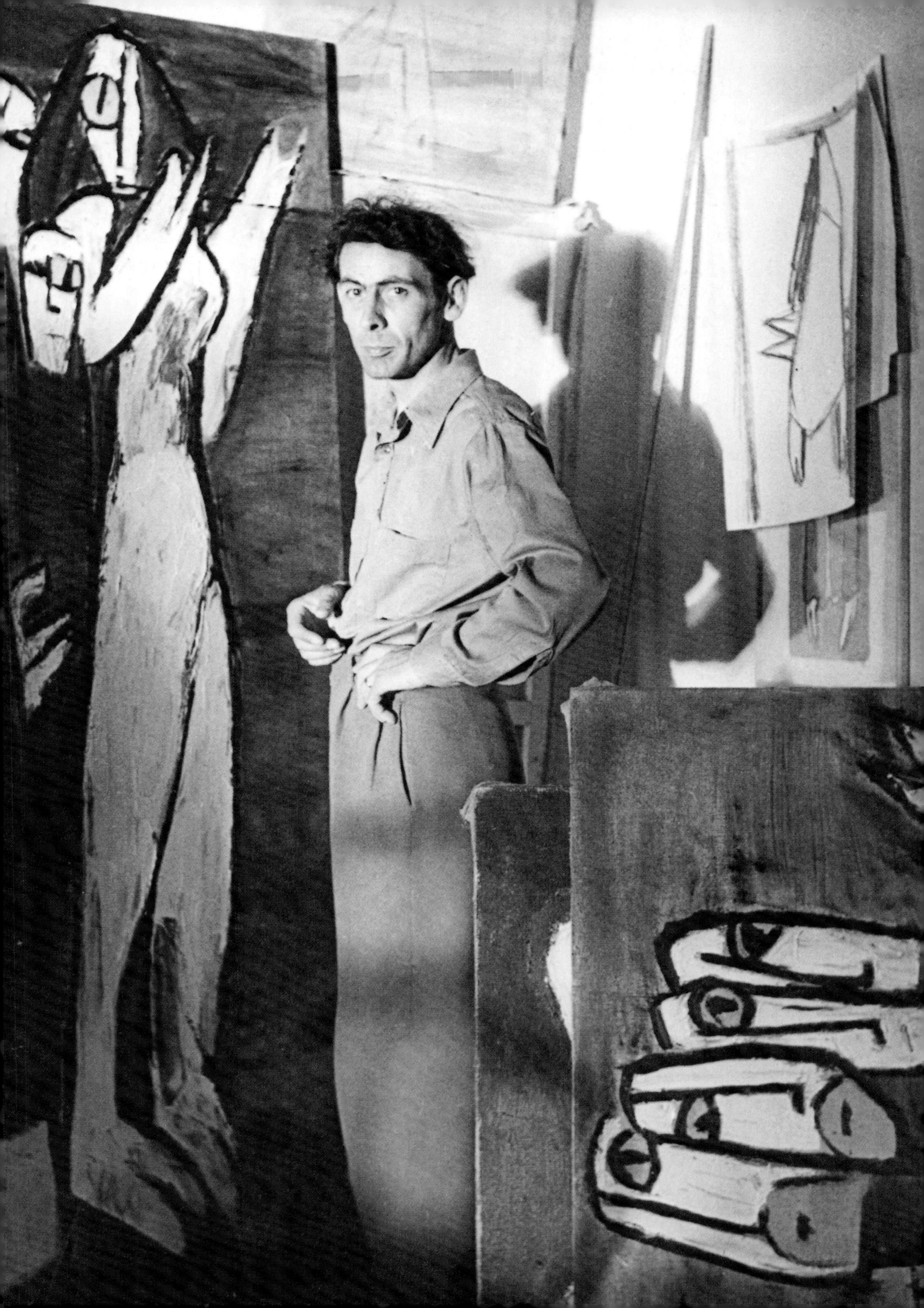

Das Manifest Peter Fellins

„die kunst mit ihrem merkmal der gnade, in verbindung mit wissenschaft, also der geistigen klarstellung durch erfaßlichkeit, ergibt die hier vorgezeigte möglichkeit, zu einer sprache zu kommen, welche weltweite gebrauchsfähigkeit besitzt.

aus dem studium von abstraktionen ergibt sich die übung, die geeignet ist, sich in allem ausdrücken zu können, ohne gefahr zu laufen, geistige einengung zu erfahren. wenn ich meiner sicht nachgehe, ergeben sich gestaltungen universeller art, dokumente, die von der existenz des menschen zeugnis ablegen. als existenz bezeichne ich jenes ausmaß der grenze menschlicher aussage, welche basis zur deutung eines höheren ist, und dieses höhere, andeutungsweise erlebend, wiedergibt." aus: II. natur. Das manifest des malers peter fellin, 1959

Peter Fellin, Beethoven, Öl auf Leinwand, 1955/63

Peter Fellin, Schöpfer, Mischtechnik/Papier/Leinwand, 1954/55

selbst und zur Natur. Als Maler kopierte er nicht die Natur, egal ob recht oder schlecht, sondern er schuf parallel dazu eine „II. natur", wie er in seinem Manifest von 1959 darlegte. Zwar war er Mitinitiator des ersten Meraner Manifestes gewesen, aber das gemeinsame Papier ging ihm zu wenig weit. So schrieb er fünf Jahre später ein flammendes Plädoyer für die Abstraktion, die Bildsprache der Zukunft, „um den körper im bild ersetzt zu sehen und den geist innerlicher, präziser, intuitiver darstellen zu können". Zu diesem Zeitpunkt war er längst zu einer der beliebtesten Zielscheiben der konservativen Presse geworden.

Seit 1947 lebt Peter Fellin zurückgezogen in Meran-Obermais. In den ersten Nachkriegsjahren geht es ihm noch um eine Erneuerung der sakralen Kunst. Doch bereits mit diesem noch figürlichen Ansatz überfordert er das Südtiroler Publikum und die Rezensenten. Ein Gekreuzigter aus Holz ähnlich einem Toten wird zu einer der liebsten Spottfiguren des Landes und wird als „faßartiges Gebilde" oder als „Leihgabe aus dem Weinmuseum" verhöhnt. Ab 1955 beginnt sich Fellin nach und nach von der figürlichen Malerei zu verabschieden. Aus den vier Evangelisten werden schließlich Schriftzeichen, er nennt sie „Schreiber", über eine Phase von Schriftbildern und immer flächiger werdenden Bildern Ende der 50er Jahre gelangt er schließlich zur vollständigen Abstraktion.

Alois Kuperion: Der Bettelmaler Merans

„1954 ging ich nach Venedig, bis Castelfranco mit dem Zug, dann zu Fuß weiter. Ich sah mir die Biennale an. Ich sah Picasso. Ich male wie Picasso, aber nicht so direkt, aber meine Malerei gleicht der von Picasso sehr. Paul Klee gefällt mir besser." – Eine der skurrilsten Malergestalten jener Jahre in Südtirol war gleichzeitig auch eine der talentiertesten: Alois Kuperion (1891–1966) gehörte zum Meraner Kreis, war dort aber ein Unikum. Als clochierender Künstler atmete er die Luft der Unab-

Das 20. Jahrhundert in Südtirol: Alle Kultur dem „Volk"

hängigkeit und der Armut. Eines seiner Aquarelle im Miniformat konnte man für ein paar hundert Lire oder ein Glas Wein bekommen. Er besaß nicht genug, um auf großen Formaten arbeiten zu können, malte zeitweise auf jedem Fetzen Papier, den er kriegen konnte, aber seine kleinen Landschaftsbilder und „Fantasien", wie Kuperion sie selbst nannte, wurden von ihm ausgearbeitet wie große Formate. Im Künstlerkreis der Moderne in Meran war er durchaus umworben, stellte mit Künstlern wie Ebensperger, Frühauf oder Dall'Oglio aus und bekam durch Vermittlung des Kurpräsidenten Maviglia 1961 sogar eine Einzelausstellung im Kurhaus. Später, als er längst tot war, wurden seine Bilder zu Sammlerpreisen gehandelt und sein Leben in Anekdoten über die Freiheit, das Genie und seine „Dachbodenwohnung" zu einem „Künstlerleben" romantisiert.

Josef Kien(lechner) und Karl Plattner, Bozen 1953

Im Vergessen behütete Bilder – Josef Kien(lechner) und Hans Ebensperger

Auch für Josef Kien (1903–1985) ist die Farbe das eigentliche Erlebnis der Kunst. „Es ist ihm gelungen", schreibt der weltberühmte Schweizer Schriftsteller Paul Nizon über Josef Kien(lechner), „an die im Vergessenen behüteten Bilder erlebter Welt heranzukommen und sie im Malen ohne jede Zielsetzung und Reflexion zu heben." In den 50er und 60er Jahren sind seine Bilder noch inspiriert von dem Figürlichen, die Rundung von Vogelkörpern, ein Auge, ein Ohr, eine Hand sind Ausgangspunkt für (beinahe) abstrakte Kompositionen nahe der kubistischen Idee, wenn auch seine Bilder nur selten direkt Anleihe beim Kubismus nehmen. Josef Kienlechner ist einer der wenigen Künstler Südtirols jener Jahre, die weit über die Grenzen des Landes hinausgekommen sind, auch ein Grund dafür, daß er sich international verständlich schlicht „Kien" nannte. Er lebte in Paris, Rom oder Berlin, in Irland und in Spanien und stellte in allen diesen Orten aus. Vor allem aber hinterließ er in vielen Orten Kirchenfenster und Mosaike (z. B. in Castle Donamon, Irland; Kapelle des Ordens Bethanien, Rom; Fu-Jen-Universität, Taipeh, Formosa).

International qua Geburt ist Hans Ebensperger (1929–1971), Sohn eines griechischen Kaufmanns und einer Vinschger Krankenpflegerin, die Großmutter väterlicherseits Inderin, in der Schweiz gezeugt, in Prad zur Welt gekommen: „Ich habe Ost und West in mir, es ist, als würde es mich zerreißen."

Weil dem Zeichenlehrer sein Talent auffiel, kam er 16jährig nach Innsbruck in die Schule des Toni Kirchmeyer (1887–1965), bei dem gleich mehrere Generationen von Nord-, Ost- und Südtiroler Malern ihren Anfang gemacht haben. Im Handwerklichen geschult ging er 1948 nach Wien, wo es in diesen Jahren brodelte. Künstler wie Arnulf Rainer, Maria Lassnig, Markus Prachensky oder Oswald Oberhuber waren die neue Garde junger Künstler in Österreich, eingeklemmt zwischen Tradition und Protest. Nach Südtirol zurückgekehrt, schlüpfte er bei Graf Robert du Parc in dessen Meraner Schloß Rubein unter. Du Parc, selber Maler morbider Landschaften und Stilleben, war ein Mittelpunkt des pulsierenden Kulturlebens in Meran, und Ebensperger war ein junger Star, denn er hatte bereits seine erste Einzelausstellung in Wien hinter sich – mit hervorragenden Kritiken. Doch bald schon holte ihn – nun Lehrer im Brotberuf – die Realität eines Südtiroler

Hans Ebensperger mit einer Freundin auf der Passerpromenade in Meran

Paul Flora mit Sohn, 1954

Anton Frühauf

Josef Kien(lechner), Dame vor dem Spiegel, 1951

Hans Ebensperger, Ohne Titel, um 1956

Dürrenmatt über Flora

„Flora ist nicht ohne Traurigkeit. In seinem Werk sind Welten untergegangen und wir ahnen, daß auch wir untergehen. Die Gegenwart erscheint von der Vergangenheit umklammert, kommt nicht von ihr los, wird selber zur Vergangenheit, wird von ihr geschluckt. (…) Flora schreitet rückwärts in die Zukunft. Das scheint unzeitgemäß in einer Zeit, in der jeder, der da pinselt, schreibt oder komponiert, gleich die Gegenwart verändern will. Doch es ist nicht unwissenschaftlich." Dürrenmatt, 1968

Künstlerlebens zurück auf den Boden: „Es sind nun viele Jahre vorübergegangen", schrieb er 1957 in sein Tagebuch. „Ich habe fast nichts mehr gemalt. Nur früher, es ist auch schon lange her, oft ausgestellt (…). Alles zusammen war ein großer Irrweg." Mit dieser Einsicht ging er zurück nach Prad, wo er sich freier fühlte, der Natur nahe, mit der er von nun an ein künstlerisches Zwiegespräch führte. Es entstanden fragile Zeichnungen und Gemälde in zarten Tönen, seine Liebe galt dem winterlichen Weiß, den Strukturen, die Büsche und Bäume in die Landschaft schnitten, dem leuchtenden Licht, das Sonnenreflexe auf die kahlen Hügelkuppen legten. Bald schon kündigte sich jedoch seine tödliche Krankheit an. Bis zu seinem Tod malte er wie ein Besessener, zuletzt noch, wenige Tage, bevor er starb, mit 40 Grad Fieber, eine rotglühende Berglandschaft im Abenddämmer mit dem Titel „Noch ist Leben, noch ist Sonne".

Oswald Oberhuber und Paul Flora – fern von Südtirol

Oswald Oberhuber

Fern von Südtirol machten zwei junge Künstler Karriere, die so gar nichts zu tun hatten mit der Verbissenheit, mit der sich in Südtirol die Künstler der einen oder anderen Seite zuordneten. Auf den ersten Blick haben Paul Flora (geb. 1922) und Oswald Oberhuber (geb. 1931) rein gar nichts gemeinsam, wäre da nicht ganz „untirolerisch" die Leichtigkeit und der Genuß, mit dem sie sich der Kunst nähern. Der Meraner Oswald Oberhuber kam bereits 1945 zur Bildhauerei in die Gewerbeschule in Innsbruck. Gerade einmal 14jährig, begann seine „1. Phase": die Gerümpelplastiken. Kurz darauf folgte ein kurzes Experimentieren mit informellen Techniken: Er gab es bereits 1957 wieder auf, als die meisten Tiroler Künstler sich noch nicht herangewagt hatten. 1958 rief er die „permanente Veränderung in der Kunst" aus, eine Bewegung, deren Begründer und hauptsächlicher Vertreter er war. Er widmete sich nun vor allem der gegenständlichen Figurenmalerei parallel zur internationalen Zeitströmung der „Neuen Figuration". In Tirol wurde er Mitglied des Kulturbeirates, bevor er dort seine Zelte endgültig abbricht und nach Wien geht. Oberhuber zeigte der internationalen künstlerischen Snobiety die Zähne – grimassenschneidend, als Enfant terrible der Szene. Doch bald wird er zum Herzstück ebendieser Szene. Vom Redakteur der Architekturzeitung „BAU" (mit Hans Hollein, Walter Pichler, Gustav Peichl) über die künstlerische Leitung der Galerie nächst St. Stephan bis zum Rektor der Hochschule für Angewandte Kunst in Wien 1979: seine Karriere im Bereich der Kunstvermittlung ist steil und geradlinig. 1990 wurde er zum dritten Mal zum Rektor der Wiener Hochschule für Angewandte Kunst wiedergewählt.

Auch der in Glurns geborene Paul Flora zeigte der Gesellschaft der Nachkriegsjahre die Zähne, aber mit einem ganz anderen Instrument, dem der Karikatur. Im Gegensatz zu Oberhuber war der ältere Flora nicht vom Krieg verschont geblieben. Nach zwei Jahren in der Münchner Akademie wurde er 1944 eingezogen und leistet 22jährig Kriegsdienst in Italien, Ungarn und der Slowakei. Nach kurzer amerikanischer Gefangenschaft ging er zurück nach Innsbruck, wo er seit seinem fünften Lebensjahr zu Hause ist. Bereits 1953 begann seine Zusammenarbeit mit dem Diogenes-Verlag, von 1957 bis 1971 arbeitete er als politischer Karikaturist für die deutsche Wochenzeitung „Die Zeit". Im Gegensatz zu Oberhuber war Flora die Kontinuität in Person. Er ist kein Bürgerschreck, sondern ein „Dichter mit dem Zeichenstift" (Eva Eccel-Kreuzer), ein „Denker und Grübler unter den Karikaturisten" (Friedrich Dürrenmatt).

„Plaschtikpluamen-Giaßn" und „Fintaschwammelen-Setzn"

Seine Schmuckstücke sehen aus wie miniaturisierte Raumstationen im All oder auch wie kleine Inka-Statuetten. Während sich die Maler und Bildhauer noch schwertaten mit der Abstraktion, brachte sie der Meraner Schmuckkünstler Anton Frühauf (1914–1999) – um den Hals oder an den Ohren tragbar – unauffällig ins Land. Auch als Aquarellist und Karikaturist gehörte er zum Kern der „Meraner Freigeister", Initiatoren des künstlerischen Manifests von 1954. Aber Anton Frühauf, Sproß einer alteingesessenen Meraner Juweliersfamilie, war vor allem eines: der Hofnarr des Kreises und durchaus auch derben Streichen nicht abgeneigt. Der Meraner Maler und Bildhauer Hansgeorg Hölzl (geb. 1932) beschreibt ihn als einen, der „ungewollt einen europäischen Beitrag zu den großen amerikanischen Kunstströmungen (…) (Pop-art, Land-art, Action-art u.a.) geleistet" habe. Zu seinen „Theaterlen" gehörte zum Beispiel folgendes: „Da waren sieben Kuhfladen vor unserem Haus am Vigiljoch, und ich hab' Malkasten genommen, Farbkübel, hab' mich am Boden hingesetzt und hab' einen nach dem anderen Kuhfladen angemalt – hand-art! Einen gelb, einen violett, einen grün, einen rot. Da kommen zwei Fremde daher, ältere Herren; sagt der eine: ,Um Gottes willen, der malt ja Kuhscheiße an!' Meint der andere: ,Pst, sei still, das wird schon moderne Kunst sein.'" Zu seinen Aktionen gehörten neben dem „Kuatoaschn-Unmoln" auch: „Plaschtikpluamen-Giaßn", „Fintaschwammelen-Setzn", „Martelen-Aufstölln".

Oswald Oberhuber, Ohne Titel, Tempera, Tusche, Tintenstift auf gelblichem Papier, 1951

Deutsche Dichtung an Eisack und Etsch
Eine literarische Vergangenheitsbewältigung hat nicht stattgefunden

„Die Südtiroler hatten über sich nichts auszusagen" – unter diesen Titel, ein Zitat aus Claus Gatterers „Im Kampf gegen Rom", stellt Alessandro Costazza sein wissenschaftliches Resümee über die Literatur der Nachkriegsjahre. Fazit: Eine literarische Vergangenheitsbewältigung hat nicht stattgefunden.

Nie war die Südtiroler Literatur so erfolgreich gewesen wie im Deutschen Reich. Sie verdankte diesen Aufschwung nicht zuletzt einer Reihe von völkisch orientierten Literaturwissenschaftlern, die in Aufsätzen und Literaturgeschichten Südtirol und seine Schriftsteller herausstrichen und neu bewerteten. „Die deutsche Dichtung an Eisack und Etsch" (Anton Dörrer, 1935) wurde entdeckt, hier

Franz Tumler, Sigrid John und Hubert Mumelter, 1968

wurden die nationalsozialistisch gesinnten Germanisten fündig wie sonst kaum. Und selbst wenn dem Nationalen nicht ausdrücklich ein Loblied gesungen wurde, so war doch der Großteil der Südtiroler Literatur von jener volkstümlichen Bodenschwere und jenem Wertkonservativismus, der leicht ins Völkische überhöht werden konnte. Die Wirkung zeigte sich unmittelbar. Bei Autoren wie Hubert Mumelter oder Joseph Oberkofler schnellten die Auflagen in die Höhe. Die eigentliche Wende kam aber – auch in der Literatur – mit der Option. Selbst für Autoren, die bisher nicht für Volk und Vaterland schrieben, begann nun eine Zeit des Sicheinfügens. Denn fast alle Schriftsteller Südtirols optierten für das Deutsche Reich. Nun konnte zum Beispiel der NS-Gauverlag Tirol Vorarlberg seine „Edelweißreihe" mit Hubert Mumelters Erzählung „Das Reich im Herzen" eröffnen. Für nationalsozialistische Literaturwissenschaftler, wie Heinz Kindermann oder Josef Nadler, gab es nun keinen Grund mehr für viel Federlesen: Die Südtiroler Literatur wurde einverleibt, die Feder wird zur Waffe, auch Südtirols Literatur steht jetzt im Dienst des Endsieges.

Nach dem Krieg setzt der Prozeß einer literarischen Vergangenheitsbewältigung nicht ein. Es sind dieselben Figuren wie in der Kriegszeit: Ob die Besonneneren wie Mumelter oder Tumler, oder die Entflammten wie Oberkofler – sie bestimmen Südtirols Literatur der Nachkriegsjahre bruchlos. Die Südtiroler Dichtung bleibt im großen und ganzen eine Heimat- und Grenzlanddichtung. Erst Ende der 60er Jahre beginnt die Aufarbeitung jener Zeit mit Claus Gatterers „Schöne Welt, böse Leut" (1969) und Norbert C. Kasers berühmt-berüchtigter Brixner Rede (1969).

Franz Tumler und Hubert Mumelter – spät gestürzte Väter

In seiner berühmten Brixner Rede 1968 rechnet ein junger Schriftsteller mit der Südtiroler Literatur ab, Norbert C. Kaser, gerade erst aus dem Kapuzinerorden ausgetreten, redet seine literarischen Väter in Grund und Boden. Zu diesen zählt – auch in der Nachkriegszeit unangefochten – Hubert Mumelter (1896–1981). Sein erfolgreichster Roman „Maderneid" erschien erstmals 1948, wurde nach Mumelters eigener Auskunft allerdings bereits 1943/44 fertiggestellt. Er erzählt eine Dreiecksgeschichte oder besser noch: eine „Viereckgeschichte" in der Andreas-Hofer-Zeit. „Maderneid" ist für den jungen Norbert C. Kaser bei dem literarischen Colloquium der Südtiroler Hochschülerschaft in Brixen „der Märtyrerroman eines leidenden Bergvolkes", Mumelter selber sei nichts als ein verkappter Nationalist, ein Rassefanatiker, ein Italienerhasser. 1971 kontert Mumelter selber, indem er behauptet, daß er in dem Roman

über die Andreas-Hofer-Zeit in Wirklichkeit seine „ganze Wut und Anklage gegen Hitler" ausgedrückt habe. Bis heute schwanken die Urteile über Hubert Mumelter, je nach politischer Ausgangslage, zwischen diesen beiden Polen hin und her. Nicht wenige zweifeln an Mumelters sehr spätem Bekenntnis gegen Hitler. Der Literaturforscher Alessandro Costazza etwa entdeckt darin vielmehr ein Bekenntnis gegen Mussolini, zu später Stunde umgemünzt, als es selbst in Südtirol nicht mehr tragbar war, sich nie von all dem distanziert zu haben.
Auch ein weiterer „Vater der Südtiroler Literatur", Franz Tumler (1912–1999), hat sich nie wirklich von seinem Nahverhältnis zu den Nationalsozialisten zu Zeiten des Krieges distanziert. Mit zehn Buchveröffentlichungen in dem Jahrzehnt von 1935 bis 1944 in einer Gesamtauflage von zirka 300.000 Stück gehörte er zu den erfolgreichsten österreichischen Autoren der Nazizeit. Allerdings wird sein 1965 erschienener Roman „Aufschreibung aus Trient", ein diffiziles Plädoyer für die Notwendigkeit des Dialogs zwischen den Kulturen, als eine Art Vergangenheitsbewältigung gelesen, wenngleich darin die Zeit des Faschismus und des Nationalsozialismus in Südtirol merkwürdig unterbelichtet bleiben.
Franz Tumler, den Kaser noch unangefochten als Lichtfigur der Südtiroler Literatur beschreibt, geriet erst in jüngster Zeit unter Beschuß. Am strengsten ging Alessandro Costazza mit Tumler ins Gericht. Er konstatiert auch an seinen in den Nachkriegsjahren erschienenen Romanen wie „Heimfahrt" (1950) oder „Ein Schloß in Österreich" (1953) eine eindeutige Verharmlosung des Nationalsozialismus. Denn in diesen Romanen werde „die Negativität des Nationalsozialismus dadurch gemindert oder sogar in Frage gestellt, daß die ehemaligen SS- oder SD-Angehörigen als grundsätzlich positive Figuren dargestellt werden". Vor allem aber die fatalistische Geschichtsphilosophie Tumlers, die die Geschichte darstellt als eine den menschlichen Horizont übersteigende Notwendigkeit, diene „offensichtlich dazu, das einzelne Individuum von jeglicher Verantwortung freizusprechen".

Ezra Pound: Merans unsteter Gast

In einem seiner letzten Gedichte schrieb Ezra Pound (1885–1972): „Meine Irrtümer und Trümmer liegen um mich / Und ich bin kein Halbgott / Ich kann keinen Zusammenhang schaffen." Pound war einer der illustren Gäste, die das Meraner Kulturleben der 50er und 60er Jahre tief beeinflußten. Seit 1958 lebte er, der eine Tochter in Südtirol hatte großziehen lassen, in Meran. Bis dahin hat er eine Odyssee hinter sich gebracht – im geistigen wie im geographischen Sinne. Der amerikanische Dichter ist eine der spannendsten und gleichzeitig umstrittensten Figuren der Literatur im 20. Jahrhundert. Wie nur wenige hat er mit seinen „Cantos", in denen er die gesamte Weltkultur durchstreift, die literarische Moderne geprägt. Als Begründer und einer der führenden Vertreter des Imagismus machte er bereits 1911 die drei Prinzipien bekannt, auf denen diese literarische Bewegung beruhte: die „direkte Behandlung des Themas, keine überflüssigen Wörter und einen poetischen Rhythmus, der sich an der Melodie orientiert und nicht am strikten Metronom".
Doch sein aktives Engagement für den Faschismus in den 30er und 40er Jahren hatte Konsequenzen, unmittelbar spürbare für sein Leben, aber auch für seinen literarischen Ruf. Wie viele andere Künstler seiner Zeit war er fasziniert vom italienischen Faschismus, in Mussolini sah er einen großen Weltenretter und

Wetterhart und unerschütterlich treu

„Die Berge selbst waren (…) zu steinernen Helden geworden, wie die Menschen in Büchern verewigt. Gewisse absonderliche Moden, die als intellektuell oder gar als geistig zu definieren wohl kaum zulässig wäre, hatten uns, unser Schicksal sowie die Landschaft unserer Schicksale als Rohmaterial für Legenden, Mythen und harmlose Schwärmereien entdeckt. Da waren Menschen wetterhart und unerschütterlich treu, die ihre Berge heldenmütig gegen den welschen Eindringling verteidigten, wiewohl dieser heimtückisch ihre Hütten und Wiegen in Schutt und Asche gelegt hatte. Da war deutsche Urtümlichkeit nun in Gefahr, für immerdar verwelscht zu werden; da lebte ein Volk, in neuen Häusern zwar, aber natürlich in Sitte und Brauchtum unverfälscht, gesund, dem Blute treu, dessen Stimme es in der finstern Stunde der Prüfung vernommen und die nun aller fremden Tyrannei zum Trotz durch seine Adern brauste wie das stolze Rauschen deutscher Eichenwälder (…)." Claus Gatterer „Schöne Welt, böse Leut", 1969

Ezra Pound auf dem Weg zur Brunnenburg bei Meran, Juli 1958

Friedensgaranten. Selbst als ihn die Wirklichkeit längst widerlegt hatte, hielt er an dieser Überzeugung fest. Aus diesem Grund gestaltete er während des 2. Weltkrieges seit 1941 antiamerikanische Propagandasendungen – auch mit antisemitischen Anklängen – für den Rundfunksender Radio Rom und machte bis 1943 weiter, nachdem die USA dem „Hochverräter" die Rückkehr verweigerten. Als Mussolini gestürzt wurde, schlug er sich von Rom zu Fuß nach Gais durch, wo seine Mary lebte. Mary war in Gais bei Bruneck von Bauern aufgezogen worden. Die Tochter Pounds und der amerikanischen Geigerin Olga Rudge war teils aus einer Philosophie des einfachen Lebens, teils aus familiären Gründen in Pflege gegeben worden. Pound selber lebte teilweise bei seiner Geliebten in Venedig, verbrachte immer wieder auch Perioden in Südtirol.

1945 wurde er von den Amerikanern festgenommen und in Pisa in einem Militärlager festgehalten, zunächst unter menschenunwürdigen Bedingungen im „Gorillakäfig". Nachdem er in einem Hochverratsprozeß für unzurechnungsfähig erklärt worden war, wurde er in eine Nervenheilanstalt für kriminelle Geisteskranke in Washington D.C. eingeliefert. Nachdem sich über Jahre hinweg internationale Schriftsteller und deren Verbände für seine Freilassung verwendet hatten, kam er schließlich 1958 frei und kehrte nach Italien zurück. Sein Hauptwohnsitz war nun die Brunnenburg in Dorf Tirol.

Hans Friedrich Kühnelt – der nicht beachtete Erfolgsautor

Ein in Südtirol weithin unbekannter Bozner Autor, der seit vielen Jahrzehnten in Wien lebt, ist der erfolgreiche Theaterautor Hans Friedrich Kühnelt (geb. 1918). Nach einem technischen Studium wurde er Schauspieler, bevor er zu schreiben begann. Sein erstes Stück wurde 1948 uraufgeführt: „Spaß muß sein" hieß es und war selbstredend eine Komödie. Auch sein wohl bekanntestes Stück, „Ein Tag mit Edward" (1953), im Wiener Akademietheater erstaufgeführt, ist eine Komödie mit doppeltem Boden. In der Familie eines Erfinders wird ein Roboter ausprobiert. Alles funktioniert prächtig. Doch bald stellt sich heraus, daß der Roboter das einzig menschlich fühlende Wesen der Umgebung ist: Kühnelts Maschine ist wesentlich humaner als der den Maschinen angeglichene Mensch. Eine romantische Komödie schrieb Kühnelt 1959 mit „Eusebius und die Nachtigall". Das ihm liebste Stück gewann 1957 den Schauspielwettbewerb in Bregenz: „Es ist später, als du denkst". Kühnelt beschrieb darin ein Nach-Atomkriegsszenario. Sechs Jahre nach der Superkatastrophe treffen sich auf einer zur Steppe verwüsteten Erde einige Überlebende, die ihr Gedächtnis verloren haben. Im Stück werden sie mit der menschlichen Zivilisation vor der Katastrophe konfrontiert.

„Gesund" und „natürlich"
Die Kulturförderung geht in die Breite

„Seine Hauptaufgabe erblickte und erblickt der VSM (Verband Südtiroler Musikkapellen) noch immer in der Breitenarbeit", konstatiert Klaus Bragagna 1982 in einem Resümee der Südtiroler Blasmusikgeschichte, „um einer möglichst großen Zahl der nahezu 7.000 aktiven Musikanten eine solide Ausbildung sowohl im Praktischen als auch im Theoretischen zu vermitteln, um somit das musikalische Niveau ständig zu heben." Es könnte eine Absichtserklärung aller ähnlichen Vereine in Südtirol sein. Es geht ihnen und der offiziellen Kulturpolitik nicht um einzelne Spitzenleistungen, sondern um die Masse. Nahezu 7.000 aktive Musiker und knapp 200 Blaskapellen in einem Land mit nur 116 Gemeinden sind mehr als nur ein Indiz: Es spricht allerdings nicht nur für musikalische Begeisterung, sondern auch für eine hervorragende Organisationsstruktur. Aufgebaut wurde sie in den 50er Jahren, bereits 1958 wurde mit 174 Musikkapellen ein nie erwarteter Höchststand erreicht, denn Faschismus, Krieg und Option hatten den alten Kapellen stark zugesetzt.

Laut Pariser Vertrag hatte sich Italien verpflichtet, Maßnahmen „zum Schutze der völkischen Eigenart und der kulturellen und wirtschaftlichen Entwicklung der deutschen Sprachgruppe" zu ergreifen. Mit dem ersten Autonomiestatut (Verfassungsgesetz vom 26. Februar 1948 Nr. 5) ging die Gesetzgebungsgewalt in Sachen Kultur an den Südtiroler Landtag. Von nun an konnte gefördert werden, „was zur Erhaltung der Volksgruppe lebenswichtig ist, was die Eigenart der Volksgruppe ausmacht", so der spätere langjährige Kulturassessor Anton Zelger 1967 im „Schlern". 1950 wurde der Landeskulturbeirat ins Leben gerufen, 1958 bekam er eine gesetzliche Absicherung: Nun gab es drei Landeskulturbeiräte – für jede Sprachgruppe einen – und die entsprechenden finanziellen Fonds zur „Förderung der kulturellen Tätigkeit zum Schutze des völkischen Charakters der Volksgruppen". Es wurde gefördert, was „natürlich" und „gesund" war, wie sich Anton Zelger 1967 im „Schlern" ausdrückte, ohne jegliche Berührungsängste zu einem fatalen Vokabular: Als „völkisch", „gesund" und „natürlich" galten für die offizielle Kulturpolitik vor allem Heimatbühnen, Singgemeinschaften und Musikkapellen.

Tradition, Heimattreue und Volkstum
Das Volksschauspiel wird zum Programm

Auch die Gründung des Bundes Südtiroler Volksbühnen ging vom Verband Südtiroler Musikkapellen (VSM) aus. Der damalige Geschäftsführer des VSM, Hans Nagele, hat im Jänner 1951 Vertreter der Volksbühne Meran, Heimatbühne Salurn, Heimatbühne Margreid, des Katholischen Jugendbunds Bozen, Bozner Spielgruppe, Heimatbühne Bruneck und der Heimatbühne Brixen nach Bozen gerufen. Das war der Beginn. Zuerst nannte man sich noch wertfrei „Bund Südtiroler Laienspielbühnen", erst Anfang der 60er Jahre wurde aus dem Namen auch ein Programm: Bund Südtiroler Volksbühnen (BSV). Von etwas mehr als 50 bestehenden Laienspielbühnen traten 32 sofort dem Bund bei. 1959 waren es bereits 149 Mitgliedsbühnen. Zunächst bestand die Hauptaufgabe des Bundes darin, die italienischen Zensurbestimmungen zu umgehen. Laut einer faschistischen Verordnung aus dem Jahr 1931 mußte jede Bühne in Rom einmal

Die Salurner Heimatbühne im Stück „Am Tage des Gerichts", 1952

Die frühe Kulturförderung des Landes

Gegenstand		Legislaturperiode 1949–1952	Legislaturperiode 1953–1956	Legislaturperiode 1957–1960	Legislaturperiode 1960–1964
Theater und Musikleben	1. Konzerte u. musikal. Darbietungen	3,391.000	5,620.000	6,610.000	11,945.000
	2. Theaterveranstaltungen ausländische Gastbühnen	3,850.000	18,415.000	19,520.000	20,400.000
	3. Volksbühnen	2,640.000	9,654.200	15,364.545	18,160.000
	4. Musikkapellen	2,810.000	15,550.000	43,217.400	40,440.275
	5. Gesangsvereinigungen	1,135.000	5,795.000	11,072.000	13,781.270
Studientagungen und Volksbildung	1. Tagungen, Meraner Hochschulwochen etc.	–	4,357.000	17,059.500	27,505.000
	2. Volksbildung, Kurse und Vorträge	2,188.000	19,990.000	41,330.000	61,795.000
	3. Ankauf von Publikationen	200.000	1,500.000	1,500.750	4,219.000
	4. audiovisuelle Mittel	–	2,877.000	4,299.000	15,531.000
Heimat-, Trachten- und Brauchtumswesen	1. Veröffentlichungen heimatl. Charakters	115.000	3,740.000	7,359.600	4,541.000
	2. Filme und Diapositive	1,000.000	905.000	10,606.750	12,656.925
	3. Trachtenpflege	–	–	53,030.000	700.000
	4. Brauchtumspflege	5,050.000	11,700.000	17,593.000	16,423.655
Künstlerisches Schaffen	1. Ausstellungen und Förderung von Künstlervereinigungen	320.000	7,000.000	16.630.000	15,435.000
	2. Ankauf von Kunstgegenständen	652.000	15,783.437	5,820.240	13,457.785
Erhaltung des künstlerischen Vermögens	1. Museen, „Loretoschatz" in Klausen, Weinmuseum	2,650.000	11,792.000	18.282.500	33,707.000
	2. Restaurierung und Errichtung von Denkmälern, Erhaltung von Burgen	–	–	2,810.260	21,854.000

Nach Anton Zelger, Südtirols Kulturleben in den letzten zwei Jahrzehnten, Der Schlern, Jg. 41 (1967)

Die Jugendbühne Innichen spielt „'s Nullerl", 1957

„Der schwarze Ritter", Schülertheater am Johanneum in Dorf Tirol, 50er Jahre

jährlich um eine Lizenz ansuchen und jedes einzelne Stück bewilligen lassen. Außerdem mußte jedes aufgeführte Stück übersetzt und eingereicht werden. Erst 1955 wurde nach vielen Interventionen die Zensurstelle nach Bozen verlegt und die Übersetzungspflicht aufgehoben. Der Bund übernahm bis dahin diese Aufgaben und versorgte die Bühnen mit Stücken. 1970 hatte der Bund bereits mehr als 1.000 Stücke gesammelt, eine Sichtung durch die Theaterwissenschaftlerin Bernadette Sulzenbacher im Jahr 1981 ergab einen exakten Bestand von 312 „Volksstücken", 429 „Lustspielen", 89 „Komödien", 21 „Singspielen", 91 „Schauspielen", 2 „Legenden". 1 „Operette", 22 „Krimis", 55 „Dramen", 2 „Farcen", 1 „Kriminal-Komödie", 1 „Musical", 1 „Passion", 1 „Satire" und 1 „Ritterstück". Hinzu kamen 404 Einakter. Damit war die Zielrichtung klar: Knapp die Hälfte der angebotenen Stücke waren ausdrücklich „Lustspiele". Bei einer Umfrage, die Sulzenbacher 1982 im Auftrag des BSV bei den Mitgliedsbühnen durchführte, stellte sich heraus, daß erstaunlich viele die Aufgabe eines Volkstheaters vor allem in zweierlei sahen: 1. Unterhaltung (15,77 Prozent) und 2. die Erhaltung des Volkstums (13,49 Prozent). Wesentlich weniger waren der Meinung, daß Theater auch der Lebensbewältigung (4,87 Prozent) oder gar der Vergangenheitsbewältigung (3,58 Prozent) dienlich sein könnte. Tatsächlich wurde die unmittelbare Vergangenheit auf den Bühnen nicht angetastet. Wenn es einmal historisch wurde, wandte man sich weiter zurück bis zu Andreas Hofer.

Konservativ-hierarchisch zeigten sich auch die Spielleiter bei derselben Umfrage in der Beurteilung eines guten Schauspielers: Für 10 von insgesamt 20 befragten aktiven Spielleitern waren „Talent" und „Kameradschaft" gleich wichtig. Immerhin sieben nannten „Disziplin", „Pünktlichkeit" und „Fleiß" als wesentliche Eigenschaft eines Schauspielers. Vier forderten 1982 „Gehorsam", gleichauf gelegen mit der „Liebe zum Theater".

„Das Herz am rechten Fleck", Heimatbühne Neumarkt 1952

Von Lustspielen und „Sonntagsschändern"

Absolute Spitzenreiter unter den meistgespielten Theaterautoren sind der bayerische Lustspielautor Maximilian Vitus (1896–1968), der Imster Dekan Alois Gfall (1874–1962) und der Tiroler Nationalratsabgeordnete Anton Kecht (1895–1965). Sie stehen in keinem allgemeinen Literaturhandbuch, doch ihre Stücke wurden nicht nur in Südtirol immer wieder gespielt. Vor allem Maximilian Vitus ist wohl einer der erfolgreichsten deutschsprachigen Theaterautoren schlechthin. Schätzungsweise 40.000mal wurden seine Stücke aufgeführt. Selbst in der Übersetzung ist der bayerische Dialektautor noch überaus erfolgreich und zählt auch in Frankreich, Italien oder der Tschechoslowakei zu den beliebten Lustspielautoren. Zu den absoluten Spitzenreitern in Südtirol zählen seine Stücke „Die drei Eisbären" und „'s Herz in der Lederhosn". Anton Kecht seinerseits wird in einem Nachruf 1965 als „ein aufrechter Österreicher, ein überzeugter Christ, ein guter Schulmann (…) ein treuer, aufrechter Tiroler" bezeichnet. Das war das Holz, aus dem die beliebten Stückeschreiber der Nach-

Ererbtes Kulturgut

„Eine der wichtigsten Aufgaben wird es daher sein, wenn wir unsere volkliche Eigenart, unser Volkstum, unser ererbtes Kulturgut und unsere kulturelle Sendung erhalten wollen, dessen Ideale und inneren Werte unserem Volke immer wieder vor Augen zu halten." Robert von Fioreschy im Eröffnungsvortrag zur Studientagung der Südtiroler Hochschülerschaft „Volkstum und Kultur in Südtirol" 1960

„Sei personaggi in cerca d'autore" von Luigi Pirandello, Teatro stabile Bozen, 1960/61

Bei der Proben zu „König Lear" von William Shakespeare unter der Regie von Fantasio Piccoli (rechts), links Marco Benassi, in der Mitte Franca Rame, Teatro stabile Bozen, 1956/57

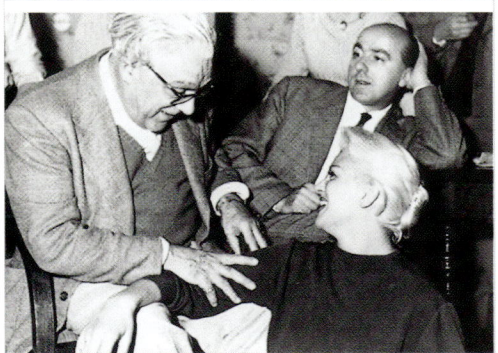

kriegsjahre geschnitzt sind. Eines der erfolgreichsten Stücke in Südtirol war Kechts „Sonntagsschänder", ein Stück über einen Bergführer und Familienvater, der den Sonntag nicht ehrte: Er führte die Touristen auch sonntags auf den Berg. Diese Gottlosigkeit wird vom Stückautor bestraft: Nur knapp entgeht der nunmehr reuige Bergführer einem Selbstmord aus Verzweiflung. Immerhin siebenmal wurde dieses Stück in den ersten zwei Nachkriegsjahrzehnten allein im Unterland aufgeführt. Kechts „Sonntagsschänder" ist ein ernstes Volksstück und damit fast eine Ausnahme. Denn das meiste, was auf die Bühne kommt, soll die Lachmuskeln trainieren. Der Dritte im Bunde, der Imster Dekan Alois Gfall, hatte die meisten seiner Bühnenstücke zwischen 1909 und 1913 geschrieben, noch in seiner Studienzeit. Viele davon verwenden Reimmichls Schwankgeschichten als Inspirationsquelle, womit ein Teil seines Erfolgs in Südtirol erklärt wäre. Heute wieder vielgespielte Autoren des Volkstheaters wie Franz Kranewitter oder Karl Schönherr wurden in jenen Jahren nicht gespielt. Sie galten als NS-belastet.

Fünf Stunden Goethes Faust

Im Oktober 1950 wurde auch in Bozen ein „Teatro stabile", eines jener „ständigen Theater", gegründet, die in der Nachkriegszeit in ganz Italien entstehen und ihre Produktionen austauschen. Es handelte sich um ein ambitioniertes Unternehmen, Italiens Theaterlandschaft aus der Krise zu holen. Ursprünglich war das Teatro stabile als Institution mit Brückenfunktion konzipiert. Die staatliche Gabe sollte die deutschsprachige Bevölkerung nicht vor den Kopf stoßen. Es wurde etwa ein konkreter Vorschlag ausgearbeitet zur Errichtung eines deutschsprachigen Ensembles unter dem gemeinsamen Dach des Teatro stabile. Doch die kulturpolitische Linie der SVP verlangte die strikte Trennung der Volksgruppen, jeglicher Form von „Mischkultur" hatte man den Kampf angesagt. Oder, wie es der spätere Kulturassessor Anton Zelger 1966 in den „Dolomiten" formulierte: „Die Mischkultur kann uns nicht helfen. Sie würde zur Folge haben, daß wir zu stammeln beginnen."

Die künstlerische Leitung des Teatro stabile übernahm die freie Kompanie „Il Carrozzone", eine Gruppe junger Schauspieler, die sich drei Jahre vorher nach dem Vorbild der fahrenden Schauspieltruppen unter Leitung des 30jährigen Regisseurs Fantasio Piccoli gegründet hatte. Zunächst wurde in Ermangelung eines Theaters in der Aula magna der „Scuola Industriale" und im Corso-Kino gespielt, ab 1951 wurde der Saal im Konservatorium feste Spielstätte. Man spielte vor allem zeitgenössische italienische Autoren, aber auch Tschechows „Onkel Wanja" stand auf dem Spielplan. Schon in der zweiten Saison machte man in Mailand und Bologna von sich reden. Eines der ambitioniertesten Projekte war der „Faust I" in der ungekürzten, fünf Stunden dauernden Fassung, der 1953 von Theaterleiter Piccoli inszeniert wurde. 1959 schließlich wurde ein kleines Theater mit 150 Sitzplätzen im Stadthotel Bozen eröffnet.

1954 wurde von seiten des Teatro stabile laut Protokoll der Ausschußsitzung des Bundes Südtiroler Laienspielbühnen noch einmal der Versuch unternommen, eine Brücke zwischen deutsch- und italienischsprachiger Theaterkultur zu schaffen, Projekte wie ein gemeinsam genutzter Theatersaal, besagte Gründung eines deutschsprachigen Ensembles im Teatro stabile und ein Landesfestival, an dem sich die deutsch- und italienischsprachigen Schulen Südtirols beteiligen sollten, standen zur Debatte. All diese Projekte scheiterten jedoch an dem demonstrativen Desinteresse der deutschsprachigen Theaterkultur.

Bozen als Musikzentrum Italiens
Das Bozner Konservatorium und der Busoni-Wettbewerb

Der Historiker Claus Gatterer hat in Erinnerung gerufen, daß die Nationalsozialisten in den knapp zweieinhalb Jahren ihrer Herrschaft wesentlich mehr Verhaftungen und Todesurteile durchgeführt haben – auch gegenüber der deutschsprachigen Bevölkerung – und wesentlich mehr zerstört haben als die Faschisten. Das Bozner Konservatorium, ehrgeiziges Vorzeigeprojekt der Faschisten, ist eines der Beispiele dafür. Als Musikschule von Bozner Bürgern bereits Mitte des 19. Jahrhunderts gegründet, haben die Faschisten es 1927 zum Musiklyzeum umgewandelt, Mario Mascagni (1881–1948) wurde 1940 dessen erster Direktor. Mascagni war nicht nur ein agiler Organisator, er besaß auch beste Kontakte zur italienischen Musikwelt, vor allem zur Mailänder Scala. Bald unterrichteten Professoren des Scala-Orchesters auch in Bozen. Zielstrebig wurde das Bozner Lyzeum in die staatlichen Institutionen eingereiht, bis es 1940 schließlich als staatliches Konservatorium anerkannt wurde. Es bestanden bereits die Pläne zum Neubau, als 1943 – aus der Sicht des Konservatoriums – die Katastrophe hereinbrach: Die fast fertig errichtete Schule am Bozner Dominikanerplatz wurde bei Luftangriffen zerstört. Nach dem 8. September wurde das Lehrpersonal entlassen, die Vermögenswerte wurden beschlagnahmt.

Das Kriegsende 1945 war für diese Schule tatsächlich die Stunde Null: Es mußte ganz von vorne begonnen werden. 1949 wurde der große Konzertsaal eingeweiht, 1952 die Schule. Der Internationale Pianistenwettbewerb „Ferruccio Busoni" trug entscheidend dazu bei, daß sich das Konservatorium im Laufe der folgenden Jahre einen hervorragenden Ruf in der Musikwelt erarbeitete. Erstklassige Pianisten, wie der Österreicher Alfred Brendel (Busonipreisträger 1948), Ella Goldstein aus den USA (Busonipreisträgerin 1953) oder Martha Argerich aus Argentinien (Busonipreisträgerin 1957), gaben dem Wettbewerb sein Renommee. Er trägt den Namen des Klaviervirtuosen und Komponisten Ferruccio Busoni (1866–1924) als eine Art Freundschaftsgeste gegenüber dem deutschen Kulturkreis. Denn ein Großteil von Busonis Karriere spielte sich im deutschen Kulturraum ab: Bekannt wurde er vor allem durch die Herausgabe und Bearbeitung von Werken Johann Sebastian Bachs. Eine monumentale, unvollendet gebliebene Oper „Doktor Faust" (1916–1924) ist inspiriert vom Meisterwerk des deutschen Dichters schlechthin. Er starb 1924 in Berlin, wo er einige Jahre unterrichtet hatte. Zu seinen berühmtesten Schülern zählte übrigens Kurt Weill, Bertolt Brechts kongenialer musikalischer Partner. So sah man ihn in der Nachkriegszeit als ideale Klammer zwischen den beiden Kulturen, die in Bozen aufeinandertrafen.

Der Pianist Arturo Benedetti Michelangeli spielt auf Einladung des Konzertvereins in Bozen, 1949

Die Jury des Busoni-Wettbewerbs im Konservatorium in Bozen, 1958

Merans Komponistinnen

In Meran waren zwei Komponistinnen gestrandet, die eine der Liebe wegen, die andere aus einem Gefühl der Heimatlosigkeit heraus.

Natalja Pravossudovič (1899–1988) stammt eigentlich aus dem litauischen Vilnius. Ihre Mutter war eine Schülerin Artur Rubinsteins gewesen und unterrichtete ihre Tochter schon früh im Klavierspiel. Als Jugendliche verfeinerte sie ihre Technik bei der Pianistin Vera Skrjabin, der ersten Frau des russischen Komponisten Skrjabin, der maßgeblich an der Auflösung der funktionalen

Natalia Pravossudoviĉ

Lilo Martin

Tonalität beteiligt war. Einige Jahre später wurde Natalja Pravossudoviĉ Schülerin eines anderen Zertrümmerers der alten Tonalität: Arnold Schönberg, 1925 als Lehrer an die Akademie der Künste in Berlin berufen – übrigens als Nachfolger Ferruccio Busonis. Pravossudoviĉ wurde eine seiner berühmtesten Schülerinnen. Doch sie stand im Widerspruch zum Meister der Zwölftonmusik. Als Komponistin glaubte sie nicht an die Moderne, an ein Konzept des Fortschritts, der nur durch die Überwindung des jeweils Gegenwärtigen errungen werden kann. Im Grunde blieb sie lebenslang Anhängerin der russischen Spätromantik. Eine in diesem Stil komponierte Sonate gewann noch 1962 den 1. Preis beim „Premio Helena Rubinstein" des internationalen Kompositionswettbewerbs Buenos Aires. In Südtirol wurde sie als erfolgreiche Komponistin kaum wahrgenommen, obwohl sie seit 1931 kontinuierlich in Meran lebte. Sie starb dort fast neunzigjährig in dem Bewußtsein, zeit ihres Lebens verkannt worden zu sein.

Im Gegensatz zu ihr hatte Lilo Martin (1908–1986) ihr aktives Musikleben fast zur Gänze aufgegeben, als sie 1944 mit ihren zwei Kindern nach Meran/Obermais in das Schloß Rubein zog. Graf Robert du Parc, dem das Schloß gehörte, hatte sie schon vor Jahren bei einem Konzert in Meran kennengelernt. Die Schülerin von dem deutschen Komponisten Hans Erich Pfitzner (1868–1949) war auf der Suche nach einem funktionstüchtigen Flügel in das Schloß des Grafen gekommen. Doch die Verehrung, die Robert du Parc für die schöne Pianistin hegte, blieb zunächst ohne Folgen. Sie ging nach Deutschland zurück, heiratete den Komponisten Horand Römer, komponierte selber einige „Fantasien", „Lieder an die Mutter" und eine Sonate in h-Moll. Als ihr Mann starb, kehrte sie nach 1944 nach Meran in das Künstlerschloß zurück und wurde zusammen mit ihrem zweiten, 19 Jahre älteren Mann einer der Mittelpunkte des Meraner Kulturlebens.

Gina Nazionale und Kaiserin Sissi
Das Kino der Nachkriegjahre

Der Film brach die Barrieren. Was im Theater niemals möglich gewesen wäre, war im Film alltäglich. Keine Südtiroler Volksbühne hätte in den 50er Jahren eine Komödie von Goldoni gespielt, aber die beiden jungen sinnlichen Diven des italienischen Films, Sofia Loren (geb. 1934) und Gina Lollobrigida (geb. 1927), waren auch in Südtirols Dorfkinos Stars. Allerdings standen die beiden vitalen und erotischen Schönheiten im Schatten einer anderen, der Verkörperung der Südtiroler Nachkriegsträume schlechthin: Romy Schneider (1938–1982), Kaiserin Sissi. Ihre Filmlaufbahn begann bereits im Alter von 14 Jahren an der Seite ihrer Mutter in dem Kassenschlager „Wenn der weiße Flieder wieder blüht" (1953). 1954 war Romy Schneider als junge Königin Viktoria von England in „Mädchenjahre einer Königin" zu sehen. Aber erst die süßliche Mischung aus mädchenhaftem Liebreiz und Nostalgie nach der k.u.k. Monarchie, die sie als Kaiserin reinen Herzens an der Seite von Karl Heinz Böhm zeigt, machte sie zum unangefochtenen Publikumsliebling in Südtirol. 1955 erschien der erste Film aus Ernst Marischkas Erfolgstrilogie, die beiden anderen folgten 1956 und 1957.

Romy Schneider als junge Kaiserin Sissi in ihrer Schicksalsrolle

Sofia Loren auf Einladung des Circolo Universitario Cittadino zu Besuch in Bozen im Hotel Greif, 1956

In den 50er Jahren war auch Südtirol von dem allgemeinen Boom des Kinos erfaßt worden. Innerhalb nur eines Jahrzehnts entstanden fast 40 Kinos im Land, in Olang, Toblach oder Salurn, in Latsch und in Laas, in Schlanders und Welschnofen. Die Säle waren häufig sehr groß: Welschnofen etwa verfügte über 270 Sitzplätze, Seis sogar über 300. Naturgemäß waren derartige Säle selbst im Boom zu groß. Immerhin gab es in der Saison, vor allem in den Sommermonaten, täglich Vorstellungen. Die Mischung des Zielpublikums aus Touristen und Einheimischen machte das Kino zum Barrierenbrecher. Synchronisationen italienischer Filme gab es noch nicht. Ein Kino aber, das einen Publikumsrenner zeigen wollte, mußte bei den Filmverleihern in Mailand eine ganze Reihe eher nichtssagender italienischsprachiger Streifen abnehmen. „Quo Vadis" (1951) war ein solcher Renner. In dem Monumentalfilm wird Peter Ustinov in der Rolle des wahnsinnigen Imperators Nero von seiner Gattin mitsamt den Urchristen Roms in die Arena geschickt. Sofia Loren spielte hier als blutjunge Sklavin übrigens ihre erste Rolle. Derartige Filme hatten damals eine lange Lebensdauer und liefen mitunter ein halbes Dutzend Jahre.

„Wer im Dorf in die italienischen Filme ging, der gehörte noch zu denen, die sich etwas trauten", erinnert sich Martin Kaufmann, Gründer des Bozner Filmclubs und Sohn des Kinobesitzers in Welschnofen Ferdinand Kaufmann. Es waren die Jahre des Heimatfilms („Rosen-Resli", 1954, Karrierestart von Christine Kaufmann, „Wenn die Alpenrosen wieder blühn" 1955, Marianne Hold) und der Kriegsfilme („Hunde, wollt ihr ewig leben", 1958, „U 47 – Kapitänleutnant Prien", 1958). „Und wenn die Landser-Filme spielten", so Martin Kaufmann, „dann trafen sich dort alle, die bei der Wehrmacht gewesen waren. Kino war das Fernsehen von damals."

Erfolgsfilme von Sofia Loren in den 50ern:

- L'oro di Napoli (1954, Das Gold von Neapel) von Vittorio de Sica
- Due notti con Cleopatra (1954, Zwei Nächte mit Kleopatra)
- La Donna del fiume (1954, Die Frau vom Fluß)
- Peccato che sia una canaglia (1955, Schade, daß du eine Kanaille bist) mit Marcello Mastroianni

Erfolgsfilme von Gina Lollobrigida in den 50ern:

- Fanfan la Tulipe (1951; Fanfan der Husar)
- Les belles de nuit (1952; Die Schönen der Nacht) von René Clair
- Pane, amore e fantasia (1953; Liebe, Brot und Fantasie) von Luigi Comencini
- Beat the Devil (1954; Schach dem Teufel) von John Huston
- Pane, amore e gelosia (1955; Liebe, Brot und Eifersucht) von Luigi Comencini
- Salomon and Sheba (1959; Salomon und die Königin von Saba) von King Vidor

15. Auferstehung nach der Katastrophe

Die Kirche in der Nachkriegszeit

Nach dem Zweiten Weltkrieg erlebte die Kirche in Südtirol eine Art Renaissance. Zu kurz währte die Ära der totalitären Ideologien, als daß sich ihre latent oder offen kirchenfeindlichen Akzente in der Bevölkerung verankert hätten. Weniger selbstverständlich ist eine unmittelbar **politische Rolle**, die der Kirche in Südtirol noch stärker als in anderen Regionen des alpinen Raums zukam. Durch das Scheitern der Umsiedlung Südtirol und den Zusammenbruch des Nationalsozialismus war sie historisch legitimiert – sie hatte vor der Geschichte **recht behalten**. Zudem begünstigte auch das infolge faschistischer Bildungspolitik und Option weitgehende Fehlen einer weltlichen Bildungselite die Entfaltung des kirchlichen Einflusses.

So nahmen Kurien und Ortsklerus nach dem Zweiten Weltkrieg wiederum ihre traditionelle Position im Zentrum der Gesellschaft ein. Die Kirche und ihre Organisationen durchdrangen die meisten Bereiche des öffentlichen Lebens – vor allem **Erziehung und Bildung**. Gegen ein geschlossenes Auftreten in volkstumspolitischen Fragen stand die Teilung des Landes in **zwei Diözesen** – womit jeweils unterschiedliche Positionen zum Ausdruck kamen, aber in allen anderen Fragen wirkte sie wie ein **monolithischer Block**, der seine Interessen durchzusetzen wußte. So nahm sie direkt und indirekt Einfluß auf die politischen Parteien im Land, die Südtiroler Volkspartei und die DC, griff in den Konflikt zwischen den Volksgruppen ein und bezog auch in der immer drängender werdenden sozialen Frage Position.

Barmherzige Schwestern anläßlich einer Einkleidung, 1945

Bischof Geisler bei seiner Option, Brixen am 25. Juni 1940

Die Kirche nach 1945
Die Rolle im Krieg

Die 30er Jahre waren für die katholische Kirche in Südtirol ein Jahrzehnt schleichenden gesellschaftlichen Machtverlustes, der in der Niederlage bei der Optionsabstimmung gipfelte. Die Entfremdung zwischen Geistlichkeit und Bevölkerung setzte sich während des Krieges fort: Die NS-Behörden inszenierten in Südtirol zwar keinen ausgesprochenen Kirchenkampf, förderten jedoch einen umfassenden Antiklerikalismus. Jene Priester, die für Italien optiert hatten – und dies war die große Mehrheit –, wurden unter anderem als schlechte Deutsche hingestellt. Anders als in der Diözese Trient war die Kirchenführung in Brixen während der deutschen Besetzung 1943 bis 1945 zur begrenzten Zusammenarbeit mit den NS-Behörden bereit. Aufforderungen von Gauleiter Hofer, die Errichtung einer Alpenfestung zu unterstützen, wollte Bischof Geisler angesichts des unübersehbaren Niedergangs des Regimes aber nicht folgen.

Im Frühjahr 1945 ergab sich eine völlig neue Situation: Der Zusammenbruch des NS-Regimes hinterließ auch in Südtirol ein gesellschaftspolitisches Vakuum. Kirche und Klerus schienen in den Augen der Bevölkerung durch das Scheitern der nationalsozialistischen Südtirol-Politik neu legitimiert. Der allgemein feststellbare Rückgriff auf traditionelle Werte, die Lücken in der Bildungselite der Minderheit sowie vorteilhafte strukturelle Voraussetzungen sollten nun eine letzte Entfaltung des kirchlichen Einflusses in allen gesellschaftlichen Bereichen begünstigen.

Das 20. Jahrhundert in Südtirol: Auferstehung nach der Katastrophe

Die materiellen Rahmenbedingungen

Vor 1848 bildeten die Grundzinsen und Zehente, die teils in Naturalien, teils in Geld entrichtet wurden, die Haupteinnahmen der Pfarreien, kirchlichen Institute und Körperschaften. Dann wurden die bestehenden Servitute abgelöst. Die Kirche verlieh die Ablösesummen an Kassen und Private. Die Zinsen dienten der Erhaltung von Gotteshäusern, zum Lebensunterhalt eines Teils der Priester und zur Führung kirchlicher Einrichtungen. Durch die Inflation nach dem Ersten Weltkrieg wurden diese Kapitalien zum Großteil vernichtet – für die Finanzgebarung der Kirche ein schwerer Schlag, der sich auch noch nach 1945 bemerkbar machte. Gemessen an der materiellen Lage der zivilen Gesellschaft verfügte die Kirche allerdings auch nach dem Krieg über beträchtliche Ressourcen. Folgende Konstellation kam sowohl den Kurien als auch den einzelnen Pfarreien zugute: der vergleichsweise hohe Wert landwirtschaftlicher Güter und die im Verhältnis dazu niedrigen Personalkosten. Nicht nur die Mensa des Bischofs von Brixen wies unter anderem umfangreiche Wälder auf – auch die vielen Pfarreien verfügten über ansehnlichen Grundbesitz, der ihnen beträchtliche Einnahmen verschaffte. Der Holzverkauf erfolgte vom Wald weg und garantierte bis in die 60er Jahre eine hohe Rendite. Andere, arbeitsintensive landwirtschaftliche Güter wurden in Eigenregie bearbeitet oder mit relativ hohem Profit verpachtet.

Bis zum Konkordat von 1985 kam den kirchlichen Ordinariaten in Italien nicht der Status von Rechtspersönlichkeiten zu; sie konnten daher auch kein Vermögen besitzen. Der umfangreiche Immobilienbesitz der Kirche gehörte zum größten Teil den bischöflichen Mensen, Klöstern, Instituten und den Pfarreien. Pfarrer und Kuraten, die nicht über die kirchlichen Pfründen ein Mindesteinkommen erreichten, wurden vom Staat unterstützt. Im übrigen bezogen vor allem die Kooperatoren ihre Einkünfte aus dem Religionsunterricht, den sie an staatlichen Schulen erteilten. Mit der Verwaltung des kirchlichen Vermögens waren die jeweiligen Verwaltungsämter der Diözesen betraut.

Früher „Bauboom"

Aufgrund der materiellen Voraussetzungen konnte die Kirche nach 1945 früher als die zivile Gesellschaft darangehen, die Kriegsschäden zu beheben und ihre Infrastrukturen zügig auszubauen. Eine wichtige Rolle spielte dabei der 1952 geweihte, gerade erst 35jährige Bischof Joseph Gargitter. Er hatte erkannt, daß die Kirche ihre Stellung nur dann behaupten konnte, wenn sie über entsprechende Einrichtungen verfügte. So ging er denn auch als „Baumeister" in die Tiroler Kirchengeschichte des 20. Jahrhunderts ein. In Ansprachen und Hirtenschreiben, bei Visitationen und Aussprachen mit den Mitarbeitern wies Gargitter immer wieder darauf hin, daß sich eine wirksame Seelsorge nicht allein auf den Kirchenraum beschränken dürfe. Es brauche für die verschiedenen Interessengruppen, vor allem für die Jugend, Schulungszentren auf diözesaner Ebene und Pfarrheime in den Gemeinden. Sie sollten den Rahmen für religiöse Fortbildung, aber auch für Diskussionsforen, Berufsertüchtigungskurse und Freizeitveranstaltungen bieten. Einen ersten wichtigen Schritt und Anstoß für weitere Bauvorhaben in der Diözese stellte der Umbau des Sarnser Edelsitzes Sarnfeld in das Volksbildungshaus „St. Georg" dar, die erste Einrichtung dieser Art in Südtirol. Finanziert wurde das Projekt aus Mitteln der bischöflichen Mensa. Bereits 1955

Der Waltherplatz in Bozen mit bombengeschädigter Pfarrkirche, Ende der 40er Jahre

Die Franziskanerkirche in Bozen nach der Bombardierung, März 1944

Das 20. Jahrhundert in Südtirol: Auferstehung nach der Katastrophe

fand der erste vierwöchige „Sarnser Kurs" statt. „St. Georg" sollte der Grundstein zu jenem kirchlichen Übergewicht werden, das bis heute die Konstellation der Bildungshäuser im Land prägt. Das zweite große Projekt war der Umbau des Priesterseminars in Brixen, das sich auch wegen der zwischenzeitlichen Nutzung als Kriegslazarett in abgenütztem Zustand befand. Trotz verschiedener Bedenken in der Diözesanleitung ob der anfallenden Kosten entschloß sich Gargitter zu einer tiefgreifenden Renovierung des Hauses. Weitere Investitionen folgten. Bezeichnend für die Innovationskraft der Kirche auf diesem Sektor war die 1962 fertiggestellte Akademie Nikolaus Cusanus: Obwohl Sinn und Zweck des Bildungshauses angesichts der nötigen Investitionen zunächst in Frage gestellt wurden, trug es wesentlich dazu bei, der Kirche die Vorreiterrolle auf diesem Sektor zu sichern. Gargitter, dem von Beginn seines Episkopats an bewußt war, daß sich die Gesellschaft in Südtirol vor einem Umbruch befand, förderte auch am Land entsprechende Einrichtungen. Immer wieder forderte er die Priester auf, Versammlungsräume für außerkirchliche Veranstaltungen zur Verfügung zu stellen oder, falls nicht vorhanden, solche zu errichten. Musterbeispiele sind die in den 50er Jahren errichteten Pfarrheime in Sand in Taufers und Welsberg. Wie sehr Gargitter persönlich hinter solchen Vorhaben stand, zeigt nicht nur der Umstand, daß er jeweils erhebliche Mittel aus der bischöflichen Mensa bereitstellte; sein „Hofarchitekt" Othmar Barth entwarf öfter die Pläne zu den Bauvorhaben in den Pfarreien. Aufgrund dieser Umstände verfügte die Kirche in vielen Dörfern lange Zeit als einzige Institution über größere Versammlungs- und Veranstaltungsräume.

Auch unter dem Eindruck des Brixner Vorbilds entfaltete die Kirche unter Generalvikar Kögl auch im deutschen Anteil der Diözese Trient eine rege Bautätigkeit. Bereits vor der Ära Gargitter, 1947, wurde das Bildungshaus Lichtenstern am Ritten eröffnet, 1962 kam neben verschiedenen kirchlichen Heimen die Lichtenburg bei Nals dazu.

Die Frage der Diözesangrenzen

Trotz konkreter Verhandlungen war die Zusammenlegung der beiden Diözesen Anfang der 20er Jahre nicht zustande gekommen. So blieb die Provinz Bozen bis 1964 in zwei Diözesen gespalten: Brixen war Sitz der Rumpfdiözese mit dem Pustertal, dem oberen Eisacktal und Wipptal sowie dem oberen Vinsch-

Einweihung des renovierten Priesterseminars in Brixen. In der Mitte Bischof Joseph Gargitter, rechts neben ihm Generalvikar Johann Untergasser

Neubau des 1962 fertiggestellten Bildungshauses Lichtenburg in Nals

Kriegsschäden an der Bozner Pfarrkirche

Renovierungsarbeiten an der Franziskanerkirche in Bozen

gau. (Ihre nichtitalienischen Gebiete waren seit 1925 durch die Errichtung einer Apostolischen Administratur Innsbruck-Feldkirch de facto selbständig.) Ein Großteil der Bevölkerung Südtirols lebte im sogenannten „deutschen Anteil" des Bistums Trient mit seinen 19 Dekanaten. Allein die Stadt Bozen hatte nach dem Krieg in etwa soviele Einwohner wie die gesamte Diözese Brixen.

Nach dem Zweiten Weltkrieg harrte das Problem der Diözesangrenzen weiter einer Lösung. In Nordtirol gab es nach der Entscheidung des weiteren Verbleibs Südtirols bei Italien sowie 1951 wiederum ergebnislos verlaufende Verhandlungen immer konkretere Bestrebungen, das Provisorium von 1925 zu beenden und auf die Errichtung einer Diözese Innsbruck-Feldkirch hinzuarbeiten. Eine Strömung im Nordtiroler Klerus vertrat nämlich die Auffassung, dies würde letztlich auch die Regelung der Diözesangrenzen südlich des Brenners im Sinne der Südtiroler erleichtern. In Südtirol war man gegensätzlicher Meinung: Vor allem die SVP intervenierte Ende der 50er Jahre in Innsbruck und Wien gegen die vorzeitige Errichtung einer Diözese Innsbruck-Feldkirch. Man fürchtete, dies könnte als endgültige Anerkennung der Brennergrenze gedeutet werden, und die Neuregelung der diözesanen Verhältnisse in Südtirol würde dann womöglich nicht im Sinne der Minderheit erfolgen: etwa durch Angliederung der Rumpfdiözese Brixen an Trient oder die Errichtung einer zweiten Südtiroler Diözese, Bozen, und zwar unter einem italienischen Bischof. Durch die Junktimierung der Nord- und Südtiroler Agenden glaubte man, diesen Gefahren begegnen zu können. Man möge in Nordtirol, so die Position der SVP, zunächst die Konsolidierung der Südtirol-Autonomie und die Regelung der Südtiroler Diözesangrenzen abwarten und auf einen Alleingang verzichten. In Nordtirol und der Bundeshauptstadt Wien gab es kontroverse Auffassungen in dieser Frage, wobei Forderungen der Vorarlberger nach einem eigenen Bistum die Angelegenheit zusätzlich komplizierten. Letztlich behielt aber die von den Südtirolern vertretene Position die Oberhand, weshalb zunächst keine Nordtiroler Diözese entstand: Die Diözese Innsbruck-Feldkirch wurde erst im Herbst 1964, einige Wochen nach der Neuordnung der diözesanen Verhältnisse in Südtirol, errichtet.

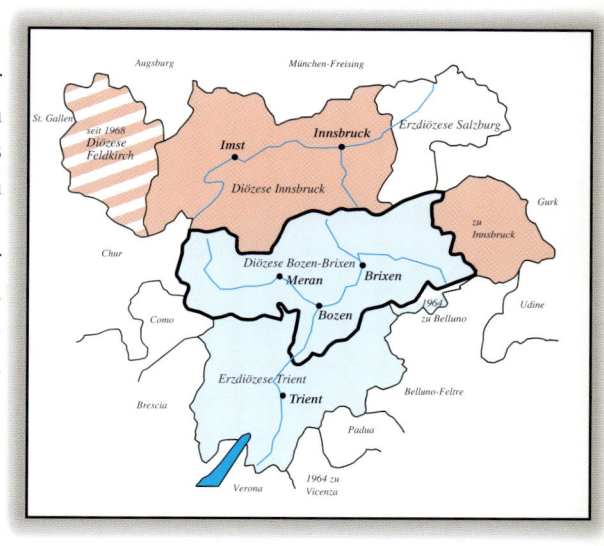

Diözesaneinteilung 1964–1968

- *Diözese Innsbruck*
- *Diözese Feldkirch (seit 1968)*
- *Diözese Bozen-Brixen und Trient*

Die kirchenpolitische Konstellation am Ende der Ära Geisler

Unmittelbar nach dem Krieg bildete sich in der Kirchenführung eine Konstellation heraus, die für wenige, aber für Südtirol wesentliche Jahre Bestand haben sollte. In Brixen amtierte weiter Bischof Geisler. Er mischte sich nicht in politische Detailfragen ein, machte aber in politischen Grundsatzanliegen sehr wohl seinen Einfluß geltend. Ihm zur Seite stand die nach Auffassung vieler Zeitzeugen in politischen Dingen maßgebliche Figur der Diözese, Generalvikar Alois Pompanin. Der Bischof intervenierte beim US-Militärgouverneur, er solle den Abzug der italienischen „Besatzungstruppen" veranlassen. Neben seinem Engagement für die SVP regte er Kirchensammlungen für Kriegsgeschädigte an und besuchte Gefangenenlager. Sah Geisler das unmittelbar politische Engagement der Kirche durchaus zwiespältig und konzentrierte sich daher eher auf Sachfragen, so plagten seinen Generalvikar derartige Skrupel nicht, war er doch mit Leib und Seele Politiker.

Generalvikar Alois Pompanin (links) mit seiner „Häuserin" in den 50er Jahren

Das 20. Jahrhundert in Südtirol: Auferstehung nach der Katastrophe

Die Achse Brixen-Bozen

Die Brixner Kirchenführung und ihre Berater fanden einen wichtigen Verbündeten in einem Gegner aus der Optionszeit, nämlich den im Oktober 1945 aus Rom zurückgekehrten Kanonikus Michael Gamper. Diese Achse ergab in zweierlei Hinsicht Sinn: Gamper leitete den Athesia-Verlag und kontrollierte somit die wichtigsten Südtiroler Zeitungen. Die Meinungsmacht der neuen Tageszeitung „Dolomiten" sowie des auflagenstarken Wochenblattes „Volksbote" war in der Nachkriegszeit konkurrenzlos, nimmt man das italienischsprachige Tagblatt „Alto Adige" aus. Erhebliche Gesellschaftsanteile der Athesia waren in der Nachkriegszeit noch in der Hand von Geistlichen bzw. kirchlichen Einrichtungen des Brixner Raumes – das Unternehmen war ja einst aus der Fusion einer Brixner und einer Bozner Druckerei hervorgegangen. Damit konnte die Verlagsführung Interessen aus dieser Richtung kaum ignorieren. Zudem schuf die neue Lage nun auch auf politischer Ebene Eintracht. Geisler und Pompanin waren wie Gamper konsequente Verfechter des Selbstbestimmungsrechtes für Südtirol und setzten sich nach der Entscheidung auf der Pariser Außenministerkonferenz vehement für eine auf die Provinz Bozen beschränkte, weitreichende Autonomie ein. Während es in politischen Grundsatzfragen kaum je Differenzen zwischen diesen Akteuren gab, waren Unterschiede im Temperament der Personen auszumachen: Geisler zurückhaltend, Gamper und Pompanin entschieden und bisweilen impulsiv, zudem durchaus in der politischen Intrige geschult.

Josef Kögl

Trotz guter politischer Zusammenarbeit zwischen Gamper und der Kurie Brixen kam es zu einer Krise: Bei den Parlamentswahlen von 1948 unterstützte Gamper seine politischen Ziehsöhne Friedl Volgger und Toni Ebner, Geisler und Pompanin förderten hingegen den Brixner Otto von Guggenberg. Da es zunächst unwahrscheinlich schien, daß alle drei die Hürde nehmen würden, kam es im Wahlkampf zu Spannungen zwischen den Kandidaten. Bevor der Konflikt eskalierte, raufte man sich zusammen – Leidtragender wurde letztlich ein anderer Kandidat: der spätere Parteiobmann Silvius Magnago, der nicht zuletzt aufgrund einer Wahlempfehlung der „Dolomiten" zugunsten Volggers, Ebners und von Guggenbergs nicht gewählt wurde.

Insgesamt arbeitete diese Achse bis in die 50er Jahre durchaus effizient und erfolgreich zusammen. Freilich wurde diese Eintracht immer wieder durch Mißtöne aus Trient gestört: Die dortige Kurie vertrat umständehalber eine ganz andere politische Linie. Bischof Carlo de Ferrari und der für den deutschen Anteil zuständige Pro- bzw. Generalvikar Josef Kögl wollten – auch mit Rücksicht auf Trentiner Lokalinteressen – das Minderheitenproblem in Südtirol in enger Abstimmung mit der italienischen Regierung und ihren Vertretern sowie in einem Bündnis der SVP mit der DC entschärfen. Dadurch gerieten sie nicht nur in Widerspruch zur Kurie in Brixen, sondern auch zum eigenen Diözesanklerus, welcher der Kirchenführung vorwarf, einseitig und zu Lasten der deutschsprachigen Gläubigen zu handeln.

Der Erzbischof von Trient, Carlo de Ferrari, besucht die Bewohner der Baracken auf dem Lancia-Gelände der Bozner Industriezone, 4. Mai 1951

Bittprozession in Klausen, 1948

Die Kirche und die Südtirolfrage
Der Konflikt um die „Bittprozessionen"

Im Frühjahr 1946 brach der Gegensatz zwischen den Kurien in Trient und Brixen offen aus: Das Brixner Ordinariat unter Generalvikar Pompanin lehnte Verhandlungen mit der italienischen Regierung über die Gewährung einer Autonomie strikt ab und hoffte dagegen über vom Klerus mitorganisierte Massendemonstrationen im Rahmen religiöser Veranstaltungen das Selbstbestimmungsrecht zu erwirken. Im Februar 1946 ergingen Rundschreiben an die Dekanatsämter, die konkrete Richtlinien zur Mobilisierung der Bevölkerung enthielten. Gegen diese Aktivitäten opponierte die SVP-Führung in Bozen, die als Endpunkt eines derartigen Engagements eine Parallelorganisation zur SVP unter Führung des Klerus befürchtete. Zudem erwartete sie negative Reaktionen der Alliierten sowie italienische Gegendemonstrationen.

Noch energischer trat der für die deutschsprachigen Gläubigen zuständige Trentiner Provikar Josef Kögl gegen die politischen Bittprozessionen auf: „Wir wissen ganz bestimmt, daß diejenigen, welche im Hintergrund auf die Prozessionen drängen, nicht den Zweck verfolgen, von Gott etwas zu erbitten, sondern die Absicht haben, durch religiöse Massenkundgebungen das Augenmerk irdischer Machthaber auf unsere Heimat zu lenken, auch weil sich zu rein weltlichen Kundgebungen nicht soviel Leute zusammentrommeln lassen. (…) Schließlich besteht die Befürchtung, daß sich Priester und Laien ausgerechnet wieder von jenen einfädeln und vorschieben lassen, die das Hakenkreuz nur übertüncht haben. Vor 1939 hat man dem Nationalen zulieb bei uns das Weltanschauliche übersehen und so die Gläubigen der glaubensfeindlichen Organisation ausgeliefert. Die Folge war das Jahr 1939! Soll noch ein schlimmeres 1939 kommen?"

Herz-Jesu-Prozession in Bozen, 30. Juni 1946

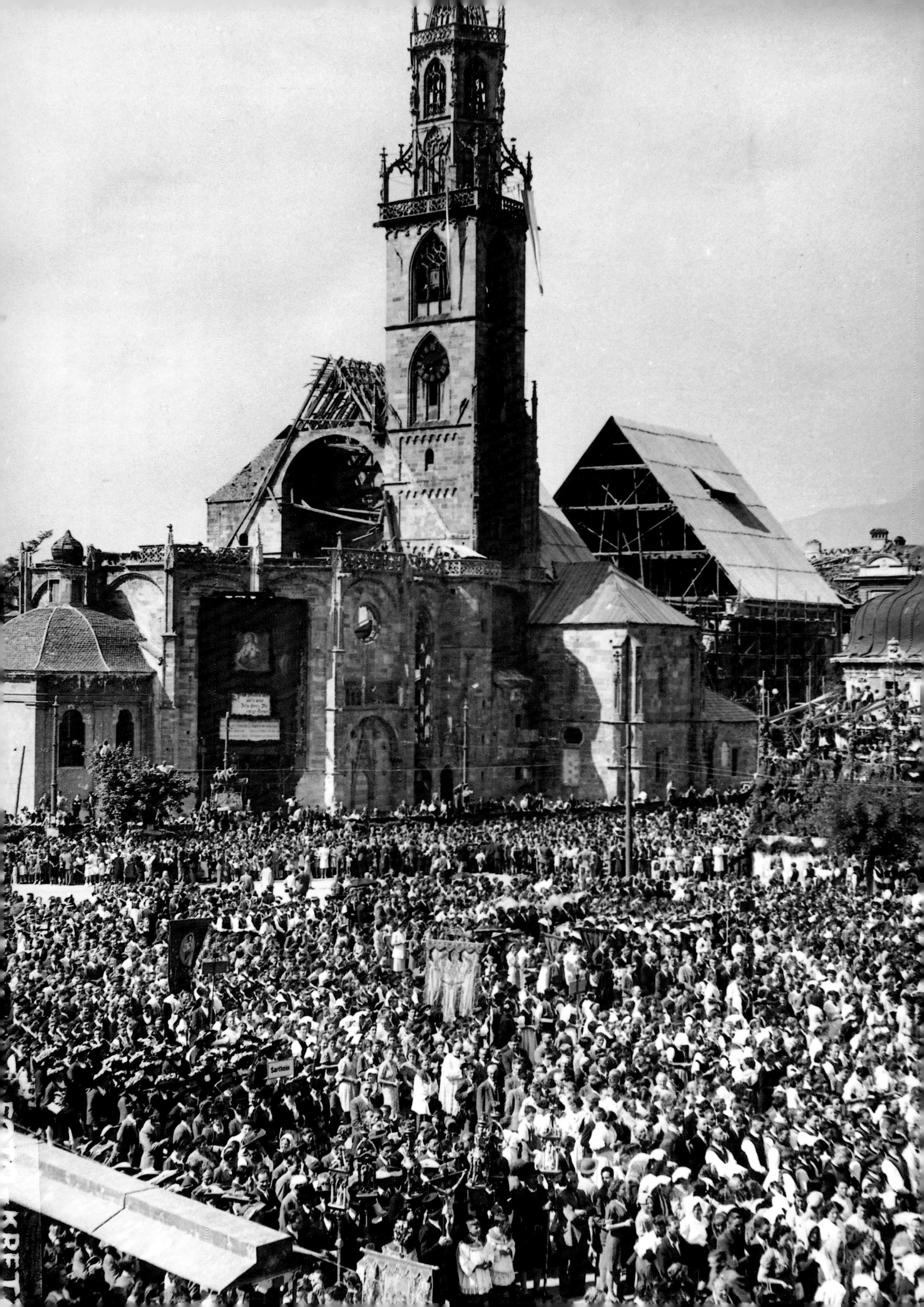
Sarthein

Hinter dieser Haltung Kögls stand nicht nur die Angst vor unerwünschter Vereinnahmung, sondern auch der Druck italienischer Stellen, dem er in Trient ausgesetzt war. Der niedere Klerus im deutschen Anteil äußerte hingegen Vorbehalte gegenüber Kögl. In einer Priesterversammlung in Meran wurde die Haltung des Provikars besprochen und festgehalten, man sei zwar zum Gehorsam bereit, teile aber die Position des Ordinariates in Trient nicht.

Nach dem Vorbild entsprechender Veranstaltungen in Nordtirol setzten ab April 1946 Massenwallfahrten in der Diözese Brixen ein. Höhepunkt dieser Kampagne war die 150-Jahr-Feier des Herz-Jesu-Gelöbnisses am 30. Juni 1946, also zu einem Zeitpunkt, als in Paris die Entscheidung über den Verbleib Südtirols bei Italien bereits gefallen war. Während Kögl in einem Zeitungsartikel betonte, Herz-Jesu-Verehrung vertrage sich mit Nationalitätenhaß wie Wasser und Feuer, erlebte Bozen eine imposante Gedächtnisfeier, an der zwar Kögl teilnahm, nicht jedoch die beiden Landesbischöfe. Dieser Umstand war letztlich nur beredter Ausdruck der Differenzen zwischen beiden Kurien in der Südtirol-Frage, Differenzen, die bis 1952, bis zur Weihe von Joseph Gargitter zum Bischof von Brixen, fortdauern sollten.

Mittler zwischen den Volksgruppen

Der drängenden Frage des Zusammenlebens der Volksgruppen konnte sich die Kirche Südtirols in der Nachkriegszeit nicht verweigern, obwohl gerade in diesem Zusammenhang innerkirchliche Verwerfungen immer wieder deutlich aufbrachen. Anders als die Kirchenführung in Brixen hatte der Provikar im deutschen Anteil, Josef Kögl, vor den Gefahren des Nationalsozialismus eindringlich gewarnt und während der Option die Position der Dableiber vertreten. Nach 1945 strebte er einen Ausgleich zwischen den Sprachgruppen an. Er war vor Gargitter der vielleicht wichtigste Befürworter jenes Bündnisses zwischen SVP und Democrazia Cristiana, das die Minderheitenpolitik Ende der 50er Jahre in eine Sackgasse manövrieren sollte. Tatsächlich wurde Kögl in Südtirol seine italienfreundliche Position wiederholt vorgeworfen. Es fehlte nicht an Vorhaltungen des ihm untergebenen Klerus, unter Erzbischof Endrici und seinem Provikar sei im deutschen Anteil auch kirchlicherseits Entnationalisierungspolitik betrieben worden.

Das Brixner Ordinariat setzte andere Prioritäten. Zwar suchte Bischof Geisler auch innerhalb seiner Diözese einen Ausgleich zwischen den Gläubigen: So war ihm etwa die italienischsprachige Seelsorge in seiner Diözese stets ein wichtiges Anliegen. In politischen Dingen hingegen vermied die Kurie im Kampf um die Rechte der Minderheit in den ersten Nachkriegsjahren jeglichen Kontakt mit italienischen Stellen. Zu erheblichen Unstimmigkeiten zwischen den beiden Kurien kam es anläßlich der Parlamentswahlen von 1948: Waren Bischof de Ferrari und Kögl wie auch die Parteiführung der SVP überzeugt, ein sprachgruppenübergreifendes Bündnis der SVP mit den Christdemokraten habe angesichts des Risikos eines Sieges der linken Volksfront Priorität, so zogen die Kreise um Kanonikus Gamper und Pompanin zunächst ein Bündnis mit Trentiner Autonomistenkreisen in Erwägung. Das schließlich doch zustande gekommene Bündnis mit der DC blieb diesen Kreisen stets suspekt. Entsprechend zurückhaltend berichtete die Athesia-Presse darüber und unterschied genau zwischen weltanschaulichem Bündnis gegen die erstarkende Linke und minderheitenpolitischen Fragen.

Gegenüberliegende Seite: 150-Jahr-Feier des Herz-Jesu-Gelöbnisses auf dem Waltherplatz in Bozen, 30. Juni 1946

Kanonikus Josef Volgger, Bischof Gargitter, Domherr Don Giuseppe Franco, Direktor des Vinzentinums Wassermann und Domdekan Friedrich Moll beim Begräbnis von Bischof Geisler im Innenhof der Hofburg in Brixen, 1952

Besonderer Auftrag

In seiner Festrede anläßlich der Verleihung des Preises der Südtiroler Pressevereinigung (1975) begründete Bischof Gargitter rückblickend sein Verhalten in der Frage des Zusammenlebens der Volksgruppen folgendermaßen:

„Schon bei der Übernahme meines Bischofsamtes im Jahre 1952 war es mir bewußt, daß die Kirche in dieser Hinsicht in Südtirol einen besonderen Auftrag zu erfüllen hat, will sie sich nicht einmal den berechtigten Vorwurf gefallen lassen, daß sie in einer geschichtlich bedeutsamen Stunde versagt habe. Es war mir bewußt, daß ich mich weder durch Lob noch durch Einschüchterungen noch durch Verleumdungen noch durch irgendwelche anderen Druckmittel beeinflussen und vom Bemühen um eine friedliche Lösung abbringen lassen durfte. Ich fühlte mich verpflichtet, im Geiste des Evangeliums meinen Weg zu gehen, auch wenn ich manchmal weder von der einen noch von der anderen Volksgruppe verstanden wurde und das Gefühl hatte, völlig allein zu stehen."

Weihe Joseph Gargitters zum Bischof durch Kardinal Piazza im Dom zu Brixen, 18. Mai 1952

Leichenzug zur Beerdigung von Kanonikus Michael Gamper am Kornplatz in Bozen am 19. April 1956. In der ersten Reihe die SVP-Führungsriege: Erich Amonn, Carl von Braitenberg, Karl Tinzl, Josef Raffeiner, Alfons Benedikter und Otto von Guggenberg

Don Giuseppe Franco verkörperte beispielhaft die Bedeutung der Kirche für die italienische Volksgruppe in der Nachkriegszeit. Der Sohn eines italienischen Vaters und einer böhmischen Mutter wurde 1917 in Brixen zum Priester geweiht. Als Ausdruck der stark angewachsenen italienischen Glaubensgemeinde ernannte ihn Bischof Geisler 1940 zum Kanonikus am Brixner Dom. Ob durch seine karitative Tätigkeit während des Zweiten Weltkrieges, als Begründer der Brixner ACLI, Herausgeber des Mitteilungsblattes „L'Angelo della Parrocchia", Verfasser von Gedichten und liturgischen Gesängen, Beichtvater oder Jugendseelsorger: Giuseppe Franco wurde zum maßgeblichen Bezugspunkt und Integrationsfaktor der überaus heterogen zusammengesetzten italienischen Glaubensgemeinde. Zudem zählte er mit seinen guten Kontakten zur deutschen Sprachgruppe zu jenen Italienern, die früh den interethnischen Dialog pflegten.

Kurswechsel in Brixen

Wenn es trotz verschleppter Umsetzung der Autonomie und politisch gesteuerter Zuwanderung immer wieder zu Neuauflagen des Bündnisses SVP-DC kam, so hing das nicht unwesentlich mit dem 1952 erfolgten Bischofswechsel in Brixen zusammen: Joseph Gargitter löste Johannes Geisler ab, der noch im selben Jahr verstarb. Das erste deutliche Zeichen des jungen Bischofs in volkstumspolitischer Hinsicht: Der von den Italienern als volkstumspolitischer „Falke" eingestufte Generalvikar Pompanin wurde nicht bestätigt, sondern 1953 durch Johann Untergasser ersetzt.

Gargitter stand insgesamt für einen deutlichen Kurswechsel in der Diözese Brixen. Anders als sein aus dem Zillertal stammender Vorgänger hatte er das alte Großtirol nie gekannt. Es war für ihn daher leichter, Südtirol als eigene territoriale und politische Einheit zu betrachten. Gargitter erlebte die Zeit von Option und Krieg nicht unmittelbar, sondern in Rom, was seine persönliche Einschätzung der Südtirolfrage beeinflußt haben mag. Faschismus und Nationalsozialismus hinterließen in ihm eine tiefe Abscheu gegen jeden nationalen Extremismus. Nicht zufällig warnte er nach 1945 auffallend häufig vor einem Wiederaufleben radikaler Ideologien.

Gargitters Bestreben, politische und gesellschaftliche Entwicklungen von Südtirol fernzuhalten, ließ ihm ein enges Bündnis mit katholisch-konservativ orientierten Italienern sinnvoll erscheinen. In politischer Hinsicht bedeutete dies einen Schwenk hin zur Linie, welche die Kurie in Trient bereits länger vertreten hatte. Dies hatte andererseits das Ende der in volkstumspolitischen Fragen bis dahin so engen Zusammenarbeit der Brixner Kurie mit Kanonikus Gamper und seiner Umgebung zur Folge. Ausdruck der neuen Spannungen sollte ein mittlerweile Legende gewordener Brief des jungen Bischofs aus dem Jahr 1953 werden, worin er den Bozner Zeitungspatron in scharfen Worten vor übersteigertem Nationalismus warnte.

Trotz späterer Aussöhnung folgten die Athesia-Blätter jedoch sowohl vor Gampers Tod 1956 als auch nachher nicht den bischöflichen Vorgaben, sondern bereiteten publizistisch das „Los von Trient" vor. Für Gargitter war dies problematisch, da der niedere Klerus in seiner Haltung verunsichert wurde und zunehmend desorientiert war. Dennoch hielt er kategorisch an seinem Kurs fest. 1959 zitierte er in einer in Sarns gehaltenen Ansprache brisanterweise den Kanonikus, um allen Überlegungen, den Weg der Gewalt zu beschreiten, eine

Absage zu erteilen: „(Denn) (…) wo der Rechtsweg verlassen und von den Rechtsmitteln abgegangen wird, dort steht man auf dem Boden des Unrechts. Unser unvergeßlicher Kanonikus *Gamper* hat uns das Wort vermacht: ‚Ein Volk, das um nichts anderes kämpft als um sein verbrieftes Recht, wird Gott zum Bundesgenossen haben.' Wir wollen dieses Wort ergänzen und hinzufügen: Gott wird zum Bundesgenossen haben ein Volk, das auch keine Wege geht als die verbrieften Rechtswege, keine Mittel braucht als die verbrieften Rechtsmittel." (Kursiv im Original)

Bischof Joseph Gargitter 1952

Die Zusammenarbeit zwischen den Sprachgruppen wurde zunächst über die katholischen Organisationen wie KVW und ACLI praktiziert. Was sich auf dieser Ebene durchaus erfolgreich entwickelte, scheiterte jedoch politisch: Das Bündnis SVP-DC im Regionalrat zerbrach. 1959 traten die SVP-Vertreter aus der Regionalregierung aus. Gargitter hatte – wenig realistisch – darauf vertraut, die DC würde ihre Übermacht nicht ausnützen.

Wie sein Innsbrucker Kollege Paulus Rusch mußte der Bischof zunehmend Kritik und den Vorwurf aus dem nationalen Lager entgegennehmen, Südtirol zu verraten. Anfeindungen gab es jedoch auch von italienischer Seite: Die Kirche leiste durch ihr Verhalten einer Politik der „Rassentrennung" Vorschub, da sie unter anderem Eheschließungen zwischen Deutschen und Italienern verhindere. War es stets ein Vorsatz Gargitters gewesen, sich nicht direkt in politische Aktivitäten verwickeln zu lassen, so sah er sich durch die dramatischen Ereignisse in der Südtirolpolitik Anfang der 60er Jahre doch dazu gezwungen, unmittelbar einzugreifen.

Dualismus zwischen Kirche und SVP
Das Parteiprogramm

Die Bedeutung der Kirche in der unmittelbaren Nachkriegszeit zeigen die Tagebuchnotizen von SVP-Generalsekretär Josef Raffeiner auch an scheinbar banalen Details: So hätte die Parteileitung ohne einen von Bischof Geisler geliehenen Wagen entscheidende politische Treffen gar nicht wahrnehmen können. Überdies leistete der Bischof in verschiedenen Bereichen materielle Hilfestellung, ohne die der Aufbau der Partei wohl nicht so rasch gelungen wäre.

Nach einer ersten Phase der Konsolidierung der SVP zeichnete sich zwischen Geistlichkeit und Partei freilich immer deutlicher ein Dualismus ab, bei dem es vordergründig um weltanschauliche Fragen ging, letztlich aber auch um den Einfluß zweier konkurrierender Apparate auf die Gesellschaft. In den 40er und 50er Jahren mußte sich die Partei öfter mit der Rolle eines Juniorpartners des Klerus bescheiden. Voll zur Geltung kam der kirchliche Einfluß, als es 1947 darum ging, ein Parteiprogramm auszuarbeiten. Im Klerus machten sich Bedenken breit, unter dem Einfluß der liberalen Parteiführung von Obmann Erich Amonn und Generalsekretär Josef Raffeiner könnte es allzu weltoffen ausfallen. Entsprechend besorgt ersuchte Josef Kögl den in den Parteigremien vertretenen Kanonikus Gamper um eine Intervention. Der Provikar mißbilligte unter anderem jene Formulierung des Programmentwurfs, nach der sich die Parteimitglieder zur „Achtung und Duldsamkeit gegenüber anderen Bekenntnissen und Weltan-

Josef Raffeiner und Silvius Magnago, November 1955

> **Trennung von Thron und Altar**
>
> Josef Raffeiner, 1945–1947 Generalsekretär der SVP, zählte zur Minderheit der liberalen Parteirichtung. Als einer der wenigen Südtiroler Politiker der Nachkriegszeit forderte er eine strikte Trennung von weltlichen und geistlichen Angelegenheiten im öffentlichen Leben. „Bemerkenswert aber ist, daß in fast allen den vielen Zuschriften, die in der letzten Zeit von kirchlichen Stellen ausgegangen sind, immer wieder darauf verwiesen wird, daß sich die Kirche in keiner Weise in politische Angelegenheiten einmengen wolle, während man sich aber dann – man kann sagen – um jeden Beistrich unseres Parteiprogrammes kümmert und daran etwas auszusetzen hat." (Josef Raffeiner, Tagebücher 1945–1948, Eintrag vom 8. Februar 1947)

schauungen" verpflichteten. Kögl: „Eine Weltanschauung, die der Katholik als Irrtum erkennt, kann er nicht achten." In der Folge erreichte Gamper die Streichung dieser Passage aus dem endgültigen Programm.

Die Parlamentswahlen von 1948

Der kirchliche Einfluß, zumal jener der Brixner Kurie, auf die Entscheidungen der Südtiroler Volkspartei wurde nach 1945 kontinuierlich ausgebaut. Dem Zusammenspiel von Kurien, Ortsklerus und Athesia-Presse konnten die Parteifunktionäre kaum etwas entgegensetzen. Dies zeigte sich auch 1948 bei den ersten demokratischen Wahlen seit 27 Jahren, den Parlamentswahlen. Bereits im Vorfeld der Kandidatenkür brachen heftige Polemiken zwischen der Parteiführung und dem Gamper-Flügel aus. Nachdem der Klerus bereits zuvor umfangreiche Sondierungen zu aus katholischer Sicht geeigneten Kandidaten unternommen hatte, kam es am Tag vor ihrer Nominierung durch den Parteiausschuß zu einer Sitzung in der Wohnung von Kanonikus Gamper, an der neben einigen Mitgliedern der Parteileitung zahlreiche einflußreiche Geistliche „zur Sicherung des nötigen Einflusses der bewußt katholischen Mitglieder der S.V.P." teilnahmen. Man kam überein, die beiden mutmaßlichen Sitze für den Senat den Liberalen Raffeiner und Carl von Braitenberg zu überlassen, hingegen Otto von Guggenberg, Friedl Volgger und Toni Ebner gewissermaßen als Kandidaten des Klerus für die Kammer vorzusehen. Gegen diese Abmachungen war am folgenden Tag im Parteiausschuß nichts mehr auszurichten. Als sich Parteiobmann Erich Amonn vor allem gegen die Nominierung Volggers sträubte, blieb er eindeutig in der Minderheit, und man beschloß, die Liste in den wesentlichen Punkten so der Landesversammlung zur endgültigen Beschlußfassung vorzulegen, wie vom Klerus am Tag zuvor abgesegnet. Josef Raffeiner notierte betroffen in seinem Tagebuch: „Wozu haben wir überhaupt noch eine Parteileitung, wenn die entscheidenden Beschlüsse schon vorher beim Kanonikus Gamper gefaßt werden und von ihm der Parteiausschuß präpariert wird? Die Parteileitung soll nur nach außen die Verantwortung tragen, die wahre Parteileitung hinter dem Vorhang ist der Kanonikus."

Die „Erklärung"

Ein zweiter Grund für anhaltende Polemiken innerhalb der SVP sowie zwischen Parteiführung und Klerus war eine vom Brixner Ordinariat eingeforderte „Erklärung". Zwar hatte bereits die Partei selbst Richtlinien für die SVP-Kandidaten festgelegt, wonach diese „für die Grundsätze der christlichen Weltanschauung und deren Verteidigung eintreten". Das bischöfliche Ordinariat gab sich mit einer derart allgemeinen Festlegung nicht zufrieden. Es bestand auf eine bindende Erklärung in folgenden Fragen: 1) Aufrechterhaltung des Konkordates in all seinen Punkten; 2) Unauflöslichkeit der Ehe und Eintreten für die christliche Familie, besonders für ihr Recht auf Erziehung der Kinder gegenüber Übergriffen des Staates; 3) Ablehnung der Laienschule und Eintreten für die christliche Schule mit Religionsunterricht von seiten der Geistlichen; 4) Lösung der sozialen Fragen nach kirchlichen Grundsätzen, wie sie besonders von den letzten Päpsten aufgestellt worden sind.

Mit einem Schreiben an die Landesleitung der SVP machte Generalvikar Pompanin nachdrücklich auf die Bedeutung der verlangten Erklärung aufmerksam: „Das Ordinariat möchte darauf hinweisen, daß das Parteiprogramm in vielen Kreisen als nicht genügend klares Bekenntnis zur katholischen Weltanschauung aufgefaßt wird und daß deswegen eine bloße Erklärung mit Hinweis auf das Parteiprogramm diese Kreise nicht befriedigen wird, da ja die Kandidaten für den Senat aus den früher freiheitlichen Kreisen stammen und insbesondere der Kandidat für Brixen (Raffeiner), wie allgemein bekannt ist, persönlich nicht praktiziert. Das hat für die Wahlen aber keine große Bedeutung, wenn die Kandidaten sich bindend verpflichten, in ihrer Tätigkeit als Abgeordnete die katholischen Richtlinien einhalten zu wollen. Aber eine solche Erklärung hält das gefertigte Ordinariat für unbedingt notwendig, soll eine Wahlenthaltung oder Zuwendung vieler katholischer Stimmen an die Kandidaten der Democristiani hintangehalten werden. Und je schneller diese Erklärung erfolgt, desto besser wird es sein, damit nicht inzwischen die Stimmungsmache gegen die Kandidaten der Volkspartei zu weite Kreise zieht. Wenn die Kandidaten eine bindende Erklärung (...) dem gefertigten Ordinariat übersenden wollten, wäre dieses in der Lage, bei den Weisungen, die es in Bälde den Geistlichen zuschicken wird, darauf Bezug zu nehmen." (Unterstreichung im Original)

Parteiintern sorgte das Begehren des Ordinariates für beträchtliche Unruhe. Die betroffenen Kandidaten für den Senat lehnten die Abgabe dieser Erklärung mit der Begründung ab, schließlich würde eine solche von den von der Kirche ebenfalls empfohlenen Kandidaten der DC auch nicht verlangt. Die Auseinandersetzungen der liberalen Parteiführung mit dem von der Mehrheit der Parteibasis getragenen Flügel um Gamper und Pompanin spitzten sich immer mehr zu und endeten schließlich mit ihrer Entmachtung: Erich Amonn wurde im Juli 1948 vom Bauernbundvertreter Josef Menz-Popp als SVP-Obmann abgelöst.

Der Konflikt um die Erziehung der Jugend

Fritz Ebner

Der Bereich, der in der Nachkriegszeit am stärksten dem kirchlichen Einfluß unterlag, war ohne Zweifel die Erziehung. So waren die höchsten behördlichen Schulvertreter der Minderheit, Josef Ferrari und Fritz Ebner, jeweils Geistliche. Die Organisation der Jugend wollte die Kirche keinesfalls mit anderen Instanzen teilen. Wie auch in anderen Konflikten war sie recht schnell mit Vergleichen zum Nationalsozialismus zur Hand, wenn sich die SVP in diesen Fragen zu regen versuchte.

Bereits 1954, als Landwirtschaftsassessor Peter Brugger mehr oder weniger systematisch auf eine Bauernjugendorganisation hinarbeitete, erging ein Veto des Bischofs von Brixen. Während der 50-Jahr-Feier des Südtiroler Bauernbundes in Sterzing (1954) richtete Gargitter unmißverständliche Aussagen an die anwesenden Bauern: „Vertraut eure Jugend allein den von Gott bestellten Erziehern an, in deren Hände sie wohlgeborgen sind: der Familie und der Kirche. Unterstützt die Bemühungen der Kirche um die Formung der Jugend, um Bildung zu charakterfesten und sittlich-religiös guten Menschen, zu Bauern echter christlicher Art. Sollte es noch einmal sein, wie wir es in der Vergangenheit leider erleben mußten, daß man versucht, die Jugend Händen zu übergeben, die für die Jugenderziehung keine Sendung haben, dann laßt die Kirche nicht allein, sondern erhebt euch geschlossen zur Abwehr."

Unter solchen Voraussetzungen war an die Schaffung einer wie immer gear-

---

Geistlicher Politiker

Brief des Brixner Dompropstes Alois Pompanin an Bauernbundobmann Hans Dietl zur Wahlkampfstrategie anläßlich der Parlamentswahlen von 1958. Pompanin kann als später Typus jener Tiroler Geistlichen gelten, die mit Lust und Hingabe politisierten.

„Bezugnehmend auf unsere Unterredung erlaube ich mir, einen Gedanken mitzuteilen, der mir dieser Tage gekommen ist. Ich glaube, dass die Italiener uns ein sehr wirksames Propagandamittel für Dr. Stanek an die Hand gegeben haben, nämlich die drei Strafanzeigen gegen ihn. Man könnte diese Strafanzeigen auswerten, um Vorzugsstimmen für Dr. Stanek zu werben, indem man durch Flüsterpropaganda etwa folgendes Stichwort in ganz Südtirol verbreiten lässt: ‚Von italienischer Seite wurden wegen der Wahlreden des Kandidaten der SVP, Dr. Stanek, drei Strafanzeigen gegen ihn erstattet. Die Italiener fürchten ihn am meisten von allen unseren Kandidaten; deswegen wollen sie ihn mundtot machen. Jeder Südtiroler protestiert dagegen und gibt dem Kandidaten Dr. Stanek eine der drei Vorzugsstimmen.' Noch wirksamer dürfte es sein, wenn in ganz Südtirol Flugzettel mit einem ähnlichen Texte verteilt würden. Aber erst in den letzten zwei Tagen, damit eventuelle Gegner nichts mehr dagegen unternehmen können. Die Flüsterpropaganda könnte dagegen sofort beginnen." (Unterstreichung im Original)

Grieser Erstkommunionkinder, 1955

teten Jugendorganisation vorerst nicht zu denken. Bis Ende des Jahres 1954 rang die Partei der Kirche immerhin die „Erlaubnis" ab, das „Grüne Blatt" als Beilage der Athesia-Zeitschrift „Jugendwacht" für die Landjugend herausgeben zu können. Zur Gründung der Südtiroler Bauernjugend sollte es – nach mehreren Anläufen, die am Widerstand der Kurie gescheitert waren – erst im Jahr 1969 kommen.

Ende der 50er Jahre dachte die Partei an die Gründung einer Jugendorganisation. Noch stärker als zuvor bei der Bauernjugend legte sich die Kirche quer. Ein Brief Gargitters an SVP-Obmann Silvius Magnago aus dem Jahr 1959 läßt an Deutlichkeit nichts zu wünschen übrig: „Die in Ihrem Schreiben dargelegten Pläne betonen (…), daß die Jugendlichen ab 15 Jahren Parteimitglieder sind, und beinhalten eine Form der Jugenderfassung, die einer Jugendorganisation auf breiter Ebene gleichkommt, mit Einschluß sogar, wie ausdrücklich erwähnt wird, kultureller, erzieherischer Ziele. Wir können uns nicht verhehlen, daß Ihre Vorschläge nicht nur eine untragbare Bedrohung der katholischen Jugendverbände bedeuten, sondern auch die Wege öffnen für eine totalitäre Parteijugend, wie wir sie aus naher Vergangenheit noch in unseliger Erinnerung haben. Es tut mir daher leid, zu Ihren Vorschlägen mitteilen zu müssen, daß sie für uns ungeeignet sind, das Problem der Jugendbetreuung fruchtbar mit Ihnen zu besprechen und zu lösen. Ich bitte Sie nochmals dringend, von einer organisatorischen Jugenderfassung durch die Partei ablassen zu wollen, die letztlich nur zum Schaden der Jugend und des ganzen Volkes gereichen würde und gegen die die katholischen Eltern im Verein mit den Seelsorgern sich mit äußerster Kraft zu Wehr setzen müßten." (Unterstreichungen im Original)

Ausflug der Katholischen Jugend Kaltern, 50er Jahre

Ähnlich wie bei der Bauernjugend bedurfte es vieler Jahre und tiefgreifender gesellschaftlicher Veränderungen, bis die SVP eine Jugendorganisation, die Junge Generation, gründen konnte. Die forsche Haltung in der Frage der Jugenderziehung und -organisation verdeutlicht, daß sich die Kirche allenfalls aus der unmittelbaren Sphäre der Parteipolitik zurückziehen wollte, aber in wichtigen gesellschaftspolitischen Fragen das Terrain keineswegs weltlichen Organisationen überließ.

„Kirchenspülerinnen" in Latzfons, um 1955

Die soziale Frage
Angst vor dem Kommunismus

Wer wie die Kirche in Südtirol auf allen Ebenen Einfluß nahm und Ansprechpartner sein wollte, konnte sich der in den 50er Jahren immer drängenderen sozialen Frage nicht entziehen. Ein stärkeres gesellschaftspolitisches Engagement war aus kirchlicher Sicht insofern gefordert, als nicht nur die Industriearbeiter in den städtischen Zentren von einer linksorientierten Gewerkschaft organisiert wurden, sondern auch die Landarbeiter zunehmend der PCI-nahen „Federterra" beitraten. Zugleich nahm die Auswanderung deutschsprachiger Arbeiter ab Mitte der 50er Jahre unübersehbare Dimensionen an. Diese konkreten Krisensymptome und die stets präsente Furcht vor einer Machtübernahme der Linken in Italien ließen die Lösung der sozialen Frage als vordringlich erscheinen. Einen deutlichen Einschnitt im Verhalten der Kirche stellte auch in diesem Punkt die Amtsübernahme Joseph Gargitters dar.

Maßgeblich von der Ära Pius' XII. und der katholischen Soziallehre geprägt, glaubte der junge Bischof vor allem, die „kommunistische Gefahr" von Südtirol abwenden zu müssen: So schien ihm die politische Einheit der deutschen Volksgruppe dienlich, um ein geschlossenes Milieu zu erhalten, Entwicklungen am leichtesten zu kontrollieren und die politische Führung direkt oder unterschwellig zu beeinflussen. Gargitter hegte bei seinem Antritt keine Zweifel, daß Südtirol eine soziale Umwälzung erleben werde, und setzte sich mit dem Problem der Industrialisierung früher auseinander als die politische Führung, nahm aber zunächst eine durchaus widersprüchliche Haltung ein. Claus Gatterer beurteilt die frühe Haltung des Bischofs folgendermaßen: „Neue Industrien in den Südtiroler Tälern bedeuteten jedoch: Entstehung einer besitzlosen und folglich entwurzelten Arbeiterklasse, Verschärfung der sozialen Unterschiede, vielleicht auch Einbruch neuer Ideen. Um dies zu vermeiden, hielt er es lange Zeit für geboten, Südtirol die Industrialisierung zu ersparen und den Anschluß an die europäische Hochkonjunktur durch eine Kombination von Landwirtschaft und Bauernhoftourismus zu suchen. Der patriarchalisch-unterwürfige Bauernknecht war ihm lieber als ein selbstbewußter Industriearbeitertyp."

Diese Haltung Gargitters kam angesichts stark zunehmender Abwanderung und einer auch aufgrund sozialer Probleme explosiven politischen Lage Ende der 50er Jahre ins Wanken. Er forderte Politiker und Unternehmer auf, für „Arbeit und Brot" in der eigenen Heimat zu sorgen, und versprach selbst konkrete Hilfe:

„Tag des berufstätigen Mädchens" am 4. Mai 1958 in Bozen: Der Trienter Bischof Rauzi bei der Fahnenweihe vor der heiligen Messe und (unten) Begrüßung von Bischof Rauzi durch Weihbischof Forer

Das 20. Jahrhundert in Südtirol: Auferstehung nach der Katastrophe

Soziales Anliegen

Bischof Joseph Gargitter über die soziale Frage, die er neben den Beziehungen zwischen den Volksgruppen als entscheidend für den Werdegang Südtirols einstufte: „Vielleicht hängt mein Verständnis für die soziale Frage auch etwas mit meiner Familie zusammen; ich habe schon angedeutet, daß in den dreißiger Jahren wirtschaftlich schlechte Zeiten gewesen sind und ich aus eigener Erfahrung weiß, was es heißt, wenn eine Familie in Not ist, wenn sie nicht das Notwendigste zum Essen hat oder wenn sie sich etwas nicht leisten kann, was über das Notwendigste zum Leben hinausgeht. Und ich habe schon damals gespürt, daß ein großer Unterschied ist zwischen denen, die sich viel leisten können – und den vielen, die sich wenig leisten können."

Romwallfahrt des KVW anläßlich der Großkundgebung der katholischen Arbeiter zum 1. Mai 1955

Um entsprechende Initiativen anzuregen, werde die Diözese junge Kräfte ausbilden lassen und „für die Beschaffung der nötigen Kapitalien zur Errichtung einer Heimindustrie in einem unserer Bergtäler" sorgen. Die guten Vorsätze des Bischofs erwiesen sich als zu weit gespannt: Die Kirche verfügte nicht über entsprechende Instrumente, um in den Wirtschaftsprozeß Südtirols wirkungsvoll eingreifen zu können. Wichtigstes Resultat der bischöflichen Bemühungen war die Gründung der im Bereich der Holzverarbeitung tätigen Firma Wierer auf den Liegenschaften der Kurie. Seine nun gegenüber der Industrialisierung deutlich offenere Haltung und sein Engagement für das Holzwerk in Kiens brachten den in nationalen Kreisen ohnehin argwöhnisch beäugten Bischof vollends in Verruf, und er handelte sich den Vorwurf ein, durch seine Politik der wirtschaftlichen Öffnung die Immigration italienischer Industriearbeiter weiter zu fördern. Fortan mußte Gargitter mit dem Übernamen „walscher Seppl" leben.

Der KVW

Der KVW (Katholischer Verband der Werktätigen) war die zahlenmäßig stärkste Organisation im Südtirol der Nachkriegszeit. Die Gründung des Verbandes im Jahr 1948 war gesellschaftspolitisch durchaus umstritten: In breiten Kreisen der SVP, von Bauern und Unternehmern wurde das Vorhaben offen angefeindet. Die Befürchtung, der KVW könnte sich als linke Kraft innerhalb der Minderheit etablieren, spielte auch in der Kirche eine Rolle. Bezeichnend die Äußerung des Brixner Generalvikars Untergasser gegenüber einem späteren KVW-Funktionär: „(…) lassen Sie die Hände weg von den Arbeitern, die sind eh alle Kommunisten". Dem zunächst unter äußerst prekären Verhältnissen agierenden Verband wurde denn auch recht zögerlich Unterstützung von kirchlicher Seite zuteil. Andererseits war gerade die Angst vor dem Kommunismus die Mutter des KVW. 1949 zählte die linke Landarbeitergewerkschaft „Federterra" Tausende Mitglieder innerhalb der deutschen Sprachgruppe. Viele von ihnen wählten SVP, hatten aber auf gewerkschaftlicher Ebene zunächst keine Alternativen. Die ACLI, das italienische Pendant des KVW (die bis 1948 gewerkschaftliche Funktion ausübten), galten zwar als weltanschaulich „korrekt", wurden aber in weiten Bevölkerungskreisen als Vorfeldorganisation italienischer Machenschaften abgelehnt.

In Kenntnis dieses Umstandes schlugen die ACLI SVP-Politikern bereits 1947 vor, eine deutsche Zweigstelle in Südtirol zu errichten. Nach einem Treffen mit Vertretern der Brixner Kurie erfolgte schließlich im September 1948 die Gründung des KVW, und zwar nicht unter direkter Führung der Kirche, sondern als Laienorganisation. Die Satzungen waren keine wortgetreue Übersetzung des ACLI-Statutes, sondern betonten den autonomen Charakter, auf den besonders die Kreise um Kanonikus Gamper und Bischof Geisler pochten. Ungeachtet anfänglicher Widerstände der ACLI-Zentrale in Rom setzten sich die Südtiroler Vertreter durch. Der KVW wurde der einzige nicht weisungsgebundene Landesverband mit Sitz und Stimme im Nationalkongreß der ACLI.

Beim Aufbau der Organisation ging man nach dem erfolgreichen Vorbild der kommunistischen Konkurrenz vor: Zunächst wurden mit Unterstützung der Katholischen Bewegung die Ortsgruppen errichtet, dann erst die Bezirks- und Landesstellen. Als vorteilhaft erwies sich die Existenz einer von Toni Ebner mit Unterstützung von Michael Gamper und Josef Ferrari aufgebauten Geheimorganisation, die im Falle einer kommunistischen Machtübernahme in Südtirol hätte bewaffneten Widerstand leisten sollen. Die dafür in den Ortschaften rekrutierten jungen Männer spielten bei Gründung und Aufbau der KVW-Ortsgruppen eine wichtige Rolle.

Grundziel des Verbandes: den „wirtschaftlichen und sozialen Rückstand der Südtiroler Werktätigen aufholen". Am vordringlichsten schienen in den 40er und 50er Jahren Information und Beratung zur Renten- und Pensionenfrage. Der KVW trat bereits zu einer Zeit entschieden für die Industrialisierung Südtirols ein, als diese noch lange mit Italienisierung gleichgesetzt wurde, und die Wirtschafts- und Sozialpolitik weitgehend im Schatten der „Todesmarsch"-Parole stagnierte. Erst die Abwanderungswelle, die Ende der 50er Jahre unübersehbare Ausmaße angenommen hatte, veränderte die Vorzeichen: Der KVW gewann nun nicht zuletzt über den Sozialausschuß der SVP Einfluß auf die Gesetzgebung des Landes.

Auf gewerkschaftlicher Ebene war der KVW mit dem SGB/CISL verbunden, bis er wegen politischer Unstimmigkeiten 1964 die Gründung des Autonomen Südtiroler Gewerkschaftsbundes (ASGB) initiierte.

War der KVW als Verband zwar autonom, so konnte er aus juridischen Gründen kein eigenes Patronat führen. Im gemeinsam mit den ACLI geführten Patronat sahen Kritiker immer wieder einen Hinweis für die italienfreundliche Haltung des KVW. Die Beziehungen zur Sammelpartei konsolidierten sich dennoch: Der Verband erreichte nämlich bereits in den 50er Jahren eine Breitenwirkung, an der die Politik nicht mehr vorbeigehen konnte. So wurde er zum entscheidenden Befürworter der Allianz zwischen SVP und DC, der den Austritt der SVP aus der Regionalregierung zwar nicht verhindern, aber deutlich hinauszögern konnte.

Die Verquickung zwischen SVP und KVW sorgte aber auch zunehmend für Polemiken, wie Josef Innerhofer schreibt: „Um seinen Forderungen größeres Gewicht zu verleihen, bemühte er sich, auch in den politischen Gremien vertreten zu sein, sowohl auf Gemeinde- wie auf Landesebene. (…) Politische Glücksritter aber witterten hier bald ein günstiges Aufsteigepferd. Ungute wahlpolitische Händel und Spannungen in den eigenen Reihen waren die Folge. Das eigentliche soziale Anliegen drohte in den Hintergrund gedrängt zu werden. Erst als die Landesleitung von der Nominierung offizieller politischer Mandatare absah, trat wieder Ruhe ein (…)."

KVW-Romwallfahrer, 1955

Mitarbeiter der KVW-Landesleitung in den 50er Jahren. 1. Reihe: Judith Menger, Else Seeburger und Mater Maria Haller. 2. Reihe: Konrad Dissertori, Olivia Cristofolini und Walther Felicetti

Anhang

Abkürzungsverzeichnis

ACLI
Associazioni Cristiani Lavoratori Italiani

ADERST
Amtliche Deutsche Ein- und Rückwandererstelle

AdO
Arbeitsgemeinschaft der Optanten für Deutschland

AGA
Associazione Giovanile Altoatesina

AGB
Allgemeiner Gewerkschaftsbund

AHB
Andreas-Hofer-Bund

AMG
Allied Military Governement

ASAR
Associazione di Studi Autonomistici Regionali

ASGB
Autonomer Südtiroler Gewerkschaftsbund

AVS
Alpenverein Südtirol

BAI
Außenstelle des Bundeskanzleramtes in Innsbruck

BAS
Befreiungs-Ausschuß Südtirol

BDM
Bund Deutscher Mädel

BIB
Bergisel-Bund

BSV
Bund Südtiroler Volksbühnen

CAI
Club Alpino Italiano

CIC
Counter Intelligence Corps

CIGL
Confederazione Generale Italiana del Lavoro

CISL
Confederazione Italiana Sindacati Lavoratori

CLN
Comitato di Liberazione Nazionale

CLNAI
Comitato di Liberazione Nazionale Alta Italia

DAT
Deutsche Abwanderungs-Treuhand-Gesellschaft

DC
Democrazia Cristiana

DICAT
Difesa controaerea territoriale

DUS
Dienststelle Umsiedlung Südtirol

EWG
Europäische Wirtschafts-Gemeinschaft

FLAK
Flugabwehrkanonen

FUCI
Federazione Universitaria Cattolica Italiana

GVS
Gesamtverband der Südtiroler (in Österreich)

HC
Hockey Club

HJ
Hitlerjugend

INA
Industria Nazionale Alluminio

INPS
Istituto Nazionale Previdenza Sociale

KPI
Kommunistische Partei Italiens

KPÖ
Kommunistische Partei Österreichs

KVW
Katholischer Verband der Werktätigen

KZ
Konzentrationslager

LBA
Lehrerbildungsanstalt

MSI
Movimento Sociale Italiano

NDP
National-Demokratische Partei

NS
Nationalsozialismus, bzw. nationalsozialistisch

NSDAP
Nationalsozialistische Arbeiterpartei

NSV
Nationalsozialistische Volkswohlfahrt

ONMI
Opera Nazionale Maternità ed Infanzia

ORF
Österreichischer Rundfunk

ÖVP
Österreichische Volkspartei

OZAV
Operationszone Alpenvorland

PCI
Partito Comunista Italiano

PLI
Partito Liberale Italiano

PNF
Partito Nazionale Fascista

POA
Pontifica Opera Assitenza

Pol.-Rgt.
Polizeiregiment

PPTT
Partito Popolare Trentino Tirolese

PRI
Partito Repubblicano Italiano

PSDI
Partito Socialista Democratico Italiano

PSI
Partito Socialista Italiano

RAI
Radio Audizioni Italia

RSI
Repubblica Sociale Italiana

SA
Sturmabteilung der NSDAP

SAB
Società Atletica Bolzano

SASA
Società Atesina Servizi Automobilistici

SCM
Sportclub Meran

SETA
Società Editrice Tipografia Atesina

SGB
Südtiroler Gewerkschaftsbund

SIABA
Sindacato Italiano Artisti Belle Arti

SJV
Südtiroler Jugend-Vereinigung

SOD
Südtiroler Ordnungsdienst (auch Sicherungs- und Ordnungsdienst)

SPÖ
Sozialistische Partei Österreichs

SS
Schutzstaffel der NSDAP

STE
Società Trentina di Elettricità

SVP
Südtiroler Volkspartei

Tbc
Tuberkulose

UIL
Unione Italiana Lavoratori

VOG
Verband der Obsterzeugergenossenschaft

VKS
Völkischer Kampfring Südtirols

VSM
Verband Südtiroler Musikkapellen

VW
Volkswagen

WHO
World Health Organization - Weltgesundheitsorganisation

Bibliographie

50 Jahre AVS, Dolomiten-Sonderheft, Juni 1996.

50 Jahre Hockey Club Bozen, Bozen o. J.

50 Jahre Verband der Südtiroler in Österreich 1946–1996, Salzburg 1997.

Willy ACHERER, … mit seinem schweren Leid … Jugendbekenntnisse eines Südtirolers, Brixen 1986.

Piero AGOSTINI/Vittorio CAVINI/Leopold STEURER, Merano: 30 aprile 1945, (Qaderni del Matteotti), o.O., o.J.

Piero AGOSTINI/Giancarlo ANSALONI/Maurizio FERRANDI, Alto Adige. Ottant'anni di storia. Cronologia essenziale dall'annessione all'italia al dibattito sull'Euregio, Bolzano 1952.

Peter AICHNER, Weiße Kohle als Kraftquelle. Die Stromversorgung in Südtirol, in: Zeitzeichen der Technik. Technische Kulturgüter Südtirols, hrsgg. von Vittfrida Mitterer, Bozen 1993, 67–75.

Thomas ALBRICH/Arno GISINGER, Im Bombenkrieg. Tirol und Vorarlberg 1943–1945, (Innsbrucker Forschungen zur Zeitgeschichte 8), Innsbruck 1992.

Thomas ALBRICH/Klaus EISTERER/Michael GEHLER/Rolf STEININGER (Hg.), Österreich in den Fünfzigern, Innsbruck-Wien 1995.

Anthony E. ALCOCK, Geschichte der Südtirolfrage. Südtirol seit dem Paket, Wien 1982.

Anthony ALCOCK, The History of the South Tyrol Question (Université de Genève, Institut Universitaire de Hautes Études Internationales 190), London 1970.

Helmut ALEXANDER/Stefan LECHNER/Adolf LEIDLMAIR, Heimatlos. Die Umsiedlung der Südtiroler, Wien 1993.

Helmut ALEXANDER, Durch Eintracht und Gemeinschaftssinn … 50 Jahre Obsterzeuger-Genossenschaft Brixen (1944–1994), Bozen-Wien 1994.

Helmut ALEXANDER, 1945: Vorläufige Bilanz eines wirtschaftlichen und gesellschaftlichen Umbruchs in Südtirol, in: Hans Heiss/Gustav Pfeifer (Hg.), Südtirol – Stunde Null? Kriegsende 1945–1946 (Veröffentlichungen des Südtiroler Landesarchivs 10), Innsbruck-Wien-München 2000, S. 152–168.

Helmut ALEXANDER, Kirchen und Religionsgemeinschaften in Tirol, in: Michael Gehler (Hrsg.), Tirol. „Land im Gebirge": Zwischen Tradition und Moderne (Geschichte der österreichischen Bundesländer seit 1945 6/3), Wien-Köln-Weimar 1999, S. 287–303.

Arne ANDERSEN, Der Traum vom guten Leben. Alltags- und Konsumgeschichte vom Wirtschaftswunder bis heute, Frankfurt a.M.-New York 1999.

Giulio ANDREOTTI, De Gasperi, visto da vicino, Mailand 1986.

Hans-Henning ANDRESEN, Die freie Wohlfahrtspflege in Südtirol (Beiträge zur alpenländischen Wirtschafts- und Sozialforschung 75), Innsbruck 1070.

Angelo ARA, Fra Austria e Italia, Udine 1987.

Autonome Provinz Bozen – ASTAT (Hg.), 40 Jahre Bautätigkeit in Südtirol 1954–1997 (ASTAT-Schriftenreihe 64), Bozen 1999.

Autonome Provinz Bozen – ASTAT (Hg.), Die Entwicklung der Fruchtbarkeit in Südtirol 1960–1995 (ASTAT-Schriftenreihe 59), Bozen 1998.

Ernesto BARBIERI, Probleme des Eisenbahnverkehrswesens in der Region Trentino-Tiroler Etschland, in: Giuseppe Carone (Hg.), Studien über das Verkehrs- und Transportwesen in der Region Trentino-Tiroler Etschland, Bd. 1, Trento 1958, S. 127–153.

Elisabeth BAUMGARTNER/Hans MAYR/Gerhard MUMELTER, Feuernacht. Südtirols Bombenjahre. Ein zeitgeschichtliches Lesebuch, Bozen 1992.

Hans BECKER, Die Marillenkulturen im Vinschgau, in: Beiträge zur Landeskunde Südtirols. Festgabe zum 60. Geburtstag von Dr. F. Dörrenhaus, Neustadt a.d.A. 1962, S. 171–191.

Ruth BECKERMANN, Ohne Untertitel. Fragmente einer Geschichte des Kinos in Österreich. Wien 1996.

Siegfried BEER, Schlaglichter auf Kärnten 1945. Observationen und Berichte des US-Geheimdienstes OSS/SSU, in: Carinthia 185 (1995), S. 415–437.

Siegfried BEER, Tirol nach dem Krieg. Erkundungen des US-Geheimdienstes OSS vom Mai bis Juli 1945. Eine exemplarische Dokumentation, in: das fenster. Tiroler Kulturzeitschrift 29 (Sommer 1996), Heft 60/61, S. 5763–5776.

Günther BISCHOF, The Making of a Cold Warrior, Austrian Foreign Policy à la Gruber, 1945–1953, in: Austrian History Yearbook Vol. XXVI (1995), S. 99–127.

Maurizio BONATO, Situation der Kunst in Südtirol nach 1945 und Beziehungen zur italienischen Kultur, Diss. Innsbruck 1980.

Alois BÖHM, Die Weinkellereien Südtirols (Beiträge zur alpenländischen Wirtschafts- und Sozialforschung 68), Innsbruck 1969.

Carl von BRAITENBERG, Unter schwarzbrauner Diktatur. Erinnerungen eines Familienvaters, Arunda 27, 1990.

Otto BREICHA/Gerhard FRITSCH (Hg.), Aufforderung zum Misstrauen. Literatur, Bildende Kunst, Musik in Österreich seit 1945, Salzburg 1967.

Francesco BRUCCOLERI, Il significato sociale di una strutttrra economica. La zona industriale di Bolzano dalla nascita attraverso i decenni, in: La fabbrica del tempo (Hg.), un sistema per la città di Bolzano. Aspetti dell'industrializzazione, Bolzano 1998, S. 35–41.

Peter BRUGGER, Die Entwicklung von Bauerntum und Höferecht in Südtirol, in: Beiträge zur Landeskunde Südtirols. Festgabe zum 60. Geburtstag von Dr. F. Dörrenhaus, Neustadt a.d.A. 1962, S. 58–66.

Oktavia BRUGGER (Hg.), Peter Brugger. Eine persönliche und politische Biographie, Bozen 1996.

Erwin BRUNNER, Die deutschsprachige Presse in Südtirol von 1918 bis 1945, Diss. Wien 1979.

Bürgerkapelle Birxen (Hg.), Bürgerkapelle Brixen: 1801–2001, Brixen 2001.

Karl Heinz BURMEISTER/Federico STEINHAUS, Beiträge zu einer Geschichte der jüdischen Kultusgemeinde in Meran, Trient 1987.

Paolo CAGNAN, Frammenti di storia della comunità italiana in Alto Adige, Bolzano 2001.

Giuseppe CAPROTTI, Alto Adige o Südtirol? La questione altoatesina o sudtirolese dal 1945 al 1948 ed i suoi sviluppi. Studi degli archivi diplomatici francesi, Milano 1988.

Nicolò CARANDINI, The Alto Adige. An Experiment in the Devaluation of Frontiers, Roma 1958.

Diario 1944–1945 di Nicolò Carandini, hrsg. v. Giustino Filippone-Thaulero in N. Antologia, Oktober–Dezember 1982.

Marjan CESCUTTI, Die Ladiner bei Hubert Mumelter, Bozen 1964.

Alexander CHIUSOLE, Geschichte der Firma Durst in Brixen: ein moderner Industriebetrieb im Wandel der Zeit, Dipl. Innsbruck 1989.

Otto CHRISTL, Kritische Untersuchung über die Industriezone von Bozen unter besonderer Berücksichtigung des Standortproblems, Diss. Innsbruck 1963.

Rudi CHRISTOFORETTI, Rieche, es ist die deutsche Faust. Ein Südtiroler „Optantenjunge" erlebt die NS-Zeit in Wels, Wien-Bozen 1999.

Claus CONRAD, Neubeginn im deutschsprachigen Schulwesen?, in: Hans Heiss/Gustav Pfeiffer (Hg.), Südtirol – Stunde Null? Kriegsende 1945–1946 (Veröffentlichungen des Südtiroler Landesarchivs 10), Innsbruck-Wien-München 2000, S. 203–248.

Claus CONRAD, Vorbereitung auf Deutschland: Die Sprachkurse für Optantenkinder als Beginn nationalsozialistischer Erziehung, in: Klaus Eisterer/Rolf Steininger (Hg.), Die Option. Südtirol zwischen Faschismus und Nationalsozialismus (Innsbrucker Forschungen zur Zeitgeschichte 5), Innsbruck 1989, S. 106–126.

Claus CONRAD, Die Wirkung des Nationalsozialismus auf das Bildungssystem in Südtirol, in: sturzflüge 19 (1987), S. 34–41.

Conservatorio Statale di Musica „Claudio Monteverdi". 1940–1965, Bolzano 1965.

Umberto CORSINI/Giulio Benedetto EMERT/Hans KRAMER, Trentino e Alto Adige dall'Austria all'Italia, Bolzano 1969.

Umberto CORSINI/ Rudolf LILL, Südtirol 1918–1946, hrsg. v. d. Autonomen Provinz Bozen-Südtirol, Bozen 1988.

Laura CONTI, Primi risultati di una ricerca sul Polizeidurchgangslager di Bolzano, in: Il Cristallo, Dez. 1964.

Alessandro COSTAZZA, „Die Südtiroler hatten über sich nichts auszusagen." Vergangenheitsbewältigung in der Südtiroler Literatur der fünfziger und sechziger Jahre, in: Zwischen Kontinuität und Rekonstruktion. Kulturtransfer zwischen Deutschland und Italien nach 1945, Tübingen 1998, S. 32–53.

Giorgio DELLE DONNE (Hg.), Alto Adige 1945–1947. Ricominciare, Bolzano 2000.

Giorgio DELLE DONNE (Hg.), Incontri sulla storia dell'Alto Adige, Bolzano 1994.

Giorgio DELLE DONNE, Storia della questione altoatesina dall'annessione agli anni settanta, Trento o. J. (ca. 1982).

Domenico DE NAPOLI, Alto Atesini e Sudtirolesi. Una convivenza difficile (1945–1946), Roma 1996.

Der Pariser Vertrag. 5. September 1946. Zum dreißigsten Jahrestag der Unterzeichnung des Degasperi-Gruber-Abkommens, Regione Trentino-Südtirol 1976.

Hans DIETL, Der Südtiroler Bauernbund und die Landwirtschaft, in: Wolfgang Pfaundler (Hg.), Südtirol. Versprechen und Wirklichkeit, Wien 1958, S. 263–271.

Ennio DI NOLFO, Ein bestimmter Abschnitt der Vorarbeiten für eine amerikanische Südtirolpolitik (1943), in: Der Pariser Vertrag. 5. September 1946. Zum dreißigsten Jahrestag der Unterzeichnung des Degasperi-Gruber-Abkommens, Region Trentino-Südtirol 1976, S. 75–96.

I Documenti Diplomatici Italiani (DDI), Decima Serie: 1943–1948, Volume II (1945), Ministerio degli Affari Esteri. Commissione per la Pubblicazione dei Documenti Diplomatici, Roma 1992.

DDI, Decima Serie: 1943–1948, Volume III (1946), Ministerio degli Affari Esteri. Commissione per la Pubblicazione dei Documenti Diplomatici, Roma 1994.

DDI, Decima Serie: 1943–1948, Volume IV (1946-1947), Ministerio degli Affari Esteri. Commissione per la Pubblicazione dei Documenti Diplomatici, Roma 1996.

Franz EGERT, Die Bedeutung der tirolischen Grenzübergänge im Eisenbahn- und Straßenverkehr für die italienisch-österreichischen Wirtschaftsbeziehungen, in: Giuseppe Carone (Hg.) Studien über das Verkehrs- und Transportwesen der Region Trentino-Tiroler Etschland, Bd. I, Trient 1958, S. 101–114.

Erich EGG/Wolfgang PFAUNDLER, Das grosse Tiroler Blasmusikbuch: mit Ehrentafeln der Tiroler Blasmusikkapellen, Wien 1979.

Klaus EISTERER, Französische Besatzungspolitik. Tirol und Vorarlberg 1945/46 (Innsbrucker Forschungen zur Zeitgeschichte 9), Innsbruck 1991.

Klaus EISTERER, Die Südtirolfrage 1945/46 und die Besatzungsmacht in Tirol, in: Zeitgeschichte 19 (1992). Heft 9/10, S. 267–278.

Klaus EISTERER/Rolf STEININGER (Hg.), Die Option. Südtirol zwischen Faschismus und Nationalsozialismus (Innsbrucker Forschungen zur Zeitgeschichte 5), Innsbruck 1989.

Luis ENDERLE, Der Kleinsparerwohnbau in Südtirol. Probleme der Wohnbauförderung (Beiträge zur alpenländischen Wirtschafts- und Sozialforschung 182), Innsbruck 1978.

Felix ERMACORA (Hg.), Geheimbericht der Südtiroler Delegation zur Pariser Konferenz 1946. Mit einer historischen und aktuellen Standortbestimmung, Wien-München 1987.

Felix ERMACORA, Südtirol und das Vaterland Österreich, Wien-München 1984.

Felix ERMACORA, Südtirol. Die verhinderte Selbstbestimmung, Wien-München 1991.

Felix ERMACORA, Das „Accordino" in der österreichischen Rechtsordnung, in: Franz Aubele (Hg.), Aus Wirtschaft und Gesellschaft. Festschrift für Universitätsprofessor DDr. Ferdinand Ulmer anläßlich der Vollendung des 60. Lebensjahres (Tiroler Wirtschaftsstudien 17), Innsbruck 1963, S. 103–121.

Felix ERMACORA, Das Accordino als rechtspolitisches Instrument, in: Autonome Region Trentino-Südtirol (Hg.), 40 Anni/Jahre „Accordino", Sonderabkommen Trentino, Alto Adige, Tirol und Vorarlberg, Bozen (1989), S. 53–64.

Sabine FALCH, Südtiroler Arbeitsmigration der 50er und 60er Jahre, in: Zeitgeschichte 27 (2000), 5, S. 325–347.

Sabine FALCH, Südtiroler Heimatferne. Ein Forschungsbericht, in: Geschichte und Region/Storia e regione 10 (2001), 1, S. 109–122.

Peter FELLIN. Monografie, Arunda Nr. 20 1986.

Fritz FELLNER, Österreich im Spannungsfeld des Ost-West-Konflikts. Materialien zur Geschichte Österreichs in der amerikanischen Aktenpublikation „Foreign Relations of the United States 1946", in: Österreichische Zeitschrift für Außenpolitik 13 (1973), 4, S. 203–221.

Alain FENET, La Question du Tyrol du Sud. Un problème de droit international, Paris 1968.

Mario FERRANDI, L'Alto Adige nella storia, Trento 1972.

Mario FERRANDI/Gian PACHER/Luigi SARDI, Gli anni delle bombe, Bozen 1973.

Herbert FIEBIGER, Bevölkerung und Wirtschaft Südtirols. Eine Darstellung ihrer Situation und ihrer Probleme, Bergisch-Gladbach 1959.

Hans FINK, 180 Jahre Blasmusikleben in Brixen: 1801–1981. Festschrift der Bürgerkapelle Brixen, Brixen 1981.

Waldimaro FIORENTINO, Industrie e Industriali in Alto Adige, Bolzano 1996.

Robert von FIORESCHY, Die Wirtschaftsstruktur Südtirols, in: Wolfgang Pfaundler (Hg.), Südtirol. Versprechen und Wirklichkeit, Wien 1958, S. 251–262.

Robert von FIORESCHY, Gelebtes Leben, typograph. Manuskript, o.O., o.J.

Karl Heinz FISCHER, Die ländlichen Genossenschaften in Südtirol, Bozen 1961 (1967).

Gerald FLEISCHMANN, Tyrolia-Vogelweider-Athesia. Geschichte und Entwicklung eines Südtiroler Presseverlages, Diss. Wien 1967.

Josef FONTANA, Wirtschaft in Südtirol vom Vormärz bis zur Gegenwart, in: Südtiroler Landessparkasse (Hg.), Beiträge zur Wirtschaftsgeschichte Südtirols (Festschrift zum 125jährigen Bestehen der Südtiroler Landessparkasse), Bozen 1979, S. 303–353.

Josef FONTANA, Die Ladinerfrage in der Zeit 1918 bis 1948, in: Ladinia V (1981), S. 191–220.

Josef FONTANA, Südtirol unter Gauleiter Franz Hofer (1943–1945). Der politische Werdegang Franz Hofers, in: Der Schlern 68 (1996), 8/9, S. 476–497.

Helmut FORSTER, Die Rinderwirtschaft Südtirols (Beiträge zur alpenländischen Wirtschafts- und Sozialforschung 17), Innsbruck 1968.

Frauenbericht 2000. Die Lebens- und Arbeitssituation von Frauen in Südtirol, Bozen 2000.

Alfred FRENES, Dienst am Glauben. Bischof Joseph Gargitter, Bozen 1995.

Anton Frühauf. Monografie. Arunda Nr.10 1980.

Karin GAMPER, Die „Alpenpost" (1951–1957): Giornale di opposizione all' interno del gruppo linguistico tedesco in Alto Adige, Diss. Trient 1995/96.

Maria GARBARI, L'Europa: L'Accordo De Gasperi-Gruber a cinquant'anni dalla Firma, in: Studi Trentini Di Scienze Storiche LXXV (1996), Heft 3, S. 295–325.

Claus GATTERER, Die italienisch-österreichischen Beziehungen vom Gruber-De Gasperi-Abkommen bis zum Südtirol-Paket (1946–1969), in: Innsbruck-Venedig, Österreichisch-Italienische Historikertreffen 1971 und 1972, hrsg. v. Adam Wandruszka und Ludwig Jedlicka, Wien 1975, S. 521–553.

Claus GATTERER, Im Kampf gegen Rom. Bürger, Minderheiten und Autonomien in Italien, Wien-Frankfurt-Zürich 1968.

Claus GATTERER, Schöne Welt, böse Leut. Kindheit in Südtirol, Wien-München-Zürich 1982.

Claus GATTERER, Aufsätze und Reden, Bozen 1991.

Michael GEHLER (Hg.), Verspielte Selbstbestimmung? Die Südtirolfrage 1945/46 in US-Geheimdienstberichten und österreichischen Akten. Eine Dokumentation (Schlern-Schriften 302), Innsbruck 1996.

Michael GEHLER, Karl Gruber. Reden und Dokumente 1945–1953 (Institut für Zeitgeschichte der Universität Innsbruck, Arbeitskreis Europäische Integration, Historische Forschungen, Veröffentlichungen 2), Wien-Köln-Weimar 1994.

Michael GEHLER, „Die Besatzungsmächte sollen schnellstmöglich nach Hause gehen." Zur österreichischen Interessenpolitik des Außenministers Karl Gruber 1945–1953 und zu weiterführenden Fragen eines kontroversen Forschungsprojekts, in: Christliche Demokratie 11 (1994), 1, S. 27–78.

Michael GEHLER, Der Hitler-Mythos in den „nationalen" Eliten Tirols, dargestellt an Hand ausgewählter Biographien am Beispiel der Südtirolfrage und Umsiedlung, in: Geschichte und Gegenwart 9 (November 1990), 4, S. 279–315.

Michael GEHLER, Die Südtirolfrage als politisches Leitprinzip: Aspekte zur Biographie von Eduard Reut-Nicolussi (1888–1958), in: 10 Jahre Südtiroler Freundeskreis für die Universität Innsbruck, Bozen 1995, S. 23–50.

Michael GEHLER, Karl Gruber, in: Herbert Dachs/Peter Gerlich/Wolfgang C. Müller (Hg.), Die Politiker der Zweiten Republik, Wien 1995, S. 192–199.

Michael GEHLER, Verhinderte Autonomie: Österreich und die Südtirolfrage 1945 bis 1956. Fragen und Aufgaben eines Forschungsprojekts, in: Ingrid Böhler/Rolf Steininger (Hg.), Österreichischer Zeitgeschichtetag 1993, 24. bis 27. Mai 1993 in Innsbruck, Innsbruck-Wien 1995, S. 107–124.

Michael GEHLER, Versteckter „Grenzlandkampf" um Südtirol? Die Umsiedlung aus der Sicht des Gaus Tirol-Vorarlberg, in: Klaus Eisterer/Rolf Steininger (Hg.), Die Option. Südtirol zwischen Faschismus und Nationalsozialismus (Innsbrucker Forschungen zur Zeitgeschichte 5), Innsbruck 1989, S. 315–340.

Michael GEHLER, Wolfgang Steinacker – Obstruktion gegen die „Achse" Berlin-Rom. Aspekte zur Geschichte der Südtirolfrage und Umsiedlung, in: das fenster 23 (Herbst 1989), 46, S. 4548–4554.

Michael GEHLER, Zum Umgang mit einem Tabu: Eduard Reut-Nicolussi, Gauleiter Franz Hofer und die Südtirolfrage 1939–1945, Festschrift für Johann Rainer zum 70. Geburtstag, in: Tiroler Heimat 57 (1993), Innsbruck, S. 225–254.

Josef GELMI, Geschichte der Kirche in Tirol. Nord-, Ost- und Südtirol, Innsbruck 2001.

Josef GELMI, Die Südtiroler Kirche und das Ende des Zweiten Weltkrieges, in: Hans Heiss/Gustav Pfeifer (Hg.): Südtirol – Stunde Null? Kriegsende 1945–1946 (Veröffentlichungen des Südtiroles Landesarchivs 10), Innsbruck-Wien-München 2000, S. 141–151.

Josef GELMI, Geschichte der Diözesen Bozen-Brixen und Innbruck, Bd. 5: Zeitgeschichte von 1919 bis heute, Kehl a. R. 1998.

Josef GELMI, Die Brixner Bischöfe in der Geschichte Tirols, Bozen 1984.

Klaus GEROSA, Das karge Leben. Vom harten Los der Bergbauern in Südtirol. Fünfundzwanzig Jahre Stille Hilfe für Südtirol e.V., o.O o.J.

Die Geschichte der Juden in Tirol von den Anfängen im Mittelalter bis in die neueste Zeit, sturzflüge 15/16, Bozen 1986.

Paul GINSBORG, Storia d'Italia dal dopoguerra a oggi. Società e politica 1943–1988, Torino 1989.

Gli Americani e la Guerra di Liberazione in Italia. Office of Strategic Services (OSS) e la Resistenza italiana (Atti del convegno internazionale di Studi Storici, Venezia 17–18 ottobre 1994, a cura della Presidenza del Consiglio dei Ministri), Roma 1995.

Thomas GÖTZ, „Die Straße draußen hat andere Gesetze". Familie, ‚Kleinbürgerlichkeit' und Katholizismus in der westdeutschen Gesellschaft der 50er Jahre, in: Thomas Althaus (Hg.), Kleinbürger. Zur Kulturgeschichte des begrenzten Bewußtseins, Tübingen 2001.

Lotti GOLIGER-STEINHAUS, Mein lieber Federico. Geschichte einer jüdischen Familie, Bozen 1994.

Peter GOLLOB, Die Wirtschaft Südtirols seit der Jahrhundertwende, Diss. Wien 1962.

Helmut GOLOWITSCH/Walter FIERLINGER, Kapitulation in Paris. Entstehungsgeschichte und Hintergründe des Pariser Abkommens zwischen Degasperi und Gruber vom 5. September 1946 (Schriftenreihe zur Zeitgeschichte Tirols 7), Nürnberg-Graz 1989.

Karl GRAF, Tiroler Sportgeschichte. Turnen und Sport in Tirol bis 1955. Entwicklungen – Vereine – Meister, Innsbruck 1996.

Alfons GRUBER, Auf dem langen Weg zur erweiterten Autonomie – Südtirol 1945 bis 1989, in: Meinrad Pizzinini, Zeitgeschichte Tirols, Innsbruck-Wien-Bozen 1990, S. 166–191.

Karl GRUBER, Zwischen Befreiung und Freiheit. Der Sonderfall Österreich, Wien 1953².

Franz Gschnitzer Lesebuch, hrsg. v. Heinz Barta/Karl Kohlegger/Viktoria Stadlmayer, anläßlich des 25. Todestages von Franz Gschnitzer am 19. Juli 1993, Wien-Innsbruck 1993.

Otto von GUGGENBERG, 1918–1945. Zwei Schicksalswenden Südtirols, in: Franz Hieronymus Riedl (Hg.), Südtirol. Land europäischer Bewährung (Schlern-Schriften 140), Innsbruck 1955, S. 99–109.

Pierre GUILLEN, La France et la question du Haut-Adige (Tyrol du Sud) (1945–1946), in: Revue d'Histoire diplomatique 100 (1986), No. 3-4, S. 293–306.

Luciano HAPPACHER, Il Lager di Bolzano, Trento 1979.

Christoph H. v. HARTUNGEN u.a., Die Südtiroler Polizeiregimenter 1943–1945, in: Der Schlern 55/1981, Heft 10, S. 494–516.

Christoph H. v. HARTUNGEN, Aus feinstem Tuche … Die Entstehung der Südtiroler Textilindustrie, in: Zeitzeichen der Technik. Technische Kulturgüter Südtirols, hrsg. von Vittfrida Mitterer, Bozen 1993, S. 97–105.

Klaus HEINZLE, Tiroler Künstler und Hitlerismus. Hausarbeit, Hochschule der Bild. Künste Wien 1987.

Hans HEISS/Gustav PFEIFER (Hg.), Südtirol – Stunde Null? Kriegsende 1945–1946 (Veröffentlichungen des Südtiroler Landesarchivs 10), Innsbruck-Wien-München 2000.

Hans HEISS, Der ambivalente Modellfall: Südtirol 1918–1998, in Rolf Wörsdörfer, Sozialgeschichte und soziale Bewegungen in Italien 1848–1998. Forschungen und Forschungsberichte (Mitteilungsblatt zur Erforschung der europäischen Arbeiterbewegung 21/1998), S. 225–241.

Hans HEISS, Gelungene Pazifizierung? Die Stadt Bozen/Bolzano im Spannungsfeld nationaler und kultureller Auseinandersetzungen 1919–1999, in: Roland Marti (Hg.), Grenzkultur – Mischkultur? (Veröffentlichungen der Kommisssion für Saarländische Landesgeschichte und Volksforschung eV 35), Saarbrücken 2000, S. 209–241.

Hans HEISS, Brixen 1943–1945. Ein Problemaufriss, in: Der Schlern 68 (1994), 8/9, S. 538–561.

Paul HELFRICH, Die wirtschaftliche Bedeutung des Brennerweges im deutsch-italienischen Güter- und Personenverkehr, in: Giuseppe Carone (Hg.) Studien über das Verkehrs- und Transportwesen der Region Trentino-Tiroler Etschland, Bd. I, Trient 1958, S. 115–125.

Klaus-Dieter HENKE/Hans WOLLER (Hg.), Politische Säuberung in Europa. Die Abrechnung mit Faschismus und Kollaboration nach dem Zweiten Weltkrieg, München 1991.

Karl HERMES, Laas im Vintschgau. Eine wirtschafts-geographische Skizze, in: Beiträge zur Landeskunde Südtirols. Festgabe zum 60. Geburtstag von Dr. F. Dörrenhaus, Neustadt a.d.A. 1962, S. 148–170.

Leo HILLEBRAND, Medienmacht & Volkstumspolitik. Michael Gamper und der Athesia-Verlag (Geschichte & Ökonomie 5), Innsbruck-Wien 1996.

Leo HILLEBRAND, Im Zeichen der Urania. Bruno Pokorny. Ein Südtiroler Bildungspionier, Lana 2001.

Andreas HILLGRUBER, Europa in der Weltpolitik der Nachkriegszeit 1945–1963 (Oldenbourg Grundriß der Geschichte 18), München 1993.

Hartmann HINTERHUBER, Ermordet und vergessen. Nationalsozialistische Verbrechen an psychisch Kranken und Behinderten, Innsbruck-Wien 1995.

Anton HOLZER, Die Südtiroler Volkspartei, Thaur 1991.

Anton HOLZER, Der Markt als Motor, in: Zeitzeichen der Technik. Technische Kulturgüter Südtirols, hrsg. von Vittfrida Mitterer, Bozen 1993, S. 89–91.

Anton HOLZER/Othmar KIEM/Giorgio MEZZALIRA/Michaela RALSER/Carlo ROMEO (Hg.), Nie nirgends daheim. Vom Leben der Arbeiter und Arbeiterinnen in Südtirol, Bozen 1991.

Waldemar HUMMER, Zum Rechtscharakter des Gruber-De Gasperi-Abkommens 1946. Völkerrechtlicher Vertrag, einseitige Verpflichtungserklärung oder bloßes „gentleman's agreement"?, in: Südtirol und der Pariser Vertrag. Geschichte und Perspektiven, Innsbruck 1988, S. 137–169.

Franz HUTER (Hg.), Südtirol – Eine Frage des europäischen Gewissens, Wien-München 1965.

Reinhold IBLACKER, Kein Eid auf diesen Führer. Josef Mayr-Nusser, ein Zeuge der Gewissensfreiheit in der NS-Zeit, Innsbruck-Wien-München 1979.

Josef INNERHOFER, Die Kirche in Südtirol. Gestern und heute, Bozen 1982.

Innsbruck-Venedig. Österreichisch-italienisches Historikertreffen, hrsg. v. Adam Wandruszka u. Ludwig Jedlicka (Veröffentlichungen der Kommission für Geschichte Österreichs 6), Wien 1975.

Harald JOHANNES, Die Sozialarbeit des KVW (Schriftenreihe des Südtiroles Wirtschafts- und Sozialinstituts 37), Bozen 1969.

Reinhard JOHLER/Ludwig PAULMICHL/Barbara PLANKENSTEINER (Hg.), Im Auge der Ethnographen. Supplement des Prokurist, Wien-Lana 1991.

Margareth KAMELGER, Todesursache: Krieg. Dokumente aus dem Zweiten Weltkrieg, in: Ahrntal. Ein Gemeindebuch, Steinhaus 1999.

Klaus KASSNER, Die Gewerkschaften in Südtirol (Beiträge zur alpenländischen Wirtschafts- und Sozialforschung 45), Innsbruck 1969.

Katholische Hochschuljugend Südtirols, Bischof Joseph Gargitter zu sozialpolitischen Fragen in Südtirol, Brixen 1978.

Barry M. KATZ, Foreign Intelligence – Research and Analyses in the Office of Strategic Services 1942–45, London 1989.

Volker H. KEPP, Der Südtiroler Arbeitsmarkt (Beiträge zur alpenländischen Wirtschafts- und Sozialforschung 112), Innsbruck 1971.

Manfred KERSTING, Industrie und Industriepolitik in Südtirol (Beiträge zur alpenländischen Wirtschafts- und Sozialforschung 165), Innsbruck 1973.

Lois KÖLL, Laaser Marmor. Gewinnung und Verwertung (Tiroler Wirtschaftsstudien 19), Innsbruck 1964.

Erich KOFLER, Bekenntnisse, Innsbruck 1940.

Johann KOPFSGUTER, Katholische Erwachsenenbildung in Südtirol von 1918 bis zur Gegenwart, Diss. Salzburg 1970.

Ulrich KOHL, Das Accordino. Vorgeschichte, Entstehung und wirtschaftliche Folgewirkung unter besonderer Berücksichtigung Südtirols, Dipl. Wien 1993.

Eva KREUZER-ECCEL/Manfred A. MAYR, Hans Ebensperger. Monografie, Bozen 1994.

Eva KREUZER-ECCEL, Aufbruch. Malerei und Grafik in Nord, Ost- und Südtirol nach 1945, Bozen 1982.

Roland KRISTANELL, Musik in Südtirol, Arunda 1982.

Helmut LAMPRECHT, Wie kam es zum geballten Transit?, in: Rudolf Erhard/Branimir Soucek (Hg.), Transit - zwischen Überrollen und Überleben, Verkehr und Umwelt im Alpenraum, Thaur 1989, S. 25–44.

L'accordo di Parigi/Der Pariser Vertrag: 5. September 1946, Zum dreißigsten Jahrestag der Unterzeichnung des De Gasperi-Gruber-Abkommens. A 30 anni dalla firma dei Patti De Gasperi-Gruber, Region Trentino-Südtirol, Trient 1976.

Conrad F. LATOUR, Südtirol und die Achse Berlin-Rom 1938–1945 (Schriftenreihe der Vierteljahrshefte für Zeitgeschichte 5), Stuttgart 1962.

Stefan LECHNER, Zwischen den Landesteilen: Südtirols Optanten 1945–1948, in: Hans Heiss/Gustav Pfeifer (Hg.), Südtirol – Stunde Null? Kriegsende 1945–1946 (Veröffentlichungen des Südtiroler Landesarchivs 10), Innsbruck-Wien-München 2000, S. 281–195.

Adolf LEIDLMAIR, Bevölkerung und Wirtschaft in Südtirol (Tiroler Wirtschaftsstudien 6), Innsbruck 1958.

Adolf LEIDLMAIR, Bevölkerung und Wirtschaft seit 1945, in: Franz HUTER (Hg.), Südtirol. Eine Frage des europäischen Gewissens, München 1965, S. 560–580.

Aurelio LEPRE, Storia della prima Repubblica. L'Italia dal 1942 al 1992, Bologna 1993.

Lydia LETTNER, Die französische Österreichpolitik von 1943 bis 1946, Diss. Salzburg 1980.

Rudolf LILL, Geschichte Italiens in der Neuzeit, Darmstadt 1988[4].

Margareth LUN, Südtirol in der Operationszone Alpenvorland 1943–1945, Dipl. Innsbruck 1993.

Margareth LUN, Der Zusammenbruch 1945 – Das Vorspiel zum Ende in Italien, in: Der Schlern 68 (1994), 8/9, S. 507–519.

Josef MALL, Erinnerungen eines Südtirolers, Esslingen 1997.

Johannes MESSNER, Kirchliche Sozialarbeit in der Nachkriegszeit in Südtirol. Der Katholische Verband der Werktätigen (KVW), in: Geschichte und Region 2 (1993), 1, S. 207–239.

Reinhold MESSNER (Hg.), Die Option. 1939 stimmten 86% der Südtiroler für das Aufgeben der Heimat. Warum? Ein Lehrstück in Zeitgeschichte, München 1989.

Giorgio MEZZALIRA, „Der ethnisch fremde Süden". Italienische Einwanderung in der Nachkriegszeit, in: Anton Holzer (u.a. Hg.), Nie nirgends daheim. Vom Leben der Arbeiter und Arbeiterinnen in Südtirol, Bozen 1991, S. 201–215.

Herbert MIEHSLER, Südtirol als Völkerrechtsproblem, Graz-Wien-Köln 1962.

Carlo MILESI/Paolo RENNER/Fausto RUGGERA, Don Franco. Un prete fra la gente, Bozen 1998.

Fabrizio MIORI, Oltrisarco. Ricostruzione storica ed economica dello sviluppo di un quartiere di Bolzano (Tracce 2), Brunico 1998.

Mitteilungen der Handels-, Industrie- und Landwirtschaftskammer Bozen, 1. Jg. ff., 1948 ff.

Karl MITTERMAIER, Südtirol. Geschichte, Politik und Gesellschaft, Wien 1986.

Hubert MOCK, Der lange Weg in die moderne Zeit. Notizen zur Geschichte von Teis, in: Teis – eine Geschichte, hg. vom Tourismusverein Teis, Bozen 1998, S. 221–294.

Ruggero MOSCATI, L'Accordo Degasperi-Gruber, in: Storia e Politica XIII (1974), S. 243–260.

Edgar Hans NÄGELE, Der Anbau von Kartoffelsaatgut in Südtirol (Beiträge zur alpenländischen Wirtschafts- und Sozialforschung 34), Innsbruck 1968.

Rainer NICK/Josef WOLF (Hg.), Regionale Medienlandschaften. Tirol, Südtirol und Vorarlberg, Innsbruck 1996.

Thomas NUSSBAUMER, Alfred Quellmalz und seine volksmusikalischen Forschungen in Südtirol (1940–42). Eine Studie zur musikalischen Volkskunde unter dem Nationalsozialismus, Innsbruck-Wien-München 2001.

Albin OBERHOFER, Das Regionalabkommen, in: Austria Presse-Dienst (Hg.), Das Südtiroler Heimatbuch, Wien 1958, S. 132–134.

Albin OBERHOFER, Zur Entstehungsgeschichte des Sonderabkommens Nordtirol-Südtirol, in: Tiroler Wirtschaft in Vergangenheit und Gegenwart. Festgabe zur 100-Jahrfeier der Tiroler Handelskammer, Bd. II Kammergeschichte (Schlern-Schriften 78), Innsbruck 1951, S. 223–257.

Walter OBWEXER, Das „Accordino" als völkerrechtlicher Vertrag in seiner gegenwärtigen Anwendung und zukünftigen Entwicklung, Dipl. Innsbruck 1989.

Christine VON OERTZEN, Teilzeitarbeit und die Lust am Zuverdienen. Geschlechterpolitik und gesellschaftlicher Wandel in Westdeutschland 1948–1969 (Kritische Studien zur Geschichtswissenschaft 132), Göttingen 1999.

Heinz Rudolf OTHMERDING, Sozialistische Minderheitenpolitik am Beispiel Südtirol von den Anfängen des Konflikts bis heute, Diss. Hamburg 1984.

Günther PALLAVER, Schlamm drüber, in: Hans Heiss/Gustav Pfeifer (Hg.), Südtirol – Stunde Null? Kriegsende 1945–1946 (Veröffentlichungen des Südtiroler Landesarchivs 10), Innsbruck-Wien-München 2000, S. 256–280.

Günther PALLAVER, Südtirol 1943–1955: Internationale Aspekte, in: Handbuch zur Neueren Geschichte Tirols, Bd. 2: Zeitgeschichte, 1. Teil: Politische Geschichte, hrsg. v. Anton Pelinka u. Andreas Maislinger, Innsbruck 1993, S. 423–448.

Günther PALLAVER/Leopold STEURER, Ich teile das Los meiner Erde. Condividerò la sorte della mia terra. August Pichler 1898–1963, Bozen 1998.

Christoph PAN, Die Südtiroler Wirtschafts- und Sozialstruktur 1910–1961 (Schriftenreihe des Südtiroler Wirtschafts- und Sozialinstituts 2), Bozen 1963.

Christoph PAN, Die wirtschaftliche und soziale Lage Südtirols und ihre Entwicklungsmöglichkeiten (Schriftenreihe des Südtiroler Wirtschafts- und Sozialinstituts 3), Bozen 1963.

Christoph PAN, Sozialer Wandel in Südtirol (Schriftenreihe des Südtiroler Wirtschafts- und Sozialinstituts 74), Bozen 1985.

Giuseppe PANTOZZI, Die brennende Frage zur Geschichte der Psychiatrie in den Gebieten von Bozen und Trient (1830–1942), Bozen 1989.

Herbert PARDATSCHER-BESTLE, Die Schutzhütten des AVS. Geschichte-Gegenwart und alpine Information, Bozen 1999.

Othmar PARTELI, Südtirol (1918 bis 1970) (Geschichte des Landes Tirol 4/I), Bozen-Innsbruck-Wien 1988.

Pietro PASTORELLI, La politica estera italiana del dopoguerra, Bologna 1987.

Pietro PASTORELLI, Das italienisch-österreichische Grenzproblem auf der Pariser Friedenskonferenz, in: Der Pariser Vertrag. 5. September 1946. Zum dreißigsten Jahrestag der Unterzeichnung des Degasperi-Gruber-Abkommens, Region Trentino-Südtirol 1976, S. 103–136.

Pietro PASTORELLI, Die Beziehungen zwischen Italien und Österreich von der Nachkriegszeit bis zur Gegenwart, in: Vom internationalen Konflikt zum gemeinsamen Einsatz für Europa. 50 Jahre Gruber-De Gasperi-Abkommen. Bericht der Tagung in Schloß Maretsch, Bozen, 11.–12.6.1993, hrsg. v. d. Autonomen Region Trentino-Südtirol, o.O. 1994, S. 29–44.

Leonhard PAULMICHL/Klaus DUBIS (Hg.), Medienlandschaft Südtirol, Bozen 1979.

Barbara PESCOLDERUNG-KOFLER, Erwachsenenbildung in Südtirol am Beispiel des Katholischen Bildungswerkes, Dipl. Innsbruck 1984.

Rolf PETRI, Storia di Bolzano (Le città nelle Venezie dall'unità ai nostri giorni 3), Padova 1989.

Albin PIXNER, Industrie in Südtirol. Standorte und Entwicklung seit dem Zweiten Weltkrieg (Innsbrucker Geographische Studien 9), Innsbruck 1983.

Meinrad PIZZININI (Hg.), Zeitgeschichte Tirols, Innsbruck-Wien-Bozen 1990.

Lieselotte PLANGGER-POPP, 40 Jahre Rückschau 1943–1982. Katalog zur Ausstellung, Bozen 1983.

Alessandro PORTELLI, L'ordine è già stato eseguito, Roma 1999.

Peter PRANTNER, Franz Hofer, der Gau Tirol-Vorarlberg und die Operationszone Alpenvorland, Dipl. Wien 1998.

Premesse storiche e quadro internazionale dell'accordo De Gasperi-Gruber, Trient 1987.

Rosaria QUARTARARO, Italia e Stati Uniti, gli anni difficili (1945–1952), Napoli 1986.

Mary DE RACHEWILTZ, Diskretionen. Erinnerungen der Tochter Ezra Pounds, Frankfurt a.M. 1994.

Josef RAFFEINER, Tagebücher 1945–1948, Bozen 1998.

Helmut RAMMINGER, Dolomiten und Alto Adige. Ein Vergleich von Gestaltung und Inhalt der beiden Tageszeitungen der deutsch- und italienischsprachigen Volksgruppe in Südtirol von 1945–1972 (Studien zur politischen Wirklichkeit 1), Innsbruck 1983.

Oliver RATHKOLB (Hg.), Gesellschaft und Politik am Beginn der Zweiten Republik. Vertrauliche Berichte der US-Militäradministration aus Österreich 1945 in englischer Originalfassung, Wien-Köln-Graz 1985.

Manfried RAUCHENSTEINER, Der Sonderfall. Die Besatzungszeit in Österreich 1945 bis 1955, Graz-Wien-Köln 1979.

Region Trentino-Südtirol (Hg.), Der Pariser Vertrag. 5. September 1946. Zum dreißigsten Jahrestag der Unterzeichnung des Degasperi-Gruber-Abkommens, Trient 1976.

Regione Autonoma Trentino-Alto Adige (Hg.), Da un conflitto internazionale a un comune impegno europeo. A cinquant'anni dall'accordo Degasperi-Gruber, Bolzano 1994.

Die Region Trentino - Tiroler Etschland, zweite Vierjahresperiode 1953–1956 (bearbeitet von Dr. Franco Bertoldi), Trient 1958.

Eduard REUT-NICOLUSSI, Tirol unterm Beil, München 1928 (engl. Ausgabe, London 1930, Neudruck Bozen 1983).

Franz Hieronymus RIEDL/Christoph PAN/ Marian CESCUTTI/Robert GISMANN (Hg.), Tirol im 20. Jahrhundert. Festschrift für Viktoria Stadlmayer zur Vollendung des 70. Lebensjahres in Würdigung ihres Wirkens für das ganze Tirol, Bozen 1989.

Gerhard RIEDMANN, Heimat: Fiktion – Utopie – Realität: Erzählprosa in Tirol von 1860 bis heute, Innsbruck 1991.

Gerhard RIEDMANN/Josef FEICHTINGER, Tiroler Literatur des 19. und 20. Jahrhunderts. Texte und Kommentare, Bozen 1994.

Josef RIEDMANN, Das Bundesland Tirol 1918–1970 (Geschichte des Landes Tirol 4/II), Bozen-Innsbruck-Wien 1988.

Karl-Heinz RITSCHEL, Diplomatie um Südtirol. Politische Hintergründe eines europäischen Versagens, Stuttgart 1966.

Carlo ROMEO, Sulle tracce di Karl Gufler il bandito, Bozen 1993.

Tiziano ROSANI/Francesco BRUCCOLERI (Red.), C'era una volta un villaggio …, frammenti e immagini di storia operaia a Bolzano, Bolzano 1999.

Andrea ROSSI/Enrico BALDINI/James C. FRY, Dalle opzioni alla liberazione, (I quaderni del Matteotti 6), Meran o.J.

Karin ROTTENSTEINER, Weiterbildung in Südtirol am Beispiel der Volkshochschule Meraner Urania, Dipl. Innsbruck 1984.

Toni RUEDL, Turnen und Sport in Südtirol. Die sportliche Selbstbehauptung der Südtiroler, Innsbruck 1975.

Oswald SAILER, Schule im Krieg. Deutscher Unterricht in Südtirol 1940–1945 (Schriftenreihe des Südtiroler Kulturinstituts 12), Bozen 1985.

Heinz SANDER, Die Mechanisierung der Südtiroler Landwirtschaft (Beiträge zur alpenländischen Wirtschafts- und Sozialforschung 135), Innsbruck 1972.

Margit SANDNER, Die französisch-österreichischen Beziehungen während der Besatzungszeit von 1947–1955, Wien 1983.

Margit SANDNER, Frankreich und die „Südtiroler Frage" 1945/46, in: Österreich in Geschichte und Literatur 32 (1988), 2, S. 69–81.

Oswald SANTIN, Die Geschichte des Alpenvereins Südtirol (AVS) 1945–1988. Ein Beitrag zur Vereinsgeschichte Südtirols, Dipl. Innsbruck 1988.

Axel SCHILDT, Moderne Zeiten. Freizeit, Massenmedien und „Zeitgeist" in der Bundesrepublik der 50er Jahre, Hamburg 1995.

Wilhelm SCHIRMER, Die Obstgenossenschaften in Südtirol (Schriftenreihe des Südtiroler Wirtschafts- und Sozialinstituts 8), Bozen 1968.

Ernst G. SCHOBER, Das regionale Handesabkommen Trentino-Südtirol-Nordtirol-Vorarlberg (Beiträge zur alpenländischen Wirtschafts- und Sozialforschung 119), Innsbruck 1971.

Karl SEEBACHER, Industrie und Industrielle in Südtirol. Werden, Wachsen und Wandel eines wichtigen Wirtschaftszweiges, Bozen 1996.

Rainer SEBERICH, Südtiroler Schulgeschichte. Muttersprachlicher Unterricht unter fremdem Gesetz, Bozen 2000.

Rainer SEBERICH, Diskussionsbeitrag zum Referat Conrad: Die deutsche Schule im Jahre 1945, in: Hans Heiss/Gustav Pfeifer (Hg.): Südtirol – Stunde Null? Kriegsende 1945–1946 (Veröffentlichungen des Südtiroler Landesarchivs 10), Innsbruck-Wien-München 2000, S. 249–255.

Enrico SERRA (Bearb.), Das De Gasperi-Gruber-Abkommen anhand italienischer und österreichischer diplomatischer Dokumente. L'Accordo Degasperi-Gruber nei documenti diplomatici italiani ed austriaci, Autonome Region Trentino-Südtirol, Trient o.J. (1989).

Enrico SERRA, (Hg.), Il progetto di autonomia 1948, Trento 1988.

Reinhard SIEDER/Heinz STEINERT/Emmerich TÀLOS, Österreich 1945–1995. Gesellschaft – Politik – Kultur, Wien 1995.

Heinrich von SIEGLER, Das Problem Südtirol. Eine Chronik des Gedenkens 1919–1959, Wien-Zürich 1960.

Bradley F. SMITH, The Shadow Warriors. OSS and the Origins of the CIA, New York 1983.

Gottfried SOLDERER, Der Rundfunk im Überlebenskampf einer Minderheit. Fallstudie Südtirol, Diss. Salzburg 1980.

Gottfried SOLDERER (Hg.), Silvius Magnago. Eine Biographie Südtirols, Bozen 1996.

Sport Club Meran (Hg.), 100 Jahre Turnen. 40 Jahre Sport Club Meran, Meran 1986.

Sport Club Meran (Hg.), 50 Jahre Sport Club Meran: 1945–1995, Meran 1995.

Viktoria STADLMAYER, 40 Jahre Pariser Abkommen über Südtirol, in: Jahrbuch für Donauraum-Forschung 26 (1986), S. 111–117.

Viktoria STADLMAYER, Die Südtirolpolitik Österreichs seit Abschluß des Pariser Abkommens, in: Franz Huter (Hg.), Südtirol. Eine Frage des europäischen Gewissens, München 1965, S. 474–536.

Viktoria STADLMAYER, Südtirol seit dem Pariser Friedensvertrag (1946), in: Österreich in Geschichte und Literatur 34 (1990), S. 322–337.

Viktoria STADLMAYER, Zum Verhältnis der Tiroler beiderseits des Brenners, in: Südtirol – 40 Jahre nach dem Pariser Vertrag, Benediktinerstift Fiecht, 12.12.–4.12.1946, veranstaltet v. AV-Austria/KAV Rheno-Danubia, Innsbruck 1986, S. 55–66.

Stadt im Umbruch. Beiträge über Bozen seit 1900 (Jahrbuch des Südtiroler Kulturinstituts 8), Bozen 1973.

Reinhold STAFFLER/Christoph H. v. HARTUNGEN, Geschichte Südtirols. Das 20. Jahrhundert. Materialien, Hintergründe, Quellen, hrsg. v. Jugendkollektiv Lana, Bozen 1985.

Peter STAMMLER, Der soziale Wohnbau in Südtirol (Schriftenreihe des Südtiroler Wirtschafts- und Sozialinstituts 58), o.O. 1972.

Statistisches Handbuch Südtirols. Compendio Statistico Dell'Alto Adige, hrsg. von der Handels-, Industrie-, Handwerks- und Landwirtschaftskammer – Bozen, Bozen 1975.

Gerald STEINACHER, Südtirol und die Geheimdienste 1943–45 (Innsbrucker Forschungen zur Zeitgeschichte 15), Innsbruck-Wien-München 2000.

Viktor STEINEGGER, Die Bozner Industriezone. Bedrohung einer deutschen Stadt, in: Südtiroler Kulturinstitut (Hg.), Die Brennerstraße. Deutscher Schicksalsweg von Innsbruck nach Bozen (Jahrbuch des Südtiroler Kulturinstituts 1), Bozen 1961, S. 347–357.

Rolf STEININGER, Los von Rom? Die Südtirolfrage 1945/46 und das Gruber-De Gasperi-Abkommen (Innsbrucker Forschungen zur Zeitgeschichte 2), Innsbruck 1987.

Rolf STEININGER/Michael GEHLER (Hg.), Österreich im 20. Jahrhundert. Ein Studienbuch in 2 Bänden, Wien-Köln-Weimar 1996.

Rolf STEININGER, Südtirol im 20. Jahrhundert. Vom Leben und Überleben einer Minderheit, Innsbruck 1997, 1998[3].

Rolf STEININGER, Südtirol im 20. Jahrhundert. Dokumente, Innsbruck-Wien 1999.

Rolf STEININGER, Südtirol zwischen Diplomatie und Terror 1947–1969 (Veröffentlichungen des Südtiroler Landesarchivs 6), 3 Bde., Bozen 1999.

Leopold STEURER, Die Südtirolpolitik Roms 1945 bis 1960, in: Ingrid Böhler/Rolf Steininger (Hg.), Österreichischer Zeitgeschichtetag 1993, 24. bis 27.5.1993 in Innsbruck, Innsbruck-Wien 1995, S. 124–130.

Leopold STEURER, Südtirol 1918–1945, in: Pelinka Anton/Maislinger Andreas (Hg.), Handbuch zur neueren Geschichte Tirols, Band 2: Zeitgeschichte, Innsbruck 1993, S. 179–311.

Leopold STEURER, Südtirol zwischen Rom und Berlin 1919–1939, Wien-München-Zürich 1980.

Leopold STEURER, Option und Umsiedlung in Südtirol: Hintergründe-Akteure-Verlauf, in: Messner Reinhold (Hg.), Die Option. 1939 stimmten 86% der Südtiroler für das Aufgeben der Heimat. Warum? Ein Lehrstück in Zeitgeschichte, München 1989, S. 15–114.

Leopold STEURER/Martha VERDORFER/Walter PICHLER, Verfolgt, Verfemt, Vergessen. Lebensgeschichtliche Erinnerungen an den Widerstand gegen Nationalsozialismus und Krieg. Südtirol 1943–1945, Bozen 1993.

Gerald STOURZH, Geschichte des Staatsvertrages 1945–1955. Österreichs Weg zur Neutralität, Graz-Wien-Köln 1985[3].

Thomas STÜRZ, Der Katholische Verband der Werktätigen (KVW). Die Aufgaben und Leistungen im Laufe seiner Geschichte, Dipl. Brixen 1994.

Karl STUHLPFARRER, Umsiedlung Südtirol 1939–1940, 2 Bde, Wien 1985.

Karl STUHLPFARRER, Die Operationszonen „Alpenvorland" und „Adriatisches Küstenland" 1943–1945 (Publikationen des Österreichischen Instituts für Zeitgeschichte und des Instituts für Zeitgeschichte der Universität Wien 7), Wien 1969

Südtirol '39–'43, sturzflüge 29/30, Bozen 1989.

Südtirol 1939–1945. Option, Umsiedlung, Widerstand, Sondernummer des Föhn, Nr. 6/7 (1980).

Südtirol und die soziale Marktwirtschaft. Die wirtschaftliche und soziale Lage in Südtirol (Schriftenreihe des Südtiroler Wirtschafts- und Sozialinstituts 1). O.O. 1962.

Südtiroler Hochschülerschaft (Hg.), Studientagung der Südtiroler Hochschülerschaft 1957 (Der Fahrenden Skolast, Sondernummer), Bozen 1958.

Südtiroler Kulturinstitut, 20 Jahre Südtiroler Kulturinstitut: 1954–1974, Bozen 1975.

Südtiroler Kulturinstitut, Südtiroler Kulturinstitut: 1954-1960, Bozen 1960.

Südtiroler Künstlerbund, 40 Jahre Südtiroler Künstlerbund, Bozen 1987.

Südtiroler Künstlerbund, Zwanzig Jahre Südtiroler Künstlerbund. Festschrift und Katalog zur Sonderausstellung anlässlich der Eröffnung des Hauses der Kultur „Walther von der Vogelweide", Bozen 1967.

Südtiroler Künstlerbund, Statuten: Südtiroler Künstlerbund; gegründet 1923 als Südtiroler Künstlerbund, Bozen 1965.

Südtiroler Künstlerbund, Malerei, Grafik, Skulptur im Südtiroler Künstlerbund, Bozen 1997.

Südtiroler Künstlerbund (Hg.), Willy Valier und seine Zeit. Mit einem Vorwort von Elisabeth Baumgartner, Bozen 1987.

Südtiroler Sängerbund, Jahrbuch 1999: 50 Jahre Südtiroler Sängerbund, Bozen 1999.

Südtiroler Schützenbund (Hg.), 8. Mai 1945. Der Faschismus überlebt in Südtirol. Wider die Einseitigkeit und gegen das Vergessen, zusammengestellt von Peter Paul Rainer, Bozen 1995.

Südtirol und der Pariser Vertrag. Geschichte und Perspektiven, hrsg. v. Bundesländerhaus Tirol/Tiroler Landesinstitut, Innsbruck 1988.

Südtirol und die soziale Marktwirtschaft. Die wirtschaftliche und soziale Lage in Südtirol (Schriftenreihe des Südtiroler Wirtschafts- und Sozialinstituts 1), o.O. 1962.

Bernadette SULZENBACHER, Das Laientheater in Südtirol von 1945 bis 1970 am Beispiel des

Unterlandes, Diss. Innsbruck 1987.

Katia SURIANO, Der Südtiroler ethnische Konflikt in der Literatur, Dipl. Innsbruck 1998.

Tätigkeit der Region Trentino - Tiroler Etschland in den vier Jahren 1949–1952 (Veröffentlichungen der Region Trentino - Tiroler Etschland, zusammengestellt von Dr. Antonio Alberti-Poja), Milano, gedruckt im Oktober 1952.

Teatro stabile di Bolzano: Trent'anni di teatro pubblico. 1950–1980. Bolzano 1980.

Tedeschi, partigiani e popolazioni nell'Alpenvorland (1943–1945), Atti di convegno di Belluno 21–23 aprile 1983, a cura dell'Istituto per la storia della resistenza, Venezia 1984.

Edmund THEIL, Kampf um Italien. Von Sizilien bis Tirol 1943–1945, München-Wien 1983.

Jens TIEMANN, Soziale Sicherung in Südtirol (Beiträge zur alpenländischen Wirtschafts- und Sozialforschung 87), Innsbruck 1970.

Tiroler Geschichtsverein, Sektion Bozen (Hg.), Option-Heimat-Opzioni. Eine Geschichte Südtirols/Una storia dell'Alto Adige, Innsbruck 1989.

Lore TOEPFER, Die Abwanderung deutschsprachiger Bevölkerung aus Südtirol nach 1955 (Beiträge zur alpenländischen Wirtschafts- und Sozialforschung 159), Innsbruck 1973.

Mario TOSCANO, Alto Adige - South Tyrol, Italy's Frontier with the German World, Baltimore-London 1975.

Mario TOSCANO, Storia diplomatica della questione dell'Alto Adige, Bari 1967.

Philipp TRAFOJER, „Der Standpunkt". Politisch-historische Analyse über Funktion, Form und Wirkungsweise eines Propagandamediums, Dipl. Innsbruck 1999.

Isidor TROMPEDELLER, Situation der Erwachsenenbildung in Südtirol. Eine Bestandsaufnahme der Südtiroler Volksbildung, Dipl. Linz 1970.

Egon TSCHOLL, 40 Jahre Sportclub Meran, hrsg. vom Sportclub Meran, 1986.
Franz Tumler. Zum 70. Geburtstag. Eine Anthologie, Arunda 1982.

Tyrolia-Athesia. 100 Jahre erlebt, erlitten, gestaltet. Ein Tiroler Verlagshaus im Dienste des Wortes, Innsbruck-Bozen 1989.

Urania Bozen 50 Jahre. Veranstaltungen – Festakt – Geschichte, hrsg. vom Verband der Volkshochschulen Südtirols, Bozen 1999.

Paolo VALENTE/Carlo MÖSENEDER, Pietra su Pietra. Santo Spirito a Merano: 1271–1951. Notizie storiche sull'evoluzione di una comunità particolare in una terra plurilingue, Bozen 1996.

Jeffrey William VANKE, Moving Mountains? The United States, the Alto Adige, and Peace with Italy, 1945–1946, in: Zeitgeschichte (1997), 3/4, S. 76–84.

Theodor VEITER, Südtirolbibliographie, Wien 1984.

Martha VERDORFER, Zweierlei Faschismus. Alltagserfahrungen in Südtirol 1918–1945, Wien 1990.

Georg VESCOLI, Die ethnische Thematik in der Tageszeitung „Dolomiten". Studie über die Produktion bzw. Reproduktion ideologischer Muster in einer Tageszeitung, Dipl. Innsbruck 1988.

Maria VILLGRATER, Katakombenschule. Schule und Faschismus in Südtirol (Schriftenreihe des Südtiroler Kulturinstituts 11), Bozen 1984.

Friedl VOLGGER, Mit Südtirol am Scheideweg. Erlebte Geschichte, Innsbruck 1984, 1996[2] (ital. Übersetzung: Sudtirolo al bivio, 1985).

Vom internationalen Konflikt zum gemeinsamen Einsatz für Europa. 50 Jahre Gruber-De Gasperi-Abkommen. Bericht der Tagung in Schloß Maretsch, Bozen, 11. – 12. 6. 1993, hrsg. v. d. Autonomen Region Trentino-Südtirol, o.O. 1994.

Wahnsinn und ethnische Säuberung. Deportation und Vernichtung psychisch Kranker aus Südtirol 1939–1945, hrsg. vom Verband Angehöriger und Freunde psychisch Kranker, Bozen o.J.

Walter von WALTHER, Bozen als Handelszentrum. Die Bozner Messen im 20. Jahrhundert, in: Südtiroler Kulturinstitut (Hg.), Stadt im Umbruch. Beiträge über Bozen seit 1900 (Jahrbuch des Südtiroler Kulturinstituts 8), Bozen 1973, S. 282–301.

Franz WIDMANN, Es stand nicht gut um Südtirol. 1945–1972. Von der Resignation zur Selbstbehauptung. Aufzeichnungen der politischen Wende, Bozen 1998.

Lothar WIMMER, Zwischen Ballhausplatz und Downingstreet, Wien-München 1958.

Werner WOLF, Südtirol in Österreich. Die Südtirolfrage in der österreichischen Diskussion von 1949 bis 1969, Würzburg 1972.

Hans WOLLER (Hg.), Italien und die Großmächte 1943–1949 (Schriftenreihe der Vierteljahrshefte für Zeitgeschichte 57), München 1988.

Hans Friedrich WONNER, Sport in Südtirol (Beiträge zur alpenländischen Wirtschaft- und Sozialforschung 169), Innsbruck 1973.

Zeugen des Widerstandes. Eine Dokumentation über die Opfer Nationalsozialismus in Nord- Ost- und Südtirol von 1938–1945, bearb. v. Johann Holzner u.a., Innsbruck-Wien-München 1977.

Joseph ZODERER, Wir gingen, in: Messner Reinhold (Hg.), Die Option. 1939 stimmten 86% der Südtiroler für das Aufgeben der Heimat. Warum? Ein Lehrstück in Zeitgeschichte, München 1989, S. 193–210.

Bildnachweis

Folgende Institutionen und Privatpersonen haben Fotos und Originaldokumente zur Verfügung gestellt:

- Helmut Alexander, Innsbruck: 161, 162, 163 (o.).
- Almirante, Giorgio (Red.): La verità sull'Alto Adige, a cura del Movimento Sociale Italiano, Tambone, Roma 1959: 115.
- Amt der Tiroler Landesregierung, Sachgebiet Südtirol-Europaregion, Innsbruck: 89 (u.), 90, 97 (o., u. l.), 105 (o., M.), 127 (o., M. o.), 128, 129.
- Archiv des Alpenvereins Südtirol, Bozen: 204 (l.).
- Archiv Ahrntal-Chronik: 26 (u.), 169 (u.), 254, 258 (o.).
- Archiv der Hofburg, Brixen: 295, 296 (o.), 297 (o.).
- Archiv der Südtiroler Volkspartei, Brixen: 89 (o.).
- Archiv der Tageszeitung „Alto Adige": 242, 117 (o.).
- Archiv der Edition Raetia (Fotograf: Hermann Frass): 124, 125, 126 (u.).
- Notburga Bacher, Freienfeld: 134 (o., u.).
- Bachmann, Hans/Prieth, Elias: Graun. Die Geschichte der Raiffeisenkasse und des Dorfes. Festschrift aus Anlaß der Einweihung des neuen Verwaltungssitzes in St. Valentin, hrsg. von der Raiffeisenkasse Obervinschgau, Graun im Vinschgau 1983: 157 (u.), 182, 183 (M., u.).
- Beikircher, Ivo Ingram/Walther, Franz v.: „ … das allerschönste Stück davon ist doch die Heimat mein …" 1939. Die Südtiroler vor der Umsiedlung. Vorgeschichte und Ausgang. Text zur gleichnamigen Fernsehdokumentation des Senders Bozen der RAI, Bozen 1989: 15 (M.), 54 (l.), 244.
- Bernardi, Marco (Red.): Il Teatro Stabile di Bolzano. Cinquant'anni di cultura e di spettacoli, Provincia Autonoma di Bolzano-Alto Adige, Cultura Italiana … Progetto ed. Marco Bernardi. Testi: Massimo Bertoldi …, Silvana Editoriale, Milano 2000: 253 (u.), 282 (o., u.).

- Bildungsausschuß der Gemeinde Latzfons: 142 (r.), 143 (u.), 149 (o.), 168 (o.), 172 (o.), 225 (o.), 229, 288 (o.), 293 (o.), 301 (o.).
- Teresia Blaas, Schluderns: 16 (M.), 24 (M., u.), 34 (r.), 36 (l.), 218 (l.), 222 (o. r., M. o. r., M. u. r., u. r.).
- Bodini, Gianni (Red.): Obst, Arunda 46, Arbeitskreis Vintschgau, Schlanders 1997: 173 (o.).
- Bundesarchiv Koblenz: 66 (o.)
- Egidio Casagrande, Leifers: 151 (u.).
- Christoforetti, Rudi: Rieche, es ist die deutsche Faust. Ein Südtiroler „Optantenjunge" erlebt die NS-Zeit in Wels, Folio, Wien-Bozen 1999: 17 (u. l.).
- Das Südtiroler Unterland, hrsg. vom Südtiroler Kulturinstitut, Athesia, Bozen 1980: 279, 281.
- Der Tiroler Max Reisch. Forscher, Pionier, Wissenschaftler. Die Sammlung Max Reisch in Innsbruck. Expeditionsfahrzeuge, Orient-Archiv, Asiatika, Innsbruck o. J.: 211 (o., u.).
- Die Region Trentino-Tiroler Etschland. 1953–1956; zweite Vierjahresperiode (bearb. von Franco Bertoldi. Übers. von Albuin Hofer. Photogr. Mitarb.: Hermann Frass), Temi, Trient 1958: 85, 93 (u.).
- Dorfarchiv Kaltern: 174 (u.), 300 (u.).
- Fotoarchiv Firma Durst, Brixen: 180 (u.).
- „Die Illustrierte Woche", Nr. 4, 1958: 144 (M.), 217; Nr. 6, 1958: 144 (u.), 149 (M.); Nr. 10, 1958: 210 (o. l., o. r.); Nr. 13, 1958: 213 (u.); Nr. 14, 1958: 213 (M.); Nr. 22, 1958: 192, 209, 210 (u.); Nr. 24, 1958: 144 (o.), 216 (o.); Nr. 7, 1958: 155 (o., u.); Nr. 2, 1959: 153; Nr. 19, 1958: 157 (o.); Nr. 28, 1958: 173 (M. u.); Nr. 3, 1958: 173 (u.); Nr. 31, 1958: 174 (o.); Nr. 10, 1958: 278; Nr. 16, 1958: 283 (u.); Nr. 32/33, 1958: 100 (o.).
- Laura Dorigatti, Brixen: 12 (l.), 14, 17 (u. r.), 27 (u.), 30, 31 (o. l., o. r., u.), 35 (M. o.), 36 (r.), 38 (o.), 181 (u.), 224 (o. l., o. M., u.), 288 (u.).
- Egger, Peter: Josef Mayr-Nusser. 1910–1945, Weger Verlag, Brixen 1992: 44 (o. r.).
- Ermacora, Felix: Der unbewältigte Friede. St. Germain und die Folgen 1919–1989, Amalthea, Wien-München 1989: 72.
- Günther Ennemoser, Gossensaß: 101 (o. l.), 184 (l.), 187 (o.).
- Peter Fellin, Katalog hrsg. vom Museum für Moderne Kunst Bozen, Folio, Wien-Bozen 1998: 270 (o. l., o. r.).
- Peter Fellin. Schöpfer – Schreiber – Schrift, Katalog zu den Ausstellungen Oktober/November 1996 in der Galerie Elisabeth & Klaus Thoman, Innsbruck und im Rabalderhaus, Schwaz: 252 (r.).
- Felis, Andrea (Hrsg): La memoria e la storia : Alto Adige – Südtirol; concorso-ricerca su avvenimenti ed esperienze individuali e collettive in Alto Adige tra le due guerre / introd. di Andrea Felis. A cura del Circolo Culturale dell'Associazione Nazionale Partigiani d'Italia, Bolzano, Bolzano 1991: 143 (o.).
- Forst, Meran: 196.
- Franz Tumler zum 70. Geburtstag. Eine Anthologie, Arunda, Sonderheft 4, Arbeitskreis Vintschgau, Schlanders 1982: 276.
- Frass, Hermann (Red.): I. F. Amonn A. G. : 1802–1952 ; eine Entwicklung, die ein Stück Lokalgeschichte bedeutet; zum 150. Bestandsjahr der Firma herausgegeben, Privatdruck Amonn, Bozen 1952: 177 (u.).
- Festi, Roberto (Hrsg.): Le Dolomiti nei manifesti, Priuli & Verlucca, Ivrea 1990: 166 (u.), 201 (u.).
- Frei, Mathias: Hans Prünster. Maler und Graphiker, Athesia, Bozen 1981: 266 (o., M.).
- Frei, Mathias (Red.): Malerei, Graphik, Skulptur im Südtiroler Künstlerbund. Zwischen Tradition und Avantgarde, hrsg. vom Südtiroler Künstlerbund, Bozen 1997: 266 (u.).
- Armin Fuchs, Latsch: 17 (o.), 18–19, 40, 41, 42 (u.), 48 (l.), 63, 183 (o.), 214 (o.).
- 25 Jahre deutsches Fernsehen, hrsg. von der RAI Bozen, o. J., Bozen: 250, 251 (u.).
- 50 Jahre Hockeyklub Bozen, o. J. Bozen: 207 (o.).
- Manfred Furlan, Neumarkt: 25, 42 (M.), 53 (o. l.), 159 (M.), 168 (u.), 258 (u.).

- Mariele Gheller, St. Ulrich: 222 (o. l., M. o. l., M. u. l., u. l.).
- Oswald v. Guggenberg, Mailand: 69, 93 (o.), 105 (u.), 114 (l.).
- Paul v. Guggenberg, Girlan: 88 (r.), 95 (u.), 113.
- Franz Josef Grass, Laatsch: 35 (o.), 81.
- Gruber, Paul: 25 Jahre Schützenkompanie Bartlmä von Guggenberg – Vintl. 200 Jahre Jubiläum des Tiroler Herz-Jesu-Bundes, hrsg. von der Schützenkompanie Bartlmä von Guggenberg unter der Mitarb. von Paul Gruber, Vintl 1996: 62 (u.), 221 (o.).
- Hillebrand, Leo: Im Zeichen der Urania. Bruno Pokorny – ein Südtiroler Bildungspionier, Tappeiner, Lana 2001: 232 (o., u.), 233 (o. l.).
- Holzer, Anton (Hrsg. u.a.): Nie nirgends daheim. Vom Leben der Arbeiter und Arbeiterinnen in Südtirol, Autonome Provinz Bozen-Südtirol, Assessorat für Arbeit, Bozen 1991: 137 (u.), 140.
- Hosp, Inga: Der Maler Robert Du Parc. 1889–1979, hrsg. vom Südtiroler Künstlerbund, Athesia, Bozen 1991: 284 (o. l.).
- Hundert Jahre/Hundert Bilder, Foto-Forum 1999/2000: 78, 272, 289 (u.).
- Innerhofer, Josef: Die Kirche in Südtirol gestern und heute, Athesia, Bozen 1982: 154, 290 (o., M.).
- Irene Hell, Kaltern: 16 (o.), 34 (l.), 37 (o.), 47 (r.), 130 (l.), 152 (o., M.), 175 (o. r.).
- Josef Kien (Kienlechner). Ausstellung zum 80. Geburtstag. Goethe Galerie, Bozen, 12.10.–5.11.1983. Tiroler Landesmuseum Ferdinandeum Innsbruck, 22. April bis 12. Juni 1983, Tiroler Landesmuseum Ferdinandeum, Innsbruck 1983: 271 (o.), 274 (o. l.).
- Ladurner Parthanes, Matthias/Kiem, Matthias: 150 Jahre Algunder Musikkapelle. 1937–1987, Meran 1987: 263 (o.).
- Lana. Vergangenheit und Gegenwart, hrsg. von der Raiffeisenkasse Lana, Lana 1985: 206 (M.).
- Langer, Peter: Conservatorio Statale di Musica „Claudio Monteverdi" Bolzano; 1940–1965 = Staatliches Musikkonservatorium „Claudio Monteverdi", Bolzano 1965: 283 (o.).
- Im Auge der Ethnographen. Volkskultur und Südtirol; ein Symposion vom 5. bis 7. Mai 1989, Lana/Südtirol/Italien, veranstaltet vom: Verein der Bücherwürmer Lana, Lana 1989: 260 (u.).

- Erich Innerebner, Bozen: 238, 248 (o.), 249 (u.), 290 (o., M. o.).
- Istitut Ladin Micurà de Rü, St. Martin in Thurn: 112 (o., M., u.), 131 (u.).
- Gerhard Kapeller, Taufers: 52 (o. M.), 170, 172 (M. o.), 202 (u.), 253 (o.).
- Kloster Muri-Gries, Bozen: 42 (o.), 52 (o. l.), 65 (u.), 289 (o.).
- Kollmann, Johann: 50 Jahre Bischöfliches Seminar Johanneum in Dorf Tirol. 1928–1978, hrsg. vom Bischöflichen Seminar Johanneum, Athesiadruck, Bozen 1979: 292 (M.).
- Kreuzer, Eva: Hans Ebensperger, Athesia, Bozen 1994: 271 (u.), 274 (o. r.).
- Kühebacher, Egon: Spiel und Fest in der Geschichte der Hofmark Innichen, hrsg. von der Volksbühne Innichen im 40. Jahre ihres Bestehens, Innichen 1990: 280 (l.).
- Gemeindearchiv Kurtatsch: 258 (M.).
- KVW, Bozen: 234 (u.), 287 (u. l., u. r.), 301 (M., u.), 302, 303 (o., u.).
- Gemeindearchiv Lajen: 262 (r.).
- Landesamt für audiovisuelle Medien, Bozen: 119 (o., u.), 228 (o.), 290 (u. r.).
- „L'Europeo", 15. Juli 1956 (Archiv Franz von Walther): 165, 100 (u.), 241 (u.).
- Michele Lettieri, Bozen: 151 (o.), 206 (o.), 285.
- Manfredi, Antonio: Alois Kuperion, All'Insegna del Pesce d'Oro, Mailand 1961: 270 (u.).
- Männergesangsverein Brixen: 263 (u.).
- Marabini Zoeggeler, Bianca/ Talalay, Michail: Die russische Kolonie in Meran. Hundert Jahre russisches Haus „Borodine" = Russkaja kolonija v Merano = La colonia russa a Merano, Edition Raetia, Bozen 1997: 284 (o. r.).
- Marlies Mareso, Bozen: 12 (r.), 23 (o., u.), 24 (o.), 29 (l.), 39, 76 (l.), 82, 138 (l.), 142 (l.), 150, 172 (u.), 199 (M. o., u.), 230 (u. r.), 231 (o.), 259 (M.), 300 (o.).
- Lidia Menapace, Bozen: 135 (o., u.), 230 (M.).
- Mili Schmalzl. Ein Leben für die Schule und für die Farbe, hrsg. vom Südtiroler Künstlerbund, Athesia, Bozen 1988: 267 (u.).
- Albert Moroder, St. Ulrich: 36 (M.), 54 (r.), 159 (u.), 186 (u.), 195 (u.).
- Museo Storico in Trento: 21 (u.), 38 (u.), 46 (l.), 57, 58 (u.), 80, 97 (u. r.), 107 (o., u.).
- Niedermair, Richard: Mit der Postkutsche nach St. Lorenzen. 1893–1993; 100 Jahre Verschönerungsverein St. Lorenzen, St. Lorenzen, 1993: 187 (M. o., u.), 190 (u.).
- Hilde Nikolussi, Bozen: 218 (r.), 220 (o.).
- Reinhold Nössing, Brixen: 48 (r.), 71 (u.), 186 (o.).
- Nußbaumer, Thomas: Alfred Quellmalz und seine Südtiroler Feldforschungen (1940–42). Eine Studie zur musikalischen Volkskunde unter dem Nationalsozialismus, StudienVerlag, Innsbruck-Wien-München 2001: 259 (o. l.), 260 (o.), 261.
- Oswald Oberhuber. Arbeiten auf Papier 1947–1986. Museum für Moderne Kunst, Bozen, 29. 7.–3. 9. 1988, Museum für Moderne Kunst, 1988 Bozen: 274 (u.), 275.
- Archiv Oberrauch-Wittig, Brixen: 53 (M.), 169 (o.), 255, 286 (l.).
- Oberthaler, Gottfried: 25 Jahre Volkshochschule Urania St. Nikolaus Ulten, Meran 1983: 219 (o.), 233 (o. r.).
- Obstbaumuseum Lana: 172 (M. u.).
- Pallaver, Günther/Steurer, Leopold: Ich teile das Los meiner Erde. Condividerò la sorte della mia terra. August Pichler 1898–1963, Edition Raetia, Bozen 1998: 92 (o., u.).
- Parteli: Otmar: Geschichte des Landes Tirol, Bd. 4/I, Athesia/Tyrolia, Bozen-Innsbruck-Wien 1988: 96 (o.), 102 (l.), 117 (u.).
- Fotostudio Pedrotti, Bozen: 58 (o.), 86, 91, 101 (o. r.), 158, 163 (u.), 164, 166 (o. l., o. M., o. r., M.), 173 (M. o.), 177 (o.), 178, 230 (u. l.).
- Natalie Peer, Schluderns: 35 (u.), 53 (o. r.), 200 (l.), 221 (u.), 223, 259 (o. r.).
- Familie Perathoner, Aldein: 224 (o. r.).
- Pichler-Rolle, Bozen: 50 (o.), 51, 206 (u.).
- Lieselotte Plangger Popp. 40 Jahre Rückschau (1943–1982). Graphik, Malerei, Schrift, Tapisserie, Katalog zur Ausstellung „Lieselotte Plangger-Popp, 40 Jahre Rückschau", Bozen, Waltherhaus 8.–23. März 1983, hrsg. vom Südtiroler Künstlerbund und dem Südtiroler Kulturinstitut, Bozen 1983: 267 (M. o.).
- Ploner, Felix: 100 agn Musga d'La Pli. Storia y vita, Brixen 1995: 262 (l.).
- Pörnbacher, Siegfried (Ill.) ; Maurer, Helmut (Vorw.): Siegfried Pörnbacher. Haus der Kultur – Casa Culturale, Bozen-Bolzano (9. bis 24. Jänner 1989), hrsg. vom Südtiroler Künstlerbund, Bruneck 1989: 267 (o.).

- Portisch, Hugo: Österreich II „Der lange Weg zur Freiheit", Kremayr und Scherian, Wien 1988: 121.
- Hansjörg Prantl, Bozen: 212 (u.).
- Radiotelevisione italiana. Die deutschsprachigen Sendungen von Radio Bozen, 1959: 236 (r.), 237 (u.), 248 (M., u.), 251 (o.).
- Raffeiner, Josef: Tagebücher 1945–1948, hrsg. von Wolfgang Raffeiner, Edition Sturzflüge, Bozen 1998: 199 (M. u.), 296 (u.), 297 (u.).
- Christine Rieder, Bozen: 200 (r.), 208 (u.).
- Ritschel, Karl Heinz: Südtirol – Ein europäisches Unrecht, Styria, Graz-Wien-Köln 1959: 102 (r.), 108.
- Christine Roilo, Bozen: 234 (o.), 291 (u.).
- Rosani, Tiziano/Francesco Bruccoleri (Red.): C'era una volta un villaggio … , frammenti e immagini di storia operaia a Bolzano; pubblicazione in occasione della mostra "C'era in via Volta", Bolzano, carri ferroviari, binari di raccordo, via Galvani direzione via Volta, 6 novembre – 4 dicembre 1999, Bolzano 1999, Ed. La Fabbrica del Tempo: 64, 159 (o.), 292 (u.).
- Familie Herbert Rossi, Neumarkt/Laag: 28 (r.), 37 (M.), 61 (u.), 104, 257.
- Norbert Rudolph, Nals: 204 (r.), 205 (l., r.).
- Heike Santer, Lana: 52 (u.), 291 (o.).
- Schönweger, Matthias: Anton Frühauf. Über 100 Jahre in Meran, Arunda Nr. 10, Arbeitskreis Vintschgau, Schlanders 1980: 273.
- Seberich, Rainer: Südtiroler Schulgeschichte. Muttersprachlicher Unterricht unter fremdem Gesetz, Edition Raetia, Bozen 2000: 219 (u.), 220 (u.), 225 (M. o., M. u., u.), 226, 227, 230 (o.), 231 (u.), 299.
- Erna Schuster, Bozen: 133 (o., u.).
- Gottfried Solderer, Bozen: 256.
- Solderer, Gottfried (Hg.): Silvius Magnago. Eine Biographie Südtirols, Edition Raetia, Bozen 1996: 96 (u.), 103 (u.), 120.
- Anton Sotriffer, Bozen: 111, 145, 152 (u.), 280 (r.), 286 (r.).
- Sportclub Meran: 201 (o.), 202 (o.), 203, 207 (u.), 208 (o.), 212 (o.), 214 (u.), 215, 216 (u.).
- Stadtarchiv Bozen: 147 (o.), 181 (o.), 228 (u.).
- Stadtarchiv Brixen: 49 (r.), 50 (u.), 87.
- Stadtmuseum Meran: 49 (l.), 190 (o. r.).
- Lothar v. Sternbach, Bruneck: 106 (u.).
- „Südtirol in Wort und Bild", Heft 3, Jg. 4, 1960: 126 (o.).
- Südtiroler Künstlerbund, Bozen: 239, 252 (l.), 264 (o., M. o., M. u., u.), 265 (o., u.).
- Südtiroler Landesarchiv, Bozen, Slg. Alfons Benedikter: 130 (r.), 137 (o.), 139, 146, 147 (u.), 148; Slg. Tiroler Geschichtsverein: 13 (o., u.), 15 (u.), 16 (u.), 17 (M.), 20, 21 (o.), 26 (o.), 27 (o.), 44 (u.), 52 (o. r.), 56, 59 (o., u.), 65 (o.), 74, 76 (r.), 77 (M., u.), 79 (o. l., o. r., u.), 84, 122; Slg. Urban Rienzner: 28 (l.), 32 (o., u.), 33 (o., u.), 47 (l.).
- Thaler, Franz: Unvergessen. Option, Konzentrationslager, Kriegsgefangenschaft, Heimkehr. Ein Sarner erzählt, Piper, München 1991: 43, 44 (o. l.).
- Tirol 1959. Ein Buch zur Erinnerung an die Hundertfünfzigjahrfeier der Tiroler Freiheitskämpfe 1809, redigiert von Benedikt Posch, hrsg. im Einvernehmen mit der Tiroler Landesregierung und dem Landesausschuss Bozen, Tyrolia, Innsbruck 1960: 127 (u.).
- Tourismusmuseum Schloß Trauttmansdorff, Meran: 131 (o.), 156 (r.), 160, 163 (M.), 184 (r.), 185 (o., u.), 187 (M. u.), 188-189, 190 (o. l.), 191 (u.), 193, 194 (o., u.), 195 (o.), 197, 198, 199 (o. l., o. r.), 237 (o.).
- Universität Innsbruck, Institut für Zeitgeschichte: 60 (l.), 61 (o.), 66 (u.), 67, 75 (o., M., u.).
- Vahrn. Heimat zwischen den Welten, hrsg. vom Kultur-, Bildungs- und Freizeitverein der Pfarrgemeinde Vahrn anläßlich der 1000-Jahr-Feier der Gemeinde Vahrn 1992, Vahrn 1992: 171, 191 (o.).
- 40 Jahre Südtiroler Künstlerbund, hrsg. vom Südtiroler Künstlerbund, Bozen 1987: 267 (M. u.).
- Volkskundemuseum Dietenheim, Slg. Hugo Atzwanger: 37 (u.).
- Dieter Waldthaler, Bozen: 88 (l.), 99 (o. r., o. l.), 106 (o.), 249 (o.), 293 (u.), 294.
- Franz v. Walther, Bozen: 165.
- Slg. Wassermann, Niederdorf: 29 (r.), 60 (r.), 62 (o.), 71 (o.), 83.
- Verein für Kultur- und Heimatpflege, Tramin: 35 (M. o., M. u.), 46 (r.), 132, 175 (o. l.).
- Familie Welponer, Bozen; Fotografien von Hermann Frass: 138 (r.), 156 (l.), 180 (o. r., o. l.).
- Widmann, Franz: Es stand nicht gut um Südtirol. 1945–1972. Von der Resignation zur Selbstbehauptung. Aufzeichnungen der politischen Wende, Edition Raetia, Bozen 1998: 95 (o.), 114 (r.), 116 (o., u.), 118 (u.), 123, 127 (M. u.).
- Wielander, Hans (Red.): Peter Fellin, Arunda 20, Arbeitskreis Vintschgau, Schlanders 1986: 269.
- Familienarchiv Zuegg, Lana: 167, 179.

Wir danken allen Leihgebern, insbesondere der Landesbibliothek Tessmann, dem Museo Storico in Trento, dem Südtiroler Landesarchiv, dem Tourismusmuseum Schloß Trauttmansdorff, dem Bildungsausschuß der Gemeinde Latzfons, dem Fotostudio Pedrotti, dem Sportclub Meran und Teresia Blaas, Laura Dorigatti, Armin Fuchs, Irene Hell, Gerhard Kapeller, Marlies Mareso, Dieter Waldthaler.

Der Verlag hat versucht, alle Quellen und Urheberrechtsinhaber zu ermitteln und zu kennzeichnen. Er bittet etwaige Bildrechtsinhaber, die nicht ausfindig gemacht werden konnten, sich mit dem Verlag in Verbindung zu setzen.

Zeichenerklärung: r.= rechts, l.= links, o.= oben, u.= unten, M.= Mitte

Orts- und Personenregister

Abbertini, Remo, 100
Abetone, 216
Abram, Erich, 205
Abtei, 45
Acherer, Willy, 31
Achern, 223
Achternbusch, Herbert, 261
Adria, 187, 199
Afrika, 133, 211
Afrikanische Staaten, 213
Ägäis, 55
Ägypten, 37
Ahrntal, 168, 261
Aichner, Georg, 39
Albeins, 42, 162
Aldein, 170
Algund, 174, 192, 263
Alpenregionen, 161
Alpenvorland, 38
Alta Badia, 197
Altgraun, 182, 183
Amann, Klaus, 262
Amerika, 211
Amonn, Erich, 15, 58, 59, 64, 69, 70, 92, 93, 98, 99, 104, 113, 114, 296, 297, 298, 299
Amplatz, Luis, 124
Andreatta, Benjamino, 242
Andresen, Hans-Henning, 155
Andrian, 173
Antholz, 57
Antholzer See, 194
Argentinien, 283
Argerich, Martha, 283
Armani, 248
Asiago, 207
Asiago, Hochebene von, 38
Auckenthaler, Karl, 258, 259
Auer, 39, 42, 158, 159, 173
Auschwitz, 58
Aussersdorfer, Pepi, 213
Avisio, 182
Axmann, Reichsjugendführer, 53
Azzolini, Gröden, 202

Bach, Johann Sebastian, 283
Bacher, Gerd, 124
Bacher, Heini, 208
Bacher, Notburga, 134
Bachmann, Ingeborg, 153
Baden, 223
Baden-Württemberg, 22
Badoglio, Marschall, 37, 136
Baldo, Anita, 217
Barcata, Louis, 245, 247
Bardot, Brigitte, 145
Bari, 166
Bartali, Gino, 203, 212
Barth, Othmar, 290
Bassano del Grappa, 46, 66
Battisti, Cesare, 97
Baur, Gottfried, 202
Belgrad, 105
Bellini, 66
Belluno, 38, 67
Belluno, Provinz, 49, 52
Benassi, Marco, 282
Benatti, Reeder, 194
Benedetti Michelangeli, Arturo, 283
Benedikter, Alfons, 99, 296
Benfield, 62
Benjamin, Gertrude, 55
Berann, Kartograph, 197
Berlin Schönefeld, 260
Berlin, 37, 201, 212, 271, 283, 284
Berloffa, Alcide, 95
Bermann, Teresa, 55
Beskiden, 15
Bessarabien, 27
Bevin, Ernest, 110
Bilgeri, Georg, 17
Bino Heins, Cristian, 210
Biois, Valle del, 38
Bittanti, Ernesta, 97
Bizone, 165
Blum, Johanna, 248, 264
Blumau, 85
Bodin-Himmler, Margareth, 67

Boensch, Alfred, 245
Böhm, Karl Heinz, 284
Bologna, 282
Bolotnikov, Athlet, 212
Bonatta, Professor, 231
Bormann, Martin, 46
Bosnien, 27
Bousset, Hellmut, 260
Bozen, 16, 17, 20, 21, 22, 37, 38, 39, 42, 44, 45, 52, 53, 54, 56, 57, 58, 59, 64, 66, 67, 69, 73, 75, 77, 80, 84, 85, 90, 92, 94, 96, 97, 98, 99, 100, 103, 106, 108, 109, 113, 115, 116, 117, 118, 119, 120, 121, 124, 126, 127, 131, 133, 135, 136, 138, 139, 140, 145, 148, 151, 152, 153, 154, 159, 162, 163, 164, 165, 167, 170, 171, 173, 175, 177, 178, 180, 186, 190, 199, 201, 203, 204, 205, 206, 209, 211, 212, 213, 217, 220, 221, 225, 226, 228, 230, 231, 235, 239, 241, 242, 247, 249, 250, 256, 258, 259, 263, 264, 266, 271, 279, 281, 282, 283, 285, 289, 290, 292, 293, 295, 296, 301
Bozen, Altstadt, 161
Bozen, Aluminiumwerke, 52
Bozen, Bahnhof, 75, 83
Bozen, Dominikanerplatz, 228
Bozen, Don Bosco-Viertel, 148, 230
Bozen, Drusussportplatz, 201
Bozen, Freiheitsstraße, 97
Bozen, Grieser Platz, 52, 65
Bozen, Haslach, 86, 93, 148, 151
Bozen, Industriezone, 47, 58, 64, 86, 101, 105, 110, 161, 174, 176, 177, 180, 182, 292
Bozen, Lager, 57, 58
Bozen, Lauben, 50
Bozen, Loretoviertel, 145
Bozen, Messe, 166,
Bozen, Moritzing, 42
Bozen, Palais Campofranco, 53
Bozen, Provinz, 52, 53, 63, 71, 73, 75, 84, 85, 99, 105, 108, 111, 113, 116, 119, 140, 150, 153, 158, 163, 171, 173, 179, 198, 225, 229, 232, 290, 292
Bozen, Rentsch, 50, 86, 93
Bozen, Reschenstraße, 49, 57, 137
Bozen, Romstraße, 101

Bozen, Rücksiedlerlager Gries, 85
Bozen, Semiruralviertel, 42
Bozen, Siegesdenkmal, 56, 63, 127
Bozen, Siegesplatz, 164, 216
Bozen, Sportstadion, 52
Bozen, Virglstraße, 145, 181
Bozen, Weggensteinstraße, 53
Bozen, „Herzogspalast", 64, 65
Bozen-Brixen, Diözese, 291
Bozner Boden, 44, 148, 151, 207, 208
Bozner Talkessel, 251
Bozner Unterland, 138, 176
Bragagna, Klaus, 279
Braitenberg, Carl von, 93, 95, 99, 114, 296, 298
Brand, Ingeborg, 248
Brando, Marlon, 144
Branzoll, 17, 20, 42, 92, 151
Brecht, Bertolt, 283
Bregenz, 278
Bregenzer-Klopfer, Margareth, 231
Brendel, Alfred, 283
Brenner, 12, 13, 15, 16, 17, 22, 26, 62, 64, 75, 77, 83, 84, 101, 117, 123, 127, 131, 158, 161, 165, 167, 187, 190, 197, 251, 291
Brennerbahnlinie, 39, 162
Brennergrenze, 71, 72, 80, 96, 105, 242, 291
Brennerlinie, 131, 136
Brennerpaß, 186
Brennerstrecke, 63, 167
Brescia, 210
Brixen, 15, 16, 35, 37, 38, 39, 42, 47, 54, 59, 66, 67, 69, 78, 79, 84, 85, 86, 87, 93, 114, 119, 133, 134, 154, 155, 161, 162, 173, 179, 180, 187, 190, 191, 204, 206, 224, 230, 235, 239, 241, 242, 263, 276, 279, 288, 289, 290, 291, 292, 296, 299
Brixen, Altstadt, 50
Brixen, Bahnhof, 14, 17, 30, 31
Brixen, Diözese, 235, 291, 293, 295, 296
Brixner Becken, 135, 168
Brixner Raum, 292
Brock, Maria, 57
Brugger, Peter, 98, 299
Bruneck, 15, 16, 42, 56, 71, 84, 85, 86, 93, 154, 179, 190, 204, 220, 261, 267, 278, 279
Bruneck-Percha, 182
Brunner, Karl, 55
Budweiser Becken, 21
Buenos Aires, 284

Bundesrepublik Deutschland, 121, 165, 187
Buol, Maria von, 254
Buratti, Karl, 46
Burgeis, 264
Burgenland, 24
Burger, Norbert, 129
Burggrafenamt, 136
Burgstall, 173, 194
Burgund, 15
Busoni, Ferruccio, 283, 284
Byrnes, James, 72

Cainelli, Ida, 57
Cajoli, Renato, 242
Caminiti, Marcello, 199
Capri, 185, 187
Caravaggio, 66
Casablanca, 36
Castelfeder, 258
Castelfranco, 270
Castle Donamon, 271
Castoldi, Roberto, 209
Cavazzani, Albino, 241
Cavazzani, Servilio, 241, 242, 247
Cesenatico, 199
Chappel, Major Howard, 67
Chicago, 153
China, 72, 211
Chirico, Giorgio de, 267
Christie, Agatha, 197, 198
Christoforetti, Rudi, 17
Christomannos, Theodor, 198, 217
Christomannos, Willy, 198
Churchill, Winston, 109, 197, 198
Ciampinoi, 197
Clair, René, 285
Clairval, Henri, 70
Clark, General Mark, 71
Col Alto, 195
Coletti, Eishockeyspieler, 208
Colò, Zeno, 216
Comencini, Luigi, 285
Compagnoni, Achille, 205
Coppi, Fausto, 152, 203, 212, 213
Cortemaggiore, 191
Cortina d'Ampezzo, 153, 207, 208, 209, 212, 213, 216, 250
Corvara, 67, 195, 197

Costazza, Alessandro, 275, 277
Costazza, Schiedsrichter, 212
Creutz, SS-Standartenführer, 15
Cristofolini, Olivia, 303
Crozzon di Brenta, 204
CSR, 165

Dachau, 44, 52, 53, 58, 133, 203, 254
Dal Fabbro, Rinaldo, 58
Dall'Oglio, Emilio, 268, 271
Dantercepies, 197
Danzig, 44
Dapunt, Siegfried, 45
Dascht-i-Lut, 211
Day, Doris, 144
Dazzi, Tebe, 144
De Angelis, Bruno, 58, 59, 64, 65, 69, 70, 71, 73
De Franco, Salvatore, 231
De Gasperi, Alcide, 75, 80, 101, 108, 110, 111, 112, 117, 124, 242
De Salvo, Francesca, 55
Dean, James, 144
Degener, Carl, 187
Dehousse, Fernand, 128
Dejaco, Hans, 79
Delago, Maria, 264, 267
Dellantonio, Jax, 205
Deluggi, Heinz, 220, 226, 227, 231
Demetz, Kosmas, 67
Demetz, Vinzenz, 202
Deutsches Reich, 12, 13, 14, 15, 17, 20, 21, 22, 31, 52, 79, 158, 162, 202, 221, 223, 275, 276
Deutschland, 13, 14, 16, 17, 22, 24, 29, 30, 36, 37, 46, 56, 66, 72, 73, 75, 78, 79, 80, 81, 82, 83, 84, 101, 131, 134, 137, 154, 164, 172, 180, 187, 194, 197, 219, 220, 221, 245, 261, 267, 284
Deutschnofen, 170
Dibiasi, Karl, 202
Dibiasi, Klaus, 203
Dietl, Hans, 98, 99, 119, 168, 299
Dietrich, Joseph, 53
Dissertori, Konrad, 303
Dobrudscha, 27
Dolomiten, 151, 195, 197, 198, 204, 261
Dolomitenpässe, 209, 212
Dorf Tirol, 54, 185, 192, 194, 278, 280
Dörrer, Anton, 275
Drei Zinnen, 138

Drittes Reich, 16, 29, 49, 54
Ducia, Ing., 104
Dunlop, Regional Commisioner Brig. John K., 75
Durnholz, 229, 259
Durnholzer Tal, 261
Dürrenmatt, Friedrich, 274, 275
Durst, Julius und Gilbert, 180
Duxneuner, Ingenieur, 55

Ebensperger, Hans, 268, 271, 274
Ebner, Fritz, 229, 299
Ebner, Toni, 69, 95, 113, 117, 231, 292, 298, 303
Eccel-Kreuzer, Eva, 266, 275
Egarter, Hans, 45, 59, 67, 69
Egger-Lienz, Albin, 263, 264
Eisack, 180, 182
Eisackbett, 212
Eisacktal, 62, 136, 170, 221, 290
El Alamein, 37
Elsaß, 26, 223
Endrici, Erzbischof, 295
Engadin, 137
England, 165, 213
Enneberg, 262
Eppan, 171, 173, 209, 210
Erckert, Karl, 84, 87
Erhardt, John G., 108
Erhart, Gunter, 217
Erlangen, 44
Ermacora, Felix, 110
Errante, Vincenzo, 242
Estland, 27
Etsch, 182, 183
Etschtal, 136, 250
Europa, 27, 29, 37, 63, 66, 67, 104, 109, 123, 153, 164, 185, 191, 211, 224

Facchin, Angelo, 95, 242
Falch, Sabine, 138
Falqui, Raimundo, 119
Falschauer, 182
Fangio, Manuel, 194
Fasano del Garda, 64
Fassi, Carlo, 208
Fedrizzi, Adolfo, 213
Feininger, Lyonel, 267
Felderer, Karl, 205, 256
Feldkirch, 133
Feldkirch, Diözese, 291
Felicetti, Walther, 303
Fellin, Peter, 267, 268, 270
Ferrari, Carlo de, 154, 292, 295
Ferrari, Eddy von, 264
Ferrari, Josef, 53, 59, 225, 226, 227, 228, 231, 299, 303
Figl, Leopold, 72, 105, 122, 123, 128
Fioreschy, Robert von, 36, 47, 282
Fiume, 47
Fiume, Provinz, 52
Fleimstal, 31, 182
Flor, Silvio, 98
Flora, Paul, 272, 274, 275
Florenz, 53, 54, 66
Flössenburg, 58
Fohn, Emanuel, 264, 268
Fohn, Sophie, 268
Forcella Staulanza, 67
Forcher-Mayr, Hanns, 203
Forer, Heinrich, 153, 301
Formosa, 271
Fosse Ardeatine, 39
Fossoli, 57
Franco, Don Giuseppe, 295, 296
Frankreich, 15, 30, 72, 98, 121, 153, 165, 281
Franzensfeste, 42, 167
Freiburg im Breisgau, 44
Freienfeld, 133
Frühauf, Anton, 268, 271, 273, 275
Fry, Brig. Gen. James C., 65, 66
Fuchs, Hans, 245
Führer, Fritz, 69
Fulterer, Paul, 16
Furlani, Eishockeyspieler, 208

Gabloner, Ignaz, 264
Gaddi, 248
Gadertal, 219, 231
Gais, 278
Gamper, Hans, 59, 69
Gamper, Kanonikus Michael, 14, 53, 54, 59, 97, 98, 109, 116, 118, 136, 231, 239, 240, 244, 292, 295, 296, 297, 298, 299, 303
Gardasee, 151, 187, 195
Gargazon, 173
Gargitter, Joseph, 94, 118, 145, 165, 289, 290, 295, 296, 297, 299, 300, 301, 302

Garmisch-Partenkirchen, 81
Gartner, Karl, 216
Gatterer, Claus, 22, 69, 106, 110, 136, 159, 246, 275, 276, 277, 283, 301
Gebert-Deeg, Waltraud, 235
Geiselsberg, 267
Geisler, Johannes, 15, 69, 72, 109, 154, 288, 291, 292, 295, 296, 297, 303
Genf, 153
Genua, 144
Gerstgrasser, Siegfried, 271
Gerstgrasser, Willi, 213, 217
Gfall, Alois, 281, 282
Ghedi, 66
Giampietro, Sepp, 31
Giovannini, AC-Bozen, 206
Girlan, 22, 266
Giudotti, Gastone, 127
Glaning, 220
Glen, 52
Glück, Otto, 216
Glurns, 275
Gmeiner, Hermann, 155
Gmund, 159
Goebbels, Joseph, 37
Göflan, 39
Goldoni, Carlo, 284
Goldstein, Ella, 283
Gorini, Mario, 268
Görz, Provinz, 52
Gossensaß, 57, 62, 186, 187, 197
Gostner, Latzfons, 31
Götsch, Raimund, 55
Gottschee, 27
Gozzer, Giovanni, 225, 226
Grado, 199
Grant, Cary, 144
Grasser, GR. Dr., 115
Gratsch, 192
Graun, 171, 183, 223, 259
Grauß, Alois, 118, 121, 123, 127
Greifelt, Ulrich, 22
Gröbner, August, 197
Gröden, 16, 53, 54, 67, 111, 134, 186, 195, 202, 219, 231, 267
Grödental, 179
Grödner Bach, 183
Großbritannien, 30, 36, 72, 153

Großdeutsches Reich, 50, 223, 224
Großdeutschland, 36, 37
Großer Vernel, 205
Großtirol, 296
Gruber, Josef, 106
Gruber, Karl, 72, 81, 104, 105, 108, 110, 111, 112, 116, 118, 122, 124
Gschnitzer, Franz, 122, 123, 124, 127, 128, 129
Gschwendt, Heiner, 266
Guggenberg, Franz von, 114
Guggenberg, Otto von, 69, 87, 93, 95, 99, 105, 109, 112, 113, 114, 116, 117, 118, 292, 296, 298
Gutweniger, Karl, 58

Haage, Hans, 57
Hachl bei Brixen, 182
Hafling, 170, 197
Hafner, Peter, 161
Hall, 43
Haller, Maria, 303
Hamburg, 197
Harald, König, 254
Hastings, Hauptmann, 198
Haunold, 256
Heinricher, Kurt, 16
Helm, Robert, 20
Hepburn, Audrey, 144
Himalaya, 205
Himmler, Gudrun, 67
Himmler, Heinrich, 15, 67, 247, 254, 255
Hinterseer, Ernst, 216
Hitler, Adolf, 14, 20, 30, 44, 46, 49, 53, 66, 78, 80, 108, 112, 261, 277
Hober, Karl, 217
Hodler, Marc, 216
Hoeniger, Karl Theodor, 239, 255
Hofer, Andreas, 281
Hofer, Franz, 22, 37, 43, 46, 52, 93, 288
Hofer, Peter, 15, 16, 42, 52, 53, 258
Hoffmann, Josef, 55
Hold, Marianne, 285
Hollein, Hans, 274
Holm bei Stein, 27
Holzknecht, Pius, 140
Hölzl, Hansgeorg, 275
Hölzl, Karl, 195
Honner, Franz, 72
Huston, John, 285

Igls, 262
Innerebner, Erich, 238, 248
Innerhofer, Franz, 106, 114
Innerhofer, Josef, 303
Innichen, 42, 173, 280
Innocenti, Silvio, 65, 109
Innsbruck, 16, 17, 20, 22, 24, 72, 75, 79, 83, 85, 103, 104, 105, 109, 116, 117, 118, 119, 121, 123, 124, 129, 190, 211, 247, 263, 268, 271, 274, 275, 291
Innsbruck, Bahnhof, 20, 22, 24
Innsbruck, Diözese, 291
Innsbruck, Hotel Viktoria, 24
Innsbruck, Mühlau, 24
Innsbruck, Reichenau, 52, 55, 75
Innsbruck, Servitenkloster, 17
Innsbruck, „Neue Heimat", 82
Innsbruck-Feldkirch, Diözese, 291
Irland, 217
Island, 254
Istanbul, 145
Istrien, 96, 110, 111
Italien, 14, 20, 26, 27, 29, 37, 46, 49, 54, 55, 56, 61, 62, 64, 65, 66, 71, 72, 73, 75, 77, 80, 81, 82, 90, 99, 105, 108, 110, 111, 112, 113, 115, 116, 117, 118, 119, 122, 123, 127, 129, 133, 135, 140, 144, 145, 150, 153, 158, 163, 165, 166, 167, 175, 177, 179, 185, 187, 191, 192, 195, 202, 204, 205, 207, 208, 212, 216, 217, 225, 242, 247, 250, 254, 275, 278, 279, 281, 282, 283, 288, 289, 291, 295, 301
Italien, Königreich, 55

Japan, 211
Jaufental, 261
Jenesien, 34, 266
John, Sigrid, 276
Jugoslawien, 27, 43, 83, 105, 116
Jungk, Robert, 245

K2, 205
Kalkutta, 145
Kalterer See, 213
Kaltern, 128, 174, 185, 190, 233, 267, 300
Kanada, 75
Kanaltal, 261
Kappler, Herbert, 39
Kardaun, 37, 151, 183

Karerpaß, 62
Karersee, 186, 197, 198
Kärnten, 24
Karthaus, 57
Kaser, Norbert. C., 276, 277
Kastelbell, 183, 217, 266
Kastelruth, 42, 53, 172
Katharinaberg, 182
Kaufbeuren, 22
Kaufmann, Christine, 285
Kaufmann, Ferdinand, 285
Kaufmann, Martin, 285
Kecht, Anton, 281, 282
Kendall, Major General Paul W., 63
Kerer, Betti, 31
Kerer, Rudi, 31
Kerschbaumer, Josef, 124
Kien(lechner), Josef, 268, 271
Kienlechner, Toni, 247
Kiens, 302
Kindermann, Heinz, 276
Kircher, Rudolf, 245
Kirchmeyer, Toni, 271
Klagenfurt, 262
Klausen, 22, 104, 204, 264, 266, 293
Klecker, Trude, 213
Klee, Paul, 270
Kleopatra, 285
Klotz, Georg, 124
Klotzner, Franz, 83
Knauß, Oberleutnant, 36
Kofler, Erich, 26
Kofler, Oswald, 268
Kögl, Josef, 290, 292, 293, 295, 297, 298
Kohlern, 39, 42
Koler, Norbert, 208
Kollwitz, Käthe, 267
Köln, 180
Kopenhagen, 197
Körner, Theodor, 72
Kortsch, 260
Kostner, Erich, 195
Krakau, 83
Kranewitter, Franz, 282
Kreisky, Bruno, 122, 124, 128, 129
Krim, Halbinsel, 15
Kroatien, 27
Kufstein, 42, 85, 211

Kühnelt, Hans Friedrich, 278
Kukla, Robert, 16, 20
Kulemann, SS-Sturmbannführer, 15
Kuperion, Alois, 270, 271
Kurtatsch, 85
Kuwait, 211

Laas, 47, 86, 177, 183, 285
Lacedelli, Lino, 205
Lächert, Hildegard, 58
Ladinische Täler, 223
Laibach, Provinz, 52
Lana, 86, 124, 171, 173, 179, 182, 206, 233
Lang, Dr., 109
Langes, Gunter, 42
Lanz, Philipp, 58
Lanznaster, Marlene, 209
Larcher, Peppi, 202
Lassnig, Maria, 271
Latsch, 17, 27, 63, 173, 285
Latzfons, 22, 142, 149, 168, 172, 225, 301
Le Mans, 210
Leidlmair, Adolf, 139
Leifers, 84. 85, 86, 151, 171, 173
Leitner, Hias, 216
Lenhart, Franz, 195
Lenin, 98
Lenz, Siegfried, 267
Leslie, Edgeworth Murray, 108
Lettieri, Michele, 139
Lettland, 27
Libyen, 55
Libysche Wüste, 211
Licardi, 248
Lissabon, 206
Litauen, 27
Lollobrigida, Gina, 284, 285
Lombardei, 135
Lombardische Alpen, 71
Lombardo, Francesco, 119
London, 72, 105, 163, 197, 208
Longhi, Don Daniele, 58
Longon, Manlio, 58, 59
Loren, Sofia, 284, 285
Lotto, Lorenzo, 66
Lourdes, 199
Löwenthal, Max, 123
Luchaire, Corinne, 67

Luchaire, Jean, 67
Lucifero, Roberto, 128
Luig, Wilhelm, 16
Luparese, 213
Lux, Hans, 207
Luxemburg, 26, 83

Magnago, Silvius, 89, 92, 93, 98, 99, 100, 115, 124, 126, 127, 128, 292, 297, 300
Magnago, Sofia, 150, 248, 249
Mai, Wilhelm, 260, 261
Mailand, 58, 59, 135, 166, 203, 204, 207, 208, 217, 268, 282, 285
Mair, Johann, 192
Majdanek, 58
Malaparte, Curzio, 242
Mall, Josef, 34
Manfredi, Antonio, 268
Manzù, Giacomo, 267
Marbach, 34
Margaret, englische Königstochter, 195
Margreid, 279
Marischka, Ernst, 284
Marling, 171, 183, 192, 194
Marmolata, 197
Martell, 194
Martelltal, 183
Martin, Lilo, 268
Mascagna, Mario, 283
Mastroianni, Marcello, 285
Mastromattei, Giuseppe, 17
Masuren, 267
Matrei, 190
Mattedi, Erminio, 225
Mattei, Enrico, 194
Mauls, 134
Maulser Tal, 134
Maurer, 248
Maurer, Schuldirektor, 231
Mauthausen, 58
Maviglia, Giuseppe, 267, 271
Mayer, SS-Sturmbannführer, 15
Mayr-Falkenberg, Ludwig, 21
Mayr-Nusser, Josef, 44, 59
McBratney, William, 65, 69, 70, 71, 73, 75
Mech, Siegfried, 207
Melbourne, 217
Menapace, Lidia, 135

Menapace, Richard, 203
Menardi, Severin, 202
Mendel, 152, 209
Mendelpaß, 210
Menger, Judith, 303
Menz-Popp, Josef, 69, 93, 113, 299
Meran, 15, 16, 21, 22, 45, 46, 49, 50, 54, 55, 57, 64, 66, 67, 75, 84, 86, 114, 136, 139, 141, 144, 148, 151, 154, 170, 181, 186, 187, 190, 191, 192, 193, 194, 197, 198, 201, 202, 204, 206, 209, 210, 212, 213, 217, 228, 233, 235, 245, 250, 258, 266, 267, 268, 271, 277, 279, 283, 284, 295
Meran, Kurpromenade, 209
Meran, Pferderennplatz, 191, 201
Meran, Postgranz, 145
Meran, Sportplatz, 209
Meran-Obermais, 270, 284
Merlin (Legge), 144
Meßner, Isidor, 57
Miller, Col. S.W., 71
Mils, Tirol, 22
Mischi, Paolo, 45
Misurinasee, 271
Mitolo, Andrea, 96, 115
Mitolo, Pietro, 96
Mittelitalien, 172
Mitterbad, 182
Mitterdorfer, Karl, 95
Mittermaier, Josef, 58
Mittersee, 183
Mitterstieler, Peter, 58
Mittewald, 179
Mocellini, Andrea, 217
Modena, 57, 66
Molden, Fritz, 124
Moll, Friedrich, 295
Mölten, 45
Molterer, Anderl, 216
Monroe, Marilyn, 145
Montan, 52
Montanelli, Indro, 245
Monte Consiglio, 38
Monte Maggiore, 31
Montebelluna, 206
Monti, Eugenio, 217
Montiggl, 250
Moos in Passeier, 57
Moro, Aldo, 96

Moser, Karl, 264
Moskau, 98, 105
Mount Everest, 205
Mühlbach, 57, 267
Mumelter, Hubert, 247, 276, 277
Mumelter, Norbert, 16, 255, 258
München, 79, 131, 133, 203, 264, 266, 268
Mussolini, Benito, 15, 20, 36, 37, 56, 80, 108, 112, 117, 263, 277, 278
Mut, 194
Mutter Teresa, 142, 145

Nadler, Josef, 276
Nagele, Hans, 279
Nals, 151, 235, 290
Naturns, 20, 182
Natz-Schabs, 173
Neapel, 285
Nero, Imperator, 285
Netzbrandt, Maria, 217
Neumann, Fred, 16
Neumarkt, 16, 42, 168, 182, 281
New York, 62, 128
Niederdorf, 62, 71, 83, 171
Niedermair, Franz, 190
Niederolang, 267
Niederösterreich, 24
Nitsch, Hermann, 264
Nizon, Paul, 271
Nock, Josef, 59
Nogler, Hans, 202
Nonstal, 50, 55, 268
Nordafrika, 36, 37, 211
Nordbukowina, 27
Norditalien, 39, 75, 172
Norditalienische Provinzen, 63
Nordmeer, 255
Nordtirol, 24, 43, 70, 83, 108, 161, 240, 291, 295
Norwegen, 254
Novara, 135
Nussbaumer, Thomas, 259

Oberetsch, 171
Obergurgl, 190
Oberhammer, Aloys, 122, 124, 127
Oberhollenzer, Vinzenz, 59
Oberhuber, Oswald, 264, 271, 274, 275
Oberitalienischer Raum, 171

Oberkofler, Alois, 26
Oberkofler, Joseph, 276
Obermais, 198
Oberösterreich, 24
Oberpustertal, 171
Obervinschgau, 170
Odorizzi, Tullio, 94, 100
Olang, 59, 285
Operationszone Adriatisches Küstenland, 52, 80
Operationszone Alpenvorland (OZAV), 29, 37, 48, 49, 52, 56, 61, 80, 135, 163, 219, 223, 248
Orient, 211
Ortler, 256
Oslo, 197
Österreich, 13, 34, 59, 70, 71, 72, 75, 77, 78, 79, 80, 82, 83, 84, 89, 98, 99, 103, 105, 108, 109, 111, 112, 115, 116, 117, 120, 121, 122, 123, 124, 127, 128, 129, 131, 134, 137, 154, 161, 164, 165, 166, 172, 180, 194, 197, 202, 203, 242, 245, 261, 271, 277
österreichische Bundesländer, 159
Osteuropa, 30
Ostfront, 34
Ostgebiete, 83
Ostmark, 223
Ostpolen, 27
Osttirol, 24, 27, 108, 161
Ott, Sandor, 207

Padua, 58, 166
Palästina, 75
Paller, AdO-Ortsgruppenleiter, 22
Pan, Christoph, 101
Panzer, Otto, 198, 199
Paoli, Franca de, 217
Parc, Graf Robert du, 271, 284
Paris, 105, 109, 110, 112, 113, 197, 271, 295
Parisi, Eishockeyspieler, 208
Parri, 225
Passeier, 261, 266, 267
Passeiertal, 45, 66, 83
Passer, 212, 217
Patrick, P., 104
Patscherkofel, 251
Pattis, G., 264
Paulus, Generalfeldmarschall, 36
Peck, Gregory, 144
Pedrotti, Enrico, 58

Peichl, Gustav, 274
Pella, Giuseppe, 117, 119
Pelmo-Nordwand, 205
Penegal, 39, 251
Penser Joch, 134
Perathoner, Ivo, 69
Percha, 42
Pergine, 21
Pescul, 67
Pfatten, 21
Pfaundler, Wolfgang, 124
Pfitsch, 190, 261
Pfitzner, Hans Erich, 284
Pflersch, 261
Pfunders, 119
Piacenza, 191
Piazza, Kardinal, 296
Picasso, Pablo, 270
Piccoli, Fantasio, 282
Pichl/Gsies, 22
Pichler, August, 92
Pichler, 248
Pichler, Walter, 274
Piffrader, Hans, 263, 264
Pirandello, Luigi, 282
Pircher, Georg, 124
Pisa, 278
Pittscheider, Josef, 67
Pius XII., 301
Plan de Gralba, 204
Plangger, Hans, 267
Plangger, Wilfried, 84, 87, 197, 199
Plangger-Popp, Liselotte, 267
Plattner, Karl, 268, 271
Plattner, Paula, 58
Ploner, Engelbert, 67
Podestà, Agostino, 17, 21
Poebene, 136, 191
Poirot, Hercule, 198
Pokorny, Bruno, 232, 233
Pola, Provinz, 52
Polarkreis, 211
Polen, 15, 29, 30, 83
Poley, Johann, 16
Polnische Gebiete, annektierte, 27
Pompanin, Alois, 109, 291, 292, 293, 295, 296, 298, 299
Pörnbacher, Siegfried, 266, 267

Posch, Rudolf, 53, 69
Potsdam, 72
Pound, Ezra, 267, 277
Powolny, Michael, 267
Prachensky, Markus, 271
Prad, 271, 274
Praetorius, 266
Pragser Wildsee, 186
Prantauer, Anna, 59
Prantl, Hansjörg, 212, 213
Prasthofer, Wilhelm, 232
Pravda, Christian, 213, 216
Pravossudovic, Natalja, 268, 283, 284
Predazzo, 62
Presley, Elvis, 144
Prettau, 267
Prey, Max, 93
Prünster, Hans, 264, 266
Psenner, Robert, 208
Puntnofen/Kardaun, 37
Pupp, Alois, 99, 127
Pustertal, 71, 83, 105, 136, 167, 168, 170, 187, 228, 231, 290

Quarnaro, Provinz, 52
Quellmalz, Alfred, 255, 258, 259

Raab, Julius, 121
Rabbijoch, 50
Raffael, 66
Raffeiner, Josef, 59, 69, 70, 92, 95, 99, 104, 109, 111, 199, 227, 296, 297, 298, 299
Rainaldi, 248
Rainer, Arnulf, 271
Rainer, Friedrich, 52
Rame, Franca, 282
Rampold, Josef, 204, 248
Rauter, Lois, 22
Rauzi, Bischof, 301
Ravensbrück, 58
Réard, Louis, 144
Recoaro, 64
Reimmichl, 282
Reisch, Christiane, 211
Reisch, Max, 211
Reitsamer, Richard, 44, 45
Rembrandt, 66,
Renner, Karl, 72

Reschen, 181, 187
Reschengebiet, 183
Reschensee, 183
Reut-Nicolussi, Eduard, 104, 105, 117
Riad, 211
Richard, Piero, 194
Rieder, Christine, 209
Riedmann, Gerhard, 231
Riffeser, Gabriel, 67
Rimini, 150
Rinner, Adalbert, 27
Ritten, 42, 53, 168, 170, 207, 235, 290
Ritzail, 134
Riz, J., 16
Riz, Roland, 95, 249
Rolle, Passo di, 62
Rom, 15, 39, 64, 65, 67, 70, 73, 75, 80, 81, 89, 90, 96, 99, 100, 105, 110, 114, 115, 116, 119, 120, 123, 127, 129, 135, 167, 191, 193, 199, 210, 219, 225, 226, 230, 242, 246, 249, 271, 275, 278, 279, 285, 292, 296, 303
Rom, Via Rasella, 39, 71, 84
Römer, Horand, 284
Rommel, Erwin, 53
Rosati, Candido, 95
Rota, Elisabeth, 144, 145
Rovereto, 100
Rovigo, 136
Rubens, 66
Rubinstein, Artur, 283
Rudge, Olga, 278
Rudolph, Norbert, 204, 205
Ruedl, Christine, 217
Ruedl, Toni, 201
Rufach, 34, 223
Rumänien, 27
Runggaldier, Walter, 217
Rusch, Paulus, 297
Rusina, Egon, 267
Rußland, 36, 43
Ruzzier, Antonio, 171

Saargebiet, 121
Saba, Königin von, 285
Sailer, Oswald, 262
Sailer, Toni, 216
Sain, Otto, 58
Salcher, Siegfried, 217

Salern, 54
Salò, 52
Salò, Repubblica di, 52, 136, 223
Salomon, 285
Salten, 39
Salurn, 123, 158, 279, 285
Salurner Klause, 161
Salzburg, 24, 26
San Michele, 56
Sand in Taufers, 66, 290
Sand, Luis, 95
Saragat, Giuseppe, 123
Sarason, Meta, 55
Sarns, 235, 289, 296
Sarntal, 57, 171, 183
Sarntaler Weißhorn, 204
Sarnthein, 22, 259
Saudi-Arabien, 211
Scelba, Mario, 118
Schatz, Anton, 87
Schenna, 83, 185, 192
Schlanders, 16, 22, 38, 59, 122, 171, 285
Schlemmer, Siegfried, 208
Schlesien, 39
Schlesinger, Rudolf, 79
Schluderns, 16, 36
Schluderns-Tartsch, 183
Schmalzl, Mili, 267
Schnals, 181
Schnalstal, 57, 183
Schneider, Romy, 284
Schoefl, Hans, 105, 109
Schönberg, Arnold, 268, 284
Schönherr, Karl, 282
Schretzenmayer, Professor, 194
Schrott, Heidi, 217
Schuster, Erna Maria, 133
Schweiz, 45, 92, 131, 137, 164, 165, 194, 210, 216, 228
Schweizer, Bruno, 254
Scoccimarro, Mauro, 98
Scrinzi, Fritz, 248
Seberich, Rainer, 248, 249
Seeber, Familie, 134
Seeburger, Else, 303
Seefeld, 202
Segni, 128
Seifert, Micha, 58

Seiffert, Max, 255
Seis, 260, 285
Seiser Alm, 16, 53, 197
Sellajoch, 112
Sellastock, 204
Selva, Brigitte, 145
Senoner, Adolf (Vastlé), 67
Senoner, Engelbert, 202
Sexten, 22, 170, 264
Seybold, F., 16
Shakespeare, William, 282
Sibirien, 85
Sica, Vittorio de, 285
Siebeneich, 173, 266
Sievers, Wolfram, 255, 258
Sigmundskron, 95, 96, 99, 126, 127, 173, 209, 210
Simon, Gertraud, 259, 260
Sissi, Kaiserin, 284
Sizilien, 37
skandinavische Länder, 165
Skrjabin, Komponist, 283
Skrjabin, Vera, 283
Slowakei, 275
Slowenien, 16, 83
Solbad Hall, 203
Soragna, Meli Lupi di, 113
Sorteni, Emilio, 57
Sotriffer, Anton, 111
Sowjetunion, 27, 72
Spanien, 271
St. Anton, 162, 179, 180, 182
St. Christina, 67
St. Florian, 182
St. Jakob im Ahrntal, 254
St. Jakob, 173
St. John, Eishockeyspieler, 208
St. Kassian, 197
St. Konstantin, 17
St. Leonhard im Passeier, 45, 66
St. Lorenzen, 187, 190
St. Magdalena, 175
St. Martin im Ahrntal, 258
St. Martin im Vinschgau, 251
St. Moritz, 202
St. Nikolaus, 233
St. Pankraz in Ulten, 182, 266
St. Pauls, 173

St. Peter, 262
St. Quirein, 180
St. Ulrich, 15, 54, 67, 111, 186, 187, 190, 207
St. Valentin, 183
Stadlmayer, Viktoria, 111, 119
Staffler, Familie, 134
Stalin, 30
Stalingrad, 36
Staller Sattel, 190
Stanek, Dr., 299
Stanek, Hans, 69, 123
Stecher, Josef, 98
Steiermark, 24
Steinbacher, Helene, 145
Steinhaus, 248
Steinkasserer, Emma, 57
Steinkasserer, Johann, 57
Stenico, Ettore, 56
Sternbach, Paul von, 93, 106
Sterzing, 15, 16, 42, 57, 67, 84, 86, 87, 93, 133, 134, 154, 204, 217, 261, 299
Stieler, Hans, 124
Stilfes, 87
Stilfser Joch, 209, 211
Stockholm, 153
Stolz, Albert, 263, 264
Stolz, Rudolf, 263, 264
Stötter, Vinz, 87
Straßburg, 123
Straudi, Dr., 109
Strobl, Albert, 227
Stuls, 22
Stuttgart, 192
Südalpen, 255
Südbukowina, 27
Süddeutsche Bundesländer, 233
Süddeutschland, 13, 134
Südtirol, 13, 14, 15, 17, 21, 22, 24, 27, 29, 31, 35, 36, 37, 39, 42, 43, 44, 45, 46, 47, 49, 50, 53, 54, 55, 56, 58, 59, 60, 61, 62, 63, 64, 65, 66, 67, 69, 70, 71, 72, 73, 75, 79, 80, 81, 82, 83, 85, 86, 87, 90, 92, 93, 94, 95, 96, 97, 98, 100, 101, 103, 104, 105, 108, 109, 110, 111, 112, 113, 114, 115, 116, 117, 118, 119, 120, 121, 122, 123, 124, 127, 128, 129, 131, 132, 135, 136, 137, 138, 139, 140, 141, 142, 144, 148, 149, 152, 154, 156, 157, 158, 159, 161, 162, 163, 164, 165, 166, 167, 168, 170, 171, 172, 174, 175, 176, 177, 178, 179, 182, 183, 185, 187, 190, 191, 194, 195, 198, 199, 201, 203, 205, 206, 207, 211, 212, 217, 219, 220, 223, 224, 225, 226, 227, 228, 230, 232, 233, 237, 238, 240, 241, 242, 244, 246, 247, 248, 249, 250, 251, 253, 254, 255, 258, 260, 262, 263, 264, 266, 270, 271, 274, 276, 277, 278, 279, 281, 282, 284, 285, 287, 288, 289, 290, 291, 292, 295, 296, 297, 299, 302, 303
Sulzenbacher, Bernadette, 281
Superga, 206

Tagliani, Renato, 251
Taipeh, 271
Talferstrand, 212
Tall, 83
Tambroni, Fernando, 95
Tapfer, Willy, 16
Tassinari, Renato, 248, 250
Tauferer Tal, 172
Taufers im Münstertal, 170, 202
Terlan, 151, 171, 173
Thaler, Franz, 43, 44
Thomson, Col. Bruce J., 71
Thüringen, 52
Timmelsjoch, 190
Tinzl, Karl, 15, 52, 53, 69, 70, 82, 117, 118, 241, 296
Tirol, 16, 24, 26, 52, 59, 79, 104, 108, 111, 118, 120, 122, 128, 165, 198, 202, 211, 238, 274
Tirol, Bundesland, 161
Tiroler Etschland, 198, 249
Titho, Karl, 57
Tizian, 66
Toblach, 57, 64, 106, 186, 197, 285
Togliatti, Palmiro, 98
Töll, 182
Tolomei, Ettore, 52, 113, 242, 263
Tomasini, Remo, 217
Tomei, Eishockeyspieler, 208
Tosolini, Bauunternehmer, 194
Townsend, Peter, 195
Trafoi, 197
Tramin, 35, 132, 175
Tranquillini, Tullio, 194
Trasher, Eishockeyspieler, 208
Trenker, Luis, 205
Trentino, 90, 92, 109, 110, 111, 114, 136, 159, 161, 205, 241
Trentino, „deutsche Sprachinseln", 21

Trentino-Tiroler Etschland, Region, 84, 93, 97, 99, 117
Trentino-Alto Adige, 128, 165
Trentino-Südtirol, 150, 163
Tret, 231
Trient, 56, 58, 62, 95, 97, 99, 100, 107, 113, 114, 120, 126, 127, 128, 135, 154, 242, 244, 277, 292, 293, 295, 296
Trient, Bistum, 291
Trient, Diözese, 288, 290, 291
Trient, Provinz, 49, 50, 52, 108, 117, 165
Triest, 110, 111, 117, 118, 206, 242
Triest, Provinz, 52
Truden, 261
Tschechoslowakei, 83, 281
Tschechow, 282
Tschiggfrey, Hans, 127
Tschötsch, 174
Tucci, Eishockeyspieler, 208
Tumler, Franz, 276, 277
Turin, 178
Turnauna, 172
Tutzer, Michael, 16

Überetsch, 16
Udine, Provinz, 52
Ulten, 233
Ultental, 50. 182
Ungarn, 275
Unsere Frau in Schnals, 22, 261
Unsere Liebe Frau im Walde, 87
Untergasser, Johann, 69, 290, 296, 302
Unterkircher, Lorenz, 92
Unterland, 52, 105, 176, 225, 226, 258, 282
Untermais, 57
Untersteiermark, 26
USA, 36, 72, 75, 118, 180, 209, 216, 278, 283
Ustinov, Peter, 285

Vahrn, 26, 171
Vahrner See, 191
Valentini, Ing., 250
Valier, Willy, 268
Vallazza, Markus, 267
Valsugana, 268
Valtiner, Ritterkreuzträger, 35
Van Dyck, 66
Venedig, 268, 270, 278

Venetien, Region, 63
Veneto, 71, 136
Vernagtspeicher, 183
Verona, 42, 63, 133, 166, 179
Vidor, King, 285
Vietinghoff-Scheel, General Heinrich von, 65
Vietti-Violi, Paolo, 193
Vigiljoch, 192, 197, 275
Vigl, 248
Viktor Emanuel, König, 66
Viktoria, Königin von England, 284
Vilnius, 283
Vilpian, 267
Vinschgau, 136, 173, 183, 204, 229, 251, 290
Vintl, 62, 221
Viola, Italienischlehrerin, 231
Virgl, 39
Vitus, Maximilian, 281
Voizard, Pierre, 72
Volgger, Friedl, 59, 95, 105, 109, 114, 116, 203, 244, 292, 298
Volgger, Joseph, 295
Völs am Schlern, 17
Vorarlberg, 16, 24, 52, 165

Waidbruck, 79, 151, 182, 183
Waldthaler, Franz, 99
Wallin, Edwin M., 62
Walther von der Vogelweide, 263, 266
Walther, Walter von, 15, 165
Wanek, Johann, 59
Warschau, 30
Washington, 108, 118, 278
Wassermann, Direktor des Vinzentinums, 295
Watson, Eishockeyspieler, 208
Weill, Kurt, 283
Weimar, 262
Weißenau, 22
Weissgatterer, Alfons, 105
Welsberg, 290
Welsch, Toni, 46
Welschnofen, 285
Widmann, Franz, 99
Widmoser, Eduard, 119
Wiedenhofer, Theo, 207, 212, 213
Wien, 24, 72, 77, 80, 82, 105, 109, 110, 111, 114, 115, 116, 117, 121, 122, 123, 124, 127, 128, 134, 190, 208, 264, 266, 268, 271, 274, 278, 291

Wiesen, 182
Winkler, Albert, 217
Winnebach, 187
Wipptal, 167, 290
Wolff, Karl, 64, 65, 66
Wolfsburg, 190
Wolkenstein, 67, 180

Zadra, Caterina, 55
Zechtl, Rupert, 124
Zelger, Anton, 279, 282
Zentraleuropa, 232
Ziller, Lino, 69, 92, 205
Zillertal, 190, 213, 296
Zimmermann, Hauptmann, 36
Zingerle, Guido, 240
Zinnwald, 202
Zoderer, Joseph, 15, 22
Zorzi, Francesco, 231
Zwiefalten, 22

Dieses Projekt wird unterstützt von

Stiftung Südtiroler Sparkasse

Kulturabteilung der Südtiroler Landesregierung

und von folgenden Firmen:

INNERHOFER

Torggler Group

FRANZISKANER BÄCKEREI

FORST Spezialbier-Brauerei

LEITNER Advanced Technology Worldwide

FINSTRAL

HOTEL GREIF

SELVA Style International
Mobili classici · Stilmöbel · Classic furniture